A RUNYORO VOCABULARY

A RUNYORO VOCABULARY

Shigeki Kaji

SHOUKADOH
KYOTO

A RUNYORO VOCABULARY

© Shigeki Kaji 2015
　　All rights reserved.

Shoukadoh
146 Nishiojicho Kamigyo-ku Kyoto 602-8048
Japan

Printed in Japan by Nakanishi Printing Co. Ltd

Library of Congress Cataloguing-inPublication Data
ISBN 978-4-87974-688-7

CONTENTS

Acknowledgements --- vii
Introduction -- ix
Map -- xxxiv
Symbols and Abbreviations -- xxxv
English – Japanese – Runyoro -- 1
English Index -- 559
Japanese Index --- 589
Runyoro Index -- 615
Profile of the Author -- 649

ACKNOWLEDGEMENTS

After my study of Rutooro, it was quite natural for me to proceed to Runyoro, a sister language spoken to the north. The transition was quite smooth thanks to Mr. Kasukaali Robert, my main informant in Rutooro, who recommended me his old Munyoro friend, Mr. Kajura Samuel as an informant. I arrived for the first time in Hoima in March 2008 with Mr. Kasukaali, but unfortunately Mr. Kajura was absent at that moment. It was Mr. Kahwa Robert, then an employee at Hoima Kolping Hotel, who assisted me with my work on Runyoro.

I worked on Runyoro in 2001 and 2002 with Mr. Kintu John, then a student of Makerere University. He is now a specialist of Runyakitara. Runyakitara is an inclusive term for the west Ugandan Bantu languages which are very loosely related to one another, namely Runyoro, Rutooro, Runyankore and Rikiga, among others. Mr. Kintu published with three of his colleagues an important book entitled *Runyoro-Rotooro English Dictionary* in 2009.

Unfortunately, however, he writes in his book that Runyoro has lost its tone. This is not correct and is a sad observation. Maybe he was under the influence of his Rutooro-speaking colleagues because indeed, Rutooro has lost its lexical tone.[1]

What I say here has to do with what I wrote in the foreword of my *Runyankore Vocabulary* (Kaji 2004). What is important is not to make a combined dictionary for the two languages from the outset, but to describe each language minutely. Compiling two dictionaries into one should come after that.

This book, entitled *A Runyoro Vocabulary*, tries to describe the Runyoro variety spoken in Hoima City and its surrounding parts[2] as correctly as possible, avoiding Rutooro elements. On the whole, however, I must say that Runyoro and Rotooro are very similar, and share many common features. According to Mr. Kajura, my main informant in Runyoro, the difference between the two languages is such that the Tooro people call the banana **ekitó:ke** whereas the Nyoro call it **ekitô:ke**.

During the lexical survey, I used my *Rutooro Vocabulary* (Kaji 2007) as a questionnaire. This had two consequences. One is good in that through the process I could correct several errors contained in it. The other is that I may not have avoided all Rutooro elements in the vocabulary. This is due to the fact that as Runyoro and Rutooro share a large common vocabulary, and that even different words are understood by the Nyoro people, they use them if need arises. But we should keep in mind that Runyoro words and Rutooro words are not pronounced in the same way, no matter how much they look alike, especially with respect to tone. The banana **ekitó:ke** (Rutooro) and **ekitô:ke** (Runyoro) is one example, and the head is **omútwe** in Rutooro and **omútwê** in Runyoro, which is another.

In any case, it is my sincere hope that this vocabulary proves helpful and useful to the Nyoro people and to all those who would like to study this important language, linguists and non-linguists alike.

I express here my sincere gratitude to my informant and friend Mr. Kajura Samuel Amooti

---

[1] The authors are aware that grammatical tone is functional, which they call intonation.
[2] It seems that the Masindi dialect has a slightly different tone system from the Hoima dialect.

and his family. I owe much of the content of this vocabulary to his orthodox and profound knowledge as a native language. Appreciation also goes to the amiable personnel of Hoima Kolping Hotel, who warmly welcomed me every time I stayed there. I also thank my wife Naoko who always supports me both in Japan and during my absence in Africa.

This publication was made possible with the Discretionary Budget accorded by the President of Kyoto University to the Graduate School of Asian and African Area Studies. The indexes were made by Dr. Maho Naito to whom I express my thanks.

             Kyoto, February, 2015
             Shigeki Kaji

INTRODUCTION

1. On the Runyoro language

Runyoro (or Orunyoro with the cl.11 augment o-) is a Bantu language spoken in the western part of the Republic of Uganda, mainly in Hoima District, Masindi District and Kibaale District, but also in Luwero District and Kiboga District to a lesser degree. (See Map on page xxxiii).

Runyoro belongs to the Bantu interlacustrine group of languages, and is closely related to Rutooro, Runyankore and Rukiga of Uganda. These four languages plus some other languages of Tanzania, including Ruhaya (or Kihaya) for example, are sometimes referred to as Runyakitara, making a point that they form one language group, or even one language. Especially Runyoro and its southern neighbour Rutooro are so closely related that they are usually put together and labeled Runyoro-Rutooro. Indeed, Rubongoya's grammar is titled *A Modern Grammar of Runyoro-Rutooro*.

My standpoint, however, as stated elsewhere, is to clarify which variety of the language is being described. I think it important to record the subtle differences which exist, not from a separatist point of view, but as a testimony to what they are, and these differences are precious in reconstructing the history of these languages.

This vocabulary is based on the speech variety of the central Hoima District. I worked with several language consultants, but all the data were repronounced by the main informant, Mr. Kajura. Thus, consistency is guaranteed.

I mostly worked independently of the existing works on the language so as not to be influenced by other analyses. However, I have made good use of preceding works, especially that of Rubongoya's above mentioned grammar, and Ndoleriire et al.'s *Runyoro-Rotooro English Dictionary* (2009), which appeared at the last moment of finalizing this vocabulary.

2. Letters and pronunciation

The letters I use in this vocabulary are shown in (1). Although long and half-long vowels are marked by (:) and (·) after the vowel in this introduction, they are indicated with two dots (:) and one dot (.) respectively in the main section and the indexes of the vocabulary. High tone is marked by an acute accent (´), falling tone by a circumflex (ˆ), rising tone by a reverse circumflex (ˇ), and low tone is left unmarked.

(1)   a b c d e f g h i j k m n ny o p r s sh t u v w y z

2.1. Consonants and semivowels

The Runyoro consonants and semivowels are shown in (2). The transcription is broad phonetic. All the segments in (2) have a phonemic status except **l** [l] and **n** [ŋ], which are allophones of /r/ and /n/, respectively. From 2.1.1. to 2.1.5., some observations concerning these segments are made.

(2)

		labial	labio-dental	alveolar	post-alveolar	palatal	velar	glottal
plosive	voiceless	p		t			k	
	voiced	bb [b]		d			g	
affricate	voiceless				c [tʃ]			
	voiced				j [dʒ]			
fricative	voiceless		f	s				h
	voiced	b [β]	v	z				
liquid	lateral			l [l]				
	flapped			r [ɾ]				
	trilled			rr [r]				
approximant						y [j]	w	
nasal		m		n		ny [ɲ]	n [ŋ]	

2.1.1. bb

bb is a voiced bilabial stop [b]. **b** not preceded by a nasal is a voiced bilabial fricative [β]. After nasal, **b** is pronounced as a voiced bilabial stop, thus neutralizing with **bb**. The occurrence of **bb** in environments not preceded by a nasal is relatively rare. It is mostly found in loanwords, especially from Swahili and English. Still, some genuine Runyoro words also contain this sound. It is to be noted that the normal voiced counterparts of the voiceless stops **p** and **t** are **b** and **r** (or **l**), and not **bb** and **d**.

(3) a. ebbiníkâ 9,10   "kettle"   <Sw. birika
     b. orubbalázâ 11, ebbalázâ 10   "eaves"   <Sw. balaza
     c. esabbûːni 9,10   "soap"   <Sw. sabuni
     d. bbâːsi 9,10   "bus"   <Eng. bus
     e. akabbakêti 12, obubakêti 14 "plastic bucket"   <Eng. bucket
     f. iːsurúbbû 5, amasurúbbû 6   "moustache"
     g. ebbôha 9,10   "fox, jackal"
     h. bbalúkû 9,10   "a cultivated variety of yam"
     i. Abbôːki   "a petname"

2.1.2. d

d is a voiced dental stop. It is relatively rare unless preceded by a nasal.

(4) a. edirísâ 9,10   "window"   <Sw. dirisha
     b. maˑngâda 9,10   "mandarin"   <Eng. mandarin
     c. kadóima 9,10   "larva"
     d. okudîba   "to remain unsold"
     e. dî   "when"

2.1.3 v

v is a voiced labiodental fricative. It is a rare consonant in Nyoro. It appears mostly in loanwords.

(5) a. eva:kédô or va:kédô 9,10 "avocado" <Eng.
    b. gavumê:nti 9,10 "government" <Eng.
    c. derê:va 1a,2a "driver" <Eng.
    d. okuvûka "to drive (a car)"

2.1.4. liquids
2.1.4.1. l and r

In Ruyoro, **l** [l] and **r** [ɾ] are not differentiated phonemically. Mostly **r** is used (6). **l** appears as an allophone of /r/ except for some words which are mainly of foreign origin (7). **r** becomes **l** when it is followed by the front vowels /i/ or /e/ and preceded by the back vowels /u, o, a/ or pause (8). In the same context, if **l** is preceded by the front vowels /i/ or /e/, **r** reappears (9). But **l** also appears, even though rare, especially when pronounced slowly (10).

(6) a. okugûru 15, amagûru 6 "leg"
    b. i:kâra 5, amakâra 6 "charcoal"
    c. okurâ:nga "to string"
(7) a. omusalábâ 3, emisalábâ 4 "cross" <Sw. msaraba
    b. omulá:ngô 1, abalá:ngô 2 "Langi person"
    c. Kampálâ "the city of Kampala"
(8) a. amalê:mbo 6 "front yards"
    b. omulêju 3 "beards"
    c. okusára i:sôke → okusál'i:sôke "to cut hair"
(9) a. omulî:ngo 3 "form, style, method" vs. emirî:ngo 4 "forms, styles, methods"
    b. amalê:mbo 6 "front yards" vs. i:rê:mbo 5 "front yard"
    c. i:cúmu lyâ:nge (<li-ange) "my spear" vs. i:sóke ryâ:nge (<ri-ange) "my hair"
(10) a. i:gósi rímû (or i:gósi límû) "one testicle"
     b. i:hé:mbe rímû (or i:hé:mbe límû) "one horn"

2.1.4.2. rr

rr is a particular sound in Rutooro and Runyoro. It results from dropping a vowel between two **r**'s. This is attested in comparison with neighbouring languages, and also verified in the language itself. Note that any of the five vowels can be the target of dropping in that environment. This vowel-dropping does not occur in some environments. The verb passive, for example, in which the second **r** is followed by the semivowel **w**, has two forms, and in one of them the vowel-dropping does occur. See (12b), (13b), (14b) and (15b).

It is known that this kind of vowel-dropping also takes place in Runyankore. But in Runyankore, the vowel persists in deliberate speech, whereas in Rutooro and Runyoro the vowel disappears completely and can not be heard even in deliberate speech.

(11) Rutooro   Runyoro   Runyankore in deliberate speech
   a. omú:rro 3,4   omû:rro 3,4   omuriro 3,4   "fire"
   b. empá:rra 9,10 empâ:rra 9,10 ekiharara 7,8   "large locust"
   b. okukó:rra   okukô:rra   okukórora   "to cough"
   c. okukó:rra   okukô:rra   okukórera   "to work for sb"
   d. okugá:rra   okugâ:rra   okugarura   "to take back"

In some cases, dropped vowels can easily be reconstructed internally without reference to other languages. This is particularly the case of verbs, where the passive gives a clue of reconstruction. Thus, for example, the original form of **okwa·bû:rra** (12a) must have been ***okwa·burûra**, which gives rise to its passive **okwa·burûrwa** by suffixing -w- to it. Likewise, the original form of **okuzi·ngitî:rra** (13a) is easily reconstructed as ***okuzi·ngitirîra** in reference to its passive **okuzi·ngitirîrwa**.

In this context, it is possible to verify the quantity of the vowels preceding **rr**, which are always realized long, whether they are originally long or phonetically lengthened because of this double **rr**. The vowel of **bu** in (12) and that of **ti** in (13) are phonemically short because they appear short in their passive **okwa·burûrwa** (12b) and **okuzi·ngitirîrwa** (13b), respectively, but the vowel of **mu** in (14) and that of **ho** in (15) are phonemically long because they appear long in their passive **okusumu:rûrwa** (14b) and **okuboho:rôrwa** (15b).

(12) a okwa·bû:rra <*okwa·burûra   "to dismount"
     b. okwa·bû:rrwa or okwa·burûrwa pass.   "to be dismounted"
(13) a. okuzi·ngitî:rra <*okuzi·ngitirîra   "to twine"
     b. okuzi·ngitî:rrwa or okuzi·ngitirîrwa pass. "to be twined"
(14) a okusumû:rra <*okusumu:rûra   "to undo, to dismount"
     b. okusumû:rrwa or okusumu:rûrwa pass.   "to be undone, to be dismounted"
(15) a. okubohô:rra <*okuboho:rôra   "to undo, to untie"
     b. okubohô:rrwa or okuboho:rôrwa pass.   "to be undone, to be untied"

One should note that by dropping a vowel between two **r**'s the resulting **rr** is considered one single segment. Thus, for example, **rra** forms one syllable. This is attested by the shift of the high tone one syllable to the left (cf. 12a. ***okwa·burûra>okwa·bû:rra**), high tone being always placed on the penultimate syllable before pause in verb infinitives.

Concerning the vowel length before and after **rr**, we transcribe it long, differently from our treatment of Rutooro.

(16) a. omú:rró: kî?   "what kind of fire?"
     b. empá:rrá: kî? "what kind of large locust?"

2.1.5. ny

The letter **ny** represents one single consonant [ɲ], not a combination of the two segments **n**

[n] followed by **y** [j] (17). The combination **n** [n] plus **y** [j] is indicated by **ni** even in syllables in which **i** is not syllabic and followed by another vowel, forming one syllable (18).

(17) a. enyîːndo [eɲîːndo] 9,10   "nose"
     b. munyaːnya nyówê [muɲaːɲa ɲówê] 1   "my sister"
     c. okutôːnya [okutôːɲa]   "to fall in droplets"
(18) a. omuniongóːrrô [omunjoŋgóːrrô] 3   "earth worm"
     b. okúnía [okúnjâ]   "to defecate"
     c. êːnio [êːnjo] 9, amânio [amânjo] 6   "buttocks"

2.2. Vowels

Runyoro has five short vowels and five corresponding long vowels. It also has four diphthongs.

2.2.1. Short vowels

The five short vowels are organized by the features [high] and [back] of the tongue as in (19). Although we notice, as in Rutooro, devoicing of vowels between voiceless consonants and before pause, for example, **okútû** [okút̥û̥] 15, **amátû** [amát̥û̥] 6 "ear," the centralization of the vowel **i**, for example, **omutíma** [omutɨ́ma] 3, **emitíma** [emitɨ́ma] 4 "heart" in Rutooro, is not pronounced in Runyoro.

(19)   front   back
     high   i   u
     mid   e   o
     low   a

2.2.2. Long vowels

Runyoro has five long vowels (marked with the symbol ː), each corresponding to its short counterpart.

(20)   front   back
     high   iː   uː
     mid   eː   oː
     low   aː
(21) a. okusâba   "to ask, to pray"
     b. okusâːba   "to be stuck in mud"
(22) a. omusêzi 1,2   "night dancer"
     b. omusêːzi 1,2   "who overcharges"

It is to be noted that long vowels, phonemic or phonetic (see below), do not always show up long. One should pay particular attention to word-final vowels because in prepausal position long vowels are never realized long.

(23) a. obugumi:sirîza 14   "patience"
     b. obugumi:siríza bwâ:nge   "my patience"
     c. búnu bugumi:sirízá: kî?   "What kind of patience is this?"

We see the final vowel **a** of **obugumi:sirîza** "patience" is short in isolation (23a). It is also short when modified by the possessive adjective **bwâ:nge** "my" (23b). But it becomes long in (23c), in which it is located in pause-penultimate position, being followed by the particle **kî** "what kind of?" forming thus one tone phrase with high tone on it. This means that the final vowel **a** of **obugumi:sirîza** is phonemically long but its quantity is latescent in environments other than pause-penultimate position.[3]

As words appear in many cases in isolation, the underlying quantity of the final long vowels is being lost in the languages of this area. Among the related languages, Ruhaya of Tanzania still keeps the original length of vowels relatively well. In Ruhaya seemingly short vowels which came from original two vowels (by glide formation and compensatory lengthening followed by spirantization) keep their quantity even in non-pause-penultimate position, as (24b) indicates (recall that the stem **-so** of "forehead" is derived from *-**tio**). But in Tooro and Nyoro such vowels have almost completely lost their trace as two vowels; we only find short vowels except for a small number of words where the vowel leaves its trace as a semivowel as in (25b). For this reason the environment of pause-penultimate position where the vowel quantity emerges in Runyoro is particularly important. See the Nyoro example of (24c).

(24)   Haya   Tooro   Nyoro
   a.   obúso 14   obúso 14   obúsô 14   "forehead"
   b.   okusó: bwa:nge obuso bwá:nge   obúsó bwâ:nge   "my face"
   c.   búnu busó: ki? búnu búsó kî?   búnu búsó: ki?   "What kind of forehead is this?"
(25) a.   ebíkya 8   ebíkyâ 8   "neck"
     b.   ebikya byá:nge ebíkyá: byâ:nge "my neck"
     c.   bínu bikyá: ki? bínu bíkyá: kî? "What kind of neck is this?"

2.2.3. Vowel lengthening

In addition to phonemic long vowels, vowels become long for phonetic and morphological reasons.

2.2.3.1. By glide formation and compensatory lengthening

The high vowels **i** and **u** desyllabify and become a glide when followed by a nonidentical vowel, and this following vowel is lengthened by compensation. When the high vowels **i** and **u**

---

[3] This is the main reason why the one-syllable particle **ki** "what kind of?" is attached every time to a word to determine whether the final vowel of the word is underlyingly long or not.

are followed by an identical vowel, they are just lengthened. However, full lengthening of vowels (of two moras) is realized only when they are in pause-penultimate position and high tone falls on them (26). The lengthening is not full, but half-long, in other positions (27), and vowels remain short in the prepausal position (28). When vowels are not fully long, they are marked with a half-long mark (ˑ) except when two identical vowels are concatenated, in which case the symbol (ː) are used.

(26) a. o-mu-ána [omwâːna] 1, a-ba-ána [abâːna] 2   "child"
      b. e-ki-oyá [ekyóːyâ] 7, e-bi-oyá [ebyóːyâ] 8   "body hair"
(27) a. o-mu-amúzi [omwaˑmûzi] 1, a-ba-amúzi [abaˑmûzi] 4   "rain stopper"
      c. o-ku-e-síg-a [okweˑsîga] refl.   "to be confident"
(28) a. o-mu-túe [omútwê] 3, e-mi-túe [emítwê] 4   "head"
      b. o-ku-hík-i-a [okuhîkya] caus.   "to deliver"

2.2.3.2. By vowel elision

Long vowels come into being by vowel elision, too. In (29b) the vowel **i** is followed by the vowel **a** and it elides.

(29) a. nagêːnda <n-a-génd-a   "I have been going."
      b. n'aːgéːndâ <ni a-gend-á   "He is going."

2.2.3.3. Before nasal clusters

Vowels lengthen before a nasal cluster. But vowel lengthening is full (of two moras) only when vowels are in pause-penultimate position (30a,c). In other positions vowels are half-long (30b,d,e), or hardly long (30f).

(30) a. omugôːngo 3, emigôːngo 4   "back"
      b. ekisoˑngêzo 7, ebisoˑngêzo 8   "dog-tooth"
      c. okugâːmba   "to say, to speak"
      d. agaˑmbírê   "He has said."
      e. okukuˑnkumûra   "to shake off dust"
      f. endâgu 9,10   "divination"

2.2.3.4. Before and after *rr*

See 2.1.4.2.

2.2.3.5. By particular tone patterns

Some long (and half-long) vowels are induced by particular tonal contexts. This is particularly the case of the HL tone pattern. In two-syllable words, if the tone pattern is HL and the syllable structure is VCV, then the first vowel is realized long, in contrast with the CVCV structure in which the first vowel is short (31). It is interesting to see in this respect that the

V:CV pronunciation becomes VCV when the first vowel is not in pause-penultimate position (32b).

(31) a. óːhâ 1   vs.   báhâ 2   "who"
     b. áːtâ 1   vs.   bátâ 2   "how"
     c. êːnu 9   vs.   zînu 10   "this"
(32) a. ôːbu   "when, if"
     b. obu ngeˑnzerége omutáuni   "when I went to the town"

2.2.3.6. By two consecutive nasals

Long vowels can also be induced by two consecutive nasals. (33b) has the object prefix **N** "me" before the radical **-mig-** "to squeeze." This **N** becomes **m** by assimilation to the following **m**. The resulting two consecutive **m**'s have the effect of lengthening the preceding vowel **u**, with themselves becoming one single **m**. Likewise in (34b) the **u** of **ku** is realized long with the object prefix **N** "me". It is to be noted that when the object prefix is not a nasal, this lengthening does not occur (33c, 34c).

(33) a. okumîga   "to squeeze"
     b. okuːmîga < oku-m-mîga < oku-N-mîga   "to squeeze me"
     c. okutumîga   "to squeeze us"
(34) a. okunôba   "to dislike"
     b. okuːnôba < oku-n-nôba < oku-N-nôba   "to dislike me"
     c. okutunôba   "to dislike us"
(35) a. tiːmanyírê <ti m-many-írê < ti N-many-írê   "I don't know."
     b. niziːmígâ <ni zi-n-míg-â <ni zi-N-míg-â   "They (=my shoes) squeeze me."

2.2.3.7. By imbrication

Some imbrication processes can also give rise to long vowels. In (36b) the **r** of the applicative **-ir-** drops and the resulting two consecutive **i**'s are responsible for the long [iː].

(36) a. njwaˑhírê <N-jwah-ire   "I am tired."
     b. njwaˑhíːrê <N-jwah-ir-ire *appl.* "I am exhausted."

2.2.4. Diphthongs

Runyoro has four diphthongs, namely **ai**, **oi**, **au** and **ei** as in (37).

(37)   front   back
  high   i   u
  mid   e   o
  low   a

The first two are common whereas the last two are of limited use. The diphthong **au** is found in only three loanwords, all from English (40). The sequence **ei** yields [iː] in most cases, but [ei] is also heard in some cases (41). First, concerning the sequence **ei** of the class 5 augment **e-** followed by the noun prefix **i-**, many Hoima residents pronounce it as [iː]. Still, there are a good number of people who pronounce it as [ei]. According to our informants, the pronunciation [ei] is felt old and colloquial.

Inside verbs, too, the sequence **ei** normally yields [iː] (41d). But some words are pronounced in two ways (41e), with one exception **okuséisa** (41f) where the sequence **ei** is always pronounced as [ei] (maybe because if **ei** becomes [iː] the verb would be confusable with **okusîːsa** "to spoil, to waste").

Concerning the sequence **ei** of the class 9 verb subject prefix **e-**, followed by the radical-initial **i**, it normally realizes as [ei] (41g,h) even among those who usually uses [iː] for the sequence of the class 5 augment **e-** followed by the noun prefix **i-**. Also, the class 10 augment **e-**, followed by the class 10 numeral prefix **i-** gives rise to [ei], not [iː] (40i,j).

These vowel sequences are considered diphthongs because the two concatenated vowels behave together as one unit. Thus, for example **ái** of **amáizi** 6 "water" is realized with falling tone in isolation just as the **ô** of the word **amasôke** 6 "hair" in isolation. In other circumstances where this **ô** becomes **ó** with high tone, **ái** of **amáizi** 6 "water" is also realized with high tone **áí**.

(38) ai a. amáizi 6   "water"
         b. omusáija 1, abasáija 2   "man"
         c. omukaikûru 1, abakaikûru 2   "old woman"
         d. áínê   "he/she has"

(39) oi a. ekiːnóino 7, ebiːnóino 8   "first tooth of a baby"
         b. enoijôro 9,10   "sickle with a short handle"
         c. okubóija   "to pick white ants coming out from the ground"
         d. guhóírê   "It (cl.3) has finished."

(40) au a. ráunda 9,10   "circle" <Eng. round
         b. etáuni 9,10   "town" <Eng. town
         c. etáulo 9,10   "towel" <Eng. Towel

(41) ei a. iːzôːba 5 or eizôːba 5   "sun"
         b. iːbâːle 5 or eibâːle 5   "stone"
         c. akakéije 12, obukéije 14   "small sardine"
         d. a-mu-gend-er-ire > a-mu-gend-eø-ire > amugeⁿdíːrê   "He has gone for him."
            he-him-go-for-Perf
         e. okuseⁿgîːja or okuseⁿgéija   "to fiter"
         f. o-ku-se-is-a> okuséisa   "to use sth to grind"
            aug-NPr(cl.15)-grind-Caus-Fin
         g. páipu e-igarr-ire> páipu eigalíːrê   "The pipe is blocked."
            pipe(cl.9) it(cl.9)-block-Perf
         h. e-it-u-ire John> e-is-irue John> eisiːrwe John   "It has been killed by John."

    it(cl.9)-kill-Pass-Perf John
 i. embúzi e-i-bîri   "the two goats"
    goat(cl.10) aug(cl.10)-NPr(cl.10)-two
 j. embúzi e-i-sâtu   "the three goats"
    goat(cl.10) aug(cl.10)-NPr(cl.10)-three

2.2.5. Two-mora restriction

Nyoro syllables can support two moras maximally. In (42), compensatory lengthening occurs following high vowel elision (42a,b) or glide formation (42c,d) but the resulting syllables are always of two moras regardless of the number of the syllables involved.

(42) a. 2 moras > 2 moras : ni ogéːndâ → nʼoːgéːndâ   "You (sg.) are going."
     b. 3 moras > 2 moras : ni óíjâ → nʼóíjâ   "You (sg.) are coming."
     c. 3 moras > 2 moras : ekitábu kia ikûmi → ekitábu kyaikûmi "the tenth book"
     d. 4 moras > 2 moras : ebíró bia îːra → ebíró byáira   "old days"

Sometimes in order to keep respective vowels, a **y**-glide is inserted, especially when three vowels are concatenated (43a,b). However, even with two vowels, **y**-insertion occurs. See (43c) in which **y** is inserted in order to keep the vowel **a** of the subject prefix (*a-e>eː). But in (43d,e) **y**-insertion does not occur though the verb is the same. In (43d) **ba-e** gives [beː] but because of **b** we understand that it is the 3rd person plural subject prefix **ba-** which is involved. In (43e) where only two vowels are concatenated, no **y** is necessary to keep the vowel.

(43) a o-ku-e-ombek-er-a > okweˑyoˑmbekêra   "to construct for oneself"
     b. n-ki-a-og-a > nkyaˑyôga   "I am still bathing."
     c. a-ebemb-er-ire > ayebeˑmbíːrê   "He is leading."
     d. ba-ebemb-er-ire > beːbeˑmbíːrê   "They are leading."
     e. o-ku-e-bember-a > okweˑbeˑmbêra   "to lead"

2.3. Tone

Nyoro has two basic tones, high (marked with an acute accent over the segment **á**) and low (no marking). Falling tone (marked with a circumflex over the segment **â**) and rising tone (marked with a reverse circumflex over the segment **ǎ**) also appear in some circumstances. Downstep high also appears (marked with !) in some verb conjugations.

High and falling tones usually appear on vowels, but nasals can also support them.

(44) tones appearing on nasals
    a. ḿbwâ   "It is a dog./They are dogs." cf. éːmbwâ 9,10 "dog"
    b. ńjû   "They are white hair." cf. éːnjû 10 "white hair"
    c. ñ̂da   "It is an abdomen./They are abdomens." cf. êːnda 9,10 "abdomen"
    d. ñ̂go   "It is a leopard./They are leopards." cf. êːngo 9,10 "leopard"

2.3.1. Lexical tone

In contrast to Tooro which has lost its lexical tone, Nyoro keeps its lexical tone. In (45) some minimal pairs by tone are given.

(45) a. êːnda 9,10 "abdomen"
     éːndâ 9,10 "louse, lice"
  b. ekitêbe 7, ebitêbe 8 "school class"
     ekitébê 7, ebitébê 8 "big chair"
  c. êːngo 9,10 "leopard"
     éːngô 10 "fence (pl.)"
  d. ekyêːnda 7, ebyêːnda 8 "intestine"
     ekyéːndâ 7, ebyéːndâ 8 "ninety"
  e. enjûma 9 "abuse"
     enjúmâ 10 "pip"

2.3.2. Grammatical tone

Tone not only functions lexically to differentiate lexical items, but also grammatically to differentiate some otherwise identical syntactic constructions.

(46) a. ageˑnzêre "he who has gone"
        ageˑnzérê "He has gone."
     b. tuːkugêːnda "We are going."
        tuːkugéːndâ "We may go."
     c. ekitábu kyâːnge "my book"
        ekitábu kyáːngê "The book is mine."

2.3.3. Tonal patterns of nominals

The appearance of tones is restricted in Nyoro. With respect to nominals, Nyoro has only two tonal patterns underlyingly, namely penultimate high (pattern A) and ultimate high (pattern B), regardless of the length of syllables which constitute words.[4]

(47) pattern A nouns
     underlying   phonetic
  a. /obúne/ 14   →   obûne   "liver"
  b. /omukíra/ 3   →   omukîra   "tail"
  c. /akanenéro/ 12 →   akanenêro   "cheek bone"
  d. /ekikarajája/ 7 →   ekikarajâja   " rough skin"
  e. /amatangatangáno/ 6 → amataˑngataˑngâno "crossroads"

---

[4] Verb forms have other patterns because verb elements can have tone of their own.

(48) pattern B nouns

	underlying		phonetic	
a.	/omutwé/ 1	→	omútwê	"head"
b.	/ekihuká/ 7	→	ekihúkâ	"insect"
c.	/ekikomerá/ 7	→	ekikomérâ	"cow market"
d.	/orukubebé/ 11	→	orukubébê	"species of termite"
e.	/akagongabahará/ 12	→	akagˑongabahárâ	"flycatcher"

2.3.4. Realisations of tones

As can be seen from (47) and (48), Nyoro underlying tone does not manifest itself *per se* on the surface; underlying high tone shows up in a different location and/or in a different way on the surface from the original one. In isolation, for example, the penultimate H of pattern A nouns is realized F, and the ultimate H of pattern B nouns is anticipated by one syllable to the left and leaves its trace as a falling tone in the original ultimate syllable.

The underlying tone is obtained by putting a modifying adjective after the noun, thus eliminating pause which gives an intonational effect to the noun. In (49) and (50) nouns are followed by the possessive adjective **-ánge** "my", forming noun phrases meaning "my ~". Hyphens are inserted in underlying forms to indicate morphemic boundaries. It is clear there that H is in the penultimate syllable for pattern A nouns, and also that H is in the ultimate syllable of the nouns for pattern B nouns. We see that for pattern B nouns the anticipated H remains in the penultimate syllable of the word when modified by an adjective.

(49) pattern A nouns

	underlying		phonetic	
a.	/o-bú-ne buánge/ 14	→	obúne bwâːnge	"my liver"
b.	/o-mu-kíra gu-ánge/ 3	→	omukíra gwâːnge	"my tail"
c.	/a-ka-nenéro ka-ánge/ 12	→	akanenéro kâːnge	"my cheek bone"
d.	/e-ki-karajája ki-ánge/ 7	→	ekikarajája kyâːnge	"my rough skin"
e.	/a-matangatangáno ga-ánge/ 6	→	amataˑngataˑngáno gâːnge	"my crossroads"

(50) pattern B nouns

	underlying		phonetic	
a.	/o-mu-twé gu-ánge/ 1	→	omútwé gwâːnge	"my head"
b.	/e-ki-huká ki-ánge/ 7	→	ekihúká kyâːnge	"my insect"
c.	/e-ki-komerá ki-ánge/ 7	→	ekikomérá kyâːnge	"my cow market"
d.	/o-ru-kubebé ru-ánge/ 11	→	orukubébé rwâːnge	"my species of termite"
e.	/a-ka-gongabahará ka-ánge/ 12	→	akagoˑngabahárá kâːnge	"my flycatcher"

2.3.5. H tone anticipation

H tone anticipation is a wide spread rule, found not only in Runyoro but in other Bantu languages of the area. In Runyoro it particularly applies to pattern B nouns, but it is often seen to apply to pattern A nouns as well (51).

(51) a. ekisasâra 7, ebisasâra 8 or ekisásâra 7, ebisásâra 8   "honeycomb"
    b. ekisasára kyâ:nge   ekisasára kyâ:nge   "my honeycomb"
    c. kínu kisasára   kínu kisására   "This is honeycomb."
    d. kínu kisasárá kî?   kínu kisásárá kî?   "What kind of honey-comb is this?"
    e. ekisasára kyá:ngê   ekisasára kyá:ngê   "The honeycomb is mine."

"Honeycomb", for example, is pronounced in Nyoro either as **ekisasâra** 7/8 or **ekisásâra** 7/8 (51) in isolation. The former is an orthodox pronunciation and the latter is a casual pronunciation in which the original penultimate H is realized F and is anticipated at the same time by one syllable to the left. In other contexts than isolation, the effect of H tone anticipation is also seen; in (51c) when the noun is used as a predicate and in (51d) when the noun is followed by the monosyllabic particle **ki** "what kind of?". But in (51b) where the noun is modified by the possessive adjective **-ánge** "my" and in (51e) where the noun is used as the subject of a sentence, H tone anticipation does not work.

H tone anticipation also applies to verb infinitives, which have a tone A pattern.

(52) a. okurûga   or   okúrûga   "to come from a place"
    b. okuramâga   okurámâga   "to go to war"
    c. okujuna:nízîbwa   okujuna:nízîbwa "to be responsible"
    d. okubûra   okúbûra   "to get lost"

Currently the effect of H tone anticipation is limited for pattern A nouns in Runyoro (at least in the Hoima dialect).[5]

3. Noun classes

Runyoro nouns are classified into 18 classes according to their grammatical characteristics. The classes are enumerated from 1 to 18. Normally, two classes are paired to indicate the singular and the plural of a noun. Thus, we have the main pairs as shown in (53). (For minor pairs, see 55).

Class 1 and class 2 have a subclass, 1*a* and 2*a*, respectively. Classes 1*a* and 2*a* nouns do not take an augment. Class 14 can be either the plural of class 12, or the singular of the plural class 6. Class 13 (plural) is uniquely used as a diminutive class (except one noun **otúrô** "sleepiness" which is inherently in class 13). Class 12 and its plural class 14 can also be used as diminutive classes, but this is not always the case; some words are inherently in classes 12 and 14. Some nouns of class 6 and 14 are used only in these classes, and do not have a corresponding plural or singular counterpart. Classes 16, 17 and 18 are so-called locative classes. Verb infinitives are categorized as nouns (gerunds) of class 15. Class 15 also contains some body parts nouns.

---

[5] For a more detailed discussion see Kaji (in preparation *a*). Data are needed from other dialects, especially from Masindi.

(53)   singular   plural
         1 ——————— 2
        1a ——————— 2a
         3 ——————— 4
         5 ———╮
         7   6
         9 ———┤── 8
        11   ╱ ── 10
        12 ──┼── 14
              ╲   13
        14 ╱
        15
        16
        17
        18

(54) class   singular   class   plural
     1.   omû:ntu   2.   abâ:ntu   "person"
             omusáija   abasáija   "man"
     1a.   nyôko   2a.   ba:nyôko   "your mother"
             ma:rûmi   ba:ma:rûmi   "my maternal uncle"
     3.   omútî   4.   emítî   "tree"
             omumîro   emimîro   "throat"
     5.   i:tâma or eitâma   6.   amatâma   "cheek"
             i:bâ:le or eibâ:le   amabâ:le   "stone"
             erî:so   amáiso   "eye"
                                           amátâ   "milk"
     7.   ekî:ntu   8.   ebî:ntu   "thing, object"
             ekitâbu   ebitâbu   "book"
             ekíjû   ebíjû   "big house, strange house"
             cf. é:njû 9,10 "house"
     9.   embûzi   10.   embûzi   "goat"
             engôma   engôma   "drum"
     11.   orulîmi   10.   endîmi   "tongue"
             orugôye   engôye   "cloth, clothes"
             orújû   "big house (bigger than ekíjû 7)"
             cf. é:njû 9,10 "house"
     12.   akâ:ntu   14.   obû:ntu   "small object"
             akataˑndâ:ro   obutaˑndâ:ro 14 "platform to dry kitchen utensils"
                                   13.   otû:ntu   "tiny object"
                                           otúrô   "sleepiness"
     14.   obulêmu   amalêmu   "war, battle"

	obugêzi		amagêzi	"cleverness, wisdom"
	obukô:to			"bigness"
	obukâma			"kingdom"
15.	okugûru	6.	amagûru	"leg"
	okútû		amátû	"ear"
	okugâ:mba			"to speak, to talk"
	okukôra			"to do, to work"
	okúlyâ			"to eat"
16.	hámû			"together"

    cf. -mû adj. "one"

	harubâju			"beside"

    cf. orubâju 11,10 "rib, side"

| 17. | kurú:ngî | | | "in a good way, well" |

    cf. -rú:ngî adj. "good"

| | kúbî | | | "badly" |

    cf. -bî adj. "bad"

| 18. | omutáuni | | | "in the town" |

    cf. etáuni 9,10 "town"

| | omú:njû | | | "in the house" |

    cf. é:njû 9,10 "house"

We see minor pairings, like those listed in (55). Some nouns are used in two classes without a difference in meaning. See (56) where the meaning for "canoe (sg.)" is expressed either by **eryâ:to** 6 or **obwâ:to** 14, and the meaning for "vultures (pl.)" by **esêga** 10 or **amasêga** 6 without any difference in meaning.

(55)	class	singular	class	plural	
	1.	omuzigáijo	4.	emizigáijo	"the first born child"
	3.	omûcwe	8.	ebîcwe	"soup, broth"
	9.	enyetwâ:ra	4.	emye·twâ:ra	"character of a person"
(56)	5.	eryâ:to or 14. obwâ:to	6.	amâ:to	"canoe"
	9.	esêga	10.	esêga or 6. amasêga	"vulture"

All the class prefixes are listed in (57), together with the initial vowels (augments). The vowel of the augment harmonises with the vowel of the prefix. That is, the vowel of the augment is **o-** when the vowel of the prefix is **u**; the vowel of the augment is **e-** when the vowel of the prefix is **i**; the vowel of the augment is **a-** when the vowel of the prefix is **a**. There are two variants in class 5; its augment is always **e-**, but its noun prefix is **-i-** when used with vowel-initial stems and **-ri-** when used with consonant-initial stems. As said earlier, the sequence **e-i-** of the augment and the noun prefix remains [ei] for some people, but it gives [i:] for some other people. Thus, for instance, the word "cheek" is pronounced **eitâma** by some people and **i:tâma** by some other people. It is generally considered that the pronunciation **eitâma** is colloquial, and the pronunciation **i:tâma** is more orthodox. In this vocabulary only the forms with **i:-** are listed.

(57)	class	augment	nominal prefix.
1	o-	mu-
1a	zero	zero
2	a-	ba-
2a	zero	ba:-
3	o-	mu-
4	e-	mi-
5	e-	i- > ei- or i:-
	e-	ri-
6	a-	ma-
7	e-	ki-
8	e-	bi-
9	e-	N-
	e-	zero
10	e-	N-
	e-	zero
11	o-	ru-
12	a-	ka-
13	o-	tu-
14	o-	bu-
15	o-	ku-
16	a-	ha-
17	o-	ku-
18	o-	mu-
(19	e-	i-)

4. Verb derivation

Representative verb derivational suffixes of Runyoro are in (58). The list is not exhaustive. There are some others which are used with only a few number of radicals. Note that all the derived forms do not necessarily have their basic form without any suffix.

In (58), the two forms separated by a slash are those alternating according to vowel harmony. Forms with /i/ are used with a radical having /a/, /i/ or /u/, and forms with /e/ with a radical having /e/ or /o/, except that **-uk-** and **-ul-** are used even after radicals having /e/.

(58) a. -ir-/-er- applicative (benefactive, locative, etc.)
            okucû:mba "to cook"   okucu:mbîra "to cook for sb, or in a pan, etc."
      b. -i- ; -is-/-es- causative, instrumental

       okuhîka "to arrive"   okuhîkya "to deliver, to hand over"
       okucûːmba "to cook"   okucuˑmbîsa "to make sb cook, to use sth to cook"

c. -u- ; -ibw- passive, possible
       okucûːmba "to cook"   okucûːmbwa "to be cooked by sb"
       okúlyâ "to eat"   okulîːbwa "to be eaten by sb, to be edible"

d. -uk-/-ok- or -uːk-/-oːk- intransitive, -ur-/-or- or -uːr-/-oːr- transitive
       (okutâːga is not used)   okutaːgûka "to tear (intr.)"
                                      okutaːgûra "to tear (tr.)"
       (okuhûːmba is not used) okuhuˑmbûːka "to revive (intr.)"
                                          okuhuˑmbûːra "to revive (tr.)"

e. -uk-/-ok- reversive intransitive, -ur-/-or- reversive transitive
       okuhâba "to get lost"   okuhabûra "to put sb in the right way"
                                          okuhabûka "to come back from the wrong way"

f. -ik-/-ek- neutral (potential, state)
       okutûːnga "to obtain"   okutuˑngîka "to be obtainable"
       okukûba "to fold"   okukubîka "to be foldable"

g. -ik-/-ek- positional transitive
       okusîba "to tie"   okusibîka "to put in a tied position, to tie"
       okútâ "to put"   okutêːka "to put in a position"

h. -angan- or -an- reciprocal, associative
       okugôːnza "to like"   okugoˑnzaˑngâna "to like each other"
       okukôra "to work"   okukoraˑngâna "to work in collaboration"
       okutomêra "to collide"   okutomerâna "to collide with each other"
                                          okutomeraˑngâna "the same as the preceding"

i. -ar- intransitive
       okusîga "to leave behind" okusigâra "to remain behind"
       okudôːma "to pour liquid wastefully" okudoːmokâra "to spill (intr.) wastefully"

j. -am- intransitive positional
       (okusîta is not used)   okusitâma "to squat"
       (kukûna is not used)   okukunâma "to stoop projecting the buttocks"

k. -urr- (<-urur-)/ -orr- (<-oror-) reversive transitive, -uruk-/-orok- revesive intransitive
       okuzîːnga "to wind up"   okuziˑngûːrra "to disentangle"
                                          okuziˑngurûka "to become disentangled"

l. -iriz-/-erez- insistent
       okuhoˑndêra "to follow sb" okuhoˑndererêza "to follow sb wherever he goes"
       okwôːma "to be dry"   okwoːmeserêza "to dry carefully"

m. -iːriz-/-eːrez- repetitive
       okusâba "to ask   okusabiːrîza "to beg"
       okusêka "to laugh"   okusekeːrêza "to laugh repeatedly"

n. -aniz- repetitive
       okuháisa "to praise"   okuhaisanîza "to praise repeatedly"

| | okuhî:ga "to hunt" | okuhi:ganîza "to hunt repeatedly" |

o. -irr-/-err- intensive
    okunûra "to be sweet"   okunulî:rra "to be excessively sweet"
    okurûka "to name"   okurukî:rra "to give a nick-name"

In addition to those listed above, the following two morphological processes can also be treated under the same cover. It is to be noted that when the stem is duplicated, the final vowel of the former stem is usually lengthened.

p. -e- reflexive
    okuserêka "to hide"   okwe·serêka "to hide oneself"

q. duplication of the stem
    okukôma "to pick up"   okukoma:kôma "to pick up (grains on the ground)"
    okusâra "to cut with a knife" okusara:sâra to cut into piepces with a knife

(59) is a set of four verbs of "to close" and "to open" of both transitive and intransitive usages, produced by combination of reflexive, reversive intransitive and reversive transitive.

(59)   okukî:nga   <o-ku-king-a   basic   "to close (vt)"
       okwe·kî:nga   <o-ku-e-king-a   reflexive   "to close (vi)"
       okuki·ngû:ka   <o-ku-king-u:k-a   reversive intransitive   "to open (vi)"
       okuki·ngû:ra   <o-ku-king-u:r-a   reversive transitive   "to open (vt)"

5. Verb conjugations

Nyoro verb conjugations are of two types, i.e. simple forms and compound forms. Most verb forms are simple forms, which consist of one verb form. Yet some are compound forms which are composed of two verb forms, both conjugated in one way or another. In this introduction we will only concerned with basic simple forms.[6]

5.1. Morphological structure of verbs

Simple forms have the following structure (60). The elements indispensable to constitute a verb form are SPR, TAM, RAD and FIN.

(60)   CLIT SPR-TAM-(OPR)-RAD-EXT-SUF-PREFIN-FIN CLIT
       CLIT   : clitic
       SPR   : subject prefix (see No.1225 in the main section of the vocabulary.)
       TAM   : tense, aspect, mood marker
       OPR   : object prefix (see No.1225 in the main section of the vocabulary.)

---

[6] For more details, I refer the reader to another book (in preparation b) which deals with verb conjugations in full description.

RAD : radical
EXT : formal extension
SUF : derivational suffix (see Section 4 of this Introduction)
PREFIN : prefinal
FIN : final

5.2. Sample conjugations

As an example (61) is given which indicates present progressive forms of **okugê:nda** "to go" in the affirmative (I am going…) and in the negative (I am not going…). For the negative, two forms are used; **tí:nkugê:nda** etc. are abbreviations of **tí:ndúkugê:nda**, etc.

(61) present progressive of **okugê:nda** "to go"

	[affirmative]		[negative]	
	sg.	pl.	sg.	pl.
1stPers	nkugê:nda	tu:kugê:nda	tí:nkugê:nda	titú:kugê:nda
2ndPers	okugê:nda	mu:kugê:nda	t'ó:kugê:nda	timú:kugê:nda
3rdPers	akugê:nda	ba:kugê:nda	t'á:kugê:nda	tibá:kugê:nda
			/ tí:ndúkugê:nda	titúrúkugê:nda
			t'órúkugê:nda	timúrúkugê:nda
			t'árúkugê:nda	tibárúkugê:nda

(62) is near past and resulting state forms of **okugê:nda** "to go" in the affirmative (I have gone…) and in the negative (I have not gone…).

(62) near past and resulting state of **okugê:nda** "to go"

	[affirmative]		[negative]	
	sg.	pl.	sg.	pl.
1stPers	nge·nzérê	tuge·nzérê	ti·nge·nzérê	tituge·nzérê
2ndPers	oge·nzérê	muge·nzérê	t'oge·nzérê	timuge·nzérê
3rdPers	age·nzérê	bage·nzérê	t'age·nzérê	tibage·nzérê

As in (63), verbs change their forms when relativized (i.e., the person has gone… vs. the person who has gone…), and when subordinated (i.e, the person has gone… vs. when the person has gone…), etc.

(63) a. Age·nzérê   "He has gone."
     b. omú:ntu age·nzêre   "the person who has gone"
     c. obu age·nzérê   "when he has gone"
     d. kakúbá age·nzêre   "if he has has gone"

6. Organization of the vocabulary

In this vocabulary, Runyoro words are listed in a semantic order, starting from No.1 "head" to No.1308 "formulas before and/or after the meal." Thus, each entry is numbered from 1 to 1308. This listing system follows that used in my *Runyankore Vocabulary* and *Rutooro Vocabulary*, but adjusted to Nyoro realities. The numbers function as the reference numbers when the reader seeks the meaning of Runyoro words encountered. The reader first looks for the word in the Runyoro index and finds it, then he looks it up in the main section of the vocabulary by referring to the reference number indicated. English and Japanese indexes are prepared in order to search for a Runyoro word from its meaning.

In the main section (English–Japanese–Runyoro part) of the vocabulary, after the reference number (①) is an English word (②) followed by a Japanese equivalent (③). On the second line, the singular (④) is provided in the case of a noun with its class number (⑤), then the corresponding plural (⑥) with its class number (⑦). On the third line (⑧) is the form "one ~ " ("one head" in this example). The fourth line (⑨) is the form "my ~" ("my head" in this example). The fifth line (⑩) indicates the sentence "This is a ~." ("This is a head." in this example). The form on the sixth line (⑪) means "What kind of ~ is this?" ("What kind of head is this?" in this example). The sixth line (⑫) means "The ~ is mine." ("The head is mine." in this example).

(64)   ① 1. ② head / ③ 頭
       ④ omútwê ⑤ 3, ⑥ emítwê ⑦ 4
       ⑧ omútwé gúmû
       ⑨ omútwé gwâːnge
       ⑩ gúnu mútwê
       ⑪ gúnu mútwéː kî?
       ⑫ omútwé gwáːngê

Explications:
   ① reference number
   ② English
   ③ Japanese
   ④ Runyoro word in the singular
   ⑤ class number of the singular
   ⑥ Runyoro word in the plural
   ⑦ class number of the plural
   ⑧ noun phrase "one ~ " ("one head" in this example)
   ⑨ noun phrase "my ~ " ("my head" in this example)
   ⑩ sentence "This is a ~." ("This is a head." in this example)
   ⑪ sentence "What kind of ~ is this?" ("What kind of head is this?" in this example)
   ⑫ sentence "The ~ is mine." ("The head is mine." in this example)

By placing a noun in different contexts one can know the pronunciations that cannot be heard in isolation. In this example, the word "head" is pronounced **omútwê** in isolation, but its final vowel **e** is underlyingly long. This can be verified with the particle **kî** "what kind of?" when it follows the noun, thus putting the vowel in pause-penultimate position, **gúnu mútwé: kî?** "What kind of head is this?" This means that the final vowel of this word is underlyingly long, but realized short in prepausal position. By putting a modifying adjective after the noun, the grammatical class of the noun is determined, which the noun itself does not necessarily indicate with its prefix. Most adjectives are composed of a stem preceded by a class prefix, and this class prefix changes according to the grammatical class of the noun it modifies. Various environments of a noun also make clear the grammatical function of tone.

The same thing applies to the verb. See (65). The required Runyoro form is indicated on the second line in its infinitive form. Some derivational forms may be listed below it with the derivational meaning. Japanese translations are reduced to a minimum in order not to load the text.

(65) ① 646. ② to call / ③ 呼ぶ
　　　④ 1) ⑤ okwê:ta : ⑥ to call
　　　　　⑦ okwê:twa ⑧ pass. : ⑨ to be called by sb
　　　　　⑦ okwe.ta.ngâna ⑧ recipr. : ⑨ to call each other
　　⑩ ☆⑪ okwé:ta omû:ntu i:bâra : ⑫ to call a person by his/her name
　　⑩ ☆⑪ Okwé:twa kwa. Ruhá:ngá kuróhó ebíró byô:na. : ⑫ Being called by God is an everyday matter. (We should be prepared for death.)
　　　⑬ 2) ⑤ okwa.mî:rra : ⑥ to call sb from a distance loudly
　　　　　⑦ okwa.mî:rrwa ⑧ pass. : ⑨ to be called by sb from a distance loudly
　　⑭ a. ② not able to utter the name / ③ 名前を呼ぶことができない
　　　⑤ okuta:túra omû:ntu i:bâra
　　　⑮ N.B. Senior people cannot be called by their names. Pet names or some titles are used instead.

Explications:
　① reference number
　② English
　③ Japanese
　④ first Runyoro possibility or synonym
　⑤ required Runyoro verb
　⑥ meaning (whenever there are synonyms or other possibilities, the meaning of the word is indicated anew)
　⑦ derivational verb
　⑧ derivational suffix in abbreviation
　⑨ meaning of the derivational verb
　⑩ example mark
　⑪ example phrase or sentence
　⑫ meaning of the example

⑬ the second possibility or synonym
⑭ related word
⑮ extra information about the usage of the word in question or cultural information about the word

I have presented the series of changes caused by grammar, not only for verbs but also for other categories of words. In sum, this is not a usual vocabulary book to find the meaning of words, but rather it is designed to allow the user to become familiarized with the language with ample syntactic data with tone, which eventually can be used for linguistic analysis.

7. Differences between Tooro and Nyoro

As stated earlier, the difference between Tooro and Nyoro is very small. Still there are differences, and no words, however similar, are pronounced in the same way in Tooro and Nyoro (except for a small number of words listed in (70)). The differences are mainly in tone, but different words and collocations are also used.

7.1. Sounds

The main difference between the two languages is tone. As shown in 2.3.3. Nyoro nouns have two tone patterns for nouns, pattern A and pattern B, but Tooro has only one tone patterns; the penultimate syllable is always high-pitched in isolation. See (66) for pattern A nouns and (67) for pattern B nouns of Nyoro. Thus, minimal pairs differentiated by tone in Nyoro are pronounced in the same way in Tooro (68). For syntactic constructions also, tone behaves differently in Tooro and Nyoro (69). In conjugated verbs, also, tone is different in Tooro and Nyoro (70).

		Tooro	Nyoro	
(66)	a.	ekitó:ke 7	ekitô:ke 7	"banana"
	b.	ekitábu 7	ekitâbu 7	"book"
(67)	a.	omútwe 3	omútwê 3	"head"
	b.	ekinyómo 7	ekinyómô 7	"ant"
(68)	a.	é:nda 9,10	ê:nda 9,10	"abdomen"
		é:nda 9,10	é:ndâ 9,10	"louse, lice"
	b.	ekitébe 7	ekitêbe 7	"school class"
		ekitébe 7	ekitébê 7	"big chair"
	c.	é:ngo 9,10	ê:ngo 9,10	"leopard"
		é:ngo 10	é:ngô 10	"fence (pl.)"
	d.	ekyé:nda 7	ekyê:nda 7	"intestine"
		ekyé:nda 7	ekyé:ndâ 7	"ninety"
	e.	enjúma 9	enjûma 9	"abuse"
		enjúma 10	enjúmâ 10	"pip"
(69)	a.	ekitabu kyá:nge 7	ekitábu kyâ:nge 7	"my book"

		Tooro	Nyoro	
	b.	ekitábu kyá:nge 7	ekitábu kyá:ngê 7	"The book is mine."
(70)	a.	nkugé:nda	nkugê:nda	"I am going."
	b.	tugé:nge	tugé:ndê	"Let's go!"

The words listed in (71) have the same pronunciations in Tooro and Nyoro. This is an exceptional case where the ultimate syllable of a word has the liquid **r** as an onset consonant, and in this case the tone of the penultimate syllable becomes sensibly falling in Tooro, in the same way as Nyoro pattern A nouns.

		Tooro	Nyoro	
(71)	a.	ekikêre 7	ekikêre 7	"frog"
	b.	embôro 9,10	embôro 9,10	"penis"
	c.	okubâra	okubâra	"to count"

There is no major difference concerning segments, except the centralization of the vowel **i** observed in Tooro which is not seen in Nyoro (72a,b). Also, differently from Tooro, **y** [j] after **k** does not trigger palatalization of **k** in Nyoro (72c). Devoicing of vowels between two voiceless consonants is perceived both in Tooro and Nyoro (72d).

		Tooro	Nyoro	
(72)	a.	omumíro [omumɪ́ro] 3,4	omumîro [omumɪ̂ro] 3,4	"throat"
	b.	omutíma [omutɪ́ma] (or even omutúma) 3,4	omutîma [omutɪ̂ma] 3,4	"heart"
	c.	kyánge [kyá:ŋge] or [cá:ŋge] 7,8	kyâ:nge [kyâ:ŋge] 7,8	"my"
	d.	okusîba [oku̥síβa]	okusîba [oku̥sîβa]	"to catch, to fasten"

7.2. Words

Tooro and Nyoro share a large common vocabulary. Still there are differences, or each language prefers some words to others. I divide the differences into three types. In (73) are listed some different words used in Tooro and Nyoro for the same meaning. (74) is an example in which the same word is used for a different meaning in Tooro and Nyoro. (75) concerns the pet name **Bbála** (or **Abbála**), which is used only by the Tooro and not by the Nyoro.

		Tooro	Nyoro	
(73)	a.	omugúta 3,4	omurâ:mbo 3,4	"dead body"
	b.	okugúza	okutû:nda	"to buy"
	c.	okwe·té:ga	okuhûbya	"to dress oneself nicely to visit one's son-in-law"
	d.	okwo.mbéra omubitó:ke	okulíma omubitô:ke	"to weed in the banana plantations"
(74)		okwi·namíra	okwi·namîra	
		"to see the final face of the dead person before burial"	"to visit a person for a talk"	
(75)		Bbála (or Abbála)	not used by the Nyoro	"one of the pet names"

8. Bibliography

The books and articles listed below are taken from various sources. They are mainly for referential purposes for further research. The list is not exhaustive; there are a number of school texts which are very elementary and not included here.

Atwooki, Vincent
    2002   *English to Runyoro-Rutooro*. Kampala.

Byakutaaga, Shirley Cathy
    1991   "Empaako: An Agent of Social Harmony in Runyoro/Rutooro". *Afrikanistische Arbeitspapiere* 26: 127-140.

Davis, M. B.
    1952   *A Lunyoro-Lunyankole-English & English-Lunyoro-Lunyankole Dictionary.* London: Macmillan.

Ikagobya, Moses
    n.d.   *Enfumo omu Runyoro-Rutooro*. Fort Portal: Print Link & Stationers.

Isingoma, Bebwa
    2014   "*Empaako* 'Praise Names': An Historical, Sociolinguistic, and Pragmatic Analysis". *African Study Monographs* 35(2): 85-98.

Kaji, Shigeki
    2004   *A Runyankore Vocabulary.* Tokyo: Research Institute for Languages and Cultures of Asia and Africa, Tokyo University of Foreign Studies.
    2007   *A Rutooro Vocabulary.* Tokyo: Research Institute for Languages and Cultures of Asia and Africa, Tokyo University of Foreign Studies.
    2010   "A Comparative Study of Tone of West Ugandan Bantu Languages, with Particular Focus on the Tone Loss in Tooro", *ZAS Papers in Linguistics* 53: 99-107.
    2012   "Greeting Formulas in Nyoro" (in Japanese). *Journal of Asian and African Languages and Linguistics* 7: 81-120.
    2013a "Euphemistic and Figurative Expressions in Nyoro" (in Japanese). *Journal of Asian and African Languages and Linguistics* 8: 201-235.
    2013b "Monolingualism via Multilingualism: A Case Study of Language Use in the West Ugandan Town of Hoima", *African Study Monographs* 34(1): 1-25.
    (In preparation *a*) "From Nyoro to Tooro: Historical and Phonetic Accounts of Tone Neutralisation".
    (In preparation *b*) *Nyoro Verb Conjugations*.

Muzale, Henry R.T.
    1998   *A Reconstruction of the Proto-Rutara Tense/Aspect System.* Ann Arbor: UMI Microform.

Ndoleriire, Oswald, Henry Ford Miriima and John Kintu
    2002   *Runyoro-Rotooro Orthography*. Kampala: The New Version Printing and Publishing Corporation.

Ndoleriire, Oswald, John Kintu, J. Kabagenyi and H. Kasande

    2009   *Runyoro-Rotooro English Dictionary*. Kampala: Fountain Publishers.

Rubongoya, L.T.
- 1999 *Modern Runyoro-Rutooro Grammar*. Köln: Rüdiger Köppe Verlag.
- 2003 *Naaho Nubo, the Ways of our Ancestors*. Köln: Rüdiger Köppe Verlag.
- 2006 *Yega Kusoma Orunyoro-Orutooro Omumulingo Ogundi*. Kampala: Modrug Association Ltd.

Yukawa, Yasutoshi
- 2000 "A Tentative Analysis of Nyoro Verbs" (in Japanese). *Ariake* 1: 2-35.

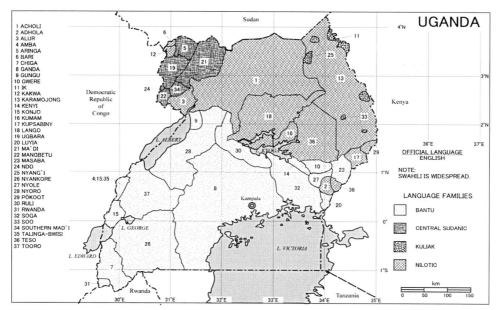

MAP: The location of the languages of Uganda. Runyoro is No.28. The neighbouring languages are: Rutooro (37), Runyankore (26), Rukiga (7), Rugungu (9), Ruruli (30), Luganda (8), Alur (3), and Acholi (1). Ruhaya (or Kihaya) is not shown on this map, which is spoken to the south of Runyankore and Luganda in the Tanzanian territory.

(From Barbara Grimes, ed., *Ethnologue Volume 2: Maps and Indexes*, SIL International, 2000, p.57)

SYMBOLS AND ABBREVIATIONS

<	: borrowed from; derived from	excl.	: exclamation
→	: pronounced as	exp.	: expression
( )	: "rarely used" in Runyoro showing rare singular or plural noun forms; "optional" for English	ext.	: (by) extension
		fig.	: figurative
		Fr.	: French
----	: no corresponding plural form	Gan.	: Luganda
1), 2), 3)…	: possibilities, synonyms	inf.	: infinitive
☆	: example	ins.	: insistent
/	: another pronunciation for Nyoro. Also used when the explanation continues in the following line.	int.	: intensive
		inter.	: interrogative
		interj.	: interjection
a.	: half-long vowel	intr.	: intransitive
a:	: long vowel	inv.	: invariable
á	: high tone	Lat.	: Latin
â	: falling tone	lit.	: literally
ǎ	: rising tone	n.	: noun
a	: low tone is unmarked	N.B.	: nota bene
a., b., c.	: subentries	NPr.	: nominal prefix
adj.	: adjective	neg.	: negative
adv.	: adverb	orig.	: originally
affir.	: affirmative	part.	: particle
appl.	: applicative	pass.	: passive
ass.	: associative	Perf	: perfective
aug.	: augment, augmentative	pl.	: plural
ant.	: antonym	posit.	: positional
aux.	: auxiliary verb	poss.	: possessive
borr.	: borrowing	pot.	: potential
caus.	: causative	PPr.	: pronominal prefix
clit.	: clitic	prep.	: preposition
coll.	: colloquial	pron.	: pronominal
conj.	: conjunction	prov.	: proverb
conn.	: connective	recipr.	: reciprocal
dem.	: demonstrative	red.	: reduplicate
den.	: denominative	rel.	: relative form
derog.	: derogative	repet.	: repetitive, repetition
dim.	: diminutive	sb	: somebody
emph.	: emphasis	sg.	: singular
Eng.	: English	sth	: something
euph.	: euphemistic	Sw.	: Swahili

tr. : transitive vulg. : vulgar
v. : verb

English – Japanese – Runyoro

1. head / 頭
    omútwê 3, emítwê 4
    omútwé gúmû
    omútwé gwâ:nge
    gúnu mútwê
    gúnu mútwé: kî?
    omútwé gwá:ngê
 a. back of the head / 後頭部
    enkô:na 9,10
    enkó:na é:mû
    enkó:na yâ:nge
    é:nu nkô:na
    é:nu nkó:ná kî?
    enkó:na yá:ngê
2. brain / 脳
    obwô:ngo 14, ----
    obwó:ngo búmû
    obwô:ngo bwâ:nge
    búnu bwô:ngo
    búnu bwó:ngó kî?
    obwó:ngo bwá:ngê
 a. skull / 頭蓋骨
    oruhâ:nga 11, empâ:nga 10
    oruhá:nga rúmû
    oruhá:nga rwâ:nge
    rúnu ruhâ:nga
    rúnu ruhá:ngá kî?
    oruhá:nga rwá:ngê
3. hair / 髪
    i:sôke 5, amasôke 6
    i:sóke rímû
    i:sóke ryâ:nge
    línu isôke
    línu isóké kî?
    i:sóke ryá:ngê
    N.B. i:sôke 5 means all of a person's hair or even one strand of hair. Its plural amasôke 6 refers to various types of hair or various persons' hair accumulated in a place.
 a. white hair; gray hair / 白髪
    orújû 11, é:njû 10
    orújú rúmû
    orújú rwâ:nge
    rúnu rújû
    rúnu rújú kî?
    orújú rwá:ngê
 b. part of hair / 髪の分け目
    ekirá:mbî 7, ebirá:mbî 8

        ekirá:mbí kímû
        ekirá:mbí kyâ:nge
        kínu kirá:mbî
        kínu kirá:mbí kî?
        ekirá:mbí kyá:ngê

4. baldness / 禿
        oruhâra 11, empâra 10
        oruhára rúmû
        oruhára rwâ:nge
        rúnu ruhâra
        rúnu ruhárá kî?
        oruhára rwá:ngê

  a. shaved patch on the head / 頭の髪を剃った部分
        ekihu:gúrû 7, ebihu:gúrû 8
        ekihu:gúrú kímû
        ekihu:gúrú kyâ:nge
        kínu kihu:gúrû
        kínu kihu:gúrú kî?
        ekihu:gúrú kyá:ngê

5. face / 顔
        obúsô 14, ----
        obúsó búmû
        obúsó bwâ:nge
        búnu búsô
        búnu búsó kî?
        obúsó bwá:ngê

  a. forehead / 額
    1) obúsô 14, ---- : the same as the face
    2) ebye.yêra 8 : projecting forehead
        ebye.yéra bímû
        ebye.yéra byâ:nge
        bínu bye.yêra
        bínu bye.yérá kî?
        ebye.yéra byá:ngê

  b. wrinkles on the face / （顔の）皺
        engônya 9,10. Cf. omugônya 3,4 "wrinkles on clothes" (No.851).

  c. animal face / 動物の顔
        ekinwâ:nwa 7, ebinwâ:nwa 8
        ekinwá:nwa kímû
        ekinwá:nwa kyâ:nge
        kínu kinwâ:nwa
        kínu kinwá:nwá: kî?
        ekinwá:nwa kyá:ngê

6. eyebrow / 眉（毛）
        ekisîgi 7, ebisîgi 8
        ekisígi kímû

       ekisígi kyâ:nge
       kínu kisîgi
       kínu kisígí kî?
       ekisígi kyá:ngê

a. eyelash / まつげ
       orukôhi 11, enkôhi 10 <okukôhya "to blink" (No.630)
       orukóhi rúmû
       orukóhi rwâ:nge
       rúnu rukôhi
       rúnu rukóhí kî?
       orukóhi rwá:ngê
   or orukôhe 11, enkôhe 10

7. eye / 目
   1) erî:so 5, amáiso 6
       erí:so límû
       erí:so lyâ:nge
       línu lî:so
       línu lí:só kî?
       erí:so lyá:ngê
   ☆ hamáiso 16 : the area above the eyes
   ☆ harubáju hamáiso 16 : temple / こめかみ
   2) i:dólî 5, amadólî 6 : syn. of erî:so 5/6, an old word
       i:dólí rímû
       i:dólí ryâ:nge
       línu idólî
       línu idólí kî?
       i:dólí ryá:ngê

a. pupil of the eye / 瞳
       embôni 9,10
       embóni é:mû
       embóni yâ:nge
       é:nu mbôni
       é:nu mbóní kî?
       embóni yá:ngê
   ☆ embóni y'o.mwâ:na : the pupil of a child

b. discharge from the eyes / 目やに
       ekihô:nzi 7, ebihô:nzi 8
       ekihó:nzi kímû
       ekihó:nzi kyâ:nge
       kínu kihô:nzi
       kínu kihó:nzí kî?
       ekihó:nzi kyá:ngê

c. squint / 斜視
   1) i:râle 5, amarâle 6 or i:râli 5, amarâli 6 : squint of both eyes
       i:rále rímû
       i:rále ryâ:nge

líriu irâle
   línu irálé kî?
   i:rále ryá:ngê
   2) i:hyó:dô 5, amahyó:dô 6 : squint of one eye
   i:hyó:dó límû
   i:hyó:dó lyâ:nge
   línu ihyó:dô
   línu ihyó:dó kî?
   i:hyó:dó yá:ngê

d. eye socket / 眼窩
   ekinôko 7, ebinôko 8
   ekinóko kímû
   ekinóko kyâ:nge
   kínu kinôko
   kínu kinókó kî?
   ekinóko kyá:ngê

8. tear / 涙
   i:zîga 5, amazîga 6
   i:zíga límû
   i:zíga lyâ:nge
   línu izîga
   línu izígá kî?
   i:zíga lyá:ngê
   N.B. This noun is normally used in the plural. The singular i:zîga 5 means "one teardrop".

9. ear / 耳
   okútû 15, amátû 6
   okútú kúmû
   okútú kwâ:nge
   kúnu kútû
   kúnu kútú kî?
   okútú kwá:ngê

   a. earwax / 耳くそ
      ekikókwâ 7, ebikókwâ 8
      ekikókwá kímû
      ekikókwá kyâ:nge
      kínu kikókwâ
      kínu kikókwá: kî?
      ekikókwá kyá:ngê

10. nose / 鼻
    enyî:ndo 9,10
    enyí:ndo é:mû
    enyí:ndo yâ:nge
    é:nu nyî:ndo
    é:nu nyí:ndó kî?
    enyí:ndo yá:ngê

    a. nostril / 鼻の穴

ekihúrú ky'e.nyî:ndo 7, ebihúrú by'e.nyî:ndo 8. Cf. ekihúrû 7/8 "hole" (No.879).

b. snivel / 鼻水
  ekimîra 7, ebimîra 8 /ekímîra 7, ebímîra 8
  ekimíra kímû
  ekimíra kyâ:nge
  kínu kimîra
  kínu kimírá kî?
  ekimíra kyá:ngê

c. nasal mucus / 鼻くそ
  ekikókwâ 7, ebikókwâ 8. See No.9.

d. to blow one's nose / 洟をかむ
  okufûka, or with an object : okufûka ebimîra

11. mouth / 口
  1) omûnwa 3, emînwa 4
     omúnwa gúmû
     omúnwa gwâ:nge
     gúnu mûnwa
     gúnu múnwá: kî?
     omúnwa gwá:ngê
     ☆ omúnwa gw'o.mwâ:na 3 : the mouth of a child
     ☆ Bú:mba omûnwa! : Close your mouth!
  2) akânwa 12, ---- : inside the mouth <dim.of omûnwa 3/4
  3) orûnwa 11, ---- : bad characterization of the mouth <aug.of omûnwa 3/4
     ☆ Bú:mba orûnwa ntakuté:râ! : Stop your bad wording so that I do not beat you!

  a. lip / 唇
     omûnwa 3, emînwa 4 : the same as "mouth". See above.
     ☆ omúnwa gw'e.rugûru 3, emínwa y'erugûru 4 : upper lip
     ☆ omúnwa gwa. há:nsî 3, emínwa ya há:nsî 4 : lower lip

  b. palate / 口蓋
     ekihâ:nga 7, ebihâ:nga 8
     ekihá:nga kímû
     ekihá:nga kyâ:nge
     kínu kihâ:nga
     kínu kihá:ngá kî?
     ekihá:nga kyá:ngê

  c. uvula / 口蓋垂、のどひこ
     akaso.nda-búrô 12, obuso.nda-búrô
     akaso.nda-búró kámû
     akaso.nda-búró kâ:nge
     kánu kaso.nda-búrô
     kánu kaso.nda-búró kî?
     akaso.nda-búró ká:ngê
     N.B. This is a compound of akasô:nda 12/13, dim. of ensô:nda 9/10 "corner, angle" (No.868), followed by obúrô 14 "millet" (No.139).

12. tongue / 舌
    orulîmi 11, endîmi 10

orulími rúmû
orulími rwâ:nge
rúnu rulîmi
rúnu rulímí kî?
orulími rwá:ngê

a. connective tissue of the tongue to the chin / 舌の中心線組織

akanâta 12, obunâta 14
akanáta kámû
akanáta kâ:nge
kánu kanâta
kánu kanátá kî?
akanáta ká:ngê

13. spit; saliva / 唾

ekicwá:ntâ 7, ebicwá:ntâ 8 or i:cwá:ntâ 5, amacwá:ntâ 6
ekicwá:ntá kímû
ekicwá:ntá kyâ:nge
kínu kicwá:ntâ
kínu kicwá:ntá kî?
ekicwá:ntá kyá:ngê

a. saliva; slobber / よだれ

1) amarûsu 6
   amarúsu gámû
   amarúsu gâ:nge
   gánu marûsu
   gánu marúsú kî?
   amarúsu gá:ngê

2) ama.nkutízá 6 : drool (which comes out when seeing delicious food, etc.)
   ama.nkutízá gámû
   ama.nkutízá gâ:nge
   gánu ma.nkutízâ
   gánu ma.nkutízá kî?
   ama.nkutízá gá:ngê

3) ekigonêro 7, ebigonêro 8 /ekigónêro 7, ebigónêro 8 : trace of saliva
   ekigonéro kímû
   ekigonéro kyâ:nge
   kínu kigónêro
   kínu kigónéró kî?
   ekigonéro kyá:ngê

14. tooth / 歯

erî:no 5, amáino 6 : teeth in general (of humans or animals)
erí:no límû
erí:no lyâ:nge
línu lî:no
línu lí:nó kî?
erí:no lyá:ngê

☆ erí:no ly'e.ntâle : a lion's fang

a. front tooth / 前歯
    ekî:no 7, ebî:no 8 : large front tooth <aug. of erî:no 5/6

b. dog-tooth; canine / 犬歯
    ekiso.ngêzo 7, ebiso.ngêzo 8
    ekiso.ngézo kímû
    ekiso.ngézo kyâ:nge
    kínu kiso.ngêzo
    kínu kiso.ngézó kî?
    ekiso.ngézo kyá:ngê
  ☆ ekiso.ngézo ky'o.mwâ:na 7 : a child's dog-tooth

c. molar / 臼歯
    ekigîgyo 7, ebigîgyo 8 or ekigîgo 7, ebigîgo 8
    ekigígyo kímû
    ekigígyo kyâ:nge
    kínu kigîgyo
    kínu kigígyó: kî?
    ekigígyo kyá:ngê

d. wisdom tooth / 親知らず
    muzî:ki 9,10
    muzí:ki é:mû
    muzí:ki yâ:nge
    é:nu muzî:ki
    é:nu muzí:kí kî?
    muzí:ki yá:ngê

e. first tooth of a baby (of the upper jaw) / 最初に生える歯
    eki:nóino 7, ebi:nóino 8
    eki:nóíno kímû
    eki:nóíno kyâ:nge
    kínu ki:nóino
    kínu ki:nóínó kî?
    eki:nóíno kyá:ngê

f. gap between teeth / 歯の間の隙間
    ekiho.ngólyâ 7, ebihongólyâ 8
    ekiho.ngólyá kímû
    ekiho.ngólyá kyâ:nge
    kínu kiho.ngólyâ
    kínu kiho.ngólyá kî?
    ekiho.ngólyá kyá:ngê

g. gum / 歯茎
    engúnû 9,10 or ekigúnû 7, ebigúnû 8
    engúnú é:mû
    engúnú yâ:nge
    é:nu ngúnû
    é:nu ngúnú kî?
    engúnú yá:ngê
  ☆ Ekigúnú kyâ:nge niki.ngúmâ. : My gum hurts me.

15. chin / 顎

    akalêju 12, obulêju 14 /akálêju 12, obúlêju 14 <dim. of omulêju 3/4 "beard" (No.17).
    akaléju kámû
    akaléju kâ:nge
    kánu kálêju
    kánu káléjú kî?
    akaléju ká:ngê
    N.B. For "chin", usually the singular akalêju 12 is used because its plural obulêju 14 may mean "small beards". See No.17 for "beard".

  a. jaw / 顎骨

    orusáyâ 11, ensáyâ 10
    orusáyá rúmû
    orusáyá rwâ:nge
    rúnu rusáyâ
    rúnu rusáyá kî?
    orusáyá rwá:ngê

16. cheek / 頬

  1) i:tâma 5, amatâma 6 : general word for "cheek"
    i:táma límû
    i:táma lyâ:nge
    línu itâma
    línu itámá kî?
    i:táma lyá:ngê
  cf. entâma 9,10 : swelling of the cheeks when the mouth is full
  2) i:kêbe 5, amakêbe 6 : fat cheek
    i:kébe rímû
    i:kébe ryâ:nge
    línu ikêbe
    línu ikébé kî?
    i:kébe ryá:ngê

  a. cheek bone / 頬骨

    akanenêro 12, obunenêro 14 /akanénêro 12, obunénêro 14
    akanenéro kámû
    akanenéro kâ:nge
    kánu kanenêro
    kánu kanenéró kî?
    akanenéro ká:ngê

17. beard / 顎髭

    omulêju 3, emírêju 4 /omúlêju 3, emirêju 4
    omuléju gúmû
    omuléju gwâ:nge
    gúnu mulêju
    gúnu muléjú kî?
    omuléju gwá:ngê

  a. moustache / 口髭

  1) i:surúbbû 5, amasurúbbû 6 : moustache, whisker of a cat, barb of a catfish, etc.

    i:surúbbú límû
    i:surúbbú lyâ:nge
    línu isurúbbû
    línu isurúbbú kî?
    i:surúbbú lyá:ngê
  2) i:súyû 5, amasúyû 6 : syn. of the preceding.
    i:súyú límû
    i:súyú lyâ:nge
    línu isúyû
    línu isúyú kî?
    i:súyú lyá:ngê

18. neck / 首
    ebíkyâ 8. N.B. The corresponding singular ekíkyâ 7 is not used.
    ebíkyá: bímû
    ebíkyá: byâ:nge
    bínu bíkyâ
    bínu bíkyá: kî?
    ebíkyá: byá:ngê

  a. nape / 項
    engôto 9,10
    engóto é:mû
    engóto yâ:nge
    é:nu ngôto
    é:nu ngótó kî?
    engóto yá:ngê

  b. fat muscle on the nape / 項の肉の盛り上がり
    engôjo 9,10 or ekigôjo 7, ebigôjo 8
    engójo é:mû
    engójo yâ:nge
    é:nu ngôjo
    é:nu ngójó kî?
    engójo yá:ngê

19. throat / 喉
    omumîro 3, emimîro 4 /omúmîro 3, emímîro 4 <okumîra "to swallow" (No.663)
    omumíro gúmû
    omumíro gwâ:nge
    gúnu mumîro
    gúnu mumíró kî?
    omumíro gwá:ngê
    N.B. This word is usually used in the plural even for a person's throat.

  a. Adam's apple / 喉仏
    akamîro 12, obumîro 14 /akámîro 12, obúmîro 14 <dim. of omumîro 3/4 "throat, gullet".
    See above.

  b. irritating throat / 喉のいがらっぽさ
    akasi:hí:rrâ 12, obusi:hí:rrâ 14
    akasi:hí:rrá kámû

        akasi:hí:rrá kâ:nge
        kánu kasi:hí:rrâ
        kánu kasi:hí:rrá: kî?
        akasi:hí:rrá ká:ngê
    c. bronchia / 気管支
        ekimirô:nko 7, ebimirô:nko 8 : Also means "gullet, esophagus". Cf. okumîra "to swallow"
        ekimiró:nko kímû   (No.663).
        ekimiró:nko kyâ:nge
        kínu kimirô:nko
        kínu kimiró:nkó kî?
        ekimiró:nko kyá:ngê
        ☆ Enkóko eina ekimiró:nko kikô:to. : A hen has a big gullet.
20. shoulder / 肩
    1) i:bêga 5, amabêga 6 : general term for "shoulder"
        i:béga límû
        i:béga lyâ:nge
        línu ibêga
        línu ibégá kî?
        i:béga lyá:ngê
    2) amakó:tî 6 : round shoulders
        amakó:tí gámû
        amakó:tí gâ:nge
        gánu makó:tî
        gánu makó:tí kî?
        amakó:tí gá:ngê
    3) amakû:mi 6 : hunching of shoulders
        amakú:mi gámû
        amakú:mi gâ:nge
        gánu makû:mi
        gánu makú:mí kî?
        amakú:mi gá:ngê
    a. scapula / 肩胛骨
        i:bbâ:ngo 5, amabbâ:ngo 6
        i:bbá:ngo límû
        i:bbá:ngo lyâ:nge
        línu ibbâ:ngo
        línu ibbá:ngó kî?
        i:bbá:ngo lyá:ngê
21. trunk / 胴体
        ekihuduhûdu 7, ebihuduhûdu 8 : body without the head
        ekihuduhúdu kímû
        ekihuduhúdu kyâ:nge
        kínu kihuduhûdu
        kínu kihuduhúdú kî?
        ekihuduhúdu kyá:ngê
        ☆ Omú:ntu afwí:rê, kyó:nkâ ali kihuduhûdu. : The person is dead, but is found headless.

22. back / 背中
        omugô:ngo 3, emigô:ngo 4
        omugó:ngo gúmû
        omugó:ngo gwâ:nge
        gúnu mugô:ngo
        gúnu mugó:ngó kî?
        omugó:ngo gwá:ngê
  a. backbone; spine / 背骨
        orukîzi 11, enkîzi 10
        orukízi rúmû
        orukízi rwâ:nge
        rúnu rukîzi
        rúnu rukízí kî?
        orukízi rwá:ngê
23. chest; breast / 胸
        ekifûba 7, ebifûba 8
        ekifúba kímû
        ekifúba kyâ:nge
        kínu kifûba
        kínu kifúbá kî?
        ekifúba kyá:ngê
24. breast / 乳房、乳
        i:bê:re 5, amabê:re 6
        i:bé:re rímû
        i:bé:re ryâ:nge
        línu ibê:re
        línu ibé:ré kî?
        i:bé:re ryá:ngê
  a. nipple / 乳首
        enywâ:nto 9,10 <okúnywâ "to drink" (No.661) and -´tô "young" (No.1144)
        enywá:nto é:mû
        enywá:nto yâ:nge
        é:nu nywâ:nto
        é:nu nywá:ntó kî?
        enywá:nto yá:ngê
  b. to develop [of breasts] / 胸がふくれる
        okuméra amabê:re
  c. to hang down; to droop [of breasts] / 乳房が垂れる
        okúgwá amabê:re
25. abdomen / 腹
        ê:nda 9,10
        é:nda é:mû
        é:nda yâ:nge
        é:nu ńda
        é:nu ńdá kî?
        é:nda yá:ngê

N.B. This word is often used to mean internal thought of a person, for which many European languages use "heart".
☆ Tó:kumánya ekírí omú:nda y'o.mû:ntu. : You don't know what a person thinks.

a. stomach / 胃
ê:nda 9,10. See above.

b. epigastric fossa; pit of the stomach / みぞおち
akaimé:mê 12, ----
akaimé:mé kámû
akaimé:mé kâ:nge
kánu kaimé:mê
kánu kaimé:mé kî?
akaimé:mé ká:ngê

26. rib / 肋骨
orubâju 11, embâju 10
orubáju rúmû
orubáju rwâ:nge
rúnu rubâju
rúnu rubájú kî?
orubâju rwá:ngê

a. side / 脇
orubâju 11, embâju 10. See above.

27. navel / 臍
omukû:ndi 3, emikû:ndi 4
omukú:ndi gúmû
omukú:ndi gwâ:nge
gúnu mukû:ndi
gúnu mukú:ndí kî?
omukú:ndi gwá:ngê

a. protruding navel / 突き出た臍
1) ekikû:ndi 7, ebikû:ndi 8 <aug. of omukû:ndi 3/4. See above.
2) ekirô:mba 7, ebirô:mba 8 : syn. of the preceding.
ekiró:mba kímû
ekiró:mba kyâ:nge
kínu kirô:mba
kínu kiró:mbá kî?
ekiró:mba kyá:ngê

b. umbilical cord / 臍の緒
1) orulêra 11, endêra 10 : umbilical cord cut off from a newborn baby. <okulêra "to hold on /one's lap" (No.720).
oruléra rúmû
oruléra rwâ:nge
rúnu rulêra
rúnu ruléra kî?
oruléra rwá:ngê

2) enkû:ndi 9,10 : dried umbilical cord which comes off from the baby

28. hip / 腰
enyugûnyu 9,10, amanyugûnyu 6

enyugúnyu é:mû
enyugúnyu yâ:nge
é:nu nyugûnyu
é:nu nyugúnyú kî?
enyugúnyu yá:ngê

- a. waist / 胴回り
    1) embâju 10 : pl. of orubâju "side" (No.26).
    2) ama.nké:ndû 6 : waist, usually implies a small waist
        ama.nké:ndú gámû
        ama.nké:ndú gâ:nge
        gánu ma.nké:ndû
        gánu ma.nké:ndú kî?
        ama.nké:ndú gá:ngê

29. backside; buttocks / 尻
    1) ekibûnu 7, ebibûnu 8 or amabûnu 6 /ekíbûnu 7, ebíbûnu 8 or amábûnu 6
        ekibúnu kímû
        ekibúnu kyâ:nge
        kínu kibûnu
        kínu kibúnú kî?
        ekibúnu kyá:ngê
    2) ê:nio 9, amânio 6 : syn. of the preceding.
        é:nio é:mû
        é:nio yâ:nge
        é:nu nio yâ:nge
        é:nu nió kî?
        é:nio yá:ngê
    3) akamîna 12, obumîna 14 : projecting buttocks
        akamína kámû
        akamína kâ:nge
        kánu kamîna
        kánu kamíná kî?
        akamína ká:ngê

- a. pubis / 恥丘
    1) ekî:nyi 7, ebî:nyi 8
        ekí:nyi kímû
        ekí:nyi kyâ:nge
        kínu kî:nyi
        kínu kí:nyí kî?
        ekí:nyi kyá:ngê
    2) há:nsí y'ê:nda 16 : a polite expression of pubis; [lit.] lower part of the abdomen
- b. groin / 鼠径部
        hagátí y'ê:nda n'e:kibêro 16

30. anus / 肛門
    1) ekití:rî 7, ebití:rî 8 : a direct word, avoided to utter in public
        ekití:rí kímû
        ekití:rí kyâ:nge

kínu kití:rî
kínu kití:rí kî?
ekití:rí kyá:ngê

2) há:nsî 16 : a polite expression of anus, used for euphemism; [lit.] lower part
☆ Há:nsí niha.ndúmâ. : The anus hurts me.

  a. rectum / 直腸
      ekifû:njo 7, ebifû:njo 8
      ekifú:njo kímû
      ekifú:njo kyâ:nge
      kínu kifû:njo
      kínu kifú:njó kî?
      ekifú:njo kyá:ngê

31. genital organs / 性器
    obusûra 14, ---- : male or female genital organs
    obusúra búmû
    obusúra bwâ:nge
    búnu busûra
    búnu busúrá kî?
    obusúra bwá:ngê

  a. penis / ペニス
    1) embôro 9,10 : a direct word, avoided to use in public
    embóro é:mû
    embóro yâ:nge
    é:nu mbôro
    é:nu mbóró kî?
    embóro yá:ngê

    2) omukîra 3, emikîra 4 : euphemistic word for "penis"; [lit.] tail (No.71)
  b. glans / 亀頭
    omútwé gw'e.mbôro 3, emítwé y'e.mbôro 4
  c. skin of the penis / ペニスの皮
    ekisúsú ky'e.mbôro 7, ebisúsú by'e.mbôro 8. Cf. ekisúsû 7/8 "skin, peel, bark" (No.120).

32. scrotum; testicle / 陰嚢、睾丸
    i:gôsi 5, amagôsi 6
    i:gósi rímû
    i:gósi ryâ:nge
    línu igôsi
    línu igósí kî?
    i:gósi ryá:ngê

  a. semen; sperm / 精液
    1) amanyâ:le 6 : human sperm
    amanyá:le gámû
    amanyá:le gâ:nge
    gánu manyâ:le
    gánu manyá:lé kî?
    amanyá:le gá:ngê

    2) amáizi 6 : indirect word; [lit.] water, liquid

☆ amáízi g'o:musáija : a man's sperm
3) obusîgo 14 : seeds, sperm. See No.125.
4) obusîto 14, ---- : sperm of bulls
   obusíto búmû
   obusíto bwâ:nge
   búnu busîto
   búnu busító kî?
   obusíto bwá:ngê

33. vagina / 女性性器、膣
   1) emâna 9,10 : a direct word, not uttered in public
      emána é:mû
      emána yâ:nge
      é:nu mâna
      é:nu máná kî?
      emána yá:ngê
   2) obusûra 14 : genital organ in general, but used to mean "vagina" for euphemism. See No.31.
   a. clitoris / 陰核
      omusîno 3, emisîno 4
      omusíno gúmû
      omusíno gwâ:nge
      gúnu musîno
      gúnu musínó kî?
      omusíno gwá:ngê
   b. labia majora / 大陰唇
      omugôma 3, emigôma 4
      omugóma gúmû
      omugóma gwâ:nge
      gúnu mugôma
      gúnu mugómá kî?
      omugóma gwá:ngê
   c. womb / 子宮
      nyínê:nda 9,10 <nyîna 1a/2a "mother" (No.453) and ê:nda 9/10 "embryo" (No.715)
      nyíné:nda é:mû
      nyíné:nda yâ:nge
      é:nu nyínê:nda
      é:nu nyíné:ndá kî?
      nyíné:nda yá:ngê

34. hand / 手
   engâro 9,10
   engáro é:mû
   engáro yâ:nge
   é:nu ngâro
   é:nu ngáró kî?
   engáro yá:ngê
   a. palm of the hand / 手のひら、掌
      ekigâ:nja 7, ebigâ:nja 8

      ekigá:nja kímû
      ekigá:nja kyâ:nge
      kínu kigâ:nja
      kínu kigá:njá kî?
      ekigá:nja kyá:ngê
  b. two palms put together (to scoop water, grains, etc.) / 両手
      ekíhî 7, ebíhî 8
      ekíhí kímû
      ekíhí kyâ:nge
      kínu kíhî
      kínu kíhí kî?
      ekíhí kyá:ngê

35. fist / 拳
  1) entômi 9,10
      entómi é:mû
      entómi yâ:nge
      é:nu ntômi
      é:nu ntómí kî?
      entómi yá:ngê
  2) ekikó:ndê 7, ebikó:ndê 8 or enkó:ndê 9,10 : syn. of the preceding.
      ekikó:ndé kímû
      ekikó:ndé kyâ:nge
      kínu kikó:ndê
      kínu kikó:ndé kî?
      ekikó:ndé kyá:ngê
  ☆ Amuti:re ekikó:ndé hamútwê. : He has hit him with a fist on the head.

36. arm / 腕
      omukôno 3, emikôno 4
      omukóno gúmû
      omukóno gwâ:nge
      gúnu mukôno
      gúnu mukónó kî?
      omukóno gwá:ngê
  a. stump of a limb / 切れた手足
      ekikû:nku 7, ebikû:nku 8
      ekikú:nku kímû
      ekikú:nku kyâ:nge
      kínu kikû:nku
      kínu kikú:nkú kî?
      ekikú:nku kyá:ngê

37. armpit / 脇（の下）
      enkuhwâ:hwa 9,10
      enkuhwá:hwa é:mû
      enkuhwá:hwa yâ:nge
      é:nu nkuhwâ:hwa
      é:nu nkuhwá:hwa: kî?

         enkuhwá:hwa yá:ngê
38. elbow / 肘
    enkokôra 9,10 /enkókôra 9,10
    enkokóra é:mû
    enkokóra yâ:nge
    é:nu nkokôra
    é:nu nkokórá kî?
    enkokóra yá:ngê
    or akakokôra 12, obukokôra 14 /akakókôra 12, obukókôra <dim. of the preceding
39. joint / 関節
    engîgo 9.10
    engígo é:mû
    engígo yâ:nge
    é:nu ngîgo
    é:nu ngígó kî?
    engígo yá:ngê
40. finger / 指
    1) ekyâ:ra 7, ebyâ:ra 8
       ekyá:ra kímû
       ekyá:ra kyâ:nge
       kínu kyâ:ra
       kínu kyá:rá kî?
       ekyá:ra kyá:ngê
    2) orukûmu 11, enkûmu 10 : syn. of the preceding.
       orukúmu rúmû
       orukúmu rwâ:nge
       rúnu rukûmu
       rúnu rukúmú kî?
       orukúmu rwá:ngê
  a. thumb / 親指
       ekyá:ra kisáija 7, ebyá:ra bisáija 8 : [lit.] male finger
  b. little finger / 小指
       N.B. Three pronunciations are used depending on how one pronounces the adjective "small".
    1) aká:ra katóítô 12, obwá:ra butóítô 14
    2) aká:ra katí:tô 12, obwá:ra butí:tô 14 : the same as the preceding.
    3) aká:ra katáítô 12, obwá:ra butáítô 14 : the same as the preceding.
41. nail / 爪
    enôno 9,10
    enóno é:mû
    enóno yâ:nge
    é:nu nôno
    é:nu nónó kî?
    enóno yá:ngê
  a. claw of animals / 動物の爪
       orunôno 11,10, amanôno 6 <aug. of the preceding enôno 9,10.

☆ orunóno rw'e.ntâle : claw of a lion

42. foot / 足
    ekigérê 7, ebigérê 8
    ekigéré kímû
    ekigéré kyâ:nge
    kínu kigérê
    kínu kigéré kî?
    ekigéré kyá:ngê
    ☆ ebigéré kwó:nkâ : bare feet / 裸足

  a. heel / 踵
    ekisi.nzî:ro 7, ebisi.nzî:ro 8
    ekisi.nzí:ro kímû
    ekisi.nzí:ro kyâ:nge
    kínu kisi.nzî:ro
    kínu kisi.nzí:ró kî?
    ekisi.nzí:ro kyá:ngê

  b. ankle / 踝
    akako.ngóijo 12, obuko.ngóijo 14
    akako.ngóíjo kámû
    akako.ngóíjo kâ:nge
    kánu kako.ngóijo
    kánu kako.ngóíjó kî?
    akako.ngóíjo ká:ngê

  c. Achilles' tendon / アキレス腱
    ekitê:ga 7, ebitê:ga 8
    ekité:ga kímû
    ekité:ga kyâ:nge
    kínu kitê:ga
    kínu kité:gá kî?
    ekité:ga kyá:ngê

43. sole / 足の裏
    ekigá:nja ky'e.kigérê 7, ebigá:nja by'e.bigérê 8

  a. footstep / 足音
    omulî:ndi 3, emirî:ndi 4
    omulí:ndi gúmû
    omulí:ndi gwâ:nge
    gúnu mulî:ndi
    gúnu mulí:ndí kî?
    omulí:ndi gwá:ngê

  b. footprint / 足跡
    ekigérê 7, ebigérê 8 : [lit.] foot. See above.

  c. track; trace / 通った跡、わだち
    1) obusî:nde 14, amasî:nde 6
    obusí:nde búmû
    obusí:nde bwâ:nge
    búnu busî:nde

        búnu busí:ndé kî?
        obusí:nde bwá:ngê
    2) ekikururûzo 7, ebikururûzo 8 : trace left on the road after dragging a heavy load
        ekikururúzo kímû
        ekikururúzo kyâ:nge
        kínu kikururûzo
        kínu kikururúzó kî?
        ekikururúzo kyá:ngê
 d. dirt under the sole of legs or shoes / 足の裏につく汚れ
        ebirisirikî:ki 8
        ebirisirikí:ki bímû
        ebirisirikí:ki byâ:nge
        bínu birisirikî:ki
        bínu birisirikí:kí kî?
        ebirisirikí:ki byá:ngê
44. leg / 脚
    1) okugûru 15, amagûru 6 : general word for legs
        okugúru kúmû
        okugúru kwâ:nge
        kúnu kugûru
        kúnu kugúrú kî?
        okugúru kwá:ngê
    2) akalê:nge 12, obulê:nge 14 : thin leg
        akalé:nge kámû
        akalé:nge kâ:nge
        kánu kalê:nge
        kánu kalé:ngé kî?
        akalé:nge ká:ngê
 a. shin / 脛、向こう脛
        omurû:ndi 3, emirû:ndi 4
        omurú:ndi gúmû
        omurú:ndi gwâ:nge
        gúnu murû:ndi
        gúnu murú:ndí kî?
        omurú:ndi gwá:ngê
 b. calf / ふくらはぎ
        entû:mbwe 9,10
        entú:mbwe é:mû
        entú:mbwe yâ:nge
        é:nu ntû:mbwe
        é:nu ntú:mbwé: kî?
        entú:mbwe yá:ngê
 c. animal leg / 動物の脚
    1) ekihî:nga 7, ebihî:nga 8
        ekihí:nga kímû
        ekihí:nga kyâ:nge

                    kínu kihî:nga
                    kínu kihí:ngá kî?
                    ekihí:nga kyá:ngê
    ☆ ekihí:nga ky'o.mumáiso 7, ebihí:nga by'o.mumáiso 8 : foreleg of an animal
    ☆ ekihí:nga ky'e.nyûma 7, ebihí:nga by'e.nyûma 8 : back leg of an animal
        2) ekirê:nge 7, ebirê:nge 8
  d. bowlegged / がに股
            ebitêge 8 : legs turned out or in <orutêge 11/10 "back of the knee" (No.45)
    cf. omú:ntu w'e.bitêge 1, abá:ntu b'e:bitêge 2 : bowlegged person
45. knee / 膝
        okújû 15, amájû 6
        okújú kúmû
        okújú kwâ:nge
        kúnu kújû
        kúnu kújú kî?
        okújú kwá:ngê
  a. patella / 膝蓋骨
        é:nsâ 9,10 <(?) okúsâ "to grind" (No.759)
        é:nsá é:mû
        é:nsá yâ:nge
        é:nu ńsâ
        é:nu ńsá kî?
        é:nsá yá:ngê
  b. back of the knee / ひかがみ
        orutêge 11, entêge 10
        orutége rúmû
        orutége rwâ:nge
        rúnu rutêge
        rúnu rutégé kî?
        orutége rwá:ngê
46. thigh / 太股
    1) ekibêro 7, ebibêro 8 : thigh of humans
        ekibéro kímû
        ekibéro kyâ:nge
        kínu kibêro
        kínu kibéró kî?
        ekibéro kyá:ngê
    2) ekirú:mbu 7, ebirú:mbu 8 : thigh of animals, mostly that of cows
        ekirú:mbu kímû
        ekirú:mbu kyâ:nge
        kínu kirú:mbu
        kínu kirú:mbú kî?
        ekirú:mbu kyá:ngê
47. heart / 心臓
        omutîma 3, emitîma 4
        omutíma gúmû

    omutíma gwâ:nge
    gúnu mutîma
    gúnu mutímá kî?
    omutíma gwá:ngê

a. palpitation / 心臓の動悸
    ekikuratîma 7, ebikuratîma 8
    ekikuratíma kímû
    ekikuratíma kyâ:nge
    kínu kikuratîma
    kínu kikuratímá kî?
    ekikuratíma kyá:ngê

b. to throb; to beat fast (of the heart) / 心臓がドキドキする
    1) okuté:rwa omutîma : the heart to beat
    ☆ Ni.nté:rwá omutîma. : My heart is beating fast.
    2) okuti.ntîma : syn. of the preceding.
    ☆ Omutíma nigu.nti.ntímâ. : My heart is beating fast.

c. soul; spirit / 魂、精神、考え
    omwô:yo 3, emyô:yo 4
    omwó:yo gúmû
    omwó:yo gwâ:nge
    gúnu mwô:yo
    gúnu mwó:yó kî?
    omwó:yo gwá:ngê
    ☆ Omwó:yo arúkwê:ra : the Holly Spirit
    ☆ Omwó:yo ogúrúkwê:ra : the same as the preceding.
    ☆ Omwó:yó gwê guhu:múlé n'o:busî:nge. : May his soul rest in peace.

48. lung / 肺
    ekihûhwe 7, ebihûhwe 8
    ekihúhwe kímû
    ekihúhwe kyâ:nge
    kínu kihûhwe
    kínu kihúhwé: kî?
    ekihúhwe kyá:ngê

49. liver / 肝臓
    obûne 14, ----
    obúne búmû
    obúne bwâ:nge
    búnu bûne
    búnu búné kî?
    obúne bwá:ngê

a. bile / 胆汁
    endûrwe 9,10
    endúrwe é:mû
    endúrwe yâ:nge
    é:nu ndûrwe
    é:nu ndúrwé: kî?

endúrwe yá:ngê
- b. spleen / 脾臟
  - obútâ 14, ----
  - obútá búmû
  - obútá bwâ:nge
  - búnu bútâ
  - búnu bútá kî?
  - obútá bwá:ngê

50. kidney / 腎臟
    - ensîgo 9,10
    - ensígo é:mû
    - ensígo yâ:nge
    - é:nu nsîgo
    - é:nu nsígó kî?
    - ensígo yá:ngê

51. internal organs; offals / 內臟
    - (ekyê:nda 7,) ebyê:nda 8
    - ebyé:nda bímû
    - ebyé:nda byâ:nge
    - bínu byê:nda
    - bínu byé:ndá kî?
    - ebyé:nda byá:ngê

    N.B. This word indicates the internal organs except the heart, the lungs and the liver. It normally means "intestins". Cf. ebya 8 "those of", followed by ê:nda/9/10 "stomach, abdomen, inside". (Nos.25 and 418). The singular ekyê:nda 7 is possibe if one talks about a portion of small intestines cut off.

    - a. small intestine / 小腸
      - orûra 11, amâra 6
      - orúra rúmû
      - orúra rwâ:nge
      - rúnu rûra
      - rúnu rúrá kî?
      - orúra rwá:ngê
    - b. large intestine / 大腸
      - ekifù:njo 7, ebifù:njo 8. N.B. This is the same word for "rectum" (No.30).

52. urinary bladder / 膀胱
    - oruhâgo 11, empâgo 10
    - oruhágo rúmû
    - oruhágo rwâ:nge
    - rúnu ruhâgo
    - rúnu ruhágó kî?
    - oruhágo rwá:ngê

53. body / 体
    - omubîri 3, emibîri 4 / omúbîri 3, emíbîri 4
    - omubíri gúmû
    - omubíri gwâ:nge

gúnu mubîri
gúnu mubírí kî?
omubíri gwá:ngê

- ☆ Omubíri nigu.ndúmâ. : I have a pain in my body.
- ☆ Omubíri gurwáírê. : I am sick, in a bad health condition.
- ☆ ekicwé:ká ky'o.mubíri 7, ebicwé:ká by'o.mubíri 8 : body part. Cf. ekicwé:kâ 7/8 "part" (No.1247).

54. skin / 皮膚、皮

1) omubîri 3, emibîri 4 : whole skin of a person. So this word also means "body". See the preceding number.

2) ekikarajâja 7, ebikarajâja 8 : rough skin
   ekikarajája kímû
   ekikarajája kyâ:nge
   kínu kikarajâja
   kínu kikarajájá kî?
   ekikarajája kyá:ngê

3) orusúsû 11, ensúsû 10 : skin which comes off
   orusúsú rúmû
   orusúsú rwâ:nge
   rúnu rusúsû
   rúnu rusúsú kî?
   orusúsú rwá:ngê

a. animal skin / 動物の皮

1) orúhû 11, é:mpû 10 : fresh animal skin
   orúhú rúmû
   orúhú rwâ:nge
   rúnu rúhû
   rúnu rúhú kî?
   orúhú rwá:ngê

2) omugûta 3, emigûta 4 : dry animal skin
   omugúta gúmû
   omugúta gwâ:nge
   gúnu mugûta
   gúnu mugútá kî?
   omugúta gwá:ngê

3) ekisâ:tu 7, ebisâ:tu 8 : syn. of the preceding.
   ekisá:tu kímû
   okisá:tu kyâ:nge
   kínu kisâ:tu
   kínu kisá:tú kî?
   okisá:tu kyá:ngê

55. birthmark / あざ

1) i:bâra 5, amabâra 6 : small spot on the skin / 皮膚の斑点
   i:bára límû
   i:bára lyâ:nge
   línu ibâra

         línu ibárá kî?
         i:bára lyá:ngê
    2) i:tónwâ 5, amatónwâ 6 : relatively large spot on the skin
         i:tónwá límû
         i:tónwá lyâ:nge
         línu itónwa
         línu itónwá: kî?
         i:tónwá lyá:ngê
  a. wart / ほくろ、イボ
         ensû:ndu 9,10
         ensú:ndu é:mû
         ensú:ndu yâ:nge
         é:nu nsû:ndu
         é:nu nsú:ndú kî?
         ensú:ndu yá:ngê
56. sweat / 汗
         orutû:yo 9, entû:yo 10 <okutû:ya "to sweat" (No.670)
         orutú:yo rúmû
         orutú:yo rwâ:nge
         rúnu rutû:yo
         rúnu rutú:yó kî?
         orutú:yo rwá:ngê
    ☆ Orutú:yo rwâ:nge nirukú:nkâ. : My sweat smells.
57. dirt of the body / 垢
         enzîro 10
         enzíro zímû
         enzíro zâ:nge
         zínu nzîro
         zínu nzíró kî?
         enzíro zá:ngê
58. body hair / 体毛
    1) ekyó:yâ 7, ebyó:yâ 8 : body hair of humans or animals and bird feathers
         ekyó:yá kímû
         okyó:yá kyâ:nge
         kínu kyó:yâ
         kínu kyó:yá kî?
         okyó:yá kyá:ngê
    2) akó:yâ 12, obwó:yâ 14 : small body hair of humans, fur of cats, etc. <dim. of ekyó:yâ 7/8
59. naked body / 裸
    1) -ˆsa adj. : naked
         N.B. This adjectival stem is used only with body parts nouns.
    ☆ bûsa 14 : naked body
    ☆ Ali bûsa. : He/she is naked (with some underwears).
    ☆ engáro ñsa : empty hands
    2) bukûnya 14 : complete nakedness
    ☆ Ali bukûnya. : He/she is completely naked.

60. bone / 骨
- i:gûfa 5, amagûfa 6
- i:gúfa límû
- i:gúfa lyâ:nge
- línu igûfa
- línu igúfá: kî?
- i:gúfa lyá:ngê

a. cartilage; gristle / 軟骨
- empekényû 9,10 /empékényû 9,10 <okupekênya "to crunch" (No.657)
- empekényú é:mû
- empekényú yâ:nge
- é:nu mpekényû
- é:nu mpekényú kî?
- empekényú yá:ngê

b. bone marrow / 骨髓
- omusóina 3, emisóina 4
- omusóina gúmû
- omusóina gwâ:nge
- gúnu musóina
- gúnu musóíná kî?
- omusóina gwá:ngê

c. skeleton / 骨格
- oruha.ngâra 11, empa.ngâra 10
- oruha.ngára rúmû
- oruha.ngára rwâ:nge
- rúnu ruha.ngâra
- rúnu ruha.ngárá kî?
- oruha.ngára rwá:ngê

61. meat / 肉

1) enyâma 9,10 : meat which may contain bones
- enyáma é:mû
- enyáma yâ:nge
- é:nu nyâma
- é:nu nyámá kî?
- enyáma yá:ngê

2) omunôfa 3, eminôfa 4 : meat without bones
- omunófa gúmû
- omunófa gwâ:nge
- gúnu munôfa
- gúnu munófá: kî?
- omunófa gwá:ngê

☆ Omunófa gúmú nigumárâ. : One piece of meat is enough.

3) ekîfo 7, ebîfo 8 : meat cut in pieces with or without bones
- ekífo kímû
- ekífo kyâ:nge
- kínu kífo

kínu kífó: kî?
ekífo kyá:ngê

4) ekikâna 7, ebikâna 8 : sinewy meat / すじ肉
ekikána kímû
ekikána kyâ:nge
kínu kikâna
kínu kikáná kî?
ekikána kyá:ngê

62. fat / 脂肪
ekisâju 7, ebisâju 8
ekisáju kímû
ekisáju kyâ:nge
kínu kisâju
kínu kisájú kî?
ekisáju kyá:ngê

63. blood / 血
1) esagâma 9, ----
esagáma é:mû
esagáma yâ:nge
é:nu sagâma
é:nu sagámá kî?
esagáma yá:ngê

2) omusâ:hi 3, emisâ:hi 4 : syn. of the preceding.
omusá:hi gúmû
omusá:hi gwâ:nge
gúnu musâ:hi
gúnu musá:hí kî?
omusá:hi gwá:ngê

a. nosebleed / 鼻血
1) eminyanyí:ngâ 4
eminyanyí:ngá é:mû
eminyanyí:ngá yâ:nge
é:nu minyanyí:ngâ
é:nu minyanyí:ngá kî?
eminyanyí:ngá yá:ngê
☆ okújwá eminyanyí:ngâ : to bleed from the nose

2) emirêju 4 /emírêju 4 : syn. of the preceding. <pl. of omúlêju 3 "beard" (No.17)

64. muscle / 筋肉
ekínywâ 7, ebínywâ 8
ekínywá kímû
ekínywá kyâ:nge
kínu kínywâ
kínu kínywá: kî?
ekínywá kyá:ngê

a. vein / 静脈
ekínywâ 7, ebínywâ 8. See above.

65. animal / 動物
      ekisôro 7, ebisôro 8
      ekisóro kímû
      ekisóro kyâ:nge
      kínu kisôro
      kínu kisóró kî?
      ekisóro kyá:ngê
  cf. ensôro 9,10 : a gentle way of disignating animals (in order not to frighten children)
 a. domestic animal / 家畜
    1) ekisóro kitû:ngwa 7, ebisóro bitû:ngwa 8 : [lit.] animal which is owned. Cf. okutû:ngwa, pass. of. okutû:nga, "to own" (No.823).
    ☆ Kínu kisóro kitû:ngwa. : This is a domestic animal.
    2) ekitú:ngwa hákâ 7, ebitú:ngwa hákâ 8 : that (animal) which is raised at home
 b. wild animal / 野性動物
    ekisóro ky'o.mukisákâ 7, ebisóro by'o.mukisákâ 8 : [lit.] animal in the bush. Cf. ekisákâ 7/8 "bush" (No.301).
 c. fierce animal; beast of prey / 猛獣
      amálî 6
      amálí gámû
      amálí gâ:nge
      gánu málî
      gánu málí kî?
      amálí gá:ngê
    ☆ Amálí gasi:sire eby'o.kúlyá byâ:nge. : Fierce animals have destroyed my crops.
66. male animal / 雄
      ekisóro kisáija 7, ebisóro bisáija 8. Cf. ekisáija 7/8 <omusáija 1/2 "man" (No.437).
 a. female animal / 雌
      ekisóro kikâzi 7, ebisóro bikâzi 8. Cf. ekikâzi 7/8 <omukâzi 1/2 "woman" (No.438).
67. horn / 角
      i:hê:mbe 5, amahê:mbe 6
      i:hé:mbe rîmu
      i:hé:mbe ryâ:nge
      línu ihê:mbe
      línu ihé:mbé kî?
      i:hé:mbe ryá:ngê
68. elephant tusk / 象牙
      i:sá:ngâ 5, amasá:ngâ 6
      i:sá:ngá límû
      i:sá:ngá lyâ:nge
      línu isá:ngâ
      línu isá:ngá kî?
      i:sá:ngá lyá:ngê
 a. elephant nose / 象の鼻
      akakôno 12, obukôno 14 <omukôno 3/4 "arm" (No.36).
 b. fang / 牙
      ekî:no 7, ebî:no 8 <aug. of erî:no 5/6 "tooth" (No.14).

☆ ekí:no ky'e.kisôro 7, ebí:no by'e.kisôro 8 : animal fang
69. animal hair; wool; fur / 動物の毛
ebyó:yâ 8. See No.58.
a. mane (of lion) / （ライオンの）たてがみ
1) amakwî:zi 6
amakwí:zi gámû
amakwí:zi gâ:nge
gánu makwî:zi
gánu makwí:zí kî?
amakwí:zi gá:ngê
☆ John agira amakwî:zi. : John is proud; [lit.] John has a mane.
2) amajagâ:te 6 : syn. of the preceding.
amajagá:te gámû
amajagá:te gâ:nge
gánu majagâ:te
gánu majagá:té kî?
amajagá:te gá:ngê
b. hair of giraffe tail / キリンの尻尾の毛
i:wî:no 5, amawî:no 6
i:wí:no límû
i:wí:no lyâ:nge
línu iwî:no
línu iwí:nó kî?
i:wí:no lyá:ngê
70. hide; leather / 毛皮
1) omugûta 3, emigûta 4. See No.54.
2) ekisâ:tu 7, ebisâ:tu 8 : animal leather. See No.54.
71. tail / 尾、尻尾（しっぽ）
omukîra 3, emikîra 4
omukíra gúmû
omukíra gwâ:nge
gúnu mukîra
gúnu mukírá kî?
omukíra gwá:ngê
N.B. This word is used euphomeically to mean "penis" to avoid its direct mentioning. See No.31.
72. hoof / 蹄
enka.ngâ:si 9,10
enka.ngá:si é:mû
enka.ngá:si yâ:nge
é:nu nka.ngâ:si
é:nu nka.ngá:sí kî?
enka.ngá:si yá:ngê
73. cow; cattle / 牛
ê:nte 9,10
é:nte é:mû

   é:nte yâ:nge
   é:nu ńte
   é:nu ńté kî?
   é:nte yá:ngê
 a. bull / 雄牛
   enîmi 9,10
   eními é:mû
   eními yâ:nge
   é:nu nîmi
   é:nu nímí kî?
   eními yá:ngê
 b. ox / 去勢牛
   endâ:we 9,10 <okulâ:wa "to castrate" (No.804).
   endá:we é:mû
   endá:we yâ:nge
   é:nu ndâ:we
   é:nu ndá:wé kî?
   endá:we yá:ngê
 c. heifer / 若い雌牛
   enyâna 9,10
   enyána é:mû
   enyána yâ:nge
   é:nu nyâna
   é:nu nyáná kî?
   enyána yá:ngê
 d. calf / 子牛
  1) akanîmi 12, obunîmi 14 : young bull <dim. of enîmi 9/10 "bull"
  2) akanyâna 12, obunyâna 14 : young cow <dim. of enyâna 9/10 "cow"
 e. dewlap / 喉袋
   orukanakâna 11, enkanakâna 10 : Also refers to humans' dewlaps
   orukanakána rúmû
   orukanakána rwâ:nge
   rúnu rukanakâna
   rúnu rukanakáná kî?
   orukanakána rwá:ngê
 f. names given to cows according to their colour, form, etc.
  1) enkû:ngu 9,10 : cow born without horns
   enkú:ngu é:mû
   enkú:ngu yâ:nge
   é:nu nkû:ngu
   é:nu nkú:ngú kî?
   enkú:ngu yá:ngê
  2) entî:mba 9,10 : cow whose hide is dotted with many colours. Cf. ekitî:mba 7/8 "net" / (No.799).
   entí:mba é:mû
   entí:mba yâ:nge
   é:nu ntî:mba

   é:nu ntí:mbá kî?
   entí:mba yá:ngê
  3) gâ:ju 9,10 : cow with brownish hide
   gá:ju é:mû
   gá:ju yâ:nge
   é:nu gâ:ju
   é:nu gá:jú kî?
   gá:ju yá:ngê
  4) bihógô 9,10 : cow with brown hide
   bihógó é:mû
   bihógó yâ:nge
   é:nu bihógo
   é:nu bihógó kî?
   bihógó yá:ngê
 g. disease of cows (cows lie down and become immobile) / 牛の病気
  kabôha 9, ----
  kabóha é:mu
  kabóha yâ:nge
  kánu kabôha
  kánu kabóhá kî?
  kabóha yá:ngê
  ☆ É:nte erwaire kabôha. : The cow is affected by *kabôha*.

74. pig / 豚
  empúnû 9,10
  empúnú é:mû
  empúnú yâ:nge
  é:nu mpúnû
  é:nu mpúnú kî?
  empúnú yá:ngê

75. goat / 山羊
  embûzi 9,10
  embúzi é:mû
  embúzi yâ:nge
  é:nu mbûzi
  é:nu mbúzí kî?
  embúzi yá:ngê
 a. male goat / 雄山羊
  empâya 9,10
  empáya é:mû
  empáya yâ:nge
  é:nu mpâya
  é:nu mpáyá kî?
  empáya yá:ngê
 b. female goat; dam / 雌山羊、経産山羊
  emburabûzi 9,10
  emburabúzi é:mû

emburabúzi yâ:nge
é:nu mburabûzi
é:nu mburabúzí kî?
emburabúzi yá:ngê

c. young female goat / 若い雌山羊
ebugûma 9,10
ebugúma é:mû
ebugúma yâ:nge
é:nu bugûma
é:nu bugúmá kî?
ebugúma yá:ngê

d. child female goat / 子供雌山羊
erû:si 9,10
erú:si é:mû
erú:si yâ:nge
é:nu rû:si
é:nu rú:sí kî?
erú:si yá:ngê

e. young male goat / 若い雄山羊
akahâya 12. obuhâya 14 <dim. of empâya 9/10 "male goat". See above.

f. disease of goats and sheep by which goats and sheep cannot stand up / 山羊と羊の病気
amakûra 6
amakúra gámû
amakúra gâ:nge
gánu makûra
gánu makúrá kî?
amakakúra gá:ngê

76. sheep / 羊
entâ:ma 9,10
entá:ma é:mû
entá:ma yâ:nge
é:nu ntâ:ma
é:nu ntá:má kî?
entá:ma yá:ngê

N.B. Sheep are looked down upon by some people as omen.

☆ entá:ma nsáija 9,10 : male sheep
☆ entá:ma nkâzi 9,10 : female sheep

77. rabbit; hare / 兎
wakámê 9,10
wakámé é:mû
wakámé yâ:nge
é:nu wakámê
é:nu wakámé kî?
wakámé yá:ngê

78. horse / 馬
1) enkáina 9,10

enkáina é:mû
enkáina yâ:nge
é:nu nkáina
é:nu nkáíná kî?
enkáina yá:ngê

2) embarâ:si 9,10 : syn. of the preceding.
embará:si é:mû
embará:si yâ:nge
é:nu mbarâ:si
é:nu mbará:sí kî?
embará:si yá:ngê

a. donkey / ロバ
1) enkáina 9,10
N.B. Although the following endogóyâ 9/10 is used to refer to donkeys, it seems to be a borrowing. In daily usage, enkáina 9/10 "horse" covers the meaning of donkey.
2) endogóyâ 9,10
endogóyá é:mû
endogóyá yâ:nge
é:nu ndogóyâ
é:nu ndogóyá kî?
endogóyá yá:ngê

79. dog / 犬
é:mbwâ 9,10
é:mbwá é:mû
é:mbwá yâ:nge
é:nu ḿbwâ
é:nu ḿbwá: kî?
é:mbwá yá:ngê

a. puppy / 仔犬
ekisólê 7, ebisólê 8
ekisólé kímû
ekisólé kyâ:nge
kínu kisólê
kínu kisólé kî?
ekisólé kyá:ngê

b. male dog / 雄犬
empairûmi 9,10
empairúmi é:mû
empairúmi yâ:nge
é:nu mpairûmi
é:nu mpairúmí kî?
empairúmi yá:ngê

c. female dog; bitch / 雌犬
embwa:kâzi 9,10
embwa:kázi é:mû
embwa:kázi yâ:nge

é:nu mbwa:kâzi
é:nu mbwa:kází kî?
embwa:kázi yá:ngê

80. cat / 猫

enjâ:ngu 9,10
enjá:ngu é:mû
enjá:ngu yâ:nge
é:nu njâ:ngu
é:nu njá:ngú kî?
enjá:ngu yá:ngê

81. wild animals / 野性動物

1) enjôjo 9,10 : elephant / 象
   enjójo é:mû
   enjójo yâ:nge
   é:nu njôjo
   é:nu njójó kî?
   enjójo yá:ngê

2) enjúbû 9,10 : hippopotamus / カバ
   enjúbú é:mû
   enjúbú yâ:nge
   é:nu njúbû
   é:nu njúbú kî?
   enjúbú yá:ngê

3) ensérê 9,10 : the same as the preceding.
   enséré é:mû
   enséré yâ:nge
   é:nu nsérê
   é:nu nséré kî?
   enséré yá:ngê

4) enkûra 9,10 : rhinoceros / サイ
   enkúra é:mû
   enkúra yâ:nge
   é:nu nkûra
   é:nu nkúrá kî?
   enkúra yá:ngê

5) gô:nya 9,10 : crocodile / ワニ
   gó:nya é:mû
   gó:nya yâ:nge
   é:nu gô:nya
   é:nu gó:nyá kî?
   gó:nya yá:ngê

6) embógô 9,10 : buffalo / 野牛
   embógó é:mû
   embógó yâ:nge
   é:nu mbógô
   é:nu mbógó kî?

       embógó yá:ngê

7) ensê:nge 9,10 : eland
    ensé:nge é:mû
    ensé:nge yâ:nge
    é:nu nsê:nge
    é:nu nsé:ngé kî?
    ensé:nge yá:ngê

8) empa:rákî 9,10 : kudu, hartebeest
    empa:rákí é:mû
    empa:rákí yâ:nge
    é:nu mpa:rákî?
    é:nu mpa:rákí kî?
    empa:rákí yá:ngê

9) engâbi 9,10 : bushbuck, gazelle
    engábi é:mû
    engábi yâ:nge
    é:nu ngâbi
    é:nu ngábí kî?
    engábi yá:ngê

10) enjázâ 9,10 : waterbuck
    enjázá é:mû
    enjázá yâ:nge
    é:nu njázâ
    é:nu njázá kî?
    enjázá yá:ngê

11) é:nsâ 9,10 : grysbok, oribi
    é:nsá é:mû
    é:nsá yâ:nge
    é:nu ńsâ
    é:nu ńsá kî?
    é:nsá yá:ngê

12) enê:nde 9,10 or akanê:nde 12, obunê:nde 14 : small gazelle, duiker
    ené:nde é:mû
    ené:nde yâ:nge
    é:nu nê:nde
    é:nu né:ndé kî?
    ené:nde yá:ngê

13) enyemêra 9,10 : species of small antelope
    enyeméra é:mû
    enyeméra yâ:nge
    é:nu nyemêra
    é:nu nyeméra kî?
    enyeméra yá:ngê

14) engîri 9,10 : warthog
    engíri é:mû
    engíri yâ:nge

é:nu ngîri
é:nu ngírí kî?
engíri yá:ngê
15) edúbû 9,10 : boar, bushpig
   edúbú é:mû
   edúbú yâ:nge
   é:nu dúbû
   é:nu dúbú kî?
   edúbú yá:ngê
16) empúnú y'o.mukisákâ 9, empúnú z'o:mukisákâ 10 : giant forest hog
17) entulêge 9,10 /entúlêge 9,10 : zebra / シマウマ
   entulége é:mû
   entulége yâ:nge
   é:nu ntúlêge
   é:nu ntúlégé kî?
   entulége yá:ngê
18) entwî:ga 9,10 : giraffe / キリン
   entwí:ga é:mû
   entwí:ga yâ:nge
   é:nu ntwî:ga
   é:nu ntwí:gá kî?
   entwí:ga yá:ngê
19) entâle 9,10 : lion / ライオン
   entále é:mû
   entálé yâ:nge
   é:nu ntâle
   é:nu ntálé kî?
   entále yá:ngê
20) ê:ngo 9,10 : leopard, cheetah / ヒョウ、チーター
   é:ngo é:mû
   é:ngo yâ:nge
   é:nu ńgo
   é:nu ńgó kî?
   é:ngo yá:ngê
21) empísî 9,10 : hyena / ハイエナ
   empísí é:mû
   empísí yâ:nge
   é:nu mpísî
   é:nu mpísí kî?
   empísí yá:ngê
   N.B. The hyena's liver is sought to be very poisonous, which may kill many people. When a hyena is caught, it is killed and burnt, reducing it to ashes so that nobody may take its liver.
22) ebbôha 9,10 : fox, jackal / 狐、ジャッカル
   ebbóha é:mû
   ebbóha yâ:nge

  é:nu bbôha
  é:nu bbóhá kî?
  ebbóha yá:ngê

23) omusêga 3, emisêga 4 : syn. of the preceding.
  omuséga gúmû
  omuséga gwâ:nge
  gúnu musêga
  gúnu muségá kî?
  omuséga gwá:ngê

24) ekisûzi 7, ebisûzi 8 : wildcat, genet / 山猫
  ekisúzi kímû
  ekisúzi kyâ:nge
  kínu kisûzi
  kínu kisúzí kî?
  ekisúzi kyá:ngê

25) etabujugútâ 9,10 /etabujúgútâ 9,10 : civet
  etabujugútá é:mû
  etabujugútá yâ:nge
  é:nu ntabujugútâ
  é:nu ntabujugútá kî?
  etabujugútá yá:ngê
 or ekitabujugútâ 7, ebitabujugútâ 8 /ekitabujúgútâ 7, ebitabujúgútâ 8

26) bwâ:ki 9,10 or ekibwâ:ki 7 ebibwâ:ki 8 : syn. of the preceding.
  bwá:ki é:mû
  bwá:ki yâ:nge
  é:nu bwâ:ki
  é:nu bwá:kí kî?
  bwá:ki yá:ngê

27) ekinia-hámû 7, ebinia-hámû 8 : syn. of the preceding. <okúnía "to defecate" (No.671), hámû
  ekinia-hámú kímû   /16 "one place" (No.373)
  ekinia-hámú kyâ:nge
  kínu kinia-hámû
  kínu kinia-hámú kî?
  ekinia-hámú kyá:ngê

28) emô:ndo 9,10 : mongoose / マングース
  emó:ndo é:mû
  emó:ndo yâ:nge
  é:nu mô:ndo
  é:nu mó:ndó kî?
  emó:ndo yá:ngê

29) omunyê:rre 3, eminyê:rre 4 : small species of mongoose
  omunyé:rre gúmû
  omunyé:rre gwâ:nge
  gúnu munyê:rre
  gúnu munyé:rré: kî?
  omunyé:rre gwá:ngê

30) akakôrwa 12, obukôrwa 14 : small carnivore (white-naped weasel?)
   akakórwa kámû
   akakórwa kâ:nge
   kánu kakôrwa
   kánu kakórwá: kî?
   akakórwa ká:ngê
31) engô:nge 9,10 : otter
   engó:nge é:mû
   engó:nge yâ:nge
   é:nu ngô:nge
   é:nu ngó:ngé kî?
   engó:nge yá:ngê
32) embásû 9,10 : tree squirrel (small)
   embású é:mû
   embású yâ:nge
   é:nu mbásû
   é:nu mbású kî?
   embású yá:ngê
33) embâkyo 9,10 : syn. of the preceding.
   embákyo é:mû
   embákyo yâ:nge
   é:nu mbâkyo
   é:nu mbákyó: kî?
   embákyo yá:ngê
34) akawamújê 12, obuwamújê 14 : ground squirrel
   akawamújé kámû
   akawamújé kâ:nge
   kánu kawamújê
   kánu kawamújé kî?
   akawamújé ká:ngê
35) omûsu 3, emîsu 4 : cane rat (comestible)
   omúsu gúmû
   omúsu gwâ:nge
   gúnu mûsu
   gúnu músú kî?
   omúsu gwá:ngê
36) embéba enjú:ngû 9,10 : giant rat; [lit.] European type rat
37) embêba 9,10 : rat / ネズミ
   embéba é:mû
   embéba yâ:nge
   é:nu mbêba
   é:nu mbébá kî?
   embéba yá:ngê
38) mucûcu 9,10 or musûsu 9,10 : species of small rat with a long nose (chequered elephant- shrew?)
   mucúcu é:mû
   mucúcu yâ:nge

  é:nu mucûcu
  é:nu mucúcú kî?
  mucúcu yá:ngê

39) akawaisô:mba 12, obuwaisô:mba 14 : species of rat; lives in anthills.
  akawaisó:mba kámû
  akawaisó:mba kyâ:nge
  kánu kawaisô:mba
  kánu kawaisó:mbá kî?
  akawaisó:mba kyá:ngê
  <okusô:mba "to carry by making several trips" (No.937)

40) ekihukûzi 7, ebihukûzi 8 /ekihúkûzi 7, ebihúkûzi 8 : mole
  ekihukúzi kímû
  ekihukúzi kyâ:nge
  kínu kihukûzi
  kínu kihukúzí kî?
  ekihukúzi kyá:ngê

41) enyamunú:ngû 9,10 : crested porcupine / 山アラシ
  enyamunú:ngú é:mû
  enyamunú:ngú yâ:nge
  é:nu nyamunú:ngû
  é:nu nyamunú:ngú kî?
  enyamunú:ngú yá:ngê

42) embarâ:ngi 9,10 : tree hyrax (?) / 木登りハイラックス
  embará:ngi é:mû
  embará:ngi yâ:nge
  é:nu mbarâ:ngi
  é:nu mbará:ngí kî?
  embará:ngi yá:ngê

43) enyamulîmi 9,10 or ekinyamulîmi 7, ebinyamulîmi 8 : pangolin
  enyamulími é:mû
  enyamulími yâ:nge
  é:nu nyamulîmi
  é:nu nyamulímí kî?
  enyamulími yá:ngê

44) ekiwakô:nga 7, ebiwakô:nga 8 : syn. of the preceding.
  ekiwakó:nga kímû
  ekiwakó:nga kyâ:nge
  kínu kiwakô:nga
  kínu kiwakó:ngá kî?
  ekiwakó:nga kyá:ngê

45) enkê:nde 9,10 : green monkey, the commonest money in the region / 猿
  enké:nde é:mû
  enké:nde yâ:nge
  é:nu nkê:nde
  é:nu nké:ndé kî?
  enké:nde yá:ngê

46) engêye 9,10 : black and white colobus
    engéye é:mû
    engéye yâ:nge
    é:nu ngêye
    é:nu ngéyé kî?
    engéye yá:ngê
47) enkerêbe 9,10 /enkérêbe 9,10 : baboon / ヒヒ
    enkerébe é:mû
    enkerébe yâ:nge
    é:nu nkérêbe
    é:nu nkérébé kî?
    enkerébe yá:ngê
48) enkôbe 9,10 : syn. of the preceding.
    enkóbe é:mû
    enkóbe yâ:nge
    é:nu nkôbe
    é:nu nkóbé kî?
    enkóbe yá:ngê
49) ekitê:ra 7, ebitê:ra 8 : chimpanzee, gorilla / チンパンジー、ゴリラ
    ekité:ra kímû
    ekité:ra kyâ:nge
    kínu kitê:ra
    kínu kité:rá kî?
    ekité:ra kyá:ngê
50) ekikûya 7, ebikûya 8 : syn. of the preceding.
    ekikúya kímû
    ekikúya kyâ:nge
    kínu kikûya
    kínu kikúyá kî?
    ekikúya kyá:ngê
51) embugubûgu 9,10 : species of small bat / 小コウモリ
    embugubúgu é:mû
    embugubúgu yâ:nge
    é:nu mbugubûgu
    é:nu mbugubúgú kî?
    embugubúgu yá:ngê
52) ekihuguhûgu 7, ebihuguhûgu 8 : species of big bat <aug. of the preceding.

82. bird / 鳥
    ekinyônyi 7, ebinyônyi 8
    ekinyónyi kímû
    ekinyónyi kyâ:nge
    kínu kinyônyi
    kínu kinyónyí kî?
    ekinyónyi kyá:ngê
  cf. akanyônyi 12, obunyônyi : small bird <dim. of ekinyônyi 7/8
  cf. enyônyi 10 : swam of birds

☆ Enyónyi nizíryá emisíri y'o.búrô. : A swam of birds are eating millet in the garden.

83. wing / 翼
- i:pápâ 5, amapápâ 6
- i:pápá límû
- i:pápá lyâ:nge
- línu ipápâ
- línu ipápá kî?
- i:pápá lyá:ngê

a. feather / 羽、羽毛
- ekyó:yâ 7, ebyó:yâ 8 <obwó:yâ 14 "body hair" (No.58).
- ☆ ekyó:yá ky'e.nkôko 7, ebyó:yá by'e.nkôko 8 : feather of a hen

84. beak; bill / 嘴
- omúnwa gw'e.kinyônyi 3, emínwa y'ebinyônyi 4 : [lit.] mouth of a bird

85. nest / 巣
- ekíjú ky'e.kinyônyi 7, ebíjú by'e.bínyônyi 8
- Cf. ekíjû 7/8 "humble, miserable house", aug.of é:njû 9/10 "house" (No.255).

86. egg / 卵
- i:hûli 5, amahûli 6
- i:húli rímû
- i:húli ryâ:nge
- línu ihûli
- línu ihúlí kî?
- i:húli ryá:ngê

87. domestic fowl; chicken; hen / ニワトリ
- enkôko 9,10 : general term
- enkóko é:mû
- enkóko yâ:nge
- é:nu nkôko
- é:nu nkókó kî?
- enkóko yá:ngê

a. cock / 雄鳥
1) empâ:ngi 9,10
   - empá:ngi é:mû
   - empá:ngi yâ:nge
   - é:nu mpâ:ngi
   - é:nu mpá:ngí kî?
   - empá:ngi yá:ngê
2) ekihyô:hyo 7, ebihyô:hyo 8 : young cock
   - ekihyó:hyo kímû
   - ekihyó:hyo kyâ:nge
   - kínu kihyô:hyo
   - kínu kihyó:hyó kî?
   - ekihyó:hyo kyá:ngê

b. hen / 雌鳥
- ebugûma 9,10 : female ready to lay eggs. See No.75.

c. chick / ひよこ

aká:na k'e.nkôko 12, obwá:na bw'e.nkôko 14
- d. dotted hen / 縞模様のニワトリ
    - kibé:bê 9,10 : dotted male or female
    - kibé:bé é:mû
    - kibé:bé yâ:nge
    - é:nu kibé:bê
    - é:nu kibé:bé kî?
    - kibé:bé yá:ngê
- e. white hen / 白いニワトリ
    - kyê:ru 9,10 : white colour. See No.1203.
- f. crest / とさか
    - orusû:nsu 11 ensû:nsu 10
    - orusú:nsu rúmû
    - orusú:nsu rwâ:nge
    - rúnu rusû:nsu
    - rúnu rusú:nsú kî?
    - orusú:nsu rwá:ngê
- g. chicken wing / 手羽
    - i:pápá ly'e.nkôko 5, amapápá g'e.nkôko 6
- h. to pluck a chicken / ニワトリの毛を毟る
    - okumâ:nya
    - ☆ okumá:nya enkôko : to pluck a chicken
- i. to cut off the head of a chicken / ニワトリ首を切る
    1) okusára enkóko ebíkyâ
    2) okusára ebíkyá enkôko

88. duck / アヒル
    - embâ:ta 9,10
    - embá:ta é:mû
    - embá:ta yâ:nge
    - é:nu mbâ:ta
    - é:nu mbá:tá kî?
    - ☆ embá:ta y'omúkâ 9, embá:ta z'o:múkâ 10 : domestic duck
    - ☆ embá:ta ya hanyá:jâ 9, embá:ta za: hanyá:jâ 10 : wild duck; [lit.] duck of lake

89. species of birds / 鳥の種類
    N.B. Small birds, which usually have no specific name, are called akanyônyi 12/14, dim. of ekinyônyi 7/8 "bird" (No.82).
    1) enyá:ngê 9,10 : egret / 鷺
        - enyá:ngé é:mû
        - enyá:ngé yâ:nge
        - é:nu nyá:ngê
        - é:nu nyá:ngé kî?
        - enyá:ngé yá:ngê
    2) ekido.ngodô:ngo 7, ebido.ngodô:ngo 8 : heron
        - ekido.ngodó:ngo kímû
        - ekido.ngodó:ngo kyâ:nge
        - kínu kido.ngodô:ngo

kínu kido.ngodó:ngó kî?
ekido.ngodó:ngo kyá:ngê

3) enyawâ:wa 9,10 : ibis / 朱鷺. N.B. This bird is named after its noisy cry.
enyawá:wa é:mû
enyawá:wa yâ:nge
é:nu nyawâ:wa
é:nu nyawá:wá kî?
enyawá:wa yá:ngê

4) ekinú:dâ 7, ebinú:dâ 8 : marabou stork / 禿コウノトリ
ekinú:dá kímû
ekinú:dá kyâ:nge
kínu kinú:dâ
kínu kinú:dá kî?
ekinú:dá kyá:ngê

5) karô:le 9,10 <personal name Carlos "Charles" : syn. of the preceding; new and urban name
karó:le é:mû
karó:le yâ:nge
é:nu karô:le
é:nu karó:lé kî?
karó:le yá:ngê

6) empû:ngu 9,10 or ekihû:ngu 7, ebihû:ngu 8 : general term for birds of prey
empú:ngu é:mû
empú:ngu yâ:nge
é:nu mpû:ngu
é:nu mpú:ngú kî?
empú:ngu yá:ngê

7) esêga 9,10, amasêga 6 : vulture / 禿鷹
eséga é:mû
eséga yâ:nge
é:nu sêga
é:nu ségá kî?
eséga yá:ngê

8) malé:rê 9,10 : verreaux's eagle, martial eagle, crowned eagle
malé:ré é:mû
malé:ré yâ:nge
é:nu malé:rê
é:nu malé:ré kî?
malé:ré yá:ngê

9) isâ:mba 9,10 : syn. of the preceding.
isá:mba é:mû
isá:mba yâ:nge
é:nu isâ:mba
é:nu isá:mbá kî?
isá:mba yá:ngê

10) gahi:ri:ráhâ 9,10 or gahye.ri:ráhâ 9,10 : long-crested eagle
gahi:ri:ráhá é:mû

      gahi:ri:ráhá yâ:nge
      é:nu gahi:ri:ráhâ
      é:nu gahi:ri:ráhá kî?
      gahi:ri:ráhá yá:ngê
      N.B. This word litterally means "Where is beer ready?". This naming comes from the crest form of this bird which looks back (to seek something...).

11) ekinyamu.nsu.ngusû:ngu 7, ebinyamunsungusû:ngu 8 : syn. of the preceding.
      ekinyamu.nsu.ngusú:ngu kímû
      ekinyamu.nsu.ngusú:ngu kyâ:nge
      kínu kinyamu.nsu.ngusû:ngu
      kínu kinyam.unsu.ngusú:ngú kî?
      ekinyamu.nsu.ngusú:ngu kyá:ngê

12) akahu:mîzi 12, obuhu:mîzi 14 or ebihu:mîzi 7 : hawk, kite
      akahu:mízi kámû
      akahu:mízi kâ:nge
      kánu kahu:mîzi
      kánu kahu:mízí kî?
      akahu:mízi ká:ngê

13) akaibé:bê 12, obwi.bé:bê 14 : lizard buzzard, falcon
      akaibé:bé kámû
      akaibé:bé kâ:nge
      kánu kaibé:bê
      kánu kaibé:bé kî?
      akaibé:bé ká:ngê
      Cf. kibé:bê 9,10 "dotted hen" (No.87).

14) akabbarâma 12, obubarâma 14 /akabbárâma 12, obubárâma 14 : syn. of the preceding.
      akabbaráma kámû
      akabbaráma kâ:nge
      kánu kabbárâma
      kánu kabbarámá kî?
      akabbáráma ká:ngê

15) entikályâ 9,10, obutikályâ 14 : quail (small) / ウズラ
      entikályá é:mû
      entikályá yâ:nge
      é:nu ntikályâ
      é:nu ntikályá: kî?
      entikályá yá:ngê

16) endâhi 9,10 : francolin, a common type
      endáhi é:mû
      endáhi yâ:nge
      é:nu ndâhi
      é:nu ndáhí kî?
      endáhi yá:ngê

17) entajû:mba 9,10 : guinea fowl / ホロホロ鳥
      entajú:mba é:mû
      entajú:mba yâ:nge

  é:nu ntajû:mba
  é:nu ntajú:mbá kî?
  entajú:mba yá:ngê

18) entú:hâ 9,10 : crested crane, crowned crane / 冠鶴
  entú:há é:mû
  entú:há yâ:nge
  é:nu ntú:hâ
  é:nu ntú:há kî?
  entú:há yá:ngê

19) erî:ba 5, amáiba 6 : pigeon, dove / 鳩
  erí:ba límû
  erí:ba lyâ:nge
  línu lî:ba
  línu lí:bá kî?
  erí:ba lyá:ngê

20) kyé:nsí-erikôra 9,10 : white-browed cuckoo, African hoopoe
  kyé:nsí-erikóra é:mû
  kyé:nsí-erikóra yâ:nge
  é:nu kyé:nsí-erikôra
  é:nu kyé:nsí-erikórá kî?
  kyé:nsí-eríkórá yá:ngê
  N.B. The song of this bird is very characteristic, consisting of three notes. People understand it as saying *eki é:nsí erikôra* "that which the world will do".

21) enyó:nzâ 9,10 : the same as the preceding.
  enyó:nzá é:mû
  enyó:nzá yâ:nge
  é:nu é:nu nyó:nzâ
  é:nu nyó:nzá kî?
  enyó:nzá yá:ngê

22) entutûmi 9,10 /entútûmi 9,10 : coucal (didric cuckoo?)
  entutúmi é:mû
  entutúmi yâ:nge
  é:nu ntútûmi
  é:nu ntútúmí kî?
  entutúmi yá:ngê
  N.B. This naming comes from the song of this bird *tutututu...*

23) omusonónwâ 3, emisonónwâ 4 : species of mousebird
  omusonónwá gúmû
  omusonónwá gwâ:nge
  gúnu musonónwâ
  gúnu musonónwá: kî?
  omusonónwá gwá:ngê

24) enkurû:ngu 9,10 : turaco (white-bellied go-away-bird?)
  enkurú:ngu é:mû
  enkurú:ngu yâ:nge
  é:nu nkurû:ngu

    é:nu nkurú:ngú kî?

    enkurú:ngu yá:ngê

25) kasúkû 9,10 : parrot / オウム

    kasúkú é:mû

    kasúkú yâ:nge

    é:nu kasúkû

    é:nu kasúkú kî?

    kasúkú yá:ngê

26) ekiwâ:nga 7, ebiwâ:nga 8 : big hornbill (wattled black or black and white casqued) / サイチョウ（大型）

    ekiwá:nga kímû

    ekiwá:nga kyâ:nge

    kínu kiwâ:nga

    kínu kiwá:ngá kî?

    ekiwá:nga kyá:ngê

  or ekiwa.ngawâ:nga 7, ebiwa.ngawâ:nga 8 <red. of the preceding.

27) eki:samuhâna 7, ebi:samuhâna 8 : syn. of ekiwâ:nga 7/8

    eki:samuhána kímû

    eki:samuhána kyâ:nge

    kínu ki:samuhâna

    kínu ki:samuháná kî?

    eki:samuhána kyá:ngê

28) akasuraibâ:ga 12, obusaraibâ:ga 14 : small hornbill (yellow-billed or crowned) / サイチョウ（小型）

    akasuraibá:ga kámû

    akasuraibá:ga kâ:nge

    kánu kasuraibâ:ga

    kánu kasuraibá:gá kî?

    akasuraibá:ga ká:ngê

29) ehi:hîzi 9,10 : owl / フクロウ

    ehi:hízi é:mû

    ehi:hízi yâ:nge

    é:nu hi:hîzi

    é:nu hi:hízí kî?

    ehi:hízi yá:ngê

30) esi.ndîzi 9,10 : syn. of the preceding.

    esi.ndízi é:mû

    esi.ndízi yâ:nge

    é:nu si.ndîzi

    é:nu si.ndízí kî?

    esi.ndízi yá:ngê

31) entá:hî 9,10 or enta:hitá:hî 9,10 : swift, swallow / ツバメ

    entá:hí é:mû

    entá:hí yâ:nge

    é:nu ntá:hî

    é:nu ntá:hí kî?

    entá:hí yá:ngê

32) endî:sa 9,10 : honey guide

endí:sa é:mû
   endí:sa yâ:nge
   é:nu ndî:sa
   é:nu ndí:sá kî?
   endí:sa yá:ngê
33) ekikoikólyâ 7, ebikoikólyâ 8 : yellow-vented bulbul
   ekikoikólyá kímû
   ekikoikólyá kyâ:nge
   kínu kikoikólyâ
   kínu kikoikólyá: kî?
   ekikoikólyá kyá:ngê
34) enyamuhêbe 9,10 : anteater
   enyamuhébe é:mû
   enyamuhébe yâ:nge
   é:nu nyamuhêbe
   é:nu nyamuhébé kî?
   enyamuhébe yá:ngê
   N.B. This bird is often found on top of anthills, which is taken by villagers as if it observies what is happening in the village. Hence the following proverb meaning that any bad thing, even though you may do it in secret, will be disclosed after all.
 ☆ N'a:yabya:míre nyína omu.mbîso, nyamuhébe akamurôra. : He who have slept with his mother in a pit, nyamuhebe saw him.
35) ekiko.nkona-mútî 7, ebiko.nkona-mítî 8 : woodpecker <okuko.nkôna "to /knock" (No.869),
   ekiko.nkona-mútí kímû   /and omútî 3/4 "trees" (No.116).
   ekiko.nkona-mútí kyâ:nge
   kínu kiko.nkona-mútî
   kínu kiko.nkona-mútí kî?
   ekiko.nkona-mútí kyá:ngê
36) enyaswî:swi 9,10 : paradise flycatcher
   enyaswí:swi é:mû
   enyaswí:swi yâ:nge
   é:nu nyaswî:swi
   é:nu nyaswí:swí: kî?
   enyaswí:swi yá:ngê
37) akanyaswî:swi 12, obunyaswî:swi 14 : the same as the preceding.
   N.B. Although this is a diminutive of enyaswî:swi 9/10 "paradise flycatcher" (see above), it does not necessarily indicate small paradise flycatchers. Some people use enyaswî:swi 9/10, and others akanyaswî:swi 12/14 regardless of the size of the bird.
38) akago.ngabahárâ 12, obugo.ngabahárâ 14 : syn. of the preceding.
   akago.ngabahárá kámû
   akago.ngabahárá kâ:nge
   kánu kago.ngabahárâ
   kánu kago.ngabahárá kî?
   akago.ngabahárá ká:ngê
   N.B. This noun may come from okugô:nza "to like, to love" (No.976) + abahárâ 2 "daughters" (No.461).

39) akanyamu.nkô:nge 12, obunyamu.nkô:nge 14 : Abyssinian crimsonwing
   akanyamu.nkó:nge kámû
   akanyamu.nkó:nge kâ:nge
   kánu kanyamu.nkô:nge
   kánu kanyamu.nkó:ngé kî?
   akanyamu.nkó:nge ká:ngê
40) akatema.nkô:nge 12, obutema.nkô:nge 14 : red-billed firefinch; called traditional hen.
   akatema.nkó:nge kámû
   akatema.nkó:nge kâ:nge
   kánu katema.nkô:nge
   kánu katema.nkó:ngé kî?
   akatema.nkó:nge ká:ngê
41) akacû:nzi 12, obucû:nzi 14 : waxbill (?)
   akacú:nzi kámû
   akacú:nzi kâ:nge
   kánu kacû:nzi
   kánu kacú:nzí kî?
   akacú:nzi ká:ngê
42) kasêkya 9,10 : robin chat (?); stays with cows, black
   kasékya é:mû
   kasékya yâ:nge
   é:nu kasêkya
   é:nu kasékyá: kî?
   kasékya yá:ngê
43) akanyónyi kanywa.nsá:ndê 12, obunyónyi bunywa.nsá:ndê 14 : small bird which sucks juice like the sunbird
 or simply : akanywa.nsá:ndê 12, obunywa.nsá:ndê 14 : [lit.] that which drinks juice
   <okúnywâ "to drink" (No.661), ensá:ndê 9,10 "(banana) juice" (No.131).
44) ekiregêya 7, ebirégêya 8 : weaver (yellow) / うそ類
   ekiregéya kímû
   ekiregéya kyâ:nge
   kínu kiregêya
   kínu kiregéyá kî?
   ekiregéya kyá:ngê
   N.B. This name may have come from the noisy voices of this bird.
45) eki:sokísô 7, ebi:sokísô 8 : syn. of the preceding.
   eki:sokísó kímû
   eki:sokísó kyâ:nge
   kínu ki:sokísô
   kínu ki:sokísó kî?
   eki:sokísó kyá:ngê
   N.B. This name may come from ekî:so 7, aug.of erî:so 5/6 "eye" (No.7).
46) ekisíryâ 7, ebisíryâ 8 : white-headed buffalo-wever, rufous sparrow
   ekisíryá kímû
   ekisíryá kyâ:nge
   kínu kisíryâ

        kínu kisíryá: kî?
        ekisíryá kyá:ngê
- 47) ensâsu 9,10 : oxpecker (red-billed or yellow-billed)
        ensásu é:mû
        ensásu yâ:nge
        é:nu nsâsu
        é:nu nsású kî?
        ensásu yá:ngê
- 48) eki.ngó:râ 7, ebi.ngó:râ 8 : crow / カラス
        eki.ngó:rá kímû
        eki.ngó:rá kyâ:nge
        kínu ki.ngó:râ
        kínu ki.ngó:rá kî?
        eki.ngó:rá kyá:ngê
- 49) akainyamúnyâ 12, obwinyamúnyâ 14 : wagtail / セキレイ
        akainyamúnyá kámû
        akainyamúnyá kâ:nge
        kánu kainyamúnyâ
        kánu kainyamúnyá kî?
        akainyamúnyá ká:ngê
- 50) ekite:ra.nkû:mba 7, ebite:ra.nkû:mba 8 : white-browed sparrow weaver
        ekite:ra.nkú:mba kímû
        ekite:ra.nkú:mba kyâ:nge
        kínu kite:ra.nkû:mba
        kínu kite:ra.nkú:mbá kî?
        ekite:ra.nkú:mba kyá:ngê
        N.B. This bird makes a nest under the eave.
- 51) akawaidú:rû 12, obuwaidú:rû 14 : species of small bird
        akawaidú:rú kámû
        akawaidú:rú kâ:nge
        kánu kawaidú:rû
        kánu kawaidú:rú kî?
        akawaidú:rú ká:ngê

90. insect / 虫、昆虫
- 1) ekihúkâ 7, ebihúkâ 8 : gereral term for insects, worms, caterpillars
        ekihúká kímû
        ekihúká kyâ:nge
        kínu kihúkâ
        kínu kihúká kî?
        ekihúká kyá:ngê
- 2) oruju.njû:zi 11, enju.njû:zi 10 : characterization of insects by their flying noise *ju...ju...*
        oruju.njú:zi rúmû   /Cf. okuju.njû:ra "to make a flying noise" (No.1172).
        oruju.njú:zi rwâ:nge
        rúnu ruju.njû:zi
        rúnu ruju.njú:zí kî?
        oruju.njú:zi rwá:ngê

or ekiju.njû:zi 7, ebiju.njû:zi 8
91. earthworm / ミミズ
   1) omunio.ngó:rrô 3, eminio.ngó:rrô 4 : general term
      omunio.ngó:rró gúmû
      omunio.ngó:rró gwâ:nge
      gúnu munio.ngó:rrô
      gúnu munio.ngó:rró: kî?
      omunio.ngó:rró gwá:ngê
   2) ekitye:rájû 7, ebitye:rájû 8 : species of big earthworm
      ekitye:rájú kímû
      ekitye:rájú kyâ:nge
      kínu kitye:rájû
      kínu kitye:rájú kî?
      ekitye:rájú kyá:ngê
   3) ekicwa.mugô:ngo 7, ebicwa.mugô:ngo 8 : species of big earthworm
      ekicwa.mugó:ngo kímû
      ekicwa.mugó:ngo kyâ:nge
      kínu kicwa.mugô:ngo
      kínu kicwa.mugó:ngó kî?
      ekicwa.mugó:ngo kyá:ngê
92. intestinal worm / 腹の虫
      enjóka y'o.mû:nda 9, enjóka z'o:mû:nda 10 : [lit.] snake (worm) in the stomach. See No.108 for "snake".
  a. ascarid / 回虫
      endá:mbî 9,10
      endá:mbí é:mû
      endá:mbí yâ:nge
      é:nu ndá:mbî
      é:nu ndá:mbí kî?
      endá:mbí yá:ngê
  b. hookworm / 十二指腸虫
      enjóka y'o.mûnwa 9, enjóka z'e:mínwa 10 : [lit.] intestinal worm with a mouth
  c. tapeworm / サナダ虫
      enfwá:nâ 9,10
      enfwá:ná é:mû
      enfwá:ná yâ:nge
      é:nu nfwá:nâ
      é:nu nfwá:ná kî?
      enfwá:ná yá:ngê
93. housefly / 蠅
      ensohêra 9,10 /ensóhêra 9,10
      ensohéra é:mû
      ensohéra yâ:nge
      é:nu nsóhêra
      é:nu nsóhérá kî?
      ensohéra yá:ngê

a. small fly which bites / 人を刺す小型蝿
　　akaruma.nfû:zi 12, oburuma.nfû:zi 14. Cf. okurûma "to bite" (No.654).
　　akaruma.nfú:zi kámû
　　akaruma.nfú:zi kâ:nge
　　kánu karuma.nfû:zi
　　kánu karuma.nfú:zí kî?
　　akaruma.nfú:zi ká:ngê

b. tsetse fly / ツエツエ蝿
　　ekijûju 7, ebijûju 8
　　ekijúju kímû
　　ekijúju kyâ:nge
　　kínu kijûju
　　kínu kijújú kî?
　　ekijúju kyá:ngê

c. small fly
　　akadóima 12, obudóima 14

94. mosquito / 蚊
　　omúbû 3, emíbû 4
　　omúbú gúmû
　　omúbú gwâ:nge
　　gúnu múbû
　　gúnu múbú kî?
　　omúbú gwá:ngê
　☆ akatí:mba k'e:míbû 12, obutí:mba bw'e.míbû 14 : mosquito net

95. bee / 蜜蜂
　　orujôki 11, enjôki 10
　　orujóki rúmû
　　orujóki rwâ:nge
　　rúnu rujôki
　　rúnu rujókí kî?
　　orujóki rwá:ngê

a. honey / 蜂蜜
　1) obwô:ki 14 : honey leached
　　obwó:ki búmû
　　obwó:ki bwâ:nge
　　búnu bwô:ki
　　búnu bwó:kí kî?
　　obwó:ki bwá:ngê
　2) ama.nkí:ndâ 6 : honey together with comb
　　ama.nkí:ndá gámû
　　ama.nkí:ndá gâ:nge
　　gánu ma.nkí:ndâ
　　gánu ma.nkí:ndá kî?
　　ama.nkí:ndá gá:ngê

b. beehive / 蜜蜂の巣箱
　　omuzí:ngâ 3, emizí:ngâ 4

        omuzí:ngá gúmû
        omuzí:ngá gwâ:nge
        gúnu muzí:ngâ
        gúnu muzí:ngá kî?
        omuzí:ngá gwá:ngê
  c. honeycomb / 蜜蜂の巣
        ekisasâra 7, ebisasâra 8 /ekisásâra 7, ebisásâra 8
        ekisasára kímû
        ekisasára kyâ:nge
        kínu kisásâra
        kínu kisásárá kî?
        ekisasára kyá:ngê
        N.B. This word is sometimes used to characterize a person as a good-for-nothing.
  d. wasp (big) / 雀蜂
        orúnwâ 11, é:nwâ 9,10
        orúnwá rúmû
        orúnwá rwâ:nge
        rúnu rúnwâ
        rúnu rúnwá: kî?
        orúnwá rwá:ngê
96. butterfly / 蝶々
        ekihoihórô 7, ebihoihórô 8 or ekihoihólyâ 7, ebihoihólyâ 8
        ekihoihóró kímû
        ekihoihóró kyâ:nge
        kínu kihoihórô
        kínu kihoihóró kî?
        ekihoihóró kyá:ngê
        N.B. This word is used to characterize a person who wonders around /うろちょろする人
  a. dragonfly / トンボ
        orumágâ 11, e:mágâ 10
        orumágá rúmû
        orumágá rwâ:nge
        rúnu rumágâ
        rúnu rumágá kî?
        orumágá rwá:ngê
  b. cicada / 蝉
        ekinyê:nje 7, ebinyê:nje 8 : See No.98.
  c. firefly / 蛍
        enyunyû:zi 9,10 : also means "star" (No.351).
97. grasshopper / イナゴ
        oruse:nêne 11, ense:nêne 10
        oruse:néne rúmû
        oruse:néne rwâ:nge
        rúnu ruse:nêne
        rúnu ruse:néné kî?
        oruse:néne rwá:ngê

N.B. Ense:nêne 10 are seasonal and edible. They appear en masse from mid-November to mid-January. The appearance of grasshoppers is a sign of Christmas which is coming. Although one species, ense:nêne are of four different colours. Also another type appears in May.

1) omwâ:na 1, ---- : green mixed with purple colour
    N.B. Because of its rarety (one or two among one hundred), it is called "child" (No.439).
2) kijúbwâ 9,10 : green, common type <ejúbwâ 9/10 "species of green coloured grass" (No.129)
    kijúbwá é:mû
    kijúbwá yâ:nge
    é:nu kijúbwâ
    é:nu kijúbwá: kî?
    kijúbwá yá:ngê
    N.B. In qualifying constructions, concord can also be made to oruse:nêne 11/10, saying kijúbwá rúmu, kijúbwá rwâ:nge, etc.
3) kátí-ko:mêre 9,10 : ocher, common type
    kátí-ko:mére é:mû
    kátí-ko:mére yâ:nge
    é:nu kátí-ko:mêre
    é:nu kátí-ko:méré kî?
    kátí-ko:mére yá:ngê
    N.B. This naming comes from the noun phrase akátí ko:mêre "a dry stick" because of the resemblance of the colour of this grasshopper to that of a dry stick.
4) kaikara-kahî:re 9,10 : pink colour
    kaikara-kahí:re é:mû
    kaikara-kahí:re yâ:nge
    é:nu kaikara-kahî:re
    é:nu kaikara-kahí:ré kî?
    kaikara-kahí:re yá:ngê
    N.B. This literally means "it stays what is ready (to eat)" because of its pink colour even raw. When grasshoppers are boiled, they become pink.
5) ekisemutû:tu 7, ebisemutû:tu 8 : grasshoppers which appear in May
    ekisemutú:tu kímû
    ekisemutú:tu kyâ:nge
    kínu kisemutû:tu
    kínu kisemutú:tú kî?
    ekisemutú:tú kyâ:nge

a. catching grashoppers by atracting them with fire in the evening
    amasî:rra 6
    amasí:rra gámû
    amasí:rra gâ:nge
    gánu masî:rra
    gánu masí:rrá kî?
    amasí:rra gá:ngê

b. grasshopper which is not edible / 非食用イナゴ
    N.B. The following three types are not seasonal, and found all the year around in grasslands. People usually do not eat them.

1) ekinya:rrabudîdi 7, ebinya:rrabudîdi 8
   ekinya:rrabudídi kímû
   ekinya:rrabudídi kyâ:nge
   kínu kinya:rrabudîdi
   kínu kinya:rrabudídí kî?
   ekinya:rrabudídi kyá:ngê
2) empâ:rra 9,10 : big size, with strong thorns
   empá:rra é:mû
   empá:rra yâ:nge
   é:nu mpâ:rra
   é:nu mpá:rrá: kî?
   empá:rra yá:ngê
   N.B. This naming comes from the noise that this type of grasshoppers make when they fly *parrrr*.
3) emásâ 9,10 : smaller type
   emásá é:mû
   emásá yâ:nge
   é:nu másâ
   é:nu másá kî?
   emásá yá:ngê

c. locust / バッタ
   oruzîge 11, enzîge 10 : harmful to crops, but edible
   oruzíge rúmû
   oruzíge rwâ:nge
   rúnu ruzîge
   rúnu ruzígé kî?
   oruzíge rwá:ngê

d. insect like a grasshopper
   ekipô:mpo 7, ebipô:mpo 8
   ekipó:mpo kímû
   ekipó:mpo kyâ:nge
   kínu kipô:mpo
   kínu kipó:mpó kî?
   ekipó:mpo kyá:ngê

98. cockroach / ゴキブリ、アブラムシ
    enyê:nje 9,10
    enyé:nje é:mû
    enyé:nje yâ:nge
    é:nu nyê:nje
    é:nu nyé:njé kî?
    enyé:nje yá:ngê
    cf. ekinyê:nje 7, ebinyê:nje 8 : big cockroach <aug. of enyê:nje 9/10

a. cricket / コオロギ
   ekijê:rre 7, ebijê:rre 8
   ekijé:rre kímû
   ekijé:rre kyâ:nge

    kínu kijê:rre
    kínu kijé:rré kî?
    ekijé:rre kyá:ngê
  cf. akajê:rre 12, obujê:rre 14 : a smaller type of cricket <dim. of ekijê:rre 7/8
 b. mantis / カマキリ
    ekitema-muhôro 7, ebitema-muhôro 8
    ekitema-muhóro kímû
    ekitema-muhóro kyâ:nge
    kínu kitema-muhôro
    kínu kitema-muhóró kî?
    ekitema-muhóro kyá:ngê
    N.B. This is a compound made of okutêma "to cut with a machete, or an axe" (No.807) and omuhôro 3/4 "traditional curved machete" (No.196), a naming after the shape of this insect's arm.

99. bedbug / 南京虫
  1) ekisûzi 7, ebisûzi 8
     ekisúzi kímû
     ekisúzi kyâ:nge
     kínu kisûzi
     kínu kisúzí kî?
     ekisúzi kyá:ngê
  2) ekíkû 7, ebíkû 8 : syn. of the preceding.
     ekíkú kímû
     ekíkú kyâ:nge
     kínu kíku /kínu kíkû
     kínu kíkú kî?
     ekíkú kyá:ngê

100. ant / 蟻
  1) ekinyómô 7, ebinyómô 8 : type of ants commonly seen on the ground
     ekinyómó kímû
     ekinyómó kyâ:nge
     kínu kinyómô
     kínu kinyómó kî?
     ekinyómó kyá:ngê
  2) oruhâzi 11, empâzi 10 : safari ant
     oruházi rúmû
     oruházi rwâ:nge
     rúnu ruhâzi
     rúnu ruhází kî?
     oruházi rwá:ngê
  3) ekinywa.nsá:ndê 7, ebinywa.nsá:ndê 8 : small black ant, attracted to sugary things
     ekinywa.nsá:ndé kímû
     ekinywa.nsá:ndé kyâ:nge
     kínu kinywa.nsá:ndê
     kínu kinywa.nsá:ndé kî?
     ekinywa.nsá:ndé kyá:ngê

<okúnywâ "to drink" (No.661), ensá:ndê 9/10 "(banana) juice" (No.131).
101. white ant; termite / 白蟻
   1) orukubébê 11, enkubébê 10 : destructive to houses
      orukubébé rúmû
      orukubébé rwâ:nge
      rúnu rukubébê
      rúnu rukubébé kî?
      orukubébé rwá:ngê
   2) orúswâ 11, é:nswâ 10 : winged ant, edible
      orúswá rúmû
      orúswá rwâ:nge
      rúnu rúswâ
      rúnu rúswá: kî?
      orúswá rwá:ngê
   3) queen termite / 女王白蟻
      eki.ngîna 7, ebingîna 8
      eki.ngína kímû
      eki.ngína kyâ:nge
      kinu ki.ngîna
      kinu ki.ngíná kî?
      eki.ngína kyá:ngê
   4) varieties of orúswâ 11/10
      1) empáhû 9,10 : species which appears in March
         empáhú é:mû
         empáhú yâ:nge
         é:nu mpáhû
         é:nu mpáhú kî?
         empáhú yá:ngê
      2) enseizêre 9,10 : species which appears in May
         enseizére é:mû
         enseizére yâ:nge
         é:nu nseizêre
         é:nu nseizéré kî?
         enseizére yá:ngê
      3) enákâ 9,10 : species which appears in July
         enáká é:mû
         enáká yâ:nge
         é:nu nákâ
         é:nu náká kî?
         enáká yá:ngê
      4) entáíkê 9,10 : species which appears in August, making small termite nests
         entáíké é:mû
         entáíké yâ:nge
         é:nu ntáíkê
         é:nu ntáíké kî?
         entáíké yá:ngê

a. termite nest; anthill / 白蟻の巣
  1) ekíswâ 7, ebíswâ 8 : common brown type <orúswâ 11/10. See above.
     ekíswa kímû
     ekíswa kyâ:nge
     kínu kíswâ
     kínu kíswá: kî?
     ekíswá kyá:ngê
  2) empîke 9,10 : hard and black type (used as firestones)
     empíke é:mû
     empíke yâ:nge
     é:nu mpîke
     é:nu mpíké kî?
     empíke yá:ngê
     N.B. This word is used to characterize a sturborn person.
   ☆ Áin'omútwé gw'e.mpîke. : He has a sturborn head.
b. tunnel made by termites / 白蟻がつくったトンネル
     amanôgo 6
     amanógo gámû
     amanógo gâ:nge
     gánu manôgo
     gánu manógó kî?
     amanógo gá:ngê
c. to pick white ants coming out from the ground
     okubóija
     okubóija é:nswâ : to pick white ants and eat one by one

102. flea / 蚤
     enkukûni 9,10 /enkúkûni 9,10
     enkukúni é:mû
     enkukúni yâ:nge
     é:nu nkúkûni
     é:nu nkúkúní kî?
     enkukúni yá:ngê

  a. sand flea; jigger; chigoe / 砂蚤
     enjú:nzâ 9,10
     enjú:nzá é:mû
     enjú:nzá yâ:nge
     é:nu njú:nzâ
     é:nu njú:nzá kî?
     enjú:nzá yá:ngê

103. tick / ダニ
     engûha 9,10
     engúha é:mû
     engúha yâ:nge
     é:nu ngûha
     é:nu ngúhá kî?
     engúha yá:ngê

a. dung beetle / 糞転がし
    ekiku.mbya.mázî 7, ebiku.mbya.mázî 8 [lit.] which rolls feces. Cf. okukû:mbya "to roll",
    ekiku.mbya.mází kímû   /amázî "feces" (No.671).
    ekiku.mbya.mází kyâ:nge
    kínu kiku.mbya.mázî
    kínu kiku.mbya.mází kî?
    eku.mbya.mází kyá:ngê

b. weevil / ゾウ虫
    ekihúká ky'o.mukitô:ke 7, ebihúká by'o.mubitô:ke 8 : [lit.] worm in bananas

104. louse, lice / 虱
    é:ndâ 9,10
    é:ndá é:mû
    é:ndá yâ:nge
    é:nu ńdâ
    é:nu ńdá kî?
    é:ndá yá:ngê

a. chicken lice / ニワトリに付く羽虫
    akahorókô 12, obuhorókô 14
    akahorókó kámû
    akahorókó kâ:nge
    kánu kahorókô
    kánu kahorókó kî?
    akahorókó ká:ngê

105. spider / 蜘蛛
    enyamu.mbûbi 9,10
    enyamu.mbúbi é:mû
    enyamu.mbúbi yâ:nge
    é:nu nyamu.mbûbi
    é:nu nyamu.mbúbí kî?
    enyamu.mbúbi yá:ngê

a. web / 蜘蛛の巣
    ekíjú k'e.nyamu.mbûbi 7, ebíjú b'e.nyamu.mbûbi 8

106. caterpillar / 毛虫
    N.B. There are no generic term for caterpillars.
1) ekibwe.gú:rrâ 7, ebibwe.gú:rrâ 8 : species of caterpillar
    ekibwegú:rrá kímû
    ekibwegú:rrá kyâ:nge
    kínu kibwe.gú:rrâ
    kínu kibwe.gú:rrá: kî?
    ekibwegú:rrá kyá:ngê
2) ensá:myâ 9,10 : type very itchy when touched
    ensá:myá é:mû
    ensá:myá yâ:nge
    é:nu nsá:myâ
    é:nu nsá:myá: kî?
    ensá:myá yá:ngê

a. larva / 幼虫
- 1) kadóima 9,10 : larva of butterflies, found on leaves of sweet potatoes
  kadóima é:mû
  kadóima yâ:nge
  é:nu kadóima
  é:nu kadóímá kî?
  kadóima yá:ngê
- 2) nyabatî:mbo 9,10 : brown larva of beatles, found in the soil
  nyabatí:mbo é:mû
  nyabatí:mbo yâ:nge
  é:nu nyabatî:mbo
  é:nu nyabatí:mbó kî?
  nyabatí:mbo yá:ngê
- 3) eki:sukú:nû 7, ebi:sukú:nû 8 : white larva
  eki:sukú:nú kímû
  eki:sukú:nú kyâ:nge
  kínu ki:sukú:nû
  kínu ki:sukú:nú kî?
  eki:sukú:nú kyá:ngê
- 4) amanê:ra 6 : larva of flies
  amané:ra gámû
  amané:ra gâ:nge
  gánu manê:ra
  gánu mané:rá kî?
  amané:ra gá:ngê
- 5) ekinyorôzi 7, ebinyorôzi 8 /ekinyórôzi 7, ebinyórôzi 8 : larva found in water
  ekinyorózi kímû
  ekinyorózi kyâ:nge
  kínu kinyorôzi
  kínu kinyorózí kî?
  ekinyorózi kyá:ngê

107. centipede / ヤスデ
  ekigo.ngórô 7, ebigo.ngórô 8
  ekigo.ngóró kímû
  ekigo.ngóró kyâ:nge
  kínu kigo.ngórô
  kínu kigo.ngóró kî?
  ekigo.ngóró kyá:ngê

108. snake / 蛇
  enjôka 9,10
  enjóka é:mû
  enjóka yâ:nge
  é:nu njôka
  é:nu njóká kî?
  enjóka yá:ngê
  N.B. This word is used euphemically to mean a cunning insincere person (who betray

    friends).
 ☆ Ó:gu njôka. : That is a cunning person.
 cf. ekye.kû:rra 7, ebye.kû:rra 8 : snakes, lizards, etc. which craw in moving <okwe.kû:rra "to
    ekye.kú:rra kímû   /craw" (No.609)
    ekye.kú:rra kyâ:nge
    kínu kye.kû:rra
    kínu kye.kú:rrá: kî?
    ekye.kú:rra kyá:ngê

a. cast-off skin of a snake / 蛇の抜け殻
    ekisúsú ky'e.njôka 7, ebisúsú by'e.njôka 8
    Cf. ekisúsû 7/8 "peel, bark, etc."(No.120).
b. species of snakes / 蛇の種類
    1) empôma 9,10 : puff adder
       empóma é:mû
       empóma yâ:nge
       é:nu mpôma
       é:nu mpómá kî?
       empóma yá:ngê
    2) encwé:râ 9,10 : cobra <okúcwâ "to spit" (No.660)
       encwé:rá é:mû
       encwé:rá yâ:nge
       é:nu ncwé:râ
       é:nu ncwé:rá kî?
       encwé:rá yá:ngê
    3) enziramîra 9,10 /enzirámîra 9,10 : python <okumîra "to swallow" (No.663)
       enziramíra é:mû
       enziramíra yâ:nge
       é:nu nzirámîra
       é:nu nziramírá kî?
       enziramíra yá:ngê
    4) enyarubâbi 9,10 : green snake <orubâbi 11/10 "banana leaf" (No.131)
       enyarubábi é:mû
       enyarubábi yâ:nge
       é:nu nyarubâbi
       é:nu nyarubábí kî?
       enyarubábi yá:ngê
    5) ekinyarwâ:ngo 7, ebinyarwâ:ngo 8 : nonvenous snake which can move back as if had
       ekinyarwá:ngo kímû   /another head at the tail
       ekinyarwá:ngo kyâ:nge
       kínu kinyarwâ:ngo
       kínu kinyarwá:ngó kî?
       ekinyarwá:ngo kyá:ngê
    6) horoihôro 9,10 : small brown snake, which moves very fast
       horoihóro é:mû
       horoihóro yâ:nge
       é:nu horoihôro

  é:nu horoihóró kî?
  horoihóro yá:ngê
  N.B. This word is used to refer to a person of worthless talking.
109. lizard / トカゲ
 1) omúnyâ 3, emínyâ 4 : small lizard
  omúnyá gúmû
  omúnyá gwâ:nge
  gúnu múnyâ
  gúnu múnyá kî?
  omúnyá gwá:ngê
 2) ekigaragâra 7, ebigaragâra 8 : species of lizard, sometimes the head is bluish-coloured
  ekigaragára kímû
  ekigaragára kyâ:nge
  kínu kigaragâra
  kínu kigaragárá kî?
  ekigaragára kyá:ngê
 3) ekiko.nkômi 7, ebiko.nkômi 8 : syn. of the preceding.
  ekiko.nkómi kímû
  ekiko.nkómi kyâ:nge
  kínu kiko.nkômi
  kínu kiko.nkómí kî?
  ekiko.nkómi kyá:ngê
 4) emâ:mba 9,10 : species of big lizard living in the bush, whose skin is put to drums
  emá:mba é:mû
  emá:mba yâ:nge
  é:nu mâ:mba
  é:nu má:mbá kî?
  emá:mbá yá:ngê
 5) bulye.rádî 9,10 : species of coloured lizard
  bulye.rádí é:mû
  bulye.rádí yâ:nge
  é:nu bulye.rádî
  é:nu bulye.rádí kî?
  bulye.rádí yá:ngê
 6) ekifu.mbata.njôka 7, ebifu.mbata.njôka 8 : big lizard found near water
  ekifu.mbata.njóka kímû
  ekifu.mbata.njóka kyâ:nge
  kínu kifu.mbata.njôka
  kínu kifu.mbata.njóká kî?
  ekifu.mbata.njóka kyá:ngê
 a. gecko / ヤモリ
  1) akalyaisôke 12, obulyaisôke 14
   akalyaisóke kámû
   akalyaisóke kâ:nge
   kánu kalyaisôke
   kánu kalyaisóké kî?

   akalyaisóke ká:ngê
   <okúlyâ "to eat" (No.655), i:sôke 5,6 "hair" (No.3).
 2) akahu:hirîzi 12, obuhu:hirîzi 14 /akahu:hírîzi 12, obuhu:hírîzi 14 : syn. of the preceding.
   akahu:hirízi kámû
   akahu:hirízi kâ:nge
   kánu kahu:hírîzi
   kánu kahu:hírízí kî?
   akahu:hirízi ká:ngê

110. chameleon / カメレオン
 1) akapi.mpîna 12, obupi.mpîna 14 : small type chameleon
   akapi.mpína kámû
   akapi.mpína kâ:nge
   kánu kapi.mpîna
   kánu kapi.mpíná kî?
   akapi.mpína ká:ngê
 2) ekiwarugô:njo 7, ebiwarugô:njo 8 : big type chameleon
   ekiwarugó:njo kímû
   ekiwarugó:njo kyâ:nge
   kínu kiwarugô:njo
   kínu kiwarugó:njó kî?
   ekiwarugó:njo kyá:ngê

111. tortoise / 亀
   enyama.nkogótô 9,10
   enyama.nkogótó é:mû
   enyama.nkogótó yâ:nge
   é:nu nyama.nkogótô
   é:nu nyama.nkogótó kî?
   enyama.nkogótó yá:ngê

112. snail / カタツムリ
   ekita:ní:nâ 7, ebita:ní:nâ 8
   ekita:ní:ná kímû
   ekita:ní:ná kyâ:nge
   kínu kita:ní:nâ
   kínu kita:ní:ná kî?
   ekita:ní:ná kyá:ngê
 a. snail shell / カタツムリの殻
   ekíjú ky'e.kita:ní:nâ 7, ebíjú by'e.bita:ní:nâ 8
 b. slug / ナメクジ
   ekisêbe 7, ebisêbe 8
   ekisébe kímû
   ekisébe kyâ:nge
   kínu kisêbe
   kínu kisébé kî?
   ekisébe kyá:ngê
 c. shell / 貝
   ekisô:nko 7, ebisô:nko 8

   ekisó:nko kímû
   ekisó:nko kyâ:nge
   kínu kisô:nko
   kínu kisó:nkó kî?
   ekisó:nko kyá:ngê
 d. cowry / 宝貝、小安貝
   ensí:mbî 9,10
   ensí:mbí é:mû
   ensí:mbí yâ:nge
   é:nu nsí:mbî
   é:nu nsí:mbí kî?
   ensí:mbí yá:ngê

113. fish / 魚
 1) é:ncû 9,10 : general term for fish
   é:ncú é:mû
   é:ncú yâ:nge
   é:nu ńcû
   é:nu ńcú kî?
   é:ncú yá:ngê
 2) eky'e.nyá:njâ 7, eby'e.nyá:njâ 8 : aquatic animal in general and fish in particular; [lit.] that
   eky'e.nyá:njá kímû   /of a lake
   eky'e.nyá:njá kyâ:nge
   kínu ky'e.nyá:njâ
   kínu ky'e.nyá:njá kî?
   eky'e.nyá:njá kyá:ngê
 a. species of fish
  1) semutû:ndu 9,10 : big catfish
    semutú:ndu é:mû
    esemutú:ndu yâ:nge
    é:nu semutû:ndu
    é:nu semutú:ndú kî?
    esemutú:ndu yá:ngê
  2) emálê 9,10 : big and long catfish (?)
    emálé é:mû
    emálé yâ:nge
    é:nu málê
    é:nu málé kî?
    emálé yá:ngê
  3) engégê 9,10 : tilapia
    engégé é:mû
    engégé yâ:nge
    é:nu ngégê
    é:nu ngégé kî?
    engégé yá:ngê
  4) emâ:mba 9,10 : lungfish
    emá:mba é:mû

         emá:mba yâ:nge
         é:nu mâ:mba
         é:nu má:mbá kî?
         emá:mba yá:ngê
    5) empû:ta 9,10 : Nile perch
         empú:ta é:mû
         empú:ta yâ:nge
         é:nu mpû:ta
         é:nu mpú:tá kî?
         empú:tá yá:ngê
    6) akakéije 12, obukéije 14, enkéije 10 : small sardine
         akakéíje kámû
         akakéíje kâ:nge
         kánu kakéije
         kánu kakéíjé kî?
         akakéije ká:ngê
    7) ensô:nzi 9,10 : small fish, usually dried and skewed through a stick
         ensó:nzi é:mû
         ensó:nzi yâ:nge
         é:nu nsô:nzi
         é:nu nsó:nzí kî?
         ensó:nzi yá:ngê
    8) é:ncú y'a.masanya:rázî 9, é:ncú z'a:masanya:rázî 10 : electric fish
         Cf. amasanya:rázî 6 "electricity" (No.226).

114. scale / 鱗
         ekigaragâ:mba 7, ebigaragâ:mba 8
         ekigaragá:mba kímû
         ekigaragá:mba kyâ:nge
         kínu kigaragâ:mba
         kínu kigaragá:mbá kî?
         ekigaragá:mba kyá:ngê
    a. to scale / 鱗を取る
         okuharakâta
115. frog / 蛙
         ekikêre 7, ebikêre 8
         ekikére kímû
         ekikére kyâ:nge
         kínu kikêre
         kínu kikéré kî?
         ekikére kyá:ngê
    a. toad / ひき蛙
         enyólyâ 9,10 : type which jumps very much
         enyólyá é:mû
         enyólyá yâ:nge
         é:nu nyólyâ
         é:nu nyólyá: kî?

    enyólyá yá:ngê
   N.B. This word is used to characterize a persoh who runs very fast.
 b. tadpole / おたまじゃくし
   entô:nzi 9,10
   entó:nzi é:mû
   entó:nzi yâ:nge
   é:nu ntô:nzi
   é:nu ntó:nzí kî?
   entó:nzi yá:ngê

116. tree / 木
   omútî 3, emítî 4
   omútí gúmû
   omútí gwâ:nge
   gúnu mútî
   gúnu mútí kî?
   omútí gwá:ngê
 a. top of a tree / 木の先
   amasólyâ 6
   amasólyá gámû
   amasólyá gâ:nge
   gánu masólyâ
   gánu masólyá kî?
   amasólyá gá:ngê
 b. piece of wood / 木材
  1) empí:njû 9,10 : log, piece of a tree cut
   empí:njú é:mû
   empí:njú yâ:nge
   é:nu mpí:njû
   é:nu mpí:njú kî?
   é:nu mpí:njú yá:ngê
  2) ekítî 7, ebítî 8 : indicates usually a piece of branch. <aug. of omútî 3/4. See above.
  3) ekikolîgo 7, ebikolîgo 8 /ekikólîgo 7, ebikólîgo 8 : syn. of the preceding.
   ekikolígo kímû
   ekikolígo kyâ:nge
   kínu kikolîgo
   kínu kikolígó kî?
   ekikolígo kyá:ngê

117. trunk; bole / 幹
   endûli 9,10
   endúli é:mû
   endúli yâ:nge
   é:nu ndûli
   é:nu ndúlí kî?
   endúli yá:ngê
 a. core of a tree / 木の芯
   entiratîma 9,10

entiratíma é:mû
entiratíma yâ:nge
é:nu ntiratîma
é:nu ntiratímá kî?
entiratíma yá:ngê

118. root / 根
    1) omûzi 3, emîzi 4
       omúzi gúmû
       omúzi gwâ:nge
       gúnu múzi
       gúnu múzí kî?
       omúzi gwá:ngê
    2) omuhâma 3, emihâma 4 : syn. of the preceding.
       omuháma gúmû
       omuháma gwâ:nge
       gúnu muhâma
       gúnu muhámá kî?
       omuháma gwá:ngê

119. stump / 切り株
    1) ensi.ndîkwa 9,10
       ensi.ndíkwa é:mû
       ensi.ndíkwa yâ:nge
       é:nu nsi.ndîkwâ
       é:nu nsi.ndíkwá: kî?
       ensi.ndíkwa yâ:nge
    ☆ ensi.ndíkwa y'o.múti 9 : stump of a tree
    cf. ekisi.ndîkwa 7, ebisi.ndîkwa 8 : big stump <aug. of the preceding.
    2) ekikûnya 7, ebikûnya 8 : syn. of the preceding.
       ekikúnya kímû
       ekikúnya kyâ:nge
       kínu kikûnya
       kínu kikúnyá kî?
       ekikúnya kyá:ngê
    3) enkô:nge 9,10 : small stump
       enkó:nge é:mû
       enkó:nge yâ:nge
       é:nu nkô:nge
       é:nu nkó:ngé kî?
       enkó:nge yá:ngê

120. bark / 樹皮
    1) ekisúsû 7, ebisúsû 8
       ekisúsú kímû
       ekisúsú kyâ:nge
       kínu kisúsû
       kínu kisúsú kî?
       ekisúsú kyá:ngê

N.B. This word has a wide application, indicating bark of trees, skins of vegetables, peels of fruits, pods of beans, even the cast-off skin of a snake. Therefore bark can be defined more accurately as ekisúsú ky'o.mútî 7, ebisúsú by'e.mítî 8

  2) ekikó:kô 7, ebikó:kô 8 : bark of a tree cut down
     ekikó:kó kímû
     ekikó:kó kyâ:nge
     kínu kikó:kô
     kínu kikó:kó kî?
     ekikó:kó kyá:ngê

 a. bark cloth / 樹皮布
     orubûgo 11, embûgo 10
     orubúgo rúmû
     orubúgo rwâ:nge
     rúnu rubûgo
     rúnu rubúgó kî?
     orubúgo rwá:ngê

121. branch; bough / 枝
     i:tâ:gi 5, amatâ:gi 6
     i:tá:gi rímû
     i:tá:gi ryâ:nge
     línu itâ:gi
     línu itá:gí kî?
     i:tá:gi ryá:ngê

 cf. akatâ:gi 12, obutâ:gi 13 <dim. of i:tâ:gi 5/6 : twig

122. leaf / 葉
  1) i:bâbi 5, amabâbi 6 : green tree leaf
     i:bábi rímû
     i:bábi ryâ:nge
     línu ibâbi
     línu ibábí kî?
     i:bábi ryá:ngê

  2) ekikô:ra 7, ebikô:ra 8 : syn. of the preceding
     ekikó:ra kímû
     ekikó:ra kyâ:nge
     kínu kikô:ra
     kínu kikó:rá kî?
     ekikó:ra kyá:ngê

  3) orubâbi 11, embâbi 10 : green banana leaf. See No.131.

 a. new foliage / 新葉
     i:sá:ngû 5, amasá:ngû 6
     i:sá:ngú límû
     i:sá:ngú lyâ:nge
     línu isá:ngû
     línu isá:ngú kî?
     i:sá:ngú lyá:ngê

123. flower / 花

1) ekyâ:kyo 7, ebyâ:kyo 8 <okwâ:kya "to flower" (No.749)
   ekyá:kyo kímû
   ekyá:kyo kyâ:nge
   kínu kyâ:kyo
   kínu kyá:kyó: kî?
   ekyá:kyo kyá:ngê
2) ekimûli 7, ebimûli 8 /ekímûli 7, ebímûli 8 : syn. of the preceding.
   ekimúli kímû
   ekimúli kyâ:nge
   kínu kímûli
   kínu kímúlí kî?
   ekimúli kyá:ngê
cf. amarâ:nga 6 : lily
   amará:nga gámû
   amará:nga gâ:nge
   gánu marâ:nga
   gánu mará:ngá kî?
   amará:nga gá:ngê

124. fruit / 実、果実
   1) ekijúmâ 7, ebijúmâ 8
      ekijúmá kímû
      ekijúmá kyâ:nge
      kínu kijúmâ
      kínu kijúmá kî?
      ekijúmá kyá:ngê
   ☆ ekijúmá ky'o.mútî 7, ebijúmá by'o.mútî 8 : fruit of a tree
   2) akâ:na 12, obwâ:na 14 <dim. of omwâ:na 1/2 "child" (No.439) : small fruit in the process of forming
   ☆ aká:na k'o.mucu.ngú:wâ 12, obwá:na bw'o.mucu.ngú:wâ 14 : orange fruit in the process of forming
   a. pineapple / パイナップル
      ena:nâ:nsi 9,10 <(?) Sw. nanazi
      ena:ná:nsi é:mû
      ena:ná:nsi yâ:nge
      é:nu na:nâ:nsi
      é:nu na:ná:nsí kî?
      ena:ná:nsi yá:ngê
   b. guava / グアヴァ
      i:pê:ra 5, amapê:ra 6
      i:pé:ra límû
      i:pé:ra lyâ:nge
      línu ipê:ra
      línu ipé:rá kî?
      i:pé:ra lyá:ngê
   c. pawpaw / パパイヤ
      i:pa:pâ:li 5, amapa:pâ:li 6 <Sw. papai or Eng. papaya (pawpaw)

      i:pa:pá:li rímû
      i:pa:pá:li ryâ:nge
      línu ipa:pâ:li
      línu ipa:pá:lí kî?
      i:pa:pá:li ryá:ngê

d. avocado / アボカド
   1) eva:kédô or va:kédô 9,10 <Eng.
      eva:kédó é:mû
      eva:kédó yâ:nge
      é:nu va:kédô
      é:nu va:kédó kî?
      eva:kédó yá:ngê
   cf. omútí gwa. va:kédô 3, emítí ya va:kédô 4 : avocado tree
   2) kadopéyâ 9,10 <Hind.(?) : syn. of eva:kádô 9/10
      kadopéyá é:mû
      kadopéyá yâ:nge
      é:nu kadopéyâ
      é:nu kadopéyá kî?
      kadopéyá yá:ngê

e. jack-fruit / ジャックフルーツ
   1) fénê 9,10 9,10 <Sw. mfenesi
      féné é:mû
      féné yâ:nge
      é:nu fénê
      é:nu féné kî?
      féné yá:ngê
      N.B. This word is used to characterize a stingy person. The substance of jack-fruit is very sticky.
   2) ekijá:kâ 7, ebijá:kâ 8 : syn. of the preceding. <Eng. jack
      ekijá:ká kímû
      ekijá:ká kyâ:nge
      kínu kijá:kâ
      kínu kijá:ká kî?
      ekijá:ká kyá:ngê
      N.B. This word can be used abusively to mean legs affected by elephantiasis.
   3) ekiyakóbô 7, ebiyakóbô 8 : syn. of the preceding.
      ekiyakóbó kímû
      ekiyakóbó kyâ:nge
      kínu kiyakóbô
      kínu kiyakóbó kî?
      ekiyakóbó kyá:ngê
      N.B. This is naming of jack-fruits after the name Jakob "Jack" in Latin.

f. mango / マンゴ
      omuyé:mbê 3, emiyé:mbê 4
      omuyé:mbé gúmû
      omuyé:mbé gwâ:nge

   gúnu muyé:mbê
   gúnu muyé:mbé kî?
   omuyé:mbé gwá:ngê
g. orange / オレンジ
   omucu.ngú:wâ 3, emicu.ngú:wâ 4 <Sw. mchungwa
   omucungú:wá gúmû
   mucungú:wá gwâ:nge
   gúnu mucu.ngú:wâ
   gúnu mucu.ngú:wá kî?
   omucungú:wá gwá:ngê
h. lemon / レモン
   endimâ:u 9,10 <Sw. limau
   endimá:u é:mû
   endimá:u yâ:nge
   é:nu ndimâ:u
   é:nu ndimá:ú kî?
   endimá:u yá:ngê
   N.B. As this word designates limes, too. Qualifying adjectives can differentiate the two.
 ☆ endimá:u nkô:to 9,10 : lemon; [lit.] big lemon/lime
 ☆ endimá:u ntóítô 9,10 or akalimá:u katóítô 12, obulimá:u butóítô 14 : lime; [lit.] small lemon/lime
i. mandarin / マンダリン
   ma.ngâda 9,10 <Eng.
   ma.ngáda é:mû
   ma.ngáda yâ:nge
   é:nu ma.ngâda
   é:nu ma.ngádá kî?
   ma.ngáda yá:ngê
j. passion fruit / パッションフルーツ
   akatû:nda 12, obutû:nda 14
   akatú:nda kámû
   akatú:nda kâ:nge
   kánu katû:nda
   kánu katú:ndá kî?
   akatú:nda ká:ngê
k. species of fruit
   misita:fwê:ri 9,10
   misita:fwé:ri é:mû
   misita:fwé:ri yâ:nge
   é:nu misita:fwê:ri
   é:nu misita:fwé:rí kî?
   misita:fwé:ri yá:ngê
l. olive / オリーブ
   omuzabíbû 3, emizabíbû 4
   omuzabíbú gúmû
   omuzabíbú gwâ:nge

       gúnu muzabíbû
       gúnu muzabíbú kî?
       omuzabíbú gwá:ngê
- m. species of shrub which gives sweet berries
  - orutú:tû 11, entú:tû 10
  - orutú:tú rúmû
  - orutú:tú rwâ:nge
  - rúnu rutú:tû
  - rúnu rutú:tú kî?
  - orutú:tú rwá:ngê
- n. fruit of a wild tree, eaten by monkeys, etc.
  - i:têhe 5, amatêhe 6
  - i:téhe rímu
  - i:téhe ryâ:nge
  - línu itêhe
  - línu itéhé kî?
  - i:téhe ryá:ngê
- o. wild berry (wild cardamom? See Ndoleriire et al.)
  - i:te.ngenénê 5, amate.ngenénê 6
  - i:te.ngenéné rímu
  - i:te.ngenéné ryâ:nge
  - línu ite.ngenénê
  - línu ite.ngenéné kî?
  - i:te.ngenéné ryá:ngê

125. seed; grain / 種、種子
   1) ensîgo 9,10
       ensígo é:mû
       ensígo yâ:nge
       é:nu nsîgo
       é:nu nsígó kî?
       ensígo yá:ngê
       N.B. As this word means grains, it is usually used in the plural.
   cf. akasîgo 12, obusîgo 14 : small grains like millet.
   2) orujúmâ 11, enjúmâ 10 <ekijúmâ 7/8 "fruit" (No.124) : grains of maize, beans, groudnuts, soya, and pips of fruits, etc. which are relatively bigger than akajúmâ 12/14 "small grain". See below.
   ☆ orujúmá rw'e.kicô:li 11, enjúmá z'e:kicô:li 10 : maize grain
   ☆ orujúmá rw'o.mwâ:ni 11, enjúmá z'o:mwâ:ni 10 : coffee grain
   3) akajúmâ 12, obujúmâ 14 <dim. of ekijúmâ 7/8 "fruit" (No.124) : small grains such as millet or rice
   ☆ akajúmá k'o:mucê:ri 12, obujúmá bw'o.mucê:ri 14 : rice grains
   4) embîbo 9,10 : seed, seedling like grains, potato, cassava
       embíbo é:mû
       embíbo yâ:nge
       é:nu mbîbo
       é:nu mbíbó kî?

       embíbo yá:ngê
   ☆ embíbo y'e.bitakúlî 9, embíbo z'e:bitakúlî 10 : sweet potato seedling
   5) ekífù 7, ebífù 8 : dead seed <omúfù 1/2 "dead person" (No.727).
 a. stone of a fruit; kernel / 果実の核
       ekijúmâ 7, ebijúmâ 8 : kernel of a fruit. See No.124.
 b. pip / 果実の種
   1) orujúmâ 11, enjúmâ 10
   ☆ orujúmá rw'o.mucungú:wa 11, enjúmá z'o:mucungú:wa 10 : orange pip
   2) akâ:na 12, obwâ:na 14 : syn. of the preceding, but also means "small fruit" (No.124).
       <omwâ:na 1/2 "child" (No.439)
   ☆ obwá:na bw'i:pa:pâ:li 14 : pawpaw pips
   ☆ obwá:na bw'a.katû:nda 14 : passion fruit pips
126. thorn / 刺
       í:hwâ 5, amáhwâ 6
       í:hwá límû
       í:hwá lyâ:nge
       línu í:hwâ
       línu í:hwá: kî?
       í:hwá lyá:ngê
   ☆ amáhwá g'o:mútî : thorns of a tree
127. shell; pod / 莢
   1) ekisúsû 7, ebisúsû 8
       N.B. This is a very general term indicating the bark and the skin of vegetables, fruits, etc.
       See No.120.
   ☆ ekisúsú ky'e.kihî:mba 7, ebisúsú by'e.bihî:mba 8 : bean pod
   ☆ ekisúsú ky'e.kikáijo 7, ebisúsú by'e.bikáijo 8 : sugarcane skin, chewed substance to jet
   2) ekikáígâ 7, ebikáígâ 8 : young pod of kidney beans
       ekikáígá kímû
       ekikáígá kyâ:nge
       kínu kikáígâ
       kínu kikáígá kî?
       ekikáígá kyá:ngê
128. sap / 樹液
   1) i:sâ:nda 5, amasâ:nda 6 : general term for sap
       i:sá:nda límû
       i:sá:nda lyâ:nge
       línu isâ:nda
       línu isá:ndá kî?
       i:sá:nda lyá:ngê
   2) i:kâ:mba 5, amakâ:mba 6 : banana sap
       i:ká:mba límû
       i:ká:mba lyâ:nge
       línu ikâ:mba
       línu iká:mbá kî?
       i:ká:mba lyá:ngê
   3) obubbá:myâ 14, ---- : sticky sap of coniferous trees

obubbá:myá búmû
obubbá:myá bwâ:nge
búnu bubbá:myâ
búnu bubbá:myá: kî?
obubbá:myá bwá:ngê

4) obubbâ:ni 14 : syn. of the preceding.
obubbá:ni búmû
obubbá:ni bwâ:nge
búnu bubbâ:ni
búnu bubbá:ní kî?
obubbá:ni bwá:ngê

129. grass / 草
ekinyá:nsî 7, ebinyá:nsî 8 : general term for grass and weed
ekinyá:nsí kímû
ekinyá:nsí kyâ:nge
kínu kinyá:nsî
kínu kinyá:nsí kî?
ekinyá:nsí kyá:ngê

cf. akanyá:nsi 12, obunyá:nsi 14 <dim. of ekinyá:nsi 7/8.

a. lawn / 芝生
1) pa:sikalâma 9,10 / pa:sikálâma 9,10 : longer type lawn
pa:sikaláma é:mû
pa:sikaláma yâ:nge
é:nu pa:sikálâma
é:nu pa:sikálámá kî?
pa:sikaláma yá:ngê

☆ pa:sikaláma y'o.múkâ : lawn at home

2) ejî:ja 9,10 : thinner type lawn
ejí:ja é:mû
ejí:ja yâ:nge
é:nu jî:ja
é:nu jí:já kî?
ejí:ja yá:ngê

b. species of weed / 雑草
1) oburá:râ 14 : species of nettle in swamp areas
oburá:rá búmû
oburá:rá bwâ:nge
obúnu burá:râ
búnu burá:rá kî?
oburá:rá bwá:ngê

2) emburâra 9,10 : species of grass, about 1m high
emburára é:mû
emburára yâ:nge
é:nu mburâra
é:nu mburárá kî?
emburára yá:ngê

3) ejúbwâ 9,10 : species of grass which is very green, about 1m high
   ejúbwá é:mû
   ejúbwá yâ:nge
   é:nu júbwâ
   é:nu júbwá: kî?
   ejúbwá yá:ngê
4) esê:ta 9,10 : species of small swamp grass having a good smell and used for incense
   esé:ta é:mû
   esé:ta yâ:nge
   é:nu sê:ta
   é:nu sé:tá kî?
   esé:ta yá:ngê
5) orusójô 11 or esójô 9, ---- : thatch grass. See No.155
   orusójó rúmû
   orusójó rwâ:nge
   rúnu rusójô
   rúnu rusójó kî?
   orusójó rwá:ngê
6) akakû:rra 12, obukû:rra 14 : 30 to 40cm high; dry fruits stick to clothes
   akakú:rra kámû
   akakú:rra kâ:nge
   kánu kakû:rra
   kánu kakû:rrá: kî?
   akakú:rra ká:ngê
7) oru.mbúgû 11, ---- : small grass but well rooted underground
   oru.mbúgú rúmû
   oru.mbúgú rwâ:nge
   rúnu ru.mbúgû
   rúnu ru.mbúgú kî?
   oru.mbúgú rwá:ngê
   N.B. This word is used figuratively to indicate a rough, useless person.
   ☆ Aina oru.mbúgû. : He has a rough character.
   ☆ ow'oru.mbúgû 1, ab'o:ru.mbúgû 2 : someone of no use
8) akanyu:nya.mbúzi 12, obunyu:nyambûzi 14 : small grass with salty leaves <okunyû:nya
   akanyu:nya.mbúzi kámû   /"to suck" (No.662), embûzi 9/10 "goat" (No.75)
   akanyu:nya.mbúzi kâ:nge
   kánu kanyu:nya.mbûzi
   kánu kanyu:nya.mbúzí kî?
   akanyu:nya.mbúzi ká:ngê
9) amalêre 6 : fern / シダ
   amalére gamû
   amalére gâ:nge
   gánu malêre
   gánu maléré kî?
   amalére gá:ngê

130. stalk; stem / 茎

orubîbo 11, embîbo 10 : stem of millet, sorghum, maize, rice plant, etc.
orubíbo rúmû
orubíbo rwâ:nge
rúnu rubîbo
rúnu rubíbó kî?
orubíbo rwá:ngê

131. banana / バナナ
ekitô:ke 7, ebitô:ke 8 : banana tree or banana fruit in general
ekitó:ke kímû
ekitó:ke kyâ:nge
kínu kitô:ke
kínu kitó:ké kî?
ekitó:ke kyá:ngê

a. stem of a banana tree / バナナの木の幹
omugôgo 3, emigôgo 4
omugógo gúmû
omugógo gwâ:nge
gúnu mugôgo
gúnu mugógó kî?
omugógo gwá:ngê

b. bunch / 房全体
omugî:mba 3, emigî:mba 4
omugí:mba gúmû
omugí:mba gwâ:nge
gúnu mugî:mba
gúnu mugí:mbá kî?
omugí:mba gwá:ngê

c. cluster of bananas / 房
ekihágû 7, ebihágû 8 <okuhagûra "to tear off banana clusters" (Nos.131, 815)
ekihágú kímû
ekihágú kyâ:nge
kínu kihágû
kínu kihágú kî?
ekihágú kyá:ngê
☆ okuhagúra ekihágû : to take a cluster of bananas from a bunch

d. one banana / バナナの一本一本
1) i:bé:re ly'e.kitô:ke 5, amabé:re g'e:kitô:ke : [lit.] breast of bananas. Cf. i:bê:re 5/6 "breast" (No.24).
☆ i:bé:re ry'e.gó:njâ 5, amabé:re g'e:gó:njâ 6 : plantain bananas counted one by one
2) ekya:yá:yâ 7, ebya:yá:yâ 8 : big, good-looking bananas
ekya:yá:yá kímû
ekya:ya:yá kyâ:nge
kínu kya:yá:yâ
kínu kya:yá:yá kî?
ekya:yá:yá kyá:ngê

e. two bananas stuck together / ２つ引っ付いたバナナ

       omuhasâna 3, emihasâna 4 /omuhásâna 3, emihásâna 4
       omuhasána gúmû
       omuhasána gwâ:nge
       gúnu muhasâna
       gúnu muhasáná kî?
       omuhasána gwá:ngê
  f. banana peel / バナナの実の皮
       ekisúsú ky'e.kitô:ke 7, ebisúsú by'e.kitô:ke 8
       cf. ekisúsû 7/8 "vegetable skin, bark" (No.120).
  g. banana flower / バナナの花
     1) omugólê 3, emigólê 4
        omugólé gúmû
        omugólé gwâ:nge
        gúnu mugólê
        gúnu mugólé kî?
        omugólé gwá:ngê
     2) enkîra 9,10 : banana flowers which did not open
        enkíra é:mû
        enkíra yâ:nge
        é:nu nkîra
        é:nu nkírá kî?
        enkíra yá:ngê
        N.B. It is advised to cut it for fear of epidemy.
  h. male bud / 雄花序
       enkanâna 9,10 /enkánâna 9,10
       enkanána é:mû
       enkanána yâ:nge
       é:nu nkanâna
       é:nu nkanáná kî?
       enkanána yá:ngê
  i. green banana leaf / 青い葉
       orubâbi 11, embâbi 10
       orubábi rúmû
       orubábi rwâ:nge
       rúnu rubâbi
       rúnu rubábí kî?
       orubábi rwá:ngê
  j. midrib of a banana leaf / バナナの葉の中心葉脈
       orugorogô:nya 11, engorogô:nya 10
       orugorogó:nya rúmû
       orugorogó:nya rwâ:nge
       rúnu rugorogô:nya
       rúnu rugorogó:nyá kî?
       orugorogó:nya rwá:ngê
       N.B. Splits of banana leaf midribs are spread in a pan to avoid burning in cooking, or to cook by steaming.

k. rolled banana leaf / まだ巻いているバナナの葉
    ekisa:nî:ko 7, ebisa:nî:ko 8
    ekisa:ní:ko kímû
    ekisa:ní:ko kyâ:nge
    kínu kisa:nî:ko
    kínu kisa:ní:kó kî?
    ekisa:ní:ko kyá:ngê

l. dry banana leaf / 乾いたバナナの葉
  1) ekisâ:nsa 7 or i:sâ:nsa 6, abisâ:nsa 8
    ekisá:nsa kímû
    ekisá:nsa kyâ:nge
    kínu kisâ:nsa
    kínu kisá:nsá kî?
    ekisá:nsa kyá:ngê
  2) ekisagâzi 7, ebisagâzi 8 /ekiságâzi 7, ebiságâzi 8 : syn. of the preceding.
    ekiságázi kímû
    ekiságázi kyâ:nge
    kínu kisagâzi
    kínu kisagází kî?
    ekiságázi kyá:ngê

m. fiber of banana stalk / バナナの木の皮
  1) omugôgo 3, emigôgo 4 : fiber of fresh banana stalk. See above.
  2) ekigôgo 7, ebigôgo 8 : fiber of dry banana stalk. <omugôgo 3/4. See above.

n. banana stump / バナナの木の切り株
  1) enkônya 9,10 : fresh banana stump, just cut
    enkónya é:mû
    enkónya yâ:nge
    é:nu nkônya
    é:nu nkónyá kî?
    enkónya yá:ngê
  2) embulé:râ 9,10 : rotten banana stump / 古いバナナの切り株
    embulé:rá é:mû
    embulé:rá yâ:nge
    é:nu mbulé:râ
    é:nu mbulé:rá kî?
    embulé:rá yá:ngê

o. young banana tree; sucker / バナナの苗、吸芽
    i:nú:nû 5, amanú:nû 6
    i:nú:nú límû
    i:nú:nú lyâ:nge
    línu inú:nû
    línu inú:nú kî?
    i:nú:nú lyá:ngê

p. banana juice / バナナジュース
    ensá:ndê 9,10 : any natural sweet juice by extension
    ensá:ndé é:mû

ensá:ndé yâ:nge
  é:nu nsá:ndê
  é:nu nsá:ndé kî?
  ensá:ndé yá:ngê
- q. cooking bananas / 料理用バナナ
  1) kitîka 9,10 : new variety made by breed improvement with big bunches
     kitîka é:mû → kitík'é:mû
     kitîka yâ:nge
     é:nu kitîka
     é:nu kitíká kî?
     kitíka yá:ngê
  2) enjagâra 9,10 : long banana
     enjagára é:mû
     enjagára yâ:nge
     é:nu njagâra
     é:nu njagárá kî?
     enjagára yá:ngê
  3) endya.bawâ:li 9,10 : long banana
     endya.bawá:li é:mû
     endya.bawá:li yâ:nge
     é:nu ndya.bawâ:li
     é:nu ndya.bawá:lí kî?
     endya.bawá:li yá:ngê
  4) enzirabusêra 9,10 : normal size banana
     enzirabuséra é:mû
     enzirabuséra yâ:nge
     é:nu nzirabusêra
     é:nu nzirabusérá kî?
     enzirabuséra yá:ngê
     Cf. enzîra "refusal" (No.1026), obusêra 14 "porridge" (No.164).
  5) enzirabahúmâ 9,10 : normal size banana
     enzirabahúmá é:mû
     enzirabahúmá yâ:nge
     é:nu nzirabahúmâ
     é:nu nzirabahúmá kî?
     enzirabahúmá yá:ngê
     Cf. enzîra "refusal" (No.1026), abahúmâ 2 "cattle-keepers" (No.803).
  6) bbo:kôra 9,10 : short and big banana
     bbo:kóra é:mû
     bbo:kóra yâ:nge
     é:nu bbo:kôra
     é:nu bbo:kórá kî?
     bbo:kóra yá:ngê
- r. beer-making bananas / 酒造り用バナナ
  1) kisúbî 9,10 : small banana that looks like sweet bananas
     kisúbí é:mû

             kisúbí yâ:nge
             é:nu kisúbî
             é:nu kisúbí kî?
             kisúbí yá:ngê
         2) músâ 9,10 : big banana
             músá é:mû
             músá yâ:nge
             é:nu músâ
             é:nu músá: kî?
             músá yá:ngê
         3) embî:re 9,10 : normal size banana
             embí:re é:mû
             embí:re yâ:nge
             é:nu mbî:re
             é:nu mbí:ré kî?
             embí:re yá:ngê
s. plantain / プランテンバナナ
         egó:njâ 9,10, amagó:njâ 6
         egó:njá é:mû
         egó:njá yâ:nge
         é:nu gó:njâ
         é:nu gó:njá kî?
         egó:njá yá:ngê
         N.B. Plantain bananas are roasted and sold for casual eating, but they are also cooked.
t. sweet bananas / おやつ用バナナ
     1) bbogôya 9,10 : big and long size banana
         bbogóya é:mû
         bbogóya yâ:nge
         é:nu bbogôya
         é:nu bbogóyá kî?
         bbogóya yá:ngê
     2) akasuka:li-ndî:zi 12, obusuka:li-ndî:zi 14 : small size banana
         akasuka:li-ndí:zi kámû
         akasuka:li-ndí:zi kâ:nge
         kánu kasuka:li-ndî:zi
         kánu kasuka:li-ndí:zí kî?
         akasuka:li-ndí:zi ká:ngê
         N.B. The name of this banana is based on its sweet taste. The word is composed of sukâ:li 9 "sugar" (No.168), followed by the Swahili word nzidi "banana".
     3) barwo.kólê 9,10 : small type banana
         barwo.kólé é:mû
         barwo.kólé yâ:nge
         é:nu barwo.kólê
         é:nu barwo.kólé kî?
         barwo.kólé yá:ngê
u. ripe banana / 熟れたバナナ

        ekyé:njû 7, ebyé:njû 8 : any ripe bananas except plantain bananas
        ekyé:njú kímû
        ekyé:njú kyâ:nge
        kínu kyé:njû
        kínu kyé:njú kî?
        ekyé:njú kyá:ngê

v. wild banana tree / 野生バナナの木
        ekitê:mbe 7, ebitê:mbe 8
        ekité:mbe kímû
        ekité:mbe kyâ:nge
        kínu kitê:mbe
        kínu kité:mbé kî?
        ekité:mbe kyá:ngê

w. to prune banana trees by cutting off dry leaves
        okusá:rra ebitô:ke → okusá:rr'ebitô:ke

x. to cut off fibers of a banana stalk
        okugo.ngô:rra

y. to tear off bananas
        1) okuhagûra : to tear off banana clusters from a bunch, or bananas from a cluster
        2) okuko.nkobôra /okuk.onkóbôra : to tear off banana clusters from a bunch

132. oil palm tree / 油椰子の木
    No oil palm trees are found in the region.

a. date palm tree / ナツメ椰子の木
        omukî:ndo 3, emikî:ndo 4 : African wild date palm
        omukí:ndo gúmû
        omukí:ndo gwâ:nge
        gúnu mukî:ndo
        gúnu mukí:ndó kî?
        omukí:ndo gwá:ngê
    cf. orukî:ndo 11, enkî:ndo 10 : young frond of the date palm
        N.B. enkî:ndo are used to weave mats and baskets.

b. coconut palm tree / ココナツ椰子の木
        omunâzi 3, eminâzi 4
        omunázi gúmû
        omunázi gwâ:nge
        gúnu munâzi
        gúnu munází kî?
        omunázi gwá:ngê
    cf. enâzi 9,10 : palm oil <omunâzi 3/4 "coconut palm tree".

c. sharp end of palm leaves / ヤシの葉の先
        ekikâ:ngi 7, ebikâ:ngi 8
        ekiká:ngi kímû
        ekiká:ngi kyâ:nge
        kínu kikâ:ngi
        kínu kiká:ngí kî?
        ekiká:ngi kyá:ngê

133. cassava / キャッサバ
　　1) omuhógô 3, emihógô 4 <Sw. mhogo
　　　　omuhógó gúmû
　　　　omuhógó gwâ:nge
　　　　gúnu muhógô
　　　　gúnu muhógó kî?
　　　　omuhógó gwá:ngê
　　2) muhógô 9 : pile of cassava tubers
　　　　muhógó é:mû
　　　　muhógó yâ:nge
　　　　é:nu muhógô
　　　　é:nu muhógó kî?
　　　　muhógó yá:ngê
　　☆ ekítí kya. muhógô 7, ebítí bya. muhógô 8 or ekítí ky'o.muhógô 7, ebítí by'o.muhógô 8 : cassava tree
　　☆ obuhú:nga bwa. muhógô 14 : cassava flour
　　3) ekitê:re 7, ebitê:re 8 : dried cassava after peeling
　　　　ekité:re kímû
　　　　ekité:re kyâ:nge
　　　　kínu kitê:re
　　　　kínu kité:ré kî?
　　　　ekité:re kyá:ngê
a. sweet cassava (non-toxic type) / 毒なしキャッサバ
　　1) bukalâsa 9,10 /bukálâsa 9,10
　　　　bukalása é:mû
　　　　bukalása yâ:nge
　　　　é:nu bukálâsa
　　　　é:nu bukálásá kî?
　　　　bukalása yá:ngê
　　2) bigîta /bígîta 9,10
　　　　bigíta é:mû
　　　　bigíta yâ:nge
　　　　é:nu bígîta
　　　　é:nu bígítá kî?
　　　　bigíta yá:ngê
　　3) mugwa.ganabútû 9,10
　　　　mugwa.ganabútú é:mû
　　　　mugwa.ganabútú yâ:nge
　　　　é:nu mugw.aganabútû
　　　　é:nu mugwa.ganabútú kî?
　　　　mugwa.ganabútú yá:ngê
b. toxic cassava / 毒ありキャッサバ
　　　　nyakunyákû 9,10
　　　　nyakunyákú é:mû
　　　　nyakunyákú yâ:nge
　　　　é:nu nyakunyákû

    é:nu nyakunyákú kî?
    nyakunyákú yá:ngê
  c. young cassava leaves / キャッサバの葉
    1) ebikó:ra bya. muhógô 8 : raw young cassava leaves
    2) ekisâ:mvu 7, ebisâ:mvu 8 : cooked young cassava leaves <Sw. kisamvu
       ekisá:mvu kímû
       ekisá:mvu kyâ:nge
       kínu kisâ:mvu
       kínu kisá:mvú kî?
       ekisám:vu kyá:ngê
  d. middle fiber of cassava tubers / キャッサバイモの繊維
       ekitîma 7, ebitîma 8 <omutîma 3/4 "heart" (No.47)
    or ekitimatîma 7, ebitimatîma 8
134. sweet potato / サツマイモ
       ekitakúlî 7, ebitakúlî 8
       ekitakúlí kímû
       ekitakúlí kyâ:nge
       kínu kitakúlî
       kínu kitakúlí kî?
       ekitakúlí kyá:ngê
       N.B. This is a general term for potatoes, sweat or Irish. The sweat potato is said "traditional" or Nyoro type potato in contrast with the Irish potato, which is said "modern" or European type potato.
    ☆ ekitakúlí ky'e.kínyôro 7, ebitakúlí by'e.kínyôro 8 : Nyoro type potato, i.e. sweat potato. There are four different types of sweet potatoes :
    1) matamaibû:ku 9,10 : big, yellowish colour <amatâma 6 "cheeks" (No.18), i:bû:ku 5/6
       matamaibú:ku é:mû   /"bump, swelling" (No.1085)
       matamibú:ku yâ:nge
       é:nu matamaibû:ku
       é:nu imatamaibú:kú kî?
       matamibú:ku yá:ngê
    2) ti.ntí:ná basêzi 9,10 : light red colour, which grows very well
       ti.ntí:ná basézi é:mû
       ti.ntí:ná basézi yâ:nge
       é:nu ti.ntí:ná basêzi
       é:nu ti.ntí:ná basézí kî?
       ti.ntí:ná basézi yá:ngê
       N.B. This name comes from the sentence ti.ntí:ná abasêzi "I don't fear night dancers".
    3) nda:birya.n'ó:hâ 9,10 : soft and tasty, tastier that any other
       nda:birya.n'ó:há é:mû
       enda:biryan'ó:há yâ:nge
       é:nu nda:birya.n'ó:hâ
       é:nu nda:birya.n'ó:há kî?
       enda:birya.n'ó:há yá:ngê
       N.B. This litterally means "With whom shall I eat?"
    4) kisâ:bu 9,10 : soft when cooked. <ebisâ:bu 8 "mud"

        kisá:bu é:mû
        kisá:bu yâ:nge
        é:nu kisâ:bu
        é:nu kisá:bú kî?
        kisá:bu yá:ngê
    a. runner of sweet potatoes / サツマイモの蔓
        enkô:ra 9,10
        enkó:ra é:mû
        enkó:ra yâ:nge
        é:nu nkô:ra
        é:nu nkó:rá kî?
        enkó:ra yá:ngê
135. (Irish) potato / ジャガイモ
    1) ekilâ:ya 7, ebilâ:ya 8 <Sw. ulaya "Europe"
        ekilá:ya kímû
        ekilá:ya kyâ:nge
        kínu kilâ:ya
        kínu kilá:yá kî?
        ekilá:ya kyá:ngê
    2) akatakúlí k'e:kijú:ngû 12, obutakúlí bw'e.kijú:ngû 14 : syn. of the preceding; [lit.] European potatoes. Cf. ekitakúlî 7/8 "potatoes". See above.
136. coco yam; taro / タロイモ
        N.B. Coco yams are called yams in Uganda.
    1) ekihû:na 7, ebihû:na 8 : general term for coco yams
        ekihú:na kímû
        ekihú:na kyâ:nge
        kínu kihû:na
        kínu kihú:ná kî?
        ekihú:na kyá:ngê
    ☆ akahú:na kanyôro 12, obuhú:na bunyôro 14 : variety who gives several small tubers underground
    ☆ ekihú:na kinyôro 7, ebihú:na binyôro 8 : syn. of the preceding, but tubers are bigger
    2) bwáise 9,10 : with one big tuber, introduced species from the Buganda area
        bwáise é:mû
        bwáise yâ:nge
        é:nu bwáise
        é:nu bwáísé kî?
        bwáise yá:ngê
137. yam / ヤムイモ
    1) bbalúkû 9,10 : cultivated type
        bbalúkú é:mû
        bbalúkú yâ:nge
        é:nu bbalúkû
        é:nu bbalúkú kî?
        bbalúkú yá:ngê
    2) orurâli 11, endâli 10 : wild type, small size, usually eaten by animals like monkeys, but

          oruráli rúmû   /also by humans in want of food
          oruráli rwâ:nge
          rúnu rurâli
          rúnu rurálí kî?
          orurále rwá:ngê
    3) ekirâli 7, ebirâli 8 : wild yam, bigger type than the preceding. <aug. of orulâli 11/10

138. sorghum / モロコシ
        omugûsa 3, emigûsa 4
        omugúsa gúmû
        omugúsa gwâ:nge
        gúnu mugûsa
        gúnu mugúsá kî?
        omugúsa gwá:ngê

139. millet / シコクビエ
    1) akárô 12, obúrô 14 : general term for millet
        obúró búmû
        obúró bwâ:nge
        búnu búrô
        búnu búró kî?
        obúró bwá:ngê
        N.B. akárô 12 indicates one grain of millet. To mean "millet", obúrô 14 is normally used.
    2) amahûkya 6 : millet of light colour
        amahúkya gámû
        amahúkya gâ:nge
        gánu mahûkya
        gánu mahúkyá: kî?
        amahúkya gá:ngê
    cf. orubéryâ 11, embéryâ 10 : plant which looks like millet, used to make baskets
        orubéryá rúmû
        orubéryá rwâ:nge
        rúnu rubéryâ
        rúnu rubéryá: kî?
        orubéryá rwá:ngê
        N.B. This word is used figuratively to mean a bad person, who one would not like to have one's children associated with.
    a. ear of sorghum or millet after threshing
        ekísî 7, ebísî 8
        ekísí kímû
        ekísí kyâ:nge
        kínu kísî
        kínu kísí kî?
        ekísí kyá:ngê
    b. millet soaked in water to have it germinated
        amâmya 6
        amámya gámû
        amámya gâ:nge

   gánu mâmya
   gánu mámyá: kî?
   amámya gá:ngê
 c. germinated millet
   ekimézâ 7, ebimézâ 8
   ekimézá kímû
   ekimézá kyâ:nge
   kínu kimézâ
   kínu kimézá kî?
   ekimézá kyá:ngê
   N.B. Germinated millet is ground and added with hot water, which makes a sort of thick porridge.

140. maize / トウモロコシ
   ekicô:li 7, ebicô:li 8 : the plant, a single grain or a cob with grains
   ekicó:li kímû
   ekicó:li kyâ:nge
   kínu kicô:li
   kínu kicó:lí kî?
   ekicó:li kyá:ngê
 a. corncob from which grains have been removed / 実を取り除いたトウモロコシの穂
  1) omuko.nkó:rrô 3, emiko.nkó:rrô 4
   omuko.nkó:rró gúmû
   omuko.nkó:rró gwâ:nge
   gúnu muko.nkó:rrô
   gúnu muko.nkó:rró: kî?
   omuko.nkó:rró gwá:ngê
  2) ekiko.ngô:ro 7, ebiko.ngô:ro 8 : the same as the preceding
   ekiko.ngó:ro kímû
   ekiko.ngó:ro kyâ:nge
   kínu kiko.ngô:ro
   kínu kiko.ngó:ró kî?
   ekiko.ngó:ro kyá:ngê
  3) omukô:nko 3, emikô:nko 4 : the same as the preceding, a new term
   omukó:nko gúmû
   omukó:nko gwâ:nge
   gúnu mukô:nko
   gúnu mukó:nkó kî?
   omukó:nko gwá:ngê

141. rice / 米
   omucê:ri 3, emicê:ri 4 : plant or grains <Sw. mchele
   omucé:ri gúmû
   omucé:ri gwâ:nge
   gúnu mucê:ri
   gúnu mucé:rí kî?
   omucé:ri gwá:ngê
  cf. akacê:ri 12, obucê:ri 14 : single grains of rice

a. wheat / 小麦
    engâ:no 9,10 <Sw. ngano "wheat"
    engá:no é:mû
    engá:no yâ:nge
    é:nu ngâ:no
    é:nu ngá:nó kî?
    engá:no yá:ngê

142. groundnut; peanut / 南京豆、落花生
    ekinyô:bwa 7, ebinyô:bwa 8
    ekinyó:bwa kímû
    ekinyó:bwa kyâ:nge
    kínu kinyô:bwa
    kínu kinyó:bwá: kî?
    ekinyó:bwa kyá:ngê

143. kidney bean / インゲン豆
  1) ekihî:mba 7, ebihî:mba 8
    ekihí:mba kímû
    ekihí:mba kyâ:nge
    kínu kihî:mba
    kínu kihí:mbá kî?
    ekihí:mba kyá:ngê
  2) ekihî:so 7, ebihî:so 8 : fresh bean
    ekihí:so kímû
    ekihí:so kyâ:nge
    kínu kihî:so
    kínu kihí:só kî?
    ekihí:so kyá:ngê
  ☆ Ebihí:mba biri bihî:so. : The beans are still fresh.

a. young leaves of kidney beans / インゲン豆の葉
    ekiso:kô:ro 7, ebiso:kô:ro 8
    ekiso:kó:ro kímû
    ekiso:kó:ro kyâ:nge
    kínu kiso:kô:ro
    kínu kiso:kó:ró kî?
    ekiso:kó:ro kyá:ngê

b. sprout of beans / モヤシ
    omunôno 3, eminôno 4
    omunóno gúmû
    omunóno gwâ:nge
    gúnu munôno
    gúnu munónó kî?
    omunóno gwá:ngê

c. various types of beans / インゲン豆の種類
    N.B. Beans are given various names according to their form, colour, taste, origin, etc.
  1) kacwe.kâno 9,10 : red with black and brown spots, easily softened in cooking
    kacwe.káno é:mû

    kacwe.káno yâ:nge
    é:nu kacwe.kâno
    é:nu kacwe.kánó kî?
    kacwe.káno yá:ngê
    Cf. okucwe.kâna "to pass away".
 2) kikâra 9,10 : black. See No.1202.
 3) kanyô:bwa 9,10 : type which looks like groundnuts <ekinyô:bwa 7/8 "groundnut" (No.142)
    kanyó:bwa é:mû
    kanyó:bwa yâ:nge
    é:nu kanyô:bwa
    é:nu kanyó:bwá: kî?
    kanyó:bwa yá:ngê
 4) kajérû 9,10 : small and white, naming from its colour. See No.1203.
 5) kaitabahú:rû 9,10 : very small and white, tasty; [lit.] which kills bachelors
    kaitabahú:rú é:mû
    kaitabahú:rú yâ:nge
    é:nu kaitabahú:rû
    é:nu kaitabahú:rú kî?
    kaitabahú:rú yá:ngê
    N.B. Grains are small and takes much time to sort out, which bachelors cannot afford.
    Cf. okwî:ta "to kill" (No.882), omuhú:rû 1/2 "single person" (No.474).
 6) kî:ba 9,10 : the grain colour is like that of doves <erî:ba 5/6 "dove"
    kí:ba é:mû
    kí:ba yâ:nge
    é:nu kî:ba
    é:nu kí:bá kî?
    kí:ba yá:ngê
 7) ká:kî 9,10 : the grain colour is kaki
    ká:kí é:mû
    ká:kí yâ:nge
    é:nu ká:kî
    é:nu ká:kí kî?
    ká:kí yá:ngê
144. pea / エンドウ豆
    kâho 9,10
    káho é:mû
    káho yâ:nge
    é:nu kâho
    é:nu káhó kî?
    káho yá:ngê
145. cow pea / ササゲ
 1) orukú:kû 11, enkú:kû 10
    orukú:kú rúmû
    orukú:kú rwâ:nge
    rúnu rukú:kû
    rúnu rukú:kú kî?

        orukú:kú rwá:ngê
    2) orute.ndí:gwâ 11, ente.ndí:gwâ 10 : syn. of the preceding.
        orute.ndí:gwá rúmû
        orute.ndí:gwá rwâ:nge
        rúnu rute.ndí:gwâ
        rúnu rute.ndí:gwá: kî?
        orute.ndí:gwá rwá:ngê
    3) orukó:lê 11, enkó:lê : another variety of cow pea
        orukó:lé rúmû
        orukó:lé rwâ:nge
        rúnu rukó:lê
        rúnu rukó:lé kî?
        orukó:lé rwá:ngê

146. soy bean / 大豆
        corókô 9,10
        corókó é:mu
        corókó yâ:nge
        é:nu corókô
        é:nu corókó kî?
        corókó yá:ngê

   a. sesame / ゴマ
        i:cá:ndê 5, amacá:ndê 6
        i:cá:ndé rímû
        i:cá:ndé ryâ:nge
        línu icá:ndê
        línu icá:ndé kî?
        i:cá:ndé ryá:ngê

147. gourd / ヒョータン
    1) ekisîsi 7, ebisîsi 8 : big size calabash used to store beer, also to carry beer in wedding
        ekisísi kímû
        ekisísi kyâ:nge
        kínu kisîsi
        kínu kisísí kî?
        ekisísi kyá:ngê
   ☆ Ekisísi kyâ:nge kya:tikíre. : My calabash has cracked.
    2) ekítâ 7, ebítâ 8 : syn. of the preceding.
        ekítá kímû
        ekítá kyâ:nge
        kínu kítâ
        kínu kítá kî?
        ekítá kyá:ngê
    3) enkô:ba 9,10 : small size calabash for personal use to have beer or juice but not for water
        enkó:ba é:mû
        enkó:ba yâ:nge
        é:nu nkô:ba
        é:nu nkó:bá kî?

89

enkó:ba yá:ngê
  4) orutâhyo 11, entâhyo 10 : small size ladle with a handle to drink water
  orutáhyo rúmû
  orutáhyo rwâ:nge
  rúnu rutâhyo
  rúnu rutáhyó: kî?
  orutáhyo rwá:ngê
  5) ekihóhô 7, ebihóhô 8 : big calabash suspended under the eaves to keep seeds in order
  ekihóhó kímû   /to avoid insects
  ekihóhó kyâ:nge
  kínu kihóhô
  kínu kihóhó kî?
  ekihóhó kyá:ngê
 a. gourd seed / ヘチマの種
    oruhâ:mbo 11, empâ:mbo 10 : seeds of gourd, pumpkin, or watermelon
    oruhá:mbo rúmû
    oruhá:mbo rwâ:nge
    rúnu ruhâ:mbo
    rúnu ruhá:mbó kî?
    oruhá:mbo rwá:ngê
    ☆ oruhá:mbo rw'e.kisîsi 11, empá:mbo z'e:bisîsi 10 : seed of big gourd
    ☆ oruhá:mbo rw'e.nkô:ba 11, empá:mbo z'e:nkô:ba 10 : seed of small gourd
    ☆ oruhá:mbo rw'e.ntâhyo 11, empá:mbo z'e:ntâhyo 10 : seed of small size gourd for laddle
 b. dishcloth gourd / ヘチマの木
    ekijuma.nkûba 7, ebijuma.nkûba 8 : [lit.] which abuses lightnings
    ekijuma.nkúba kímû
    ekijuma.nkúba kyâ:nge
    kínu kijuma.nkûba
    kínu kijuma.nkúbá kî?
    ekijuma.nkúba kyá:ngê
    Cf. okujûma "to abuse" (No.1001), enkûba 9,10 "lightning" (No.345).
148. pumpkin / カボチャ
  1) omwô:ngo 3, emyô:ngo 4 : pumpkin plant or fruits, but usually fruits
  omwó:ngo gúmû
  omwó:ngo gwâ:nge
  gúnu mwô:ngo
  gúnu mwó:ngó kî?
  omwó:ngo gwá:ngê
  ☆ oruhá:mbo rw'o.mwô:ngo 3, empá:mbo z'e:myô:ngo 4 : pumpkin seeds
  2) ekikêke 7, ebikêke 8 : young pumpkin, scraped in small pieces and drid after boiling. Kept
  ekikéke kímû   /for special meals for visitors.
  ekikéke kyâ:nge
  kínu kikêke
  kínu kikéké kî?
  ekikéke kyá:ngê   /potatoes.
  3) ekinyamugulîma 7, ebinyamugulîma 8 : huge pumkin. This also indicates big size sweet

  ekinyamugulíma kímû
  ekinyamugulíma kyâ:nge
  kínu kinyamugulîma
  kínu kinyamugulîma kî?
  ekinyamugulíma kyá:ngê
 a. pumpkin plant / カボチャの蔓
  ekisú:nsâ 7, ebisú:nsâ 8
  ekisú:nsá kímû
  ekisú:nsá kyâ:nge
  kínu kisú:nsâ
  kínu kisú:nsá kî?
  ekisú:nsá kyá:ngê
  N.B. This word indicates the whole plant of a pumpkin, but the leaves in particular. The pumpkin runner is called :
 ☆ ekihú:rrwá ky'e.kisú:nsâ 7, ebihú:rrwá by'e.bisú:nsâ 8
  Cf. ekihú:rrwâ 7/8 "runner of a plant, creeping plant" (No.157).
 b. pumpkin seed / カボチャの種
  oruhâ:mbo 11, empâ:mbo 10. See No.147.
 ☆ oruhá:mbo rw'o.mwô:ngo 11, empá:mbo z'e:myô:ngo 10 : pumpkin seeds

149. tobacco / タバコ
 1) etá:bâ 9, ---- : tobacco plant or leaves
  etá:bá é:mû
  etá:bá yâ:nge
  é:nu tá:bâ
  é:nu tá:bá kî?
  etá:bá yá:ngê
 ☆ etá:bá y'o.munyú:ngû 9 : chopped tobacco for pipes
 ☆ etá:bá y'o.munyî:ndo 9 : snuff
 ☆ etá:bá y'a.kânwa 9 : chewing tobacco (mainly by women)
 2) esigárâ 9,10 : cigarette <Sw. sigara
  esigárá é:mû
  esigárá yâ:nge
  é:nu sigárâ
  é:nu sigárá kî?
  esigárá yá:ngê
 a. hut to dry tobacco leaves
  ekibâ:nda 7, ebibâ:nda 8
  ekibá:nda kímû
  ekibá:nda kyâ:nge
  kínu kibâ:nda
  kínu kibá:ndá kî?
  ekibá:nda kyá:ngê

150. hemp / 大麻
  enjâ:hi 9, ----
  enjá:hi é:mû
  enjá:hi yâ:nge

  é:nu njâ:hi
  é:nu njá:hí kî?
  enjá:hi yá:ngê
 cf. i:dúlî 5, amadúlî 6 : hemp seed
  i:dúlí rímû
  i:dúlí ryâ:nge
  línu idúlî
  línu idúlí kî?
  i:dúlí ryá:ngê

a. sisal / サイザル
  akagóigo 12, obugóigo 14
  akagóígo kámû
  akagóígo kâ:nge
  kánu kagóigo
  kánu kagóígó kî?
  akagóígo ká:ngê

151. vegetables / 野菜

 There is no proper word for vegetables. omukûbi 3/4 (No.161) can mean vegetables, but it in fact is a sauce or a side dish which may be comprised of not only vegetables, but also meat, fish, etc. For sauce, see No.161.

a. vegetables as side dish (cultivated or wild) / 野菜の種類
 1) edó:dô 9,10 : semidomesticated, growing around houses; sometimes called spinach in Uganda
  edó:dó é:mû
  edó:dó yâ:nge
  é:nu dó:dô
  é:nu dó:dó kî?
  edó:dó yá:ngê
 2) omubwî:ga 3, emibwî:ga 4 : species of edó:dô
  omubwí:ga gúmû
  omubwí:ga gwâ:nge
  gúnu mubwî:ga
  gúnu mubwí:gá kî?
  omubwí:ga gwá:ngê
 3) eyóbyô 9,10 : planted; species of edó:dô
  eyóbyó é:mû
  eyóbyó yâ:nge
  é:nu yóbyô
  é:nu yóbyó: kî?
  eyóbyó yá:ngê
 4) etêke 9,10 : leaves are cooked with salt, lippery taste
  etéke é:mû
  etéke yâ:nge
  é:nu têke
  é:nu téké kî?
  etéke yá:ngê
 5) omugôbe 3, emigôbe 4 : green leaves of peas orukó:le 11/10 (No.145)

　　　　omugóbe gúmû
　　　　omugóbe gwâ:nge
　　　　gúnu mugôbe
　　　　gúnu mugóbé kî?
　　　　omugóbe gwá:ngê
6) obugô:rra 14, ---- : planted; berries and leaves are eaten.
　　　　obugó:rra búmû
　　　　obugó:rra bwâ:nge
　　　　búnu bugô:rra
　　　　búnu bugó:rrá: kî?
　　　　obugó:rra bwá:ngê
7) oruswî:ga 11, enswî:ga 10 : species of wild creeper; leaves are eaten.
　　　　oruswí:ga rúmû
　　　　oruswí:ga rwâ:nge
　　　　rúnu ruswî:ga
　　　　rúnu ruswí:gá kî?
　　　　oruswí:ga rwá:ngê
8) orujwî:ka 11, enjwî:ka 10 : planted, young leaves are eaten.
　　　　orujwí:ka rúmû
　　　　orujwí:ka rwâ:nge
　　　　rúnu rujwî:ka
　　　　rúnu rujwí:ká kî?
　　　　orujwí:ka rwá:ngê
9) ekiso:kô:ro 7, ebiso:kô:ro 8 : kidney bean leaves. See No.143.
10) ekisâ:mvu 7, ebisâ:mvu 8 : young cassava leaves. See No.133.
11) ekisú:nsâ 7, ebisú:nsâ 8 : pumpkin leaves. See No.148.
12) karôti 9,10 : carrot <Eng.
　　　　karóti é:mû
　　　　karóti yâ:nge
　　　　é:nu karôti
　　　　é:nu karótí kî?
　　　　karóti yá:ngê
13) kabêji 9,10 : cabbage / キャベツ <Eng.
　　　　kabéji é:mû
　　　　kabéji yâ:nge
　　　　é:nu kabêji
　　　　é:nu kabéjí kî?
　　　　kabéji yá:ngê
14) embôga 9,10 : cauliflwer
　　　　embóga é:mû
　　　　embóga yâ:nge
　　　　é:nu mbôga
　　　　é:nu mbógá kî?
　　　　embóga yá:ngê
15) akatu.ngûru 12, obutu.ngûru 14 : onion (small size) / 玉葱 <Sw. kitunguu
　　　　akatu.ngúru kámû

  akatu.ngúru kâ:nge
  kánu katu.ngûru
  kánu katu.ngúrú kî?
  akatu.ngúru ká:ngê
16) ekiko.mbabulîmi 7, ebikombabulîmi 8 : big size onion
  ekiko.mbabulími kímû
  ekiko.mbabulími kyâ:nge
  kínu kiko.mbabulîmi
  kínu kiko.mbabulímí kî?
  ekiko.mbabulími kyá:ngê
17) akatu.nguru-cúmû 12, obutu.nguru-cúmû 14 : garlic / ニンニク <Sw. kitunguu sumu
  akatu.nguru-cúmú kámû
  akatu.nguru-cúmú kâ:nge
  kánu katu.nguru-cúmû
  kánu katu.nguru-cúmú kî?
  akatu.nguru-cúmú ká:ngê
18) orunyá:nyâ 11, enyá:nyâ 10 : tomato / トマト <Sw. nyanya
  orunyá:nyá rúmû
  orunyá:nyá rwâ:nge
  rúnu runyá:nyâ
  rúnu runyá:nyá kî?
  orunyá:nyá rwá:ngê
19) biri.ngányâ 9,10 : eggplant, big purple type / ナス <Sw. mbilingani
  biri.ngányá é:mû
  biri.ngányá yâ:nge
  é:nu biri.ngányâ
  é:nu biri.ngányá kî?
  biri.ngányá yá:ngê
20) orujâgi 11, enjâgi 10 : eggplant, small greenish type / ナス
  orujági rúmû
  orujági rwâ:nge
  rúnu rujâgi
  rúnu rujági kî?
  orujági rwá:ngê
21) orutûra 11, entûra 10 : small eggplant, green and black colour with a bitter taste <Gan.
  orutúra rúmû
  orutúra wâ:nge
  rúnu rutûra
  rúnu rutúrá kî?
  orutúra yá:ngê
22) ta.ngaû:zi 9,10 : ginger / 生姜 <Sw. tangawizi
  ta.ngaú:zi é:mû
  ta.ngaú:zi yâ:nge
  é:nu ta.ngaû:zi
  é:nu ta.ngaú:zí kî?
  ta.ngaú:zi yá:ngê

N.B. Ginger is put in tea.
152. fungus; mushroom / キノコ
- 1) akatûzi 12, obutûzi 14 : small white mushrooms, edible
  akatúzi kámû
  akatúzi kâ:nge
  kánu katûzi
  kánu katúzí kî?
  akatúzi ká:ngê
- cf. ekitûzi 7, ebitûzi 8 : place where mushrooms obutûzi 14 grow
- 2) ekitó:nsâ 7, ebitó:nsâ 8 : big mushroom, edible
  ekitó:nsá kímû
  ekitó:nsá kyâ:nge
  kínu kitó:nsâ
  kínu kitó:nsá kî?
  ekitó:nsá kyá:ngê
- 3) orutókô 11, entókô 10 : 5 to 6 cm high, edible
  orutókó rúmû
  orutókó rwâ:nge
  rúnu rutókô
  rúnu rutókó kî?
  orutókó rwá:ngê
- 4) akanayanákâ 12, obunyanákâ 14 : edible mushroom
  akanayanáká kámû
  akanayanáká kâ:nge
  kánu kanayanákâ
  kánu kanayanáká kî?
  akanayanáká ká:ngê
- 5) akanya.nsô:rro 12, obunyansô:rro 14 : small white mushroom, edible
  akanya.nsó:rro kámû
  akanya.nsó:rro kâ:nge
  kánu kanya.nsô:rro
  kánu kanya.nsó:rró kî?
  akanya.nsó:rro ká:ngê
- 6) akatya:bîre 12, obutya:bîre 14 : small white mushroom, edible
  akatya:bíre kámû
  akatya:bíre kâ:nge
  kánu katya:bîre
  kánu katya:bíré kî?
  akatya:bíre ká:ngê
- 7) ekijêge 7, ebijêge 8 : toxic mushrooms
  ekijége kímû
  ekijége kyâ:nge
  kínu kijêge
  kínu kijégé kî?
  ekijége kyá:ngê
- 8) okútú kw'o.mukaikûru 15, amátú g'a:bakaikûru 6 : toxic mashroom which grows on felled

logs; [lit.] ear of an old woman

153. sugar cane / サトウキビ
    ekikáijo 7, ebikáijo 8 : general term for sugar cane
    ekikáíjo kímû
    ekikáíjo kyâ:nge
    kínu kikáijo
    kínu kikáíjó kî?
    ekikáijo kyá:ngê
    N.B. There are two types of sugar cane :
  1) gô:wa 9,10 : big, brown, soft and watery
    gó:wa é:mû
    gó:wa yâ:nge
    é:nu gô:wa
    é:nu gó:wá kî?
    gó:wa yá:ngê
  2) kasê:nya 9,10 : small and hard
    kasé:nya é:mû
    kasé:nya yâ:nge
    é:nu kasê:nya
    é:nu kasé:nyá kî?
    kasé:nya yá:ngê

154. bamboo / 竹
    omusekesêke 3, emisekesêke 4
    omusekeséke gúmû
    omusekeséke gwâ:nge
    gúnu musekesêke
    gúnu musekeséké kî?
    omusekeséke gwá:ngê

155. reed / 葦
  1) orubî:ngo 11, amabî:ngo 6 : small-size reed; used for house construction
    orubí:ngo rúmû
    orubí:ngo rwâ:nge
    rúnu rubî:ngo
    rúnu rubí:ngó kî?
    orubí:ngo rwá:ngê
  2) ekigórô 7, ebigórô 8 : big-size reed, found in swamp areas
    ekigóró kímû
    ekigóró kyâ:nge
    kínu kigóro
    kínu kigóró kî?
    ekigóró kyá:ngê
  3) orugórô 11, engórô 10 : the same as the preceding.
  a. elephant grass / エレファント・グラス
  1) esójô 9/11,10 : grows about 2m high
    esójó é:mû
    esójó yâ:nge

é:nu sójô
   é:nu sójó kî?
   esójó yá:ngê
2) ekisójô 7, ebisójô 8 : the same as the preceding.
3) etê:te 9,10 : smaller type, 50cm to 1m high
   eté:te é:mû
   eté:te yâ:nge
   é:nu tê:te
   é:nu té:té kî?
   eté:te yá:ngê

156. papyrus / パピルス
1) orufû:njo 11, enfû:njo 10 : one plant or place of papyrus
   orufú:njo rúmû
   orufú:njo rwâ:nge
   rúnu rufû:njo
   rúnu rufú:njó kî?
   orufú:njo rwá:ngê
cf. ekifû:njo 7, ebifû:njo 8 : one big plant or big place of papyrus
cf. akagárâ 12, obugárâ 14 : upper tuft part of a papyrus plant
   akagárá kámû
   akagárá kâ:nge
   kánu kagárâ
   kánu kagárá kî?
   akagárá ká:ngê
   N.B. Fresh ones are used for floor matting.
cf. ekibâya 7, ebibâya 8 : papyrus stems cut about 50 to 60cm long, used as spatulas to turn /sauce in a pan
   ekibáya kímû
   ekibáya kyâ:nge
   kínu kibâya
   kínu kibáyá kî?
   ekibáya kyá:ngê

157. creeper; climbing plant / 蔓
   ekihú:rrwâ 7, ebihú:rrwâ 8 : general term
   ekihú:rrwá kímû
   ekihú:rrwá kyâ:nge
   kínu kihú:rrwâ
   kínu kihú:rrwá: kî?
   ekihú:rrwá kyá:ngê
   N.B. Several climbing plants are known like the following :
1) omuró:ndwâ 3, emiró:ndwâ 4 : Mondea wightii
   omuró:ndwá gúmû
   omuró:ndwá gwâ:nge
   gúnu muró:ndwâ
   gúnu muró:ndwá: kî?
   omuró:ndwá gwá:ngê
   N.B. Roots of this plant are chewed. They have a good taste and give strong sex.

2) ekijúzâ 7, ebijúzâ 8 : used as ropes
   ekijúzá kímû
   ekijúzá kyâ:nge
   kínu kijúzâ
   kínu kijúzá kî?
   ekijúzá kyá:ngê
3) ekitézâ 7, ebitézâ 8 : species of creeper which creeps on the ground
   ekitézá kímû
   ekitézá kyâ:nge
   kínu kitézâ
   kínu kitézá: kî?
   ekitézá kyá:ngê
4) akakwa.tâ:ngo 12, obukwatâ:ngo : species of creeping plant
   akakwa.tá:ngo kámû
   akakwa.tá:ngo kâ:nge
   kánu kakwa.tâ:ngo
   kánu kakwa.tá:ngó kî?
   akakwa.tá:ngo ká:ngê
5) akalóbô 12, obulóbô 14 : creeping hairy plant
   akalóbó kámû
   akalóbó kâ:nge
   kánu kalóbô
   kánu kalóbó kî?
   akalóbó ká:ngê
6) amaijalé:rô 6 : creeper which climbs on trees and give big spatulate pods of beans
   amaijalé:ró gámû
   amaijalé:ró gâ:nge
   gánu maijalé:rô
   gánu maijalé:ró kî?
   amaijalé:ró gá:ngê
7) ekibôha 7, ebibôha 8 : creeper which creeps on trees
   ekibóha kímû
   ekibóha kyâ:nge
   kínu kibôha
   kínu kibóhá kî?
   ekibóha kyá:ngê
8) ka.mbayâ:ye 9,10 : creeper whose leaves are very itchy
   ka.mbayá:ye é:mû
   ka.mbayá:ye yâ:nge
   é:nu ka.mbayâ:ye
   é:nu ka.mbayá:ye kî?
   ka.mbayá:ye yá:ngê
9) ekimô:nko 7, ebimô:nko 8 : creeper whose seeds are used for the game omwê:so
   ekimó:nko kímû
   ekimó:nko kyâ:nge
   kínu kimô:nko

kínu kimó:nkó kî?

　　　ekimó:nko kyá:ngê

158. species of trees and shrubs, wild or planted / 木、灌木（野生種、栽培種）

   1) omunyínyâ 3, eminyínyâ 4 : flat-top acacia

　　　omunyínyá gúmû

　　　omunyínyá gwâ:nge

　　　gúnu munyínyâ

　　　gúnu munyínyá kî?

　　　omunyínyá gwá:ngê

   2) omwe.ramáino 3, emye.ramáino 8 : species of acacia with sharp and strong thorns (Acacia / sieberiana?)

　　　omwe.ramáino gúmû

　　　omwe.ramáino gwâ:nge

　　　gúnu mwe.ramáino

　　　gúnu mwe.ramáinó kî?

　　　omwe.ramáino gwá:ngê

　　　Cf. okwê:ra "to be white" (No.1203), and amáino 6 "teeth" (No.14).

   3) omusîsa 3, emisîsa 4 : large-leafed albizia

　　　omusísa gúmû

　　　omusísa gwâ:nge

　　　gúnu musîsa

　　　gúnu musísá kî?

　　　omusísa gwá:ngê

   4) kabaka.njagâra 9,10 : candlenut tree <Gan.

　　　kabaka.njagára é:mû

　　　kabaka.njagára yâ:nge

　　　é:nu kabaka.njagâra

　　　é:nu kabaka.njagárá kî?

　　　kabaka.njagára yá:ngê

   5) omulema.ngú:ndû 3, emirema.ngú:ndû 4 : species of desert date (Balanites wilsoniana)

　　　omulema.ngú:ndú gúmû

　　　omulema.ngú:ndú gwâ:nge

　　　gúnu mulema.ngú:ndû

　　　gúnu mulema.ngú:ndú kî?

　　　omulema.ngú:ndú gwá:ngê

　　　Cf. okulêma "to defeat, to exceed" (No.1051), and engú:ndû 9/10 "big man" (No.1110), meaning "plant which defeats big men". Its timber is very hard.

   6) omulema.njôjo 3, emirema.njôjo 4 : the same as the preceding.

　　　omulema.njójo gúmû

　　　omulema.njójo gwâ:nge

　　　gúnu mulema.njôjo

　　　gúnu mulema.njójó kî?

　　　omulem.anjojo gwá:ngê

　　　Cf. okulêma "to defeat, to exceed" (No.1051), and enjôjo 9/10 "elephant" (No.81), meaning "plant which defeats the elephant".

   7) ekiti-mázî 7, ebiti-mázî 8 : white stinkwood

　　　ekiti-mází kímû

  ekiti-mází kyâ:nge
  kínu kiti-mázî
  kínu kiti-mází kî?
  ekiti-mází kyá:ngê
  Cf. amázî 6 "dung" (No.671). This tree smells bad.

8) omutû:mba 3, emitû:mba 4 : large-leafed cordia
  omutú:mba gúmû
  omutú:mba gwâ:nge
  gúnu mutû:mba
  gúnu mutú:mbá kî?
  omutú:mba gwá:ngê

9) kapuli:sásî 9,10 or kapuli:sákî 9,10 : cypress <Eng.
  kapuli:sásí é:mû
  kapuli:sásí yâ:nge
  é:nu kapuli:sásî
  é:nu kapuli:sásí kî?
  kapuli:sásí yá:ngê
  N.B. This tree is often planted around the house as a hedge.

10) omukô:ra 3, emikô:ra 4 : white dombeya
  omukó:ra gúmû
  omukó:ra gwâ:nge
  gúnu mukô:ra
  gúnu mukó:rá kî?
  omukó:ra gwá:ngê

11) omúkô 3, emíkô 4 : flame tree
  omúkó gúmû
  omúkó gwâ:nge
  gúnu múkô
  gúnu múkó kî?
  omúkó gwá:ngê

 cf. amarû:nga 6 : seeds of flame tree
  amarú:nga gámû
  amarú:nga gâ:nge
  gánu marû:nga
  gánu marú:ngá kî?
  amarú:nga gá:ngê

12) kalitû:si 9,10 : eucalyptus <Eng.
  kalitú:si é:mû
  kalitú:si yâ:nge
  é:nu kalitû:si
  é:nu kalitú:sí kî?
  kalitú:si yá:ngê

13) enkôni 9,10 : tree euphorbia
  enkóni é:mû
  enkóni yâ:nge
  é:nu nkôni

  é:nu nkóní kî?
  enkóni yá:ngê
14) omutôma 3, emitôma 4 : bark cloth fig
  omutóma gúmû
  omutóma gwâ:nge
  gúnu mutôma
  gúnu mutómá kî?
  omutóma gwá:ngê
  N.B. This tree gives bark cloth and also makes good brewing tubs and drums
15) enyajú:ngû 9,10 : sausage tree
  enyajú:ngú é:mû
  enyajú:ngú yâ:nge
  é:nu nyajú:ngû
  é:nu nyajú:ngú kî?
  enyajú:ngú yá:ngê
16) omusá:mbyâ 3, emisá:mbyâ 4 : markhamia
  omusá:mbyá gúmû
  omusá:mbyá gwâ:nge
  gúnu musá:mbyâ
  gúnu musá:mbyá: kî?
  omusá:mbyá gwá:ngê
17) omucê:nce 3, emicê:nce 4 : newtonia
  omucé:nce gúmû
  omucé:nce gwâ:nge
  gúnu mucê:nce
  gúnu mucé:ncé kî?
  omucé:nce gwá:ngê
18) omusókô 3, emisókô 4 : grows around 5m, used as firewood
  omusókó gúmû
  omusókó gwâ:nge
  gúnu musókô
  gúnu musókó kî?
  omusókó gwá:ngê
19) entotóima 9,10 or omutotóima 3, emitotóima 4 : the same as the preceding.
  entotóima é:mû
  entotóima yâ:nge
  é:nu ntotóima
  é:nu ntotóimá kî?
  entotóima yá:ngê
20) omuse:nêne 3, emise:nêne 4 : East African yellowwood
  omuse:néne gúmû
  omuse:néne gwâ:nge
  gúnu muse:nêne
  gúnu muse:néné kî?
  omuse:néne gwá:ngê
21) engótê 9,10 : red stinkwood

    engóté é:mû
    engóté yâ:nge
    é:nu ngótê
    é:nu ngóté kî?
    engóté yá:ngê

22) omugasíyâ 3, emigasíyâ 4 : cassia <Eng.
    omugasíyá gúmû
    omugasíyá gwâ:nge
    gúnu mugasíyâ
    gúnu mugasíyá kî?
    omugasíyá gwá:ngê

23) omunyâ:ra 3, eminyâ:ra 4 : African tulip tree
    omunyá:ra gúmû
    omunyá:ra gwâ:nge
    gúnu munyâ:ra
    gúnu munyá:rá kî?
    omunyá:rá gwá:ngê
    N.B. This name comes from the verb okunyâ:ra "to urinate" because of watery nature of this tree, jetting liquid when pieced.

24) ja.mbúrâ 9,10 : Java plum; bears sweat dark red berries
    ja.mbúrá é:mû
    ja.mbúrá yâ:nge
    é:nu ja.mbúrâ
    é:nu ja.mbúrá kî?
    ja.mbúrá yá:ngê

25) ekinyamagôsi 7, ebinyamagôsi 8 : wild magnolia
    ekinyamagósi kímû
    ekinyamagósi kyâ:nge
    kínu kinyamagôsi
    kínu kinyamagósí kî?
    ekinyamagósi kyá:ngê
    N.B. This literally means "thing which bears testicles". Cf. amagôsi "testicles" (No.32).

26) omúzô 3, emízô 4 : teclea
    omúzó gúmû
    omúzó gwâ:nge
    gúnu múzô
    gúnu múzó kî?
    omúzó gwá:ngê

27) omurámâ 3, emirámâ 4 : Terminalia kilimandscharica
    omurámá gúmû
    omurámá gwâ:nge
    gúnu murámâ
    gúnu murámá kî?
    omurámá gwá:ngê

28) omuharrû:mi 3, emiharrû:mi 4 : pepper-bark tree
    omuharrú:mi gúmû

omuharrú:mi gwâ:nge
gúnu muharrû:mi
gúnu muharrú:mí kî?
omuharrú:mi gwá:ngê

29) omutaté:mbwâ 3, emitaté:mbwâ 4 : African stainwood
omutaté:mbwá gúmû
omutaté:mbwá gwâ:nge
gúnu mutaté:mbwâ
gúnu mutaté:mbwá: kî?
omutaté:mbwá gwá:ngê
N.B. This name means "which cannot be climbed". Indeed, this tree is very slippery and one needs a particular strength to climb on it. Cf. okutatê:mbwa "not to be climbed", neg.pass. of okutê:mba "to climb" (No.587).

30) orugâ:ndo 11, engâ:ndo 10 : shrub acacia; used for medicine for toothaches, syphilis, etc.
orugá:ndo rúmû
orugá:ndo rwâ:nge
rúnu rugâ:ndo
rúnu rugá:ndó kî?
orugá:ndo rwá:ngê

31) enkóko-rutâ:nga 9,10 : candelabra aloe
enkóko-rutá:nga é:mû
enkóko-rutá:nga yâ:nge
é:nu nkóko-rutâ:nga
é:nu nkóko-rutá:ngá kî?
enkóko-rutá:nga yá:ngê
Cf. enkôko 9/10 "chicken" (No.87) and rutâ:nga "light brown colour" (No.1204).

32) i:kô:mba 5, amakô:mba 6 : Mauritius thorn
i:kó:mba límû
i:kó:mba lyâ:nge
línu ikô:mba
línu ikó:mbá kî?
i:kó:mba lyá:ngê

33) omunyêge 3, eminyêge 4 or ekinyêge 7, ebinyêge 8 : kei apple
omunyége gúmû
omunyége gwâ:nge
gúnu munyêge
gúnu munyégé kî?
omunyége gwá:ngê
N.B. Fruits are dried, which people put on their legs in dancing to give a crackilng noise. See orunyêge 11 (No.949).

34) omugorogôro 3, emigorogôro 4 : kedong dracaena
omugorogóro gúmû
omugorogóro gwâ:nge
gúnu mugorogôro
gúnu mugorogóró kî?
omugorogóro gwá:ngê

35) enkukú:rû 9,10 : euphorbia cuneata
    enkukú:rú é:mû
    enkukú:rú yâ:nge
    é:nu nkukú:rû
    é:nu nkukú:rú kî?
    enkukú:rú yá:ngê
36) omusekêra 3, emisekêra 4 : lantana
    omusekéra gúmû
    omusekéra gwâ:nge
    gúnu musekêra
    gúnu musekérá kî?
    omusekéra gwá:ngê
37) encû:hya 9,10 or omucû:hya 3, emicû:hya 4 : the same as the preceding.
    encú:hya é:mû
    encú:hya yâ:nge
    é:nu ncû:hya
    é:nu ncú:hyá: kî?
    encú:hya yá:ngê
38) omusogasôga 3, emisogasôga 4 : castor-oil plant
    omusogasóga gúmû
    omusogasóga gwâ:nge
    gúnu musogasôga
    gúnu musogasógá kî?
    omusogasóga gwá:ngê
  cf. ensôga 9,10 or ensogasôga 9,10 : castor-oil seeds
    ensóga é:mû
    ensóga yâ:nge
    é:nu nsôga
    é:nu nsógá kî?
    ensóga yá:ngê
39) i:kê:rre 5, amakê:rre 6 : Rubus steudneri; mulberry / 桑
    i:ké:rre rímû (or límû)
    i:ké:rre ryâ:nge
    línu ikê:rre
    línu iké:rré: kî?
    i:ké:rre ryá:ngê
40) omukyô:ra 3, emikyô:ra 4 : candle bush
    omukyó:ra gúmû
    omukyó:ra gwâ:nge
    gúnu mukyô:ra
    gúnu mukyó:rá kî?
    omukyó:ra gwá:ngê
41) omubî:mba 3, emibî:mba 4 : sesbania
    omubí:mba gúmû
    omubí:mba gwâ:nge
    gúnu mubî:mba

gúnu mubí:mbá kî?
omubí:mba gwá:ngê

42) i:bôna 5, amabôna 6 : sodom apple (yellow colour), wild, not edible
i:bóna límû
i:bóna lyâ:nge
línu ibôna
línu ibóná kî?
i:bóna lyá:ngê

43) engusú:rû 9/11,10 : sodom apple (yellow and green colour), not edible
engusú:rú é:mû
engusú:rú yâ:nge
é:nu ngusú:rû
é:nu ngusú:rú kî?
engusú:rú yá:ngê

44) ekye.sê:mbe 7, ebye.sê:mbe 8 : vernonia
ekye.sé:mbe kímû
ekye.sé:mbe kyâ:nge
kínu kye.sê:mbe
kínu kye.sé:mbé kî?
ekye.sé:mbé kyá:ngê

45) omukô:ga 3, emikô:ga 4 : African fan palm
omukó:ga gúmû
omukó:ga gwâ:nge
gúnu mukô:ga
gúnu mukó:gá kî?
omukó:gá gwá:ngê

46) omuvûle 3, emivûle 4 : tall tree of forest, good timber, mahogany (?)
omuvúle gúmû
omuvúle gwâ:nge
gúnu muvûle
gúnu muvúlé kî?
omuvúle gwá:ngê

47) omuha.nga-bagê:nzi 3, emiha.nga-bagê:nzi 4 : maesa lanceolata
omuha.nga-bagé:nzi gúmû
omuha.nga-bagé:nzi gwâ:nge
gúnu muha.nga-bagê:nzi
gúnu muha.nga-bagé:nzí kî?
omuha.nga-bagé:nzi gwá:ngê
N.B. This is a tree with wide-spread branches, which serve as shelter when the sunshine is ardent. Cf. abagê:nzi "travellers" (No.582).

48) omujuga.ntâ:ra 3, emijuga.ntâ:ra 4 : tall tree of 20 to 30m high
omujuga.ntá:ra gúmû
omujuga.ntá:ra gwâ:nge
gúnu mujuga.ntâ:ra
gúnu mujuga.ntá:rá kî?
omujuga.ntá:rá gwá:ngê

N.B. This tree is used to make long-type drums engalábi 9/10.

49) omwi.ta.njôka 3, emi:ta.njôka 4 : forest tree of about 15m; [lit.] which kills snakes
    omwi.ta.njôka gúmû
    omwi.ta.njôka gwâ:nge
    gúnu mwi.ta.njôka
    gúnu mwi.ta.njóká kî?
    omwi.ta.njôka gwá:ngê
    N.B. This is a hard tree, which can kill a snake when beated. Cf. okwî:ta "to kill" (No.882), and enjôka "snake" (No.108).

50) omufù:njo 3, emifù:njo 4 : forest tree, whose timber is black and very hard, and valuable
    omufú:njo gúmû
    omufú:njo gwâ:nge
    gúnu mufù:njo
    gúnu mufú:njó kî?
    omufú:njo gwá:ngê

51) engoyegôye 9,10 : swamp shrub of 4 to 5m, used as ropes
    engoyegóye é:mû
    engoyegóye yâ:nge
    é:nu ngoyegôye
    é:nu ngoyegóyé kî?
    engoyegóye yá:ngê

52) ehû:kya 9,10 : species of shrub
    ehú:kya é:mû
    ehú:kya yâ:nge
    é:nu hû:kya
    é:nu hú:kyá: kî?
    ehú:kya yá:ngê

53) amairú:ngî 6 : shrub, planted, whose leaves are chewed because of their stimulant effect
    amairú:ngí gámû
    amairú:ngí gâ:nge
    gánu mairú:ngî
    gánu mairú:ngí kî?
    amarú:ngí gá:ngê

54) akasuraigâna 12, obusuraigâna 14 : shrub, often used to make brooms
    akasuraigána kámû
    akasuraigána kâ:nge
    kánu kasuraigâna
    kánu kasuraigáná kî?
    akasuraigána ká:ngê

55) i:dúdû 5, amadúdû 6 : angle trumpet
    i:dúdú límû
    i:dúdú lyâ:nge
    línu idúdû
    línu idúdú kî?
    i:dúdú lyá:ngê

56) i:tôjo 5, amatôjo 6 : species of shrub with thorny leaves

i:tójo límû
i:tójo lyâ:nge
línu itôjo
línu itójó kî?
i:tójo lyá:ngê

57) ekibirî:zi 7, ebibirî:zi 8: shrub with bitter-taste leaves, used as medicine of stomach disorder
ekibirí:zi kímû
ekibirí:zi kyâ:nge
kínu kibirî:zi
kínu kibirí:zí kî
ekibirí:zi kyá:ngê

58) ekicumucûmu 7, ebicumucûmu 8 : shrub planted for decoration, with round flowers and
ekicumucúmu kímû   /small yellowish fruits
ekicumucúmu kyâ:nge
kínu kicumucûmu
kínu kicumucúmú kî?
ekicumucúmu kyá:ngê

59) ekidodóímâ 7, ebidodóímâ 8 : species of shrub
ekidodóímá kímû
ekidodóímá kyâ:nge
kínu kidodóímâ
kínu kidodóímá kî?
ekidodóímá kyá:ngê

60) eki:nâmi 7, ebi:nâmi 8 : species of shrub, often used to make brooms
eki:námi kímû
eki:námi kyâ:nge
kínu ki:nâmi
kínu ki:námi kî?
eki:námi kyá:ngê

61) omujá:jâ 3, (emijá:jâ 4) : shrub planted around the house, leaves are put in tea for flavour
omujá:já gúmû   /and decocted for abdominal pains
omujá:já gwâ:nge
gúnu mujá:jâ
gúnu mujá:já kî?
omujá:já gwá:ngê

159. food; meal / 食べ物、食料、食事
eky'o.kúlyâ 7, eby'o.kúlyâ 8 <ekya "that of", okúlyâ "to eat" (No.655)
eky'o.kúlyá kímû
eky'o.kúlyá kyâ:nge
kínu ky'o.kúlyâ
kínu ky'o.kúlyá: kî?
eky'o.kúlyá kyá:ngê

N.B. The singular eky'o.kúlya 7 means "something to eat". To mean "food", the plural eby'o.kúlya 8 is used.

cf. obúró n'e:nyâma : millet bread and meat, which is a good authentic meal
cf. ekibêgo 7, ebibêgo 8: small portion of food additionally given to a child

      ekibégo kímû
      ekibégo kyâ:nge
      kínu kibêgo
      kínu kibégó kî?
      ekibégo kyá:ngê

a. food cooked without salt / 塩味を付けずに料理された食事
1) ebisekûle 8 /ebisékûle 8 : food which one forgot to put salt in
      ebisekúle bímû
      ebisekúle byâ:nge
      bínu bisekûle
      bínu bisekúlé kî?
      ebisekúle kyá:ngê
2) ekifûka 7, ebifûka 8 : food one feels no salt in or very scarecely salted
      ekifúka kímû
      ekifúka kyâ:nge
      kínu kifûka
      kínu kifúká kî?
      ekifúka kyá:ngê

b. meal on table ready for eating / 用意された食事
      eki:hûro 7, ebi:hûro 8
      eki:húro kímû
      eki:húro kyâ:nge
      kínu ki:hûro
      kínu ki:húró kî?
      eki:húro kyá:ngê

c. extra food which remains (to be eaten on the following day) / ご飯の残り
      ekihôro 7, ebihôro 8 or obuhôro 14
      ekihóro kímû
      ekihóro kyâ:nge
      kínu kihôro
      kínu kihóró kî?
      ekihóro kyá:ngê

d. food (crop) which has gone bad / 味の変わった食べ物
      ekisarâle 7, ebisarâle 8 /ekisárâle 7, ebisárâle 8 <okusarâra "to go bad of crops" (No.752)
      ekisarále kímû
      ekisarále kyâ:nge
      kínu kisarâle
      kínu kisarálé kî?
      ekisarále kyá:ngê

      N.B. This usually indicates cassava or sweet potatoes left for a long time after harvesting without cooking, whose taste has turned bad (no taste, saour, etc.). If cassava or sweet potatoes are like this, people do not eat them except in famine. This word is sometimes used as a slang to mean "food, meal".

☆ Halíyó ekisarále kyô:na? : Is there any food at all? [slang]

e. piece of cooked food / 少量の食べ物、キャッサバなどの欠片
      encwê:ke 9,10

encwé:ke é:mu
　　　encwé:ke yâ:nge
　　　é:nu ncwê:ke
　　　é:nu ncwé:ké kî?
　　　encwé:ke yá:ngê
　　☆ encwé:ke ya muhógô : piece of cooked cassava
　　☆ Omwâ:na, múhéyô encwê:ke á:lye. : Give a piece to the child for him to eat.
160. breakfast / 朝食
　　1) ekya.nyé:nkyâ 7, ebya.nyé:nkyâ 8 <nyé:nkyâ 9 "morning" (No.358)
　　　ekya.nyé:nkyá kímû
　　　ekya.nyé:nkyá kyâ:nge
　　　kínu kya.nyé:nkyâ
　　　kínu kya.nyé:nkyá: kî?
　　　ekya.nyé:nkyá kyá:ngê
　　☆ okúlyá ekya.nyé:nkyâ : to eat breakfast
　　☆ ekya.nyé:nkyá:kâra 7, ebya.nyé:nkyá:kâra 8 : breakfast taken in the early morning
　a. lunch / 昼食
　　　ekya.musánâ 7, ebya.musánâ 8 <omusánâ 3/4 "sunshine" (No.347)
　　　ekya.musáná kímû
　　　ekya.musáná kyâ:nge
　　　kínu kya.musánâ
　　　kínu kya.musáná kî?
　　　ekya.musáná kyá:ngê
　　☆ okúlyá ekya.musánâ : to eat lunch
　b. light meal in the afternoon / 軽食
　　　ekya.rwe.bâgyo 7, ebya.rwe.bâgyo 8 <orwe.bâgyo "afternoon, evening" (No.359)
　　　ekya.rwe.bágyo kímû
　　　ekya.rwe.bágyo kyâ:nge
　　　kínu kya.rwe.bâgyo
　　　kínu kya.rwe.bágyó: kî?
　　　ekya.rwe.bágyo kyá:ngê
　　　N.B. This is a light meal taken in the afternoon, mostly by those who did not eat lunch.
　c. dinner / 夕食
　　　eky'e.kírô 7, eby'e.kírô 8 <ekírô 7/8 "night" (No.362)
　　　eky'e.kíró kímû
　　　eky'e.kíró kyâ:nge
　　　kínu ky'e.kírô
　　　kínu ky'e.kíró kî?
　　　eky'e.kíró kyá:ngê
　　☆ okúlyá eky'e.kírô : to eat dinner
161. sauce; side dish / おかず、副食
　　1) omukûbi 3, emikûbi 4 : general term for sauce
　　　omukúbi gúmû
　　　omukúbi gwâ:nge
　　　gúnu mukûbi
　　　gúnu mukúbí kî?

omukúbi gwá:ngê

2) (i:câlya 5), amacâlya 6 : delicious sauce with vegetables, meat, etc.
amacálya gámû
amacálya gâ:nge
gánu macâlya
gánu macályá: kî?
amacálya gá:ngê

N.B. There are two types of daily side dishes, according to the base of the sauce, that is, beans and greens (with no meat) :

1) bean-based sauce :

    1) firí:ndâ 9,10 : beans cooked and pounded, with tomatoes, onions and cow ghee
    firí:ndá é:mû   /added
    firí:ndá yâ:nge
    é:nu firí:ndâ
    é:nu firí:ndá kî?
    firí:ndá yá:ngê

    2) enyô:bwa 9,10 : first cook beans and add pounded groundnuts, with tomatoes,
    enyó:bwa é:mû   /onions and cow ghee added. Cf. ekinyô:bwa 7/8
    enyó:bwa yâ:nge   /"groundnut" (No.142).
    é:nu enyô:bwa
    é:nu nyó:bwá: kî?
    enyó:bwa yá:ngê

    3) (ekicobóyô 7), ebicobóyô 8 : sauce of mashed young beans, together with potatoes
    ebicobóyó bímû   /or cassava
    ebicobóyó byâ:nge
    bínu bicobóyô
    bínu bicobóyó kî?
    ebicobóyó byá:ngê
    N.B. The singular ekicobóyô 7 is a slang.

    4) ekigû:de 7, ebigû:de 8 : the same as ebicobóyô 8, but thcker than that.

2) green-based sauce : See No.151 for vegetables used.

a. special sauce with smoked meat / 肉入りおかず

esâbwe 9,10 : smoked meat with cow ghee, mushrooms and sometimes dried termites added,
esábwe é:mû   /eaten on special occasions.
esábwe yâ:nge
é:nu sâbwe
é:nu sábwé kî?
esábwe yá:ngê

b. soup; broth / スープ

1) omûcwe 3, ebîcwe 8
omúcwe gúmû
omúcwe gwâ:nge
gúnu mûcwe
gúnu múcwé: kî?
omúcwe gwá:ngê

2) omucû:zi 3, ---- : syn. of the preceding. <Sw. mchuzi

omucú:zi gúmû
omucú:zi gwâ:nge
gúnu mucû:zi
gúnu mucú:zí kî?
omucú:zi gwá:ngê

N.B. Broth of cooked meat is taken as throat medicine. It is also given to women who have delivered a baby.

c. roasted ground nuts, pounded (to add to sauce)

ekipô:li 7, ebipô:li 8 : pounded roasted semsame is also called by this name.
ekipó:li kímû
ekipó:li kyâ:nge
kínu kipô:li
kínu kipó:lí kî?
ekipó:li kyá:ngê

162. flour / 粉、メリケン粉

1) obuhû:nga 14 : general term for flour <Sw. unga
   obuhú:nga búmû
   obuhú:nga bwâ:nge
   búnu buhû:nga
   búnu buhú:ngá kî?
   obuhú:nga bwá:ngê
   ☆ obuhú:nga bwa. muhógô 14 : cassava flour
   ☆ obuhú:nga bw'a.kacô:li 14 : maize flour
   ☆ obuhú:nga bw'e.ngâ:no 14 : wheat flour

2) ensâ:no 9,10 : syn. of obuhû:nga 14
   ensá:no é:mû
   ensá:no yâ:nge
   é:nu nsâ:no
   é:nu nsá:nó kî?
   ensá:no yá:ngê

3) akaní:nû 12, ---- : finely ground millet flour
   akaní:nú kámû
   akaní:nú kâ:nge
   kánu kaní:nû
   kánu kaní:nú kî?
   akaní:nú ká:ngê

163. staple food / 主食

1) akahú:nga k'a:kacô:li 12 : stiff porridge of maize flour, posho
2) obúrô 14 : stiff porridge of millet, millet bread. See No.139.
   N.B. Although called millet, this food is made with not only millet flour, but cassava flour is added in order to avoid the stickiness of millet flour. This food is eaten with mushroom sauce omukúbi gw'o.butúzi.
   cf. ekikókwâ 7, ebikókwâ 8 : dry remainder of millet porridge (obúrô) stuck in a cooking pot.
3) omubû:mbo 3, emibû:mbo 4 : bananas cooked and mashed, matooke   /See No.9.
   omubú:mbo gúmû
   omubú:mbo gwâ:nge

       gúnu mubû:mbo
       gúnu mubú:mbó kî?
       omubú:mbo gwá:ngê
   4) ebigerêke 8 /ebigérêke 8 : cooked bananas or cassava to which beans are added
   5) omucê:ri 3, emicê:ri 4 : rice (No.141)
   6) muhógô 9,10 : cassava (No.133)
   7) ebitakúlî 8 : sweet potatoes (No.134)
   8) ebihû:na 8 : yams (No.135)
a. hand-rolled piece of food / 一掴み
       entó:ngê 9,10
       entó:ngé é:mû
       entó:ngé yâ:nge
       é:nu ntó:ngê
       é:nu ntó:ngé kî?
       entó:ngé yá:ngê
   ☆ entó:ngé y'obúrô 9, entó:ngé z'o:búrô 10 : hand-rolled piece of stiff porridge of millet
   ☆ entó:ngé y'ekitô:ke 9, entó:ngé z'e:bitô:ke 10 : hand-rolled piece of matoke
   ☆ entó:ngé y'a.kahû:nga 9, entó:ngé z'a:kahû:nga 10 : hand-rolled piece of maize stiff porridge
b. mixture of staple food and sauce / ご飯とおかずのごった煮
   1) akatôgo 12, obutôgo 14 : usually composed of cassavas, beans, boild bananas and seasoned
       akatógo kámu   /by groundnut paste
       akatógo kâ:nge
       kánu katôgo
       kánu katógó kî?
       akatógo ká:ngê
   ☆ Aina akatógo k'e:bizîbu. : He has many problems.
   2) ekikobêko 7, ebikobêko 8 /ekikóbêko 7, ebikóbêko 8 : syn. of the preceding.
       ekikobéko kímû
       ekikobéko kyâ:nge
       kínu kikobêko
       kínu kikobékó kî?
       ekikobéko kyá:ngê
164. porridge / おかゆ
       obuséra 14
       obuséra búmû
       obuséra bwâ:nge
       búnu busêra
       búnu bunu buserá kî?
       buséra bwá:ngê
   ☆ obuséra bw'o.búrô 14 : millet porridge
   ☆ obuséra bw'a.kacô:li 14 : maize porridge
   ☆ okucú:mba obusêra : to make porridge
165. oil / 油
   1) amagîta 6 : oil in general and cow ghee in particular
       amagíta gámû
       amagíta gâ:nge

   gánu magîta
   gánu magítá kî?
   amagíta gá:ngê
 ☆ amagíta g'ê:nte 6 : cow ghee
 ☆ amagíta g'e:migájû : perfumed cow ghee, used to smear a bride to give her a good smell
 2) simisîmi 9,10 : vegetable cooking oil <Sw. simusimu "sesame"
   simisími é:mû
   simisími yâ:nge
   é:nu simisîmi
   é:nu simisímí kî?
   simisími yá:ngê
 a. paraffin (kerosene) for lamps / 灯油
   amagíta g'e:tâ:ra

166. salt / 塩
 1) omû:nyo 3, emî:nyo 4 or omû:nyu 3, emî:nyu 4 : salt in genaral
   omú:nyo gúmû
   omú:nyo gwâ:nge
   gúnu mû:nyo
   gúnu mú:nyó kî?
   omú:nyo gwá:ngê
 ☆ omú:nyo gw'e.kínyôro 3 : traditional salt from Lake Albert
 2) ekisûra 7, ebisûra 8 : rock salt (for cows)
   ekisúra kímû
   ekisúra kyâ:nge
   kínu kisûra
   kínu kisúrá kî?
   ekisúra kyan:nge
 3) amasôro 6 : crystal of salt
   amasóro gámû
   amasóro gâ:nge
   gánu masôro
   gánu masóró kî?
   amasóro gá:ngê

167. pepper / 唐辛子
   ka:murâle 9,10 : pepper, sweat or hot
   ka:murále é:mû
   ka:murále yâ:nge
   é:nu ka:murâle
   é:nu ka:murálé kî?
   ka:murále yá:ngê

168. sugar / 砂糖
   sukâ:li 9, ---- <Sw. sukari
   suká:li é:mû
   suká:li yâ:nge
   é:nu sukâ:li
   é:nu suká:lí kî?

    suká:li yá:ngê
169. bread / パン
    omugâ:ti 3, emigâ:ti 4
    omugá:ti gúmû
    omugá:ti gwâ:nge
    gúnu mugâ:ti
    gúnu mugá:tí kî?
    omugá:ti gwá:ngê
 a. pancake (deep fried); fritter / 揚げ団子
   1) eri.ndâ:zi 5, ama.ndâ:zi 6 : roundish pancake of wheat <Sw. mandazi
    eri.ndá:zi rímû
    eri.ndá:zi ryâ:nge
    línu li.ndâ:zi
    línu li.ndá:zí kî?
    eri.ndá:zi ryá:ngê
   2) kabaragárâ 9,10 : flat pancake
    kabaragárá é:mû
    kabaragárá yâ:nge
    é:nu kabaragárâ
    é:nu kabaragárá kî?
    kabaragárá yá:ngê
 b. samosa / サモサ
    su.mbû:sa 9,10 <Sw. sambusa
    su.mbú:sa é:mû
    su.mbú:sa yâ:nge
    é:nu su.mbû:sa
    é:nu su.mbú:sá kî?
    su.mbú:sa yá:ngê
 c. chapati / チャパティ
    capâti 9,10 <Sw. chapati
    capáti é:mû
    capáti yâ:nge
    é:nu capáti (é:nu capâti)
    é:nu capátí kî?
    capáti yá:ngê
 d. yeast / 脹らし粉
    ekitu.mbîsa 7, ebitu.mbîsa 8 <okutu.mbîsa "to cause to swell" (No.1085)
    ekitu.mbísa kímû
    ekitu.mbísa kyâ:nge
    kínu kitu.mbîsa
    kínu kitu.mbísá: kî?
    ekitu.mbísa kyá:ngê
170. cooked rice / ご飯
    omucê:ri 3, emicê:ri 4 <Sw. mchele
    N.B. There is no separate word for "cooked rice". See No.141.
171. beer; liquor / 酒、ビール

1) eryá:rwâ 5, amá:rwâ 6 : traditional alcoholic drink in general
   eryá:rwá límû
   eryá:rwá lyâ:nge
   línu lyá:rwâ
   línu lyá:rwá: kî?
   eryá:rwá lyá:ngê
   N.B. Usually the plural amá:rwâ 6 is used; the singular eryá:rwâ 5 indicates the ingredient of the liquor.
   ☆ eryá:rwá lya. tô:nto : banana beer
   ☆ eryá:rwá lya. kwê:te : maize flour beer
   ☆ eryá:rwá lya. harâgi : distilled liquor, spirit
   ☆ amá:rwa g'e.kínyôro 6 : traditional Nyoro type beer
   ☆ amá:rwa g'e.kijú:ngu 6 : European factory-made (bottled) beer
2) omwé:ngê 3, emyé:ngê 4 : syn. of amá:rwâ 6
   omwé:ngé gúmû
   omwé:ngé gwâ:nge
   gúnu mwé:ngê
   gúnu mwé:ngé kî?
   omwé:ngé gwá:ngê
3) amasô:he 6 : beer of millet flour, introduced from the Teso region
   amasó:he gámû
   amasó:he gâ:nge
   gánu masô:he
   gánu masó:hé kî?
   amasó:he gá:ngê
   N.B. This beer is drunk with a long straw from a pot. It is usually called málwâ in Kampala and other places.
4) tô:nto 9, ---- : banana beer
   tó:nto é:mû
   tó:nto yâ:nge
   é:nu tô:nto
   é:nu tó:ntó kî?
   tó:nto yá:ngê
5) kwê:te 9, ebikwê:te 8 : beer made of maize flour
   kwé:te é:mû
   kwé:te yâ:nge
   é:nu kwê:te
   é:nu kwé:té kî?
   kwé:te yá:ngê
   cf. akakwê:te 12 : polite way of calling this beer

a. distilled alcohol / 蒸留酒
   harâgi 9 /hárâgi 9, ---- : spirit distilled from tô:nto or kwê:te
   harági é:mû
   harági yâ:nge
   é:nu harâgi
   é:nu harágí kî?

　　　　　harági yá:ngê
　　☆ Atami:re wáragi. : He is drunk with alcohol.
　b. straw / ストロー
　　　　　orusêke 11, ensêke 10
　　　　　oruséke rúmû
　　　　　oruséke rwâ:nge
　　　　　rúnu rusêke
　　　　　rúnu ruséké kî?
　　　　　oruséke rwá:ngê
　　☆ oruséke rw'a.má:rwâ 11, enséke z'a:má:rwâ : straw to drink beer
172. drink; beverage / 飲み物
　　　　　eky'o.kúnywâ 7, eby'o.kúnywâ 8 <ekya "that of", okúnywâ "to drink" (No.661)
　　　　　eky'o.kúnywá kímû
　　　　　eky'o.kúnywá kyâ:nge
　　　　　kínu ky'o.kúnywâ
　　　　　kínu ky'o.kúnywá: kî?
　　　　　eky'o.kúnywá kyá:ngê
　　☆ eky'o.kúnywá kirukufûka 7, eby'o.kúnywá birukufûka 8 : a cold drink
　　☆ eky'o.kúnywá kirukwô:kya 7, eby'o.kúnywá birukwô:kya 8 : a hot drink
173. tea / お茶
　　1) câ:yi 9 or câ:i 9, ---- : general term for hot drinks, tea or coffee with sugar and milk
　　　　　cá:yi é:mû
　　　　　cá:yi yâ:nge
　　　　　é:nu câ:yi
　　　　　é:nu cá:yí kî?
　　　　　cá:yi yá:ngê
　　2) omukárû 3, ebikárû 8 : tea or coffee without sugar nor milk
　　　　　omukárú gúmû
　　　　　omukárú gwâ:nge
　　　　　gúnu mukárû
　　　　　gúnu mukárú kî?
　　　　　omukárú gwá:ngê
　　3) ekika.nga-barwáire 7, ebika.nga-barwáire 8 : syn. of the preceding. [lit.] sth which shocks
　　　　　ekika.nga-barwáire kímû　　　　　　　　　　　　　　　/patients
　　　　　ekika.nga-barwáire kyâ:nge
　　　　　kínu kika.nga-barwáire
　　　　　kínu kika.nga-barwáiré kî?
　　　　　ekika.nga-barwáire kyá:ngê
　　or ekikâ:nga 7, ebikâ:nga 8
　　　　　ekiká:nga kímû
　　　　　ekiká:nga kyá:ngê
　　　　　kínu kikâ:nga
　　　　　kínu kiká:ngá kî?
　　　　　ekiká:nga kyá:ngê
　　　　　Cf. okukâ:nga "to shock" (No.969), omurwáire 1/2 "patient" (No.680).
　a. tea leaves / 茶の葉

amajâ:ni 6 : tea leaves
amajá:ni gámû
amajá:ni gâ:nge
gánu majâ:ni
gánu majá:ní kî?
amajá:ni gá:ngê

b. dregs (of tea leaves, etc.) / 滓（お茶の出がらしなど）
ebikâ:nja 8
ebiká:nja bímû
ebiká:nja byâ:nge
bínu bikâ:nja
bínu biká:njá kî?
ebiká:nja byá:ngê
N.B. As this word also means the lees of banana beer (cf. No.778), the following expression makes the meaning clearer.
☆ ebiká:nja by'a.majâ:ni 8 : dregs of tea leaves

174. coffee / コーヒー
1) ká:hwâ 9, ---- : coffee drink <Sw. kahawa
ká:hwá é:mû
ká:hwá yâ:nge
é:nu ká:hwâ
é:nu ká:hwá: kî?
ká:hwá yá:ngê

2) omwâ:ni 3, emyâ:ni 4 : coffee trees or beans
omwá:ni gúmû
omwá:ni gwâ:nge
gúnu mwâ:ni
gúnu mwá:ní kî?
omwá:ni gwá:ngê
N.B. Ripe beans are boiled in water to which some salt is added. Then they are dried and become ready to crunch like groundnuts. They are offered to visitors.
☆ akáíbo k'o:mwâ:ni 12, obwí:bo bw'o.mwâ:ni 14 : small basket to serve coffee beans to visitors
☆ ekítí ky'o.mwâ:ni 7, ebítí by'o.mwâ:ni 8 : coffee tree

175. milk / 牛乳
1) amátâ 6 : general term for milk, animal or human
amátá gámû
amátá gâ:nge
gánu mátâ
gánu mátá kî?
amátá gá:ngê
☆ amátá g'o:mwi.bê:re 6 : human breast milk
☆ amátá g'e.mbûzi 6 : goat milk
☆ amátá g'ê:nte 6 : cow milk
☆ amátá g'o:mukébê 6 : canned powder milk

2) amasunúnû 6 : fresh milk

　　　　amasunúnú gámû
　　　　amasunúnú gâ:nge
　　　　gánu masunúnû
　　　　gánu masunúnú kî?
　　　　amasunúnú gá:ngê
　　3) amagû:nga 6 : milk left for a long time
　　　　amagú:nga gámû
　　　　amagú:nga gâ:nge
　　　　gánu magû:nga
　　　　gánu magú:ngá kî?
　　　　amagú:nga gá:ngê
　　4) amacû:nda 6 : churned milk
　　　　amacú:nda gámû
　　　　amacú:nda gâ:nge
　　　　gánu macû:nda
　　　　gánu macú:ndá kî?
　　　　amacú:nda gá:ngê
　　5) amakâmo 6 : curdled milk, yoghurt <okukâma "to milk" (No.805)
　　　　amakámo gámû
　　　　amakámo gâ:nge
　　　　gánu makâmo
　　　　gánu makámó kî?
　　　　amakámo gá:ngê
　　6) omurá:râ 3, emirá:râ 4 : the first milk of a cow after bearing calves
　　　　omurá:rá gúmû
　　　　omurá:rá gwâ:nge
　　　　gúnu murá:râ
　　　　gúnu murá:rá kî?
　　　　omurá:rá gwá:ngê
　a. cream / クリーム
　　　　orubû:bi 11, ----
　　　　orubú:bi rúmû
　　　　orubú:bi rwâ:nge
　　　　rúnu rubû:bi
　　　　rúnu rubú:bí kî?
　　　　orubú:bi rwá:ngê
176. poison / 毒
　　　　obútwâ 14
　　　　obútwá búmû
　　　　obútwá bwâ:nge
　　　　búnu bútwâ
　　　　búnu bútwá: kî?
　　　　obútwá bwá:ngê
　a. venom / 蛇など動物の毒
　　　　obusêgu 14
　　　　obuségu búmû

obuségu bwâ:nge
búnu busêgu
búnu buségú kî?
obuségu bwá:ngê

☆ obuségu bw'e.njôka 14 : snake venom
☆ obuségu bw'e.njôki 14 : bee venom

177. garment; clothes / 服、着物
1) orugôye 11, engôye 10 : piece of clothing, clothes
   orugóye rúmû
   orugóye rwâ:nge
   rúnu rugôye
   rúnu rugóyé kî?
   orugóye rwá:ngê
2) ekijwâ:ro 7, ebijwâ:ro 8 : clothing in general <okujwâ:ra "to wear" (No.627)
   ekijwá:ro kímû
   ekijwá:ro kyâ:nge
   kínu kijwâ:ro
   kínu kijwá:ró kî?
   ekijwá:ro kyá:ngê
3) ekikáide 7, ebikáide 8 : used clothes sold at marcketplaces
   ekikáide kímû
   ekikáide kyâ:nge
   kínu kikáide
   kínu kikáidé kî?
   ekikáide kyá:ngê

a. space made in easy fit clothes with a belt / 服の隙間
   ekiko.ndô:ro 7, ebiko.ndô:ro 8
   ekiko.ndó:ro kímû
   ekiko.ndó:ro kyâ:nge
   kínu kiko.ndô:ro
   kínu kiko.ndó:ro kî?
   ekiko.ndó:ro kyá:ngê

178. dresses for women / ドレス
1) egomâsi 9,10, amagomâsi 6 //egómâsi 9,10, amagómâsi 6 : dress for mature women (not /for young girls)
   egomási é:mû
   egomási yâ:nge
   é:nu gomâsi
   é:nu gomásí kî?
   egomási yá:ngê
2) esú:kâ 9,10 : piece of clothing worn sideways on ekitetê:yi 7/8. See No.251.
3) ekite:tê:yi 7, ebite:tê:yi 8 : one-piece dress
   ekite:té:yi kímû
   ekite:té:yí kyâ:nge
   kínu kite:tê:yi
   kínu kite:té:yí kî?
   ekite:té:yi kyá:ngê

179. shirt / シャツ
  esá:tî 9,10, amasá:tî 6 <Sw.& Eng.
  esá:tí é:mû
  esá:tí yâ:nge
  é:nu sá:tî
  é:nu sá:tí kî?
  esá:tí yá:ngê
 a. sweater / セーター
  eswé:tâ 9,10 <Eng.
  eswé:tá é:mû
  eswé:tá yâ:nge
  é:nu swé:tâ
  é:nu swé:tá kî?
  eswé:tá yá:ngê

180. coat / コート
  ekó:tî 9,10, amakó:tî 6 <Eng.
  ekó:tí é:mû
  ekó:tí yâ:nge
  é:nu kó:tî
  é:nu kó:tí kî?
  ekó:tí yá:ngê
 a. raincoat / 雨合羽
  1) ekó:tí y'e.njûra 9, ekó:tí z'e.njûra 10
  2) omupí:ra gw'e.njûra 3, emipí:ra y'e.njûra 4 : syn. of the preceding.
 b. gown / ガウン
  eká:nzô 9,10 <Sw. kanzu
  eká:nzó é:mû
  eká:nzó yâ:nge
  é:nu ká:nzô
  é:nu ká:nzó kî?
  eká:nzó yá:ngê

181. skirt / スカート
  sikâ:ti 9,10 <Eng.
  siká:ti é:mû
  siká:ti yâ:nge
  é:nu sikâ:ti
  é:nu siká:tí kî?
  siká:ti yá:ngê
 a. under skirt / おこし
  1) ekitâ:mbi 7, ebitâ:mbi 8 : worn under egómâsi 9/10,6
   ekitá:mbi kímû
   ekitá:mbi kyâ:nge
   kínu kitâ:mbi
   kínu kitá:mbí kî?
   ekitá:mbi kyá:ngê
  2) ekikô:hi 7, ebikô:hi 8 : syn. of the preceding.

ekikó:hi kímû
ekikó:hi kyâ:nge
kínu kikô:hi
kínu kikó:hi kî?
ekikó:hi kyá:ngê

3) epétî or pétî 9,10 : underskirt, petticoat
epétí é:mû
epétí yâ:nge
é:nu pétî
é:nu pétí kî?
epétí yá:ngê

b. waistcloth / 腰巻

lé:sû 9,10 : piece of thin cloth, usually worn at burial ceremonies
lé:sú é:mû
lé:sú yâ:nge
é:nu lé:sû
é:nu lé:sú kî?
lé:sú yá:ngê

c. wrapper / 体覆い布

ekikwê:mbe 7, ebikwê:mbe 8 : piece of thick cloth (wax) worn by women when it is cold
ekikwé:mbe kímû
ekikwé:mbe kyâ:nge
kínu kikwê:mbe
kínu kikwé:mbé kî?
ekikwé:mbe kyá:ngê

182. trousers / ズボン

empálî 9,10 : general term for trousers, short pants, underpants
empálí é:mû
empálí yâ:nge
é:nu mpálî
é:nu mpálí kî?
empálí yá:ngê

☆ empálí eraihîre 9, empálí ziraihîre 10 : trousers; [lit.] long pants

a. short pants; knee-length trousers / 半ズボン
empálí ngûfu 9, empálí zigûfu 10

183. underpants; briefs / パンツ

1) pa:jâma 9,10 <Eng. pajamas
pa:jáma é:mû
pa:jáma yâ:nge
é:nu pa:jâma
é:nu pa:jámá kî?
pa:jáma yá:ngê

2) empáli 9,10. See the preceding number.

☆ empálí y'a:bakâzi 9, empálí z'a:bakâzi 10 : shorts for women

184. cap; hat / 帽子

1) esepéhô or sepéhô 9,10 <Fr. chapeau (?) : cap

         esepéhó é:mû
         esepéhó yâ:nge
         é:nu sepéhô
         é:nu sepéhó kî?
         esepéhó yá:ngê
    2) eko:fî:ra 9,10 : hat
         eko:fî:ra é:mû
         eko:fî:ra yâ:nge
         é:nu ko:fî:ra
         é:nu ko:fî:rá kî?
         eko:fî:ra yá:ngê
  a. headband / 鉢巻
         akahû:ta 12, obuhû:ta 14
         akahú:ta kámû
         akahú:ta kâ:nge
         kánu kahû:ta
         kánu kahú:tá kî?
         akahú:ta ká:ngê

185. necklace / 首飾り
    1) orukwá:nzi rw'o.mubíkyâ 11, enkwá:nzi z'o:mubíkyâ 10 : bead necklace
       N.B. orukwâ:nzi 11 can mean either one bead (see below) or a necklace.
    2) ekikwâ:nzi 7, ebikwâ:nzi 8 : syn. of the preceding. <aug. of orukwâ:nzi 11. See below.
    3) akahú:ndê 12, obuhú:ndê 14 : string of beads. See No.841.
  a. bead / ビーズ玉
         orukwâ:nzi 11, enkwâ:nzi 10
         orukwá:nzi rúmû
         orukwá:nzi rwâ:nge
         rúnu rukwâ:nzi
         rúnu rukwá:nzí kî?
         orukwá:nzi rwá:ngê
       N.B. The aunt prepares a bead neckless of three cirles to her niece when this latter gets married.
       cf. ekifûko 7, ebifûko 8 : a Tooro word for bead

186. bracelet / 腕輪
         ekikômo 7, ebikômo 8
         ekikómo kímû
         ekikómo kyâ:nge
         kínu kikômo
         kínu kikómó kî?
         ekikómo kyá:nge
  a. finger ring / 指輪
         empétâ 9,10
         empétá é:mû
         empétá yâ:nge
         é:nu mpétâ
         é:nu mpétá kî?

empétá yá:ngê
187. belt / 帯、バンド
    omwê:ko 3, emyê:ko 4
    omwé:ko gúmû
    omwé:ko gwâ:nge
    gúnu mwê:ko
    gúnu mwé:kó kî?
    omwé:ko gwá:ngê
  a. inner waist belt for women or children / 女性あるいは子供が腰に巻く紐
    orubíra 11, embíra 10
    orubírá rúmû
    orubírá rwâ:nge
    rúnu rubíra
    rúnu rubírá kî?
    orubírá rwá:ngê
    N.B. The inner belt is for decoration for girls and married women, and for protection for children.

188. shoes / 靴
    enkáito 9,10
    enkáito é:mû
    enkáito yâ:nge
    é:nu nkáito
    é:nu nkáító kî?
    enkáito yâ:nge
  a. sandals; slippers / ぞうり
    1) silípâ 9,10 : modern rubber type sandals <Eng.
      silípá é:mû
      silípá yâ:nge
      é:nu silípâ
      é:nu silípá kî?
      silípá yá:ngê
    2) rugabírê 9,10 <Bor. : sandals made of tyre rubber
      rugabíré é:mû
      rugabíré yâ:nge
      é:nu rugabírê
      é:nu rugabíré kî?
      rugabíré yá:ngê
    3) bigâ:nja 9,10 : king's slippers
      bigá:nja é:mû
      bigá:nja yâ:nge
      é:nu bigâ:nja
      é:nu bigá:njá kî?
      bigá:nja yá:ngê
  b. wooden clog / 下駄
    omutarabá:ndâ 3, emitarabá:ndâ 4
    omutarabá:ndá gúmû

        omutarabá:ndá gwâ:nge
        gúnu mutarabá:ndâ
        gúnu mutarabá:ndá kî?
        omutarabá:ndá gwá:ngê
189. umbrella / 傘
        omumvû:li 3, emimvû:li 4 <Sw. mwavuri
        omumvú:li gúmû
        omumvú:li gwâ:nge
        gúnu mumvû:li
        gúnu mumvú:lí kî?
        omumvú:li gwá:ngê
190. thing; object / 物
        ekî:ntu 7, ebî:ntu 8
        ekí:ntu kímû
        ekí:ntu kyâ:nge
        kínu kî:ntu
        kínu kí:ntú kî?
        ekí:ntu kyá:ngê
    cf. akâ:ntu 12, obû:ntu 14 : tiny thing, small particle <dim. of ekî:ntu 7/8
191. implement; tool / 道具
    1) ekí:ntu ky'o.kukozêsa 7, ebí:ntu by'o.kukozêsa 8
    2) ekikwâ:to 7, ebikwâ:to 8 : syn. of the preceding.
        ekikwá:to kímû
        ekikwá:to kyâ:nge
        kínu kikwâ:to
        kínu kikwá:tó kî?
        ekikwá:to kyá:ngê
    a. machine / 機械
        ekyô:ma 7, ebyô:ma 8
        N.B. Although ekyô:ma 7/8 can mean "machine", its first meaning is "iron, metal" (No.329). Some qualification is necessary to define specific types of machine intended.
        ☆ ekyó:ma ky'o.kúsá obúrô 7, ebyó:ma by'o.kúsá obúrô 8 : machine to grind millet
192. hoe / 鍬
        enfûka 9,10
        enfúka é:mû
        enfúka yâ:nge
        é:nu nfûka
        é:nu nfúká kî?
        enfúka yá:ngê
    a. spade; shovel / シャベル、スコップ
        ekitîhyo 7, ebitîhyo 8
        ekitíhyo kímû
        ekitíhyo kyâ:nge
        kínu kitîhyo
        kínu kitíhyó: kî?
        ekitíhyo kyá:ngê

cf. okutîhya : to shovel
b. rake / 熊手
oruka.ndûzo 11, enka.ndûzo 10
oruka.ndúzo rúmû
oruka.ndúzo rwâ:nge
rúnu ruka.ndûzo
rúnu ruka.ndúzó: kî?
oruka.ndúzo rwá:ngê
cf. okuka.ndû:ra : to rake

193. axe / 斧
1) endêmu 9,10
endému é:mû
endému yâ:nge
é:nu ndêmu
é:nu ndémú kî?
endému yá:ngê
2) endya.mítî 9,10 : syn. of the preceding; [lit.] which eats trees
endya.mítí é:mû
endya.mítí yâ:nge
é:nu ndya.mítî
é:nu ndya.mítí kî?
endya.mítí yá:ngê
3) empâ:ngo 9,10 : syn. of the preceding.
empá:ngo é:mû
empá:ngo yâ:nge
é:nu mpâ:ngo
é:nu mpá:ngó kî?
empá:ngo yá:ngê
4) embáízî 9,10 : syn. of the preceding. <okubáija "to carve" (No.794)
embáízí é:mû
embáízí yâ:nge
é:nu mbáízî
é:nu mbáízí kî?
embáízí yá:ngê
5) sô:ka 9,10 : syn. of the preceding. <Sw. shoka
só:ka é:mû
só:ka yâ:nge
é:nu sô:ka
é:nu só:ká kî?
só:ka yá:ngê

194. handle; grip / 柄
1) omuhîni 3, emihîni 4 : handle of a hoe, axe, spade, etc.; gripped with two hands
omuhíni gúmû
omuhíni gwâ:nge
gúnu muhîni
gúnu muhíní kî?

125

                omuhíni gwá:ngê
        2) ekítî 7, ebítî 8 : wooden part of a knife, machete, etc.; gripped with one hand
        ☆ ekítí ky'o.múhyo 7, ebítí by'e.míhyo 8 : handle of a knife
        ☆ ekítí ky'e.nyô:ndo 7, ebítí by'e.nyô:ndo 8 : handle of a hammer
    a. to put a handle (to a hoe, etc.); to haft / 柄をつける
            okuhâ:nga : to assemble gardening tools, especially to put a handle to a hoe
        ☆ okuhá:nga enfúka : to put a handle to a hoe
        cf. omuhâ:ngi 1, abahâ:ngi 2 : who puts a handle to a hoe
            omuhá:ngi gúmû
            omuhá:ngi gwâ:nge
            gúnu muhâ:ngi
            gúnu muhá:ngí kî?
            omuhá:ngi gwá:ngê

195. hammer / 金槌
        enyô:ndo 9,10
        enyó:ndo é:mû
        enyó:ndo yâ:nge
        é:nu nyô:ndo
        é:nu nyó:ndó kî?
        enyó:ndo yá:ngê

    a. nail / 釘
            omusumâ:li 3, emisumâ:li 4 <Sw. msmari
            omusumá:li ó:mû
            omusumá:li wâ:nge
            ó:nu musumâ:li
            ó:nu musumá:lí kî?
            omusumá:li wá:ngê

196. machete; panga / 鉈
        1) ekipâ:nga 7, ebipá:nga 8 : modern type panga <Sw. panga
            ekipá:nga kímû
            ekipá:nga kyâ:nge
            kínu kipâ:nga
            kínu kipá:ngá kî?
            ekipá:nga kyá:ngê
        2) omuhôro 3, emihôro 4 : traditional type panga, of curved shape
            omuhóro gúmû
            omuhóro gwâ:nge
            gúnu muhôro
            gúnu muhóró kî?
            omuhóro gwá:ngê
        3) omukô:nda 3, emikô:nda 4 : traditional type panga with a long shaft, used to cut tall grass
            omuhóro gúmû
            omuhóro gwâ:nge
            gúnu muhôro
            gúnu muhóró kî?
            omuhóro gwá:ngê

    a. sickle / 鎌
        enoijôro 9,10 : sickle of a short handle
        enoijóro é:mû
        enoijóro yâ:nge
        é:nu noijôro
        é:nu noijóró kî?
        enoijóro yá:ngê

197. knife / 小刀、ナイフ
        omúhyô 3, emíhyo 4
        omúhyó gúmû
        omúhyó gwâ:nge
        gúnu múhyô
        gúnu múhyó: kî?
        omúhyó gwá:ngê

198. razor / カミソリ
    1) akawê:mpe 12, obuwê:mpe 14 <Sw. wempe
        akawé:mpe kámû
        akawé:mpe kâ:nge
        kánu kawê:mpe
        kánu kawé:mpé kî?
        akawé:mpe ká:ngê
    2) akagirîta 12, obugirîta 14 /akagírita 12, obugírita 14
        akagiríta kámû
        akagiríta kâ:nge
        kánu kagirîta
        kánu kagirítá kî?
        akagiríta ká:ngê
    3) akamóiso 12, obumóiso 14 : traditional razor
        akamóíso kámû
        akamóíso kâ:nge
        kánu kamóiso
        kánu kamóísó kî?
        akamóíso ká:ngê

199. edge / 刃
        obwô:gi 14, amô:gi 6
        obwó:gi búmû
        obwó:gi bwâ:nge
        búnu bwô:gi
        búnu bwó:gí kî?
        obwó:gi bwá:ngê

200. scissors; clippers / はさみ
        makâ:nsi 9,10 <Sw. makasi or mkasi
        maká:nsi é:mû
        maká:nsi yâ:nge
        é:nu makâ:nsi
        é:nu maká:nsí kî?

            maká:nsí yá:ngê
201. cooking pot / 鍋
    1) ekinâga 7, ebinâga 8 : clay pot for cooking, big or small
        ekinága kímû
        ekinága kyâ:nge
        kínu kinâga
        kínu kinágá kî?
        ekinága kyá:ngê
    2) esefulíyâ 9,10 : metalic pan <Sw. sufuria
        esefulíyá é:mû
        esefulíyá yâ:nge
        é:nu sefulíyâ
        é:nu sefulíyá kî?
        esefulíyá yá:ngê
   a. broken pot / 壊れた鍋
        ekimúgâ 7, ebimúgâ 8
        ekimúgá kímû
        ekimúgá kyâ:nge
        kínu kimúgâ
        kínu kimúgá kî?
        ekimúgá kyá:ngê
202. kettle / やかん
        ebbiníkâ 9,10 <Sw. birika
        ebbiníká é:mû
        ebbiníká yâ:nge
        é:nu bbiníkâ
        é:nu bbiníká kî?
        ebbiníká yá:ngê
203. cover / 蓋
    1) ekifu.ndikîzo 3, ebifu.ndikîzo 4 /ekifu.ndíkîzo 3, ebifu.ndíkîzo 4 : general term ofr cover
        ekifu.ndikízo kímû   /<okufu.ndikîra "to cover" (No.831)
        ekifu.ndikízo kyâ:nge
        kínu kifu.ndikîzo
        kínu kifu.ndikízó kî?
        ekifu.ndikízó kyá:ngê
    cf. akafu.ndikîzo 12, obufu.ndikîzo 14 /akafu.ndíkîzo 12, obufu.ndíkîzo 14 : cap of a ballpen,
        stopper of a bottle, etc. <dim. of the above noun
    2) ekihamîra 7, ebihamîra 8 /ekihámîra 7, ebihámîra 8 : metalic cover of a metalic milk
        ekihamíra kímû   /container
        ekihamíra kyâ:nge
        kínu kihamîra
        kínu kihamírá kî?
        ekihamíra kyá:ngê
204. bucket / バケツ
    1) péilo 9,10 : iron bucket <Eng. pail
        péilo é:mû

péilo yâ:nge
　　　é:nu péilo
　　　é:nu péíló kî?
　　　péilo yá:ngê
　　cf. akapéilo 12, obupéilo 14 : small iron bucket <dim. of the above form
　2) akalóbô 12, obulóbô : syn. of péilo 9,10
　　　akalóbó kámû
　　　akalóbó kâ:nge
　　　kánu kalóbô
　　　kánu kalóbó kî?
　　　akalóbó ká:ngê
　3) akabbakêti 12, obubakêti 14 /akabbákêti 12, obubákêti 14 : plastic bucket <Eng.
　　　akabbakéti kámû
　　　akabbakéti kâ:nge
　　　kánu kabbakêti
　　　kánu kabbakétí kî?
　　　akabbakéti ká:ngê
205. jerrycan / ジェリカン
　1) ekijerikâ:ni 7, ebijerikâ:ni 8 : metalic or plastic jerrycan <Eng.
　　　ekijeriká:ni kímû
　　　ekijeriká:ni kyâ:nge
　　　kínu kijéríkani
　　　kínu kijerikâ:ni kî?
　　　ekijeriká:ni kyá:ngê
　2) ekipî:ra 7, ebipî:ra 8 : syn. of the preceding. <Sw. mpira
　　　ekipí:ra kímû
　　　ekipí:ra kyâ:nge
　　　kínu kipî:ra
　　　kínu kipí:rá kî?
　　　ekipí:rá kyá:ngê
　3) ekido:môro 7, ebido:môro 8 : syn. of the preceding.
　　　ekido:móro kímû
　　　ekido:móro kyâ:nge
　　　kínu kido:môro
　　　kínu kido:móro kî?
　　　ekido:móro kyá:ngê
　4) ekikarabíyâ 7, ebikarabíyâ 8 : syn. of the preceding
　　　ekikarabíyá kímû
　　　ekikarabíyá kyâ:nge
　　　kínu kikarabíyâ
　　　kínu kikarabíyá kî?
　　　ekikarabíyá kyá:ngê
　a. oil drum / ドラムカン
　　　durrâ:mu 9,10 or edurrâ:mu 9,10 <Eng.
　　　durrá:mu é:mû
　　　durrá:mu yâ:nge

   é:nu durrâ:mu
   é:nu durrá:mú kî?
   durrá:mú yá:ngê
  cf. ekidurrâ:mu 7, ebidurrâ:mu 8 <aug. : old, useless drum

206. earthen pot / 瓶
  1) ensóhâ 9,10 : clay pot to keep water
   ensóhá é:mû
   ensóhá yâ:nge
   é:nu nsóhâ
   é:nu nsóhá kî?
   ensóhá yá:ngê
  2) enjógâ 9,10 : syn. of the preceding.
   enjógá é:mû
   enjógá yâ:nge
   é:nu njógâ
   é:nu njógá kî?
   enjógá yá:ngê
  3) entigîro 9,10 /entígîro 9,10 : large clay pot to keep beer tô:nto
   entigíro é:mû
   entigíro yâ:nge
   é:nu ntigîro
   é:nu ntigíró kî?
   entigíro yá:ngê
 a. jar; jug / 水差し
   ejâ:gi 9,10 <Eng.
   ejá:gi é:mû
   ejá:gi yâ:nge
   é:nu jâ:gi
   é:nu já:gí kî?
   ejá:gi yá:ngê

207. drinking glass / グラス、コップ
   egirâ:si 9,10 <Eng.
   egirá:si é:mû
   egirá:si yâ:nge
   é:nu girâ:si
   é:nu girá:sí kî?
   egirá:si yá:ngê
 a. cup / コップ
   ekikópô 7, ebikópô 8 <Sw. kopo
   ekikópó kímû
   ekikópó kyâ:nge
   kínu kikópô
   kínu kikópó kî?
   ekikópó kyá:ngê

208. strainer (for tea) / 漉し器
   akase.ngî:jo 12, obuse.ngî:jo 14 <okuse.ngî:ja "to filter" (No.1104)

           akase.ngí:jo kámû
           akase.ngí:jo kâ:nge
           kánu kase.ngî:jo
           kánu kase.ngí:jó kî?
           akase.ngí:jo ká:ngê
    a. funnel / じょうご
           omuse.ngî:jo 3, emise.ngî:jo 4 <okuse.ngí:ja "to filter" (No.1104)
209. can / 缶詰
           omukébê 3, emikébê 4
           omukébé gúmû
           omukébé gwâ:nge
           gúnu mukébê
           gúnu mukébé kî?
           omukébé gwá:ngê
        ☆ omukébé gw'e.nyâma : can of meat
        ☆ omukébé gw'a.mátâ: milk can
        cf. ekikébê 7, ebikébê 8 <aug. of omukébê 3/4 : empty can / 空き缶
210. bottle / ビン
           ecúpâ 9,10 <Sw. chupa
           ecúpá é:mû
           ecúpá yâ:nge
           é:nu cúpâ
           é:nu cúpá kî?
           ecúpá yá:ngê
    a. stopper; cork / 栓
        1) omufu.ndikîzo 3, emifu.ndikîzo 4 /omufu.ndíkîzo 3, emifu.ndíkîzo 4 : cork. See No.203.
        2) akafu.ndikîzo 12, obufu.ndikîzo 8 /akafu.ndíkîzo 12, obufu.ndíkîzo 8 <dim. of the preceding : stopper of a beer or soda bottle, etc. See No.203.
211. dish; plate / 皿
           esahâ:ni 9,10 <Sw. sahani
           esahá:ni é:mû
           esahá:ni yâ:nge
           é:nu sahâ:ni
           é:nu sahá:ní kî?
           esahá:ni yá:ngê
    a. bowl / どんぶり、深皿
        1) ekibî:ndi 7, ebibî:ndi 8 or orubî:ndi 11, embî:ndi 10 : clay (or wooden) bowl for sauce
           ekibí:ndi kímû   /esâbwe (No.161)
           ekibí:ndi kyâ:nge
           kínu kibî:ndi
           kínu kibí:ndí kî?
           ekibí:ndi kyá:ngê
        2) ebbakúlî 9,10 : metal bowl <Sw. bakuli
           ebbakúlí é:mû
           ebbakúlí yâ:nge
           é:nu bbakúlî

　　　　　　é:nu bbakúlí kî?
　　　　　　ebbakúlí yá:ngê
　　b. basket to eat millet bread in / カゴ皿
　　　　　　endî:ro 9,10 <okulî:ra, appl. of okúlyâ "to eat" (No.655).
　　　　　　endí:ro é:mû
　　　　　　endí:ro yâ:nge
　　　　　　é:nu ndî:ro
　　　　　　é:nu ndí:ró ki?
　　　　　　endí:ro yá:ngê
　　c. food bowl for domestic animals / エサ入れ
　　　　　　ekikê:gi 7, ebikê:gi 8
　　　　　　ekiké:gi kímû
　　　　　　ekiké:gi kyâ:nge
　　　　　　kínu kikê:gi
　　　　　　kínu kiké:gí kî?
　　　　　　ekiké:gi kyá:ngê
212. spoon / 匙
　　　　　　ekijî:ko 7, ebijî:ko 8 <Sw. kijiko
　　　　　　ekijí:ko kímû
　　　　　　ekijí:ko kyâ:nge
　　　　　　kínu kijî:ko
　　　　　　kínu kijí:kó kî?
　　　　　　ekijí:ko kyá:ngê
　　a. fork / フォーク
　　　　　　ehû:ma 9,10 <Sw. uma
　　　　　　ehú:ma é:mû
　　　　　　ehú:ma yâ:nge
　　　　　　é:nu hû:ma
　　　　　　é:nu hú:má kî?
　　　　　　ehú:ma yá:ngê
213. ladle / しゃもじ
　　1) omwî:ko 3, emî:ko 4 : ledle used for kneading millet dumpling
　　　　　　omwí:ko gúmû
　　　　　　omwí:ko gwâ:nge
　　　　　　gúnu mwî:ko
　　　　　　gúnu mwí:kó kî?
　　　　　　omwí:kó gwá:ngê
　　　　　　N.B. Omwî:ko 3/4 is used to make millet bread, porridge, etc.
　　2) ekibâya 7, ebibâya 8 : papyrus stem used for turning food in cooking
　　　　　　ekibáya kímû
　　　　　　ekibáya kyâ:nge
　　　　　　kínu kibâya
　　　　　　kínu kibáyá kî?
　　　　　　ekibáya kyá:ngê
214. basket / カゴ
　　1) ekî:bo 7, ebî:bo 8 : general term for basket, big or samll, used for harvesting, etc.

>   ekí:bo kímû
>   ekí:bo kyâ:nge
>   kínu kî:bo
>   kínu kí:bó kî?
>   ekí:bó kyá:ngê
>
>   cf. akáibo 12, obwî.bo 14 : small basket.
>
> 2) ekidu:kûru 7, ebidu:kûru 8 : big basket with a cover to keep bread, cow ghee, smoked meat, /grasshoppers, etc.
>   ekidu:kúru kímû
>   ekidu:kúru kyâ:nge
>   kínu kidu:kûru
>   kínu kidu:kúrú kî?
>   ekidu:kúru kyá:ngê
>
> 3) ekigêga 7, ebigêga 8 : big basket to store beans or grains
>   ekigéga kímû
>   ekigéga kyâ:nge
>   kínu kigêga
>   kínu kigégá kî?
>   ekigéga kyá:ngê
>   N.B. This basket is made of split midribs of date palm fronds.
>
> a. rope-made hammock-like sack suspended in the house where one puts a basket containing salt, cow ghee, a nife, etc.
>   ekitê:ko 7, ebitê:ko 8
>   ekité:ko kímû
>   ekité:ko kyâ:nge
>   kínu kitê:ko
>   kínu kité:kó kî?
>   ekité:ko kyá:ngê

215. bag / 鞄
> 1) ekikápû 7, ebikápû 8
>   ekikápú kímû
>   ekikápú kyâ:nge
>   kínu kikápû
>   kínu kikápú kî?
>   ekikápú kyá:ngê
>
> 2) ensâhu 9,10 amasâhu 6 or ensâho 9,10 amasâho 6 : syn. of the preceding.
>   ensâhu é:mû
>   ensáhu yâ:nge
>   é:nu nsâhu
>   é:nu nsáhú kî?
>   ensáhu yá:ngê

216. sack / 袋
> 1) eguníyâ 9,10 : old type sack of heavy tissue, which contains 100kg <Sw. gunia
>   eguníyá é:mû
>   eguníyá yâ:nge
>   é:nu guníyâ
>   é:nu guníyá kî?

eguníyá yá:ngê

cf. akaguníyâ 12, obuguníyâ 14 <dim. of eguníyâ 9,10 : modern type sack of nylon tissue, which contains 50kg

2) ekutíyá 9,10 : syn. of eguníyâ 9/10
ekutíyá é:mû
ekutíyá yâ:nge
é:nu kutíyâ
é:nu kutíyá kî?
ekutíyá yá:ngê

cf. akakutíyâ 12, obukutíyâ 14 <dim. of ekutíyâ 9,10 : syn. of akaguníyâ 12/14

a. plastic bag / ポリ袋
akavwé:râ 12, obuvwé:râ 14 <Borr.
akavwé:rá kámû
akavwé:rá kâ:nge
kánu kavwé:râ
kánu kavwé:rá kî?
akavwé:rá ká:ngê

217. pocket / ポケット

1) ekikápû 7, ebikápû 8 : the same as "bag". See No.215.
2) ensâhu 9,10 amasâhu 6 or ensâho 9,10, amasâho 6 : the same as "bag". See No.215.

218. burden; load; baggage / 荷物
omugúgû 3, emigúgû 4
omugúgú gúmû
omugúgú gwâ:nge
gúnu mugúgû
gúnu mugúgú kî?
omugúgú gwá:ngê

a. cushion to protect the head when carrying a burden; head pad / 頭当て
engâta 9,10
engáta é:mû
engáta yâ:nge
é:nu ngâta
é:nu ngáta kî?
engáta yá:ngê

N.B. Head pads are made out of daily objects.

☆ engáta y'e.bisagâzi 9, engáta z'e:bisagâzi 10 : head pad of dry banana leaves
☆ engáta y'e.bibâbi 9, engáta z'e:bibâbi 10 : head pad of fresh banana leaves
☆ engáta y'e.bigôgo 9, engáta z'e:bigôgo 10 : head pad of dry banana stalk fibers
☆ engáta y'e.bifû:njo 9, engáta z'e:bifû:njo 10 : head pad of inner fibers of papyrus stems, used to carry a beer container or a jerrycan of water.

219. package / 包み

1) i:bê:nga 5, amabê:nga 6
i:bé:nga límû
i:bé:nga lyâ:nge
línu ibê:nga
línu ibé:ngá kî?

    i:bé:nga lyá:ngê
  2) akalegête 12, obulegête 14 : small grass package (to wrap coffee beans to chew, etc.)
    akalegéte kámû
    akalegéte kâ:nge
    kánu kalegête
    kánu kalegété kî?
    akalegéte ká:ngê
  3) ekikó:dô 7, ebikó:dô 8 : package of researving white ants, mushroom, grasshoppers, coffee
    ekikó:dó kímû   /beans, etc., wrapped with dry banana stalk
    ekikó:dó kyâ:nge
    kínu kikó:dô
    kínu kikó:dó kî?
    ekikó:dó kyá:ngê
 a. wrapper / 包み紙、風呂敷
   ekise.mbêso 7, ebise.mbêso 8 <appl. of okusê:mba "to wrap" (No.833)
   ekise.mbéso kímû
   ekise.mbéso kyâ:nge
   kínu kise.mbêso
   kínu kise.mbésó kî?
   ekise.mbésó kyá:ngê

220. bundle / 束
  1) ekíbâ 7, ebíbâ 8
   ekíbá kímû
   ekíbá kyâ:nge
   kínu kíbâ
   kínu kíbá kî?
   ekíbá kyá:ngê
 ☆ ekíbá ky'é:nkû 7, ebíbá by'é:nkû 8 : bundle of firewood
  2) ekigâ:nda 7, ebigâ:nda 8 : small bundle of firewood, grass, etc.
   ekigá:nda kímû
   ekigá:nda kyâ:nge
   kínu kigâ:nda
   kínu kigá:ndá kî?
   ekigá:nda kyá:ngê
  3) ekiko.njô:njo 7 ebiko.njô:njo 8 : bundle of many (keys, onions, etc.)
   ekiko.njó:njo kímû
   ekiko.njó:njo kyâ:nge
   kínu kikonjô:njo
   kínu kiko.njó:njó kî?
   ekiko.njó:njo kyá:ngê
 ☆ ekiko.njó:njo ky'e.bisumu:rûzo 7, ebiko.njó:njo by'e.bisumu:rûzo 8 : bundle of keys

221. case / スーツ・ケース
   esa.ndû:ko 9,10 <Sw. sanduku
   esandú:ko é:mû
   esandú:ko yâ:nge
   é:nu sa.ndû:ko

     é:nu sa.ndú:kó kî?
     esa.ndú:kó yá:ngê
222. coffin / 棺桶
     esa.ndú:ko y'o.múfù 9, esa.ndú:ko z'a:báfù 10
223. matchbox / マッチ箱
     ekibbirî:ti 7, ebibbirî:ti 8 <Sw. kibiriti
     ekibbirí:ti kímû
     ekibbirí:ti kyâ:nge
     kínu kibbirî:ti
     kínu kibbirí:tí kî?
     ekibbirí:ti kyá:ngê
 a. matchstick / マッチ棒
     akasû:ngu 12, obusû:ngu 14
     akasú:ngu kámû
     akasú:ngu kâ:nge
     kánu kasû:ngu
     kánu kasú:ngú kî?
     akasú:ngú ká:ngê
224. lamp / ランプ
  1) etâ:ra 9,10 : lamp in general, and lamp of modern type in particular <Sw. taa
     etá:ra é:mû
     etá:ra yâ:nge
     é:nu tâ:ra
     é:nu tá:rá kî?
     etá:ra yá:ngê
  2) etadô:ba 9,10 : hand-made lamp using an empty can. <neg. of okudô:ba "to become poor"
     etadó:ba é:mû   /(No.1190)
     etadó:ba yâ:nge
     é:nu tadô:ba
     é:nu tadó:bá kî?
     etadó:ba yá:ngê
 a. wick / 芯
     orutâ:mbi 11, entâ:mbi 10 <Sw. utambi
     orutá:mbi rúmû
     orutá:mbi rwâ:nge
     rúnu rutâ:mbi
     rúnu rutá:mbí kî?
     orutá:mbi rwá:ngê
 b. chimney glass / ほや
     ekirahúlî 7, ebirahúlî 8 <Sw. kirauri. See No.235.
 c. electric lamp / 電灯
     ekitâ:ra 7, ebitâ:ra 8 <etâ:ra 9,10 "lamp" : electric lamp, headlight of a car
225. candle / ろうそく
     omusubbâ:ho 3, emisubbâ:ho 4 <Sw. msumaa
     omusubbá:ho gúmû
     omusubbá:ho gwâ:nge

gúnu musubbâ:ho
gúnu musubbá:hó kî?
omusubbá:hó gwá:ngê

226. torch; flashlight / 懐中電燈
1) tô:ci 9,10 : modern torch <Eng.
   tó:ci é:mû
   tó:ci yâ:nge
   é:nu tô:ci
   é:nu tó:ci kî?
   tó:ci yá:ngê
2) eky'o.kumulikîsa 7, eby'o.kumulikîsa 8 : sth to light with. <okumulikîsa "to lighten with a /tool" (No.1199).
   eky'o.kumulikísa kímû
   eky'o.kumulikísa kyâ:nge
   kínu ky'o.kumulikîsa
   kínu ky'o.kumulikísá: kî?
   eky'o.kumulikísa kyá:ngê
3) ekimûli 7, ebimûli 8 : traditional torch (reed stems are used)
   ekimúli kímû
   ekimúli kyâ:nge
   kínu kimûli
   kínu kimúlí kî?
   ekimúli kyá:ngê

a. battery / 乾電池
1) i:kâra 5, amakâra 6 : [orig.] charcoal. See No.334.
☆ amakára ga: tôci : batteries of a torch
2) eryâ:nda 5, amâ:nda 6 : [orig.] charcoal. See No.334.
☆ amá:nda ga: tô:ci : batteries of a torch

b. electricity / 電気
amasanya:rázî 6
amasanya:rází gámû
amasanya:rází gâ:nge
gánu masanya:rází
gánu masanya:rází kî?
amasanya:rází gá:ngê

227. pipe / パイプ
enyú:ngû 9,10
enyú:ngú é:mû
enyú:ngú yâ:nge
é:nu nyú:ngû
é:nu nyú:ngú kî?
enyú:ngú yá:ngê
N.B. This word means the pipe as a whole and the pipe bowel in particular.

a. pipe stem / キセル
orusêke 11, ensêke 10
N.B. This word means not only pipe tubes, but straws as well. See No.171.
☆ oruséke rw'e.nyú:ngû 11, enséke z'e:nyú:ngû : pipe tube

       b. dirt which blocks smoking pipes / パイプの汚れ
            ekizî:nda 7, ebizî:nda 8
228. thread / 糸
       ehû:zi 9,10 <Sw. uzi
       ehú:zi é:mû
       ehú:zi yâ:nge
       é:nu hû:zi
       é:nu hú:zí kî?
       ehú:zi yá:ngê
229. needle / 針
    1) enkî:nzo 9,10 : sewing needle, injection needle
       enkí:nzo é:mû
       enkí:nzo yâ:nge
       é:nu nkí:nzo
       é:nu nkí:nzó kî?
       enkí:nzo yá:ngê
    ☆ enkí:nzo y'o.kubazî:ra 9, enkí:nzo z'o:kubazî:ra 10 : sewing needle
    ☆ enkí:nzo y'o.kuté:ra omû:ntu 9, enkí:nzo z'o:kuté:ra abâ:ntu 10 : injection needle
    2) empí:ndû 9,10 : needle to weave baskets and mats
       empí::dú é:mû
       empí.ndú yâ:nge
       é:nu mpí:ndû
       é:nu mpí:ndú kî?
       empí:ndú yá:ngê
  a. sting / 蜂の針
    1) omubûli 3, emibûli 4 /omúbûli 3, emíbûli 4
       omubúli gúmû
       omubúli gwâ:nge
       gúnu mubûli
       gúnu mubulí kî?
       omubúli gwá:ngê
    ☆ omubúli gw'e.njôki 3, emibúli y'e.njôki 4 : bee sting
    2) omunyûli 3, eminyûli 4 /omúnyûli 3, emínyûli 4 : the same as omubûli 3/4.
       omunyúli gúmû
       omunyúli gwâ:nge
       gúnu munyûli
       gúnu munyúlí kî?
       omunyúli gwá:ngê
  b. safety pin / 安全ピン
       ekikwâ:so 7, ebikwâ:so 8 <okukwâ:sa "to catch with a tool" (No.838)
       ekikwá:so kímû
       ekikwá:so kyâ:nge
       kínu kikwâ:so
       kínu kikwá:só kî?
       ekikwá:so kyá:ngê
230. sewing machine / ミシン

  ekya.lâ:ni 7, ebya:lâ:ni 8 <Sw. cherehani
  ekya.lá:ni kímû
  ekya.lá:ni kyâ:nge
  kínu kya.lâ:ni
  kínu kya.lá:ní kî?
  ekya.lá:ni kyá:ngê

231. balance / はかり
  omu.nzâ:ni 3, emi.nzâ:ni 4 <Sw. mizani
  omu.nzá:ni gúmû
  omu.nzá:ni gwâ:nge
  gúnu mu.nzâ:ni
  gúnu mu.nzá:ní kî?
  omu.nzá:ni gwá:ngê

 a. kilogram / キロ
  kílô 9,10 <Eng.
  kíló é:mû
  kíló yâ:nge
  é:nu kílô
  é:nu kíló kî?
  kíló yá:ngê
  ☆ kíló é:mú ya sukâ:li : one kilo of sugar

 b. pound (about half a kilo) / ポンド
  era:tîri 9,10 <Sw. ratili
  era:tíri é:mû
  era:tíri yâ:nge
  é:nu ra:tîri
  é:nu ra:tírí kî?
  era:tíri yá:ngê
  ☆ era:tíri é:mú y'e.nyâma : one pound of meat

232. paper / 紙
  orupapûra 11, empapûra 10 /orupápûra 11, empápûra 10 <Eng.(?)
  orupapúra rúmû
  orupapúra rwâ:nge
  rúnu rupapûra
  rúnu rupapúrá kî?
  orupapúra rwá:ngê

 a. blotting paper / 吸い取り紙
  ekinywa.bwî:no 7, ebinywa.bwî:no 8 : [lit.] that which drinks ink.
  ekinywa.bwí:no kímû
  ekinywa.bwí:no kyâ:nge
  kínu kinywa.bwî:no
  kínu kinywa.bwí:nó kî?
  ekinywa.bwí:no kyá:ngê

233. pencil / 鉛筆
  ekalâ:mu or kalâ:mu 9,10 : ball pen, pencil <Sw. kalamu
  ekalá:mu é:mû

ekalá:mu yâ:nge
é:nu kalâ:mu
é:nu kalá:mú kî?
ekalá:mu yá:ngê
☆ ekalá:mu nkáru 9,10 : pencil; [lit.] dry pen
☆ ekalá:mu ya bwî:no 9, ekalá:mu za: bwî:no 10 : ball pen, ink pen

a. pen / ペン

akacûmu 12, obucûmu 14
akacúmu kámû
akacúmu kâ:nge
kánu kacûmu
kánu kacúmú kî?
akacúmu ká:ngê

b. ink / インク

bwî:no 9,10 <Sw. wino
bwí:no é:mû
bwí:no yâ:nge
é:nu bwî:no
é:nu bwí:nó kî?
bwí:no yá:ngê

234. soap / 石鹸

esabbû:ni 9,10 <Sw. sabuni
esabbú:ni é:mû
esabbú:ni yâ:nge
é:nu sabbû:ni
é:nu sabbú:ní kî?
esabbú:ni yá:ngê

235. glass / ガラス

ekirahúlî 7, ebirahúlî 8 <Sw. birauri "tin cup"
ekirahúlí kímû
ekirahúlí kyâ:nge
kínu kirahúlî
kínu kirahúlí kî?
ekirahúlí kyá:ngê

236. mirror / 鏡

1) endolerwá:mû 9,10 <okurôra "to see" (No.629)
endolerwá:mú é:mû
endolerwá:mú yâ:nge
é:nu ndolerwá:mû
é:nu ndolerwá:mú kî?
endolerwá:mú yá:ngê

2) endabirwá:mû 9,10 : syn. of the preceding. <Gan. okulába "to see"
endabirwá:mú é:mû
endabirwá:mú yâ:nge
é:nu ndabirwá:mû
é:nu ndabirwá:mú kî?

endabirwá:mú yá:ngê

237. pair of glasses / メガネ
    ga:rubî:ndi 9,10
    ga:rubíndi é:mû
    ga:rubíndi zâ:nge
    zínu ga:rubî:ndi
    zínu ga:rubí:ndí kî?
    ga:rubí:ndi zá:ngê
    N.B. This word is normally used in the plural.
☆ erí:so lya ga:rubî:ndi 6, amáíso ga: ga:rubî:ndi 6 : each of the glasses of a pair; [lit.] eye of glasses

238. rope; cord; string / 綱、ロープ、紐
    omugûha 3, emigûha 4 : rope, natural or twined
    omugúha gúmû
    omugúha gwâ:nge
    gúnu mugûha
    gúnu mugúhá kî?
    omugúha gwá:ngê

cf. materials to make ropes :
1) engoyegôye 9,10 : species of swamp shrub, whose bark is used. See No.158.
2) akagóigo 12, obugóigo 14 : sisal. See No.150.
3) ekigôgo 7, ebigôgo 8 : fiber of dry banana stalk. See No.131.
4) ekigôye 7, ebigôye 8 : any creeper used as a rope
    ekigóye kímû
    ekigóye kyâ:nge
    kínu kigôye
    kínu kigóyé kî?
    ekigóye kyá:ngê

239. wire / 針金
    ewáyâ 9,10 <Eng.
    ewáyá é:mû
    ewáyá yâ:nge
    é:nu wáyâ
    é:nu wáyá kî?
    ewáyá yá:ngê

a. barbed wire / 有刺鉄線、鉄条
    se.ngê:nge 9,10 <Sw. seng'enge
    se.ngé:nge é:mû
    se.ngé:nge yâ:nge
    é:nu se.ngê:nge
    é:nu se.ngé:ngé kî?
    se.ngé:nge yá:ngê

b. chain / 鎖
    orujegêre 11, enjegêre 10 /orujégêre 11, enjégêre 10
    orujegére rúmû
    orujegére rwâ:nge

        rúnu rujegêre
        rúnu rujegéré kî?
        orujegére rwá:ngê
240. pipe / 管
        páipu 9,10 : pipe, tube <Eng.
        páípu é:mû
        páípu yâ:nge
        é:nu páipu
        é:nu páípú kî?
        páípu yá:ngê
241. stick; rod / 棒
        ekítî 7, ebítî 8 <omútî 3/4 "tree" (No.116)
  a. cane; walking stick / 杖
        omwî:go 3, emî:go 4
        omwí:go gúmû
        omwí:go gwâ:nge
        gúnu mwî:go
        gúnu mwí:gó kî?
        omwí:go gwá:ngê
242. whip / 鞭
    1) ekisâ:nju 7, ebisâ:nju 8
        ekisá:nju kímû
        ekisá:nju kyâ:nge
        kínu kisâ:nju
        kínu kisá:njú kî?
        ekisá:nju kyá:ngê
    2) kibbô:ko 9,10 : syn. of the preceding, but more polularly used. <Sw. kiboko
        kibbó:ko é:mû
        kibbó:ko yâ:nge
        é:nu kibbô:ko
        é:nu kibbó:kó kî?
        ekibbó:ko yá:ngê
    3) ekijû:nju 7, ebijû:nju 8 : syn. of the preceding.
        ekijú:nju kímû
        ekijú:nju kyâ:nge
        kínu kijû:nju
        kínu kijú:njú kî?
        kínu kijú:nju kyá:ngê
  a. big stick of the king's guard / 王警護の棒
        ekidû:ma 7, ebidû:ma 8
        ekidú:ma kímû
        ekidú:ma kyâ:nge
        kínu kidû:ma
        kínu kidú:má kî?
        ekidú:ma kyá:ngê
243. catapult / パチンコ

butîda 9,10
butída é:mû
butída yâ:nge
é:nu butîda
é:nu butídá kî?
bútída yá:ngê

244. board; plank; timber / 板、木材
orubá:hô 11, embá:hô 10 <Sw. ubao
orubá:hó rúmû
orubá:hó rwâ:nge
rúnu rubá:hô
rúnu rubá:hó kî?
orubá:hó rwá:ngê

245. table / 机
emé:zâ 9,10 <Sw. meza
emé:zá é:mû
emé:zá yâ:nge
é:nu mé:zâ
é:nu mé:zá kî?
emé:zá yá:ngê

246. platform to dry kitchen utensils after washing outside the house / 棚
1) akata.ndâ:ro 12, obuta.ndâ:ro 14
akata.ndá:ro kámû
akata.ndá:ro kâ:nge
kánu kata.ndâ:ro
kánu kata.ndá:ró kî?
akata.ndá:ro ká:ngê

2) akajarájâ 12, obujarájâ 14 : syn. of the preceding. more Rutooro tha Runyoro
akajarájá kámû
akajarájá kâ:nge
kánu kajarájâ
kánu kajarájá kî?
akajarájá ká:ngê

247. chair / 椅子
entébê 9,10
entébé é:mû
entébé yâ:nge
é:nu ntébê
é:nu ntébé kî?
entébé yá:ngê

248. ladder / 梯子
1) i:dá:râ 5, amadá:râ 6
i:dá:rá límû
i:dá:rá lyâ:nge
línu idá:râ
línu idá:rá kî?

   i:dá:rá lyá:ngê
  2) i:te.mbêro 5, amate.mbêro 6 : syn. of the preceding. <appl. of okutê:mba "to climb"
   i:te.mbéro límû   /(No.587)
   i:te.mbéro lyâ:nge
   línu ite.mbêro
   línu ite.mbéró kî?
   i:te.mbéro lyá:ngê
 a. stairs; step / 階段
   i:dá:râ 5, amadá:râ 6. See above.
249. bed / ベッド、寝台
   ekitâbu 7, ebítâbu 8
   ekitábu kímû
   ekitábu kyâ:nge
   kínu kitâbu
   kínu kitábú kî?
   ekitábu kyá:ngê
   N.B. This word seems to be the same word for "book", due to the same rectangular form.
 a. foot of a bed / ベッドの足元
   amará:mbî 6
   amará:mbí gámû
   amará:mbí gâ:nge
   gánu mará:mbî
   gánu mará:mbí kî?
   amará:mbí gá:ngê
 b. platform in a house to serve as a bed / 寝床
   ekitú:tî 7, ebitú:tî 8
   ekitú:tí kímû
   ekitú:tí kyâ:nge
   kínu kitú:tî
   kínu kitú:tí kî?
   ekitú:tí kyá:ngê
 c. mattress / マットレス
   omufwa.lîsi 3, emifwa.lîsi 4
   omufwa.lísi gúmû
   omufwa.lísi gwâ:nge
   gúnu mufwa.lî:si
   gúnu mufwa.lísí kî?
   omufwa.lísi gwá:ngê
 d. stretcher / 担架
   akatábu k'o:murwáire 12, obutábu bw'a.barwáire 14
250. pillow; headrest / 枕
   ekisâgo 7, ebisâgo 8
   ekiságo kímû
   ekiságo kyâ:nge
   kínu kisâgo
   kínu kiságó kî?

ekiságo kyá:ngê

251. blanket / 毛布
1) bbula.ngítî 9,10 <Sw. blanketi
bbula.ngítí é:mû
bbula.ngítí yâ:nge
é:nu bbula.ngítî
é:nu bbula.ngítí kî?
bbula.ngítí yá:ngê
2) orubûgo 11, embûgo 10 : bark cloth
N.B. In the past, bark cloth was used as a cover when sleeping.

a. sheet / シーツ
esú:kâ 9,10 <Sw. shuka
esú:ká é:mû
esú:ká yâ:nge
é:nu sú:kâ
é:nu sú:ká kî?
esú:ká yá:ngê

b. bedclothes / 寝具
1) ekye.swê:ko 7, ebye.swê:ko 8
ekye.swé:ko kímû
ekye.swé:ko kyâ:nge
kínu kye.swê:ko
kínu kye.swé:kó kî?
ekye.swé:ko kya:ngê
2) eky'o.kwe.swê:ka 7, eby'o.kwe.swê:ka 8 : syn. of the preceding. [lit.] that which to cover oneself

252. cloth / 布
1) orugôye 11, engôye 10 : general term for cloth and clothes. See No.177.
2) ekita.mbâ:ra 7, ebita.mbâ:ra 8 : piece of cloth for particular uses <Sw. kitambaa
ekita.mbá:ra kímû
ekita.mbá:ra kyâ:nge
kínu kita.mbâ:ra
kínu kita.mbá:rá kî?
ekita.mbá:ra kyá:ngê
N.B. This word has a wide application of meanings, referring to any piece of cloth. The following expressions make the meaning clear.
☆ ekita.mbá:ra kya. hamé:zâ 7, ebita.mbá:ra bya hamé:zâ 8 : table cloth
☆ ekita.mbá:ra ky'o.mungâro 7, ebita.mbá:ra by'o.mungâro 8 : handkerchief
☆ ekita.mbá:ra kya. hamútwê 7, ebita.mbá:ra bya. hamútwê 8 : head scurf
☆ ekita.mbá:ra ky'o.mubíkyâ 7, ebita.mbá:ra by'o.mubíkyâ 8 : neck scarf

a. bolt of cloth / 反物
ejô:ra 9,10
ejó:ra é:mû
ejó:ra yâ:nge
é:nu jô:ra
é:nu jó:rá kî?

ejó:rá yá:ngê
   b. worn out cloth / 使い古した布
      1) ekitê:ngo 7, ebitê:ngo 8
         ekité:ngo kímû
         ekité:ngo kyâ:nge
         kínu kitê:ngo
         kínu kité:ngó kî?
         ekité:ngo kyá:ngê
      2) ekikaráiga 7, ebikaráiga 8 : syn. of the preceding.
         ekikaráíga kímû
         ekikaráíga kyâ:nge
         kínu kikaráiga
         kínu kikaráígá kî?
         ekikaráígá kyá:ngê
   c. cloth to carry a baby / 背負い布
      engôzi 9,10
      engózi é:mû
      engózi yâ:nge
      é:nu ngôzi
      é:nu ngózí kî?
      engózi yá:ngê

253. handkerchief / ハンカチ
         akata.mbâ:ra 12, obuta.mbâ:ra 14 <dim. of ekita.mbâ:ra 7/8 (No.252)
   a. towel / タオル
      etáulo 9,10 <Eng.
      etáúlo é:mû
      etáúlo yâ:nge
      é:nu táulo
      é:nu táúló kî?
      etáúlo yá:ngê

254. mat / ゴザ
      1) omukê:ka 3, emikê:ka 4 : mat of date palm leaves
         omuké:ka gúmû
         omuké:ka gwâ:nge
         gúnu mukê:ka
         gúnu muké:ká kî?
         omuké:ka gwá:ngê
      2) ekipâ:li 7, ebipâ:li 8 : mat of outer fibers of papyrus, spread as a carpet inside or outside of
         ekipá:li kímû   /a house
         ekipá:li kyâ:nge
         kíku kipâ:li
         kíku kipá:lí kî?
         ekipá:li kyá:ngê
      3) ekirâgo 7, ebirâgo 8 : syn. of the preceding.
         ekirágo kímû
         ekirágo kyâ:nge

kínu kirâgo
kínu kirágó kî?
ekirágo kya[:ngê

255. house / 家
1) é:njû 9,10, amájû 6 : general term for house, hut
é:njú é:mû
é:njú yâ:nge
é:nu ńju
é:nu ńjú kî?
é:njú yá:ngê
☆ é:njú y'o.bunyá:nsî 9, amájú g'o:bunyá:nsî 6 : grass-thatched house
☆ é:njú y'a.mabâ:ti 9, amájú g'a:mabâ:ti : house of iron-sheet roof
☆ é:njú y'a.matégûra 9, amájú g'a:matégûra 6 : house of roofing tiles
2) ekifú:hâ 7, ebifú:hâ 8 : grass-covered hut
ekifú:há kímû
ekifú:há kyâ:nge
kínu kifú:hâ
kínu kifú:há kî?
ekifú:há kyá:ngê
3) akasi:sîra 12, obusi:sîra 14 : temporary grass-covered hut
akasi:síra kámû
akasi:síra kâ:nge
kánu kasi:sîra
kánu kasi:sírá kî?
akasi:síra ká:ngê

a. abandoned house / 空家
ekifurúkwâ 7, ebifurúkwâ 8 <pass. of okufurûka "to move out" (No.919)
ekifurúkwá kímû
ekifurúkwá kyâ:nge
kínu kifurúkwâ
kínu kifurúkwá: kî?
ekifurúkwá kyá:ngê

b. housewarming / 新築祝い
entê:mbo 9,10
enté:mbo é:mu
enté:mbo yâ:nge
é:nu ntê:mbo
é:nu nté:mbó kî?
enté:mbo yá:ngê
N.B. Raw grains of semame and millet are ceremonially eaten and thrown at the housewarming.
☆ Tugé:ndé omu.ntê:mbo. : Let's go to the housewarming.

256. watchhouse in a field / 畑の見張り小屋
akali.ndîro 12, obuli.ndîro 14 <appl. of okulî:nda "to guard, to watch" (No.723)
akali.ndíro kámû
akali.ndíro kâ:nge

        kánu kali.ndîro
        kánu kali.ndíró kî?
        akali.ndíró ká:ngê

257. granary / 穀倉
    1) engúlî 9,10
        engúlí é:mû
        engúlí yâ:nge
        é:nu ngúlî
        é:nu ngúlí kî?
        engúlí yá:ngê
    2) ekidê:ro 7, ebidê:ro 8 : syn. of the preceding.
        ekidé:ro kímû
        ekidé:ro kyâ:nge
        kínu kidê:ro
        kínu kidé:ró kî?
        ekidé:ro kyá:ngê

258. estate; compound / 敷地、屋敷
        ekibâ:nja 7, ebibâ:nja 8
        ekibá:nja kímû
        ekibá:nja kyâ:nge
        kínu kibâ:nja
        kínu kibá:njá kî?
        ekibá:nja kyá:ngê

259. roof / 屋根
        orûsu 11, ê:nsu 10
        orúsu rúmû
        orúsu rwâ:nge
        rúnu rûsu
        rúnu rúsú kî?
        orúsu rwá:ngê

260. galvanized iron sheet / トタン
        i:bbâ:ti 5, amabbâ:ti 6 <Sw. bati
        i:bbá:ti rímû
        i:bbá:ti ryâ:nge
        línu ibbâ:ti
        línu ibbá:tí kî?
        i:bbá:tí ryá:ngê
    cf. ekibbâ:ti 7, ebibbâ:ti 8 <aug. of i:bbâ:ti 5/6 : old, used, galvanized iron sheet
  a. roofing tile / 瓦
        i:tegûra 5, amategûra 6 /i:tégûra 5, amatégûra 6 <Sw. tegua
        i:tegúra límû
        i:tegúra lyâ:nge
        línu itégûra
        línu itégúrá kî?
        i:tegúra lyá:ngê
  b. brick / レンガ

　　　　i:tafâ:li 5, amatafâ:li 6 <Sw. tofali
　　　　i:tafá:li rímû
　　　　i:tafá:li ryâ:nge
　　　　línu itafâ:li
　　　　línu itafá:lí kî?
　　　　i:tafá:lí ryá:ngê

261. ceiling / 天井
　　　　si:lî:ngi 9,10 <Eng.
　　　　si:lí:ngi é:mû
　　　　si:lí:ngi yâ:nge
　　　　é:nu si:lî:ngi
　　　　é:nu si:lí:ngí kî?
　　　　si:lí:ngi yá:ngê
　　☆ omusi:lí:ngi haigûru 18 : in the ceiling above

262. floor / 床
　　　　há:nsî 16 <ha 16 "on" (No.413) followed by é:nsî 9/10 "ground" (Nos.291,324).
　　　　or more exactly since há:nsi 16 has a general meaning "on the ground" :
　　　　omú:njú há:nsî : [lit.] on the ground in the house

263. room / 部屋
　　　　omukisî:ka : [lit.] in the (partition) wall. Cf. ekisî:ka 7/8 "wall" (No.266).
　a. drawing room; sitting room; salon / 応接間
　　　　i:dî:ro 5, amadî:ro 6 <appl. of okúlyâ "to eat" (No.655)
　　　　i:dí:ro límû
　　　　i:dí:ro lyâ:nge
　　　　línu idî:ro
　　　　línu idí:ró kî?
　　　　i:dí:ró lyá:ngê
　　　　N.B. This room serves as a dining room as well.
　　☆ omwi.dî:ro : in the sitting (dining) room
　b. bedroom / 奥の間、寝室
　　　　ekisí:ka ky'o.kurâ:rámû 7, ebisí:ka by'o.kurâ:rámû 8

264. pillar / 柱
　　　　enyômyo 9,10
　　　　enyómyo é:mû
　　　　enyómyo yâ:nge
　　　　é:nu nyômyo
　　　　é:nu nyómyó: kî?
　　　　enyómyo yá:ngê
　a. beam / 梁
　　　　omulábbâ 3, emilábbâ 4
　　　　omulábbá gúmû
　　　　omulábbá gwâ:nge
　　　　gúnu mulábbâ
　　　　gúnu mulábbá kî?
　　　　omulábbá gwá:ngê
　b. ridge purlin of the roof / 棟

1) orugô:ngo 11, engô:ngo 10 <omugô:ngo 3/4 "back" (No.22)
2) akasólyâ 12, obusólyâ 14 : syn. of the preceding.
   akasólya kámû
   akasólya kâ:nge
   kánu kasólyâ
   kánu kasólyá: kî?
   akasólyá ká:ngê

265. peg; picket / 杭
   1) enkô:ndo 9,10
      enkó:ndo é:mû
      enkó:ndo yâ:nge
      é:nu nkô:ndo
      é:nu nkó:ndó kî?
      enkó:ndo yá:ngê
   2) ekikôlyo 7, ebikôlyo 8 : syn. of the preceding.
      ekikóyo kímû
      ekikóyo kyâ:nge
      kínu kikôyo
      kínu kikóyó kî?
      ekikóyo kyá:ngê

266. wall / 壁
   ekisî:ka 7, ebisî:ka 8
   ekisí:ka kímû
   ekisí:ka kyâ:nge
   kínu kisî:ka
   kínu kisí:ká kî?
   ekisí:ka kyá:ngê

   a. corner of a house; nook / 隅
      akarúgû 12, oburúgû 14
      akarúgú kámû
      akarúgú kâ:nge
      kánu karúgû
      kánu karúgú kî?
      akarúgú ká:ngê

267. door / 戸、ドア
   orwî:gi 11, enyîgi 10
   orwí:gi rúmû
   orwí:gi rwâ:nge
   rúnu rwî:gi
   rúnu rwí:gí kî?
   orwí:gi rwá:ngê

   a. entrance; doorway / 入口
      1) omulyâ:ngo 3, emiryâ:ngo 4
         omulyá:ngo gúmû
         omulyá:ngo gwâ:nge
         gúnu mulyâ:ngo

     gúnu mulyá:ngó kî?
     omulyá:ngo gwá:ngê
  2) ekikîro 7, ebikîro 8 : side or back entrance of a house
     ekikíro kímû
     ekikíro kyâ:nge
     kínu kikîro
     kínu kikíró kî?
     ekikíro kyá:ngê
 b. stick to keep the door open / 戸のつっかえ棒
     ekiho.ngôzo 7, ebiho.ngôzo 8
     ekiho.ngózo kímû
     ekiho.ngózo kyâ:nge
     kínu kiho.ngôzo
     kínu kiho.ngózó kî?
     ekiho.ngózo kyá:ngê

268. eaves / ひさし、軒下
     orubbalázâ 11, ebbalázâ 10 : eaves, veranda <Sw. balaza
     orubbalázá rúmû
     orubbalázá rwâ:nge
     rúnu rubbalázâ
     rúnu rubbalázá: kî?
     orubbalázá rwá:ngê

269. window / 窓
     edirísâ 9,10, amadirísâ 6 <Sw. dirisha
     edirísá é:mû
     edirísá yâ:nge
     é:nu dirísa
     é:nu dirísá kî?
     edirísá yá:ngê
 a. curtain / カーテン
     orutí:mbê 11, entí:mbê 10
     orutí:mbé rúmû
     orutí:mbé rwâ:nge
     rúnu rutí:mbê
     rúnu rutí:mbé kî?
     orutí:mbé rwá:ngê

270. kitchen / 台所
  1) ekicu.mbîro 7, ebicu.mbîro 8 <appl. of okucû:mba "to cook". See No.766.
  2) ejokô:ni 9,10 : syn. of the preceding. <Sw. jikoni
     ejokó:ni é:mû
     ejokó:ni yâ:nge
     é:nu jokô:ni
     é:nu jokó:ní kî?
     ejokó:ni yá:ngê

271. cooking stone; hearth / かまど用石、炉石
     i:hîga 5, amahîga 6

       i:híga límû
       i:híga lyâ:nge
       línu ihîga
       línu ihígá kî?
       i:híga lyá:ngê
- a. fireplace; cooking stove / かまど
       ekyô:to 7, ebyô:to 8
       ekyó:to kímû
       ekyó:to kyâ:nge
       kínu kyô:to
       kínu kyó:tó kî?
       ekyó:to kyá:ngê

272. shelf on the fireplace / かまどの上の棚
   1) i:tu.ngûru 5, amatu.ngûru 6
       i:tu.ngúru límû
       i:tu.ngúru lyâ:nge
       línu itu.ngûru
       línu itu.ngúrú kî?
       i:tu.ngúru lyá:ngê
       N.B. This shelf is used to store firewood, to ripen bananas, etc.
   2) ekibbání 7, ebibbánî 8 : syn. of the preceding.
       ekibbání kímû
       ekibbání kyâ:nge
       kínu kibbánî
       kínu kibbání kî?
       ekibbání kyá:ngê

273. garden; yard / 庭
   1) i:rê:mbo 5, amalê:mbo 6 : front yard
       i:ré:mbo límû
       i:ré:mbo lyâ:nge
       línu irê:mbo
       línu iré:mbó kî?
       i:ré:mbo lyá:ngê
   ☆ hairê:mbo 16 : in the front yard
   2) haka:nyûma 16 : in the backyard. Cf. haka:nyûma "behind" (No.412).
   3) ezigátî 9,10 : open space between the house and the kitchen, usually well swept
       ezigátí é:mû
       ezigátí yâ:nge
       é:nu zigátî
       é:nu zigátí kî?
       ezigátí yá:ngê

274. fence; hedge / 囲い、垣根
   1) orúgô 11, é:ngô 10
       orúgó rúmû
       orúgó rwâ:nge (orugó rwâ:nge)
       rúnu rúgô

rúnu rúgó kî?

orúgó rwá:ngê

☆ Orúgó rwâ:nge rucwe.kérê. : My fence is broken.

cf. ekígô 7, ebígô 8 aug. : big fence, royal fence

2) orukomérâ 11, enkomérâ 10 : syn. of the preceding.

orukomérá rúmû

orukomérá rwâ:nge

rúnu rukomérâ

rúnu rukomérá kî?

orukomérá rwá:ngê

3) ekikâ:li 7, ebikâ:li 8 : enclosure of private areas, showerroom, hen houses, etc.

ekiká:li kímû

ekiká:li kyâ:nge

kínu kikâ:li

kínu kiká:lí kî?

ekiká:li kyá:ngê

a. cattle kraal / 牛囲い

ekirâ:ro 7, ekirâ:ro 8

ekirá:ro kímû

ekirá:ro kyâ:nge

kínu kirâ:ro

kínu kirá:ró kî?

ekirá:ro kyá:ngê

275. meeting place; assembly hall / 集会所

Thre are no meeting house in villages. People gather in a house or in the church to discuss matters.

a. platform (and shelter) for speech / 演台

ekidá:râ 7, ebidá:râ 8

ekidá:rá kímû

ekidá:rá kyâ:nge

kínu kidá:râ

kínu kidá:rá kî?

ekidá:rá kyá:ngê

276. toilets; lavatory; water closet / 便所

1) ekyo.lô:ni 7, ebyo.lô:ni 8

ekyo.ló:ni kímû

ekyo.ló:ni kyâ:nge

kínu kyo.lô:ni

kínu kyo.ló:ní kî?

ekyo.ló:ni kyá:ngê

2) eki:nâzi 7, ebi:nâzi 8 : syn. of the preceding; a polite word and used more commonly than /the preceding one.

eki:názi kímû

eki:názi kyâ:nge

kínu ki:nâzi

kínu ki:nází kî?

eki:názi kyá:ngê

a. urinal; toilet seat / 便器
- ekise:sêro 7, ebise:sêro 8
- ekise:séro kímû
- ekise:séro kyâ:nge
- kínu kise:sêro
- kínu kise:séró kî?
- ekise:séro kyá:ngê

b. urine bottle / 尿瓶
- ekidôli 7, ebidôli 8
- ekidóli kímû
- ekidóli kyâ:nge
- kínu kidôli
- kínu kidólí kî?
- ekidóli kyá:ngê

277. garbage dump / ゴミ捨て場
- ekisasîro 7, ebisasîro 8 /ekisásîro 7, ebisásîro 8
- ekisasíro kímû
- ekisasíro kyâ:nge
- kínu kisasîro
- kínu kisasíró kî?
- ekisasíro kyá:ngê

N.B. The plural form ebisásîro 8 usually means "rubbish". See below.

a. rubbish / ゴミ
1) ebisasîro 8 /ebisásîro 8. See above.
2) efakalí:mbâ 9,10 : syn. of the preceding.
- efakalí:mbá é:mû
- efakalí:mbá yâ:nge
- é:nu fakalî:mba
- é:nu fakalí:mbá kî?
- efakalí:mba yá:ngê

a. heap of rubbish (or dry grass, etc.) to burn / ゴミの山（燃やすため）
- ekikô:mi 7, ebikô:mi 8
- ekikó:mi kímû
- ekikó:mi kyâ:nge
- kínu kikô:mi
- kínu kikó:mi kî?
- ekikó:mi kyá:ngê

278. grave; tomb / 墓
1) ekitû:ro 7, ebitû:ro 8 : grave, tomb
- ekitú:ro kímû
- ekitú:ro kyâ:nge
- kínu kitû:ro
- kínu kitú:ró kî?
- ekitú:ró kyá:ngê

2) é:mbî 9,10 : syn. of the preceding.
- é:mbí é:mû

  é:mbí yâ:nge
  é:nu ḿbî
  é:nu ḿbí kî?
  é:mbí yá:ngê
 3) ekimásâ 7, ebimásâ 8 : a polite word for "grave"
  ekimásá kímû
  ekimásá kyâ:nge
  kínu kimásâ
  kínu kimásá kî?
  ekimásá kyá:ngê
 4) egasâni 9,10 : king's grave
  egasáni é:mû
  egasáni yâ:nge
  é:nu gasâni
  é:nu gasání kî?
  egasáni yá:ngê

a. grave site; cemetery / 墓場
 1) i:rí:mbô 5, amalí:mbô 6
  i:rí:mbó límû
  i:rí:mbó lyâ:nge
  línu irí:mbô
  línu irí:mbó kî?
  i:rí:mbó lyá:ngê
 2) amarâ:ro 6 : syn. of the preceding. <okurâ:ra "to spend a night" (No.615)
  amará:ro gámû
  amará:ro gâ:nge
  gánu marâ:ro
  gánu mará:ró kî?
  amará:ró gá:ngê

279. church / 教会
 1) i:ramîzo 5, amaramîzo 6 : general term for prayer house of any religion. <okurâmya "to /worship" (No.1020)
  i:ramízo límû
  i:ramízo lyâ:nge
  línu iramîzo
  línu iramízó kî?
  i:ramízo lyá:ngê
 2) ekelezíyâ 9,10 : Catholic church <Eng. ecclesia
  ekelezíyá é:mû
  ekelezíyá yâ:nge
  é:nu kelezíyâ
  é:nu kelezíyá kî?
  ekelezíyá yá:ngê
 3) ekanísâ 9,10 or amakanísâ 6 : Protestant, Adventist or Pentecost church <Sw. kanisa
  ekanísá é:mû
  ekanísá yâ:nge
  é:nu kanísâ

　　　　　é:nu kanísá kî?
　　　　　ekanísá yá:ngê
280. mosque / モスク
　　　　　omuzigîti 3, emizigîti 4 <Sw. msikiti
　　　　　omuzigíti gúmû
　　　　　omuzigíti gwâ:nge
　　　　　gúnu muzigîti
　　　　　gúnu muzigítí kî?
　　　　　omuzigíti gwá:ngê
281. altar; shrine / 霊廟
　　　　　i:ta.mbîro 5, amata.mbîro 6
　　　　　i:ta.mbíro límû
　　　　　i:ta.mbíro lyâ:nge
　　　　　línu ita.mbîro
　　　　　línu ita.mbíró kî?
　　　　　línu ita.mbíro lyá:ngê
282. hospital / 病院
　　　　　i:rwâ:rro 5, amarwâ:rro 6 <appl. of okurwâ:ra "to be sick" (No.680)
　　　　　i:rwá:rro límû
　　　　　i:rwá:rro lyâ:nge
　　　　　línu irwâ:rro
　　　　　línu irwá:rró: kî?
　　　　　i:rwá:rro lyá:ngê
　☆ okurúga omwi.rwâ:rro : to come out of the hospital / 退院する
283. school / 学校
　　　　　i:somêro 5, amasomêro 6 /i:sómêro 5, amasómêro 6 <appl. of okusôma "to read" (No.1055)
　　　　　i:soméro límû
　　　　　i:soméro lyâ:nge
　　　　　línu isomêro
　　　　　línu isoméró kî?
　　　　　i:soméro lyá:ngê
　　or　esomêro 9,10 /esómêro 9,10
　☆ okugé:nda mwi.somêro : to go to school
　a. class / クラス
　　　　　ekitêbe 7, ebitêbe 8 : class of school, grade, social rank
　　　　　ekitébe kímû
　　　　　ekitébe kyâ:nge
　　　　　kínu kitêbe
　　　　　kínu kitébé kî?
　　　　　ekitébe kyá:ngê
284. market; fair / 市場
　1) akatâle 12, obutâle 14 /akátâle 12, obútâle 14
　　　　　akatále kámû
　　　　　akatále kâ:nge
　　　　　kánu katâle
　　　　　kánu katálé kî?

            akatále ká:ngê
    2) ekikomérâ 7, ebikomérâ 8 : cow market, held monthly
            ekikomérá kímû
            ekikomérá kyâ:nge
            kínu kikomérâ
            kínu kikomérá kî?
            ekikomérá kyá:ngê
  a. trade fair; exhibition / 見本市
            omwo.lêko 3, emyo.lêko 4
            omwo.léko gúmû
            omwo.léko gwâ:nge
            gúnu mwo.lêko
            gúnu mwo.lékó kî?
            omwo.léko gwá:ngê
285. shop; store / 店、商店
            edú:kâ 9,10, amadú:kâ 6 <Sw. duka
            edú:ká é:mû
            edú:ká yâ:nge
            é:nu dú:kâ
            é:nu dú:ká kî?
            edú:ká yá:ngê
  a. warehouse; storehouse / 倉庫
            erya.hû:rro 5, ama:hû:rro 6 <okwa.hûra "to keep" (No.901)
            eryahú:rro límû
            eryahú:rro lyâ:nge
            línu lya.hû:rro
            línu lya.hú:rró kî?
            eryahú:rro lyá:ngê
286. path; way / 道
            omuhâ:nda 3, emihâ:nda 4 : general term for paths, roads, streets, etc.
            omuhá:nda gúmû
            omuhá:nda gwâ:nge
            gúnu muhâ:nda
            gúnu muhá:ndá kî?
            omuhá:nda gwá:ngê
  a. road / 道路
            orugû:do 11 or engû:do 9, engû:do 10
            orugú:do rúmû
            orugú:do rwâ:nge
            rúnu rugû:do
            rúnu rugú:dó kî?
            orugú:do rwá:ngê
  b. shortcut / 近道
            amakútû 6
            amakútú gámû
            amakútú gâ:nge

        gánu makútû
        gánu makútú kî?
        amakútú gá:ngê

287. crossroads / 交差点
    1) ama.nsa.ngâ:ni 6 <okusâ:nga "to find sb at a place" (No.912)
        ama.nsa.ngá:ni gámû
        ama.nsa.ngá:ni gâ:nge
        gánu ma.nsa.ngâ:ni
        gánu ma.nsa.ngá:ní kî?
        ama.nsa.ngá:ni gá:ngê
    2) amasa.nga:nîro 6 : the same as the preceding.
        amasa.nga:níro gámû
        amasa.nga:níro gâ:nge
        gánu masa.nga:nîro
        gánu masa.nga:níró kî?
        amasa.nga:níro gá:ngê
    3) amata.ngata.ngâno 6 : the same as the preceding.
        amata.ngata.ngáno gámû
        amata.ngata.ngáno gâ:nge
        gánu mata.ngata.ngâno
        gánu mata.ngata.ngánó kî?
        amata.ngata.ngáno gá:ngê

288. slope / 坂
    1) akasirimûko 12, obusirimûko 14 : downhill slope / 下り坂
        akasirimúko kámû
        akasirimúko kâ:nge
        kánu kasirimûko
        kánu kasirimúkó kî?
        akasirimúko ká:ngê
    2) akako.nkomôko 12, obuko.nkomôko 14 /akako.nkómôko 12, obuko.nkómôko 14 : syn. of. /the preceding
        akako.nkomóko kámû
        akako.nkomóko kâ:nge
        kánu kako.nkomôko
        kánu kako.nkomókó kî?
        akako.nkomóko ká:ngê
    3) akasôzi 12, obusôzi 14 : uphill slope, hill <dim. of orusôzi 11/10 "mountain" (No.315).

289. village / 村
    1) ekyâ:ro 7, ebyâ:ro 8
        ekyá:ro kímû
        ekyá:ro kyâ:nge
        kínu kyâ:ro
        kínu kyá:ró kî?
        ekyá:ro kyá:ngê
    cf. omunyóro w'e.kyâ:ro 1, abanyóro b'e:kyâ:ro 2 : chairperson of village
    2) omugô:ngo 3, emigô:ngo 4 : syn. of the preceding.
        omugó:ngo gúmû

omugó:ngo gwâ:nge
gúnu mugô:ngo
gúnu mugó:ngó kî?
omugó:ngo gwá:ngê

cf. omunyóro w'o.mugô:ngo 1, abanyóro b'e:migô:ngo 2 : chairperson of village; the same as omunyóro w'e.kyâ:ro 1/2.

a. grouped houses / 集落
ekígô 7, ebígô 8
ekígó kímû
ekígó kyâ:nge
kínu kígô
kínu kígó kî?
ekígó kyá:ngê

290. town / 町
1) orubûga 11, embûga 10
orubúga rúmû
orubúga rwâ:nge
rúnu rubûga
rúnu rubúgá kî?
orubúga rwá:ngê

2) etáuni 9,10, amatáuni 6 <Eng.
etáúni é:mû
etáúni yâ:nge
é:nu táuni
é:nu táúní kî?
etáúni yá:ngê

291. country / 国
1) é:nsî 9,10 : country from a natural and environmental point of view
é:nsí é:mû
ensí yâ:nge
é:nu ńsî
é:nu ńsí kî?
é:nsí yá:ngê

2) i:há:ngâ 5, amahá:ngâ 6 : country from a cultural and political point of view
i:há:ngá límû
i:há:ngá lyâ:nge
línu ihá:ngâ
línu ihá:ngá kî?
i:há:ngá lyá:ngê

cf. omunyamahá:ngâ 1, abanyamahá:ngâ 2 : person from a different country or tribe, foreign/national
omunyamahá:ngá ó:mû
omunyamahá:ngá wâ:nge
ó:nu munyamahá:nga
ó:nu munyamahá:ngá kî?
omunyamahá:ngá wá:ngê

a. Uganda / ウガンダ

                yugá:ndâ 9, ----
                yugá:ndá é:mû
                yugá:ndá yâ:nge
                é:nu yugá:ndâ
                é:nu yugá:ndá kî?
                yugá:ndá yá:ngê
    b. DRC Congo / コンゴ
                záírê 9, ----
                záíré é:mû
                záíré yâ:nge
                é:nu záírê
                é:nu záíré kî?
                záíré yá:ngê
292. Europe / ヨーロッパ
    1) bulâ:ya 9
        bulá:ya é:mû
        bulá:ya yâ:nge
        é:nu bulâ:ya
        é:nu bulá:yá kî?
        bulá:ya yá:ngê
    2) omubajú:ngû 18 : syn. of the preceding.
        <omu 18 "in" followed by bajú:ngû 2 "Europeans".
      ☆ Age.nzere omubajú:ngû. : He has gone to Europe.
293. district / 州
                nyamasâza 9,10
                nyamasáza é:mû
                nyamasáza yâ:nge
                é:nu nyamasâza
                é:nu nyamasázá kî?
                nyamasáza yá:ngê
        cf. owa nyamasâza 1, aba nyamasâza 2 : district chairperson
    a. county / 郡
                i:sâza 5, amasâza 6
                i:sáza límû
                i:sáza lyâ:nge
                línu isaza
                línu isázá kî?
                i:sáza lyá:ngê
        cf. ow'i.sâza 1, ab'a:masâza 2 : county chairperson
    b. subcounty / 字（あざ）
                ego.mbô:rra 9,10, amago.mbô:rra 6
                ego.mbó:rra é:mû
                ego.mbó:rra yâ:nge
                é:nu go.mbô:rra
                é:nu go.mbó:rrá: kî?
                ego.mbó:rrá yá:ngê

cf. ow'e.go.mbô:rra 1, ab'a:mago.mbô:rra 2 : subcounty chairperson

c. parish / 教区

    omurûka 3, emirûka 4 /omúrûka 3, emírûka 4

    omurúka gúmû

    omurúka gwâ:nge

    gúnu murûka

    gúnu murúká kî?

    omurúka gwá:ngê

    N.B. The parish here is an administrative unit, and not religious in the Catholic sense.

cf. ow'o.murûka 1, ab'e:mirûka 2 : parish chairperson

cf. omukú:ngû 1, abakú:ngû 2 : parish chairperson; syn. of the preceding, but used in the /colonial times

    omukú:ngú ó:mû

    omukú:ngú wâ:nge

    ó:nu mukú:ngû

    ó:nu mukú:ngú kî?

    omukú:ngú wá:ngê

d. provincial commissioner during the Uganda Protectorate

    pí:sî 1*a*,2*a*, ba:pí:sî 2*a*, aba:pí:sî 2 <PC

    pí:sí ó:mû

    pí:sí wâ:nge

    ó:nu pí:sî

    ó:nu pí:sí kî?

    pí:sí wá:ngê

e. district commissioner during the Uganda Protectorate

    dí:sî 1*a*,2*a*, ba:dí:sî 2*a*, aba:dí:sî 2 <DC

    dí:sí ó:mû

    dí:sí wâ:nge

    ó:nu dí:sî

    ó:nu dí:sí kî?

    dí:sí wá:ngê

294. some districts in western and central Uganda

1) kabarólê 9 : Kabarole; [lit.] let them see

    kabarólé yá:ngê

    é:nu kabarólê

    é:nu kabarólé kî?

2) kye.njôjo 9 : Kyenjojo

    kye.njôjo yá:ngê

    é:nu kye.njôjo

    é:nu kye.njójó kî?

3) kamwê:nge 9 : Kamwenge

    kamwé:nge yâ:nge

    é:nu kamwê:nge

    é:nu kamwé:ngé kî?

4) bu.ndibûgyo 9 : Bundibugyo

    bu.ndibúgyo yâ:nge

    é:nu bu.ndibûgyo

é:nu bu.ndibúgyó: kî?

5) kasé:sê 9 : Kasese
kasé:sé yânge
é:nu kasé:sê
é:nu kasé:sé kî?

6) mbarâra 9 : Mbarara
mbarára yâ:nge
é:nu mbarâra
é:nu mbarárá kî?

7) kabâ:le 9 : Kabale
kabá:le yâ:nge
é:nu kabâ:le
é:nu kabá:lé kî?

8) ntu.ngâmo 9 : Ntungamo
ntu.ngámo yâ:nge
é:nu ntu.ngâmo
é:nu ntu.ngámó kî?

9) ishákâ 9 : Ishaka
isháká yâ:nge
é:nu ishákâ
é:nu isháká kî?

10) bushê:nyi 9 : Bunshenyi
bushé:nyi yâ:nge
é:nu bushê:nyi
é:nu bushé:nyí kî?

11) ruku.ngîri 9 : Rukungiri
ruku.ngíri yâ:nge
é:nu ruku.ngîri
é:nu ruku.ngírí kî?

12) kisôro 9 : Kisoro
kisóro yâ:nge
é:nu kisôro
é:nu kisóró kî?

13) masî:ndi 9 : Masindi
masí:ndi yâ:nge
é:nu masî:ndi
é:nu masí:ndí kî?

14) hóima 9 : Hoima
hóima yâ:nge
é:nu hóima
é:nu hóímá kî?

15) mubê:nde 9 : Mubende
mubé:nde yâ:nge
é:nu mubê:nde
é:nu mubé:ndé kî?

16) kibâ:le 9 : Kibale

  kibá:le yânge
  é:nu kibâ:le
  é:nu kibá:lé kî?

17) kibôga 9 : Kiboga
  kibóga yâ:nge
  é:nu kibôga
  é:nu kibógá kî?

18) masákâ 9 : Masaka
  masáká yâ:nge
  é:nu masákâ
  é:nu masáká kî?

19) rakâ:i 9 : Rakai
  raká:i yâ:nge
  é:nu rakâ:i
  é:nu raká:i kî?

20) mpîgi 9 : Mpigi
  mpígi yâ:nge
  é:nu mpîgi
  é:nu mpígí kî?

21) igâ:nga 9 : Iganga
  igá:nga yâ:nge
  é:nu igâ:nga
  é:nu igá:ngá kî?

22) mukónô 9 : Mukono
  mukónó yâ:nge
  é:nu mukónô
  é:nu mukónó kî?

21) bulî:sa : Buliisa
  bulí:sa yâ:nge
  é:nu bulî:sa
  é:nu bulí:sá kî?

21) gúlû : Gulu
  gulú yâ:nge
  é:nu gúlû
  é:nu gúlú kî?

21) amurîa : Amuria
  amuría yâ:nge
  é:nu amurîa
  é:nu amuríá kî?

21) oyâm : Oyam
  oyám yâ:nge
  é:nu oyâm
  é:nu oyám kî?

21) nébbî : Nebbi
  nébbí yâ:nge
  é:nu nébbî

    é:nu nébbí kî?
21) arúâ : Arua
    arúá yâ:nge
    é:nu arúâ
    é:nu arúá kî?
21) ajumâni : Adjumani
    ajumáni yâ:nge
    é:nu ajumâni
    é:nu ajumání kî?
21) môyo : Moyo
    móyo yâ:nge
    é:nu môyo
    é:nu móyó kî?
21) yú:mbê : Yumbe
    yú:mbé yâ:nge
    é:nu yú:mbê
    é:nu yú:mbé kî?
21) kobókô : Koboko
    kobókó yâ:nge
    é:nu kobókô
    é:nu kobókó kî?

295. the counties in the Hoima district
    There are two counties and one municipal council in the Hoima district.
    1) buhagûzi 9
       buhagúzi yâ:nge
       é:nu buhagûzi
       é:nu buhagúzí kî?
    2) bugâhya 9
       bugáhya yâ:nge
       é:nu bugâhya
       é:nu bugáhyá: kî?
    3) hóima municipal council
a. the five subcounties in the Buhaguzi county :
    1) buhí:mbâ 9
       buhí:mbá yâ:nge
       é:nu buhí:mbâ
       é:nu buhí:mbá kî?
    2) bugâ:mbe 9
       bugá:mbe yâ:nge
       é:nu bugâ:mbe
       é:nu bugá:mbé kî?
    3) kizira.nfú:mbî 9
       kizira.nfú:mbí yâ:nge
       é:nu kizira.nfú:mbî
       é:nu kizira.nfú:mbí kî?
    4) kabwó:yâ 9

                kabwó:yá yâ:nge
                é:nu kabwó:yâ
                é:nu kabwó:yá kî?
        5) kya.ngwá:lî 9
                kya.ngwa:lí yâ:nge
                é:nu kya.ngwá:lî
                é:nu kya.ngwá:lí kî?
    b. the five subcounties and one town in the Bugahya county :
        1) buhanîka 9 /buhánîka 9
                buhaníka yâ:nge
                é:nu buhanîka
                é:nu buhaníká kî?
        2) kya.biga.mbîre 9
                kya.biga.mbíre yâ:nge
                é:nu kya.biga.mbîre
                é:nu kya.biga.mbíré kî?
        3) kitôba 9
                kitóba yâ:nge
                é:nu kitôba
                é:nu kitóbá kî?
        4) buserúkâ 9
                buserúká yâ:nge
                é:nu buserúkâ
                é:nu buserúká kî?
        5) kigorô:bya 9
                kigoró:bya yâ:nge
                é:nu kigorô:bya
                é:nu kigoró:byá: kî?
        6) kigorô:bya town 9
296. world / 世界
                é:nsî 9,10 : world, the earth. See No.247.
        ☆ é:nsí yô:na : the whole world
297. farm; garden / 畑
        1) omusîri 3, emisîri 4 : planted field (of any crop)
                omusíri gúmû
                omusíri gwâ:nge
                gúnu musîri
                gúnu musírí kî?
                omusíri gwá:ngê
        ☆ omusíri gwa. muhógô 3, emisíri ya muhógô 4 : cassava field
        ☆ omusíri gw'o.búrô 3, emisíri y'o.búrô 4 : millet field
        ☆ omusíri gw'e.bitô:ke 3, emisíri y'e.bitô:ke 4 : banana plantaion of small banana trees. When banana trees grow to produce fruits, the filed is called by the following name.
        2) orugô:njo 11, engô:njo 10 : banana plantation of big banana trees
                orugó:njo rúmû
                orugó:njo rwâ:nge

   rúnu rugô:njo
   rúnu rugó:njó kî?
   orugó:njo rwá:ngê
  3) ensá:mbû 9,10 : field after harvesting, will be used for a next planting
   ensá:mbú é:mû
   ensá:mbú yâ:nge
   é:nu nsá:mbû
   é:nu nsá:mbú kî?
   ensá:mbú yá:ngê
 or ekisá:mbû 7, ebisá:mbû 8
  4) ekitême 7, ebitême 8 : cleared field <okutêma "to cut with a machete" (No.807). See No.743
  5) amasî:nde 6 : field ready to plant
   amasí:nde gámû
   amasí:nde gâ:nge
   gánu masî:nde
   gánu masí:ndé kî?
   amasí:nde gá:ngê
  6) obulímê 14 : syn. of the preceding.
   obulímé búmû
   obulímé bwâ:nge
   búnu bulímê
   búnu bulímé kî?
   obulímé bwá:ngê
  7) ekibbámû 7, ebibbámû 8 : old potato garden where all potatoes have been harvested
   ekibbámú kímû
   ekibbámú kyâ:nge
   kínu kibbámû
   kínu kibbámú kî?
   ekibbámú kyá:ngê
  8) ekibbû:ku 7, ebibbû:ku 8 : field left unutilized
   ekibbú:ku kímû
   ekibbú:ku kyâ:nge
   kínu kibbû:ku
   kínu kibbú:kú kî?
   ekibbú:ku kyá:ngê
 a. plantation / プランテーション
   esâ:mba 9,10, amasâ:mba
   esá:mba é:mû
   esá:mba yâ:nge
   é:nu sâ:mba
   é:nu sá:mbá kî?
   esá:mba yá:ngê
  cf. ekibú:ndwâ 7, ebibú:ndwâ 8 : a Tooro word for plantation
298. manure; fertilizer / 肥料、堆肥
   orwê:zo 11, ---- : also means "fertility".
   orwé:zo rúmû

orwé:zo rwâ:nge
rúnu rwê:zo
rúnu rwé:zó: kî?
orwé:zo rwá:ngê

a. to become impoverished; to lose fertility / 土地が痩せる
   1) i:táka kuhwá:mú orwê:zo
   2) i:táka kuhwî:bwǎ:mú orwê:zo : syn. of the preceding.

299. ridge / 畝
i:tú:tî 5, amatú:tî 6
i:tú:tí rímû
i:tú:tí ryâ:nge
línu itú:tî
línu itú:tí kî?
i:tú:tí ryá:ngê

a. erosion / 侵食
omugêzi 3, emigêzi 4
omugézi gúmû
omugézi gwâ:nge
gúnu mugêzi
gúnu mugézí kî?
omugézi gwá:ngê

b. embankment to prevent erosion / 畑の侵食を防ぐ土手
ekimê:ni 7, ebimê:ni 8
ekimé:ni kímû
ekimé:ni kyâ:nge
kínu kimê:ni
kínu kimé:ní kî?
ekimé:ni kyá:ngê

300. border; boundary / 境、境界
   1) ensâro 9,10
   ensáro é:mû
   ensáro yâ:nge
   é:nu nsâro
   é:nu nsáró kî?
   ensáro yá:ngê

   ☆ ha.nsáro y'o.musîri : at the border of the garden
   2) omutâ:no 3, emitâ:no 4 : syn. of ensâro 9/10
   omutá:no gúmû
   omutá:no gwâ:nge
   gúnu mutâ:no
   gúnu mutá:nó kî?
   omutá:nó gwá:ngê

   cf. omuramûra 3, emiramûra 4 /omurámûra 3, emirámûra 4 : pole or tree planted to indicate a
   omuramúra gúmû   /boundary <okuramûra "to mediate" (No.1037)
   omuramúra gwâ:nge
   gúnu muramûra

    gúnu murámúrá kî?
    omuramúra gwá:ngê
301. unutilized land; bush / 薮、荒地
  1) ekisákâ 7, ebisákâ 8
    ekisáká kímû
    ekisáká kyâ:nge
    kínu kisákâ
    kínu kisáká kî?
    ekisáká kyá:ngê
  2) í:swâ 5, ---- : syn. of the preceding.
    í:swá lyâ:nge
    línu í:swâ
    línu í:swá: kî?
    í:swá lyá:ngê
    N.B. This word is used euphemically to mean "feces".
 ☆ Age.nzere omwí:swâ. : He went to defecate; [lit.] He went into the bush.
  3) amako.ngórâ 6 : thorn bush
    amako.ngórá gámû
    amako.ngórá gâ:nge
    gánu mako.ngórâ
    gánu mako.ngórá kî?
    amako.ngórá gá:ngê
  4) amagô:njo 6 : plot of land left unutilized / 現在使用されていない土地
    amagó:njo gámû
    amagó:njo gâ:nge
    gánu magô:njo
    gánu magó:njó kî?
    amagó:njo gá:ngê
 a. thicket / 薮、茂み
  1) ekisákâ 7, ebisákâ 8. See No.251.
  2) akatô:ngo 12, obutô:ngo 14
    akató:ngo kámû
    akató:ngo kâ:nge
    kánu katô:ngo
    kánu kató:ngó kî?
    akató:ngo ká:ngê
 b. wilderness; uninhabited land / 人里離れた土地（野生動物が棲む）
    i:rû:ngu 5, amarû:ngu 6
    i:rú:ngu límû
    i:rú:ngu lyâ:nge
    línu irû:ngu
    línu irú:ngú kî?
    i:rú:ngú lyá:ngê
302. wood; forest / 森、林
    ekibîra 7, ebibîra 8
    ekibíra kímû

          ekibíra kyâ:nge
          kínu kibîra
          kínu kibírá kî?
          ekibírá kyá:ngê

303. grassland / 草原
          ekyê:ya 7, ebyê:ya 8
          ekyé:ya kímû
          ekyé:ya kyâ:nge
          kínu kyê:ya
          kínu kyé:yá kî?
          ekyé:yá kyá:ngê

304. river / 川
    1) ekisá:rû 7, ebisá:rû 8
          ekisá:rú kímû
          ekisá:rú kyâ:nge
          kínu kisá:rû
          kínu kisá:rú kî?
          ekisá:rú kyá:ngê
    2) omugêra 3, emigêra 4 : syn. of the preceding.
          omugéra gúmû
          omugéra gwâ:nge
          gúnu mugêra
          gúnu mugérá kî?
          omugéra gwá:nge?

  a. tributary / 枝分かれ川, 支流
          akasá:rû 12, obusá:rû 14 <dim. of the preceding.
  b. bank of a river / 川岸
          harubáju rw'e.kisá:rû 16

305. ditch, trench / 溝
          omukûra 3, emikûra 4
          omukúra gúmû
          omukúra gwâ:nge
          gúnu mukûra
          gúnu mukúrá kî?
          omukúrá gwá:ngê
      cf. ekikûra 7, ebikûra 8 <aug. of omukûra 3/4 : big trench

306. waterfall / 滝
    1) ekihî:rro 7, ebihî:rro 8
          ekihí:rro kímû
          ekihí:rro kyâ:nge
          kínu kihî:rro
          kínu kihí:rró: kî?
          ekihí:rró kyá:ngê
    2) eki:surû:mba 7, ebi:surû:mba 8 : syn. of the preceding.
          eki:surú:mba kímû
          eki:surú:mba kyâ:nge

    kínu ki:surû:mba
    kínu ki:surú:mbá kî?
    eki:surú:mba kyá:ngê
307. upper stream / 上流
    erugúru y'e.kisá:rû 9
 a. lower stream / 下流
    í:fó y'e.kisá:rû 9
 b. upstream (origin) of a river / 源流
    i:bâ:mba 5, amabâ:mba 6
    i:bá:mba límû
    i:bá:mba lyâ:nge
    línu ibâ:mba
    línu ibá:mbá kî?
    i:bá:mbá lyá:ngê
308. flood / 洪水
    eki:gá:nâ 7, ebi:gá:nâ 8
    eki:gá:ná kímû
    eki:gá:ná kyâ:nge
    kínu ki:gá:na
    kínu ki:gá:ná kî?
    eki:gá:ná kyá:ngê
 a. overflow / 溢れ出ること
    amagâro 6
    amagáro gámû
    amagáro gâ:nge
    gánu magâro
    gánu magáró kî?
    amagáro gá:ngê
309. bridge / 橋
    orutî:ndo 11, entî:ndo 10 <okutî:nda. See below.
    orutí:ndo rúmû
    orutí:ndo rwâ:nge
    rúnu rutî:ndo
    rúnu rutí:ndó kî?
    orutí:ndo rwá:ngê
 a. to make a bridge over a river or in a swamp / 橋を通す
    okutî:nda
   ☆ okutí:nda ekisá:ru : to make a bridge over a river
310. lake / 湖
  1) enyá:njâ 9,10
    enyá:njá é:mû
    enyá:njá yâ:nge
    é:nu nyá:njâ
    é:nu nyá:njá kî?
    enyá:njá yá:ngê
  2) eki:jó:ngô 7, ebi:jó:ngô 8 : crater lake

170

                eki:jó:ngó kímû
                eki:jó:ngó kyâ:nge
                kínu ki:jó:ngô
                kínu ki:jó:ngó kî?
                eki:jó:ngó kyá:ngê
      a. beach of a lake / 浜辺
                omwâ:ro 3, emyâ:ro 4
                omwá:ro gúmû
                omwá:ro gwâ:nge
                gúnu mwâ:ro
                gúnu mwá:ró kî?
                omwá:ro gwá:ngê
311. pond / 池
                ekidîba 7, ebidîba 8
                ekidíba kímû
                ekidíba kyâ:nge
                kínu kidîba
                kínu kidíbá kî?
                ekidíba kyá:ngê
      a. marsh; swamp / 沼、湿地
         1) ekisá:rû 7, ebisá:rû 8 : permanently watery place. See No.304.
         2) eki:gá:nâ 7, ebi:gá:nâ 8 : temporally waterly place. See No.308.
      b. pool of rainwater; puddle / 雨の水たまり
                eki:gá:nâ 7, ebi:gá:nâ 8
                eki:gá:ná kímû
                eki:gá:ná kyâ:nge
                kínu ki:gá:nâ
                kínu ki:gá:ná kî?
                eki:gá:ná kyá:ngê
312. source of water; spring / 水の沸き出し口、泉
                ensôro 9,10
                ensóro é:mû
                ensóro yâ:nge
                é:nu nsôro
                é:nu nsóró kî?
                ensóro yá:ngê
      a. hot spring / 温泉
                ekitagátâ 7, ebitagátâ 8 <okutagâta "to be warm" (No.1218)
                ekitagátá kímû
                ekitagátá kyâ:nge
                kínu kitagátâ
                kínu kitagátá kî?
                ekitagátá kyá:ngê
313. well / 井戸
                i:zíbâ 5, amazíbâ 6
                i:zíbá límû

        i:zíbá lyâ:nge
        línu izíbâ
        línu izíbá kî?
        i:zíbá lyá:ngê

314. wave / 波
        ekigô:nzi 7, ebigô:nzi 8
        ekigó:nzi kímû
        ekigó:nzi kyâ:nge
        kínu kigô:nzi
        kínu kigó:nzí kî?
        ekigó:nzi kyá:ngê

315. mountain / 山
        orusôzi 11, ensôzi 10
        orusózi rúmû
        orusózi rwâ:nge
        rúnu rusôzi
        rúnu rusózí kî?
        orusózi rwá:ngê

  a. hill / 丘
        akasôzi 12, obusôzi 14 <dim. of orusôzi 11/10 "mountain". See above.

  b. top of a mountain / 頂上
        akatwê:twe 12, obutwê:twe 14. Cf. omútwê 3/4 "head" (No.1).
        akatwé:twe kámû
        akatwé:twe kâ:nge
        kánu katwê:twe
        kánu katwé:twé: kî?
        akatwé:twe ká:ngê

316. earthquake / 地震
  1) omusîsa 3, emisîsa 4
        omusísa gúmû
        omusísa gwâ:nge
        gúnu musîsa
        gúnu musísá kî?
        omusísa gwá:ngê

  2) omusíkî 3, emisíkî 4 : syn. of the preceding.
        omusíkí guímu
        omusíkí gwâ:nge
        gúnu musíkî
        gúnu musíkí kî?
        omusíkí gwá:ngê

317. valley / 谷
  1) ekihâ:nga 7, ebihâ:nga 8
        ekihá:nga kímû
        ekihá:nga kyâ:nge
        kínu kihâ:nga
        kínu kihá:ngá kî?

        ekihá:nga kyá:ngê
   2) eki:no.ngórô 7, ebi:no.ngórô 8 : deep valley
        eki:no.ngóró kímû
        eki:no.ngóró kyâ:nge
        kínu ki:no.ngórô
        kínu ki:no.ngóró kî?
        eki:no.ngóró kyá:ngê
 a. precipice; cliff / 絶壁、断崖
        ekisôzi 7, ebisôzi 8 <aug. of orusôzi 11/10 "mountain" (No.315)

318. plains / 平野
        orwê:rre 11, ----
        orwé:rre rúmû
        orwé:rre rwâ:nge
        rúnu rwê:rre
        rúnu rwé:rré: kî?
        orwé:rre rwá:ngê
 a. place which is burnt / 野焼けの後
        oruhí:râ 11, empí:râ 10 <okúhyâ "to burn (intr.)" (No.764)
        oruhí:rá rúmû
        oruhí:rá rwâ:nge
        rúnu ruhí:râ
        rúnu ruhí:rá kî?
        oruhí:rá rwá:ngê

319. water / 水
        amáizi 6
        amáizi gámû
        amáizi gâ:nge
        gánu máizi
        gánu máízí kî?
        amáizi gá:ngê
  cf. diminutive : otwî:zi 14 : small quantity of water
  cf. derogative : orwî:zi 11 : dirty water
  ☆ amáizi gá:kwô:kya : hot water
  ☆ amáizi gá:kutagâta : warm water
  ☆ amáizi gá:kufûka : cold water
 a. steam; vapour / 湯気、蒸気
        orwó:yâ 11, ----
        orwó:yá rúmû
        orwó:yá rwâ:nge
        rúnu rwó:yâ
        rúnu rwó:yá kî?
        orwó:yá rwá:ngê

320. dew / 露
        orûme 11, ----
        orúme rúmû
        orúme rwâ:nge

        rúnu rûme
        rúnu rúmé kî?
        orúmé rwá:ngê

321. foam; bubble / 泡
        i:fûro 5, ----
        i:fúro límû
        i:fúro lyâ:nge
        línu ifûro
        línu ifúró kî?
        i:fúró lyá:ngê

  a. to foam; to bubble; to froth / 泡を出す
    1) okufû:ka : to lather (of soap, boiling milk, etc.)
    2) okubî:mba : to froth (of beer in fermentation or when pouring)

322. island / 島
        ekizí:ngâ 7, ebizí:ngâ 8
        ekizí:ngá kímû
        ekizí:ngá kyâ:nge
        kínu kizí:ngâ
        kínu kizí:ngá kî?
        ekizí:ngá kyá:ngê

323. stone / 石
    1) i:bâ:le 5, amabâ:le 6 : general term for stone
        i:bá:le rímû
        i:bá:le ryâ:nge
        línu ibâ:le
        línu ibá:lé kî?
        i:bá:le ryá:ngê
  ☆ haibâ:le 16 : stony place
    2) i:se.ngêre 5, amase.ngêre 6 : spalled stones for construction
        i:se.ngére rímû
        i:se.ngére ryâ:nge
        línu ise.ngêre
        línu ise.ngéré kî?
        i:se.ngére ryá:ngê
    3) ekikê:nkya 7, ebikê:nkya 8 : pumice stone
        ekiké:nkya kímû
        ekiké:nkya kyâ:nge
        kínu kikê:nkya
        kínu kiké:nkyá: kî?
        ekiké:nkya kyá:ngê

  a. rock / 岩
    1) i:bá:le likô:to 5, amabá:le makô:to 6 : rock which is seen on a cliff, etc.; [lit.] big stone
    2) omwa.ndá:râ 3, emya.ndá:râ 4 : big, and usually flat, rock on the ground
        omwa.ndá:rá gúmû
        omwa.ndá:rá gwâ:nge
        gúnu mwa.ndá:râ

                gúnu mwa.ndá:rá kî?
                omwa.ndá:rá gwá:ngê
    b. cave / 洞穴、洞窟
                obwi.ngírâ 14, ----
                obwi.ngírá búmû
                obwi.ngírá bwâ:nge
                búmu bwi.ngírâ
                búmu bwi.ngírá kî?
                obwi.ngírá bwá:ngê

324. land / 土地
                i:tâka 5, amatâka 6 : land, earth, soil
                i:táka límû
                i:táka lyâ:nge
                línu itâka
                línu itáká kî?
                i:táka lyá:ngê
        ☆ i:táka lya. buli ó:mû 5 : common land
    a. ground / 地面
                é:nsî 9,10. See No.291.
    b. soil / 土、土壌
                i:tâka 5, amatâka 6 : earth, soil
                ekitâka 7, ebitâka 8 : hard soil
    c. clod of hard soil (of wall collapsed, etc.) / 固い土の塊
                ekibo.mbô:li 7, ebibo.mbô:li 8
                ekibo.mbó:li kímû
                ekibo.mbó:li kyâ:nge
                kínu kibo.mbô:li
                kínu kibo.mbó:li kî?
                ekibo.mbó:li kyá:ngê
    d. rising ground / 高台
                ekiku.ngulímâ 7, ebiku.ngulímâ
                ekiku.ngulímá kímû
                ekiku.ngulímá kyâ:nge
                kínu kiku.ngulímâ
                kínu kiku.ngulímá kî?
                ekiku.ngulímá kyá:ngê

325. clay / 粘土
                i:bû:mba 5, ---- <okubû:mba "to knead clay" (No.793)
                i:bú:mba límû
                i:bú:mba lyâ:nge
                línu ibû:mba
                línu ibú:mbá kî?
                i:bú:mba lyá:ngê
    a. clay pit / 粘土掘り出し口
                ekinô:mbe 7, ebinô:mbe 8
                ekinó:mbe kímû

   ekinó:mbe kyâ:nge
   kínu kinô:mbe
   kínu kinó:mbé kî?
   ekinó:mbe kyá:ngê
 b. red soil / 赤土
   empukûru 9,10 /empúkûru 9,10
   empukúru é:mû
   empukúru yâ:nge
   é:nu mpukûru
   é:nu mpukúrú kî?
   empukúru yá:ngê

326. mud / 泥
 1) ebisâ:bu 8 : clods of mud made by natural causes (by rain, etc.)
   ebisá:bu bímû
   ebisá:bu byâ:nge
   bínu bisâ:bu
   bínu bisá:bú kî?
   ebisá:bu byá:ngê
 cf. orusâ:bu 11, esâ:bu 10 : light mud resolved in water, muddiness
 2) obudô:ngo 14 : mud to make bricks or to daub walls
   obudó:ngo búmû
   obudó:ngo bwâ:nge
   búnu budô:ngo
   búnu budó:ngó kî?
   obudó:ngo bwá:ngê
 a. cement / セメント
   semî:nti 9,10 <Eng.
   semí:nti é:mû
   semí:nti yâ:nge
   é:nu semî:nti
   é:nu semí:ntí kî?
   semí:ntí yá:ngê
 b. trowel /（左官用）コテ
   omwî:ko 3, emî:ko 4. See No.213.

327. sand / 砂
   omusênyi 3, emisênyi 4
   omusényi gúmû
   omusényi gwâ:nge
   gúnu musênyi
   gúnu musényí kî?
   omusényi gwá:ngê
 a. to contain grains of sand inside /（食べ物に）石を含む
   okubbê:rra
  ☆ Ebyo.kúlya nibibbé:rra. : The food has grains of sand inside.

328. dust / 埃
 1) ecû:cu 9, ----

ecú:cu é:mû
ecú:cu yâ:nge
é:nu cû:cu
é:nu cú:cú kî?
ecú:cu yá:ngê

☆ Ecú:cu eku.nkumukirémû. : Dust has shaked off from inside.
☆ Ecú:cu erugirémû. : Dust has come out from inside.
☆ Ecú:cu ehoirémû. : Dust has finised inside.

2) akahóiga 12, obuhóiga 14 : small dust (which may come in the eyes)
akahóíga kámû
akahóíga kâ:nge
kánu kahóiga
kánu kahóígá kî?
akahóíga ká:ngê

3) ekihóiga 7, ebihóiga 8 : bit of rubbish, leaves, grass, etc.

329. iron / 鉄
ekyô:ma 7, ebyô:ma 8
ekyó:ma kímû
ekyó:ma kyâ:nge
kínu kyô:ma
kínu kyó:má kî?
ekyó:ma kyá:ngê

a. mineral of iron / 鉄鉱石
obutâle 14, ----
obutále búmû
obutále bwâ:nge
búnu butâle
búnu butálé kî?
obutále bwá:ngê

330. gold / 金
ezâ:bu 9, ---- <Sw. dhahabu
ezá:bu é:mû
ezá:bu yâ:nge
é:nu zâ:bu
é:nu zá:bú kî?
ezá:bú yá:ngê

a. silver / 銀
1) omulî:nga 3, emirî:nga 4
omulí:nga gúmû
omulí:nga gwâ:nge
gúnu mulî:nga
gúnu mulí:ngá kî?
omulí:nga gwá:ngê

2) efwé:zâ 9,10 : syn. of the preceding.
efwé:zá kímû
efwé:zá kyâ:nge

  é:nu fwé:zâ
  é:nu fwé:zá kî?
  efwé:zá yá:ngê

331. fire / 火
  omû:rro 3, emî:rro 4
  omú:rro gúmû
  omú:rro gwâ:nge
  gúnu mû:rro
  gúnu mú:rró: kî?
  omú:rro gwá:ngê

 a. flame / 炎
  orulími rw'o.mû:rro 11, endími z'o:mû:rro 10

 b. sparks / 火の粉
  i:sa:sâ:zi 5, amasa:sâ:zi 6
  i:sa:sá:zi rímû
  i:sa:sá:zi ryâ:nge
  línu isa:sâ:zi
  línu isa:sá:zí kî?
  i:sa:sá:zi ryá:ngê

332. smoke / 煙
  omwî:ka 3, emî:ka 4
  omwí:ka gúmû
  omwí:ka gwâ:nge
  gúnu mwî:ka
  gúnu mwí:ká kî?
  omwí:ká gwá:ngê

333. ash / 灰
  í:jû 5, ----
  í:jú límû
  í:jú lyâ:nge
  línu í:jû (*línu íjû)
  línu í:jú kî? (*línu íjú kî?)
  í:jú lyá:ngê

 a. soot / 煤
  1) omunyâli 3, ---- : soot in the house
   omunyáli gúmû
   omunyáli gwâ:nge
   gúnu munyâli
   gúnu munyáli kî?
   omunyáli gwá:ngê

  2) enzîro 10 : soot stuck to a pan. See No.57.

334. charcoal / 炭、木炭
  1) i:kâra 5, amakâra 6
   i:kára límû
   i:kára lyâ:nge
   línu ikâra

　　　　　línu ikárá kî?
　　　　　i:kárá lyá:ngê
　　2) eryâ:nda 5, amâ:nda 6 : syn. of the preceding.
　　　　　eryá:nda límû
　　　　　eryá:nda lyâ:nge
　　　　　línu lyâ:nda
　　　　　línu lyá:ndá kî?
　　　　　eryá:nda lyá:ngê
　　☆ eryá:nda ly'o.mû:rro 5, amá:nda g'o:mû:rro 6 : active charcoal

335. firewood / 薪
　　　　　orúkû 11, é:nkû 10
　　　　　orúkú rúmû
　　　　　orúkú rwâ:nge
　　　　　rúnu rúkû
　　　　　rúnu rúkú kî?
　　　　　orúkú rwá:ngê
　a. piece of wood cut for firewood / 薪用に切った丸太
　　　　　ekihí:njû 7, ebihí:njû 8 or empí:njû 9,10. See No.116.
　b. piece of wood split vertically for firewood / 薪として割った木
　　　　　ekyá:sî 7, ebyá:sî 8 <okwâ:sa "to chop wood". See No.812.
　c. to gather wood for fuel / 薪を取りに行く
　　　　　okusê:nya
　　☆ okusé:nya é:nkû
　d. to remove firewood from the fire place / 薪をかまどから取り出す
　　　　　okucumûra
　　　cf. ekicumúrwâ 7, ebicumúrwâ 8 : burning firewood taken out from the stove
　　　　　ekicumúrwá kímû
　　　　　ekicumúrwá kyâ:nge
　　　　　kínu kicumúrwâ
　　　　　kínu kicumúrwá: kî?
　　　　　ekicumúrwá kyá:ngê

336. rainy season / 雨季、梅雨
　　　　　obwí:re bw'e.njûra 14
　　　　　N.B. There are two periods in which rain falls substantially, namely from March to May and from August to November, with the heaviest rainfall in October.
　a. dry season / 乾季
　　　　　ekyá:ndâ 7, ebyá:ndâ 8 : from December to February
　　　　　ekyá:ndá kímû
　　　　　ekyá:ndá kyâ:nge
　　　　　kínu kyá:ndâ
　　　　　kínu kyá:ndá kî?
　　　　　ekyá:ndá kyá:ngê

337. weather / 天気、天候
　　　　　obwî:re 14, ----
　　　　　obwí:re búmû
　　　　　obwí:re bwâ:nge

          búnu bwî:re
          búnu bwí:ré kî?
          obwí:ré bwá:ngê
   a. cloudy day / 曇り日
          obwí:re bw'e.bîcu 14 : cloudy weather
   b. cold weather / 寒い天気
          1) obwí:re bw'e.mbêho 14
          2) ekihîhi 7, ebihîhi 8 : cold, dull weather
          ekihíhi kímû
          ekihíhi kyâ:nge
          kínu kihîhi
          kínu kihíhí kî?
          ekihíhi kyá:ngê
          ☆ obwí:re bw'e.kihîhi
   c. dull rainy day / うっとうしい雨降りの日
          ekibû:nda 7, ebibû:nda 8
          ekibú:nda kímû
          ekibú:nda kyâ:nge
          kínu kibû:nda
          kínu kibú:ndá kî?
          ekibú:nda kyá:ngê
   d. fine day / 晴れ
          obwí:re burú:ngî 14
338. air / 空気
     1) orwó:yâ 14, ---- : air, breath, steam. See No.319.
     2) amabêho 6 : fresh air <embêho 9 "cold wind". See th following number.
339. wind / 風
     1) omuyâga 3, emiyága 4 /omúyaga 3, emíyaga 4 : general term for wind
        omuyága gúmû
        omuyága gwâ:nge
        gúnu muyâga
        gúnu muyágá kî?
        omuyágá gwá:ngê

        cf. ekiyâga 7, ebiyága 8 <aug. : strong wind
     2) embêho 9, ---- : cold wind / 冷たい風. See No.1219.
     3) amahû:nge 6 : north-west wind (from the Lake Albert side) which brings rain
        amahú:nge gámû
        amahú:nge gâ:nge
        gánu mahû:nge
        gánu mahú:ngé kî?
        amahú:nge gá:ngê
   a. to blow [of wind] / 風が吹く
        okutê:ra
        ☆ Omuyága niguté:ra. : It is windy.
   b. swirl of wind / 風の渦巻
        akairirí:ngwâ 12, obwirirí:ngwâ 14

        akairiríngwá kámû
        akairiríngwá kâ:nge
        kánu kairirí:ngwâ
        kánu kairirí:ngwá: kî?
        akairiríngwá ká:ngê
　c. storm / 嵐
        enjâto 9,10
        enjáto é:mû
        enjáto yâ:nge
        é:nu njâto
        é:nu njátó kî?
        enjáto yá:ngê
　d. trembling (of branches of a tree, etc.) by wind / 風による木々のそよぎ
        akasa.nsáire 12, ----
        akasa.nsáire kámû
        akasa.nsáire kâ:nge
        kánu kasa.nsáire
        akasa.nsáíré kî?
        akasa.nsáire ká:ngê
340. clouds / 雲
        ekîcu 7, ebîcu 8
        ekícu kímû
        ekícu kyâ:nge
        kínu kîcu
        kínu kícú kî?
        ekícu kyá:ngê
　a. fog; mist / 霧
        ekíhô 7, ebíhô 8
        ekíhó kímû
        ekíhó kyâ:nge
        kínu kíhô
        kínu kíhó(:) kî?
        ekíhó kyá:ngê
341. rain / 雨
    1) enjûra 9,10 : general term for rain
        enjúra é:mû
        enjúra yâ:nge
        é:nu njûra
        é:nu njúrá kî?
        enjúra yá:ngê
    ☆ Enjúra n'é:gwa. : It is raining.
    2) (akahu:hirîzi 12,) obuhu:hirîzi 14 /(akahu:hírîzi 12,) obuhu:hírîzi 14, ---- : drizzle / 霧雨
        obuhu:hirízi búmû
        obuhu:hirízi bwâ:nge
        búnu buhu:hirîzî
        búnu buhu:hirízí kî?

obuhu:hirízi bwá:ngê
a. flow of water on the ground after rain / 雨水の流れ
omugêzi 3, emigêzi 4
omugézi gúmû
omugézi gwâ:nge
gúnu mugêzi
gúnu mugézí kî?
omugézi gwá:ngê

342. waterdrop / 滴
1) ento:nyézî 9,10 : waterdrop in general <okutô:nya "to fall in droplets". See below.
ento:nyézí é:mû
ento:nyézí yâ:nge
é:nu nto:nyézî
é:nu nto:nyézí kî?
ento:nyézí yá:ngê
cf. akato:nyézî 12, obuto:nyézî 14 <dim. of the preceding. : small waterdrop, means also "dot".
cf. okutô:nya : to drop [of water]
☆ Enjúra ekutô:nya. : Rain is falling in drops.
☆ Enjúra eto:nyere nyî:ngi. : Rain has fallen much.
2) akairîza 12, obwirîza 14 : raindrop from the roof
akairíza kámû
akairíza kâ:nge
kánu kairîza
kánu kairízá kî?
akairíza ká:ngê
a. to receive rain in a recipient / 雨水を容器に受ける
okulêgya /okúlêgya
cf. amalêgyo 6 /amálêgyo 6 : rain received in a recipient
amalégyo gámû
amalégyo gâ:nge
gánu malêgyo
gánu malégyó: kî?
amalégyo gá:ngê

343. hail / 霰
orubâ:le 11, ---- <derog. of i:bâ:le 5/6 "stone" (No.323)
a. snow / 雪
ekirîka 7, ebirîka 8 /ekírîka 7, ebírîka 8
ekiríka kímû
ekiríka kyâ:nge
kínu kirîka
kínu kiríká kî?
ekiríka kyá:ngê

344. sky / 空
i:gûru 5, ----
i:gúru límû
i:gúru lyâ:nge

                línu igûru

                línu igúrú kî?

                i:gúru lyá:ngê

    ☆ omwi.gûru : in the sky

  a. heaven / 天国

                i:gûru 5, ---- . See above.

345. thunder; thunderbolt / 雷、落雷

                enkûba 9,10

                enkúba é:mû

                enkúba yâ:nge

                é:nu nkûba

                é:nu nkúbá kî?

                enkúba yá:ngê

  a. lightning / 稲光

                omurâbyo 3, emirâbyo 4

                omurábyo gúmû

                omurábyo gwâ:nge

                gúnu murâbyo

                gúnu murábyó: kî?

                omurábyo gwá:ngê

346. rainbow / 虹

                omuha.ngaizîma 3, emiha.ngaizîma 4

                omuha.ngaizíma gúmû

                omuha.ngaizíma gwâ:nge

                gúnu muhan.gaizîma

                gúnu muhan.gaizímá kî?

                omuha.ngaizíma gwá:ngê

347. sun / 太陽

                i:zô:ba 5, amazô:ba 6

                i:zó:ba límû

                i:zó:ba lyâ:nge

                línu izô:ba

                línu izó:bá kî?

                i:zó:ba lyá:ngê

                N.B. The plural amazô:ba 6 means "days".

    ☆ ekizó:ba kya. nyé:nkyâ 7 : the morning sun, which looks big

    ☆ ekizó:ba kya. rwe.bâgyo 7 : the eveing sun, which looks big

  a. sunshine / 太陽光線

    1) omusánâ 3, emisánâ 4 : sunshine during the daytime

                omusáná gúmû

                omusáná gwâ:nge

                gúnu musánâ

                gúnu musáná kî?

                omusáná gwá:ngê

    2) akasánâ 12, ---- <dim. of omusánâ 3/4 : weak sunshine, referring especially to sunshine in the morning or evening

3) enso:nô:ki 9,(10) : weak sunshine in the morning
   enso:nó:ki é:mû
   enso:nó:ki yâ:nge
   é:nu nso:nô:ki
   é:nu nso:nó:kí kî?
   enso:nó:kí yá:ngê
4) akanyâ:ngo 12, obunyâ:ngo 14 : syn. of the preceding.
   akanyá:ngo kámû
   akanyá:ngo kâ:nge
   kánu kanyâ:ngo
   kánu kanyá:ngó kî?
   akanyá:ngo ká:ngê
5) amarâ:nga 6 : beam of sunshine
   amará:nga gámû
   amará:nga gâ:nge
   gánu marâ:nga
   gánu mará:ngá kî?
   amará:nga gá:ngê

b. solar eclipse / 日食
   okuswé:kwa kwi.zô:ba : [lit.] being covered of the sun

348. light; shining / 光
   ekye.rerêzi 7, ebye.rerêzi 8
   ekye.rerézi kímû
   ekye.rerézi kyâ:nge
   kínu kye.rerêzi
   kínu kye.rerézí kî?
   ekye.rerézí kyá:ngê

349. shadow / 影、人影
   eki:tú:rû 7, ebi:tú:rû 8
   eki:tú:rú kímû
   eki:tú:rú kyâ:nge
   kínu ki:tú:rû
   kínu ki:tú:rú kî?
   eki:tú:rú kyá:ngê

a. shade / 日陰、（木などの）陰、涼しい所
   eki:tú:rû 7, ebi:tú:rû 8. See above.
   akaitú:rû 12, ---- : small shade
   ☆ okugé:nda omuki:tú:ru : to go in the shade

350. moon / 月
   okwê:zi 15, ---- or omwê:zi 3, ----
   okwé:zi kúmû
   okwé:zi kwâ:nge
   kúnu kwê:zi
   kúnu kwé:zí kî?
   okwé:zí kwá:ngê
   ☆ Okwé:zi kuli haibâ:le : The moon is full.

☆ Okwé:zi kuli mbonêko. : The moon is crescent (just visible).
 Cf. embonêko 9/10 "first appearance" (No.629).
☆ Okwé:zi kubonekérê. : The moon has appeared.
☆ Okwé:zi kuli háíhi kugê:nda. : The moon is about to disappear.

  a. moonlight / 月光
  1) okwê:zi 15 or omwê:zi 3
  2) ekye.rerézi ky'o.kwê:zi 7, ebye.rerézi by'o.kwê:zi 8 or ekye.rerézi ky'o.mwê:zi 7, ebye.rerézi by'o.mwê:zi 8
  ☆ amasúmi g'o:kwê:zi : time of moonlight

  b. new moon / 新月
   mabône 6 <okubôna "to see" (No.629)
   mabóne gámû
   mabóne gâ:nge
   gánu mabône
   gánu mabóné kî?
   mabóne gá:ngê

351. star / 星
   enyunyû:zi 9,10
   enyunyú:zi é:mû
   enyunyú:zi yâ:nge
   é:nu nyunyû:zi
   é:nu nyunyú:zí kî?
   enyunyú:zí yá:ngê

  a. Venus / 金星
   nyamuhaibôna 9, ----
   nyamuhaibóna é:mû
   nyamuhaibóna yâ:nge
   é:nu nyamuhaibôna
   é:nu nyamuhaibóná kî?
   nyamuhaibóna yá:ngê

  b. comet / 流れ星、彗星
   ekibonwa-ó:mû 7, ebibonwa-ó:mû 8 : [lit.] what is seen by one person
   Usually pronounced as ekibonw'ó:mû 7, ebibonw'ó:mû 8.
   ekibonw'ó:mú kímû
   ekibonw'ó:mú kyâ:nge
   kínu kibonw'ó:mû
   kínu kibonw'ó:mú kî?
   ekibonw'ó:mú kyá:ngê
   <okubônwa, pass. of okubôna "to see" (No.629), ó:mû 1/2 "one (person)" (No.373).

352. time; moment / 時、時期、暇
  1) obwî:re 14, ---- : time. See No.337.
  ☆ Obwí:re buge.nzérê. : Time has gone.
  2) akâcu 12, ---- : short time
   akácu kámû
   akácu kâ:nge
   kánu kâcu

        kánu kácú kî?
        akácu ká:ngê
   ☆ Ndi hânu kácu kákê. : I am here for a short period.
   3) akasûmi 12, obusûmi 14 : moment
        akasúmi kámû
        akasúmi kâ:nge
        kánu kasûmi
        kánu kasúmí kî?
        akasúmi ká:ngê

353. hour / 時間
        esâ:ha or sâ:ha 9,10 <Sw. saa
        esá:ha é:mû
        esá:ha yâ:nge
        é:nu sâ:ha
        é:nu sá:há kî?
        esá:ha yá:ngê
   ☆ Sá:ha zi.ngáhâ? : What time is it?
   ☆ Esá:ha eri é:mû. : It is seven.
   a. minute / 分
        edakî:ka or dakî:ka 9,10 <Sw. dakika
        edakí:ka é:mû
        edakí:ka yâ:nge
        é:nu dakî:ka
        é:nu dakí:ká kî?
        edakí:ka yá:ngê
   b. second / 秒
        akatikitîki 12, obutikitîki 14
        akatikitíki kámû
        akatikitíki kâ:nge
        kánu katikitîki
        kánu katikitíkí kî?
        akatikitíkí ká:ngê
        N.B. This name seems to come from the sound a clock makes *tikitiki*.

354. year / 年
        omwâ:ka 3, emyâ:ka 4
        omwá:ka gúmû
        omwá:ka gwâ:nge
        gúnu mwâ:ka
        gúnu mwá:ká kî?
        omwá:ka gwá:ngê
   a. age / 年齢
        emyâ:ka 4 : [lit.] years. See above.
   ☆ Oina emyá:ka ingáhâ? : How old are you (sg.)?
   b. same age / 同年齢
        1) emyá:ka é:mû
   ☆ Emyá:ka ní yó é:mû. : The ages are the same.

2) emyá:ka ekwi.ngâna
☆ Twi.ne emyá:ka ekwi.ngâna. : We are the same age.
☆ Nitwi.ngáná emyâ:ka. : We are the same in age.

355. month / 月
okwê:zi 15, amê:zi 6 or omwê:zi 3, emyê:zi 4
okwé:zi kúmû
okwé:zi kwâ:nge
kúnu kwê:zi
kúnu kwé:zí kî?
okwé:zí kwá:ngê

356. week / 週
1) esabbî:ti 9,10
esabbí:ti é:mû
esabbí:ti yâ:nge
é:nu sabbî:ti
é:nu sabbí:tí kî?
esabbí:ti yá:ngê
☆ esabbí:ti ê:nu → esabbi:t'ê:nu : this week
☆ esabbí:ti ekwî:ja → esabbi:t'e:kwî:ja : next week
☆ esabbí:ti ehóire → esabbi:t'e:hóire : last week
2) wî:ki 9,10 <Eng.
wí:ki é:mû
wí:ki yâ:nge
é:nu wî:ki
é:nu wí:kí kî?
wí:kí yá:ngê

357. day / 日
1) ekírô 7, ebírô 8 : date of the month, or when counting days. This is the same word as "night" /(No.362).
ekíró kímû
ekíró kyâ:nge
kínu kírô
kínu kíró kî?
ekíró kyá:ngê
☆ ebíró bisâtu : three days
2) i:zô:ba 5, amazô:ba 6 : [lit.] sun
☆ Amazó:ba gage.nzérê. Days have gone.
☆ amazó:ba asâtu : three days

a. everyday / 毎日
1) buli kírô
2) bulí:jô : syn. of the preceding. Cf. í:jô "one day before or after".
3) butó:sâ : syn. of the preceding. <okutô:sa, neg. of okwô:sa "to be absent" (No.920)
4) bukya.búkyâ : daily
☆ Bukya.búkyá age.nda Hóima. : He goes to Hoima daily.

358. morning / 朝
nyé:nkyâ 9, ----
nyé:nkyá é:mû

nyé:nkyá yâ:nge
é:nu nyé:nkyâ
é:nu nyé:nkyá: kî?
nyé:nkyá yá:ngê

- a. early morning / 早朝
    1) orukyâ:kya 11, ---- : the time from approximately 6:30 to 7:30am
       orukyá:kya rúmû
       orukyá:kya rwâ:nge
       rúnu rukyâ:kya
       rúnu rukyá:kyá: kî?
       rukyá:kyá rwá:ngê
    2) nyé:nkyá:kâra 9 : syn. of the preceding.
    3) emá:mba esazîre 9 : weak sunlight before dawn, implying very early in the morning, around 5:30 to 6:00am. See No.1092.
    ☆ Nda:kurora hamâ:mba. : I will see you very early in the morning.

359. daytime / 昼間、日中
    1) nyamusánâ 9, ---- : time from around 10am to 2pm
       nyamusana é:mû
       é:nu nyamusána
       é:nu nyamusana yá:ngê
       é:nu nyamusaná kî?
       Cf. omusánâ 3/4 "sunshine" (No.347).
    2) omusánâ 3, ---- : daytime. See No.347.
    ☆ Nda:kurora Sá:ndé musánâ. : I will see you Sunday during the daytime.

- a. midday; noon / 正午
    i:hâ:ngwe 5, ---- : time from 12 to 2 in the afternoon
    i:há:ngwe rímû
    i:há:ngwe ryâ:nge
    línu ihâ:ngwe
    línu ihá:ngwé: kî?
    i:há:ngwe ryá:ngê
    ☆ omwi.hâ:ngwe 18 : in the midday, at noon

- b. afternoon / 午後
    orwe.bâgyo 11, ---- : time from around 2 to 7 in the afternoon
    orwe.bágyo rúmû
    orwe.bágyo rwâ:nge
    rúnu rwe.bâgyo
    rúnu rwe.bágyó: kî?
    orwe.bágyo rwá:ngê
    ☆ Nda:kurora rwe.bâgyo. : I will see you in the afternoon.

360. evening / 夕方
    orwe.bâgyo 11, ----. See No.359.

- a. dusk; twilight / 夕暮れ
    akairirîzi 12, ----
    akairirízi kámû
    akairirízi kâ:nge

kánu kairirîzi
kánu kairirízí kî?
akairirízi ká:ngê

361. darkness / 暗さ、暗闇
- 1) omwi.rîma 3, (emi:rîma 4)
  omwiríma gúmû
  omwiríma gwâ:nge
  gúnu mwi.rîma
  gúnu mwi.rímá kî?
  omwiríma gwá:ngê
- 2) akasî:ra 12, ---- : complete darkness
  akasí:ra kámû
  akasí:ra kâ:nge
  kánu kasî:ra
  kánu kasí:rá kî?
  akasí:ra ká:ngê

362. night / 夜

ekírô 7, ebírô 8

N.B. The plural ebírô 8 usually means "days" when counting. See No.357.

☆ Ninyíjá kwî:ja ekírô. : I will come at night.

☆ Aizirégé ekírô. : He came at night.

☆ Nda:kurora Sá:dé ekírô. : I will see you Sunday night.

a. midnight / 真夜中

i:tû:mbi 5, ----
i:tú:mbi rímû
i:tú:mbi ryâ:nge
línu itû:mbi
línu itú:mbí kî?
i:tú:mbi ryá:ngê

☆ Aizirégé itû:mbi. : He came at midnight.

363. now / 今
- 1) hátî adv.
  ☆ Íjá hátî! : Come now!
  ☆ Hátí no:gá:mbá kî? : What are you (sg.) saying now?
  ☆ hátí bûnu : right now
  ☆ hatihátî : the same as the preceding.
- 2) bunubúnû : just this moment, right now
  ☆ Nú bwó yagé:ndá bunubúnû. : He has just left now.

364. some time ago / さっき、先刻
- 1) î:ra adv. : some time ago
  ☆ Age.nzerégé î:ra. : He went some time ago.
- 2) î:ráhô adv.
  ☆ Age.nzere î:ráhô : He has gone some time ago.

a. recently / 最近
- 1) í:jô adv. : [lit.] yesterday
- 2) bwâ:ngu <obwâ:ngu 14 "quickness, speed"

☆ É:nu é:njû, bagyo.mbekere bwâ:ngu. : They have constructed this house recently.

b. old days; long time ago / 昔

    1) î:ra adv.

    ☆ Akage.nda î:ra. : He went long time ago.

    2) î:ra múnô adv. : very long time ago

    ☆ Î:ra múnó hakaba ha:róhó ebisóro ebya.bázágâ. : Once upon a time there were animals which used to speak.

    3) î:ra náira adv. : long time ago, once uopn a time

    4) Expressed by the remote past tense.

    ☆ Akályâ. : He ate (long time ago).

365. some day; one day / いつか、ある日

    kíró kímû

    ☆ Kíró kímú akáija, ya.ndôra. : One day he came and saw me.

    ☆ Kíró kímú ndi:ja nkurólê. : One day I will come and see you.

366. today / 今日

    1) kíró kînu : [lit] this day

    ☆ Kíró kínu kya.katâ:no. : Today is Friday

    2) lé:rô adv. : syn. of the preceding.

    ☆ Lé:ró kya.katâ:no. : Today is Friday.

    3) hátî adv. : hátî also means "now" (No.363)

    ☆ Aizire hátî. : He came today.

367. yesterday / 昨日

    í:jô adv.

    N.B. This word means not only "yesterday" but also "tomorrow". See No.368.

    ☆ Nkamurora í:jô. : I saw him yesterday.

368. tomorrow / 明日

    1) nyé:nkyâ adv.

    ☆ Nda:kurora nyé:nkyâ. : I will see you tomorrow.

    2) í:jô adj.

    ☆ Oraija í:jô. : You (sg.) will come tomorrow.

369. the day before yesterday / 一昨日

    ijwé:rî adv. Cf. í:jô "yesterday" (No.367).

    N.B. This word also means "the day after tomorrow" (No.370).

    ☆ Nkamurora ijwé:rî. : I saw him the day before yesterday.

a. the other day / 先日

    1) ekíró ekihi.ngwî:re : [lit.] the day which passed (remote past), <okuhi.ngûra "to pass" (No.580).

    2) ekíró ekirabíréhô : [lit.] the day which passed by (remote past), <okurábáhô "to pass by" (No.581).

    3) ekíró ekihóire : [lit.] the day which ended (remote past), <okúhwâ "to finish" (No.1075).

370. the day after tomorrow / あさって

    ijwé:rî adv.

    ☆ Ndikurora ijwé:rî. : I will see you the day after tomorrow.

371. this month / 今月

    1) okwé:zi kûnu 15 or omwé:zi gûnu 3

    N.B. As indicated in No.355, okwê:zi 15/6 and omwê:zi 3/4 are synonyms, these two words can be used interchangablly in the expressions here, except that the latter is used mostly by old people.

☆ Okwé:zi kúnu kwo.kubâ:nza. : This month is January.

2) kúnu okwê:zi 15 or gúnu omwê:zi 3 : syn. of the preceding.

3) kwé:zi kûnu 15 or mwé:zi gûnu 3

☆ Kwé:zi kúnu tikubáíré kurú:ngî. : This month has not been good.

a. last month / 先月

1) okwé:zí okuhóire 15 or omwé:zi oguhóire 3

☆ Akage.nda okwé:zi okuhóire. : He went last month.

2) okwé:zi kuhóire 15 or omwé:zi guhóire 3

b. next month / 来月

1) okwé:zi okúrúkwî:ja 15 or omwé:zi ogúrúkwî:ja 3
or okwé:zi okú:kwî:ja 15 or omwé:zi ogú:kwî:ja 3

2) okwé:zi kú:kwî:ja 15 or omwé:zi gú:kwî:ja 3

372. this year / 今年

1) omwá:ka gûnu 3

☆ Omwá:ka gúnu gubaire múbî. : This year has been bad (weather, harvesting, etc.).

2) gúnu omwâ:ka 3 : syn. of the preceding.

3) mwá:ka gûnu 3

a. last year / 去年

1) omwá:ka oguhóire 3

☆ Omwá:ka oguhóire gukaba múbî. : Last year was bad (weather, harvesting, etc.)

2) omwá:ka guhóire 3

b. next year / 来年

1) omwá:ka ogúrúkwî:ja or omwá:ka ogú:kwî:ja 3

☆ Ninyíjá kugé:nda Lôndon omwá:ka ogúrúkwî:ja. : I will go to London next year.

2) omwá:ka gú:kwî:ja 3

373. one / 1

-´mû adj.

1.	ó:mû	2.	bámû
3.	gúmû	4.	é:mû
5.	límû	6.	gámû
7.	kímû	8.	bímû
9.	é:mû	10.	zímû
11.	rúmû		
12.	kámû	13.	túmû
14.	búmû		
15.	kúmû		
16.	hámû		

N.B. 1) é:mû 9 is used for abstract counting.

2) obúmû 14 means "unity". See below.

3) hámû 16 mean "together". See No.1256.

4) When used in plural classes (2, 4, 6, etc.), this adjective means "the same".

☆ 1. omú:ntu ó:mû → omú:ntwǒ:mû : one person

2. abá:ntu bámû : the same people

1. omukázi ó:mû → omukáz'ǒ:mû : one woman

2. abakázi bámû : the same women
1. omwá:na ó:mû → omwá:n'ŏ:mû : one child
2. abá:na bámû : the same children
3. omútí gúmû : one tree
4. emítí é:mû → emítyé:mû : the same trees
5. i:cúmu límû : one spear
6. amacúmu gámû : the same spears
7. ekitábu kímû : one book
8. ebitábu bímû : the same books
9. embúzi é:mû → embúz'ě:mû : one goat
10. embúzi zímû : the same goats
11. orúkú rúmû : one piece of firewood
10. é:nkú zímû : the same pieces of firewood
12. aká:ntu kámû : one small object
14. obú:ntu búmû : the same small objects
13. otú:ntu túmû : dim.of cl.14
15. okújú kúmû : one knee
6. amájú gámû : the same knees
16. ahá:ntu hámû : one place

a. unity / 統一、一体性
obúmû 14
obúmú búmû
obúmú bwâ:nge
búnu búmû
búnu búmú kî?
obúmú bwá:ngê

374. two / 2
    -bîri adj.   cf. obubîri 14 : being together of two.
    2. babîri   obubíri búmû
    4. ebîri   obubíri bwâ:nge
    6. abîri   búnu bubîri
    8. bibîri   búnu obubírí kî?
    10. ibîri   obubíri bwá:ngê
    13. tubîri
    14. bubîri
    16. habîri

N.B. ibîri 10 is used for abstract counting.

☆ 2. abá:ntu babîri : two people
abá:ntu abábîri : the two people
2. abá:na bábîri : two children
abá:na ababîri : the two children
2. abakázi babîri : two women
abakázi abábîri : the two women
4. emítí ebîri : two trees
emítí é:rí ebîri : the two trees
6. amacúmu abîri : two spears

amacúmu á:bîri : the two spears
8. ebitábu bibîri : two books
ebitábu ebíbîri : the two books
10. embúzi ibîri : two goats
embúzi eíbîri : the two goats
10. é:nkú ibîri : two pieces of firewood
é:nkú eíbîri : the two pieces of firewood
14. obú:ntu bubîri : two small objects
obú:ntu obúbîri : the two small objects
13. otú:ntu tubîri : dim.of cl.14
otú:ntu otúbîri : dim.of cl.14
16. ahá:ntu habîri : two places
ahá:ntu ahábîri : the two places

a. second / 第2の

conn. + kabîri

1. omú:ntu wa kabîri : a second person
omú:ntu owa kábîri : the second person
1. omukázi wa kabîri : a second woman
omukázi owa kábîri : the second woman
1. omwá:na wa kabîri : a second child
omwá:na owa kábîri : the second child
3. omútí gwa. kabîri : a second tree
omútí ogwa. kábîri : the second tree
5. i:cúmu lya. kabîri : a second spear
i:cúmu erya. kábîri : the second spear
7. ekitábu kya. kabîri : a second book
ekitábu ekya. kábîri : the second book
9. embúzi ya kabîri : a second goat
embúzi eya kábîri : the second goat
11. orúkú rwa. kabîri : a second piece of firewood
orúku orwa. kábîri : the second piece of firewood
12. aká:ntu ka: kabîri : a second small object
aká:ntu aka: kábîri : the second small object
15. okújú kwa. kabîri : a second knee
okújú okwa. kábîri : the second knee
16. ahá:ntu ha: kabîri : a second place
ahá:ntu aha: kábîri : the second place

375. three / 3

-sâtu adj.   cf. obusâtu 14 : being together of three.
2. basâtu   obusátu búmû
4. esâtu   obusátu bwâ:nge
6. asâtu   búnu busâtu
8. bisâtu   búnu busátú kî?
10. isâtu   obusátu bwá:ngê
13. tusâtu
14. busâtu

16. hasâtu

N.B. isâtu 10 is used for abstract counting.

☆ 2. abá:ntu basâtu : three people
  abá:ntu abasâtu : the three people
2. abakázi basâtu : three women
  abakázi abasâtu : the three women
2. abá:na basâtu : three children
  abá:na abasâtu : the three children
4. emítí esâtu : three trees
  emítí é:sâtu : the three trees
6. amacúmu asâtu : three spears
  amacúmu á:sâtu : the three spears
8. ebitábu bisâtu : three books
  ebitábu ebisâtu : the three books
10. embúzi isâtu : three goats
  embúzi eísâtu : the three goats
10. é:nkú isâtu : three pieces of firewood
  é:nkú eísâtu : the three pieces of firewood
14. obú:ntu busâtu : three small objects
  obú:ntu obusâtu : the three small objects
13. otú:ntu tusâtu : dim.of cl.14
  otú:ntu otusâtu : dim.of cl.14
16. ahá:ntu hasâtu : three places
  ahá:ntu ahasâtu : the three places

a.third / 第3の

  conn. + kasâtu

1. omú:ntu wa kasâtu : a third person
  omú:ntu owa kasâtu : the third person
1. omukázi wa kasâtu : a third woman
  omukázi owa kasâtu : the third woman
1. omwá:na wa kasâtu : a third child
  omwá:na owa kasâtu : the third child
3. omútí gwa. kasâtu : a third tree
  omútí ogwa. kasâtu : the third tree
5. i:cúmu lya. kasâtu : a third spear
  i:cúmu erya. kasâtu : the third spear
7. ekitábu kya. kasâtu : a third book
  ekitábu ekya. kasâtu : the third book
9. embúzi ya kasâtu : a third goat
  embúzi eya kasâtu : the third goat
11. orúkú rwa. kasâtu : a third piece of firewood
  orúku orwa. kasâtu : the third piece of firewood
12. aká:ntu ka: kasâtu : a third small object
  aká:ntu aka: kasâtu : the third small object
15. okújú kwa. kasâtu : a third knee
  okújú okwa. kasâtu : the third knee

16. ahá:ntu ha: kasâtu : a third place
       ahá:ntu aha: kasâtu : the third place

376. four / 4

    -'nâ adj.   cf. obúnâ 14 : being together four.

    2. bánâ   obúná búmû
    4. é:nâ   obúná bwâ:nge
    6. á:nâ   búnu búnâ
    8. bínâ   búnu obúná kî?
  10. í:nâ   obúná bwá:ngê
  13. túnâ
  14. búnâ
  16. hánâ

    N.B. í:na 10 is used for abstract counting.

☆ 2. abá:ntu bánâ : four people
    abá:ntu abánâ : the four people

  2. abakázi bánâ : four women
    abakázi abánâ : the four women

  2. abá:na bánâ : four children
    abá:na abánâ : the four children

  4. emítí é:nâ : four trees
    emítí é:ri é:nâ : the four trees

  6. amacúmu á:nâ : four spears
    amacúmu gáli á:nâ : the four spears

  8. ebitábu bínâ : four books
    ebitábu ebínâ : the four books

10. embúzi í:nâ : four goats
    embúzi eínâ : the four goats

10. é:nkú í:nâ : four pieces of firewood
    é:nkú eínâ : the four pieces of firewood

14. obú:ntu búnâ : four small objects
    obú:ntú obúnâ : the four small objects

13. otú:ntu túnâ : dim.of cl.14
    otú:ntu otúnâ : dim.of cl.14

16. ahá:ntu hánâ : four places
    ahá:ntu ahánâ : the four places

a. fourth / 第4の

    conn. + kánâ

  1. omú:ntu wa kánâ : a fourth person
    omú:ntu owa kánâ : the fourth person

  1. omukázi wa kánâ : a fourth woman
    omukázi owa kánâ : the fourth woman

  1. omwá:na wa kánâ : a fourth child
    omwá:na owa kánâ : the fourth child

  3. omútí gwa. kánâ : a fourth tree
    omútí ogwa. kánâ : the fourth tree

  5. i:cúmu lya. kánâ : a fourth spear

i:cúmu erya. kánâ : the fourth spear
7. ekitábu kya. kánâ : a fourth book
   ekitábu ekya. kánâ : the fourth book
9. embúzi ya kánâ : a fourth goat
   embúzi eya kánâ : the fourth goat
11. orúkú rwa. kánâ : a fourth piece of firewood
    orúkú orwa. kánâ : the fourth piece of firewood
12. aká:ntu ka: kánâ : a fourth small object
    aká:ntu aka: kánâ : the fourth small object
15. okújú kwa. kánâ : a fourth knee
    okújú okwa. kánâ : the fourth knee
16. ahá:ntu ha: kánâ : a fourth place
    ahá:ntu aha: kánâ : the fourth place

377. five / 5

-tâ:no or -tâ:nu adj.   cf. obutâ:no 14 : being together of five.
2. batâ:no   obutá:no ó:mû
4. etâ:no   obutá:no bwá:nge
6. atâ:no   búnu butâ:no
8. bitâ:no   búnu butá:nó kî?
10. itâ:no   obutá:no bwá:ngê
13. tutâ:no
14. butâ:no
16. hatâ:no

N.B. itâ:no 10 is used for abstract counting.

☆ 2. abá:ntu batâ:no : five people
    abá:ntu abatâ:no : the five people
2. abakázi batâ:no : five women
   abakázi abatâ:no : the five women
2. abá:na batâ:no : five children
   abá:na abatâ:no : the five children
4. emítí etâ:no : five trees
   emítí é:ri etâ:no : the five trees
6. amacúmu atâ:no : five spears
   amacúmu gáli atâ:no : the five spears
8. ebitábu bitâ:no : five books
   ebitábu ebitâ:no : the five books
10. embúzi itâ:no : five goats
    embúzi zíri itâ:no : the five goats
10. é:nkú itâ:no : five pieces of firewood
    é:nkú zíri itâ:no : the five pieces of firewood
14. obú:ntu butâ:no : five small objects
    obú:ntu obutâ:no : the five small objects
13. otú:ntu tutâ:no : dim.of cl.14
    otú:ntu otutâ:no : dim.of cl.14
16. ahá:ntu hatâ:no : five places
    ahá:ntu ahatâ:no : the five places

a. fifth / 第5の
   conn. + katâ:no
   1. omú:ntu wa katâ:no : a fifth person
      omú:ntu owa katâ:no : the fifth person
   1. omwá:na wa katâ:no : a fifth child
      omwá:na owa katâ:no : the fifth child
   1. omukázi wa katâ:no : a fifth woman
      omukázi owa katâ:no : the fifth woman
   3. omúti gwa. katâ:no : a fifth tree
      omútí ogwa.katâ:no : the fifth tree
   5. i:cúmu lya. katâ:no : a fifth spear
      i:cúmu erya.katâ:no : the fifth spear
   7. ekitábu kya. katâ:no : a fifth book
      ekitábu ekya.katâ:no : the fifth book
   9. embúzi ya katâ:no : a fifth goat
      embúzi eya katâ:no : the fifth goat
   11. orúkú rwa. katâ:no : a fifth piece of firewood
       orúkú orwa.katâ:no : the fifth piece of firewood
   12. aká:ntu ka: katâ:no : a fifth small object
       aká:ntu aka: katâ:no : the fifth small object
   15. okújú kwa. katâ:no : a fifth knee
       okújú okwa.katâ:no : the fifth knee
   16. ahá:ntu ha: katâ:no : a fifth place
       ahá:ntu aha: katâ:no : the fifth place

378. six / 6
   omukâ:ga 3, emikâ:ga 4 : unit of six
   omuká:ga gúmû
   omuká:ga gwâ:nge
   gúnu mukâ:ga
   gúnu muká:gá kî?
   omuká:ga gwá:ngê
   N.B. To indicate a number, this noun is used without an augment.
   ☆ 2. abá:ntu mukâ:ga : six people
      abá:ntu omukâ:ga : the six people
   2. abakázi mukâ:ga : six women
      abakázi omukâ:ga : the six women
   2. abá:na mukâ:ga : six children
      abá:na omukâ:ga : the six children
   4. emítí mukâ:ga : six trees
      emítí omukâ:ga : the six trees
   6. amacúmu mukâ:ga : six spears
      amacúmu omukâ:ga : the six spears
   8. ebitábu mukâ:ga : six books
      ebitábu omukâ:ga : the six books
   10. embúzi mukâ:ga : six goats
       embúzi omukâ:ga : the six goats

10. é:nkú mukâ:ga : six pieces of firewood
é:nkú omukâ:ga : the six pieces of firewood
14. obú:ntu mukâ:ga : six small objects
obú:ntu omukâ:ga : the six small objects
13. otú:ntu mukâ:ga : dim.of cl.14
otú:ntu omukâ:ga : dim.of cl.14
16. ahá:ntu mukâ:ga : six places
ahá:ntu omukâ:ga : the six places

a. sixth / 第6の

conn. + mukâ:ga

1. omú:ntu wa mukâ:ga : a sixth person
omú:ntu owa mukâ:ga : the sixth person
1. omkázi wa mukâ:ga : a sixth woman
omkázi owa mukâ:ga : the sixth woman
1. omwá:na wa mukâ:ga : a sixth child
omwá:na owa mukâ:ga : the sixth child
3. omútí gwa. mukâ:ga : a sixth tree
omútí ogwa. mukâ:ga : the sixth tree
5. i:cúmu lya. mukâ:ga : a sixth spear
i:cúmu erya. mukâ:ga : the sixth spear
7. ekitábu kya. mukâ:ga : a sixth book
ekitábu ekya. mukâ:ga : the sixth book
9. embúzi ya mukâ:ga : a sixth goat
embúzi eya mukâ:ga : the sixth goat
11. orúkú rwa. mukâ:ga : a sixth piece of firewood
orúkú orwa. mukâ:ga : the sixth piece of firewood
12. aká:ntu ka: mukâ:ga : a sixth small object
aká:ntu aka:mukâ:ga : the sixth small object
15. okújú kwa. mukâ:ga : a sixth knee
okújú okwa. mukâ:ga : the sixth knee
16. ahá:ntu ha: mukâ:ga : a sixth place
ahá:ntu aha: mukâ:ga : the sixth place

379. seven / 7

omusâ:nju 3, emisâ:nju 4 : unit of seven
omusá:nju gúmû
omusá:nju gwâ:nge
gúnu musâ:nju
gúnu musá:njú kî?
omusá:nju gwá:ngê

N.B. To indicate a number, this noun is used without an augment.

☆ 2. abá:ntu musâ:nju : seven people
abá:ntu omusâ:nju : the seven people
2. abakázi musâ:nju : seven women
abakázi omusâ:nju : the seven women
2. abá:na musâ:nju : seven children
abá:na omusâ:nju : the seven children

4. emítí musâ:nju : seven trees
      emítí omusâ:nju : the seven trees
   6. amacúmu musâ:nju : seven spears
      amacúmu omusâ:nju : the seven spears
   8. ebitábu musâ:nju : seven books
      ebitábu omusâ:nju : the seven books
   10. embúzi musâ:nju : seven goats
       embúzi omusâ:nju : the seven goats
   10. é:nkú musâ:nju : seven pieces of firewood
       é:nkú omusâ:nju : the seven pieces of firewood
   14. obú:ntu musâ:nju : seven small objects
       obú:ntu omusâ:nju : the seven small objects
   13. otú:ntu musâ:nju : dim.of cl.14
       otú:ntu omusâ:nju : dim.of cl.14
   16. ahá:ntu musâ:nju : seven places
       ahá:ntu omusâ:nju : the seven places

a. seventh / 第 7 の
   conn. + musâ:nju
   1. omú:ntu wa musâ:nju : a seventh person
      omú:ntu owa musâ:nju : the seventh person
   1. omukázi wa musâ:nju : a seventh woman
      omukázi owa musâ:nju : the seventh woman
   1. omwá:na wa musâ:nju : a seventh child
      omwá:na owa musâ:nju : the seventh child
   3. omútí gwa. musâ:nju : a seventh tree
      omútí ogwa. musâ:nju : the seventh tree
   5. i:cúmu lya. musâ:nju : a seventh spear
      i:cúmu erya. musâ:nju : the seventh spear
   7. ekitábu kya. musâ:nju : a seventh book
      ekitábu ekya. musâ:nju : the seventh book
   9. embúzi ya musâ:nju : a seventh goat
      embúzi eya musâ:nju : the seventh goat
   11. orúkú rwa. musâ:nju : a seventh piece of firewood
       orúkú orwa. musâ:nju : the seventh piece of firewood
   12. aká:ntu ka: musâ:nju : a seventh small object
       aká:ntu aka: musâ:nju : the seventh small object
   15. okújú kwa. musâ:nju : a seventh knee
       okújú okwa. musâ:nju : the seventh knee
   16. ahá:ntu ha: musâ:nju : a seventh place
       ahá:ntu aha: musâ:nju : the seventh place

380. eight / 8
   omunâ:na 3, eminâ:na 4 : unit of eight
   omuná:na gúmû
   omuná:na gwâ:nge
   gúnu munâ:na
   gúnu muná:ná kî?

omuná:na gwá:ngê

N.B. To indicate a number, this noun is used without an augment.

☆ 2. abá:ntu munâ:na : eight people
   abá:ntu omunâ:na : the eight people
2. abakázi munâ:na : eight women
   abakázi omunâ:na : the eight women
2. abá:na munâ:na : eight children
   abá:na omunâ:na : the eight children
4. emítí munâ:na : eight trees
   emíti omunâ:na : the eight trees
6. amacúmu munâ:na : eight spears
   amacúmu omunâ:na : the eight spears
8. ebitábu munâ:na : eight books
   ebitábu omunâ:na : the eight books
10. embúzi munâ:na : eight goats
    embúzi omunâ:na : the eight goats
10. é:nkú munâ:na : eight pieces of firewood
    é:nkú omunâ:na : the eight pieces of firewood
14. obú:ntu munâ:na : eight small objects
    obú:ntu omunâ:na : the eight small objects
13. otú:ntu munâ:na : dim.of cl.14
    otú:ntu omunâ:na : dim.of cl.14
16. ahá:ntu munâ:na : eight places
    ahá:ntu omunâ:na : the eight places

a. eighth / 第 8 の

   conn. + munâ:na

   1. omú:ntu wa munâ:na : an eighth person
      omú:ntu owa munâ:na : the eighth person
   1. omukázi wa munâ:na : an eighth woman
      omukázi owa munâ:na : the eighth woman
   1. omwá:na wa munâ:na : an eighth child
      omwá:na owa munâ:na : the eighth child
   3. omútí gwa. munâ:na : an eighth tree
      omútí ogwa. munâ:na : the eighth tree
   5. i:cúmu lya. munâ:na : an eighth spear
      i:cúmu erya. munâ:na : the eighth spear
   7. ekitábu kya. munâ:na : an eighth book
      ekitábu ekya.munâ:na : the eighth book
   9. embúzi ya munâ:na : an eighth goat
      embúzi eya munâ:na : the eighth goat
   11. orúkú rwa. munâ:na : an eighth piece of firewood
       orúkú orwa. munâ:na : the eighth piece of firewood
   12. aká:ntu ka: munâ:na : an eighth small object
       aká:ntu aka:munâ:na : the eighth small object
   15. okújú kwa. munâ:na : an eighth knee
       okújú okwa. munâ:na : the eighth knee

16. ahá:ntu ha: munâ:na : an eighth place
ahá:ntu aha: munâ:na : the eighth place

381. nine / 9

omwé:ndâ 3, emyé:ndâ 4 : unit of nine
omwé:ndá gúmû
omwé:ndá gwâ:nge
gúnu mwé:ndâ
gúnu mwé:ndá kî?
omwé:ndá gwá:ngê

N.B. To indicate a number, this noun is used without an augment.

☆ 2. abá:ntu mwé:ndâ : nine people
abá:ntu omwé:ndâ : the nine people

2. abakázi mwé:ndâ : nine women
abakázi omwé:ndâ : the nine women

2. abá:na mwé:ndâ : nine children
abá:na omwé:ndâ : the nine children

4. emítí mwé:ndâ : nine trees
emítí omwé:ndâ : the nine trees

6. amacúmu mwé:ndâ : nine spears
amacúmu omwé:ndâ : the nine spears

8. ebitábu mwé:ndâ : nine books
ebitábu omwé:ndâ : the nine books

10. embúzi mwé:ndâ : nine goats
embúzi omwé:ndâ : the nine goats

10. é:nkú mwé:ndâ : nine pieces of firewood
é:nkú omwé:ndâ : the nine pieces of firewood

14. obú:ntu mwé:ndâ : nine small objects
obú:ntu omwé:ndâ : the nine small objects

13. otú:ntu mwé:ndâ : dim.of cl.14
otú:ntu omwé:ndâ : dim.of cl.14

16. ahá:ntu mwé:ndâ : nine places
ahá:ntu omwé:ndâ : the nine places

a. ninth / 第 9 の

conn. + mwé:ndâ

1. omú:ntu wa mwé:ndâ : a ninth person
omú:ntú owa mwé:ndâ : the ninth person

1. omukázi wa mwé:ndâ : a ninth woman
omukází owa mwé:ndâ : the ninth woman

1. omwá:na wa mwé:ndâ : a ninth child
omwá:ná owa mwé:ndâ : the ninth child

3. omútí gwa. mwé:ndâ : a ninth tree
omútí ogwa. mwé:ndâ : the ninth tree

5. i:cúmu lya. mwé:ndâ : a ninth spear
i:cúmú erya. mwé:ndâ : the ninth spear

7. ekitábu kya. mwé:ndâ : a ninth book
ekitábú ekya. mwé:ndâ : the ninth book

9. embúzi ya mwé:ndâ : a ninth goat
embúzí eya mwé:ndâ : the ninth goat
11. orúkú rwa. mwé:ndâ : a ninth piece of firewood
orúkú orwa. mwé:ndâ : the ninth piece of firewood
12. aká:ntu ka: mwé:ndâ : a ninth small object
aká:ntú aka: mwé:ndâ : the ninth small object
15. okújú kwa. mwé:ndâ : a ninth knee
okújú okwa. mwé:ndâ : the ninth knee
16. ahá:ntu ha: mwé:ndâ : a ninth place
ahá:ntú aha: mwé:ndâ : the ninth place

382. ten / 10

i:kûmi 5, amakûmi 6 : ten, tens
i:kúmi rímû
i:kúmi ryâ:nge
línu ikûmi
línu ikúmí kî?
i:kúmi ryá:ngê
N.B. To indicate a number, this noun is used without an augment.

☆ 2. abá:ntu ikûmi : ten people
abá:ntu i:kûmi or abá:ntu eikûmi : the ten people
2. abakázi ikûmi : ten women
abakázi i:kûmi or abakázi eikûmi : the ten women
2. abá:na ikûmi : ten children
abá:na eikûmi : the ten children
4. emítí ikûmi : ten trees
emítí i:kûmi or emítí eikûmi : the ten trees
6. amacúmu ikûmi : ten spears
amacúmu i:kûmi or amacúmu eikûmi : the ten spears
8. ebitábu ikûmi : ten books
ebitábu i:kûmi or ebitábú eikûmi : the ten books
10. embúzi ikûmi : ten goats
embúzi i:kûmi or embúzi eikûmi : the ten goats
10. é:nkú ikûmi : ten pieces of firewood
é:nkú i:kûmi or é:nkú eikûmi : the ten pieces of firewood
14. obú:ntu ikûmi : ten small objects
obú:ntu i:kûmi or obú:ntu eikûmi : the ten small objects
13. otú:ntu ikûmi : dim.of cl.14
otú:ntu i:kûmi or otú:ntu eikûmi : dim.of cl.14
16. ahá:ntu ikûmi : ten places
ahá:ntu i:kûmi or ahá:ntu eikûmi : the ten places

a. tenth / 第 10 の

conn. + i:kûmi
1. omú:ntu waikûmi : a tenth person
omú:ntu owaikûmi : the tenth person
1. omukázi waikûmi : a tenth woman
omukázi owaikûmi : the tenth woman

1. omwá:na waikûmi : a tenth child
omwá:na owaikûmi : the tenth child
3. omútí gwaikûmi : a tenth tree
omútí ogwaikûmi : the tenth tree
5. i:cúmu lyaikûmi : a tenth spear
i:cúmu eryaikûmi : the tenth spear
7. ekitábu kyaikûmi : a tenth book
ekitábu ekyaikûmi : the tenth book
9. embúzi yaikûmi : a tenth goat
embúzi eyaikûmi : the tenth goat
11. orúkú rwaikûmi : a tenth piece of firewood
orúkú orwaikûmi : the tenth piece of firewood
12. aká:ntu kaikûmi : a tenth small object
aká:ntu akaikûmi : the tenth small object
15. okújú kwaikûmi : a tenth knee
okújú okwaikûmi : the tenth knee
16. ahá:ntu haikûmi : a tenth place
ahá:ntu ahaikûmi : the tenth place

383. from eleven to nineteen / 11 から 19
　　1) cl.1/2　　11. ikúmi n'ó:mû
　　　　　　　　12. ikúmi na babîri
　　　　　　　　13. ikúmi na basâtu
　　　　　　　　14. ikúmi na bánâ
　　　　　　　　15. ikúmi na batâ:no
　　　　　　　　16. ikúmi na mukâ:ga
　　　　　　　　17. ikúmi na musâ:nju
　　　　　　　　18. ikúmi na munâ:na
　　　　　　　　19. ikúmi na mwé:ndâ
　　2) cl.3/4　　11. ikúmi na gúmû
　　　　　　　　12. ikúmi n'e:bîri
　　　　　　　　13. ikúmi n'e:sâtu
　　　　　　　　14. ikúmi n'é:na
　　　　　　　　15. ikúmi n'e:tâ:no
　　　　　　　　16. ikúmi na mukâ:ga
　　　　　　　　17. ikúmi na musâ:nju
　　　　　　　　18. ikúmi na munâ:na
　　　　　　　　19. ikúmi na mwé:nda
　　3) cl.5/6　　11. ikúmi na límû
　　　　　　　　12. ikúmi n'a:bîri
　　　　　　　　13. ikúmi n'a:sâtu
　　　　　　　　14. ikúmi n'á:nâ
　　　　　　　　15. ikúmi n'a:tâ:no
　　　　　　　　16. ikúmi na mukâ:ga
　　　　　　　　17. ikúmi na musâ:nju
　　　　　　　　18. ikúmi na munâ:na
　　　　　　　　19. ikúmi na mwé:nda

4) cl.7/8   11. ikúmi na kímû
            12. ikúmi na bibîri
            13. ikúmi na bisâtu
            14. ikúmi na bínâ
            15. ikúmi na bitâ:no
            16. ikúmi na mukâ:ga
            17. ikúmi na musâ:nju
            18. ikúmi na munâ:na
            19. ikúmi na mwé:nda
5) cl.9/10 11. ikúmi n'é:mu
            12. ikúmi naibîri
            13. ikúmi naisâtu
            14. ikúmi náina
            15. ikúmi naitâ:no
            16. ikúmi na mukâ:ga
            17. ikúmi na musâ:nju
            18. ikúmi na munâ:na
            19. ikúmi na mwé:nda
            N.B. These numbers are used for abstract counting.
6) cl.11/10 11. ikúmi na rúmû
            12. ikúmi naibîri
            13. ikúmi naisâtu
            14. ikúmi náina
            15. ikúmi naitâ:no
            16. ikúmi na mukâ:ga
            17. ikúmi na musâ:nju
            18. ikúmi na munâ:na
            19. ikúmi na mwé:nda
7) cl.12/14 11. ikúmi na kámû
            12. ikúmi na bubîri
            13. ikúmi na busâtu
            14. ikúmi na búna
            15. ikúmi na butâ:no
            16. ikúmi na mukâ:ga
            17. ikúmi na musâ:nju
            18. ikúmi na munâ:na
            19. ikúmi na mwé:nda
8) cl.12/13 11. ikúmi na kámû
            12. ikúmi na tubîri
            13. ikúmi na tusâtu
            14. ikúmi na túna
            15. ikúmi na tutâ:no
            16. ikúmi na mukâ:ga
            17. ikúmi na musâ:nju
            18. ikúmi na munâ:na
            19. ikúmi na mwé:nda

9) cl.15/6 11. ikúmi na kúmû
            12. ikúmi n'a:bîri
            13. ikúmi n'a:sâtu
            14. ikúmi n'á:nâ
            15. ikúmi n'a:tâ:no
            16. ikúmi na mukâ:ga
            17. ikúmi na musâ:nju
            18. ikúmi na munâ:na
            19. ikúmi na mwé:nda

10) cl.16   11. ikúmi na hámu
            12. ikúmi na habîri
            13. ikúmi na hasâtu
            14. ikúmi na hána
            15. ikúmi na hatâ:no
            16. ikúmi na mukâ:ga
            17. ikúmi na musâ:nju
            18. ikúmi na munâ:na
            19. ikúmi na mwé:nda

384. from twenty to fifty

   20 : makúmi abîri   →   makúmyá:bîri
   30 : makúmi asâtu   →   makúmyá:sâtu
   40 : makúmi á:nâ   →   makúmyá:nâ
   50 : makúmi atâ:no →   makúmyá:tâ:no

   N.B. From 20 to 50, the word makúmi can be dispensed with, since the agrrement of the class 6 prefix a- of abîri, asâtu, etc., is done with the numeral makûmi 8 "tens", except in class 6 nouns in which the omission of makûmi 8 may entail the agreement with the head noun.

☆ abá:ntu makúmyá:bîri or abá:ntu abîri 2 : twenty people
  abá:ntu makúmyá:sâtu or abá:ntu asâtu 2 : thirty people
  abá:ntu makúmyá:nâ or abá:ntu á:nâ 2 : forty people
  abá:ntu makúmyá:tâ:no or abá:ntu atâ:no 2 : fifty people

☆ abá:na makúmyá:bîri or abá:na abîri 2 : twenty children
  abá:na makúmyá:sâtu or abá:na asâtu 2 : thirty children
  abá:na makúmyá:nâ or abá:na á:nâ 2 : forty children
  abá:na makúmyá:tâ:no or abá:na atâ:no 2 : fifty children

☆ emítí makúmyá:bîri or emítí abîri 4 : twenty trees
  emítí makúmyá:sâtu or emítí asâtu 4 : thirty trees
  emítí makúmyá:nâ or emítí á:nâ 4 : forty trees
  emítí makúmyá:tâ:no or emítí atâ:no 4 : fifty trees

☆ amacúmu makúmyá:bîri 6 (not amacúmu abîri) : twenty spears
  amacúmu makúmyá:sâtu 6 (not amacúmu asâtu) : thirty spears
  amacúmu makúmyá:nâ 6 (not amacúmu á:nâ) : forty spears
  amacúmu makúmyá:tâ:no 6 (not amacúmu atâ:no) : fifty spears

☆ embúzi makúmyá:bîri or embúzi abîri 9 : twenty goats
  embúzi makúmyá:sâtu or embúzi asâtu 9 : thirty goats
  embúzi makúmyá:na or embúzi á:nâ 9 : forty goats

embúzi makúmyá:tâ:no or embúzi atâ:no 9 : fifty goats

385. sixty / 60
- enkâ:ga 9,10 : unit of sixty <omukâ:ga 3/3 "unit of six" (No.327)
- enká:ga é:mû
- enká:ga yâ:nge
- é:nu nkâ:ga
- é:nu nká:gá kî?
- enká:ga yá:ngê
- ☆ abá:ntu nkâ:ga 2 : sixty people
- abá:ntú enkâ:ga 2 : the sixty people
- 2. abá:na nkâ:ga : sixty children
- 2. abá:ná enkâ:ga : the sixty children
- 4. emítí nkâ:ga 4 : sixty trees
- 4. emítí enkâ:ga 4 : the sixty trees
- 9. embúzi nkâ:ga : sixty goats
- 9. embúzí enkâ:ga : the sixty goats

386. seventy / 70
- ensâ:nju 9,10 : unit of seventy <omusâ:nju 3/4 "unit of seven" (No.328)
- ensá:nju é:mû
- ensá:nju yâ:nge
- é:nu nsâ:nju
- é:nu nsá:njú kî?
- ensá:nju yá:ngê
- ☆ abá:ntu nsâ:nju 2 : seventy people
- abá:ntú ensâ:nju 2 : the seventy people
- 2. abá:na nsâ:nju : seventy children
- 2. abá:ná ensâ:nju : the seventy children
- emítí nsâ:nju 4 : seventy trees
- emítí ensâ:nju 4 : the seventy trees
- 9. embúzi nsâ:nju : seventy goats
- 9. embúzí ensâ:nju : the seventy goats

387. eighty / 80
- ekinâ:na 7, ebinâ:na 8 : unit of eighty <omunâ:na 3/4 "unit of eight" (No.380)
- ekiná:na kímû
- ekiná:na kyâ:nge
- kínu kinâ:na
- kínu kiná:ná kî?
- ekiná:na kyá:ngê
- ☆ abá:ntu kinâ:na 2 : eighty people
- abá:ntú ekinâ:na 2 : the eighty people
- 2. abá:na kinâ:na : eighty children
- 2. abá:ná ekinâ:na : the eighty children
- 4. emítí kinâ:na 4 : eighty trees
- 4. emítí ekinâ:na 4 : the eighty trees
- 9. embúzi kinâ:na : eighty goats
- 9. embúzí ekinâ:na : the eighty goats

388. ninety / 90
- eký:ndâ 7, ebyé:ndâ 8 : unit of ninety <omwé:nda 3/4 "unit of nine" (No.381)
- ekyé:ndá kímû
- ekyé:ndá kyâ:nge
- kínu kyé:ndâ
- kínu kyé:ndá kî?
- ekyé:ndá kyá:ngê
- ☆ 2. abá:ntu kyé:ndâ : ninety people
- 2. abá:ntú ekyé:ndâ : the ninety people
- 2. abá:na kyé:ndâ : ninety children
- 2. abá:ná ekyé:ndâ : the ninety children
- 4. emítí kyé:ndâ : ninety trees
- 4. emítí kyé:ndâ : the ninety trees
- 9. embúzi kyé:nda : ninety goats
- 9. embúzí ekyé:ndâ : the ninety goats

389. hundred / 100
- ekikúmî 7, ebikúmî 8 : unit of one hundred <aug. of i:kûmi 5/6 "ten" (No.382)
- ekikúmí kímû
- ekikúmí kyâ:nge
- kínu kikúmî
- kínu kikúmí kî?
- ekikúmí kyá:ngê

N.B. Although this word must have the same stem as i:kûmi 5/6 "ten" (No.382), the tone is different.
- ☆ 2. abá:ntu kikúmî : one hundred people
- 2. abá:ntú ekikúmî : the one hundred people
- 2. abá:na kikúmî : one hundred children
- 2. abá:ná ekikúmî : the one hundred children
- 4. emítí kikúmî : one hundred trees
- 4. emítí ekikúmî : the one hundred trees
- 9. embúzi kikúmî : one hundred goats
- 9. embúzí ekikúmî : the one hundred goats

390. numbers from 200 to 500

N.B. From 200 to 500, the word bikûmi can be dispensed with, since the agrrement of the class 8 prefix bi- of bibîri, bisâtu, etc., is done with the numeral bikûmi 8 "hundres", except in class 8 nouns in which the omission of makûmi 8 may entail the agreement with the head noun.
- 200 : bikúmí bibîri
- 300 : bikúmí bisâtu
- 400 : bikúmí bínâ
- 500 : bikúmí bitâ:no
- ☆ abá:ntu bikúmí bibîri or abá:ntu bibîri 2 : two hundred people
- abá:ntu bikúmí bisâtu or abá:ntu bisâtu 2 : three hundred people
- abá:ntu bikúmí bínâ or abá:ntu bínâ 2 : four hundred people
- abá:ntu bikúmí bitâ:no or abá:ntu bitâ:no 2 : five hundred people
- ☆ abá:na bikúmí bibîri or abá:na bibîri 2 : two hundred children

abá:na bikúmí bisâtu or abá:na bisâtu 2 : three hundred children
abá:na bikúmí bínâ or abá:na bínâ 2 : four hundred children
abá:na bikúmí bitâ:no or abá:na bitâ:no 2 : five hundred children
☆ emítí bikúmí bibîri or emítí bibîri 4 : two hundred trees
emítí bikúmí bisâtu or emítí bisâtu 4 : three hundred trees
emítí bikúmí bínâ or emítí bínâ 4 : four hundred trees
emítí bikúmí bitâ:no or emítí bitâ:no 4 : five hundred trees
☆ amacúmu bikúmí bibîri or amacúmu bibîri 6, : two hundred spears
amacúmu bikúmí bisâtu or amacúmu bisâtu 6 : three hundred spears
amacúmu bikúmí bínâ or amacúmu bínâ 6 : four hundred spears
amacúmu bikúmi bitâ:no, amacúmu bikúmi bitâ:no 6 : five hundred spears
☆ embúzi bikúmí bibîri or embúzi bibîri 9 : two hundred goats
embúzi bikúmí bisâtu or embúzi abiâtu 9 : three hundred goats
embúzi bikúmí bínâ or embúzi bínâ 9 : four hundred goats
embúzi bikúmí bitâ:no or embúzi bitâ:no 9 : five hundred goats

391. six hundred / 600

orukâ:ga 11, ---- : unit of six hundred <omukâ:ga 3/4 "six" (No.378), enkâ:ga 9/10 "sixty" (No.385).

N.B. The supposed plural enkâ:ga 10 would be "sixty".

☆ 2. abá:ntu rukâ:ga : six hundred people
2. abá:ntú orukâ:ga : the six hundred people
2. abá:na rukâ:ga : six hundred children
2. abá:ná orukâ:ga : the six hundred children
2. emítí rukâ:ga : six hundred trees
2. emítí orukâ:ga : the six hundred trees
2. embúzi rukâ:ga : six hundred goats
2. embúzí orukâ:ga : the six hundred goats

392. seven hundred / 700

orusâ:nju 11, ---- : unit of seven hundred <omusâ:nju 3/4 "seven" (No.379), ensâ:nju 9/10 "seventy" (No.385).

N.B. The supposed plural ensâ:nju 10 would be "seventy".

☆ 2. abá:ntu rusâ:nju : seven hundred people
2. abá:ntu orusâ:nju : the seven hundred people
2. abá:na rusâ:nju : seven hundred children
2. abá:na orusâ:nju : the seven hundred children
2. emítí rusâ:nju : seven hundred trees
2. emítí orusâ:nju : the seven hundred trees
2. embúzi rusâ:nju : seven hundred goats
2. embúzi orusâ:nju : the seven hundred goats

393. eight hundred / 800

orunâ:na 11, ---- : unit of eight hundred <omunâ:na 3/4 "eight" (No.380), ekinâ:na 7/8 "eighty" (No.385).

☆ 2. abá:ntu runâ:na : eight hundred people
2. abá:ntu orunâ:na : the eight hundred people
2. abá:na runâ:na : eight hundred children
2. abá:na orunâ:na : the eight hundred children

    2. emítí runâ:na : eight hundred trees
    2. emítí orunâ:na : the eight hundred trees
    2. embúzi runâ:na : eight hundred goats
    2. embúzi orunâ:na : the eight hundred goats

394. nine hundred / 900

    orwé:ndâ 11, ---- : unit of nine hundred <omwé:nda 3/4 "nine" (No.381), ekyé:ndâ 7/8 "ninety" (No.388).

  ☆ 2. abá:ntu rwé:ndâ : nine hundred people
    2. abá:ntu orwé:ndâ : the nine hundred people
    2. abá:na rwé:ndâ : nine hundred children
    2. abá:na orwé:ndâ : the nine hundred children
    2. emítí rwé:ndâ : nine hundred trees
    2. emítí orwé:ndâ : the nine hundred trees
    2. embúzi rwé:ndâ : nine hundred goats
    2. embúzi orwé:ndâ : the nine hundred goats

395. thousand / 1000

    orukúmî 11, enkúmî 10 : unit of one thousand <aug. of i:kûmi 5/6 "ten" (No.382) and
    orukúmí rúmû   /ekikúmi 7/8 "hundred" (No.389).
    orukúmí rwâ:nge
    rúnu rukúmî
    rúnu rukúmí kî?
    orukúmí rwâ:nge

  ☆ 2. abá:ntu rukúmî : one thousand people
       abá:ntu orukúmî : the one thousand people
    2. abá:na rukúmî : one thousand children
       abá:na orukúmî : the one thousand children
    4. emítí rukúmî : one thousand trees
       emítí orukúmî : the one thousand trees
    9. embúzi rukúmî : one thousand goats
       embúzi orukúmî : the one thousand goats

396. numbers from 2000 to 9000

    2000 : enkúmí ibîri
    3000 : enkúmí isâtu
    4000 : enkúmí í:nâ
    5000 : enkúmí itâ:no
    6000 : akakâ:ga 12, ---- : unit of six thousand
    7000 : akasâ:nju 12, ---- : unit of seven thousand
    8000 : akanâ:na 12, ---- : unit of eight thousand
    9000 : aké:ndâ 12, ---- : unit of nine thousand

  ☆ abá:ntu nkúmí ibîri 2 : two thousand people
    abá:ntu nkúmí isâtu 2 : three thousand people
    abá:ntu nkúmí í:nâ 2 : four thousand people
    abá:ntu nkúmí itâ:no 2 : five thousand people
    abá:ntu kakâ:ga 2 : six thousand people
    abá:ntu kasâ:nju 2 : seven thousand people
    abá:ntu kanâ:na 2 : eight thousand people

       abá:ntu ké:ndâ 2 : nine thousand people
☆ abá:na nkúmí ibîri 2 : two thousand children
   abá:na nkúmí isâtu 2 : three thousand children
   abá:na nkúmí í:nâ 2 : forty children
   abá:na nkúmí itâ:no 2 : five thousand children
   abá:na kakâ:ga 2 : six thousand children
   abá:na kasâ:nju 2 : seven thousand children
   abá:na kanâ:na 2 : eight thousand children
   abá:na ké:ndâ 2 : nine thousand children
☆ emítí nkúmí ibîri 4 : two thousand trees
   emítí nkúmí isâtu 4 : three thousand trees
   emítí nkúmí í:nâ 4 : forty trees
   emítí nkúmí itâ:no 4 : five thousand trees
   emítí kakâ:ga 2 : six thousand trees
   emítí kasâ:nju 2 : seven thousand trees
   emítí kanâ:na 2 : eight thousand trees
   emítí ké:ndâ 2 : nine thousand trees
☆ amacúmu nkúmí ibîri 6 : two thousand spears
   amacúmu nkúmí isâtu 6 : three thousand spears
   amacúmu nkúmí í:nâ 6 : forty spears
   amacúmu nkúmí itâ:no 6 : five thousand spears
   amacúmu kakâ:ga 2 : six thousand spears
   amacúmu kasâ:nju 2 : seven thousand spears
   amacúmu kanâ:na 2 : eight thousand spears
   amacúmu ké:ndâ 2 : nine thousand spears
☆ embúzi nkúmí ibîri 9 : two thousand goats
   embúzi nkúmí isâtu 9 : three thousand goats
   embúzi nkúmí í:nâ 9 : forty goats
   embúzi nkúmí itâ:no 9 : five thousand goats
   embúzi kakâ:ga 2 : six thousand goats
   embúzi kasâ:nju 2 : seven thousand goats
   embúzi kanâ:na 2 : eight thousand goats
   embúzi ké:ndâ 2 : nine thousand goats

397. ten thousand / 10,000
    omutwâ:ro 3, emitwâ:ro 4
    omutwá:ro gúmû
    omutwá:ro gwâ:nge
    gúnu mutwâ:ro
    gúnu mutwá:ró kî?
    omutwá:ro gwá:ngê
☆ 2. abá:ntu mutwá:ro gúmû or abá:ntu mutwâ:ro 2 : ten thousand people
    abá:ntu omutwá:ro : the ten thousand people
  2. abá:na mutwá:ro : ten thousand children
    abá:na omutwá:ro : the ten thousand children
  4. emítí mutwá:ro : ten thousand trees
    emítí omutwá:ro : the ten thousand trees

9. embúzi mutwá:ro : ten thousand goats
embúzi omutwá:ro : the ten thousand goats

a. numbers from 20,000 to 90,000
20,000 : emitwá:ro ebîri
30,000 : emitwá:ro esâtu
40,000 : emitwá:ro é:nâ
50,000 : emitwá:ro etâ:no
60,000 : emitwá:ro mukâ:ga
70,000 : emitwá:ro musâ:nju
80,000 : emitwá:ro munâ:na
90,000 : emitwá:ro mwé:ndâ

b. numbers from 100,000 to 900,000
100,000 : emitwá:ro ikûmi
200,000 : emitwá:ro makúmyá:bîri
300,000 : emitwá:ro makúmyá:sâtu
400,000 : emitwá:ro makúmyá:na
500,000 : emitwá:ro makúmyá:tâ:no
600,000 : emitwá:ro nkâ:ga
700,000 : emitwá:ro nsâ:nju
800,000 : emitwá:ro kinâ:na
900,000 : emitwá:ro kyé:ndâ

398. one hundred thousand / 100,000
akasi:rí:râ 12, obusi:rí:râ 14
akasi:rí:rá kámû
akasi:rí:rá kâ:nge
kánu kasi:rí:râ
kánu kasi:rí:rá kî?
akasi:rí:rá ká:ngê

☆ 2. abá:ntu kasi:rí:rá kámû or abá:ntu kasi:rí:râ : one hundred thousand people

a. numbers from 100,000 to 900,000
200,000 : obusi:rí:rá bubîri
300,000 : obusi:rí:rá busâtu
400,000 : obusi:rí:rá búnâ
500,000 : obusi:rí:rá butâ:no
600,000 : obusi:rí:rá mukâ:ga
700,000 : obusi:rí:rá musâ:nju
800,000 : obusi:rí:rá munâ:na
900,000 : obusi:rí:rá mwé:ndâ

399. million / 百万
akakaikûru 12, obukaikûru 14 <dim. of omukaikûru 1/2 "old woman" (No.445)
akakaikúru kámû
akakaikúru kâ:nge
kánu kakaikûru
kánu kakaikúrú kî?
akakaikúru ká:ngê

☆ 2. abá:ntu kakaikúru kámu or abá:ntu kakaikúru : one million people

a. numbers from two millinos to nine millions
    2,000,000 : obukaikúru bubîri
    3,000,000 : obukaikúru busâtu
    4,000,000 : obukaikúru búnâ
    5,000,000 : obukaikúru butâ:no
    6,000,000 : obukaikúru mukâ:ga
    7,000,000 : obukaikúru musâ:nju
    8,000,000 : obukaikúru munâ:na
    9,000,000 : obukaikúru mwé:ndâ

b. billion / 十億
    akahû:mbi 12, obuhû:mbi 14
    akahú:mbi kámû
    akahú:mbi kâ:nge
    kánu kahû:mbi
    kánu kahú:mbí kî?
    akahú:mbi ká:ngê
  ☆ 2. abá:ntu kahú:mbi kámu or abá:ntu kahû:mbi : one billion people

c. numbers from two billions to nine billions
    2,000,000,000 : obuhú:mbi bubîri
    3,000,000,000 : obuhú:mbi busâtu
    4,000,000,000 : obuhú:mbi búnâ
    5,000,000,000 : obuhú:mbi butâ:no
    6,000,000,000 : obuhú:mbi mukâ:ga
    7,000,000,000 : obuhú:mbi musâ:nju
    8,000,000,000 : obuhú:mbi munâ:na
    9,000,000,000 : obuhú:mbi mwé:ndâ

400. zero / 零
    nô:ti 9,10 <Eng. naught (?)
    nó:ti é:mû
    nó:ti yâ:nge
    é:nu nô:ti
    é:nu nó:tí kî?
    nó:ti yá:ngê
  ☆ Atu.ngire nô:ti. : He has got a zero mark.

401. beginning / 最初、始め
    enta.ndîko 9,10 <okuta.ndîka "to begin" (No.1074)
    enta.ndíko é:mû
    enta.ndíko yâ:nge
    é:nu nta.ndîko
    é:nu nta.ndíkó kî?
    enta.ndíko yá:ngê

a. first / 最初の、第一の
    okubâ:nza : to be first
  ☆ 1. omú:ntu w'okubâ:nza : a first person
      omú:ntu ow'okubâ:nza : the first person
    1. omukázi w'okubâ:nza : a first woman

omukázi ow'okubâ:nza : the first woman
1. omwá:na w'okubâ:nza : a first child
omwá:na ow'okubâ:nza : the first child
3. omútí gw'okubâ:nza : a first tree
omútí ogw'okubâ:nza : the first tree
5. i:cúmu ly'okubâ:nza : a first spear
i:cúmu ery'okubâ:nza : the first spear
9. embúzi y'okubâ:nza : a first goat
embúzi ey'okubâ:nza : the first goat
11. orúkú rw'okubâ:nza : a first child
orúkú orw'okubâ:nza : the first child
12. aká:ntu k'o:kubá:nza : a first small thing
aká:ntu ak'o:kubá:nza : the first small thing

b. to begin with; in the first place; firstly / まず最初に
eky'o.kubâ:nza

402. next / 次の
okwo.ngéráhô. Cf. okwo.ngêra "to add" (No.1084).
☆ 1. omú:ntu ákwo.ngéráho : a next person
omú:ntu owá:kwo.ngéráho : the next person
2. abá:ntu bá:kwo.ngéráho : next persons
abá:ntu abá:kwo.ngéráho : the next persons
3. omútí gú:kwo.ngéráho : next tree
omútí ogú:kwo.ngéráho : the next tree
4. emítí ékwo.ngéráho : a next tree
emítí eyé:kwo.ngéráho : the next trees
5. i:cúmu lí:kwo.ngéráho : a next spear
i:cúmu erí:kwo.ngéráho : the next spear
6. amacúmu gá:kwo.ngéráho : next spears
amacúmu agá:kwo.ngéráho : the next spears
7. ekí:ntu kí:kwo.ngéráho : a next thing
ekí:ntu ekí:kwo.ngéráho : the next thing
8. ebí:ntu bíkwó:ngéráho : next things
ebí:ntu ebí:kwo.ngéráho : the next things
9. embúzi ékwo.ngéráho : a next goat
embúzi eyé:kwo.ngéráho : the next goat
10. embúzi zí:kwo.ngéráho : next goats
embúzi ezí:kwo.ngéráho : the next goats

403. last / 最後、終わり
okumalî:rra : to end, to be last <okumâra "to finish" (No.1075)
☆ 1. omú:ntu w'o.kumalî:rra : a last person
omú:ntú ow'o.kumalî:rra : the last person
2. abá:ntu b'o:kumalî:rra : last persons
abá:ntu ab'o:kumalî:rra : the last persons
7. ekí:ntu ky'o.kumalî:rra : a last thing
ekí:ntu eky'o.kumalî:rra : the last thing
8. ebí:ntu by'o.kumalî:rra : last things

        ebí:ntu eby'o.kumalî:rra : the last things
    9. embúzi y'o.kumalî:rra : a last goat
        embúzi ey'o.kumalî:rra : the last goat
    10. embúzi z'o:kumalî:rra : last goat
        embúzi ez'o:kumalî:rra : the last goats
☆ 1. omú:ntu akumalî:rra : a last person
        omú:ntu á:kumalî:rra or omú:ntu awá:kumalî:rra : the last person
    2. abá:ntu bá:kumalî:rra : last persons
        abá:ntu abá:kumalî:rra : the last persons
    7. ekí:ntu kí:kumalî:rra : a last thing
        ekí:ntu ekí:kumalî:rra : the last thing
    8. ebí:ntu bí:kumalî:rra : last things
        ebí:ntu ebí:kumalî:rra : the last things
    9. embúzi ekumalî:rra : a last goat
        embúzi eyé:kumalî:rra : the last goat
    10. embúzi zí:kumalî:rra : last goat
        embúzi ezí:kumalî:rra : the last goats

404. number (No.) / 番
    nâ:mba 9,10 <Eng.
    ná:mba é:mû
    ná:mba yâ:nge
    é:nu nâ:mba
    é:nu ná:mba kî?
    ná:mba yá:ngê
☆ 1. omú:ntu w'o.kubâ:nza : a first person
    omú:ntu ow'o.kubâ:nza : the first person
    1. omú:ntu wa kábîri : a second person
    omú:ntu owa kábîri : the second person
    1. omú:ntu wa kasâtu : a third person
    omú:ntu owa kasâtu : the third person
    1. omú:ntu wa kánâ : a fourth person
    omú:ntu owa kánâ : the fourth person
    1. omú:ntu wa katâ:no : a fifth person
    omú:ntu owa katâ:no : the fifth person
    1. omú:ntu wa mukâ:ga : a sixth person
    omú:ntu owa mukâ:ga : the sixth person

405. times / 回、回数
    1) omurû:ndi 3, emirû:ndi 4
    omurú:ndi gúmû
    omurú:ndi gwâ:nge
    gúnu murû:ndi
    gúnu murú:ndí kî?
    omurú:ndi gwá:ngê
☆ omurú:ndi gúmû : once
    emirú:ndi ebîri : twice
    emirú:ndi esâtu : three times

emirú:ndi é:nâ : four times
emirú:ndi etâ:no : five times
emirú:ndi mukâ:ga : six times
emirú:ndi musâ:nju : seven times
emirú:ndi munâ:na : eight times
emiru.ndi mwé:ndâ : nine times
emirú:ndi ikûmi : ten times

2) kubâ:nza : once
kabîri : twice
kasâtu : three times
kánâ : four times
katâ:no : five times

N.B. This is a slang way of counting, and it is done up to five times.

☆ Jóhn, kánu katâ:no, ni.nkurórá hânu. : John, this is the fifth time that I see you here.

a. how many times / 何回

1) mirú:ndi i:ngáhâ 4 (or mirú:ndi eingáhâ 4)

☆ Mirú:ndi i:ngáhâ n'o:gé:ndá Ka.mpálâ okwé:zi kûnu? : How many times have you gone to Kampala this month?

2) kaingáhâ 12 : syn. of mirú:ndi i:ngáhâ or mirú:ndi eingáhâ

b. time / 回

☆ omurú:ndi gw'o.kubâ:nza : a first time
omurú:ndi gwa.ba.ndîze : syn. of the preceding.
omurú:ndi gwa.kabîri : a second time
omurú:ndi gwa.kasâtu : a third time
omurú:ndi gwa.kánâ : a fourth time
omurú:ndi gwa.katâ:no : a fifth time
omurú:ndi gwa.mukâ:ga : a sixth time
omurú:ndi gwa.musâ:nju : a seventh time
omurú:ndi gwa.munâ:na : an eighth time
omurú:ndi gwa.mwé:ndâ : a ninth time
omurú:ndi gwa. ikûmi → omurú:ndi gwaikûmi : a tenth time

☆ omurú:ndi ogw'o.kubâ:nza : the first time
omurú:ndi ogwa.ba.ndîze : syn. of the preceding.
omurú:ndi ogwa.kabîri : the second time
omurú:ndi ogwa.kasâtu : the third time
omurú:ndi ogwa.kánâ : the fourth time
omurú:ndi ogwa.katâ:no : the fifth time
omurú:ndi ogwa.mukâ:ga : the sixth time
omurú:ndi ogwa.musâ:nju : the seventh time
omurú:ndi ogwa.munâ:na : the eighth time
omurú:ndi ogwa.mwé:ndâ : the ninth time
omurú:ndi ogwa.ikûmi → omurú:ndí ogwaikûmi : the tenth time

406. names of the months / 月の名

okwé:zi kw'o.kubâ:nza : January
okwé:zi kwa. kabîri : February
okwé:zi kwa. kasâtu : March

okwé:zi kwa. kánâ : April
okwé:zi kwa. katâ:no : May
okwé:zi kwa. mukâ:ga : June
okwé:zi kwa. musâ:nju : July
okwé:zi kwa. munâ:na : August
okwé:zi kwa. mwé:ndâ : September
okwé:zi kwaikûmi : October
okwé:zi kwaikûmi na kúmû : November
okwé:zi kwaikûmi n'e:bîri : December

N.B. 1) The augment o- is added to the connective to mean a specific month like okwé:zi okw'o.kubâ:nza "a particular January, the January", etc. Note also that okwê:zi 15 can be replaced freely by omwé:zi, saying omwé:zu gw'o.kubâ:nza "January", etc.

N.B. 2) Traditional names are remebered though hardly used in daily life. Their naming is characterized by seasonal changes and corresponding farming activities.

- January : buswá:gû
    buswá:gú búmû
    buswá:gú bwâ:nge
    búnu buswâ:gu
    búnu buswá:gú kî?
    buswá:gú bwá:ngê

- February : kayâga <dim. of omuyâga 3 "wind". In this month, it is easy to winnnow crops thanks to approriate wind.

- March : bwá:nswâ <é:nswâ 10 "termites". This is the starting of rainy season and termites appear. <obwí:re bwá:nswa "termite period".

- April : itóigo : Crops are on their half-way to grow. <obutóigo 14 "cereal plants such as itóigo límû /millet, sorghum, rice which are on their half-way to grow".
    itóigo lyâ:nge
    línu itóigo
    línu itóígó kî
    itóigo lyá:ngê

- May : nyamujúnâ <okujûna "to save" (No.730).
    nyamujúná é:mû
    nyamujúná yâ:nge
    é:nu nyamujûna
    é:nu nyamujúná kî?
    nyamujúná yá:ngê
    N.B. This name comes from the expression okujúna (o)bunyâ:ta "to escape from eating staple food without sauce". In this month crops grow much and some are already harvested. There is no fear to eat without sauce.

- June : kasa.mbûra : dry season.
    kasa.mbúra é:mû
    kasa.mbúra yâ:nge
    é:nu kasa.mbûra
    é:nu kasa.mbúrá kî?
    asa.mbúra yá:ngê

- July : ise:nyabúrô <okusê:nya "to go and gather firewood", obúrô 14 "millet". Trees are

dry and people go and gather firewood.
- August : mukona.ntaíkê <okukôna "to knock" and entaíkê 10 "species of termite". This is the period where entaíkê are gathered. For that one has to beat the ground for a long time before termites come out of their nests.
- September : irú:mbî. This is the period where crops grow after planting or sowing in August.
- October : kacu.ngira-mwê:ru <okucu.ngîra "to throw", okwê:ra "to be ready to harvest". Crops are more or less ready to harvest.
- November : muse:nêne <oruse:nêne "grasshoppers" (No.97). This is the period where grasshoppers appear.
- December : kyé:ndâ <ekyé:ndâ 7 "dry season".

407. days of the week / 曜日
- Monday :   kya:bbalázâ 9
- Tuesday :   kya:kabîri
- Wednesday : kya:kasâtu
- Thursday :   kya:kánâ
- Friday :   kya:katâ:no
- Saturday :   kya:mukâ:ga
- Sunday : 1) kya:sabbî:ti <Por. Sabato : Sunday. Cf. esabbî:ti 9, ---- "week" (No.356).
            2) sá:ndê 9, --- : Sunday <Eng.
               sá:ndé é:mû
               sá:ndé yâ:nge
               é:nu sá:ndê
               é:nu sá:ndé kî?
               sá:ndé yá:ngê

408. holiday / 祭日
   1) oruhu:mûro 11, empu:mûro 10 <ekihu:mûro 7/8 "rest" (No.741)
      oruhu:múro rúmû
      oruhu:múro rwâ:nge
      rúnu ruhu:mûro
      rúnu ruhu:múró kî?
      oruhu:múró rwá:ngê
   2) ekíró kikûru 7, ebíró bikûru 8 : celebration day; [lit.] big day
   a. Christmas / クリスマス
      ekíró ky'o.kuzá:rwa kwa. Yésû

409. place / 場所、所
   1) eki:kâro 7, ebi:kâro 8 <okwi.kâra "to live" (No.918)
      eki:káro kímû
      eki:káro kyâ:nge
      kínu ki:kâro
      kínu ki:káró kî?
      eki:káro kyá:ngê
   2) ekicwé:kâ 7, ebicwé:kâ : syn. of the preceding.
      ekicwé:ká kímû
      ekicwé:ká kyâ:nge
      kínu kicwé:kâ

         kínu kicwé:ká kî?
         ekicwé:ká kyá:ngê
    3)   ahâ:ntu 16
         ahá:ntu hámu
         ahá:ntu hâ:nge
         hánu hâ:ntu
         hánu há:ntú kî?
         ahá:ntu há:ngê
    ☆ há:ntu hâ:ndi : some other place, somewhere else
    ☆ Ahá:ntu hánu hasemí:rê. : This place is nice.
    4)   omwâ:nya 3, emyâ:nya 4 : place, space
         omwá:nya gúmû
         omwá:nya gwâ:nge
         gúnu mwâ:nya
         gúnu mwá:nyá kî?
         omwá:nya gwá:ngê

410. direction / 方角、方向
         endagî:rro 9,10 <okuragî:rra "to tell sb the way to a place" (No.584)
         endagí:rro é:mû
         endagí:rro yâ:nge
         é:nu ndagî:rro
         é:nu ndagí:rró kî?
         endagí:rro yá:ngê

411. front / 前
         mumáiso : in front, before
         Cf. amáiso 6, pl. of erî:so 5 "eye" (No.7).

    ☆   sg.   pl.
         1st per.   mumáiso gâ:nge   mumáiso gáitu
         2nd per.   mumáiso gâ:we   mumáiso gâ:nyu
         3rd per.   mumáísó gê   mumáiso gâ:bo
                     "in front of me, etc."

  a. opposite side / 向かい
         mumáiso
    ☆ mumáíso g'o:rugû:do : on the opposite side of a road
  b. before [time] / 前に
         This is rendered by the negative congugation of perfective forms. The following are examples with okwî:ja "to come".

                     sg.   pl.
         1st pers.   ntakáizîre   tutakáizîre
         2nd pers.   otakáizîre   mutakáizîre
         3rd pers.   atakáizîre   batakáizîre
                     "before I did not come", etc.

    ☆ Age.nzere ntakáizîre. : He went before I came.
    ☆ obu mbáíré ntakáizîre : before I came
    ☆ Age.nzere zitakáhikíre sá:ha ibîri. : He went before eight o'clock.
    ☆ Ninyíjá kugé:nda atakáizîre. : I will go before he has not come.

412. back; behind / 後
   1) enyûma 9 (or 19?) or enyîma 9
   enyúma é:mû
   enyúma yâ:nge
   é:nu nyûma
   é:nu nyúmá kî?
   enyúma yá:ngê
   ☆ Halíyó omútí enyúma y'é:njû. : There is a tree behind a/the house.
   2) haka:nyûma 16 : syn. of enyûma
   ☆ Haka:nyúma halíyó omútî. : There is a tree behind.
   ☆ haka:nyúma y'é:njû : behind a/the house
  a. after; later / 後で
   ha:nyûma 16
   ☆ Ninyíjá kwí:ja ha.nyûma. : I will come later.
   ☆ hanyúma y'esá:ha ibîri : after two hours
   ☆ Aizirégé ha.nyúma yâ:we. : He/she came after you.
   2) î:ra adv.
   ☆ Omulímo gûnu, nda:gukorágá î:ra. : I will be always doing this work later on.

413. above; up / 上、上方
   1) erugûru 9 : up //ant. í:fo 9 "down".
   ☆ Ni.ngé:ndá erugúru hakasôzi : I am going up the hill.
   ☆ erugúru y'é:njû : above the house
   2) haigûru 16 : syn. of erugûru <ha 16 + i:gûru 5 "sky" (No.344).
   ☆ haigúru y'é:njû : above a/the house, on the roof of a/the house
   ☆ haigúru y'emé:zâ : above the table, on the table
   ☆ N'a:té:mbá omútí haigûru. : He is climbing up a tree.
  a. on; surface / 上、表面
   ha 16
   ☆ hamé:zâ 16 : at (or on) the table
   ☆ haigúru hamé:zâ 16 : on the table

414. below; under / 下
   1) í:fô 9 : down //ant. erugûru 9 "up".
   í:fó hámû
   í:fó hâ:nge
   kúnu í:fo
   kúnu í:fó kî?
   í:fó há:ngê
   ☆ Ni.ngé:ndá í:fó hakasôzi. : I am going down the hill.
   2) há:nsî 16 : on the ground <ha 16 + é:nsî 9/10 "earth" (No.291)
   ☆ Gé:nda há:nsî! : Go down (the slope)!
   ☆ há:nsí y'e.mé:zâ : under (or below) a/the table

415. right / 右
   obúlyô 14, ----
   obúlyô búmû
   obúlyô bwâ:nge
   búnu búlyô

        búnu búlyó: kî?
        obúlyó bwá:ngê
    ☆ habúlyô : to the right
    ☆ Ni.ngé:ndá habúlyô. : I am going to the right.
  a. right hand / 右手
        omukóno gw'o.búlyô 3, emikóno y'o.búlyô 4

416. left / 左
        emósô 9, ----
        emósó é:mû
        emósó yâ:nge
        é:nu mósô
        é:nu mósó kî?
        emóso yá:ngê
    ☆ hamósô : to the left
    ☆ Ni.ngé:ndá hamósô. : I am going to the left.
  a. left hand / 左手
        omukóno gw'e.mósô 3, emikóno y'e.mósô 4

417. outside / 外
        ahê:ru 16
    ☆ A: Ali nkáhâ? : Where is he/she?
        B: Ali ahê:ru. : He/she is outside.
    ☆ ahé:ru y'é:njû : outside the house

418. in; inside / 内、内部
    1) mu (indefinite) or omu (definite) 18
    ☆ omú:njû 18 : in the house
    ☆ omwi.rwâ:rro 18 : in the hospital
    ☆ Ni.ngé:ndá omutáuni owa Kajûra. : I am going to the town, to Kajura's place.
    2) omû:nda 18 : inside <ê:nda 9/10 "abdomen" (No.25).
    ☆ A: Ali nkáhâ? : Where is he/she?
        B: Ali omú:nda ô:mu. : He/she is inside there.
    ☆ omú:nda y'é:njû : inside the house

419. between; among / 間
    1) hagátî 16
    ☆ hagátí y'emítî : between/among trees
    ☆ hagátí y'abó:jô : among the boys
    ☆ Hagátí yáitu harúmú omusûma. : There is a thief among us.
    2) omúlî 18 : syn. of hagátî
    ☆ omúlí emítî : among trees
    ☆ omúlí î:twe → omúlî:twe : among us
  a. in the middle / 真ん中、中間
        hagátî 16
    ☆ hagátí y'é:njû : in the middle of the house
    ☆ hagatí y'enyé:njâ : in the middle of a/the lake

420. beside; vicinity / 傍ら、側
        harubâju 16. Cf. orubâju 11, embâju 10. See No.26.
    ☆ harubáju rw'e.nyá:njâ : beside a/the lake

- ☆ harubáju rw'o.musîri : at the periphery of the garden
- ☆ Harubáju rw'é:njú haróhó ebitô:ke. : There are banana trees beside the house.
- ☆ harubáju rwâ:nge : beside me, by my side
- ☆ harubáju rwá:we : by your side
- ☆ harubájú rwê : by his/her side

  a. side / 側

      búsî part.

- ☆ búsí bwa. nsé:rî : on the other side
- ☆ búsí bwa. kûnu : on this side

421. around; circumference / 周囲

      okwe.to:rô:ra : to go around (No.865)

422. east / 東

      buruga i:zô:ba → burugaizô:ba : [lit.] origin of the Sun.

  a. west / 西

      bugwa i:zô:ba → bugwaizô:ba : [lit.] falling of the Sun.

  b. south / 南

      amasirimûka 6 <okusirimûka "to descend, to climb down" (No.588)

      amasirimúka gámû

      amasirimúka gâ:nge

      gánu masirimûka

      gánu masirimúká kî?

      amasirimúka gá:ngê

  c. north / 北

      amatê:mba 6 <okutê:mba "to climb up" (No.587)

      amaté:mba gámû

      amaté:mba gâ:nge

      gánu matê:mba

      gánu maté:mbá kî?

      amaté:mba gá:ngê

423. surface / 表

      mumáiso 16

- ☆ mumáíso g'e:kitâbu : surface of a book

424. reverse side; underside / 裏

      enyûma 9 (or 19?)

- ☆ enyúma y'e.kitâbu : the back side of a book

425. bottom / 底

      há:nsî 16

- ☆ há:nsí y'e.cúpâ : at the bottom of a bottle

426. end / 終わり

  1) empêro 9,10 : end

      empéro é:mû

      empéro yâ:nge

      é:nu mpêro

      é:nu mpéró kî?

      empéro yá:ngê

- ☆ empéro y'o.rugû:do : the end point of a road

- ☆ empéro y'é:nsî : the end of the world
- ☆ ha.mpêro 18 : at the end

2) emalî:rra 9,10 : ending point, edge <okumalî:rra "to finish" (No.1075)
   emalí:rra é:mû
   emalí:rra yâ:nge
   é:nu malî:rra
   é:nu malí:rrá: kî?
   emalî:rrá yá:ngê

- ☆ hamalí:rra y'o.musîri : at the edge of a garden
- ☆ Hamálí:rra yâ:nge y'o.kusóma ndiba musomésâ. : At the end of my studies, I will be a teacher.

a. extremity; edge; brim; rim / 端、縁（ふち）
   omugôma 3, emigôma 4
   omugóma gúmû
   omugóma gwâ:nge
   gúnu mugôma
   gúnu mugómá kî?
   omugóma gwá:ngê

- ☆ omugóma gw'e.kî:bo : the rim of a basket
- ☆ Ekikópó kijwi:re kuhíka hamigôma. : The cup is full up to the rim.

b. tip / 先端
   akasô:nga 12, obusô:nga 14
   akasó:nga kámû
   akasó:nga kâ:nge
   kánu kasô:nga
   kánu kasó:nga kî?
   akasó:nga ká:ngê

c. bounds; time limit / 限度、期限
   obukîhyo 14, ----
   obukíhyo búmû
   obukíhyo bwâ:nge
   búnu bukîhyo
   búnu bukíhyó: kî?
   obukíhyo bwá:ngê

- ☆ Obuhíkyo ní dî? : What is the timelimit?

427. at / で ［場所］
   ha (indefinite) 16 or aha (definite) 16
   - ☆ hamé:zâ : at a table, on a table
   - ☆ hakisá:ru : at a river
   - ☆ Ali hasómêro. : He/she is at school.

428. to [destination or direction] / へ ［方向］
   1) ha (indefinite) 16 or aha (definite) 16
   - ☆ okugé:nda hasómêro : to go to school
   - ☆ okuhíka hákâ : to arrive home
   2) mu (indefinite) 18 or omu (definite) 18
   - ☆ Ni.ngé:ndá mutáuni. : I am going to town.

☆ okuhíka omúkâ : to arrive at the home

3) not expressed [with proper nouns]

☆ Ni.ngé:ndá Ka.mpálâ. : I am going to Kampala.

429. at the house of; home / 〜の家で

1) há:njû 16 : at the house of

☆ ha:njú ya Kajûra : at the house of Kajura

2) owa : place

☆ owa Kajâra : Kajura's place

☆ owa Así:mwe : Asimwe's place

☆

	sg.	pl.
1st per.	owá:ngê	owáitu
2nd per.	owá:wê	owâ:nyu
3rd per.	ó:wê	owâ:bu

"at my place/home, etc."

N.B. These forms come from omúká owá:ngê, etc.

3) é:kâ 9(10), amákâ 6 : home

☆ É:gi eri é:ká ya John. : That is John's house.

☆ omúkâ : in the home of <omu 18 "in", é:kâ 9 "home"

☆ omúká ya Kajûra : in the home of Kajura

☆ omúká ya Así:mwe : in the home of Asimwe

☆

	sg.	pl.
1st per.	omúká yâ:nge	omúká yáitu
2nd per.	omúká yâ:we	omúká yâ:nyu
3rd per.	omúká yê	omúká yâ:bu

"in my home, etc."

4) omwa : at/to the house of

☆ omwa Kajûra : in the house of Kajura

☆ omwa Así:mwe : in the house of Asimwe

☆

	sg.	pl.
1st per.	omwá:ngê	omwáitu
2nd per.	omwá:wê	omwâ:nyu
3rd per.	ó:mwê	omwâ:bo

"in my home, etc."

430. from / から

kurûga : [lit.] to come from a place or time. See No.508.

☆ kurúga nyé:nkyâ : from tomorrow

☆ kurúga Hóima : from Hoima

☆ Kurúga hatî, tindigarukíra omwé:ngê. : From now on, I will never come back to alcohol.

431. until; till / まで

1) kuhîka : to, as far as; [lit.] to arrive (No.514)

☆ kuhíka Hóima : up to Hoima

☆ kurúga nyénkyákára kuhíka rwe.bâgyo : from early morning till evening

2) mpákâ : as far as <Sw. mpaka

☆ Age.nzere mpáká omutáuini. : He/she has gone as far as the town.

☆ mpáká habusi.ngûzi : till success

432. here / ここ

1) hânu 16 : here, right here

☆ Íjá hânu! : Come here!

2) kûnu 17 : around here, this way

☆ Kúnu omukyá:ro tulya muhógô. : In this village we eat cassavas.

433. there / そこ

    1) hâli 16

    2) kûli 17 : around there, that way

434. over there / あそこ

    ô:ku 17

☆ Aikara ó:ku Ka.mpálâ. : He/she lives there in Kampala.

☆ A: Muli mútâ ô:ku? : How are you there?

    B: Tulíyó kurú:ngî. : We are fine there.

a. the other side / 向こう側

    nsé:rî 9 <é:nsî "land" followed é:ri "over there"

☆ nsé:rí y'e.nyá:njâ : the other side of the lake

☆ Ali nsé:rî. : He/she is the other side.

435. where / どこ

    1) nkáhâ inv.

☆ N'o:gé:ndá nkáhâ? : Where are you (sg.) going?

☆ N'oikárá nkáhâ? : Where do you (pl.) live?

☆ Omwá:na ali nkáhâ? : Where is the child?

    2) á:hâ 16

    N.B. This is the cl.16 form of -ha "which" (No.1056). It cannot be used alone, and is always attached to the preceding element.

☆ N'o:géndáhâ? : Where are you (sg.) going?

☆ Omwá:na ar'áhâ? : Where is the child?

436. person / 人、人間

    omû:ntu 1, abâ:ntu 2

    omú:ntu ó:mû

    omú:ntu wâ:nge

    ó:nu mû:ntu

    ó:nu mú:ntú kî?

    omú:ntu wá:ngê

cf. obû:ntu 14 : being a human, humanity, personality

☆ obú:ntu burú:ngî: a good personality

437. man / 男、男性

    1) omusáija 1, abasáija 2

    omusáija ó:mû

    omusáija wâ:nge

    ó:nu musáija

    ó:nu musáíjá kî?

    omusáija wá:ngê

cf. obusáija 14, ---- : many small men, manliness, male sexual organ

cf. i:sáija 5, ---- : arrogance, high self-esteem

cf. amasáija 6, ---- : manliness, like a man

cf. ekisáija 7, ebisáija 8 : big-sized person, giant, bad man [bad characterization of a man]

cf. nyamusáíjâ 1*a*,2*a*, ba:nyamusáíjâ 2*a*, aba:nyamusáíjâ 2 : someone (male)
Musáíja î:we, íjá hânu! : You man, come here!

2) omwá:mî 1, abá:mî 2 : syn. of omusáija 1/2, but indicates respect for a man.
omwá:mí ó:mû
omwá:mí wâ:nge
ó:nu mwá:mî
ó:nu mwá:mí kî?
omwá:mí wá:ngê

a. stout person / 強そうな人
ekikarajâja 7, ebikarajâja 8
ekikarajája kímû
ekikarajája kyâ:nge
kínu kikarajâja
kínu kikarajájá kî?
ekikarajája kyá:ngê

438. woman / 女、女性

1) omukâzi 1, abakâzi 2 : woman in general, young or old, married or unmarried, but usually /a mature woman
omukázi ó:mû
omukázi wâ:nge
ó:nu mukâzi
ó:nu mukází kî?
omukázi wá:ngê

cf. i:kâzi 5, ---- : womanliness, femininity
cf. amakâzi 6, ---- : womanliness, like a woman
cf. obukâzi 14, ---- : many small women, female sexual organ
cf. ekikâzi 7, ebikâzi 8 : big-sized woman, bad woman [bad characterization of a woman]
cf. nyaikâzi 1*a*,2*a*, ba:nyaikâzi 2*a*, aba:nyaikâzi 2 : someone (female)

2) omukyâ:ra 1, abakyâ:ra 2 : married woman
omukyá:ra ó:mû
omukyá:ra wâ:nge
ó:nu mukyâ:ra
ó:nu mukyá:rá kî?
omukyá:ro wá:ngê

a. (single) independent woman; self-reliant woman / キャリアレディー、自立女性
nyakye.yo.mbekí:rê 1*a*,2*a*, ba:nyakye.yo.mbekí:rê 2*a*, aba:nyakye.yo.mbekí:rê 2
nyakye.yo.mbekí:ré ó:mû
nyakye.yo.mbekí:ré wâ:nge
ó:nu nyakye.yo.mbekí:rê
ó:nu nyakye.yo.mbekí:ré kî?
nyakye.yo.mbekí:ré wá:ngê
N.B. This expression, derived from okwe.yo.mbekêra "to construct for oneself" (refl.+appl. of okwo.mbêka "to construct") characterises independent women as someone who has constructed a house for herself.

b. female suffix
-kátî
☆ omusomesa-kátî 1, abasomesa-kátî 2 : female teacher

omusomesa-kátí ó:mû
omusomesa-kátí wâ:nge
ó:nu musomesa-kátî
ó:nu musomesa-kátî kî?
omusomesa-kátí wá:ngê

☆ omuryoro-kátî 1, abanyoro-kátî 2 : female admimistrator, madame; also munyoro woman
☆ omuto:ro-kátî 1, abato:ro-kátî 2 : Tooro woman
☆ omuco:li-kátî 1, abaco:li-kátî 2 : Acholi woman

439. child / 子供
　　1) omwâ:na 1, abâ:na 2
　　　omwá:na ó:mû
　　　omwá:na wâ:nge
　　　ó:nu mwâ:na
　　　ó:nu mwá:ná kî?
　　　omwá:na wá:ngê

　　cf. ekyâ:na 7, ebyâ:na 8 : child of a plant or an animal
　　cf. akâ:na 12, obwâ:na 14 or otwâ:na 13 : small child
　　cf. eryâ:na 5, ---- : behaviour of a spoiled child / 子供のダダ
　　☆ ekyá:na ky'e.mbûzi 7, ebyá:na by'e.mbûzi 8 : child goat
　　☆ omwá:na mútô 1, abá:na bátô 1 : small child of two or three years old. Syn. of omutobátô 1/2.

　　2) omutobátô 1, abatobátô 2 : small child of two or three years old <-tô adj. "young" (No.1144)
　　　omutobátó ó:mû
　　　omutobátó wâ:nge
　　　ó:nu mutobátô
　　　ó:nu mutobátó kî?
　　　omutobátó wá:ngê

　　☆ Abatobátó bali bátâ? : How are the small children?

　a. children issued from the same mother / 同じ母の子
　　　owanyinê:nda 1a, aba:nyinê:nda 2 <nyinê:nda 9/10 "womb" (No.33)
　　☆ Bánu ba:nyinê:nda. : These are issued from the same womb.

　b. child born from the adultery of the wife / 妻の不倫の子
　　　ekitwe.kâno 7, ebitwe.kâno 8 <okutwê:ka "to make pregnant" (No.715)
　　　ekitwe.káno kímû
　　　ekitwe.káno kyâ:nge
　　　kínu kitwe.kâno
　　　kínu kitwe.kánó kî?
　　　ekitwe.káno kyá:ngê

440. baby / 赤ん坊
　　1) omwâ:na 1, abâ:na 2 : child, baby. See No.439.
　　2) enkerê:mbe 9,10 : newborn baby
　　　enkeré:mbe é:mû
　　　enkeré:mbe yâ:nge
　　　é:nu nkerê:mbe
　　　é:nu nkeré:mbé kî?
　　　enkeré:mbe yá:ngê

441. boy / 男の子、少年
>omwó:jô 1, abó:jô 2 : boy of any age before reaching the status of omusáija 1/2 "man"
>omwó:jó ó:mû　　　　　　　　　　　　//ant. omwi.síkî 1/2 "girl" (No.441).
>omwó:jó wâ:nge
>ó:nu mwó:jô
>ó:nu mwó:jó kî?
>omwó:jó wá:ngê

>☆ A: Azaire mwá:ná kî? : Of what sex of child has he/she produced?
>　 B: Azaire omwó:jô. : He/she has produced a boy.

442. girl / 女の子、少女
>omwi.síkî 1, abaisíkî 2 : girl of any age before reaching the status of omukâzi 1/2 "woman"
>omwi.síkí ó:mû　　　　　　　　　　　　//ant. omwó:jô 1/2 "boy" (No.441)
>omwi.síkí wâ:nge
>ó:nu mwi.síkî
>ó:nu mwi.síkí kî?
>omwi.síkí wá:ngê

>☆ A: Azaire mwá:ná kî? : Of what sex of child has he/she produced?
>　 B: Azaire omwi.síkî. : He/she has produced a girl.

443. youth; adolescent / 若者
>1) omunyê:to 3, eminyê:to 4 : teenager (male or female)
>　omunyé:to gúmû
>　omunyé:to gwâ:nge
>　gúnu munyê:to
>　gúnu munyé:tó kî?
>　omunyé:to gwá:ngê

>2) omusigâzi 1, abasigâzi 2 /omusígazi 1, abasígazi 2 : unmarried male youth
>　omusigázi ó:mû
>　omusigázi wâ:nge
>　ó:nu musigâzi
>　ó:nu musigází kî?
>　omusigázi wá:ngê

>3) omwi.síkî 1, abaisíkî 2 : girl. See No.395.

　a. nubile girl / 結婚適齢期の女性
>　1) okuswe.rêka : to be marriageable <pot. okuswê:ka "to marry" (No.712)
>　☆ omwi.síkí akuswe.rêka : The girl is marriageable, nubile.
>　2) okutu.ngîka : syn. of the preceding. <pot. okutu.ngîka "to marry" (No.712)

444. adult / 大人
>omú:ntu mukûru 1, abá:ntu bakûru 2

　a. to become an adult / 大人になる
>　okúbá mú:ntu mukûru

445. old person / 年寄り、老人
>1) omugurûsi 1, abagurûsi 2 /omugúrûsi 1, abagúrûsi 2 : old man
>　omugurúsi ó:mû
>　omugurúsi wâ:nge
>　ó:nu mugurûsi
>　ó:nu mugurúsí kî?

        omugurúsi wá:ngê
- 2) omukaikûru 1, abakaikûru 2 : old woman
  omukaikúru ó:mû
  omukaikúru wâ:nge
  ó:nu mukaikûru
  ó:nu mukaikúrú kî?
  omukaikúru wá:ngê
- 3) owakirí:njû 1, aba:kirí:njû 2 : old person in general, man or woman. Cf. é:njû 10 "white /hair" (No.3).
  owakirí:njú ó:mû
  owakirí:njú wâ:nge
  ó:nu wakirí:nju
  ó:nu wakirí:njú kî?
  owakirí:njú wá:ngê
- cf. owakiri.nju-kátî 1, aba:kiri.nju-kátî 2 [rare] : old woman
- 4) omuzê:i 1, abazê:i : old, senior, respected person, man or woman <Sw. mzee
  omuzé:i ó:mû
  omuzé:i wâ:nge
  ó:nu muzê:i
  ó:nu muzé:í kî?
  omuzé:i wá:ngê

  N.B. Although Swahili word, this is commonly used to address old persons. But some people do not like to be called by this noun. A wife cannot use it to refer to her husband by this word.

- a. to become old / 歳を取る
  - 1) okugurûsa /okugúrûsa : said of a man
  - ☆ Omusáija akuzírê. : The man has become old.
  - 2) okukaikûra : said of a woman
  - 3) okukûra : to grow, to become old

446. parent / 親
        omuzáire 1, abazáire 2 <okuzâ:ra "to bear a child" (No.634)
        omuzáire ó:mû
        omuzáire wâ:nge
        ó:nu muzáire
        ó:nu muzáíré kî?
        omuzáire wá:ngê

447. the first born / 第一子、最初の子
        omuzigáijo 1, emizigáijo 4 <okuzigáija "to bear for the first time" (No.634)
        omuzigáijo ó:mû
        omuzigáijo wâ:nge
        ó:nu muzigáijo
        ó:nu muzigáíjo kî?
        omuzigáijo wá:ngê

- a. the last born / 末っ子
  macúrâ 1*a*,2*a*, ba:macúrâ 2*a* or aba:macúrâ 2
  macúrá ó:mû
  macúrá wâ:nge

         ó:nu macúrâ
         ó:nu macúrá kî?
         macúrá wá:ngê

448. husband / 夫
    1) iba nyówê 1*a*, ---- : my husband
       bâro 1*a*, ---- : your husband
       í:bâ 1*a*, ---- : her husband
    ☆ iba Nya.ngómâ : Nyangoma's husband
    2) musáija 1, ---- : man, husband. See No.390.
       musáija wâ:nge 1, ---- : my husband. See No.390.
       musáija wâ:we 1, ---- : your husband
       musáíjá wê 1, ---- : her husband
       N.B. These words are normally used without an augment o-. The augment can be used when designating a particular husband.
    3) omwá:mî 1, abá:mî 2 : man, husband. See No.437.
    ☆ Mwá:mî! : My husband! [call of her husband by a wife]
    ☆ omwá:mí wâ:nge age.nzere omutáuni. : My hausband has gone to the town.

449. wife / 妻
    1) omukâzi 1, abakâzi 2. See No.391.
    ☆ mukázi wâ:nge 1, abakázi bâ:nge 2 : my wife
       mukázi wâ:we 1, abakázi bâ:we 2 : your wife
       mukází wê 1, abakází bê 2 : his wife
       N.B. The augment o- is used when designating a particular wife, e.g. one among the several wives a husband has.
    ☆ (o)mukázi wa Kajûra : Kajura's wife
    ☆ (O)mmukází wê afwí:rê. : His wife has died.
    2) muka: 1, baka: 2 : wife of ～
       N.B. This word is not used alone, but is always followed by a personal name or a kinship term.
    ☆ muka: Kajûra 1, baka: Kajûra 2 : Kajura's wife
    ☆ muk'ó:hâ 1, bak'ó:hâ 2 : whose wife?
    a. the most favorite wife among the co-wives / 最愛の妻
       engâ:nzi 9,10
       engá:nzi é:mû
       engá:nzi yâ:nge
       é:nu ngâ:nzi
       é:nu ngá:nzí kî?
       engá:nzi yá:ngê
       N.B. The second favorite wife is called entwî:ga "girafe".

450. man and wife; married couple / 夫婦
    1) omusáija n'o:mukâzi : a man and a wife
    ☆ omusáija na mukází wê : a man and his wife
    2) omunyóro n'o:mukyâ:ra : a gentleman and a lady, Mr. and Mrs.
    ☆ omunyóro Kajûra n'o:mukyâ:ra : Mr. and Mrs. Kajura
    3) omunyóro n'o:munyoro-kátî : Mr. and Mrs.
    ☆ omunyóro Kajûra n'o:munyoro-kátî : Mr. Kajura and Madame

451. father / 父
　　1) ise nyówê 1*a*, baise nyówê 2*a* : my father
　　　 sô 1*a*, bá:sô 2*a* : your (sg.) father
　　　 í:sê 1*a*, ba:ísê → báísê 2*a* : his/her father
　　　 ise wáitu 1*a*, baise báitu 2*a* : our father
　　　 ise î:twe → is'î:twe 1*a*, baise î:twe → bais'î:twe 2*a* : the same as the preceding.
　　　 ise wâ:nyu 1*a*, baise bâ:nyu 2*a* : your (pl.) father
　　　 ise wâ:bu 1*a*, baise bâ:bu 2*a* : their (pl.) father
　　2) tâ:ta 1*a*, ba:tâ:ta 2*a* : father. Syn. of the preceding, but less commonly used.
　　　 tá:ta wâ:nge 1*a*, ba:tá:ta bâ:nge 2*a* : my father
　　　 tá:ta wâ:we 1*a*, ba:tá:ta bâ:we 2*a* : your (pl.) father
　　　 tá:tá wê 1*a*, ba:tá:tá bê 2*a* : his/her father
　　　 tá:ta wáitu 1*a*, ba:tá:ta báitu 2*a* : our father
　　　 tá:ta wâ:nyu 1*a*, ba:tá:ta bâ:nyu 2*a* : your (pl.) father
　　　 tá:ta wâ:bu 1*a*, ba:tá:ta bâ:bu 2*a* : their father

452. uncle / オジ
　　1) ise.nto nyówê 1*a*, baise.nto nyówê 2*a* : my paternal uncle
　　　 swé:ntô 1*a*, ba:swé:ntô 2*a* : your (sg.) paternal uncle
　　　 ísé:ntô 1*a*, báísé:ntô 2*a* : his/her paternal uncle
　　　 ise.nto î:twe → ise.ntóitwe 1*a*, baise.nto î:twe → baise.ntóitwe 2*a* : our paternal uncle
　　　 ise.nto î:nywe → ise.ntóinywe 1*a*, baise.nto î:nywe → baise.ntóinywe 2*a* : your (pl.) paternal uncle
　　　 ise.ntó bô 1*a*, baise.ntó bô 2*a* : their paternal uncle
　　　 N.B. As the above expressions designate all paternal uncles, either older or younger than the father, the following are used to specify the olders and the youngers.
　　cf. paternal uncle older than the father ("elder paternal uncle" is omitted below)
　　　 ise.nto nyówé omukûru 1*a*, baise.nto nyówé abakûru 2*a* : my
　　　 swé:ntó omukûru 1*a*, ba:swé:ntó abakûru 2*a* : your (sg.)
　　　 ísé:ntó omukûru 1*a*, báísé:ntó abakûru 2*a* : his/her
　　　 ise.nto î:twe omukûru 1*a*, baise.nto î:twe abakûru 2*a* : our
　　　 ise.nto î:nywe omukûru 1*a*, baise.nto î:nywe abakûru 2*a* : your (pl.)
　　　 ise.ntó bó omukûru 1*a*, baise.ntó bó abakûru 2*a* : their
　　cf. paternal uncle younger than the father ("paternal uncle" is omitted below)
　　　 ise.nto nyówé omútô 1*a*, baise.nto nyówé abátô 2*a* : my
　　　 swé:ntó omútô 1*a*, ba:swé:ntó abátô 2*a* : your (sg.)
　　　 ísé:ntó omútô 1*a*, báísé:ntó abátô 2*a* : his/her
　　　 ise.nto î:twe omútó 1*a*, baise.nto î:twe abátô 2*a* : our
　　　 ise.nto î:nywe omútô 1*a*, baise.nto î:nywe abátô 2*a* : your (pl.)
　　　 ise.ntó bó omútô 1*a*, baise.ntó bó abátô 2*a* : their
　　2) nyinarumi nyówê 1*a*, ba:nyinarumi nyówê 2*a* : my maternal uncle
　　　 marûmi 1*a*, ba:marûmi 2*a* : syn. of the preceding.
　　　 nyokorômi 1*a*, ba:nyokorômi 2*a* : your (sg.) maternal uncle
　　　 nyinarûmi 1*a*, ba:nyinarûmi 2*a* : his/her maternal uncle
　　　 nyinarumi î:twe 1*a*, ba:nyinarumi î:twe 2*a* : our maternal uncle
　　　 nyinarumi î:nywe 1*a*, ba:nyinarumi î:nywe 2*a* : your (pl.) maternal uncle
　　　 nyinarumí bô 1*a*, ba:nyinarumí bô 2*a* : their maternal uncle

N.B. As the above expressions designate all maternal uncles, either older or younger than the mother, the following are used to specify the olders and the youngers.
cf. maternal uncle older than the mother ("elder maternal uncle" is omitted below)
nyinarumi nyówé omukûru 1*a*, ba:nyinarumi nyówé abakûru 2*a* : my
marúmi omukûru 1*a*, ba:marúmi abakûru 2*a* : syn. of the preceding.
nyokorómi omukûru 1*a*, ba:nyokorómi abakûru 2*a* : your (sg.)
nyinarúmi omukûru 1*a*, ba:nyinarúmi abakûru 2*a* : his/her
nyinarumi í:twe omukûru 1*a*, ba:nyinarumi í:twe abakûru 2*a* : our
nyinarumi í:nywe omukûru 1*a*, ba:nyinarumi í:nywe abakûru 2*a* : your (pl.)
nyinarumí bó omukûru 1*a*, ba:nyinarumí bó abakûru 2*a* : their
cf. maternal uncle younger than the mother ("younger maternal uncle" is omitted below)
nyinarumi nyówé omútô 1*a*, ba:nyinarumi nyówé abátô 2*a* : my
marúmi omútô 1*a*, ba:marúmi abátô 2*a* : syn. of the preceding.
nyokorómi omútô 1*a*, ba:nyokorómi abátô 2*a* : your (sg.)
nyinarúmi omútô 1*a*, ba:nyinarúmi abátô 2*a* : his/her
nyinarumi î:twe omútô 1*a*, ba:nyinarumi î:twe abátô 2*a* : our
nyinarumi î:nywe omútô 1*a*, ba:nyinarumi î:nywe abátô 2*a* : your (pl.)
nyinarumí bó omútô 1*a*, ba:nyinarumí bó abátô 2*a* : their

453. mother / 母
1) nyina nyówê 1*a*, ba:nyina nyówê 2*a* : my mother
or mâ:u 1*a*, ba:mâ:u 2*a* : my mother; the same as the preceding.
nyôko 1*a*, ba:nyôko 2*a* : your (sg.) mother
nyîna 1*a*, ba:nyîna 2*a* : his/her mother
nyina î:twe → nyináitwe 1*a*, ba:nyina î:twe → ba:nyináitwe 2*a* : our mother
or nyina wáitu 1*a*, ba:nyina báitu 2*a* : our mother; the same as the preceding
nyina î:nywe → nyináinywe 1*a*, ba:nyina î:nywe → ba:nyináinywe 2*a* : your (pl.) mother
or nyina wâ:nyu 1*a*, ba:nyina bâ:nyu 2*a* : your (pl.) mother; the same as the preceding
nyíná bô 1*a*, ba:nyíná bô 2*a* : their mother
or nyina wâ:bu 1*a*, ba:nyina bâ:bu 2*a* : their mother; the same as the preceding
2) mâ:ma 1*a*, ba:mâ:ma 2*a* : mother in general
má:ma wâ:nge 1*a*, ba:má:ma bâ:nge 2*a* : my mother
má:ma wâ:we 1*a*, ba:má:ma bâwe 2*a* : your (sg.) mother
má:má wê 1*a*, ba:má:má bê 2*a* : his/her mother
má:ma wáitu 1*a*, ba:má:ma báitu 2*a* : our mother
má:ma wâ:nyu 1*a*, ba:má:ma bâ:nyu 2*a* : our your (pl.) mother
má:ma wâ:bu 1*a*, ba:má:ma bâ:bu 2*a* : their mother

a. stepmother / 継母
mukaise nyówê 1*a*, ba:mukaise nyówê 2*a* : my stepmother
muká:sô 1*a*, ba:muká:sô 2*a* : your (sg.) stepmother
mukáísê 1*a*, ba:mukáísê 2*a* : his/her stepmother
mukaise î:twe → mukaiséitwe 1*a*, ba:mukaise î:twe → ba:mukaiséitwe 2*a* : our stepmother
mukaise î:nywe → mukaiséinywe 1*a*, ba:mukaise î:nywe → bakaiséinywe 2*a* : your (pl.) stepmother
mukaisé bô 1*a*, ba:mukaisé bô 2*a* : their stepmother

454. aunt / オバ

1) nyine.nto nyówê 1*a*, ba:nyine.nto nyówê 2*a* : my maternal aunt
   nyókwé:ntô 1*a*, ba:nyókwé:ntô 2*a* : your (sg.) maternal aunt
   nyíné:ntô 1*a*, ba:nyíné:ntô 2*a* : his/her maternal aunt   /maternal aunt
   nyine.nto î:twe → nyine.ntóitwe 1*a*, ba:nyine.nto î:twe → ba:nyine.ntóitwe 2*a* : our
   nyine.nto î:nywe → nyine.ntóinywe 1*a*, ba:nyine.nto î:nywe → ba:nyine.ntóinywe 2*a* :
   nyine.ntó bô 1*a*, ba:nyine.ntó bô 2*a* : their maternal aunt   /your (pl.) maternal aunt
   N.B. As the above expressions designate all maternal aunts, either older or younger than the mother, the following are used to specify the olders and the youngers.
   cf. maternal aunt older than the mother ("elder maternal aunt" is omitted below)
   nyine.nto nyówé omukûru 1*a*, ba:nyiwe.nto nyówé abakûru 2*a* : my
   nyókwé:ntó omukûru 1*a*, ba:nyókwé:ntó abakûru 2*a* : your (sg.)
   nyíné:ntó omukûru 1*a*, ba:nyíné:ntó abakûru 2*a* : his/her
   nyine.nto í:twe omukûru → nyine.ntóitwe omukûru 1*a*, ba:nyine.nto í:twe abakûru → ba:nyine.ntóitwe abakûru 2*a* : our
   nyine.nto í:nywe omukûru → nyine.ntóinywe omukûru 1*a*, ba:nyine.nto í:nywe abakûru → ba:nyine.ntóinywe abakûru 2*a* : your (pl.)
   nyine.ntó bó omukûru 1*a*, ba:nyine.ntó bó abakûru 2*a* : their
   cf. maternal aunt younger than the mother ("younger maternal aunt" is omitted below)
   nyine.nto nyówé omútô 1*a*, ba:nyine.nto nyówé abátô 2*a* : my
   má:ma omútô 1*a*, ba:má:ma abátô 2*a* : the same as the preceding.
   nyókwé:ntó omútô 1*a*, ba:nyókwé:ntó abátô 2*a* : your (sg.)
   nyíné:ntó omútô 1*a*, ba:nyíné:ntó abátô 2*a* : his/her
   nyine.nto í:twe omútô → nyine.ntóitwe omútô 1*a*, ba:nyine.nto í:twe abátô → ba:nyine.ntóitwe abátô 2*a* : our
   nyine.nto í:nywe omútô → nyine.ntóinywe omútô 1*a*, ba:nyine.nto í:nywe abátô → ba:nyine.ntóinywe abátô 2*a* : your (pl.)
   nyine.ntó bó omútô 1*a*, ba:nyine.ntó bó abátô 2*a* : their
2) ise.nkati nyówê 1*a*, baise.nkati nyówê 2*a* : my paternal aunt
   tate.nkâzi 1*a*, ba:tate.nkâzi 2*a* : syn. of the preceding.
   kate.nkâzi 1*a*, ba:kate.nkâzi 2*a* : the same as the preceding.
   swe.nkátî 1*a*, ba:swe.nkátî 2*a* : your (sg.) paternal aunt
   ise.nkátî 1*a*, baise.nkátî 2*a* : his/her paternal aunt   /aunt
   ise.nkátí î:twe → ise.nkátî:twe 1*a*, baise.nkátí î:twe → baise.nkátî:twe 2*a* : our paternal
   ise.nkátí î:nywe → ise.nkátî:nywe 1*a*, baise.nkátí î:nywe → baise.nkátî:nywe 2*a* : your
   ise.nkátí bô 1*a*, baise.nkátí bô 2*a* : their paternal aunt   /(pl.) paternal aunt
   N.B. As the above expressions designate all paternal aunts, either older or younger than the father, the following are used to specify the olders and the youngers.
   cf. paternal aunt older than the father ("elder paternal aunt" is omitted below)
   ise.nkátí nyówé omukûru 1*a*, baise.nkátí nyówé abakûru 2*a* : my
   tate.nkázi omukûru 1*a*, ba:tate.nkázi abakûru 2*a* : syn. of the preceding.
   kate.nkázi omukûru 1*a*, ba:kate.nkázi abakûru 2*a* : the same as the preceding.
   swe.nkátí omukûru 1*a*, ba:swe.nkátí abakûru 2*a* : your (sg.)
   ise.nkátí omukûru 1*a*, baise.nkátí abakûru 2*a* : his/her
   ise.nkátí í:twe omukûru → ise.nkátí:twe omukûru 1*a*, baise.nkátí í:twe abakûru → baise.nkátí:twe abakûru 2*a* : our
   ise.nkátí í:nywe omukûru → ise.nkátí:nywe omukûru 1*a*, baise.nkátí í:nywe abakûru →

baise.nkátí:nywe abakûru 2a : your (pl.)

ise.nkátí bó omukûru 1a, baise.nkátí bó abakûru 2a : their

cf. paternal aunt younger than the father ("younger paternal aunt" is omitted below)

ise.nkátí nyówé omútô 1a, baise.nkátí nyówé abátô 2a : my

tate.nkázi omútô 1a, ba:tate.nkázi abátô 2a : syn. of the preceding.

kate.nkázi omútô 1a, ba:kate.nkázi abátô 2a : the same as the preceding.

swe.nkátí omútô 1a, ba:swe.nkátí abátô 2a : your (sg.)

ise.nkátí omútô 1a, baise.nkátí abátô 2a : his/her

ise.nkátí í:twe omútô 1a, baise.nkátí í:twe abátô 2a : our

ise.nkátí í:nywe omútô 1a, baise.nkátí í:nywe abátô 2a : your (pl.)

ise.nkátí bó omútô 1a, baise.nkátí bó abátô 2a : their

455. sibling (brother or sister) / 兄弟姉妹

mugé:nzí wâ:nge 1, bagé:nzí bâ:nge 2 : my brother or sister

mugé:nzí wâ:we 1, bagé:nzí bâ:we 2 : your (sg.) brother or sister

mugé:nzí wê 1, bagé:nzí bê 2 : his/her brother or sister

mugé:nzí wáitu 1, bagé:nzí báitu 2 : our brother or sister

mugé:nzí wâ:nyu 1, bagé:nzí bâ:nyu 2 : your (pl.) brother or sister

mugé:nzí wâ:bu 1, bagé:nzí bâ:bu 2 : their brother or sister

N.B. This word is normally used without an augment o-. The augment is used when referring to one particular sibling. These terms are used both by men and women to refer to both their brothers and sisters.

☆ Omugé:nzí wâ:nge aizírê. : One of my brothers (or sisters) has come.

☆ Mugé:nzí wâ:nge aizírê. : My brother (or sister) has come.

☆ Kátó ali mugé:zí wa Kajûra. : John is a brother of Kajura.

☆ Nya.ngómá ali mugé:zí wa Kajûra. : Nyangoma is a sister of Kajura.

a. brothers and sisters of the same father

baisé:mû <ba:í:sê é:mû

b. brothers and sisters of the same mother

ba:nyiné:mû <ba:nyínâ é:mû

456. brother / 兄弟

1) mwe.ne wáitu 1, be:ne báitu 2 : my brother, our brother

mwe.ne wâ:nyu 1, be:ne bâ:nyu 2 : your (sg.) brother, your (pl.) brother

mwe.ne wâ:bu 1, be:ne bâ:bu 2 : his/her brother, their brother

cf. elder brother :

mwe.ne wáitu omukûru 1, be:ne báitu abakûru 2 : my elder brother

mwe.ne wá:nyu omukûru 1, be:ne bá:nyu abakûru 2 : your (sg.) elder brother

mwe.ne wá:bu omukûru 1, be:ne bá:bu abakûru 2 : their elder brother

cf. younger brother :

mwe.ne wáitu omútô 1, be:ne báitu abátô 2 : my younger brother

mwe.ne wá:nyu omútô 1, be:ne bá:nyu abátô 2 : your (sg.) younger brother

mwe.ne wá:bu omútô 1, be:ne bá:bu abátô 2 : their younger brother

N.B. When the term refers to a brother who is relatively young (upto around 20 years old), the adjective omwó:jô 1, abó:jô 2 "young boy(s)" is added; in the case of an adult brother, the adjective omusáija 1, abasáija 2 "man/men" is used. Below "brother" is omitted in translation.

1) mugé:nzí wá:nge omwó:jô 1, bagé:nzí bá:nge abó:jô 2 : my

mugé:nzí wá:we omwó:jô 1, bagé:nzí bá:we abó:jô 2 : your (sg.)
   mugé:nzí wé omwó:jo 1, bagé:nzí bé abó:jo 2 : his/her
   mugé:nzí wáítu omwó:jô 1, bagé:nzí báítu abó:jô 2 : our
   mugé:nzí wá:nyu omwó:jô 1, bagé:nzí bá:nyu abó:jô 2 : your (pl.)
   mugé:nzí wá:bu omwó:jô 1, bagé:nzí bá:bu abó:jô 2 : their
  2) mugé:nzí wá:nge omusáija 1, bagé:nzí bá:nge abasáija 2 : my
   mugé:nzí wá:we omusáija 1, bagé:nzí bá:we abasáija 2 : your (sg.)
   mugé:nzí wé omusáija 1, bagé:nzí bé abasáija 2 : his/her
   mugé:nzí wáítu omusáija 1, bagé:nzí báítu abasáija 2 : our
   mugé:nzí wá:nyu omusáija 1, bagé:nzí bá:nyu abasáija 2 : your (pl.)
   mugé:nzí wá:bu omusáija 1, bagé:nzí bá:bu abasáija 2 : their

457. sister / 姉妹
  1) munya:nya nyówê 1, banya:nya nyówê 2 : my sister
   munya:nyôko 1, banya:nyôko 2 : your sister
   munyâ:nya 1, banyâ:nya 2 : his/her sister
   munya:nya î:twe → munya:nyáitwe 1, banya:nya î:twe → banya:nyáitwe 2 : our sister
   munya:nya î:nywe → munya:nyáinywe 1, banya:nya î:nywe → banya:nyáinwe 2 : / your (pl.) sister
   munya:nya wâ:bu 1, banya:nya bâ:bu 2 : their sister
  cf. elder sister : ("elder sister" is omitted below)
   munya:nya nyówé omukûru 1, banya:nya nyówé abakûru 2 : my
   munya:nyóko omukûru 1, banya:nyóko abakûru 2 : your (sg.)
   munyá:nya omukûru 1, banyá:nya abakûru 2 : his/her
   munya:nya í:twe omukûru → munya:nyáitwe omukûru 1, banya:nya í:twe abakûru → banya:nyáitwe abakûru 2 : our
   munya:nya í:nywe omukûru → munya:nyáinywe omukûru 1, banya:nya í:nywe abakûru → banya:nyáinwe abakûru 2 : your (pl.)
   munya:nya wá:bu omukûru 1, banya:nya bá:bu abakûru 2 : their
  cf. younger sister : ("younger sister" is omitted below)
   munya:nya nyówé omútô 1, banya:nya nyówé abátô 2 : my
   munya:nyóko omútô 1, banya:nyóko abátô 2 : your (sg.)
   munyá:nya omútô 1, banyá:nya abátô 2 : his/her
   munya:nya í:twe omútô → munya:nyáitwe omútô 1, banya:nya í:twe abátô → banya:nyáitwe abátô 2 : our
   munya:nya í:nywe omútô → munya:nyáinywe omútô 1, banya:nya í:nywe abátô → banya:nyáinwe abátô 2 : your (pl.)
   munya:nya wá:bu omútô 1, banya:nya bá:bu abátô 2 : their
   N.B. When the term refers to a sister who is relatively young (upto 20 years old), the adjective omwi.síkî 1, abaisíkî 2 "young girl(s)" is added; in the case of an adult sister, the adjective omukâzi 1, abakâzi 2 "woman/women" is used. Below "sister" is omitted in translation.
  1) mugé:nzí wá:nge omwi.síkî 1, bagé:nzí bá:nge abaisíkî 2 : my
   mugé:nzí wá:we omwi.síkî 1, bagé:nzí bá:we abaisíkî 2 : your (sg.)
   mugé:nzí wé omwi.síkî 1, bagé:nzí bé abaisíkî 2 : his/her
   mugé:nzí wáítu omwi.síkî 1, bagé:nzí báítu abaisíkî 2 : our
   mugé:nzí wá:nyu omwi.síkî 1, bagé:nzí bá:nyu abaisíkî 2 : your (pl.)
   mugé:nzí wá:bu omwi.síkî 1, bagé:nzí bá:bu abaisíkî 2 : their

2) mugé:nzí wá:nge omukâzi 1, bagé:nzí bá:nge abakâzi 2 : my
   mugé:nzí wá:we omukâzi 1, bagé:nzí bá:we abakâzi 2 : your (sg.)
   mugé:nzí wé omukâzi 1, bagé:nzí bé abakâzi 2 : his/her
   mugé:nzí wáitu omukâzi 1, bagé:nzí báitu abakâzi 2 : our
   mugé:nzí wá:nyu omukâzi 1, bagé:nzí bá:nyu abakâzi 2 : your (pl.)
   mugé:nzí wá:bu omukâzi 1, bagénzí bá:bu abakâzi 2 : their

458. elder brother or sister / 兄姉
   mukúru wâ:nge 1, bakúru bâ:nge 2 : my elder brother or sister
   mukúru wâ:we 1, bakúru bâ:we 2 : your (sg.) elder brother or sister
   mukúrú wê 1, bakúrú bê 2 : his/her elder brother or sister
   mukúru wáitu 1, bakúru báitu 2 : our elder brother or sister
   mukúru wâ:nyu 1, bakúru bâ:nyu 2 : your (pl.) elder brother or sister
   mukúru wâ:bu 1, bakúru bâ:bu 2 : their elder brother or sister
   N.B. These terms refer to either elder brothers or elder sisters, used by both men and women.

   a. elder brother / 兄
      N.B. When the term refers to an elder brother who is young, the adjective omwó:jô 1, abó:jô 2 "young boy(s)" is added; in the case of an adult elder brother, the adjective omusáija 1, abasáija 2 "man/men" is used. Below "elder brother" is omitted in translation.
      1) mukúru wá:nge omwó:jô 1, bakúru bá:nge abó:jô 2 : my
         mukúru wá:we omwó:jô 1, bakúru bá:we abó:jô 2 : your (sg.)
         mukúrú wé omwó:jô 1, bakúrú bé abó:jô 2 : his/her
         mukúru wáitu omwó:jô 1, bakúru báitu abó:jô 2 : our
         mukúru wá:nyu omwó:jô 1, bakúru bá:nyu abó:jô 2 : your (pl.)
         mukúru wá:bu omwó:jô 1, bakúru bá:bu abó:jô 2 : their
      2) mukúru wá:nge omusáija 1, bakúru bá:nge abasáija 2 : my
         mukúru wá:we omusáija 1, bakúru bá:we abasáija 2 : your (sg.)
         mukúrú wé omusáija 1, bakúrú bé abasáija 2 : his/her
         mukúru wáitu omusáija 1, bakúru báitu abasáija 2 : our
         mukúru wá:nyu omusáija 1, bakúru bá:nyu abasáija 2 : your (pl.)
         mukúru wá:bu omusáija 1, bakúru bá:bu abasáija 2 : their

   b. elder sister / 姉
      N.B. When the term refers to an elder sister who is young, the adjective omwi.síkî 1, abaisíkî 2 "young girl(s)" is added; in the case of an adult elder sister, the adjective omukâzi 1, abakâzi 2 "woman/women" is used. Below "elder sister" is omitted in translation.
      1) mukúru wá:nge omwi.síkî 1, bakúru bá:nge abaisíkî 2 : my
         mukúru wá:we omwi.síkî 1, bakúru bá:we abaisíkî 2 : your (sg.)
         mukúrú wé omwi.síkî 1, bakúrú bé abaisíkî 2 : his/her
         mukúru wáitu omwi.síkî 1, bakúru báitu abaisíkî 2 : our
         mukúru wá:nyu omwi.síkî 1, bakúru bá:nyu abaisíkî 2 : your (pl.)
         mukúru wá:bu omwi.síkî 1, bakúru bá:bu abaisíkî 2 : their
      2) mukúru wá:nge omukâzi 1, bakúru bá:nge abakâzi 2 : my
         mukúru wá:we omukâzi 1, bakúru bá:we abakâzi 2 : your (sg.)
         mukúrú wé omukâzi 1, bakúrú bé abakâzi 2 : his/her
         mukúru wáitu omukâzi 1, bakúru báitu abakâzi 2 : our
         mukúru wá:nyu omukâzi 1, bakúru bá:nyu abakâzi 2 : your (pl.)
         mukúru wá:bu omukâzi 1, bakúru bá:bu abakâzi 2 : their

459. younger brother or sister / 弟妹

    mútó wâ:nge 1, bátó bânge 2 : my younger brother or sister
    mútó wâ:we 1, bátó bâ:we 2 : your (sg.) younger brother or sister
    mútó wê 1, bátó bê 2 : his/her younger brother or sister
    mútó wáitu 1, bátó báitu 2 : our younger brother or sister
    mútó wâ:nyu 1, bátó bâ:nyu 2 : your (pl.) younger brother or sister
    mútó wâ:bu 1, bátó bâ:bu 2 : their younger brother or sister

  a. younger brother / 弟

    N.B. When the term refers to a younger brother who is young, the adjective omwó:jô 1, abó:jô 2 "young boy(s)" is added; in the case of an adult younger brother, the adjective omusáija 1, abasáija 2 "man/men" is used. Below "younger brother" is omitted in translation.

    1) mútó wá:nge omwó:jô 1, bátó bá:nge abó:jô 2 : my
       mútó wá:we omwó:jô 1, bátó bá:we abó:jô 2 : your (sg.)
       mútó wé omwó:jô 1, bátó bé abó:jô 2 : his/her
       mútó wáitu omwó:jô 1, bátó báitu abó:jô 2 : our
       mútó wá:nyu omwó:jô 1, bátó bá:nyu abó:jô 2 : your (pl.)
       mútó wá:bu omwó:jô 1, bátó bá:bu abó:jô 2 : their

    2) mútó wá:nge omusáija 1, bátó bá:nge abasáija 2 : my
       mútó wá:we omusáija 1, bátó bá:we abasáija 2 : your (sg.)
       mútó wé omusáija 1, bátó bé abasáija 2 : his/her
       mútó wáitu omusáija 1, bátó báitu abasáija 2 : our
       mútó wá:nyu omusáija 1, bátó bá:nyu abasáija 2 : your (pl.)
       mútó wá:bu omusáija 1, bátó bá:bu abasáija 2 : their

  b. younger sister / 妹

    N.B. When the term refers to a younger sister who is young, the adjective omwi.síkî 1, abaisíkî 2 "young girl(s)" is added; in the case of an adult younger sister, the adjective omukâzi 1, abakâzi 2 "woman/women" is used. Below "elder sister" is omitted in translation.

    1) mútó wá:nge omwi.síkî 1, bátó bá:nge abaisíkî 2 : my
       mútó wá:we omwi.síkî 1, bátó bá:we abaisíkî 2 : your (sg.)
       mútó wé omwi.síkî 1, bátó bé abaisíkî 2 : his/her
       mútó wáitu omwi.síkî 1, bátó báitu abaisíkî 2 : our
       mútó wá:nyu omwi.síkî 1, bátó bá:nyu abaisíkî 2 : your (pl.)
       mútó wá:bu omwi.síkî 1, bátó bá:bu abaisíkî 2 : their

    2) mútó wá:nge omukâzi 1, bátó bá:nge abakâzi 2 : my
       mútó wá:we omukâzi 1, bátó bá:we abakâzi 2 : your (sg.)
       mútó wé omukâzi 1, bátó bé abakâzi 2 : his/her
       mútó wáitu omukâzi 1, bátó báitu abakâzi 2 : our
       mútó wá:nyu omukâzi 1, bátó bá:nyu abakâzi 2 : your (pl.)
       mútó wá:bu omukâzi 1,   bátó bá:bu abakâzi 2 : their

460. son / 息子

    omutabâni 1, abatabâni 2 /omutábâni 1, abatábâni 2
    omutabáni ó:mû
    omutabáni wâ:nge
    ó:nu mutabâni
    ó:nu mutabání kî?
    omutabáni wá:ngê

N.B. This noun is usually used without an augment. With an augment it refers to a particular son. Also, this noun is normally used with a possessive adjective, as follows.

mutabáni wâ:nge 1, batabáni bâ:nge 2 : my son
mutabáni wâ:we 1, batabáni bâ:we 2 : your (sg.) son
mutabání wê 1, batabání bê 2 : his/her son
mutabáni wáitu 1, batabáni báitu 2 : our son
mutabáni wâ:nyu 1, batabáni bâ:nyu 2 : your (pl.) son
mutabáni wâ:bu 1, batabáni bâ:bu 2 : their son

☆ Mutabáni wâ:nge murwáire. : My son is sick.
☆ Omutabáni wâ:nge John murwáire. : My son John is sick.

461. daughter / 娘

omuhárâ 1, abahárâ 2
omuhárá ó:mû
omuhárá wâ:nge
ó:nu muhárâ
ó:nu muhárá kî?
omuhárá wá:ngê

N.B. This noun is usually used without an augment. With an augment it refers to a particular daughter. Also, this noun is normally used with a possessive adjective, as follows.

muhárá wâ:nge 1, bahárá bâ:nge 2 : my daughter
muhárá wâ:we 1, bahárá bâ:we 2 : your (sg.) daughter
muhárá wê 1, bahárá bê 2 : his/her daughter
muhárá wáitu 1, bahárá báitu 2 : our daughter
muhárá wâ:nyu 1, bahárá bâ:nyu 2 : your (pl.) daughter
muhárá wâ:bu 1, bahárá bâ:bu 2 : their daughter

462. nephew / 甥

omwî:hwa 1, abáihwa 2
omwí:hwa ó:mû
omwí:hwa wâ:nge
ó:nu mwî:hwa
ó:nu mwí:hwá: kî?
omwí:hwa wá:ngê

N.B. This word refers to a man's sisters' children, male or female, i.e. nephews or nieces. A woman's brothers' children, male or female, are in the category of her children : mwá:ná wê 1, bá:ná bê 2 because she is in the same clan as her brothers and the children of her brothers. Omwî:hwa 1/2 to a man is someone taken away from his clan. Cf. the verb okwî:ha "to take away" (No.899).

a. niece / 姪

See above.

463. cousin / イトコ

Cousins are of four types:
1) My father's brothers' children are like "brothers and sisters".
2) My mother's sisters' children are like "brothers and sisters".
3) My father's sisters' children are like "nephews and nieces" (omwî:hwa 1, abáihwa 2). See No.417.
4) My mother's brothers' children are like "my maternal uncles" (nyinarumi nyówê 1a,

ba:nyinarumi nyówê 2*a*, or marûmi 1*a*, ba:marûmi 2*a*, etc.). See No.452.

464. grandfather / 祖父

    ise.nkuru nyówê 1*a*, baise.nkuru nyówê 2*a* : my grandfather
    swé:nkûru 1*a*, ba:swé:nkûru 2*a* : your (sg.) grandfather
    ísé:nkûru 1*a*, báísé:nkûru 2*a* : his/her grandfather
    ise.nkuru î:twe 1*a*, baise.nkuru î:twe 2*a* : our grandfather
    ise.nkuru î:nywe 1*a*, baise.nkuru î:nywe 2*a* : your (pl.) grandfather
    ise.nkurú bô 1*a*, baise.nkurú bô 2*a* : their grandfather
    N.B. The above forms are used for both paternal and maternal grandfathers. To differentiate them, the following can be used.

  ☆ ise.nkuru nyówé kiza:ra ise nyówê 1*a* : my paternal grandfather
  ☆ ise.nkuru nyówé kiza:ra nyina nyówê 1*a* : my maternal grandfather

465. grandmother / 祖母

  1) nyine.nkuru nyówê 1*a*, ba:nyine.nkuru nyówê 2*a* : my grandmother
    nyokwe.nkûru 1*a*, ba:nyokwe.nkûru 2*a* : your (sg.) grandmother
    nyine.nkûru 1*a*, ba:nyine.nkûru 2*a* : his/her grandmother
    nyine.nkuru î:twe 1*a*, ba:nyine.nkuru î:twe 2*a* : our grandmother
    nyine.nkuru î:nywe 1*a*, ba:nyine.nkuru î:nywe 2*a* : your (pl.) grandmother
    nyine.nkurú bô 1*a*, ba:nyine.nkurú bô 2*a* : their grandmother
    N.B. The above forms are used for both paternal and maternal grandmothers. To differentiate them, the following can be used.

  ☆ nyine.nkuru nyówé kiza:ra nyina nyówê 1*a* : my maternal grandmother
  ☆ nyine.nkuru nyówé kiza:ra ise nyówê 1*a* : my paternal grandmother

  2) mukâ:ka 1*a*, ba:mukâ:ka 2*a* : the same as the preceding.
    muká:ka wâ:nge 1*a*, ba:muká:ka bâ:nge 2*a* : my grandmother
    muká:ka wâ:we 1*a*, ba:muká:ka bâ:we 2*a* : your (sg.) grandmother
    muká:ká wê 1*a*, ba:muká:ká bê 2*a* : his/her grandmother
    muká:ka wáitu 1*a*, ba:muká:ka báitu 2*a* : our grandmother
    muká:ka wâ:nyu 1*a*, ba:muká:ka bâ:nyu 2*a* : your (pl.) grandmother
    muká:ka wâ:bu 1*a*, ba:muká:ka bâ:bu 2*a* : their grandmother
    N.B. This word is also used for both paternal and maternal grandmothers. To differentiate them, the following can be used.

  ☆ muká:ka kiza:ra ise nyówê 1*a* : my paternal grandmother
  ☆ muká:ka kiza:ra nyina nyówê 1*a* : my maternal grandmother

a. great-grandfather / 曽祖父

  1) kate.nkûru 1*a*, ba:kate.nkûru 2*a*
  2) tate.nkûru 1*a*, ba:tate.nkûru 2*a* : the same as the preceding.
    N.B. These two terms can be used not only for great-grandfathers but also for great-grandmothers. The differentiate them, the qualification omusáija "male" 1/2 or omukâzi 1/2 "female" is added.

  1) kate.nkúru omusáija 1*a*, ba:kate.nkúru abasáija 2*a* : great-grandfather
  2) tate.nkúru omusáija 1*a*, ba:tate.nkúru abasáija 2*a* : the same as the preceding.

b. great-grandmother / 曽祖母

  1) kate.nkúru omukâzi 1*a*, ba:kate.nkúru abakâzi 2*a*
  2) tate.nkúru omukâzi 1*a*, ba:tate.nkúru abakâzi 2*a* : the same as the preceding.

466. ancestor / 先祖

baise.nkuru î:twe 2a : the same as "our grandfathers". See No.464.

467. grandchild / 孫
- 1) omwi.jukûru 1, abaijukûru 2
  omwi.jukúru ó:mû
  omwi.jukúru wâ:nge
  ó:nu mwi.jukûru
  ó:nu mwi.jukúrú kî?
  omwi.jukúru wá:ngê
  N.B. Omwi.jukûru 1/2 is used to cover all the descendants after the child. To differentiate the generations, a number is added starting from the grandchild, who is of the first generation.
- cf. omwi.jukúru w'o.kubâ:nza 1, baijukúru b'o:kubâ:nza 2 : grandchild; [lit.] the first descendant (after the child)
- cf. omwi.jukúru nyakabîri 1, baijukúru nyakabîri 2 : great-grandchild; [lit.] the second descendant (after the child)
- cf. omwi.jukúru nyakasâtu 1, baijukúru nyakasâtu 2 : great-great-grandchild; [lit.] the third descendant (after the child)

a. descendant / 子孫
  abaijukûru 2 : This is the word for grandchildren. See above.

b. jokes between grandparents and grandchildren / 祖父母と孫との間の冗談関係
  amaijukûru 6

468. father-in-law / 義理の父
  iseza:ra nyówê 1a, baiseza:ra nyówê 2a : my father-in-law
  sozâ:ra 1a, ba:sozâ:ra 2a : your (sg.) father-in-law
  isezâ:ra 1a, baisezâ:ra 2a : his/her father-in-law
  iseza:ra î:twe 1a → iseza:ráitwe, baiseza:ra î:twe 2a → baiseza:ráitwe : our father-in-law
  iseza:ra î:nywe 1a → iseza:ráinywe, baiseza:ra î:nywe 2a → baiseza:ráinywe : your (pl.) /father-in-law
  iseza:rá bô 1a, baiseza:rá bô 2a : their father-in-law
  N.B. The plural forms mean the relatives of the father-in-law.

a. mother-in-law / 義理の母
  nyinaza:ra nyówê 1a, ba:nyinaza:ra nyówê 2a : my mother-in-law
  nyokozâ:ra 1a, ba:nyokozâ:ra 2a : your (sg.) mother-in-law
  nyinazâ:ra 1a, ba:nyinazâ:ra 2a : his/her mother-in-law   /: our mother-in-law
  nyinaza:ra î:twe 1a → nyinaza:ráitwe, ba:nyinaza:ra î:twe 2a → ba:nyinaza:ráitwe
  nyinaza:ra î:nywe 1a → nyinaza:ráinywe, ba:nyinaza:ra î:nywe 2a → ba:nyinaza:ráinywe
  nyinaza:rá bô 1a, ba:nyinaza:rá bô 2a : their mother-in-law   /: your (pl.) mother-in-law
  N.B. 1) The plural forms mean the relatives of the mother-in-law.
  2) Mothers-in-law, to men, are of special treatment. One has to deal with them politely and respectfully, with whom one cannot shake hands. Fathers-in-law, by constrast, are friendly to men.

469. son-in-law / 義理の息子
  omúkô 1, abákô 2
  omúkó ó:mû
  omúkó wâ:nge
  ó:nu múkô
  ó:nu múkó kî?

omúkó wá:ngê

☆ múkó wâ:nge 1, bákó bâ:nge 2 : my son-in-law
múkó wâ:we 1, bákó bâ:we 2 : your (sg.) son-in-law
múkó wê 1, bákó bê 2 : his/her son-in-law
múkó wáitu 1, bákó báitu 2 : our son-in-law
múkó wâ:nyu 1, bákó bâ:nyu 2 : your (pl.) son-in-law
múkó wâ:bu 1, bákó bâ:bu 2 : their son-in-law

cf. obúkô 14 : relationship between parents-in-law and sons-in-law

a. daughter-in-law / 義理の娘

muka:mwâ:na 1, baka:mwâ:na 2 : daughter-in-law

☆ muka:mwá:na wâ:nge 1, baka:mwá:na bâ:nge 2 : my daughter-in-law
muka:mwá:na wâ:we 1, baka:mwá:na bâ:we 2 : your (sg.) daughter-in-law
muka:mwá:ná wê 1, baka:mwá:ná bê 2 : his/her daughter-in-law
muka:mwá:na wáitu 1, baka:mwá:na báitu 2 : our daughter-in-law
muka:mwá:na wâ:nyu 1, baka:mwá:na bâ:nyu 2 : your (pl.) daughter-in-law
muka:mwá:na wâ:bu 1, baka:mwá:na bâ:bu 2 : their daughter-in-law

☆ Muka:mwá:na wâ:nge murú:ngî. : My daughter-in-law is a good person.

b. brother- or sister-in-law / 義理のキョウダイ

omurâmu 1, abarâmu 2
omurámu ó:mû
omurámu wâ:nge
ó:nu murâmu
ó:nu murámú kî?
omurámu wá:ngê

N.B. This word can be used both by a man and a woman, and means brothers-in-law and sisters-in-law. To differentiate them, the following expressions are used.

☆ omurámu musáija 1, abarámu basáija 2 : brother-in-law
☆ omurámu mukâzi 1, abarámu bakâzi 2 : sister-in-law
☆ omuramu-kátî 1, abaramu-kátî 2 : sister-in-law; syn. of the preceding, but more commonly used than it.

470. family / 家族

é:kâ 9(10), amákâ 6 : nuclear family
é:ká é:mû
é:ká yâ:nge
é:nu kâ
é:nu ká kî?
é:ká yá:ngê

☆ ow'é:kâ 1 : family head
☆ omú:ntu w'o.múkâ 1, abá:tu b'o:múkâ 1 : people who live in the family (not necessarily family members. There may be included others.)
☆ hákâ 16 : at home

a. lineage / リネージ、家系

ekíkâ 7, ebíkâ 8 : <aug. of é:kâ 9/6 "family". See above.
ekíká kímû
ekíká kyâ:nge
kínu kíkâ

240

    kínu kíká kî?
    ekíká kyá:ngê
  cf. omunyakíkâ 1, abanyakíkâ 2 : lineage member
    omunyakíká ó:mû
    omunyakíká wâ:nge
    ó:nu munyakíkâ
    ó:nu munyakíká kî?
    omunyakíká wá:ngê
 b. to narrate the family history / 家系を述べる
    okutô:nda
    okwe.tô:nda refl. : tu situate oneself in the genealogy of the family
  cf. obwe.tô:nzi 14 : self-explanation of the genealogy
    obwe.tó:nzi búmû
    obwe.tó:nzi wâ:nge
    búnu bwe.tô:nzi
    búnu bwe.tó:nzí kî?
    obwe.tó:nzi bwá:ngê

471. kinship / 血縁関係
    obuzâ:le 14, ---- <okuzâ:ra "to bear a child" (No.634).
    obuzá:le búmû
    obuzá:le bwâ:nge
    búnu buzâ:le
    búnu buzá:lé kî?
    obuzá:le bwá:ngê
 a. kinsman / 親族
    omunyabuzá:le 1, abanyabuzá:le 2
    omunyabuzá:le ó:mû
    omunyabuzá:le wâ:nge
    ó:nu munyabuzâ:le
    ó:nu munyabuzá:lé kî?
    omunyabuzá:le wá:ngê
 b. clan members of the mother (brothers and sisters of mother, etc.) / 母親の出身クランメンバー
    owanyôko 1, aba:nyôko 2 <nyôko 1*a*/2*a* "your mother". See No.453.

472. widow / 未亡人
    omufwa:kátî 1, abafwa:kátî 2 <okúfâ "to die" (No.727).
    omufwa:kátí ó:mû
    omufwa:kátí wâ:nge
    ó:nu mufwa:kátî
    ó:nu mufwa:kátí kî?
    omufwa:kátí wá:ngê
 a. widower / 男やもめ
  1) afwe.rí:rwe omukâzi 1, abafwe.rí:rwe abakâzi 2 : he who has lost a wife
  cf. okufwé:rwa omukâzi : to lose one's wife
  ☆ Afwe.ri:rwe omukâzi. : He has lost his wife.
  2) omufwa-i:rê:mbo 1, abafwa-i:rê:mbo 2 : syn. of the preceding
    Cf. i:rê:mbo 5/6 "front yard". The front yard is important for a house. When a wife dies, no

one takes care of it, and the house look like desert.

473. sterile; barren / 不妊の人
  engû:mba 9,10 : sterile man or woman
  engú:mba é:mû
  engú:mba yâ:nge
  é:nu ngû:mba
  é:nu ngú:mbá kî?
  engú:mba yá:ngê
 cf. obugû:mba 14, ---- : sterility
 cf. okúbá ngû:mba : to become sterile, barren

 a. impotent man / インポの人
  1) omufwê:rwa 1, abafwê:rwa 2 <pass.+appl. of okúfa "to die" (No.643)
   omufwé:rwa ó:mû
   omufwé:rwa wâ:nge
   ó:nu mufwê:rwa
   ó:nu mufwé:rwá: kî?
   omufwé:rwa wá:ngê
  2) ayatí:rwe entâ:ma 1, aba:tí:rwe entâ:ma 2 : [slang]; [lit.] he who was hit by a sheep
   N.B. It is believed that one becomes sterile if butted by a sheep
  ☆ Akate:rwa entâ:ma. : He was butted by a sheep.

474. unmarried person; single; bachelor; spinster / 独身者
  omuhú:rû 1, abahú:rû 2
  omuhú:rú ó:mû
  omuhú:rú wâ:nge
  ó:nu muhú:rû
  ó:nu muhú:rú kî?
  omuhú:rú wá:ngê
 cf. obuhú:rû 14, ---- : state of being single

475. twin / 双子
  omurô:ngo 1, abarô:ngo 2
  omuró:ngo ó:mû
  omuró:ngo wâ:nge
  ó:nu murô:ngo
  ó:nu muró:ngó kî?
  omuró:ngo wá:ngê

 a. father of twins / 双子の父
  í:sé abarô:ngo → ís'ábarô:ngo 1a, báísé abarô:ngo → báís'ábarô:ngo 2a
 b. mother of twins / 双子の母
  nyína abarô:ngo → nyín'abarô:ngo 1a, ba:nyína abarô:ngo →ba:nyín'abarô:ngo 2a
 c. names given to twins and the children born after :
  N.B. These names of twins and after twins are given to children of one lineage, and not restricted to one nuclear family. The names in parentheses are their pet names (empâ:ko 9,10). For pet names, see No.523.

	boy	girl
1st born :	isi.ngôma (amô:ti)	nya.ngómâ (amô:ti)
2nd born :	kátô (adyê:ri)	nyakátô (adyê:ri)

born after twins :	kí:zâ (amô:ti)	kí:zâ (amô:ti)
born after kí:zâ:	ká:hwâ (atê:nyi)	ká:hwâ (atênyi)
born after ká:hwâ:	irú:mbâ (atênyi or abwô:ki)	nsú:ngwâ (adyê:ri)
born after irú:mbâ or nsú:ngwâ :	barô:ngo (amô:ti)	nyamáizi or nyamahú:ngê (adyê:ri)

☆ isi.ngôma   nya.ngómâ
   isi.ngóma ó:mû   nya.ngómá ó:mû
   isi.ngóma wâ:nge   nya.ngómá wâ:nge
   ónu isi.ngôma   ó:nu nya.ngómâ
   ónu isi.ngómá kî?   ó:nu nya.ngómá kî?
   isi.ngóma wá:ngê   nya.ngómá wá:ngê

☆ kátô   nyakátô
   kátó ó:mû   nyakátó ó:mû
   kátó wâ:nge   nyakátó wâ:nge
   ó:nu kátô   ó:nu nyakátô
   ó:nu kátó kî?   ó:nu nyakátó kî?
   kátó wá:ngê   nyakátó wá:ngê

☆ kí:zâ
   kí:zá ó:mû
   kí:zá wâ:nge
   ó:nu kí:zâ
   ó:nu kí:zá kî?
   kí:zá wá:ngê

☆ ká:hwâ
   ká:hwá ó:mû
   ká:hwá wâ:nge
   ó:nu ká:hwâ
   ó:nu ká:hwá: kî?
   ká:hwá wá:ngê

☆ irú:mbâ   nsú:ngwâ
   irú:mbá ó:mû   nsú:ngwá ó:mû
   irú:mbá wâ:nge   nsú:ngwá wâ:nge
   ó:nu irú:mbâ   ó:nu nsú:ngwâ
   ó:nu irú:mbá kî?   ó:nu nsú:ngwá: kî?
   irú:mbá wá:ngê   nsú:ngwá wá:ngê

☆ barô:ngo   nyamáizi   nyamahú:ngê
   baró:ngo ó:mû   nyamáízi ó:mû   nyamahú:ngé ó:mû
   baró:ngo wâ:nge   nyamáízi wâ:nge   nyamahú:ngé wâ:nge
   ónu barô:ngo   ónu nyamáizi   ó:nu nyamahú:ngê
   ónu baró:ngó kî?   ónu nyamáízí kî?   ó:nu nyamahú:ngé kî?
   baró:ngo wá:ngê   nyamáízi wá:ngê   nyamahú:ngé wá:ngê

d. ritual to cleanse twins
   amahâsa 6
   amahása gámû
   amahása gâ:nge
   gánu mahâsa
   gánu mahásá kî?

    amahása gá:ngê
    ☆ okumára amahâsa : to finish the twin rituals
  e. spirit shrine for twins
    ekibbâli 7, ebibbâli 8
    ekibbáli kímû
    ekibbáli kyâ:nge
    kínu kibbâli
    kínu kibbálí kî?
    ekibbáli kyá:ngê
  f. to take one's twins to one's mother's side
    okutá:hya abarô:ngo
476. orphan / 孤児
    enfû:zi 9,10
    enfú:zi é:mû
    enfú:zi yâ:nge
    é:nu nfû:zi
    é:nu nfú:zí kî?
    enfú:zi yá:ngê
  cf. obufû:zi 14, ---- : being orphan
477. friend / 友達、友人
  1) omunywá:nî 1, abanywá:nî 2 <okunywâ:na "to become friends"
    omunywá:ní ó:mû
    omunywá:ní wâ:nge
    ó:nu munywá:nî
    ó:nu munywá:ní kî?
    omunywá:ní wá:ngê
  cf. obunywá:nî 14 : friendship <omunywá:nî 1/2. See above.
  cf. okunywâ:na : to become friends
  2) engâ:nzi 9,10
    engá:nzi é:mû
    engá:nzi yâ:nge
    é:nu ngâ:nzi
    é:nu ngá:nzi kî?
    engá:nzi yá:ngê
  a. to make a pact of blood friendship / 血の契りを結ぶ
    okusára omukâgo
  cf. omukâgo 3, emikâgo 4 : pact of blood friendship
    omukágo gúmû
    omukágo gwâ:nge
    gúnu mukâgo
    gúnu mukágó kî?
    omukágo gwá:ngê
478. neighbour / 隣人
    omutâ:hi 1, abatâ:hi 2
    omutá:hi ó:mû
    omutá:hi wâ:nge

ó:nu mutâ:hi

ó:nu mutá:hí kî?

omutá:hi wá:ngê

N.B. This noun is sometimes pronounced as omutá:hî 1, abatá:hî 2 especially when it is qualified by possessive adjectives.

☆ Ali mutá:hi wâ:nge. or Ali mutá:hí wâ:nge. : He/she is my neighbour.

479. colleague; associate / 同僚
1) omukózi wáitu 1, abakózi báitu 2 : colleague, not so intimate; [lit.] our worker
2) omutâ:hi 1, abatá:hi 2 : colleague, office mate, school mate, etc. (whom you know well). See No.478.
3) abakóra hámû : those who work together

480. guest; visitor / お客、訪問者
omugênyi 1, abagênyi 2
omugényi ó:mû
omugényi wâ:nge
ó:nu mugênyi
ó:nu mugényí kî?
omugényi wá:ngê

481. tribe; ethnic group / 部族
i:há:ngâ 5, amahá:ngâ 6 : also means "country". See No.247.

☆ A : John aswi:re omukâzi. : John has married a woman.
B : Aswi.re ow'ihá:ngá kî? : What tribeswoman has he married?
A : Muto:ro-kátî. : A Tooro woman.

a. tribes in Uganda

N.B. Nouns referring to ethnic groups regularly indicate the language spoken by the group when put in cl.11 (oru-), and particulars such as food, dance, dress, etc. when put in cl.7 (eki-), as the examples which follow illustrate.

1) omunyôro 1, abanyôro 2 /omúnyôro 1, abányoro 2 : the Banyoro
omunyóro ó:mû
omunyóro wâ:nge
ó:nu munyôro
ó:nu munyóró kî?
omunyóro wá:ngê

cf. orunyôro 11 /orúnyôro 11 : the Runyoro language
cf. ekinyôro 7, ---- /ekínyôro 7, ---- : Banyoro style of doing things
cf. kitárâ 9, ---- : the anciant kingdom of the Banyoro
kitárá é:mû
kitárá yâ:nge
é:nu kitárâ
é:nu kitárá kî?
kitárá yá:ngê

cf. orunyakitárâ 11 : the Kitara language

2) omutô:ro 1, abatô:ro 2 : the Batooro
omutó:ro ó:mû
omutó:ro wâ:nge
ó:nu mutô:ro

    ó:nu mutó:ró kî?
    omutó:ro wá:ngê
cf. orutô:ro 11 : the Rutooro language
cf. ekitô:ro 7, ---- : Batooro style of doing things
3) omunya.nkôle 1, abanya.nkôle 2 : the Banyankore
    omunya.nkóle ó:mû
    omunya.nkóle wâ:nge
    ó:nu munya.nkôle
    ó:nu munya.nkólé kî?
    omunya.nkóle wá:ngê
cf. orunya.nkôle 11 : the Runyankore language
cf. ekinya.nkôle 7, ---- : Banyankore style of doing things
4) omuhímâ 1, abahímâ 2 : subtribe among the Banyankore (pastralists)
    omuhímá ó:mû
    omuhímá wâ:nge
    ó:nu muhímâ
    ó:nu muhímá kî?
    omuhímá wá:ngê
5) omukígâ 1, abakígâ 2 : The Bakiga
    omukígá ó:mû
    omukígá wâ:nge
    ó:nu mukígâ
    ó:nu mukígá kî?
    omukígá wá:ngê
cf. orukígâ 11 : the Rukiga language
cf. ekikígâ 7, ---- : Bakiga style of doing things
6) omukó:njô 1, abakó:njô 2 : the Bakonjo
    omukó:njó ó:mû
    omukó:njó wâ:nge
    ó:nu mukó:njô
    ó:nu mukó:njó kî?
    omukó:njó wá:ngê
cf. orukó:njô 11 : the Rukonjo language
cf. ekikó:njô 7, ---- : Bakonjo style of doing things
7) omwâ:mba 1, abâ:mba 2 : the Bamba
    omwá:mba ó:mû
    omwá:mba wâ:nge
    ó:nu mwâ:mba
    ó:nu mwá:mbá kî?
    omwá:mbá wá:ngê
cf. orwâ:mba 11 : the Rwamba language
cf. ekyâ:mba 7, ---- : Bamba style of doing things
8) omubwî:si 1, ababwî:si 2 : The Bwisi
    omubwí:si ó:mû
    omubwí:si wâ:nge
    ó:nu mubwî:si

ó:nu mubwí:sí kî?
omubwí:si wá:ngê
- cf. orubwî:si 11 : the Bwisi language
- cf. ekibwî:si 7, ---- : Bwisi style of doing things

9) omugû:ngu 1, abagû:ngu 2 : The Bagungu
omugú:ngu ó:mû
omugú:ngu wâ:nge
ó:nu mugû:ngu
ó:nu mugú:ngú kî?
omugú:ngu wá:ngê
- cf. orugû:ngu 11 : the Rugungu language
- cf. ekigû:ngu 7, ---- : Bagungu style of doing things

10) omukóbyâ 1, abakóbyâ 2 : The Bakobya
omukóbyá ó:mû
omukóbyá wâ:nge
ó:nu mukóbyâ
ó:nu mukóbyá: kî?
omukóbyá wá:ngê
- cf. orukóbyâ 11 : the Rukobya language
- cf. ekikóbyâ 7, ---- : Bakobya style of doing things

11) omurû:li 1, abarû:li 2 : The Baruli
omurú:li ó:mû
omurú:li wâ:nge
ó:nu murû:li
ó:nu murú:lí kî?
omurú:li wá:ngê
- cf. orurû:li 11 : the Ruruli language
- cf ekirû:li 7, ---- : Baruli style of doing things

12) omugá:ndâ 1, abagá:ndâ 2 : The Baganda
omugá:ndá ó:mû
omugá:ndá wâ:nge
ó:nu mugá:ndâ
ó:nu mugá:ndá kî?
omugá:ndá wá:ngê
- cf. orugá:ndâ 11 : the Luganda language
- cf. ekigá:ndâ 7, ---- : Baganda style of doing things

13) omusógâ 1, abasógâ 2 : The Basoga
omusógá ó:mû
omusógá wâ:nge
ó:nu musógâ
ó:nu musógá kî?
omusógá wá:ngê
- cf. orusógâ 11 : the Lusoga language
- cf. ekisógâ 7, ---- : Basoga style of doing things

14) omucó:lî 1, abacó:lî 2 : The Acoli
omucó:lí ó:mû

omucó:lí wâ:nge
ó:nu mucó:lî
ó:nu mucó:lí kî?
omucó:lí wá:ngê
- cf. orucó:lî 11 : the Acoli language
- cf. ekicó:lî 7, ---- : Acoli style of doing things

15) omulá:ngô 1, abalá:ngô 2 : The Lango
omulá:ngó ó:mû
omulá:ngó wâ:nge
ó:nu mulá:ngô
ó:nu mulá:ngó kî?
omulá:ngó wá:ngê
- cf. orulá:ngô 11 : the Lango language
- cf. ekilá:ngô 7, ---- : Lango style of doing things

16) omucôpe 1, abacôpe 2 : The Chope
omucópe ó:mû
omucópe wâ:nge
ó:nu mucôpe
ó:nu mucópé kî?
omucópe wá:ngê
- cf. orucôpe 11 : the Chope language
- cf. ekicôpe 7, ---- : Chope style of doing things

17) omutê:so 1, abatê:so 2 : The Teso
omuté:so ó:mû
omuté:so wâ:nge
ó:nu mutê:so
ó:nu muté:só kî?
omuté:so wá:ngê
- cf. orutê:so 11 : the Teso language
- cf. ekitê:so 7, ---- : Teso style of doing things

18) omunû:bi 1, abanû:bi 2 : The Nubians
omunú:bi ó:mû
omunú:bi wâ:nge
ó:nu munû:bi
ó:nu munú:bí kî?
omunú:bi wá:ngê
- cf. orunû:bi 11 : the Nubi language
- cf ekinû:bi 7, ---- : Nubian style of doing things

482. clan / クラン

orugá:ndâ 11, engá:ndâ 10
orugá:ndá rúmû
orugá:ndá rwâ:nge
rúnu rugá:nda
rúnu rugá:ndá kî?
rugá:ndá rwá:ngê
- cf. ow'o.rugá:ndâ 1, ab'o:rugá:ndâ 2 : clan member

cf. omunyarugá:ndâ 1, abanyarugá:ndâ 2 : syn. of the preceding.

a. clans of the Banyoro

N.B. Members of the same clan cannot marry each other except ababî:to "the royal clan". Also, a man cannot mary a girl of mother's clan. The following list is not exhaustive. The Banyoro clans are mostly the same as the Batooro clans except for some which are found either among the Banyoro or the Batooro only.

1) omugwê:ri 1, abagwê:ri 2
omugwé:ri ó:mû
omugwé:ri wâ:nge
ó:nu mugwê:ri
ó:nu mugwé:rí kî?
omugwé:ri wá:ngê

cf. their totem : engâbi 9/10 "bushbuck" (No.81)

2) omusî:ngo 1, abasî:ngo 2
omusí:ngo ó:mû
omusí:ngo wâ:nge
ó:nu musî:ngo
ó:nu musí:ngó kî?
omusí:ngo wá:ngê

cf. their totem : omurá:râ 3/4 "the first milk of cow after bearing calves" (No.164)

3) omuhî:nda 1, abahî:nda 2
omuhí:nda ó:mû
omuhí:nda wâ:nge
ó:nu muhî:nda
ó:nu muhí:ndá kî?
omuhí:nda wá:ngê

cf. their totem : enkê:nde 9/10 "species of monkey" (No.81)

4) omubî:to 1, ababî:to 2 : the royal clan
omubí:to ó:mû
omubí:to wâ:nge
ó:nu mubî:to
ó:nu mubí:tó kî?
omubí:to wá:ngê

cf. their totem : engâbi 9/10 "bushbuck" (No.81)

5) omusû:mbi 1, abasû:mbi 2
omusú:mbi ó:mû
omusú:mbi wâ:nge
ó:nu musû:mbi
ó:nu musú:mbí kî?
omusú:mbi wá:ngê

cf. their totem : é:nte y'e.ntî:mba 9/10 "cow whose hide is dotted with many colours" (No.73)

6) omuyâga 1, abayâga 2
omuyága ó:mû
omuyága wâ:nge
ó:nu muyâga
ó:nu muyágá kî?

omuyága wá:ngê
- cf. their totem : akanyamu.nkô:nge 12/14 "species of small bird, Abyssinian crimsonwing" (No.90)

7) omubwí:jû 1, ababwí:jû 2   or   omubwí:jwâ 1, ababwí:jwâ 2
   omubwí:jú ó:mû　　　　　　omubwí:jwá ó:mû
   omubwí:jú wâ:nge　　　　　　omubwí:jwá wâ:nge
   ó:nu mubwí:jû　　　　　　　　ó:nu mubwí:jwâ
   ó:nu mubwí:jú kî?　　　　　　ó:nu mubwí:jwá: kî?
   omubwí:jú wá:ngê　　　　　　omubwí:jwá wá:ngê
- cf. their totem : enjúbû 9/10 "hippopotamus" (No.81)

8) omusî:ta 1, abasî:ta 2
   omusí:ta ó:mû
   omusí:ta wâ:nge
   ó:nu musî:ta
   ó:nu musí:tá kî?
   omusí:ta wá:ngê
- cf. their totem : obusîto 14 "sperm of bulls" (No.32)

9) omusâ:mbu 1, abasâ:mbu 2
   omusá:mbu ó:mû
   omusá:mbu wâ:nge
   ó:nu musâ:mbu
   ó:nu musá:mbú kî?
   omusá:mbu wá:ngê
- cf. their totem : obutwê:ki 14 "pregnancy of a young girl" (No.715)

10) omubbô:pi 1, ababbô:pi 2
   omubbó:pi ó:mû
   omubbó:pi wâ:nge
   ó:nu mubbô:pi
   ó:nu mubbó:pí kî?
   omubbó:pi wá:ngê
- cf. their totem : ekiko.ngôro 7/8 "centipede" (No.106)

11) omubwô:ro 1, ababwô:ro 2
   omubwó:ro ó:mû
   omubwó:ro wâ:nge
   ó:nu mubwô:ro
   ó:nu mubwó:ró kî?
   omubwó:ro wá:ngê
- cf. their totem : enyaswî:swi 9/10 "paradise flycatcher" (No.89)

12) omucwê:zi 1, abacwê:zi 2
   omucwé:zi ó:mû
   omucwé:zi wânge
   ó:nu mucwê:zi
   ó:nu mucwé:zí kî?
   omucwé:zi wá:ngê
- cf. their totem : obusîto 14 "sperm of bulls" (No.32)
   N.B. Abacwê:zi 2 as a clan have nothing to do with abacwê:zi as "traditional gods".

13) omulebêki 1, abalebêki 2 /omulébêki 1, abalébêki 2
    omulebéki ó:mû
    omulebéki wâ:nge
    ó:nu mulebêki
    ó:nu mulebékí kî?
    omulebéki wá:ngê
  cf. their totem : engâbi 9/10 "species of antelope" (No.81)
14) omwi.sá:nzâ 1, abaisá:nzâ 2
    omwi.sá:nzá ó:mû
    omwi.sá:nzá wâ:nge
    ó:nu mwi.sá:nzâ
    ó:nu mwi.sá:nzá kî?
    omwi.sá:nzá wá:ngê
  cf. their totem : é:nte y'e.ntî:mba 9/10 "cow whose hide is dotted with many colours" (No.73).
15) omugímû 1, abagímû 2
    omugímú ó:mû
    omugímú wâ:nge
    ó:nu mugímû
    ó:nu mugímú kî?
    omugímú wá:ngê
  cf. their totem : akairîza 12/14 "rain drops from a roof" (No.291)
16) omurû:ngu 1, abarû:ngu 2
    omurú:ngu ó:mû
    omurú:ngu wâ:nge
    ó:nu murû:ngu
    ó:nu murú:ngú kî?
    omurú:ngu wá:ngê
  cf. their totem : omukebûko 3/4 "looking back after defecation" (No.867)
17) omunyakyô:zi 1, abanyakyô:zi 2
    omunyakyó:zi ó:mû
    omunyakyó:zi wâ:nge
    ó:nu munyakyô:zi
    ó:nu munyakyó:zí kî?
    omunyakyó:zi wá:ngê
  cf. their totem : entajû:mba 9/10 "guinea fowl" (No.90).
18) omusóigi 1, abasóigi 2
    omusóigi ó:mû
    omusóigi wâ:nge
    ó:nu musóigi
    ó:nu musóígí kî?
    omusóigi wá:ngê
  cf. their totem : ekya.yá:yâ 7/8 "variety of plantain banana" (No.130).
19) omusáigi 1, abasáigi 2
    omusáigi ó:mû
    omusáigi wâ:nge
    ó:nu musáigi

ó:nu musáígí kî?
omusáígi wá:ngê
cf. their totem :?
b. totem / トーテム
omuzîro 3, emizîro 4. See No.535.
483. group; gathering; crowd / 集団、集まり
1) omugâ:nda 3, emigâ:nda 4 : gathering of people, collection of objects
omugá:nda gúmû
omugá:nda gwâ:nge
gúnu mugâ:nda
gúnu mugá:ndá kî?
omugá:nda gwá:ngê
☆ omugá:nda gw'a.bâ:ntu : crowd of people
☆ omugá:nda gw'e.bî:ntu : pile of goods
2) ekitêbe 7, ebitêbe 8 : syn. of the preceding, but used only for people. See No.283.
☆ ekitébe ky'a.bâ:ntu : group of people, (political) party
a. herd; group / 群れ、集団
1) i:gâna 5, amagâna 6 : herd (of cows, goats)
i:gána límû
i:gána lyâ:nge
línu igâna
línu igáná kî?
i:gána lyá:ngê
☆ i:gána ly'ê:nte : herd of cattle
☆ É:nte ziri omwi.gâna. : Cows are in a herd.
2) amâhyo 6 : big herd
amáhyo gámû
amáhyo gâ:nge
gánu mâhyo
gánu máhyó: kî?
amáhyo gá:ngê
☆ amáhyo g'ê:nte : very big herd of cattle
484. species; kind / 種類
1) The species or kind is rendered by the use of the invariable adjective kî.
☆ Mú:ntú kî? : What kind of person is he/she?
☆ Kisóró kî? : What kind of animal is it?
☆ Kínu kinyónyí kî? : What kind of bird is this?
☆ Gúnu mútí kî? : What kind of tree is this?
2) orugá:ndâ 11, engá:ndâ 10 : species, type; [lit.] clan. See No.482.
☆ orugá:ndá rw'e.kisôro 11 : species of animal
☆ orugá:ndá rw'ê:nte 11 : species of cow
☆ Rúnu rugá:ndá rw'o.mútí kî? : What kind of tree is this?
3) ekíkâ 7, ebíkâ 8 : syn. of orugá:ndâ 11/10; [lit.] lineage. See No.470.
☆ ekíká ky'e.kisôro 11 : species of animal
4) embîbo 9,10 : species, type, kind; also means "seed, grain, etc.". See No.125.
☆ embíbo y'o.búrô 9, embíbo z'o:búrô : species of millet

485. mute; dumb person / 唖者
- 1) kibbúbbû 1*a*,2*a*, ba:kibbúbbû 2*a* or aba:kibbúbbû 2
  kibbúbbú ó:mû
  kibbúbbú wâ:nge
  ó:nu kibbúbbû
  ó:nu kibbúbbú kî?
  kibbúbbú wá:ngê
- 2) kasírû 1*a*,2*a*, ba:kasírû 2*a* or aba:kasírû 2 : syn. of the preceding.
  kasírú ó:mû
  kasírú wâ:nge
  ó:nu kasíru
  ó:nu kasírú kî?
  kasírú wá:ngê
  - a. stammerer; stutterer / 吃音者
    kahehebêzi 1*a*,2*a*, ba:kahehebêzi 2*a* or aba:kahehebêzi 2
    kahehebézi ó:mû
    kahehebézi wâ:nge
    ó:nu kahehebêzi
    ó:nu kahehebézí kî?
    kahehebézi wá:ngê
  - cf. okuhebebêra : to stammer / どもる

486. deaf / 耳の聞こえない人
- 1) omúfú w'a.mátû 1, abáfú b'a:mátû 2
- 2) omwi.gar'amátû 1, abaigar'amátû 2 : syn. of the preceding.
- 2) ki:gar'amátû 1*a*,2*a*, ba:ki:gar'amátû 2*a* or aba:ki:gar'amátu 2 : syn. of the preceding.
- 3) akaigar'amátû 1, aba:kaigar'amátû 2 : syn. of the preceding; [lit.] one who blocked the ear
- cf. obwi.gázi bw'a.mátû 14, ---- : deafness
- cf. okwi.gára amátû or okwi.gá:rra amátû : to be deaf
- ☆ Aigali:re amátû : He/she is deaf.

487. blind person / 目の見えない人
- 1) kihi.mbâ:ra 1*a*,2*a*, ba:kihi.mbâ:ra 2*a* or aba:kihi.mbâ:ra 2
  kihi.mbá:ra ó:mû
  kihi.mbá:ra wâ:nge
  ó:nu kihi.mbâ:ra
  ó:nu kihi.mbá:rá kî?
  kihi.mbá:ra wá:ngê
  or kihi.mbâ:zi 1*a*,2*a*, ba:kihi.mbâ:zi 2*a* or aba:kihi.mbâ:zi 2 : syn. of the preceding.
- 2) omúfú w'a.máiso 1, abáfú b'a:máiso 2 : syn. of the preceding.
- a. to be blind / 目が見えない
  - 1) okuhi.mbâ:ra
  - ☆ Ahi.mbáírê. : He/she is blind.
  - 2) okúfá amáiso : syn. of the preceding.

488. physically handicapped person; lame; cripple / 身体障害者
- 1) omulêma 1, abalêma 2
  omuléma ó:mû
  omuléma wâ:nge

ó:nu mulêma
ó:nu mulémá kî?
omuléma wá:ngê
- cf. okuramâra or okulemâra : to become handicapped
2) akaro.nkorô:nko 12, (oburonkorô:nko 14) : genetical body damage / 遺伝的身体障害
akaro.nkoró:nko kámû
akaro.nkoró:nko kâ:nge
kánu karo.nkorô:nko
kánu karo.nkoró:nkó kî?
akaro.nkoró:nko ká:ngê
3) akazî:ngo 12, obuzî:ngo 14 : disability by birth / 生まれながらの不具
akazí:ngo kámû
akazí:ngo kâ:nge
kánu kazî:ngo
kánu kazí:ngó kî?
akazí:ngo ká:ngê
  a. protuberance in the back; hump; wen / （背中の）コブ
i:bbâ:ngo 5, amabbâ:ngo 6
i:bbá:ngo límû
i:bbá:ngo lyâ:nge
línu ibbâ:ngo
línu ibbá:ngó kî?
i:bbá:ngo lyá:ngê
- cf. ow'i.bbâ:ngo 1, ab'a:mabbâ:ngo 2 : humpbacked person

489. albino / 白子
nyamagôya 1a,2a, ba:nyamagôya 2a or aba:nyamagôya 2
nyamagóya ó:mû
nyamagóya wâ:nge
ó:nu nyamagôya
ó:nu nyamagóyá kî?
nyamagóya wá:ngê

490. White / 白人
omujú:ngû 1, abajú:ngû 2
omujú:ngú ó:mû
omujú:ngú wâ:nge
ó:nu mujú:ngû
ó:nu mujú:ngú kî?
omujú:ngú wá:ngê
- cf. orujú:ngû 11, ---- : European language in general and English in particular
- cf. ekijú:ngû 7, ---- : European style
  a. Indian / インド人
omuhî:ndi 1, abahî:ndi 2
omuhí:ndi ó:mû
omuhí:ndi wâ:nge
ó:nu muhî:ndi
ó:nu muhí:ndí kî?

omuhí:ndi wá:ngê

491. pigmy / ピグミー
- 1) omútwâ 1, abátwâ 2
  omútwá ó:mû
  omútwá wâ:nge
  ó:nu mútwâ
  ó:nu mútwá: kî?
  omútwá wá:ngê
- 2) omu.mbútî 1, aba.mbútî 2 : syn. of the preceding. <Sw. mbuti
  omu.mbútí ó:mû
  omu.mbútí wâ:nge
  ó:nu mu.mbútî
  ó:nu mu.mbútí kî?
  omu.mbútí wá:ngê

492. Mr.; Mrs.; Miss [title in addressing a person] / さん［呼び掛け］
- 1) omunyôro 1, abanyôro 2 : Mr.
- ☆ omunyóro Kajûra : Mr. Kajura
- ☆ omunyoro-kátî Kajûra : Mrs. Kajura
- ☆ Abanyóro na abanyoro-kátî. : Ladies and gentlemen.
- ☆ omunyóro n'o:mukyâ:ra : Mr. and Mrs.
- 2) omukyâ:ra 1, abakyâ:ra 2 : Miss, Mrs.
  N.B. This title means "Miss" when used with a woman's name, and "Mrs." when used with a man's name.
- ☆ omukyá:ra Nya.ngómâ : Miss Nyangoma
- ☆ omukyá:ra Kajûra : Mrs. Kajura

a. title of honour (chief, etc.) / 肩書
- 1) ekikûbyo 7, ebikûbyo 8
  ekikúbyo kímû
  ekikúbyo kyâ:nge
  kínu kikûbyo
  kínu kikúbyó: kî?
  ekikúbyo kyá:ngê
- 2) ekikugîzo 7, ebikugîzo 8 : syn. of the preceding.
  ekikugízo kímû
  ekikugízo kyâ:nge
  kínu kikugîzo
  kínu kikugízó kî?
  ekikugízo kyá:ngê

493. teacher / 先生
- 1) omusomésâ 1, abasomésâ 2 : teacher, priest, catechist <okusomêsa "to teach" (No.905)
  omusomésá ó:mû
  omusomésá wâ:nge
  ó:nu musomésâ
  ó:nu musomésá kî?
  omusomésá wá:ngê
- cf. obusomésâ 14, ---- : teaching profession

N.B. As omusomésâ 1/2 means not only "teacher", but also "catechist, preacher" (see No.872), the following qualification makes the meaning clearer.

  omusomésá w'i.somêro 1, abasomésá b'i:somêro 2

or omusomésá w'e.sómêro 1, abasomésá b'e:somêro 2

2) omwe.gêsa 1, abe:gêsa 2 : teacher of school. See No.732.

494. pupil / 生徒

The following three terms have more or less the same meaning, i.e. pupil, learner, student.

1) omwá:na w'i.somêro 1, abá:na b'i:somêro 2 : [lit.] child of school

or omwá:na w'e.somêro 1, abá:na b'e:somêro 2

2) omusômi 1, abasômi 2 : who studies <okusôma "to read" (No.1055)

  omusómi ó:mû

  omusómi wâ:nge

  ó:nu musômi

  ó:nu musómí kî?

  omusómi wá:ngê

3) omwê:gi 1, abê:gi 2 : learner <okwê:ga "to learn" (No.1056)

  omwé:gi ó:mû

  omwé:gi wâ:nge

  ó:nu mwê:gi

  ó:nu mwé:gí kî?

  omwé:gi wá:ngê

495. owner / 所有者

1) mukâma 1, bakâma 2 <omukâma 1/2 "king" (No.496)

  mukáma ó:mû

  mukáma wâ:nge

  ó:nu mukâma

  ó:nu mukámá kî?

  mukáma wá:ngê

☆ mukama w'e.kî:ntu 1, bakama b'e:bî:ntu 2 : owner of a thing

☆ mukama w'é:njû 1, bakama b'é:njû 2 : owner of a/the house

☆ mukama w'ê:nte 1, bakama b'ê:nte 2 : cattle owner

☆ mukama w'o.mukâzi 1, bakama b'a:bakâzi 2 : husband

☆ (O)mukama w'ê:nte n'ó:hâ? : Who is the cattle owner?

496. king; ruler / 王

  omukâma 1, abakâma 2

  omukáma ó:mû

  omukáma wâ:nge

  ó:nu mukâma

  ó:nu mukámá kî?

  omukáma wá:ngê

cf. agutá:mbâ : title given to the king, meaning that the king is able to do all things.

N.B. This phrase literally means "he prescribes it." -gu- "it" referes to omubâzi 3/4 "medicine".

a. kingdom / 王国

  obukâma 14 <omukâma 1/2 "king"

b. royal clan members; prince / 王族

   omubî:to 1, ababî:to 2 : royal clan. See No.482.
 c. crown / 王冠
   ekô:ndo 9,10
   ekó:ndo é:mû
   ekó:ndo yâ:nge
   é:nu kô:ndo
   é:nu kó:ndó kî?
   ekó:ndo yá:ngê

  Cf. the three symbolic items of the king.
   1. i:cûmu 5, amacûmu 6 : spear. See No.490.
   2. engábû 9,10 : shield. See No.495.
   3. orubûgo 11, embûgo 10 : bark cloth. See No.119.

 d. throne / 王座、王位
   ekitébê 7, ebitébê 8 <aug. of entébê "chair" (No.247)

 e. coronation / 戴冠式
   empâ:ngo 9,10
   empá:ngo é:mû
   empá:ngo yâ:nge
   é:nu mpâ:ngo
   é:nu mpá:ngó kî?
   empá:ngo yá:ngê

 ☆ ekíró ky'e.mpâ:ngo : coronation anniversary (June 11th)

497. palace, royal house / 王宮、宮殿
   ka:ruzî:ka 9,10
   ka:ruzí:ka é:mû
   ka:ruzí:ka yâ:nge
   é:nu ka:ruzî:ka
   é:nu ka:ruzí:ká kî?
   ka:ruzí:ka yá:ngê

 a. servant of the king / 王の使用人
  1) omwa.mbûkya 1, aba.mbúkya 2 : person who takes care of the king's daily matters, serving
   omwa.mbúkya ó:mû   /him food, etc.
   omwa.mbúkya wâ:nge
   ó:nu mwa.mbûkya
   ó:nu mwa.mbúkyá: kî?
   omwa.mbúkya wá:ngê

  2) omwî:ru 1, abáiru 2 : laborer in the royal palace, slave. See No.501.

 b. king's guard (not armed) / 王の護衛
   omurusû:ra 1, abarusû:ra 2
   omurusú:ra ó:mû
   omurusú:ra wâ:nge
   ó:nu murusû:ra
   ó:nu murusú:rá kî?
   omurusú:ra wá:ngê

498. government / 政府
   gavumê:nti 9,10 <Eng.

gavumé:nti é:mû
gavumé:nti yâ:nge
é:nu gavumê:nti
é:nu gavumé:ntí kî?
gavumé:nti yá:ngê

a. prime minister / 首相
   1) kati:kîro 1*a*,2*a*, ba:kati:kîro 2*a* or aba:kati:kîro 2
      kati:kíro ó:mû
      kati:kíro wâ:nge
      ó:nu kati:kîro
      ó:nu kati:kíró kî?
      kati:kíro wá:ngê
   2) omuhikîrwa 1, abahikîrwa 2 : syn. of the preceding.
      omuhikírwa ó:mû
      omuhikírwa wâ:nge
      ó:nu muhikîrwa
      ó:nu muhikírwá: kî?
      omuhikírwa wá:ngê

b. treasurer / 出納係
   omukê:to 1, abakê:to 2
   omuké:to ó:mû
   omuké:to wâ:nge
   ó:nu mukê:to
   ó:nu muké:tó kî?
   omuké:to wá:ngê

c. head (spoksman) of the royal council / 王宮閣議会議議長
   omutalí:ndwâ 1, abatalí:ndwâ 2
   omutalí:ndwá ó:mû
   omutalí:ndwá wâ:nge
   ó:nu mutalí:ndwâ
   ó:nu mutalí:ndwá: kî?
   omutalí:ndwa wá:ngê

d. the royal council / 王宮閣議
   orukurâto 11, enkurâto 10 /orukúrâto 11, enkúrâto 10 . See No.894.
   cf. omukurâsi 1, abakurâsi 2 : member of the royal council

e. chief / 首長
   omunyôro 1, abanyôro 2 /omúnyôro 1, abányôro 2
   omunyóro ó:mû
   omunyóro wâ:nge
   ó:nu munyôro
   ó:nu munyóró kî?
   omunyóro wá:ngê
   N.B. Chiefs of local administrative units are nominated by the king, except the resident district commissioner, who is nominated by the president of the Republic.
   cf. obunyôro 14 /obúnyôro 14 : title of munyoro, administration of local governments in the Nyoro Kingdom

Omukáma ampaire obunyôro. : The king has given me the title of munyoro.

499. soldier / 兵隊、戦士
1) omusirikálê 1, abasirikálê 2 : professional soldier or warrior <Sw. mserikari
omusirikálé ó:mû
omusirikálé wâ:nge
ó:nu musirikálê
ó:nu musirikálé kî?
omusirikálé wá:ngê

2) omujâ:si 1, abajâ:si 2 : syn. of the preceding. <Sw. mjesi
omujá:si ó:mû
omujá:si wâ:nge
ó:nu mujâ:si
ó:nu mujá:sí kî?
omujá:si wá:ngê

3) omuramâgi 1, abaramâgi 2 /omurámâgi 1, abarámâgi 2 : soldier <okuramâga "to go to war"
omuramági ó:mû   /(No.550)
omuramági wâ:nge
ó:nu muramâgi
ó:nu murámágí kî?
omuramági wá:ngê
N.B. Abaramâgi 2 as well as the following abasebêni 2 usually mean sodiers

4) omusebêni 1, abasebêni 2 /omusébêni 1, abasébêni 2   /of World Wars I and II.
omusebéni ó:mû
omusebéni wâ:nge
ó:nu musebêni
ó:nu musébéní kî?
ó:nu musebéni wá:ngê

5) omukê:ya 1, abakê:ya 2 : soldiers named after KAR, i.e. "King's African Rifles". They were
omuké:ya ó:mû   /sent to Burma, Europe during World War II.
omuké:ya wâ:nge
ó:nu mukê:ya
ó:nu muké:yá kî?
omuké:ya wá:ngê

6) omuru.ngá:nwâ 1, abaru.ngá:nwâ 2 : soldiers of the palace
omurungá:nwá ó:mû
omurungá:nwá wâ:nge
ó:nu muru.ngá:nwâ
ó:nu muru.ngá:nwá: kî?
omurungá:nwá wá:ngê

500. policeman / 警察官
1) omusirikálê 1, abasirikálê 2. See the preceding number.
2) omupolî:si 1, abapolî:si 2 <Eng.
omupolí:si ó:mû
omupolí:si wâ:nge
ó:nu mupolî:si
ó:nu mupolí:sí kî?

omupo:lísi wá:ngê

501. prisoner / 囚人、捕虜
    1) omunya.nkômo 1, abanya.nkômo 2 : prisoner <enkômo 9,10 "jail, prison" (No.737)
        omunyankómo ó:mû
        omunyankómo wâ:nge
        ó:nu munya.nkômo
        ó:nu munya.nkómó kî?
        omunyankómo wá:ngê
    2) omusíbê 1, abasíbê 2 : arrested person <okusîba "to bind" (No.839)
        omusíbé ó:mû
        omusíbé wâ:nge
        ó:nu musíbê
        ó:nu musíbé kî?
        omusíbé wá:ngê
  a. slave / 奴隷
        omwî:ru 1, abáiru 2
        omwí:ru ó:mû
        omwí:ru wâ:nge
        ó:nu mwî:ru
        ó:nu mwí:rú kî?
        omwí:ru wá:ngê

502. worker; labourer; employee / 労働者、使用人
    1) omukôzi 1, abakôzi 2 : who works <okukôra "to work" (No.731)
        omukózi ó:mû
        omukózi wâ:nge
        ó:nu mukôzi
        ó:nu mukózí kî?
        omukózi wá:ngê
    2) omupakâsa 1, abapakâsa 2 /omupákâsa 1, abapákâsa 2 : manual worker on contract, usually
        omupakása ómu   /for a short period <okupákâsa or okupágâsa
        omupakása wâ:nge   /"to do manual work on contract" (No.731)
        ó:nu mupakâsa
        ó:nu mupakásá kî?
        omupakása wá:ngê
  or omupagâsa 1, abapagâsa 2 /omupágâsa 1, abapágâsa 2
  a. supervisor; work foreman / 監督者
        nya.mpárâ 1a,2a, ba:nya.mpárâ 2a or aba:nya.mpárâ 2 <Sw. mnyampala
        nya.mpárá ó:mû
        nya.mpárá wâ:nge
        ó:nu nya.mpárâ
        ó:nu nya.mpárá kî?
        nya.mpárá wá:ngê
  ☆ nya.mpárá w'a.bakôzi 1a, nya.mpárá b'a:bakôzi 2a : supervisor of workers

503. craftsman / 職人
        omufú:ndî 1, abafú:ndî 2 : This word usually designates "craftman of houses". See "car-
        omufú:ndí ó:mû   /penter" below. <Sw. fundi

omufú:ndí wâ:nge
ó:nu mufú:ndî
ó:nu mufú:ndí kî?
omufú:ndí wá:ngê

cf. obufú:ndî 14, ---- : craft, skill, craftmanship

a. car mechanic / 車の修理工

makanîka 1*a*,2*a*, ba:makanîka 2*a*, aba:makanîka 2 /makánîka 1*a*,2*a*, ba:makánîka 2*a*,
makaníka ó:mû   /aba:makánîka 2 <Eng.
makaníka wâ:nge
ó:nu makaníka
ó:nu makaníká kî?
makaníka wá:ngê

b. wood worker; cabinetmaker / 指物師（家具をつくる）

omubáizi 1, ababáizi 2 <okubáija "to carve" (No.794)

c. carpenter / 大工

1) omufú:ndí w'a.májû 1, abafú:ndí b'a:májû 2
2) omwo.mbêki 1, abo.mbêki 2 : syn. of the preceding. <okwo.mbêka "to build" (No.695)
   omwo.mbéki ó:mû
   omwo.mbéki wâ:nge
   ó:nu mwo.mbêki
   ó:nu mwo.mbékí kî?
   omwo.mbéki wá:ngê

d. moulder of clay / 陶工

omubû:mbi 1, ababû:mbi 2 <okubû:mba "to knead clay" (No.793)
omubú:mbi ó:mû
omubú:mbi wâ:nge
ó:nu mubû:mbi
ó:nu mubú:mbí kî?
omubú:mbi wá:ngê

☆ omubú:mbi w'a.matafwâ:li 1, ababú:mbi b'a:matafwâ:li 2 : brick-maker
☆ omubú:mbi w'e.nsóhá n'e:binâga 1, ababú:mbi b'e.nsóhá n'e:binâga 2 : pot-maker

e. specialist / 専門家

omukûgu 1, abakûgu 2 : specialist trained at school (medical doctor, engineer, etc.)
omukúgu ó:mû
omukúgú wâ:nge
ó:nu mukûgu
ó:nu mukúgú kî?
omukúgu wá:ngê

☆ omukúgu w'a.máino : dentist

cf. obukûgu 14 : speciality, modern technology

504. priest / 神父

1) omusa:saradô:ti 1, abasa:saradô:ti 2 : Catholic priest, reverend father <Lat. sacerdos
   omusa:saradó:ti ó:mû
   omusa:saradó:ti wâ:nge
   ó:nu musa:saradô:ti
   ó:nu musa:saradó:tí kî?

    omusa:saradó:ti wá:ngê
  2) omwa.hûle 1, aba:húle 2 : Protestant reverend
    omwahúle ó:mû
    omwahúle wâ:nge
    ó:nu mwa.hûle
    ó:nu mwa.húlé kî?
    omwahúle wá:ngê
    ☆ omwahúle w'e.kanísâ : reverend of the church
a. bishop / 司祭
  1) omwe.pisikô:pi 1, abe:pisikô:pi 2 : Catholic bishop
    omwe.pisikó:pi ó:mû
    omwe.pisikó:pi wâ:nge
    ó:nu mwe.pisikô:pi
    ó:nu mwe.pisikó:pí kî?
    omwepisikó:pi wá:ngê
  2) omurole:rêzi 1, abarole:rêzi 2 : Protestant or Anglican bishop <okurolê:rra "to look after"
    omurole:rézi ó:mû   /(No.564)
    omurole:rézi wâ:nge
    ó:nu murole:rêzi
    ó:nu murole:rézí kî?
    omurole:rézi wá:ngê
b. Catholic sister; nun / 修道女
    omubi:kîra 1, ababi:kîra 2
    omubi:kíra ó:mû
    omubi:kíra wâ:nge
    ó:nu mubi:kîra
    ó:nu mubi:kírá kî?
    omubi:kíra wá:ngê
c. who serves in churchs / 教会で働く人
    omuhe:rêza 1, abahe:rêza 2. See No.775.
    cf. okuhe:rêza : to assist believers in a church, guiding them seats, ditributing prayer books,
    etc. See alo No.942.
d. to make sb a priest / （人を）神父にする
  1) okujwé:ka omusasaradô:ti : to make sb a priest; [lit.] to dress sb as a priest
  2) okujwé:ka omwa.hûle : to make sb a pastor; [lit.] to dress sb as a pastor
505. tradition / 伝統
  1) enzâ:rwa 9,10 : objects born around, local things, tradition, origin. <okuzâ:rwa "to be born"
    enzá:rwa é:mû   /(No.714)
    enzá:rwa yâ:nge
    é:nu nzâ:rwa
    é:nu nzá:rwá: kî?
    enzá:rwa yá:ngê
    ☆ omufúmu w'e.nzâ:rwa 1, abafúmu b'e.nzâ:rwa 2 : traditional (local) doctor
    ☆ omútí gw'e.nzâ:rwa 3, emítí y'e.nzâ:rwa 4 : local tree
    ☆ Ó:gu ali nzá:rwa ya Hóima. : He is native of Hoima.
  2) ekinyôro 7, ebinyôro 8 /ekínyôro 7, ebínyôro 8 : the nyoro style

☆ enkóko y'e.kinyôro 9, enkóko z'e:kinyôro 10 : local hen
☆ ekikáijo ky'e.kinyôro 7, ebikáijo by'e:kinyôro 8 : local type sugarcane
☆ é:mbwá y'e.kinyôro 7, é:mbwá z'e:kinyôro 8 : traditional species of dog

a. origin / 起源

oburûga 14, ---- <okurûga "to come from" (No.572)
oburúga búmû
oburúga bwâ:nge
búnu burûga
búnu burúgá kî?
oburúga bwá:ngê

506. foreign / 外国

ekijú:ngû 7, ebijú:ngû 8
☆ enkóko y'e.kijú:ngû 9, enkóko z'e:kijú:ngû 10 : hen introduced from abroad, broilers

a. crossbreed / 雑種、混血

encotárâ 9,10
encotárá é:mû
encotárá yâ:nge
é:nu ncotárâ
é:nu ncotárá kî?
encotárá yá:ngê

507. language / 言語

orulîmi 11, endîmi 10 : tongue, language. See No.12.
☆ N'o:bázá rulímí kî? : What language are you (sg.) speaking?

508. word / 言葉、単語

ekigâ:mbo 7, ebigâ:mbo 8 <okugâ:mba "to speak" (No.640)
ekigá:mbo kímû
ekigá:mbo kyâ:nge
kínu kigâ:mbo
kínu kigá:mbó kî?
ekigá:mbo kyá:ngê
☆ okulí:sa ebigâ:mbo : to improve the style of saying; [lit.] to feed words
☆ Ekigá:mbo kyâ:we ní gó manánû. : Your word is the truth.

509. voice / 声

1) i:râka 5, amarâka 6 : voice in general
i:ráka límû
i:ráka lyâ:nge
línu irâka
línu iráká kî?
i:ráka lyá:ngê

2) ekimîro 7, ebimîro 8 : deep voice <okumîra "to swallow" (No.663)
ekimíro kímû
ekimíro kyâ:nge
kínu kimîro
kínu kimíró kî?
ekimíro kyá:ngê

a. sound / 音

        i:râka 5, amarâka 6. See above.
- b. microphone / マイク
  - omuzi.ndâ:ro 3, emizi.ndâ:ro 4 <okuzi.ndâ:ra "to talk in a fading voice" (No.624)
  - omuzi.ndá:ro gúmû
  - omuzi.ndá:ro gwâ:nge
  - gúnu muzi.ndâ:ro
  - gúnu muzi.ndá:ró kî?
  - omuzi.ndá:ro gwá:ngê

510. noise / 騒音、雑音、騒ぎ
  - etókô 9,10 <okutôka "to shout" (No.647)
  - etókó é:mû
  - etókó yâ:nge
  - é:nu tókô
  - é:nu tókó kî?
  - etókó yá:ngê
  - ☆ Etókó yâ:nyu, mugitwá:lé kúlî! : Take your noise far away there!
  - a. bustle; uproar / 大騒ぎ
    - akanayamuláínê 12, obunayamuláínê 14
    - akanayamuláíné kámû
    - akanayamuláíné kâ:nge
    - kánu kanayamuláínê
    - kánu kanayamuláíné kî?
    - akanayamuláíné ká:ngê

511. event / 出来事
  - omukôro 3, emikôro 4
  - omukóro gúmû
  - omukóro gwâ:nge
  - gúnu mukôro
  - gúnu mukóró kî?
  - omukóro gwá:ngê
  - ☆ omukóro gw'o.kuswê:ra : marriage event
  - ☆ omukóro gw'o.kuzî:ka : funeral services

512. letter / 手紙
  - ebbarúhâ 9,10, amabbarúhâ 6 : letter, certificate, attestation <Sw. barua
  - ebbarúhá é:mû
  - ebbarúhá yâ:nge
  - é:nu bbarúhâ
  - é:nu bbarúhá kî?
  - ebbarúhá yá:ngê
  - a. envelop / 封筒
    - ebbahâ:sa 9,10 <Sw. bahasa
    - ebbahá:sa é:mû
    - ebbahá:sa yâ:nge
    - é:nu bbahâ:sa
    - é:nu bbahá:sá kî?
    - ebahá:sa yá:ngê

b. document / 文書、書類
> ekiha.ndî:ko 7, ebiha.ndî:ko 8 <okuha.ndî:ka "to write" (No.1054)
> ekiha.ndí:ko kímû
> ekiha.ndí:ko kyâ:nge
> kínu kiha.ndí:ko
> kínu kiha.ndí:kó kî?
> ekiha.ndí:ko kyá:ngê

c. written certificate / 証明書
> ekipá:ndê 7, ebipá:ndê 8 : identity card, maternity passbook, etc. <Sw. kipande
> ekipá:ndé kímû
> ekipá:ndé kyâ:nge
> kínu kipá:ndê
> kínu kipá:ndé kî?
> ekipá:ndé kyá:ngê

513. book / 本
> ekitâbu 7, ebitâbu 8 <Sw. kitabu
> ekitábu kímû
> ekitábu kyâ:nge
> kínu kitâbu
> kínu kitábú kî?
> ekitábu kyá:ngê

a. the Bible; the Old and New Testaments / 聖書
1) ebbaibbûli 9,10 <Eng.
> ebbaibbúli é:mû
> ebbaibbúli yâ:nge
> é:nu bbaibbûli
> é:nu bbaibúlí kî?
> ebbaibbúli yá:ngê
2) ekitábu ekírúkwê:ra : the Holy Book

b. verse of the Bible / 聖書の行
> orukâ:rra 11, enkâ:rra 10 : [lit.] line, row. See No.518.

514. drawing; painting; picture / 絵、絵画、写真
> ekisisâni 7, ebisisâni 8 <okusisâna "to look alike" (No.1070)
> ekisisáni kímû
> ekisisáni kyâ:nge
> kínu kisisâni
> kínu kisisání kî?
> ekisisáni kyá:ngê
> N.B. This is a general word for indicating what is look alike; it means not only drawings, etc, but also statues.

a. to draw; to paint / 絵を描く
1) okutê:ra : drawing
☆ okuté:ra ekisisâni → okuté:r'ekisisâni : to draw a picture
2) okusî:ga : painting
☆ okusí:ga ekisisâni → okusí:g'ekisisâni : to paint a picture

515. form; shape / 形

omulî:ngo 3, emirî:ngo 4 : form, shape, style, way, method
omulí:ngo gúmû
omulí:ngo gwâ:nge
gúnu mulî:ngo
gúnu mulí:ngó kî?
omulí:ngo gwá:ngê
☆ omulí:ngo gw'e.kisá:rû : the shape of a river
☆ omulí:ngo gw'o.kúlyâ : eating style
☆ omulí:ngo gw'o.kurubâta : walking style

a. colour / 色
    erá:ngî 9,10, amará:ngî 6 <Sw. rangi
    erá:ngí é:mû
    erá:ngí yâ:nge
    é:nu rá:ngî
    é:nu rá:ngí kî?
    erá:ngí yá:ngê
    cf. okuteré:za ekinâga : to colour a pot after burning

516. sign; mark / 印
  1) ak'o:kuró:rră:hô 12, obw'o.kuró:rră:hô 14 : sign, mark
    ak'o:kuró:rră:hó kámû
    ak'o:kuró:rră:hó kâ:nge
    kánu k'o:kurŏ:rrá:hô
    kánu k'o:kurŏ:rrá:hó kî?
    ak'o:kuró:rră:hó ká:ngê
    Cf. okuró:rră:hô "to put a mark".
  2) ak'o:kwi.jukíráhô 12, obw'o.kwi.jukíráhô 14 : syn. of the preceding.
    ak'o:kwi.jukíráhó kámû
    ak'o:kwi.jukíráhó kâ:nge
    kánu k'o:kwi.jukíráhô
    kánu k'o:kwi.jukíráhó kî?
    ak'o:kwi.jukíráhó ká:ngê
    Cf. okwi.jukíráhô "to put a sign of reminder"
  3) akamanyîso 12, obumanyîso 14 /akamányîso 12, obumányîso 14 : syn. of the preceding.
    akamanyíso kámû   /<okumanyîsa "to inform" (Nos. 910, 911)
    akamanyíso kâ:nge
    kánu kamanyîso
    kánu kamanyísó kî?
    akamanyíso ká:ngê

a. monument / 記念碑
    eki:jûkyo 7, ebi:jûkyo 8 <caus. of okwi.jûka "to remember" (No.1063)
    eki:júkyo kímû
    eki:júkyo kyâ:nge
    kínu ki:jûkyo
    kínu ki:júkyó: kî?
    eki:júkyo kyá:ngê

b. memento / 形見、思い出の品

            ekirâle 7, ebirâle 8
            ekirále kímû
            ekirále kyâ:nge
            kínu kirâle
            kínu királé kî?
            ekirále kyá:ngê
517. design; pattern / 模様
            enkôra 9, ---- <okukôra "to do, to work, to make"
            enkóra é:mû
            enkóra yâ:nge
            é:nu nkôra
            é:nu nkórá kî?
            enkóra yá:ngê
    a. stripe pattern / 縞模様
            ekirá:mbî 7, ebirá:mbî 8. See No.3.
    b. lattice pattern / 格子模様
            kapêre 9,10
            kapére é:mu
            kapére yâ:nge
            é:nu kapêre
            é:nu kapéré kî?
            kapére yá:ngê
        ☆ Ajwaire esá:tí ya kapêre : He wears a shirt of lattice pattern.
    c. dot / 点、ポチ
            akato:nyézî 12, obuto:nyézî 14 : [lit.] small waterdrop (No.342)
    d. patch on cow skin, etc. / 牛などの模様
            i:tâ:nga 5, amatâ:nga 6
            i:tá:nga límû
            i:tá:nga lyâ:nge
            línu itâ:nga
            línu itá:ngá kî?
            i:tá:nga lyá:ngê
518. line / 線
            orukâ:rra 11, enkâ:rra 10 : line, row
            oruká:rra rúmû
            oruká:rra rwâ:nge
            rúnu rukâ:rra
            rúnu ruká:rrá: kî?
            oruká:rra rwá:ngê
        ☆ oruká:rra rw'a.bâ:na 11 : queue of children
    a. line on clothes made by an iron / アイロンの線
            orutî:ndo 11 entî:ndo 10
            orutí:ndo rúmû
            orutí:ndo rwâ:nge
            rúnu rutî:ndo
            rúnu rutí:ndó kî?

orutí:ndo rwá:ngê

519. circle / 円

okwe.huli.ngî:ra : to be round

☆ ekí:ntu kye.huli.ngî:re 7, ebí:ntu byehuli.ngî:re 8 : round thing

☆ Okwé:zi kwe.huli.ngí:rê. : The moon is round.

a. square / 四角

ensô:nda 9,10 : corner, angle. See No.868.

☆ ekí:ntu ky'e.nsó:nda í:nâ 7, ebí:ntu by'e.nsó:nda í:nâ 8 : object with four corners

☆ é:njú y'e.nsó:nda í:na 9, amájú g'e.nsó:nda í:na 6 : square house; [lit.] house of four corners

520. folktale / 物語、昔話

1) oruganíkyo 11, enganîkyo 10 /orugánîkyo 11, engánîkyo 10 <okuganîkya "to tell a folktale"

oruganíkyo rúmû /(No.574)

oruganíkyo rwâ:nge

rúnu ruganîkyo

rúnu ruganíkyó: kî?

oruganíkyo rwá:ngê

N.B. There are several formulas to begin and close a folktale. The following sentence is one beginning pattern :

☆ Omubíró byáira múnô, hakaba haróhó omusáija... : Once upon a time, there was a man...

2) orugâno 11 or ekigâno 7, engâno 10 : syn. of orugánîkyo 11/10

orugáno rúmû

orugáno rwâ:nge

rúnu rugâno

rúnu rugánó kî?

orugáno rwá:ngê

a. experienced story / 旅行話

ebigâ:mbo 8 : pl. of ekigâ:mbo 7 "word" (No.508)

b. history / 歴史

1) ebya. kâra. Cf. kâra "early times" (No.1213).

or ebí:ntu bya. kâra : things of early times

2) ebí:ntu byáira : things of old days

521. proverb / 諺

orufûmo 11, enfûmo 10

orufúmo rúmû

orufúmo rwâ:nge

rúnu rufûmo

rúnu rufúmó kî?

orufúmo rwá:ngê

☆ enfúmo z'a:Banyôro 11 : Nyoro proverbs

cf. okúcwá enfûmo : to say proverbs. Cf. examples :

☆ Amazíga g'ê:nte ní kwó okusemerérwa kw'é:mbwâ. : A cow's tears are the happiness of a dog.

☆ Émbwá enkázi teréká emisitamíre ya nyîna. : A female dog does not abandon the squatting way of her mother.

a. riddle / 謎々

ekikóikyo 7, ebikóikyo 8

      ekikóíkyo kímû
      ekikóíkyo kyâ:nge
      kínu kikóikyo
      kínu kikóíkyó: kî?
      ekikóíkyo kyá:ngê
  cf. okukóikya : to tell a riddle
  cf. the formula to begin a riddle :
     A : Koikói! : Riddle, riddle!
     B : Kikwé:bê! : May you fail in it; [lit.] May it be forgotten by you!
     Then A tells a riddle. If B answers correctly, then B tells a riddle in his turn. If B, on the other hand, fails to answer correctly, B says :
     B : Kitwá:lê! : Take it!
     Then A gives the answer, and A continues to tell another riddle.
  cf. an example of a riddle :
     A : Koikikói!
     B : Kikwé:bê!
     A : Empú:ngu ibîri malé:rê. : Two hawks are malé:rê.
     B : Amá:to abîri hanyá:njâ. : Two canoes are on the lake.

522. meaning / 意味
     eky'o.kumanyîsa 7, eby'o.kumanyîsa 8 /eky'o.kumányîsa 7, eby'o.kumányîsa 8 <okuma-
     eky'o.kumanyísa kímû   /nyîsa "to inform" (Nos. 910, 911)
     eky'o.kumanyísa kyâ:nge
     kínu ky'o.kumanyîsa
     kínu ky'o.kumanyísá: kî?
     eky'o.kumanyísa kyá:ngê
  ☆ Kínu nikimanyísá: kî? : What does this mean?

523. name / 名前
     i:bâra 5, amabâra 6
     i:bára límû
     i:bára lyâ:nge
     línu ibâra
     línu ibárá kî?
     i:bára lyá:ngê
  ☆ I:bára lyâ:we n'î:we ó:hâ? : What is your name?
  a. birth name / 誕生名
     i:bára ly'o.buzâ:rwa 5, amabára g'o:buzâ:rwa 6
     N.B. A name is given to the baby on the fouth day after the birth in the case of a boy, and on the third day in the case of a girl.
  b. Christian name / キリスト教名
     i:bára ly'o.busômi 5, amabára g'o:busômi 6. Cf. obusômi 14 "literacy" (No.1055).
  c. godfather; godmother / 名親
     káiso 1*a*,2*a*, ba:káiso 2*a*, aba:káiso 2. This is the same word for "witness". See No.1006.
     N.B. Two men and one woman for a boy and two women and one man for a girl are designated at baptism as káiso to keep an eye for good conducts of the baptized boy or girl.
  d. pet name / 親称
     empâ:ko 9,10

empá:ko é:mû
empá:ko yâ:nge
é:nu mpâ:ko
é:nu mpá:kó kî?
empá:ko yá:ngê

N.B. Pet names are culturally very important among the Batooro and the Banyoro. They are signs of familiarity and respect. There are 12, of which okâ:li is reserved for kings (but kings have thier own pet names given by their fathers at birth). Most of them are used by both males and females equally, except some which are exclusively male names, marked by (M) below. It is to be noted that bbálâ (or abbálâ) is only used by the the Batooro. For twin's pet names, see No.475.

1. akî:ki
2. amô:ti
3. abbô:ki
4. abwô:li
5. adyê:ri
6. atê:nyi
7. atwô:ki
8. arâ:li (M)
9. acâ:li (M)
10. apû:li (M)
11. bbálâ or abbálâ (M)
12. okâ:li (reserved only for the king)

e. nick-name / 渾名
    i:bára ly'e.kirukî:rro 5, amabára g'e:birukî:rro 6
  cf. ekirukî:rro 7, ebirukî:rro 8 : nick-name <okurukî:rra "to give a nick-name". See below.
    ekirukí:rro kímû
    ekirukí:rro kyâ:nge
    kínu kirukî:rro
    kínu kirukí:rró: kî?
    ekirukí:rro kyá:ngê

f. to name; to give a name / 名づける
    okurûka
    okurukîra appl. : to name for sb
    okurukî:rra int. : to give a nick-name
    okuruki:rîza repet. : the same as the preceding.
  ☆ okurúka omú:ntu i:bâra : to give a person a name

524. character or attitude of a person / 性格、態度
    enyetwâ:ra 9, emye.twâ:ra 4
    enyetwá:ra é:mû
    enyetwá:ra yâ:nge
    é:nu nyetwâ:ra
    é:nu nyetwá:rá kî?
    enyetwá:ra yá:ngê
  or enyetwâ:za 9, emye.twâ:za 4
    enyetwá:za yâ:nge
    é:nu nyetwá:zá: kî?
  or enyetwa.lîza 9, emye.twa.lîza 4
    enyetwa.líza yâ:nge
    é:nu nyetwa.lízá: kî?

525. habit / 癖、習慣
  1) omúzê 3, emízê 4

omúzé gúmû
  omúzé gwâ:nge
  gúnu múzê
  gúnu múzé kî?
  omúzé gwá:ngê

2) omûrwa 3, emîrwa 4 : syn. of the preceding. Also means "custom of a society" / 習慣、慣習
   omúrwa gúmû
   omúrwa gwâ:nge
   gúnu mûrwa
   gúnu múrwá: kî?
   omúrwa gwá:ngê

a. manners / 作法、行儀
   engêso 10
   engéso zímû
   engéso zâ:nge
   zínu ngêso
   zínu ngésó kî?
   engéso zá:ngê

   ☆ Jóhn agira engéso m̂bî. : John has bad manners.

526. life / 命、生命
   obwo.mê:zi 14, ---- <okwo.mê:ra "to live" (No.644)
   obwo.mé:zi búmû
   obwo.mé:zi bwâ:nge
   búnu bwo.mê:zi
   búnu bwo.mé:zí kî?
   obwo.mé:zi bwá:ngê

527. God / 神
   N.B. Several names are applied to God, among which Ruhá:ngâ 1a is the commonest.

1) Ruhá:ngâ 1a <okuhâ:nga "to create" (No.735)
   ruhá:ngá wâ:nge
2) Mukáma-Ruhá:ngâ 1a, ---- : used mainly by priechers
3) Mukáma-Ruhá:ngá Is'î:twe 1a, ----
   Cf. is'î:twe "our father" (No.451).
4) Mukáma w'a.bakâma : [lit.] king of kings
5) Lí:so límû : [lit.] one eye
6) Lí:so likô:to : [lit.] big eye
7) wa byô:na : [lit.] one of all things
8) ow'o.busobôzi /ow'o.busóbôzi : [lit.] one of authority
9) omuhâ:ngi 1, ---- <okuhâ:nga "to create" (No.735)
10) kazó:ba ka: nyamuhâ:nga 12, ---- : an old term for God. Cf. kazô:ba 12, dim. of i:zô:ba 5 "sun".
11) é:nkyâ 9, ---- : syn. of the preceding. Cf. okúkyâ "to dawn" (No.1092).
    é:nkyá ó:mû
    é:nkyá yâ:nge
    énu ńkyâ
    énu ńkyá: kî?

       é:nkyá yá:ngê
   a. Lord / 主
       mukâma 1*a*, ----
       mukáma wâ:nge
528. Jesus Christ / イエス・キリスト
   1) Yésû 1*a* : Protestant pronunciation
       Yésú wâ:nge
   2) Yê:zu 1*a* : Catholic pronunciation
       Yé:zu wâ:nge
   a. prophet / 予言者
       omurâ:ngi 1, abarâ:ngi 2
       omurá:ngi ó:mû
       omurá:ngi wâ:nge
       ó:nu murâ:ngi
       ó:nu murá:ngí kî?
       omurá:ngi wá:ngê
   b. saint / 聖人、聖者
       arúkwê:ra 1, abárúkwê:ra 2 : [lit.] he who is holy
   c. disciple / 弟子、門弟
       omukwê:nda 1, abakwê:nda 2
       omukwé:nda ó:mû
       omukwé:nda wâ:nge
       ó:nu mukwê:nda
       ó:nu mukwé:ndá kî?
       omukwé:nda wá:ngê
529. gospel / 福音
       enjírî 9,10
       enjírí é:mû
       enjírí yâ:nge
       é:nu njírî
       é:nu njírí kî?
       enjírí yá:ngê
   a. sacrament / 聖饗
       omubíri n'e:sagáma bya. Yésû : [lit.] body and blood of Jesus
   cf. okwî:rra : to receive the sacrament [Protestant term]
   cf. okuse.mbêra : to receive the sacrament [Catholic term]
   b. mass / ミサ
       mísâ 9,10 <Eng.
       mísá é:mû
       mísá yâ:nge
       é:nu mísâ
       é:nu mísá kî?
       mísá yá:ngê
   ☆ mísá y'o.kubâ:nza : the first mass
   ☆ mísá ya kabîri : the second mass
   ☆ mísá ya kasâtu : the third mass

N.B. The Protestants call the above three as : first church service, second church service, and third church service.

530. cross / 十字架
    omusalábâ 3, emisalábâ 4 <Sw. msaraba
    omusalábá gúmû
    omusalábá gwâ:nge
    gúnu musalábâ
    gúnu musalábá kî?
    omusalábá gwá:ngê

531. religion / 宗教
    edî:ni 9,10, amadî:ni 6 <Sw. dini
    edí:ni é:mû
    edí:ni yâ:nge
    é:nu dî:ni
    é:nu dí:ní kî?
    edí:ni yá:ngê

  a. belief / 信仰
    enyikirîza 9,10 /enyikírîza 9,10 : belief, faith, creed <okwi.kirîza "to believe" (No.848)
    enyikiríza é:mû
    enyikiríza yâ:nge
    é:nu nyikirîza
    é:nu nyikiríza: kî?
    enyikiríza yá:ngê

  b. believer / 信者
    omwi.kirîza 1, abaikirîza 2 /omwi.kírîza 1, abaikíríza 2 <okwi.kirîza "to believe" (No.982)
    omwi.kiríza ó:mû
    omw.kiríza wâ:nge
    ó:nu mwi.kirîza
    ó:nu mwi.kirízá: kî?
    omwi.kiríza wá:ngê

532. Muslim / イスラム教徒
    omusirâ:mu 1, abasirâ:mu 2
    omusirá:mu ó:mû
    omusirá:mu wâ:nge
    ó:nu musirâ:mu
    ó:nu musirá:mú kî?
    omusirá:mu wá:ngê
  cf. obusirâ:mu 14, ---- : Islam

  a. circumcision / 割礼
    okusira:mûra tr. : to circumcise
    okusira:mûrwa tr.+pass. : to be circumcised
    okusira:mûka intr. : to become circumcised

533. traditional belief; kafir / 伝統的宗教
    obuka:fwî:ri 14, ----
  cf. person of traditional belief / 伝統的宗教の人
    omuka:fwî:ri 1, abaka:fwî:ri 2

       omuka:fwí:ri ó:mû
       omuka:fwí:ri wâ:nge
       ó:nu muka:fwî:ri
       ó:nu muka:fwí:rí kî?
       omuka:fwí:ri wá:ngê

a. traditional gods / 伝統的神

       omucwê:zi 1, abacwê:zi 2
       omucwé:zi ó:mû
       omucwé:zi wâ:nge
       ó:nu mucwê:zi
       ó:nu mucwé:zí kî?
       omucwé:zi wá:ngê
       N.B. Abacwê:zi are said to have been the original group in the Banyoro/Batooro area. Some of their names are still known

- ndahûra (M) /ndáhûra (M)
   ndahúra ó:mû
   ndahúra wâ:nge
- wamárâ (M)
   wamárá ó:mû
   wamárá wâ:nge

   cf. Some names of ancestors of abacwê:zi : kabacwê:zi (F), ka.ndáhûra (M)

534. spirit / 霊

1) omuzîmu 3, emizîmu 4 : spirit of a dead person / 死者の霊
   omuzímu gúmû
   omuzímu gwâ:nge
   gúnu muzîmu
   gúnu muzímú kî?
   omuzímu gwá:ngê

cf. okuzîmu 17 : the world of the dead people, the other world
N.B. Each family has its own spirit to worship. Most of the abacwê:zi are worshipped in this way.

2) embá:ndwâ 9,10 : ancestral spirit / 祖先霊 <okubâ:ndwa "to worship ancestral spirits"
   embá:ndwá é:mû   /(No.1020)
   embá:ndwá yâ:nge
   é:nu mbá:ndwâ
   é:nu mbá:ndwá: kî?
   embá:ndwá yá:ngê
N.B. Each spirit is good for a particular purpose (prosperity, wealth, health, rain, etc.).

- rubâ:nga (M) : the supreme ancestral spirit
   rubá:nga wâ:nge
- rugábâ (M) : traditional God, gives wealth, good things.
   rugábá wâ:nge
- kyô:mya (M) : brings good health
   kyó:mya wâ:nge
- ka:kyô:mya (M) : brings good things, i.e. prosperity, etc.
   ka:kyó:mya wâ:nge

- ka:nyabuzâ:na (M) : brings peace
  ka:nyabuzá:na wâ:nge
- nyabuzâ:na (F) : brings good health, prosperity, etc.
  nyabuzá:na wâ:nge
- rwa.kaikâra (M) : brings good life, prosperity
  rwakaikára wâ:nge
- kaikâra (F) : female version of rwakaikâra
  kaikára wâ:nge
- mulí:ndwâ (M) : keeps hunger away
  mulí:ndwá wâ:nge
- ka:mulí:ndwâ (M) : keeps war away
  ka:mulí:ndwá wâ:nge
- kagôro (M) : brings rain
  kagóro wâ:nge
- kamugízî (F) : brings prosperity (to have children), wealth, peace, etc.
  kamugízí wâ:nge
- kinyabwî:ru (M) : brings prosperity
  kinyabwí:ru wâ:nge
- nyinamwî:ru (F) : brings luck
  nyinamwíru wâ:nge

a. ghost / お化け
   1) eki:gasaigásâ 7, ebi:gasaigásâ 8 : traditioanl ghost
      eki:gasaigásá kímû
      eki:gasaigásá kyâ:nge
      kúnu ki:gasaigásâ
      kúnu ki:gasaigásá kî?
      eki:gasaigásá kyá:ngê
   2) eki:jaijánâ 7, ebi:jaijánâ 8 : syn. of the preceding.
      eki:jaijáná kímû
      eki:jaijáná kyâ:nge
      kínu ki:jaijánâ
      kínu ki:jaijáná kî?
      eki:jaijáná kyá:ngê
   3) sitâ:ni 1a,2a, ba:sitâ:ni 2a, aba:sitâ:ni 2 : ghost, demon, satan in the bilical sense <Sw. sitani
      sitá:ni ó:mû
      sitá:ni wâ:nge
      ó:nu sitâ:ni
      ó:nu sitá:ní kî?
      sitá:ni wá:ngê

535. taboo / タブー
     omuzîro 3, emizîro 4
     omuzíro gúmû
     omuzíro gwâ:nge
     gúnu muzîro
     gúnu muzíró kî?
     omuzíro gwá:ngê

☆ Empúnú, muzíro gw'a.basirâ:mu. : Pork is totem (=taboo) of the Muslims.

536. amulet / お守り

    1) ehirîzi 9,10, amahírîzi 6 /ehírîzi 9,10, amahírîzi 6
    ehirízi é:mû
    ehirízi yâ:nge
    é:nu hirîzi
    é:nu hirizí kî?
    ehirízi yá:ngê

    2) orugîsa 11, engîsa 10 : syn. of the preceding. Cf. omugîsa 3/4 "good luck, blessing" (No.832).

  a. rosary / 数珠
    esapúlî 9,10 <Fr. chapelet?
    esapúlí é:mû
    esapúlí yâ:nge
    é:nu sapúlî
    é:nu sapúlí kî?
    esapúlí yá:ngê

537. festival; ceremony; celebration, party / 祭、式典、祝い事

    1) ekijagûzo 7, ebijagûzo 8. /ekijágûzo 7, ebijágûzo 8. Cf. okujagûza "to celebrate".
    ekijagúzo kímû
    ekijagúzo kyâ:nge
    kínu kijagûzo
    kínu kijagúzó kî?
    ekijagúzo kyá:ngê

    2) obugênyi 14, amagênyi 6 : syn. of the preceding. <omugênyi 1/2 "visitor" (No.480)

    3) ekinyûmyo 7, ebinyûmyo 8 : syn. of the preceding.
    ekinyúmyo kímû
    ekinyúmyo kyâ:nge
    kínu kinyûmyo
    kínu kinyúmyó kî?
    ekinyúmyo kyá:ngê

538. alms; offering / お供え、喜捨

    1) ekihô:ngwa 7, ebihô:ngwa 8. <pass. of okuhô:nga. See below.
    ekihó:ngwa kímû
    ekihó:ngwa kyâ:nge
    kínu kihô:ngwa
    kínu kihó:ngwá: kî?
    ekihó:ngwa kyá:ngê

  ☆ Omwá:na, bamutwaire kumuhô:nga : They have taken the child and sacrificed him.

    2) ekisê:mbo 7, ebisê:mbo 8 : alms, offering; term used by the Protestants; [lit.] gift, present (No.944).

  ☆ okúhá ekisê:mbo : to give alms (in the church)

  a. to give an offering / お供えをする、喜捨をする
    okuhô:nga : to make an offering, offertory, to sacrifice

539. funeral service / 葬式

    okusabíra omúfú omukanísâ : to pray for the dead in the church

a. fire of vigil / 通夜の火
>   ekyó:to ky'o.rúfû 7, ebyó:to by'o.rúfû 8
b. mourning period / 喪
>   akasúmi k'o:kufwê:rwa 12, obusúmi bw'o.kufwê:rwa 14
c. to come out of mourning / 喪があける
>   1) okuturúka orúfû
>   ☆ Abá:ntu nibaturúká orúfû. : People are coming out of mourning.
>   ☆ Orúfú rukuturukí:bwê. : The mourning period is over.
>   N.B. The mouring period is over on the third day from the burial in the case of a man who is dead, and on the fourth day from the burial in the case of a woman who is dead. The family members cut their hair.
>   2) okumára orúfû : syn. of okuturúka orúfû
d. to go to one's mother's original family to attend a ceremony after the burial of the mother who is dead
>   okutâ:ha
e. condolence money / 弔慰金
>   amabûgo 6   Cf. orubûgo 11/10 "bark cloth".
>   amabúgo gámû
>   amabúgo gâ:nge
>   gánu mabûgo
>   gánu mabúgó kî?
>   amabúgo gá:ngê

540. drum / 太鼓
>   1) engôma 9,10 : general term for drums and round type in particular
>   engóma é:mû
>   engóma yâ:nge
>   é:nu ngôma
>   é:nu ngómá kî?
>   engóma yá:ngê
>   ☆ okuté:ra engôma : to beat a drum
>   2) engalâbi 9,10 /engálâbi 9,10 : long size drum with skin of python on one end
>   engalábi é:mû
>   engalábi yâ:nge
>   é:nu engálâbi
>   é:nu engalábí kî?
>   engalábi ya:nge
>   or omugalâbi 3, emigalábi 4 /omugálâbi 3, emigálâbi 4
>   3) amahû:rru 6 : small royal drums
>   amahú:rru gámû
>   amahú:rru gâ:nge
>   gánu mahû:rru
>   gánu mahú:rrú: kî?
>   amahú:rru gá:ngê
>   a. stick for drums / バチ
>   omuzîhyo 3, emizîhyo 4
>   omuzíhyo gúmû

　　　　　　omuzíhyo gwâ:nge
　　　　　　gúnu muzîhyo
　　　　　　gúnu muzíhyó: kî?
　　　　　　omuzíhyo gwá:ngê
　b. to put a hide on a drum / 太鼓に皮を張る
　　　　　　okubá:mba engôma → okubá:mb'e.ngôma
　c. to be beaten [of a drum] / 太鼓が鳴る
　　　　　　okugâ:mba : to say, to speak. See No.640.
　　　☆ Engóma ekugâ:mba. : The drum is sounding.
　d. mound on which the royal drum is beaten / 王の太鼓が叩かれる土塁
　　　　　　akáswâ 12, ---- Cf. ekíswâ 7/8 "termite nest; anthill" (No.101).
541. musical instruments / 楽器
　a. finger piano / 親指ピアノ
　　　　　　Does not exist.
　b. harp / ハープ
　　　　　　enâ:nga 9,10
　　　　　　ená:nga é:mû
　　　　　　ená:nga yâ:nge
　　　　　　é:nu nâ:nga
　　　　　　é:nu ná:ngá kî?
　　　　　　ená:nga yá:ngê
　　　☆ okuté:ra enâ:nga : to play the harp
　c. lute / リュート
　　　　　　endi.ngídî 9,10 : lute of one string
　　　　　　endi.ngídí é:mû
　　　　　　endi.ngídí yâ:nge
　　　　　　é:nu ndi.ngídî
　　　　　　é:nu ndi.ngídí kî?
　　　　　　endi.ngídí yá:ngê
　d. guitar / ギター
　　　　　　ekidô:ngo 7, ebidô:ngo 8
　　　　　　ekidó:ngo kímû
　　　　　　ekidó:ngo kyâ:nge
　　　　　　kínu kidô:ngo
　　　　　　kínu kidó:ngó kî?
　　　　　　ekidó:ngo kyá:ngê
　e. pipe; flute / 笛
　　　　　　endêre 9,10
　　　　　　endére é:mû
　　　　　　endére yâ:nge
　　　　　　é:nu ndêre
　　　　　　é:nu ndéré kî?
　　　　　　endére yá:ngê
　f. whistle (of football or of a policeman) / 笛
　　　　　　efirî:mbi 9,10 or efurî:mbi 9,10
　　　　　　efirí:mbi é:mû

efirí:mbi yâ:nge
é:nu firî:mbi
é:nu firí:mbí kî?
efirí:mbi yá:ngê
☆ okuté:ra efirî:mbi : to blow a whistle / 笛を吹く

g. maraca / マラカス
ekisegênyi 7, ebiségênyi 8 /ekiségênyi 7, ebiségênyi 8 <okusegênya "to winnow" (No.760)
ekisegényi kímû
ekisegényi kyâ:nge
kínu kiségênyi
kínu kiségényí kî?
ekisegényi kyá:ngê

h. shaker on legs / 足につけるガラガラ
ekinyêge 7, ebinyêge 8 or enyêge 9,10 : fruits of a creeper used as shakers when dry. See /No.158.
ekinyége kímû
ekinyége kyâ:nge
kínu kinyêge
kínu kinyégé kî?
ekinyége kyá:ngê

i. xylophone / 木琴
amadî:nda 6 : newly introduced to the Nyoro area
amadí:nda gámû
amadí:nda gâ:nge
gánu madî:nda
gánu madí:ndá kî?
amadí:nda gá:ngê

j. trumpet / ラッパ
1) i:hê:mbe 5, amahê:mbe 6 : [lit.] horn. See No.67.
2) i:ko.ndêre 5, amako.ndêre 6 : long horn tooted at the coronation ceremonies
i:ko.ndére rímû
i:ko.ndére ryâ:nge
línu iko.ndêre
línu iko.ndéré kî?
i:ko.ndére ryá:ngê
3) ekikukûle 7, ebikukûle 8 : horn tooted in hunting
ekikukúle kímû
ekikukúle kyâ:nge
kínu kikukûle
kínu kikukúlé kî?
ekikukúle kyá:ngê

542. bell / 鐘、鈴
1) ekídê 7, ebídê 8 : bell in general
ekídé kímû
ekídé kyâ:nge
kínu kídê
kínu kídé kî?

ekídé kyá:ngê
2) i:ró:ndê 5, amaró:ndê 6 : locally made iron bell put on the neck of a dog in hunting, on the
   i:ró:ndé rímû /neck of a cow
   i:ró:ndé ryâ:nge
   línu iró:ndê
   línu iró:ndé kî?
   i:ró:ndé ryá:ngê
3) i:jûgo 5, amajûgo 6 : syn. of the preceding.
   i:júgo límû
   i:júgo lyâ:nge
   línu ijûgo
   línu ijúgó kî?
   i:júgo lyá:ngê
4) enjogêra 9,10 /enjógêra 9,10 : string of small bells put on the legs of small children begin-
   enjogéra é:mû /ning to walk
   enjogéra yâ:nge
   é:nu njógêra
   é:nu njogérá kî?
   enjogéra yá:ngê

543. radio / ラジオ
    redîyo 9,10, amaredîyo 6 <Eng.
    redíyo é:mû
    redíyo yâ:nge
    é:nu redîyo
    é:nu redíyó kî?
    redíyo yá:ngê
    a. television / テレビ
    televîzon 9,10 <Eng.
    televízon é:mû
    televízon yâ:nge
    é:nu televîzon
    é:nu televízón kî?
    televízon yá:ngê
    b. computer / コンピューター
    ko.mpyú:tâ 9,10 <Eng.
    ko.mpyú:tá é:mû
    ko.mpyú:tá yâ:nge
    é:nu ko.mpyú:tâ
    é:nu ko.mpyú:tá kî?
    ko.mpyú:tá yá:ngê

544. gun / 鉄砲
    emû:ndu 9,10 : firearms in general
    emú:ndu é:mû
    emú:ndu yâ:nge
    é:nu mû:ndu
    é:nu mú:ndú kî?

        emú:ndu yá:ngê
  a. pistol / ピストル
        bbasitô:ra 9,10 <Eng.
        bbasitó:ra é:mu
        bbasitó:ra yâ:nge
        é:nu bbasitô:ra
        é:nu bbasitó:rá kî?
        bbasitó:ra yá:ngê
  b. canon / 大砲
        omuzí:ngâ 3, emizí:ngâ 4
        omuzí:ngá gúmû
        omuzí:ngá gwâ:nge
        gúnu muzí:ngâ
        gúnu muzí:ngá kî?
        omuzí:ngá gwá:ngê
        N.B. Originally meaning "beehive" (No.95), this naming comes from the resemblance of the form of the two objects.
  c. bullet / 弾丸、弾
        i:sásî 5, amasásî 6 <Sw. risasi
        i:sásí rímû
        i:sásí ryâ:nge
        línu isásî
        línu isásí kî?
        i:sásí ryá:ngê
545. bow / 弓
        ekimâra 7, ebimâra 8
        ekimára kímû
        ekimára kyâ:nge
        kínu kimâra
        kínu kimárá kî?
        ekimára kyá:ngê
        ☆ okurása ekimâra → okurás'ekimâra : to shoot a bow
  a. arrow / 矢
    1) akátâ 12, obútâ 14
        akátá kámû
        akátá kâ:nge
        kánu kátâ
        kánu kátá kî?
        akátá ká:ngê
    2) akarâso 12, oburâso 14 : syn. of the preceding. <okurâsa "to shoot" (No.880)
        akaráso kámû
        akaráso kâ:nge
        kánu karâso
        kánu karásó kî?
        akaráso ká:ngê
  b. quiver / 矢筒

ekimárâ 7, ebimárâ 8 : the same as "bow". See above.

546. spear / 槍

    i:cûmu 5, amacûmu 6
    i:cúmu límû
    i:cúmu lyâ:nge
    línu icûmu
    línu icúmú kî?
    i:cúmu lyá:ngê

547. flag / 旗

    ebe.ndérâ 9,10 <Sw. bendera
    ebe.ndérá é:mû
    ebe.ndérá yâ:nge
    é:nu be.ndérâ
    é:nu be.ndérá kî?
    ebe.ndérá yá:ngê

  ☆ ebe.ndérá ya Bunyôro : the falg of Bunyoro

548. ally; one's side / 味方

    omunywá:nî 1, abanywá:nî 2 : [lit.] friend. See No.477.

549. enemy / 敵

    omunya.nzígwâ 1, abanya.nzígwâ 2
    omunya.nzígwá ó:mû
    omunya.nzígwá wâ:nge
    ó:nu munya.nzígwâ
    ó:nu munya.nzígwá: kî?
    omunya.nzígwá wá:ngê

  a. hostility / 敵対関係

    1) obusû:ngu 14, ----
       obusú:ngu búmû
       obusú:ngu bwâ:nge
       búnu busû:ngu
       búnu busú:ngú kî?
       obusú:ngu bwá:ngê

    2) obukâ:mbwe 14, ---- : fierceness, toughness, aggressiveness <-kâ:mbwe adj. "fierce, tough, aggressive" (No.967).

  b. breaking off of one's friendship with a person / 絶交

    obwî:ko 14, ----
    obwí:ko búmû
    obwí:ko bwâ:nge
    búnu bwî:ko
    búnu bwí:kó kî?
    obwí:ko bwá:ngê

550. war; battle / 戦争、戦闘

    1) obulêmu 14, amalêmu 6
       obulému búmû
       obulému bwâ:nge
       búnu bulêmu

         búnu bulémú kî?
         obulému bwá:ngê
    2)   orutâro 11, entâro 10 : syn. of the preceding.
         orutáro rúmû
         orutáro rwâ:nge
         rúnu rutâro
         rúnu rutáró kî?
         orutáro rwá:ngê
  a. to go to war / 戦争に行く
         okuramâga /okurámâga
     cf. omuramâgi 1, abaramâgi 2 /omurámâgi 1, abarámâgi 2 : soldier. See No.453.
551. weapon; arms / 武器
         eky'o.kurwa.nîsa 7, eby'o.kurwa.nîsa 8 : [lit.] that which is used to fight <caus. of okurwâ:na
         eky'o.kurwa.nísa kímû   /"to fight" (No.884).
         eky'o.kurwa.nísa kyâ:nge
         kínu ky'o.kurwa.nîsa
         kínu ky'o.kurwa.nísá kî?
         eky'o.kurwa.nísa kyá:ngê
  a. sword / 刀
    1)   ekitárâ 7, ebitárâ 8
         ekitárá kímû
         ekitárá kyâ:nge
         kínu kitárâ
         kínu kitárá kî?
         ekitárá kyá:ngê
    2)   empirîma 9,10 /empírîma 9,10 : syn. of the preceding.
         empiríma é:mû
         empiríma yâ:nge
         é:nu mpirîma
         é:nu mpirímá kî?
         empiríma yá:ngê
  b. shield / 盾
         engâbu 9,10
         engábu é:mû
         engábu yâ:nge
         é:nu ngâbu
         é:nu ngábú kî?
         engábu yá:ngê
552. peace / 平和
    1)   obusî:nge 14, ----
         obusí:nge búmû
         obusí:nge bwâ:nge
         búnu busî:nge
         búnu busí:ngé kî?
         obusí:nge bwá:ngê
  ☆ Ebí:ntu, abikozere omubsî:nge. : He has done the things peacefully.

283

2) ente:kâna 9, ---- : peacefulness, order, calmness <okute:kâna "to settle"
      ente:kána é:mû
      ente:kána yâ:nge
      é:nu nte:kâna
      é:nu nte:káná kî?
      ente:kána yá:ngê
   a. to return [of peace] / 平和になる
      1) okugá:rra obusî:nge : to return of peace
      2) okulé:ta ente:kâna : to bring peace
      3) okute:kâna : to settle, to be in order / 落ち着く
553. strength; force; power / 力
      amâ:ni 6
      amá:ni gámû
      amá:ni gâ:nge
      gánu mâ:ni
      gánu má:ní kî?
      amá:ni gá:ngê
      ☆ Aine amá:ni. → ain'a:mâ:ni : He is strong. See also No.965.
   a. force; compulsion; coercion / 強制
      akagêmo 12, obugêmo 14
      akagémo kámû
      akagémo kâ:nge
      kánu kagêmo
      kánu kagémó kî?
      akagémo ká:ngê
554. authority / 権力、権威
      obusobôzi 14, ---- /obusóbôzi 14, ----
      obusobózi búmû
      obusobózi bwâ:nge
      búnu busóbózi
      búnu busóbózí kî?
      obusobózi bwá:ngê
   a. leader / 指導者
      omwe.be.mbêzi 1, abe:be.mbêzi 2
      omwe.be.mbézi ó:mû
      omwe.be.mbézi wâ:nge
      ó:nu mwe.be.mbêzi
      ó:nu mwe.be.mbézí kî?
      omwe.be.mbézi wá:ngê
      cf. obwe.be.mbêzi 14, ---- : leadership
      cf. okwe.be.mbêra : to lead
      ☆ Ayebe.mbí:rê. : He is leading.
555. law; rule / 法律、規則
      1) ekiragîro 7, ebiragîro 8 /ekirágîro 7, ebirágîro 8 : rule, order, directive <okuragîra "to command". See No.991.
      2) i:té:kâ 5, amaté:kâ 6 : rule to observe

　　　　　i:té:ká límû
　　　　　i:té:ká lyâ:nge
　　　　　línu ité:kâ
　　　　　línu ité:ká kî?
　　　　　i:té:ká lyá:ngê
556. responsibility / 責任
　　　　　obujuna:nizíbwâ 14, ----
　　　　　obujuna:nizíbwá búmû
　　　　　obujuna:nizíbwá bwâ:nge
　　　　　búnu bujuna:nizíbwâ
　　　　　búnu bujuna:nizíbwá: kî?
　　　　　obujuna:nizíbwá bwá:ngê
　　　cf. omujuna:nizíbwâ 1, abajuna:nizíbwâ 2 : responsible person
　　　cf. okujuna:nizîbwa /okujuna:nízíbwa : to be responsible
557. rank; status / 階級、クラス
　　　1) i:dá:râ 5, amadá:râ 6 : [lit.] ladder
　　☆ i:dá:rá lya. há:nsî 5 : low rank
　　☆ i:dá:rá lya. haigûru 5 : high rank
　　☆ omú:ntu w'i.dá:rá lya. há:nsî 1, abá:ntu b'a:madá:rá ga: há:nsî 2 : low-ranked person
　　☆ omú:ntu w'i.dá:rá lya. haigûru 1, abá:ntu b'a:madá:rá ga: haigûru 2 : high-ranked person
　　　2) ekitêbe 7, ebitêbe 8 : class of school, grade, social rank. See No.283.
　　☆ ekitébe kya. há:nsî : low grade
　　☆ ekitébe kya. haigûru : high grade
　　☆ omú:ntu w'e.kitébe kya. há:nsî 1, abá:ntu b'e:kitébe kya. há:nsî 2 : low grade person
　　☆ omú:ntu w'e.kitébe kya. haigûru 1, abá:ntu b'e:kitébe kya. haigûru 2 : high grade person
558. car; automobile / 車、自動車
　　　1) (e)motókâ 9,10　　or　(e)motôka 9,10 <Eng. motor car
　　　　(e)motóká é:mû　　　　(e)motóka é:mû
　　　　(e)motóká yâ:nge　　　(e)motóka yâ:nge
　　　　é:nu motókâ　　　　　　é:nu motôka
　　　　é:nu motóká kî?　　　　é:nu motóká kî?
　　　　(e)motóká yá:ngê　　　(e)motóka yá:ngê
　　　　N.B. This word is pronounced in two ways, and also with or without the augment e-.
　　☆ omú:nda ya motókâ : inside a car
　　☆ Aizire na motókâ. : He has come by car.
　　　2) egá:li nú:ngî 9,10 : syn. of the preceding, an old term
  a. bus / バス
　　　　bbâ:si 9,10 : big bus accomodating more than 50 people <Eng.
　　　　bbá:si é:mû
　　　　bbá:si yâ:nge
　　　　é:nu bbâ:si
　　　　é:nu bbá:sí kî?
　　　　bbá:si yá:ngê
　　　cf. akabbâ:si 12, obubbâ:si 14 : medium size bus of about 30 people <dim. of bbâ:si 9/10
  b. taxi / タクシー
　　　　takîsi 9,10 /tákîsi 9,10 : mini bus of 15 passengers <Eng.

takísi ému
takísi yâ:nge
é:nu takîsi
é:nu takísí kî?
takísi yá:ngê
N.B. So-called taxis are called "special" taxis.
- c. wheelbarrow; handcart / 手押し荷車
    1) ecakárâ 9,10 : factory-made wheelbarrow
    ecakárá é:mû
    ecakárá yâ:nge
    é:nu cakárâ
    é:nu cakárá kî?
    ecakárá yá:ngê
    2) ekigâ:li 7, ebigâ:li 8 : locally made wooden handcart <aug. of egâ:li "bicycle" (No.499).
- d. trailer / トレーラー
    ekigâdi 7, ebigâdi 8
    ekigádi kímû
    ekigádi kyâ:nge
    kínu kigâdi
    kínu kigádí kî?
    ekigádi kyá:ngê
- e. engine / エンジン
    1) injîni 9,10 <Eng.
    injíni é:mû
    injíni yâ:nge
    é:nu injîni
    é:nu injíní kî?
    enjíni yá:ngê
    2) ekyó:to kya. motôka 7, ebyó:to bya. motôka 8
- c. front part of a car / 車の前面
    ekinwá:nwa kya. motôka 7, ebinwá:nwa bya. motôka 8 Cf. ekinwâ:nwa 7/8 "animal face" (No.5).

559. airplane / 飛行機
  1) enyônyi 9,10 <ekinyônyi 7/8 "bird" (No.82)
  2) endégê 9,10 <Sw. ndege
  endégé é:mû
  endégé yâ:nge
  é:nu ndégê
  é:nu ndégé kî?
  endégé yá:ngê

560. to drive (a car) / 運転する
  1) okuvûga
  N.B. This word may come from the rattling noise of engines.
  ☆ okuvúga motôka : to drive a car
  2) okutê:mba : to ride on, to get on; [lit.] to climb (No.587)
  ☆ okuté:mba motôka : to get on a car

☆ okuté:mba pikipîki : to ride on a motorbike

3) okwi.rûkya : to drive very fast; [lit.] to make run <caus. of okwi.rûka "to run" (No.595)

☆ okwi.rúkya egâ:li : to drive a bicycle very fast

a. driver / 運転手

 derê:va 1*a*,2*a*, ba:derê:va 2*a*, aba:derê:va 2 <Sw. dereva

 deré:va ó:mû

 deré:va wâ:nge

 ó:nu derê:va

 ó:nu deré:vá kî?

 deré:va wá:ngê

561. bicycle / 自転車

 egâ:li 9,10 <Sw. gari "automobile"

 egá:li é:mû

 egá:li yâ:nge

 é:nu gâ:li

 é:nu gá:lí kî?

 egá:li yá:ngê

a. parts of a bicycle / 自転車部品

1. i:hê:mbe 5, amahê:mbe 6 : handle; [lit.] horn. See No.67.
2. entébê 9,10 : saddle; [lit.] chair. See No.247.
3. omulábbâ 3, emilábbâ 4 : cross-beam. See No.264.
4. ekalíyâ 9,10 : rear seat of a bicycle <Sw. kalia or Eng. carrier

 ekalíyá é:mû

 ekalíyá yâ:nge

 é:nu kalíyâ

 é:nu kalíyá kî?

 ekalíyá yá:ngê

5. ekyô:to 7, ebyô:to 8 : the gear part. See also No.271.
6. ekigérê 7, ebigérê 8 : pedal; [lit.] foot. See No.42.
7. ekinyúzî 7, ebinyúzî 8 : rubber break

 ekinyúzí kímû

 ekinyúzí kyâ:nge

 kínu kinyúzî

 kínu kinyúzí kî?

 ekinyúzí kyá:ngê

8. engâta 9,10 : wheel. See also No.218 "head pad".

☆ engáta y'e.gâ:li : wheel of a bicycle

9. omupî:ra 3, emipî:ra 4 : tyre. See No.951. <Sw. mpila "rubber"
10. orujegêre 11, enjegêre 10 /orujégêre 11, enjégêre 10 : chain. See No.293.
11. i:gâbu 5, amagâbu 6 : chain cover

 i:gábu límû

 i:gábu lyâ:nge

 línu igâbu

 línu igábú kî?

 i:gábu lyá:ngê

☆ i:gábu ly'e.gâ:li : chain cover of a bicycle

12. ekipa.mpagâra 7, ebipa.mpagâra 8 : mud guard
    ekipa.mpagára kímû
    ekipa.mpagára kyâ:nge
    kínu kipa.mpagâra
    kínu kipa.mpagárá kî?
    ekipa.mpagára kyá:ngê
  b. motorbike / バイク
    pikipîki 9,10 <Sw. pikipiki
    pikipíki é:mû
    pikipíki yâ:nge
    é:nu pikipíki
    é:nu pikipíkí kî?
    pikipíki yá:ngê
    ☆ ekyó:to kya. pikipîki 7, ebyó:to bya. pikipîki 8 : engine of a motorbike
562. canoe / カヌー、丸木舟
    obwâ:to 14 or eryâ:to 5, amâ:to 6
    obwá:to búmû
    obwá:to bwâ:nge
    búnu bwâ:to
    búnu bwá:tó kî?
    obwá:to bwá:ngê
    N.B. As this noun also means "brewing tub" (No.778), the following qualification makes the meaning clearer.
    ☆ obwá:to bwa. hamáizi 14, amá:to ga: hamáizi 6 : canoe of water
    or obwá:to bwa. hanyá:njâ 14, amá:to ga: hanyá:njâ 6 or obwá:to bw'e.nyá:njâ 14, amá:to g'e:nyá:njâ 6 : canoe of lake
  a. to row / 漕ぐ
    okusára amáizi : [lit.] to cut water
  b. oar; paddle / 櫂、オール
    engâhi 9,10
    engáhi é:mû
    engáhi yâ:nge
    é:nu ngâhi
    é:nu ngáhí kî?
    engáhi yá:ngê
    ☆ engáhi y'o.bwâ:to : oar of a canoe
  c. ship; boat / 船
    emê:ri 9,10 <Sw. meli
    emé:ri é:mû
    emé:ri yâ:nge
    é:nu mê:ri
    é:nu mé:rí kî?
    emé:ri yá:ngê
  d. ferry / フェリー
    ekidyê:ri 7, ebidyê:ri 8
    ekidyé:ri kímû

ekidyé:ri kyâ:nge
kínu kidyê:ri
kínu kidyé:rí kî?
ekidyé:ri kyá:ngê

563. accident / 事故
   1) obutá:ndwâ 14, ----
      obutá:ndwá búmû
      obutá:ndwá bwâ:nge
      búnu butá:ndwâ
      búnu butá:ndwá: kî?
      obutá:ndwá bwá:ngê
      ☆ obutá:ndwá bwa. mótôka : car accident
   2) ekigwe.rerêzi 7, ebigwererêzi 8 : unexpected accident
      ekigwe.rerézi kímû
      ekigwe.rerézi kyâ:nge
      kínu kigwe.rerêzi
      kínu kigwe.rerézí kî?
      ekigwe.rerézi kyá:ngê
   3) akábî 12, ---- : danger, accident <-bî adj. "bad" (No.1173).

564. money / お金
   1) ensí:mbî 9,10 : [orig.] cowry (No.112); usually used in the plural.
      ensí:mbí zímû
      ensí:mbí zâ:nge
      zínu nsí:mbî
      zínu nsí:mbí kî?
      ensí:mbí zá:ngê
   2) sê:nte 9,10 : syn. of the preceding; usually used in the plural <Eng. cent
      sé:nte zímû
      sé:nte zâ:nge
      zínu sê:nte
      zínu sé:nté kî?
      sé:nte zá:ngê
      ☆ Oina sé:nte zi.ngáhâ? : How much money do you have?
      ☆ Kínu ekî:ntu kya. sé:nte zi.ngáhâ? : How much is this thing?
   a. coin / 硬貨
   1) sirî:ngi 9,10 <Eng. shilling
      sirí:ngi é:mû
      sirí:ngi yâ:nge
      é:nu sirî:ngi
      é:nu sirí:ngí kî?
      sirí:ngi yá:ngê
   2) ebijegejêge 8 : money in form of coins
      ebijegejége bímû
      ebijegejége byâ:nge
      bínu bijegejêge
      bínu bijegejégé kî?

ebijegejége byá:ngê
- b. banknote / お札
    - orupapúra rwa. sê:nte 11, empapúra za: sê:nte 10 . Cf. orupapûra 11/10 "paper" (No.232).

565. salary / 給料
- omusâ:ra 3, emisâ:ra 4 <Sw. mshahara
- omusá:ra gúmû
- omusá:ra gwâ:nge
- gúnu musâ:ra
- gúnu musá:rá kî?
- omusá:ra gwá:ngê

566. tip / 褒美、チップ
- akasî:mo 12, obusî:mo 14 : gratitude, tip. See No.833.
- a. bribe / 賄賂
    - engúzî 9,10 <okugûra "to buy" (No.924)
    - engúzí é:mû
    - engúzí yâ:nge
    - é:nu ngúzî
    - é:nu ngúzí kî?
    - engúzí yá:ngê
    - N.B. Sometimes, the word ekizibîti 7/8 "exhibit" (No.1006) is heard to wrongly mean "bribe".
    - ☆ engúzí y'o.musâ:ngo 9 : bribe for a crime
    - ☆ okúhá engúzî : to give a bribe
    - cf. omúhí w'e.ngúzî 1, abáhí b'e.ngúzî 2 : giver of a bribe
    - ☆ okúlyá engúzî : to eat (i.e. take) a bribe
    - cf. omúlí w'e.ngúzî 1, abálí b'e.ngúzî 2 : receiver of a bribe

567. wealth; property; material possessions / 富、財産
- 1) ebí:ntu bî:ngi 8 : many things. Cf. ekî:ntu "thing, object" (No.190).
- ☆ Aina ebí:ntu bî:ngi. : He has many things.
- 2) i:tû:ngo 5, amatû:ngo 6 : wealth, property, material possessions (cows, houses, etc.)
    - i:tú:ngo límû
    - i:tú:ngo lyâ:nge
    - línu itû:ngo
    - línu itú:ngó kî?
    - i:tú:ngo lyá:gê
    - <okutû:nga "to own, to possess" (No.823).
- cf. omutû:ngi 1, abatû:ngi 2 : a wealthy person
    - omutú:ngi ó:mû
    - omutú:ngi wâ:nge
    - ó:nu mutû:ngi
    - ó:nu mutú:ngí kî?
    - omutú:ngi wá:ngê
- cf. obutû:ngi 14, ---- : wealth

568. tax / 税、税金
- omusórô 3, emisórô 4
- omusóró gúmû

　　　　omusóró gwâ:nge
　　　　gúnu musóro
　　　　gúnu musóró kî?
　　　　omusóró gwá:ngê
　a. tribune / 年貢
　　　　obusû:ru 14, ----
　　　　obusú:ru búmû
　　　　obusú:ru bwâ:nge
　　　　búnu busû:ru
　　　　búnu busú:rú kî?
　　　　obusú:ru bwá:ngê
　b. to pay a tax / 税金を払う
　　　　okusasûra

569. price / 値段、価格
　　　　omuhê:ndo 3, emihê:ndo 4
　　　　omuhé:ndo gúmû
　　　　omuhé:ndo gwâ:nge
　　　　gúnu muhê:ndo
　　　　gúnu muhé:ndó kî?
　　　　omuhé:ndo gwá:ngê
　☆ omuhé:ndo gwa. haigûru 3 : high price
　☆ omuhé:ndo gwa. há:nsî 3 : low price
　☆ omú:ntu w'o.muhé:ndo gwa. haigûru 1 : high-valued person
　☆ omú:ntu w'o.muhé:ndo gwa. há:nsî 1 : low-valued person
　☆ Omuhé:ndo gw'e.kitábu guli há:nsî. : The price of the book is low.
　☆ Omuhé:ndo gwa. sukâ:li gute.mbérê. : The price of sugar has increased.
　☆ Emihé:ndo y'e.bî:ntu egwí:rê. : The prices of goods have dropped.

570. job; work; employment / 仕事、職
　1) omulîmo 3, emirîmo 4 /omúlîmo 3, emírîmo 4 : general term for work
　　　　omulímo gúmû
　　　　omulímo gwâ:nge
　　　　gúnu mulîmo
　　　　gúnu mulímó kî?
　　　　omulímo gwá:ngê
　☆ N'o:kórá mulímó kî? : What job are yo doing?
　2) orubî:mbi 11, emî:mbi 10 : assigned work, duty
　　　　orubí:mbi rúmû
　　　　orubí:mbi rwâ:nge
　　　　rúnu rubî:mbi
　　　　rúnu rubí:mbí kî?
　　　　orubí:mbi rwá:ngê
　3) amakatárâ : syn. of the preceding. <Sw. katara
　　　　amakatárá gámû
　　　　amakatárá gâ:nge
　　　　gánu makatárâ
　　　　gánu makatárá kî?

amakatárá gá:ngê

571. to go / 行く
- 1) okugê:nda 15, amagê:nda 6
  - okuge.ndêra appl. : to go for sth or sb
  - okuge.ndêsa caus. : to go by means of sth
  - cf. engê:nda 9 : way of going
  - ☆ N'o:gé:ndá nkáhâ? : Where are you (sg.) going?
  - ☆ Ni.ngé:ndá Ka.mpálâ. : I am going to Kampala.
  - ☆ okugé:nda omwi.bára ly'o.mû:ntu : to go in the name of sb, on his behalf
  - ☆ okuge.ndéra eby'o.kúlyâ : to go for food
  - ☆ okuge.ndéra abarwáire : to go to see sick people
  - ☆ okuge.ndésa egâ:li : to go by bicycle
- 2) okúgyâ : syn. of okugê:nda
  - ☆ N'ó:gyá:hâ? : Where are you (sg.) going?
  - ☆ N'ó:gyá: nkáhâ? : Where are you (sg.) going?
  - ☆ Ní:ngyá Ka.mpálâ. : I am going to Kampala.

a. to take a roundabout way / 遠回りをする
- okwe.to:rô:ra : to go around (No.865)

b. to go straight / 真っ直ぐに行く
- okutere:kê:rra

c. to go and see a person / 人に会いに行く
- okusâ:nga

d. destination / 到着点、行き先
- 1) enkâ:ngo 9,10 : destination, goal, objective <okukâ:nga "to stop" (No.599)
  - enká:ngo é:mû
  - enká:ngo yâ:nge
  - é:nu nkâ:ngo
  - é:nu nká:ngó kî?
  - enká:ngo yá:ngê
  - ☆ Enká:ngo yâ:nge y'o.kusóma ndiba musomésâ. : The goal of my studies is to become a teacher.
- 2) eki:kâro 7, ebi:kâro 8 : place, destination. See No.409.
- 3) ekicwé:kâ 7, ebicwé:kâ 8 : place, half, destination. See No.1247.

572. to come / 来る
- 1) okwî:ja
  - okwi.zîra appl. : to come for sth
  - ☆ okwí:ja na motôka : to come by car
  - ☆ okwi.zíra eby'o.kúlyâ : to come for food
- 2) okurûga /okúrûga : to come from a place
  - okurugîra appl. : to come staring from a place
  - ☆ okurúga omú:njû : to come out of the house
  - ☆ okurúga Ka.mpálâ : to come from Kampála
  - ☆ okurugíra Ka.mpálâ : to come from inside Kampala
  - ☆ okurúga omunkômo : to come back from the jail
  - ☆ Ecú:cú erugirémû. : Dust is out from inside.

573. to come near; to approach / 近づく

1) okwí:ja háihi : to come near
2) okwî:rra : syn. of the preceding.
   okwi.rîza caus. : to bring near
☆ okwi.ríza háíhí ekikópô : to bring a cup near
3) okuse.mbêra : syn. of okwî:rra
   okuse.mbêza caus. : syn. of okwi.rîza
4) okuhikî:rra : to approach <int. of okuhîka "to arrive" (No.578)
   okuhikî:rrwa or okuhikirîrwa pass. : to be approached by sb
☆ okumuhikî:rra : to approach him

a. to be neighbour; to be adjacent / 隣接している
1) okwa.tâna : to be adjacent
2) okuherê:ra : to be next to

574. to leave; to quit; to go away / 去る
1) okugê:nda : to go away
☆ Age.nzere ataragíré. : He has gone without saying goodbye.
2) okulêka : to leave sb
   okulekêra appl. : to leave sb/sth for sb
   okulêkwa pass. : to be left by sb
☆ okuléka omû:ntu : to leave a person
cf. omulékwâ 1, abalékwâ 2 : bereaved child / 遺児
   omulékwá ó:mû
   omulékwá wâ:nge
   ó:nu mulékwâ
   ó:nu mulékwá: kî?
   omulékwá wá:ngê
3) okusîga : to leave sth/sb behind
   okusigîra appl. : to leave sth/sb behind for sb
☆ okusíga omû:ntu : to leave a person behind
4) okurûga /okúrûga : to come from
5) okusi.mbûka : to leave a place unwillingly
   okusi.mbukîra appl. : to leave to a place unwillingly
☆ Asi.mbukire Ka.mpálâ. : He has finally left Kampala unwillingly.
6) okwa.mûka : to start to leave
☆ Abá:ntu ba:mukire omukatâle. : People have begun to leave the market place (because it is late).
☆ Mwa.múkê! : Move away! (to several people)

575. to remain; to stay behind / 残る
1) okusigâra <intr. of okusîga "to leave sth behind" (No.574).
   okusigâ:rra appl. : to remain at a place, in a situation; to be behind
☆ Sigára hánû! : Remain here!
2) okwi.kâra : to live, to stay. See No.918.

a. to spend daytime / 時を過ごす
   okusî:ba
☆ N'o:sí:bá nkáhâ? : Where are you (sg.) going to spend the daytime?
☆ Osi:bire ó:tâ? : How have you (sg.) spent the daytime?

576. to go ahead; to precede / 先に行く、先行する

1) okugé:nda mumáiso
2) okwe.yo.ngéra mumáiso : to go forward. Cf. okwe.yo.ngêra "to advance, to increase" (Nos.1049, 1084).

577. to follow / あとに続く
    1) okuho.ndêra : to follow a person
    okuho.nderéza /okuho.ndéréza ins. : to follow a person wherever he/she goes
    ☆ okuho.ndéra omukâzi : to follow a woman
    ☆ Akuho.nderéza nyîna. : He/she follows his/her mother wherever she goes.
    2) okukurâta /okukúrâta : syn. of okuho.ndêra
    okukura:tî:rra repet. : syn. of okuho.nderéza
  a. to trail / 後を追う
    okutûra

578. to arrive / 着く、到着する
    okuhîka
    okuhikîra appl. : to arrive in a manner
    okuhîkya caus. : to deliver, to hand over. See No.941.
    ☆ okuhikíra hasâ:ha : to arrive on time

579. to come back; to return (intr.) / 帰る、戻る
    okugarûka /okugárûka
    okugarukîra appl. : to come back from a place
    ☆ okugarúka omúkâ : to go back home
    ☆ okugarúka Ka.mpálâ : to come back to Kampala
    ☆ okugarukíra Ka.mpálâ : to come back from Kampala
  a. to go away and not to come back / 行ったきりである
    okurabíráyô
    ☆ Age.nzere omutáuni, báitu akurabíráyô. : He/she has gone to the town and is not coming back.
  b. to give back; to return (tr.) / 戻す、返す
    okugâ:rra <tr. of okugarûka "to return (intr.)". See above.
    okugarû:rwa pass : to be returned
    ☆ Gá:rra sé:nte zâ:nge! : Give back my money!
  c. to put away; to put back / しまう
    okutâ:hya <caus. of okutâ:ha "to go back home, to enter" (No.585).

580. to pass; to go by / 通る
    1) okurâba /okúrâba
    okurabîra appl. : to pass through
    2) okuhi.ngûra : syn. of okurâba

581. to pass by; to get ahead of sb; to surpass / 追い越す
    okurábáhô
    ☆ okurábáhó omû:ntu : to pass by a person
    ☆ okurábáhó motôka : to overtake a car

582. to travel; to go on a journey / 旅行する、旅する
    okugê:nda. See No.571.
  cf. orugê:ndo 11, engê:ndo 10 : travel, journey, trip / 旅行、旅
    orugé:ndo rúmû
    orugé:ndo rwâ:nge

        rúnu rugê:ndo
        rúnu rugé:ndó kî?
        orugé:ndo rwá:ngê
   cf. omugê:nzi 1, abagê:nzi 2 : traveller, goer
        omugé:nzi ó:mû
        omugé:nzi wâ:nge
        ó:nu mugê:nzi
        ó:nu mugé:nzí kî?
        omugé:nzi wá:ngê

583. to pass through; to cross; to get to the other side / 渡る、横切る
   1) okucwa.nganîza /okucwa.ngáníza : to get to the other side of a road
   ☆ okucwa.ngáníza orugû:do : to go across a road
   2) okwa.mbûka : to go across (a river, lake, swamp, etc.)
   ☆ okwa.mbúka amáizi → okwa.mbúk'a.máizi : to go across waters
   cf. ama.mbukîro 6 /ama.mbúkîro : landing site <appl. of okwa.mbûka
        ama.mbukíro gámû
        ama.mbukíro gâ:nge
        gánu ma.mbukîro
        gánu ma.mbukíró kî?
        ama.mbukíro gá:ngê
   3) okusâra : [lit.] to cut. See No.807.
   ☆ okusára orugû:do → okusár'orugû:do : to cross a road

584. to go the wrong way; to get lost / 道を間違える、迷子になる、迷う
   1) okubûra /okúbûra
       okubûza /okúbûza caus. : to lose sth
   ☆ Mbuzírê. : I am lost.
   2) okuhâba /okúhâba : syn. of okubûra
       okuhâbya /okúhâbya caus. : to mislead
       okuhabûra /okuhábûra rev.tr. : to put sb on the right path/direction / 矯正する
       okuhabûka /okuhábûka rev.intr. : to come back from the wrong path
   ☆ Nyówé hátî mpabukírê. : Now I have come back from the wrong path.
   3) okusôba : to go in the wrong direction, to do sth wrong

 a. to tell sb the way to a place / 人に道を教える
   1) okuragî:rra
       okuragirîrwa or okuragî:rrwa pass. : to be told the way
   cf. endagî:rro 9,10 : direction / 方向、方角. See No.410.

585. to go in; to enter / 入る
     okutâ:ha
     okutâ:hya caus. : to let sb/sth in
   ☆ okutá:ha omú:njû → okutá:h'omú:njû : to go into a house
   ☆ okutâ:hámû : to go inside

586. to go out / 出る
   1) okuturûka /okutúrûka
       okuturukîra appl. : to go out through a place
       okuturûkya /okutúrûkya caus. : to put out (from a place)
       okuturukîbwa caus.+pass. : to be put out

☆ okuturúka ahê:ru : to go outside

☆ Túrúkámû! : Go out!

2) okurûga /okúrûga : to come from

a. to appear / 現れる

okuzô:ka

☆ Ense:néné zizo:kérê. : Grasshoppers have appeared.

587. to go up; to climb / 登る

okutê:mba

okutê:mbya caus. : to put sb/sth up

☆ okuté:mba omútî → okuté:mb'omútî : to climb a tree

☆ okuté:mba orusôzi → okuté:mb'orusôzi : to climb a mountain

588. to descend; to climb down / 降りる

okusirimûka

okusirimûkya caus. : to put sb/sth down

☆ okusirimúka omútî → okusirimúk'omútî : to climb down a tree

☆ okusirimúka orusôzi → okusirimúk'orusôzi : to descend a mountain

cf. amasirimûko 6 : descent

amasirimúko gámû

amasirimúko gâ:nge

gánu masirimûko

gánu masirimúkó kî?

amasirimúko gá:ngê

589. to take (a bus, taxi etc.); to get into (a train) / 乗る

1) okuté:mba

☆ okuté:mba motôka : to take a car

☆ okuté:mba bbâ:si : to take a bus

2) okwi.kâ:rra : to sit on a seat

☆ okwi.ká:rra omubbâ:si : to take a bus (and sit on a seat)

☆ okwi.ká:rra hapikipîki : to sit on a motorbike

590. to get off / 降りる

okurûga /okúrûga

☆ okurúga omumótôka : to get out of the car

591. to tumble down; to fall down / 転ぶ、倒れる

1) okúgwâ

okugwê:ra appl. : to fall onto sth

☆ okúgwá há:nsî : to fall down on the ground

☆ okúgwá n'e:gâ:li : to fall when riding on a bicycle

☆ Emotóka egwí:rê. : A car has overturned.

☆ okugwé:ra i:bâ:le → okugwé:r'i:bâ:le : to fall onto a stone

cf. ekîgwo 7, ebîgwo 8 : tumbling down

ekígwo kímû

ekígwo kyâ:nge

kínu kîgwo

kínu kígwó: kî?

ekígwo kyá:ngê

a. to roll down; to tumble / 転がり落ちる

              okukuli.ngûka intr.
              okukuli.ngûra tr. : to cause to roll down
              okwe.kuli.ngûra refl.+tr. : to make oneself roll down
    b. to throw sb down / 転ばせる、倒す
        1) okunâga
        ☆ okunága omû:ntu → okunág'omû:ntu : to throw down a person
        2) okutêga : to trip sb up (by putting one's leg)
    c. to roll (a log) / 転がす
              okukû:mbya
592. to fall; to drop / 落ちる、落下する
        1) okúgwâ
        cf. ê:ngwa 9, ---- : act of falling
              é:ngwa é:mû
              é:ngwa yâ:nge
              é:nu ŋgwa
              é:nu ŋgwá: kî?
              é:ngwa yá:ngê
        2) okuragâra : to fall (fruits from a tree)
        ☆ okuragára há:nsî : to drop on the ground
        ☆ Ekijúmá kiragáírê. : A fruit has fallen.
        3) okutô:nya : to fall in droplets (said of liquid)
              okuto:nyêza caus. : cause to fall in droplets; to drop oil to a machine, etc. / 油を差す
        ☆ okuto:nyéza egâ:li → okuto:nyéz'e:gâ:li : to drop oil to a bicycle
593. to walk / 歩く
        1) okurubâta : general term for walking
              okurubâsa caus. : to help to walk
        ☆ okurubása omwâ:na : to help a child to walk
        2) okuta.mbûka : to walk with long strides / 大股で歩く
    a. to walk stealthily / 忍び足で歩く
              okusô:ba
              okuso:basô:ba red. : to walk very slowly in a stealthy way
    b. to walk dragging one's feet / 足を引きずって歩く、のそのそと歩く
              okucodêra
    c. to be unsteady on one's feet; to stagger / ふらつく
              okutabaijûka
    d. to march / 行進する
              okukû:mba
594. to take a walk; to go for a walk / 散歩する
              okurubatarubâta <red. of okurubâta "to walk" (No.529)
    a. to move around / うろつく、徘徊する
        1) okwe.maramâra : to move around to kill time <refl.+red. of okumâra "to finish (tr.)" (No.1075).
        2) okwa.ndâ:ra : to move around without any aim or intention
    b. roaming attitude / 家でじっとしていないこと、徘徊
              akajáiko 12, ----
              akajáíko kámû

　　　　　akajáíko kâ:nge
　　　　　kánu kajáiko
　　　　　kánu kajáíkó kî?
　　　　　akajáíko ká:ngê
595. to run / 走る
　　　　　okwi.rûka
　　　　　okwi.rukîra appl. : to run in a place
　　　　　okwi.rûkya caus. : to make sb run, to chase
　　　　　okwi.rukî:rra int. : to rush to sb/sth / 駆けつける
　　☆ okwi.rukíra omú:njû : to run in a house
　　☆ okwi.rukí:rra omû:ntu : to rush to a person
　a. to run noisily / バタバタと走る
　　　　　okuté:ra emirî:ndi : [lit.] to beat footsteps
596. to run away / 逃げる
　　　　　okwi.rûka
　　☆ okwi.rúka enjôka : to run away from a snake
　a. to escape; to go without permission / 逃亡する
　　　　　okutorôka /okutórôka
　　　　　okutorokêra appl. : to eacpe to a place
　　☆ okutorokéra Ka.mpálâ : to eacpe to Kampala
　　cf. omutorôki 1, abatorôki 2 /omutórôki 1, abatórôki 2 : escapee, fugitive
　　　　　omutoróki ó:mû
　　　　　omutoróki wâ:nge
　　　　　ó:nu mutorôki
　　　　　ó:nu mutorókí kî?
　　　　　omutoróki wá:ngê
　　cf. obutorôki /obutórôki 14, ---- : escaping
597. to run after; to chase / 追いかける
　　　1) okwi.rûkya <caus. of okwi.rûka "to run" (No.595)
　　☆ okuwi.rúkya omusûma : to run after a thief
　　☆ okuwi.rúkya enkôko : to chase a hen (to slaughter)
　　　2) okuhâ:mbya : syn. but mainly used in Tooro
　a. to drive out / 追い出す
　　　　　okubî:nga
　　☆ okubí:nga emizîmu : to drive out demons
　b. to dismiss; to fire / 解雇する
　　　1) okubî:nga
　　　2) okufu:mû:ra : syn. of the preceding.
　c. to drive out from the village / 村から追い出す
　　　　　okusê:nda
　　　　　okusê:ndwa pass. : to be driven out of the village
598. to lie in wait for; to ambush / 待ち伏せる
　　　　　okubya:mî:ra <appl. of okubyâ:ma "to lie down" (No.614)
　a. to kidnap / 人をさらう
　　　　　okunyâga : to take by force, to kidnap
599. to stop (intr.) / 止まる、停止する

1) okwe.mê:rra

okwe.merêza caus. : to cause to stop, to stop (tr.)

☆ okwe.meréza bbâ:si : to stop a bus (to get on)

2) okukâ:nga : to stop (concerning journeys)

☆ A: Okuká:nga nkáhâ? : Where are you stopping? (what is your destination?)
　B: Nkugé:nda owa Kajûra. : I am going to Kajura's place.

600. to step on; to tread on / 踏む

okurubâta

okurubatîra appl. : to keep on treading

☆ okurubáta enjôka : to step on a snake

☆ okurubatíra ekî:ntu : to keep one's foot on a thing

a. stamping of feet / 足踏み

orunyêge 11, ---- : traditional stamping dance. See 949.

601. to fly / 飛ぶ

1) okuhu:rrûka : to fly

2) okupara.njûka : to fly away suddenly

a. to beat its wings of a bird] / 羽ばたく

okuté:ra amapápâ

602. to jump (over) : to leap / 飛び跳ねる、飛び越す

1) okugúrûka

2) okuté:ra entâ:mbo : to jump over a distance

a. to stride over / 跨ぐ

okugurûka /okugúrûka

b. long stride / 大股

orutâ:mbo 11, entâ:mbo 10 : long stride, fathom, yard

orutá:mbo rúmû

orutá:mbo rwâ:nge

rúnu rutá:mbo

rúnu rutá:mbó kî?

orutá:mbo rwá:ngê

603. to float / 浮く

okuse:rê:ra

☆ Obwá:to nibuse:ré:râ. : A boat is floating.

604. to sink / 沈む

okudikîra

☆ Obwá:to budikí:rê. : A boat has sunk.

a. to be drowned / 溺れる、沈む

okudikîra

☆ Omwá:na adikí:rê. : A child is drowned.

b. to be stuck in mud [a car] / （車が）泥道でスタックする

okusâ:ba

☆ Emotóka esa:bire omusâ:bu. : A car is stuck in the mud.

605. to stand up / 立つ

1) okwe.mê:rra

okwe.merêza /okwe.mérêza caus. : to make sb stand up

☆ Yemê:rra! : Stand up!

☆ Ayemerí:rê. : He is in standing position.
2) okumatûka /okumátûka : to stand at attention
☆ Omupolí:si amatukírê. : A policeman is standing at attention.

606. to sit down / 座る
1) okwi.kâ:rra : way of sitting whereby the buttocks touch a chair, on the ground
okwi.kalîza /okwi.kálîza caus. : to make sb sit
☆ okwi.ká:rra ha.ntébê : to sit on a chair
☆ okwi.ká:rra há:nsî : to sit on the ground
2) okura.mbikírîza /okura.mbikírîza : to sit on the ground with legs stretched
3) okuté:za ebibêro : to sit with legs put sideways (way of sitting of women and children on a mat)

607. to sit on one's heels / しゃがむ
okusitâma : to squat
cf. emisitamîre 4 : squating way
emisitamíre é:mû
emisitamíre yâ:nge
é:nu misitamîre
é:nu misitamíré kî?
emisitamíre yá:ngê

a. to kneel down / ひざまずく
okuté:za amájû

b. to sit cross-legged / あぐらをかく
1) okwi.ká:rra ebitêge
2) okute:raníza amagûru : syn. of the precedibg, but rare.

608. to bend oneself; to stoop / 体をかがめる、お辞儀をする
okwi.nâma : to bend oneself, to bow
okwi.nâmya caus. : to cause to bend

609. to crawl; to go on all fours / 這う
1) okwa.jûra : to go on all fours
2) okukûta : syn. of the preceding.
3) okwe.kû:rra : to crawl (ex. snakes, lizards, soldiers with a gun)
   <refl. of okukû:rra "to drag" (No.875)

610. to strike the foot against an object; to stumble / つまずく
okuté:ra enkô:nge → okuté:r'enkô:nge : to stumble over a small stump

a. to walk out of step / 足がもつれる
okwe.têga <refl. of okutêga "to trap" (No.800)

611. to slide; to slip; to be slippery / 滑る
1) okutê:rra
okuterêza /okutérêza caus. : to make slippery
☆ Engú:do n'e:té:rrâ. : The road is slippery.
2) okuterebûka : syn. of okutê:rra
cf. obutê:rre 14, ---- : slipperiness
obuté:rre búmû
obuté:rre bwâ:nge
búnu butê:rre
búnu buté:rré: kî?

obuté:rre bwá:ngê

612. to hit; to run against; to collide with / ぶつかる、衝突する
   1) okutomêra /okutómêra
      okutomêrwa /okutómêrwa pass. : to be hit by sb
      okutomerâna recipr. : to collide with each other
      okutomera.ngâna recipr. : the same as the preceding.
      ☆ okutoméra omû:ntu : to collide with a person
   2) okuhu:mîra : syn. of okutómêra
      okuhu:mirâna /okuhu:mírâna recipr. : to collide with each other
      okuhu:mira.ngâna recipr. : the same as above
      ☆ Emotóká ehu:mi:re é:njû. : A car has hit a house.

613. to step back / 後ずさりをする
      okugarúka enyûma → okugarúk'enyûma

614. to lie down / 横になる
      okubyâ:ma
      okubya.mîra appl. : to lie in a position
      okubyâ:mya caus. : to lay sb/sth
      ☆ okubyá:ma hakitâbu : to lie on a bed
      ☆ okubya.míra omukê:ka : to lie on the mat
      ☆ okubyá:mya omwâ:na : to take a child to bed
   a. to lie flat on one's back / 仰向けに寝る
      okugarâma /okugárâma
      okugarâmya caus. : to make lie flat
      ☆ Omú:ntu abya:mire agaramírê. : The person lies flat on his back.
      ☆ okugarámya ekisóro kukisâra : to put an animal flat to slaughter it
   b. to turn sb over his face; to put face down / うつ伏せにする
      okuju:mîka posit.
      okwe.ju:mîka refl.+posit. : to lie prone
      okuju:mûra tr. : to help to turn the face up
      okuju:mûka intr. : to turn one's face up
      ☆ Omú:ntu ayeju:mikírê. : The person lies on his face.

615. to go to bed / 寝る
      okugé:nda omukitâbu
   a. to sleep / 眠る、寝る
      okubyâ:ma
   b. to be an untidy sleeper / 寝相が悪い
      okwe.culîka /okwe.cúlîka <refl. of okuculîka "to rip, to slant" (No.860)
   c. to spend a night / 夜を過ごす
      okurâ:ra
      okurâ:za caus. : to spend a night with (a girl)
      ☆ okurá:ra enjâra : to sleep without eating
      ☆ okurá:za omwi.síkî : to spend a night with a girl

616. to be sleepy / 眠い
      okuhú:rra otúrô
   a. to doze / 居眠りする、うたた寝する
      1) okugwi.jagîra /okugwi.jágîra

2) okuhu.ngîra : syn. of the preceding.
  b. sleepiness / 眠気
       otúrô 14
       otúró túmû
       otúró twâ:nge
       túnu túrô
       túnu túró kî?
       otúró twá:ngê
617. to dream / 夢を見る
       okurô:ta
     cf. ekirô:to 7, ebirô:to 8 : dream
       ekiró:to kímû
       ekiró:to kyâ:nge
       kínu kirô:to
       kínu kiró:tó kî?
       ekiró:to kyá:ngê
618. to get up (intr.); to rise / 起きる
       okwi.mûka : to stand up or to rise (from a bed or a chair)
       okwi.mukîra appl. : to stand up for (e.g. to greet sb)
       okwi.mûkya caus. : to raise sb
   ☆ okwi.múka omu.ntébê : to stand up from the chair
   ☆ okwi.múka omukitâbu : to raise from the bed
  a. to wake up (intr.) / 目覚める
     1) okwi.mûka : to wake up
        okwi.mûkya caus. : to awaken sb
     2) okusisi:mûka intr. : to wake up from a deep sleep
        okusisi:mûra tr. : to awaken sb from a deep sleep
  b. to wake up early in the morning / 朝早く起きる
     1) okuzi.ndûka
     2) okukê:ra : syn. of the preceding.
619. to wash (one's face) / 顔を洗う
       okunâ:ba : to wash parts of the body (face, hands, etc.)
   ☆ okuná:ba amáiso : to wash one's face
   ☆ okuná:ba omu.ngâro : to wash one's hands
   ☆ okuná:ba há:nsî : to wash one's private parts (of women)
  a. to brush the teeth / 歯を磨く
     1) okusí:nga amáino
     2) okuhâ:nga : to clean the teeth of a child with a cloth or leaves [said of the parents]
        okuhá:nga omwá:na amáino : to clean the teeth of a child with a cloth or leaves
  b. toothbrush / 歯ブラシ
       omuswâ:ki 3, emiswâ:ki 4 <Sw. mswaki
       omuswá:ki gúmû
       omuswá:ki gwâ:nge
       gúnu muswâ:ki
       gúnu muswá:kí kî?
       omuswá:ki gwá:ngê

620. to bathe (intr.); to wash the whole body / 体を洗う、水浴する
  okwô:ga
  okwo.gêra appl. : to bathe in a place
  okwô:gya caus. : to wash sth or sb
  okwo.gêsa caus. : to use sth to wash
 ☆ okwó:ga omubîri : to bathe the body
 ☆ okwó:ga n'e:sabbû:ni : to bathe with soap
 ☆ okwó:gya omwâ:na : to bathe a child
 ☆ okwo.géra haizíbâ : to bathe at a well
 ☆ okwo.gésa esabbû:ni : to wash with soap; same as okwó:ga n'e:sabbû:ni

 a. bathroom; shower room / 浴室、シャワールーム
  1) ekyo.gêro 7, ebyo.gêro 8 <appl. of okwô:ga "to bathe (intr.)". See above.
   ekyo.géro kímû
   ekyo.géro kyâ:nge
   kínu kyo.gêro
   kínu kyo.géró kî?
   ekyo.géro kyá:ngê
  or eryo.gêro 5, amo:gêro 6 [rare]
  ☆ Ali omu.nkyo.gêro. : He is in the bathroom.
  2) ekina:bîro 7, ebina:bîro 8 : syn. of ekyo.gêro 7. <appl. of okunâ:ba "to wash parts of the
   ekina:bíro kímû   /body" (No.619)
   ekina:bíro kyâ:nge
   kínu kina:bîro
   kínu kina:bíró kî?
   ekina:bíro kyá:ngê

621. to swim / 泳ぐ
  okuzîha

622. to wipe; to mop /（布で）拭く、（汚れを）ぬぐう
  1) okusi:mû:ra : to dry oneself with a towel; to wipe with a wet cloth; to mop
  2) okuragâza : to wipe off dirt
 ☆ okuragáza emé:zâ : to wipe a table
  3) okuhêha : to wipe off dirty things
 ☆ okuhéha amázî : to wipe off feces

 a. to wash or wipe one's behind after defecating / 尻を拭く
  1) okwe.hêha <refl. of okuhêha. See above.
  2) okuragáza ekibûnu
  3) okwe.semêza /okwe.sémêza : polite way of wiping; [lit.] to make oneself clean <refl. of okusemêza "to clean" (No.779).

623. to comb / 櫛でとく
  1) okusanû:rra tr.
   okusanu:rûza caus. : to use a comb
   okusanu:rûka intr. : to become disheveled (of hair)
 ☆ okusanú:rra i:sôke : to comb hair
 ☆ Okusanu:rúzá: kî? : What are you (sg.) using to comb hair?
  2) okuté:ra i:sôke → okuté:r'i:sôke : the same as okusamû:rra

 a. comb / 櫛

ekisanu:rûzo 7, ebisanu:rûzo 8
ekisanu:rúzo kímû
ekisanu:rúzo kyâ:nge
kínu kisanu:rûzo
kínu kisanu:rúzó kî?
ekisanu:rúzo kyá:ngê

624. to cut hair / 散髪する
    okusára i:sôke → okusál'i:sôke
  ☆ Nsazire i:sôke. : I have my hair cut.; [lit.] I have cut my hair.

a. to shave / 剃る
    okúmwâ
    okumwê:ra appl. : to shave for sb
    okumwî:sa caus. : to use sth to shave
    okumwî:bwa pass. : to be shaved by sb
  ☆ okúmwá omulêju : to shave beard
  ☆ okumwí:sa akawê:mpe → okumwí:s'akawê:mpe : to shave with a razor
  ☆ Omwi.sizé: kî? : What have you (sg.) used to shave?

625. to put on one's make-up / 化粧をする
    1) okwe.sî:ga <refl. of okusî:ga "to smear" (No.789).
    2) okwe.kóráhô : syn. of the preceding, but a polite expression; [lit.] to work on oneself <refl. of okukôra "to work" (No.731), followed by the clitic hô "on sth".

626. to tattoo / 入墨をする
    i:sarûle 5, amasarûle 6 /i:sárûle 5, amasárûle 6 : cut on the face <okusâra "to cut" (No.807)
    i:sarúle rímû
    i:sarúle ryâ:nge
    línu isárûle
    línu isárúlé kî?
    i:sarúle ryá:ngê
    N.B. Traditionally the Banyoro have not practised tattoo or any cuts on the face. But these days people do under the influences from outside.
  cf. embáigo 9,10 : incision on the face
    embáígo é:mû
    embáígo yâ:nge
    é:nu mbáigo
    é:nu mbáígó kî?
    embáígo yá:ngê

627. to put on clothes; to wear / 着る
    okujwâ:ra intr. : general term for wearing
    okujwâ:za intr.+caus. : to dress   (ex. a child, a sick person)
    okujwê:ka posit.tr. : syn. of the preceding.
    okujú:rámû rev.tr.+mu : to undress oneself
  ☆ okujwé:ka omwâ:na : to dress a child
  ☆ okujwé:ka omugólê : to dress up a bride

a. to dress up / 着飾る
    1) okujwá:ra kurú:ngî : to wear well
    2) okuhûbya : to dress oneself nicely to visit one's son-in-law

☆ Omukázi ahubízê. : The woman is nicely dressed to visit her son-in-law.

3) okwe.tê:ga : syn. of okuhûbya, word used by the Batooro
4) okunyî:rra : to look nice (because of the dress or the appearance of the body)
   okunyirîza caus. /okunyíriza caus. : to make look nice

b. to wrap oneself with a cloth / 布を体に巻く
   1) okwe.nagîra /okwe.nágîra : to wrap oneself with a long piece of cloth over the shoulders
   cf. omwe.nagîro 3, emye.nagîro 4 /omwe.nágîro 3, emye.nágîro 4 : long piece of cloth (sheets, /etc.) to wrap oneself over the shoulders
       omwe.nagíro gúmû
       omwe.nagíro gwâ:nge
       gúnu mwe.nagîro
       gúnu mwe.nagíró kî?
       omwe.nagíro gwá:ngê
   2) okwe.sîba : to wrap a piece of cloth on the body <refl. of okusîba "to fasten, to tie" (No.839)
   ☆ okwe.síba etáulo : to wrap a towel around the waist
   ☆ okwe.síba ekita.mbá:ra hamútwê : to wrap a scarf on the head

628. to take off clothes / 脱ぐ

   okujû:ra <rev. of okujwâ:ra "to wear" (No.627)
   N.B. This word has the meaning of "to take off clothes", but implies unnatural undressing, like a lunatic person. Normally the use of the cl.18 clitic mû "inside" is necessary.
   okujú:rámû /okujû:rámû <rev. of okujwâ:ra "to wear" (No.627), followed by the cl.18 clitic mû "inside".
   ☆ Ninju:rámû. : I am undressing myself.
   ☆ okujú:rámú omwá:na engôye : to undress a child

629. to see / 見る

   1) okurôra : to see, to look
      okurô:rra appl. : to see in a manner, through sth
      okurôrwa pass. : to be seen by sb
      okurôza caus. : to use sth to see
      okwe.rôra refl. : to see oneself (in a mirror), to find oneself (in a picture)
      okwe.rô:rra refl.+appl. : to go and see in person, to see oneself (in a mirror)
      okurora.ngâna recipr. : to see each other
      okurolê:rra int. : to look after sb
      okurorrâ:na : to get acquaintance of each other in a place
   cf. omurôzi 1, abarôzi 2 : seer, beholder
       omurózi ó:mû
       omurôzi wâ:nge
       ó:nu murôzi
       ó:nu murózí kî?
       omurózi wá:ngê
   cf. omurórwâ 1, abarórwâ 2 : person who is seen (for selection)
       omurórwá ó:mû
       omurórwá wâ:nge
       ó:nu murórwâ
       ó:nu murórwá: kî?
       omurórwá wá:ngê
   ☆ Orozeré kî? : What have you (sg.) seen?

☆ Noijá dî ku.ndôra? : When are you (sg.) coming to see me?
☆ okuró:rra muga:rubî:ndi : to see through glasses
☆ Omú:ntu n'a:yeró:rrá omukirahúlî. : The person is looking at himself in the glass.
☆ okuróza ga:rubî:ndi : to see with glasses
☆ Nitwí:já kurora.ngána nyé:nkyâ. : We are going to see each other tomorrow.
☆ Bakarorra:na omukanísâ. : They got acqaintance of each other in the church.

  2) okubôna : syn. of okurôra
     okubônwa pass. : to be seen by sb
     okubonêka /okubónêka neut. : to be visible
☆ Mboine enkóko é:mû. : I have seen one hen.
☆ Okwé:zi kubonekérê. : The moon has appeared.
☆ Omukáma abonekérê. : The king has come. [liturgical expression]

cf. embonêko 9,10 /embónêko 9,10 : first appearance of the moon
    embonéko é:mû
    embonéko yâ:nge
    é:nu mbonêko
    é:nu mbonékó kî?
    embonéko yá:ngê

  3) okuhwê:za : to see clearly
  4) okulê:ba : to see sb/sth from a distance
     okulê:bwa pass. : to be seen by sb from a distance
  5) okuzô:ka : to be seen, to appear
☆ N'o:zó:ká dî? : When will you (sg.) be seen?

a. to look around restlessly / 周りをキョロキョロと見渡す
    okumagamâga /okumagámâga. N.B. okumâga is not used.

b. to stare / 見つめる
    okuhá:nga amáiso

c. to wide open the eyes / 目を見開く
  1) okugunûra /okugúnûra
☆ okugunúra amáiso
  2) okufu.ndûra : syn. of the preceding.
☆ okufu.ndúra amáiso

d. to look upwards / 上方を見る
    okuraramîra

e. to go and watch (a match, spectacle, etc.) / 見物に行く
    okusû:nga
☆ okusú:nga omupî:ra : to go and watch a football game

630. to blink naturally / 瞬きをする
  1) okukóimya
☆ Amáiso nigakóímyâ. : The eyes are blinking.
  2) okukôhya : syn. of the preceding.
☆ Musa.ngire n'a:kóhyâ. : I have found him blinking. (He is not asleep.)

cf. enkôhya 9, ---- : blinking / 瞬き
    enkóhya é:mû
    enkóhya yâ:nge
    é:nu nkôhya

             é:nu nkóhyá: kî?
             enkóhya yá:ngê
    a. to signal with a wink / 目配せする
             okwí:ta erî:so
631. to peep / 覗く
             okuli.ngûza
632. to show / 見せる
             okwo.lêka
             okwo.lêkya caus.(?) : syn. of the preceding.
             okwe.yolêka refl. : to show oneself / 自分を見せびらかす
633. to hear / 聞く
             okuhû:rra
             okuhulîrwa pass. /okuhúlîrwa pass. : to be heard by sb
             okuhuli:rîza int. : to listen carefully
             okuhuli:riza.ngâna int.+recipr. : to listen to each other carefully
             okwe.hû:rra refl. : to be proud
634. to feel / 感じる
             okuhû:rra
        ☆ Ni.mpú:rrá embêho. : I feel chilly.
    a. feeling / 感情、気持ち
             okwe.hû:rra : to feel oneself <refl. of okuhû:rra "to feel"
635. to give off a smell; to smell (intr.) / 臭う、匂う
        1) okunû:nka : to smell in general, but usually "to smell bad"
        ☆ okunú:nka kúbî : to smell bad
        2) okubôya : to give off a good smell
    a. to have bad breath / 口臭がある
             okunú:nka akâmwa
    b. smell; odor / 臭い、匂い
        1) ekinû:nko 7, ebinû:nko 8 : smell, odor <okunû:nka "to smell (intr.)"
             ekinú:nko kímû
             ekinú:nko kyâ:nge
             kínu kinû:nko
             kínu kinú:nkó kî?
             ekinú:nkó kyá:ngê
        2) orûsu 11, ---- : body odor / 体臭
             orúsu rúmû
             orúsu rwâ:nge
             rúnu rûsu
             rúnu rúsú kî?
             orúsu rwá:ngê
        ☆ orúsu rw'o.mû:ntu 11 : body odor of a person
        3) ekikâra 7, ---- : underarm odor
             ekikára kímû
             ekikára kyâ:nge
             kínu kikâra
             kínu kikárá kî?

ekikára kyá:ngê
4) ekijú:ndê 7, ebijú:ndê 8 : bad smell of a rotten thing. <okujû:nda "to rot" (No.752)
   ekijú:ndé kímû
   ekijú:ndé kyâ:nge
   kínu kijú:ndê
   kínu kijú:ndé kî?
   ekijú:ndé kyá:ngê
5) i:hâya 5, ---- : goat's smell, especially that of mating he-goats
   i:háya límû
   i:háya lyâ:nge
   línu ihâya
   línu iháyá kî?
   i:háya lyá:ngê
6) akawaisî:mba 12, obuwaisî:mba 14 : bad smell of civets
   akawaisí:mba kámû
   akawaisí:mba kâ:nge
   kánu kawaisî:mba
   kánu kawaisí:mbá kî?
   akawaisí:mba ká:ngê

b. good smell / いい匂い
   akahó:hô 12, obuhó:hô 14
   akahó:hó kámû
   akahó:hó kâ:nge
   kánu kahó:hô
   kánu kahó:hó kî?
   akahó:hó ká:ngê

c. incense / 香
   omugájû 3, emigájû 4
   omugájú gúmû
   omugájú gwâ:nge
   gúnu mugájû
   gúnu mugájú kî?
   omugájú gwá:ngê
   N.B. Incense is made from a mixture of dried pieces of papyrus stems and roots of a species of grass called esê:ta 9/10, which is burned in an earthenware pot ekíswâ 7/8. This is a Tooro culture, but some Banyoro people practice it.

636. to sniff / 嗅ぐ
   1) okunu.nkirîza /okunu.nkírîza <int. of okunû:nka "to smell". See No.635.
   2) okukâga : to put the nose close to sth, to smell (tr.)
      okukagi:rîza int. : to sniff

637. to breathe; to respire / 息をする
   okwî:kya
   cf. okutâ:hya "to breathe in" (No.585), okuturûkya "to breathe out" (No.586).
   a. to breathe heavily / 息づかいが荒い、走った後でハアハア言う、息も絶え絶えである
      okuhoijahóija
   b. to sigh / ため息をつく

okuté:ra eki.nkó:hî
cf. eki.nkó:hî 7, ebi.nkó:hî 8 : sigh
eki.nkó:hí kímû
eki.nkó:hí kyâ:nge
kínu ki.nkó:hî
kínu ki.nkó:hí kî?
eki.nkó:hí kyá:ngê

638. to blow with the mouth / 吹く
okuhû:ha
okuhu:hirîza /okuhu:hírîza ins. : to blow repeatedly

a. to whistle / 口笛を吹く
okusulîza /okusúlîza
N.B. Traditionally, it is a bad omen that women whistle.
cf. orusulîzo 11, ensulîzo 10 /orusúlîzo 11, ensúlîzo 10 : whistling
orusulízo rúmû
orusulízo rwâ:nge
rúnu rusúlîzo
rúnu rusúlízó kî?
orusulízo rwá:ngê

b. hand whistle / 手笛
1) akanaya.ngâro 12, obunaya.ngaro 14 : with a sigle hand. Cf. engâro 9/10 "hand" (No.34).
akanaya.ngáro kámû
akanaya.ngáro kâ:nge
kánu kanaya.ngâro
kánu kanaya.ngáró kî?
akanaya.ngáro ká:ngê

2) empô:ndo 9,10 : with both hands
empó:ndo é:mû
empó:ndo yâ:nge
é:nu mpô:ndo
é:nu mpó:ndó kî?
epó:ndo yá:ngê

3) ekihu:lé:rê 7, ebihu:lé:rê 8 : the same as the preceding.
ekihu:lé:ré kímû
ekihu:lé:ré kyâ:nge
kínu kihu:lé:rê
kínu kihu:lé:ré kî?
ekihu:lé:ré kyá:ngê

639. to fan / 団扇で扇ぐ
okuhwî:ja
cf. ekihwî:ju 7, ebihwî:ju 8 : fan
ekihwí:ju kímû
ekihwí:ju kyâ:nge
kínu kihwî:ju
kínu kihwí:jú kî?
ekihwí:ju kyá:ngê

640. to say; to speak / 言う、話す
- 1) okubâza : to say sth, to speak a language, to talk
  - okubázǎ:hô : to talk about sth/sb
  - okubalîza /okubálîza appl. : to speak to a person, for a person
  - okubalîsa /okubálîsa caus. : to make/help sb speak, to use sth to speak
  - okubali:sirîza : to keep on speaking
- cf. embâza 9 : way of speaking
  - embáza é:mû
  - embáza yâ:nge
  - é:nu mbâza
  - é:nu mbázá kî?
  - embáza yá:ngê
- cf. orubâzo 11, embâzo 10 : speech
  - orubázo rúmû
  - orubázo rwâ:nge
  - rúnu rubâzo
  - rúnu rubázó kî?
  - orubázo rwá:ngê
- ☆ okubáza orunyôro : to speak Runyoro
- ☆ N'o:bázá rulímí kî? : What language are you (sg.) speaking?
- ☆ okubalíza omû:ntu : to speak to a person (to advise him)
- ☆ Abalízê : He has talked
- ☆ okubázǎ:hô omû:ntu → okubázáh'ómû:ntu : to talk about a person
- ☆ okubalíza omubâ:ntu → okubalíz'omubâ:ntu : to speak among people
- ☆ okubalísa omuzi.ndâ:ro : to speak with a microphone
- ☆ okumára gábázâ : to talk a lot pointlessly
- 2) okugâ:mba : to say, to talk
  - okuga.mbîra appl. : to talk using sth, to tell sb
  - okuga.mbîsa caus. : to cause to talk, to make confess
  - okugâ:mbya caus. : the same as the preceding.
- ☆ N'o:gá:mbá kî? : What are you (sg.) saying?
- ☆ okuga.mbíra hamuzi.ndâ:ro : to talk using a microphone
- ☆ okuga.mbísa omuzi.ndâ:ro : more or less the same as the preceding
- cf. omugâ:mbi 1, abagâ:mbi 2 : speaker, talker
  - omugá:mbi ó:mû
  - omugá:mbi wâ:nge
  - ó:nu mugâ:mbi
  - ó:nu mugá:mbí kî?
  - omugá:mbi wá:ngê
- cf. engâ:mba 9, ---- : way of speaking
  - engá:mba é:mû
  - engá:mba yâ:nge
  - é:nu ngâ:mba
  - é:nu ngá:mbá kî?
  - engá:mba yá:ngê
- 3) okutêbya : syn. of okugâ:mba

☆ Okutébyǎ: kî? : What are you talking about?

☆ Ba.ntebya kurú:ngî. : They speak faborably of me.

a. that [introducing a subordinate clause] / と（言う）

-´tî

	sg.	pl.
1st pers.	ńtî	tútî
2nd pers.	ó:tî	mútî
3rd pers.	á:tî	bátî

☆ Jó:ni aga.mbirégé á:tî oli múbî. : John said that you were bad.

☆ Baga.mbire bátî nibagé:ndá kwî:ja. : They have said that they are going to come.

641. to converse; to talk / 喋る、会話する

okuhanû:ra : to discuss, to exchange ideas, to converse

642. to pronounce / 発音する、口を開く

okwa.tûra

a. nasalized pronunciation / 鼻にかかった話し方

ebinya:nyî:ndo 8. Cf. enyî:ndo 9/10 "nose" (No.10).

b. to talk in a fading voice / か細い声で話す

okuzi.ndâ:ra

☆ N'a:zi.ndá:rá i:râka. : He is talking in a whispering voice.

643. to telephone / 電話をかける

okuté:ra esímû

☆ okuté:rra omû:ntu esímû : to telephone to a person

cf. esímû 9,10 : telephone (call) <Sw. simu

esímú é:mû

esímú yâ:nge

é:nu símû

é:nu símú kî?

esímú yá:ngê

cf. to charge a celle phone / 電話機を充電する

okuca:jî:nga <Eng.

644. to narrate; to relate / 物語る

okuganîkya /okugánîkya : to tell a folktale

okuganikîza appl. : to tell a folktale to sb

645. to exaggerate / 誇張する

okuligîsa

a. exaggeration / 誇張

1) amaligîsa 6

amaligísa gámû

amaligísa gâ:nge

gánu maligîsa

gánu maligísá kî?

amaligísa gá:ngê

2) omujájû 3, (emijájû 4) : syn. of the preceding.

omujájú gúmû

omujájú gwâ:nge

gúnu mujájû

gúnu mujájú kî?
omujájú gwá:ngê

646. to call / 呼ぶ
1) okwê:ta : to call
okwê:twa pass. : to be called by sb
okwe.ta.ngâna recipr. : to call each other
☆ okwé:ta omû:ntu i:bâra : to call a person by his/her name
☆ Okwé:twa kwa. Ruhá:ngá kuróhó ebíró byô:na. : Being called by God is an everyday matter. (We should be prepared for death.)
2) okwa.mî:rra : to call sb from a distance loudly
okwa.mî:rrwa pass. : to be called by sb from a distance loudly
a. not to be able to utter the name / 名前を呼ぶことができない
okuta:túra omû:ntu i:bâra
N.B. Senior people cannot be called by their names. Pet names or some titles are used instead.

647. to shout / 叫ぶ
1) okutôka
okutokêra appl. /okutókêra appl. : to shout in a way
☆ okutokéra haigûru : to shout out of joy, etc.
2) okutâ:ga : to give a cry of sorrow, grief, etc.
3) okukû:nga : to groan, to howl

648. to become silent / 黙る
1) okuculê:ra : to be silent, to keep quiet
okuculê:rra appl. : to keep quiet about sth
okuculê:za caus. : to make sb silent
cf. omuculê:zi 1, abaculê:zi 2 : quiet person
omuculé:zi ó:mû
omuculé:zi wâ:nge
ó:nu muculê:zi
ó:nu muculé:zí kî?
omuculé:zi wá:ngê
cf. obuculê:zi 14 : quietness, silence
2) okwe.sîza : to keep quiet purposely, not to reply
3) okukí:nga omûnwa : to close the mouth
☆ Ki:.ngáhó akânwa! : Close your mouth!
4) okubú:mba akânwa : to shut the mouth. See 854.

649. to laugh / 笑う
okusêka : to laugh, to laugh at sb
okusekêra appl. : to smile at sb, to be glad about sb
okuseke:rêza repet. : to laugh at sb repeatedly
okuseke:rêbwa int.+pass. : to be continuously laughed at
okusekêsa caus. : to make sb laugh (by doing funny things)
☆ okuséka omû:ntu : to laugh at a person
cf. ensêko 10 : laughter
enséko zímû
enséko zâ:nge

zínu nsêko

zínu nsékó kî?

enséko zá:ngê

a. to smile / 微笑む

1) okumwe.gê:rra : to smile

okumwe.gerê:rra appl. : to smile at sb

2) okusekêra : to smile at sb <appl. of okusêka "to laugh". See above.

650. to tickle / くすぐる、こそばせる

1) okutigîta /okutígîta : to tickle the side or back of a person

2) okunuli:rîza : to tickle the armpit or neck of a person

☆ okunuli:ríza omwâ:na : to tickle the armpit or neck of a child

651. to joke / 冗談を言う、からかう

1) okuzâ.na : to play, to joke

2) okusa.ndâ:ra : to be in a joking relationship (especially between grandparents and

okusa.ndâ:za caus. : to tell a joke to sb   /grandchildren), not to be serious

☆ Ó:ku kusa.ndâ:ra. : That is a joke.

☆ Ni.nkusa.ndá:zâ. : I am telling you a joke.

652. to cry; to weep / 泣く

1) okû:rra

okulîza caus. : to make sb cry

okulirî:rra appl.+int. : to cry for sth/sb

☆ okú:rra omû:ntu → okú:rr'omû:ntu : to cry over a person

☆ okú:rra omú:ntu afwî:re : to cry over a person who is dead

2) okucûra : syn. of okû:rra

okucûza caus. : to make cry

okuculî:rra : to cry for sth

3) okukû:nga : to cry on high tone, to weil especially upon death

3) okuté:ra emikû:ngo : the same as the preceding.

4) okuté:ra empâmo : syn. of the preceding.

5) okuborô:ga : to cry loudly

6) okusî:nda : to sob

a. wail / 泣き叫び

1) omukû:ngo 3, emikû:ngo 4

omukú:ngo gúmû

omukú:ngo gwâ:nge

gúnu mukû:ngo

gúnu mukú:ngó kî?

omukú:ngo gwá:ngê

2) empâmo 9,10 : the same as the preceding.

empámo é:mû

empámo yâ:nge

é:nu mpâmo

é:nu mpámó kî?

empámo yá:ngê

b. unnecessary crying of a child / 子供の無闇な泣き叫び

obuku.ngûzi 14, ---- : <okuku.ngûra "to bring bad luck" (No.956)

N.B. Unnecessary crying of a child is sought to bring a misfortune.

653. to cry (of animals) / （動物が）鳴く
    1) okuboigôra : to bark / （犬が）鳴く、吠える
    2) okukû:nga : to howl (of dogs)
    3) okururûma : to snarl (of dogs, lions) / （犬が）うなる
    4) okujûga : to low, to moo / （牛が）鳴く
    5) okucûra : to low (of cows), to bleat (of goats), to baa (of sheep), to sing (of birds) / （牛、山羊、羊、小鳥が）鳴く
    ☆ Embúzi nizichúrâ. : Gaots are bleating.
    6) okukô:ka : to crow / （雄鳥が）鳴く
    7) okuko:rôma /okuko:kórôma : to cackle in laying eggs / （ニワトリが卵を産む時に）クワックワッと鳴く

654. to bite / 噛む
    1) okurûma /okúrûma : to bite deep with teeth
    ☆ É:mbwá endumírê. : A dog has bitten me.
    2) okunêna /okúnêna : to bite off
    3) okutêma : to bite (of snakes or mantis)
        okutêmwa pass. : to be bitten (by snakes or mantis)
    ☆ Enjóka entemérê. : A snake has bitten me.

  a. to sting / （蜂などが）刺す
    1) okwô:kya : [lit.] to burn (No.764)
    ☆ Orujóki runyokézê. : A bee has stung me.
    2) okutê:ra : syn. of okwô:kya, but rare.

655. to eat / 食べる
    1) okúlyâ : to eat
        okulî:ra appl. : to eat from a plate, at a place
        okulî:sa caus. : to give food to, to feed, to graze cattle, to use sth to eat
        okulî:bwa pass. : to be eaten by sb, to be edible
        okulî:ka neut. [rare] : to be edible
        okuli:sali:sîbwa pass. : to be greedy / いやしである、何でも食べる
    cf. omúlî 1, abálî 2 : eater
        omúlí ó:mû
        omúlí wâ:nge
        ó:nu múlî
        ó:nu múlí kî?
        omúlí wá:ngê
    ☆ okulí:ra omutáuni : to eat in the town
    ☆ okulí:sa engâro → okulí:s'engâro : to eat with hands
    ☆ okulí:sa ekijî:ko → okulí:s'ekijî:ko : to eat with a spoon
    ☆ okulí:sa ê:nte → okulî:s'ê:nte : to graze cattle
    ☆ Obutúzi búnu nibulí:bwâ. : These small mushrooms are edible.
    2) okunyâ:ta : to eat main food without sauce / おかずなしで主食を食べる
    3) okuswâ:ga : to eat sauce first / おかずを先に食べる
    ☆ okuswá:ga omukûbi : to eat sauce first
    4) okuhû:ta : to drink sauce from a bowl
    5) okusolêza /okusólêza : to munch / 音を出して食べる

a. food mat spread on the floor or on the table / 食事用ゴザ

  akapâ:li 12, obupâ:li 14 <dim. of ekipâ:li 7/8 "mat made of papyrus outer fibers" (No.254)

656. to chew / 噛む、咀嚼する

 1) okucwa.nkûna

 ☆ okucwa.kúna enyâma : to chew meat

 2) okunêna : to cut off with one's teeth, to gnaw (sugarcane)

 ☆ okunéna ekikáijo : to chew sugarcane

657. to gnaw at; to crunch / かじる

 1) okupekênya /okupékênya : to crunch (bones)

 2) okuharagâta : to gnaw [said of rats]

 a. to cut (meat) off with one's teeth / 噛み切る

  okusîka : [lit.] to pull

 ☆ okusíka enyáma n'a:máino : to cut meat off with one's teeth

658. to peck [of chickens at food, etc.] / （ニワトリが餌などを）ついばむ

  okusôma

  okusoma:sôma red.

 ☆ Enkóko nizisoma:sómá obúrô. : Hens are pecking at millet grains.

659. to lick / 舐める

  okukô:mba

660. to spit / 唾をはく

  okúcwâ

  okucwê:ra appl. : to spit at sb

  okucwê:rwa appl.+pass. : to be spit at by sb

661. to drink / 飲む

  okúnywâ

  okunywê:ra appl. : to drink from a glass, at a place

  okunywî:sa caus. : to cause to drink, to use sth to drink

  okunywî:bwa pass. : to be drunk by sb

  okunywî:ka neut. : to be drinkable

 ☆ okunywé:ra hagilâ:si : to drink from a glass

 ☆ okunywé:ra omubbá:râ : to drink in the bar

 ☆ okunywí:sa omwâ:na : to make a child drink

 ☆ okunywí:sa egilâ:si : to use a glass to drink

 ☆ Bínu nibinywí:kâ? : Is this drinkable?

 a. to slurp / すする

  okuhû:ta : to suck in, to slurp (soup)

  okuhu:tî:rra int. : to slurp continuously

 ☆ okuhu:tí:rra câ:yi : to slurp tea

662. to suck / 吸う、しゃぶる

  okunyû:nya : to suck (candies, etc.)

663. to swallow / 飲み込む

  okumîra /okúmîra

664. to get drunk / 酔う

  okutamî:ra

 ☆ Otamí:rê? : Are you drunk?

 cf. omutamî:zi 1, abatamî:zi 2 : drunken person / 酔っぱらい

            omutamí:zi ó:mû
            omutamí:zi wâ:nge
            ó:nu mutamî:zi
            ó:nu mutamí:zí kî?
            omutamí:zí wá:ngê
     cf. obutamî:zi 14, ---- : intoxication / 酩酊
     cf. etámî:ro 9,10 : syn. of the preceding.
            etamí:ro é:mû
            etamí:ro yâ:nge
            é:nu tamî:ro
            é:nu tamí:ró kî?
            etamí:ro yá:ngê
  a. drinker; drunkard / 酒飲み
            omúnywî 1, abánywî 2 <okúnywâ "to drink" (No.661)
            omúnywí ó:mû
            omúnywí wâ:nge
            ó:nu múnywî
            ó:nu múnywí: kî?
            omúnywí wá:ngê
     cf. obúnywî 14, ---- : drinking habit
665. to smoke / タバコを吸う
            Okúnywâ : the same as "to drink" (No.661)
     ☆ okúnywá etá:bâ : to smoke tobacco
     ☆ okúnywá enyú:ngû : to smoke a pipe
666. to be hungry / 腹がへる、空腹だ
            okurúmwa enjâra
     ☆ Ni.ndúmwá enjâra. : I am hungry.
  a. hunger / 空腹
            enjâra 9,(10) : hunger, famine
            enjára é:mû
            enjára yâ:nge
            é:nu njâra
            é:nu njárá kî?
            enjára yá:ngê
  b. to starve / 飢える
            okubúrwa eby'o.kúlyâ   Cf. okubûrwa "to lack" (No.824).
667. to fast / 断食をする
            okusî:ba
     cf. ekisî:bo 7, ebisî:bo 8 : fast
            ekisí:bo kímû
            ekisí:bo kyâ:nge
            kínu kisî:bo
            kínu kisí:bó kî?
            ekisí:bó kyá:ngê
668. to be thirsty / 喉が乾く
     1) okukwá:twa i:rôho : [lit.] to be caught by thirst

☆ Nkwa.sirwe i:rôho. : I am thirsty.
☆ I:róho li.nkwa.sírê. : I am thirsty.
2) okuhú:rra i:rôho : to feel thirst
☆ Ni.mpú:rrá nka i:rôho. : I feel like thirsty. (I'd like to drink sth.)
3) okugíra i:rôho : to have thirst
☆ Nyina i:rôho. : I am thirsty.

a. thirst / 喉の乾き
i:rôho 5, ----
i:róho límû
i:róho lyâ:nge
línu irôho
línu iróhó kî?
i:róho lyá:ngê

669. to eat heartily / 満腹する、満ち足りる
okwi.gûta
☆ Nyigusírê. : I am full.
cf. omwi.gûto 3, emi:gûto 4 : fullness, satiety
omwi.gúto gúmû
omwi.gúto gwâ:nge
gúnu mwi.gûto
gúnu mwi.gútó kî?
omwi.gúto gwá:ngê

670. to sweat / 汗をかく
okutû:ya
☆ Ni.ntú:yâ. : I am sweating.
cf. ekitu:yâno 7, (ebitu:yâno 8) : hotness of the body
ekitu:yáno kímû
ekitu:yáno kyâ:nge
kínu kitu:yâno
kínu kitu:yánó kî?
ekitu:yáno kyá:ngê

a. to feel hot [of the body] / 体が熱い
okutu.ngu:tâna
☆ Nkutu.ngu:tâna. : I feel hot.
cf. ekitu.ngu:tâno 7, (ebitu.ngu:tâno 8) : syn. of ekitu:yâno 7/(8). See above.
ekitu.ngu:táno kímû
ekitu.ngu:táno kyâ:nge
kínu kitu.ngu:tâno
kínu kitu.ngu:tánó kî?
ekitu.ngu:táno kyá:ngê

671. to defecate / 大便をする、うんこする
1) okúnía : to defecate [of humans and animals]
okuníera appl. : to defecate at a place
okuníerwa appl.+pass. : to be defecated at by sb
2) okwe.yâ:mba : polite expression of "to defecate"; [lit.] to help oneself
3) okusî:sa : polite expression of "defecate"; [lit.] to spoil

a. feces; excrement / 大便、うんこ
1) amázî 6 : feces of humans and dogs
   amází gámû
   amází gâ:nge
   gánu mázî
   gánu mází kî?
   amází gá:ngê
2) amafa:kúbî 6 : syn. of the preceding, a polite word
   amafa:kúbi gámû
   amafa:kúbi gâ:nge
   gánu mafa:kúbî
   gánu mafa:kúbí kî?
   amafa:kúbí gá:ngê

b. dung / 動物の糞
1) obúsâ 6 : dung of herbivores (cows, goats, sheep)
   obúsá búmû
   obúsá bwâ:nge
   búnu búsâ
   búnu búsá kî?
   obúsá bwá:ngê
   cf. ekísâ 7, ebísâ 8 : gentle way of calling dungs
2) amází 6 : dung of dogs. This is the same word as for humans, for dogs are omnivorous, as humans are.
3) ekisó:dô 7, ebisó:dô 8 : droppings of hens
   ekisó:dó kímû
   ekisó:dó kyâ:nge
   kínu kisó:dô
   kínu kisó:dó kî?
   ekisó:dó kyá:ngê

672. to urinate / 小便をする、おしっこをする
1) okunyâ:ra
   okunyâ:rra appl. : to urinate at a place
☆ okunyá:rra ekisî:ka : to urinate at a wall
2) okusê:sa : polite way of saying "to urinate"; [lit.] to pour (No.907)

a. urine / 小便、おしっこ
1) enkâli 9, ---- : general term for urine, of humans in particular
   enkáli é:mû
   enkáli yâ:nge
   é:nu nkâli
   é:nu nkálí kî?
   enkáli yá:ngê
2) amagâ:nga 6 : cow urine
   amagá:nga gámû
   amagá:nga gâ:nge
   gánu magâ:nga
   gánu magá:ngá kî?

   amagá:nga gá:ngê
673. to cough / 咳をする
   okukô:rra
   okukorô:rra appl. : to cough on sb, at a place
 cf. enkô:rro 9, ---- : cough
   enkó:rro é:mû
   enkó:rro yâ:nge
   é:nu nkô:rro
   é:nu nkó:rró: kî?
   enkó:rro yá:ngê
 cf. ekikô:rro 7, ebikô:rro 8 : phlegm
674. to sneeze / くしゃみをする
   okwe.seimûra
 cf. omwé:sâ 3, emyé:sâ 4 : sneezing
   omwé:sá gúmû
   omwé:sá gwâ:nge
   gúnu mwé:sâ
   gúnu mwé:sá kî?
   omwé:sá gwá:ngê
 a. to hiccup / しゃっくりをする
   okusikîna
 b. hiccup / しゃっくり
  1) akaisikínâ 12, obwisikínâ
   akaisikíná kámû
   akaisikíná kâ:nge
   kánu kaisikínâ
   kánu kaisikíná kî?
   akaisikíná ká:ngê
  2) akaisikó:ndô 12, (obwisikó:ndô 14) : the same as the preceding.
   akaisikó:ndó kámû
   akaisikó:ndó kâ:nge
   kánu kaisikó:ndô
   kánu kaisikó:ndó kî?
   akaisikó:ndó ká:ngê
675. to yawn / あくびをする
   okwe.yayamûra
676. to snore / いびきをかく
   okugôna
 cf. ekigôno 7, ebigôno 8 : snore
   ekigóno kímû
   ekigóno kyâ:nge
   kínu kigôno
   kínu kigónó kî?
   ekigóno kyá:ngê
677. to break wind / おならをする、屁をひる
  1) okunyâ:mpa

  cf. ekinyâ:mpo 7, ebinyâ:mpo 8 : fart
   ekinyá:mpo kímû
   ekinyá:mpo kyâ:nge
   kínu kinyâ:mpo
   kínu kinyá:mpó kî?
   ekinyá:mpo kyá:ngê

678. to be healthy / 健康である
  okúbá mwo.mê:zi

 cf. omwo.mê:zi 1, abo:mê:zi 2 : healthy person
  omwo.mé:zi ó:mû
  omwo.mé:zi wâ:nge
  ó:nu mwo.mê:zi
  ó:nu mwo.mé:zí kî?
  omwo.mé:zi wá:ngê

 ☆ Ndi mwo.mê:zi. : I am healthy.
 ☆ Tuli bo:mê:zi. : We are healthy.

 a. health / 健康
  1) obwo.mê:zi 14, ----
  2) entê:ko 9,10 : syn. of the preceding.
   enté:ko é:mû
   enté:ko yâ:nge
   é:nu ntê:ko
   é:nu nté:kó kî?
   enté:ko yá:ngê

679. to be in bad physical condition / 体調が悪い
  okwe.hú:rra kúbî
 ☆ Ninyehú:rrá kúbî. : I don't feel well.

 a. to lose vitality / （人・植物が）生気を失う
  okuhotôka /okuhótôka
 ☆ K'o:hotokérê. : You have become dull!

680. to be sick, ill / 病気である
  1) okúbá murwáire
  ☆ Ndi murwáire. : I am sick.
  2) okurwâ:ra
  ☆ Orwairé kî? : What's wrong with you?
  ☆ Ndwáírê. : I am sick.
  ☆ Okurwâ:ra obu ókúnywá amáízi mábî. : You fall sick when you drink bad water.

 a. sick person; patient / 病人、患者
  omurwáire 1, abarwáire 2 <okurwâ:ra "to be sick". See above.
  omurwáire ó:mû
  omurwáire wâ:nge
  ó:nu murwáire
  ó:nu murwáíré kî?
  omurwáire wá:ngê

 b. sickness; illness; disease / 病気
  1) oburwáire 14, ----

2) endwáire 9,10 : syn. of the preceding.
3) endwâ:ra 9,10 : syn. of the preceding.
   endwá:ra é:mû
   endwá:ra yâ:nge
   é:nu ndwâ:ra
   é:nu ndwá:rá kî?
   endwá:ra yá:ngê
   ☆ Endwá:ra yâ:nge ekizírê. : My sickness has stopped.
4) orúfù 11, é:nfû 10 : syn. of the preceding. <okúfâ "to die" (No.727)

681. fever / 熱
   omuswî:ja 3, emiswî:ja 4
   omuswí:ja gúmû
   omuswí:ja gwâ:nge
   gúnu muswî:ja
   gúnu muswí:já kî?
   omuswí:ja gwá:ngê

682. various diseases / 病気の種類
   1) to have a headache / 頭痛がする
      Several expressions are possible. See No.686.
   2) eye disease (generally) / 目の病気（一般）
      oburwáire bw'a.máiso
   3) eye disease with the pupil becoming white, cataract
      ensô:nko 9,10
      ensó:nko é:mû
      ensó:nko yâ:nge
      é:nu nsô:nko
      é:nu nsó:nkó kî?
      ensó:nko yá:ngê
   4) okutukúra amáiso : conjunctivitis
   5) wound (kind of eruption) in the head, usually found on children's heads / 頭部のおでき
      ekigû:na 7, ebigû:na 8
      ekigú:na kímû
      ekigú:na kyâ:nge
      kínu kigû:na
      kínu kigú:ná kî?
      ekigú:na kyá:ngê
   6) ekisirî:ngi 7, ebisirî:ngi 8 : ringworm <Eng. shilling coins
      ekisirí:ngi kímû
      ekisirí:ngi kyâ:nge
      kínu kisirî:ngi
      kínu kisirí:ngí kî?
      ekisirí:ngi kyá:ngê
      ☆ Omwá:na arwaire ebisirî:ngi. : The child suffers from ringworms.
   7) skin disease which changes the colour of the skin (around the neck)
      amazô:mba 6
      amazó:mba gámû

amazó:mba gâ:nge
   gánu mazô:mba
   gánu mazó:mbá kî?
   amazó:mba gá:ngê
8) meningitis / 脳膜炎
   omurarâma 3, emirarâma 4 /omurárâma 3, emirárâma 4
   omuraráma gúmû
   omuraráma gwâ:nge
   gúnu murarâma
   gúnu murarámá kî?
   omuraráma gwá:ngê
9) epilepsy; fit / 癲癇
   ensí:mbô 10
   ensí:mbo zímû
   ensí:mbo zâ:nge
   zínu nsí:mbô
   zínu nsí:mbó kî?
   ensí:mbó zá:ngê
10) goiter / 甲状腺腫
    enjóka z'o:mubíkyâ 10
11) asthma / 喘息
    amâcu 6
    amácu gámû
    amácu gâ:nge
    gánu mâcu
    gánu mácú kî?
    amácu gá:ngê
12) mumps; parotitis / おたふく風邪
    1) ama.mburwî:ga 6
       ama.mburwí:ga gámû
       ama.mburwí:ga gâ:nge
       gánu ma.mburwî:ga
       gánu ma.mburwí:gá kî?
       ama.mbúrwí:ga gá:ngê
    2) ama.ndugúyâ 6
       ama.ndugúyá gámû
       ama.ndugúyá gâ:nge
       gánu ma.ndugúyâ
       gánu ma.ndugúyá kî?
       ama.ndugúyá gá:ngê
13) to have the flu / 風邪をひく
    okurwá:ra ekihî:nzi
14) pneumonia / 結核
    1) ekihâso 7, ebihâso 8
       ekiháso kímû
       ekiháso kyâ:nge

       kínu kihâso
       kínu kihásó kî?
       ekiháso kyá:ngê
  2) ekye.merêzi 7, ebye.merêzi 8 /ekye.mérêzi 7, ebye.mérêzi 8 : syn. of the preceding.
       ekye.merézi kímû
       ekye.merézi kyâ:nge
       kínu kye.mérézi
       kínu kye.mérézí kî?
       ekye.merézi kyá:ngê

15) malaria / 熱、熱病、マラリア
       omuswî:ja 3, emiswî:ja 4. See above for "fever".

16) measles / 麻疹
       orusérû 11, ----
       orusérú rúmû
       orusérú rwâ:nge
       rúnu rusérû
       rúnu rusérú kî?
       orusérú rwá:ngê

17) herpes / ヘルペス
       ebitugûte 8 /ebitúgûte 8
       ebitugúte bímû
       ebitugúte byâ:nge
       bínu bitugûte
       bínu bitugúté kî?
       ebitugúte byá:ngê

18) large patch on the skin / 皮膚の大きな斑点
       ekihwâ:hwa 7, ebihwâ:hwa 8
       ekihwá:hwa kímû
       ekihwá:hwa kyâ:nge
       kínu kihwâ:hwa
       kínu kihwá:hwá kî?
       ekihwá:hwa kyá:ngê

19) boil; tumor / 出来物（大）
       ekizî:mba 7, ebizî:mba 8 <okuzî:mba "to swell" (No.1085)
       ekizí:mba kímû
       ekizí:mba kyâ:nge
       kínu kizî:mba
       kínu kizí:mbá kî?
       ekizí:mbá kyá:ngê

20) abscess / 出来物（小）
       obuhûta 14, ----
       obuhúta búmû
       obuhúta bwâ:nge
       búnu buhûta
       búnu buhútá kî?
       obuhúta bwá:ngê

21) eruption; rash / 吹き出物
    oruhêre 11, obuhêre 14
    oruhére rúmû
    oruhére rwâ:nge
    rúnu ruhêre
    rúnu ruhéré kî?
    oruhére rwá:ngê
    N.B. This disease has sevaral vulgar names like the following.
    1) simáma nkwa.mbîye 9, ---- : this is a Nyoro pronunciation of a Swahili expression simama nikwambie meaning "Stop so that I tell you (something)!" When one scratches one hand which is stretched using the other, the stretched hand is like a sign of calling a person at a distance.
    2) orukâca 11, enkâca 10
       orukáca rúmû
       orukáca rwâ:nge
       rúnu rukâca
       rúnu rukácá kî?
       orukáca rwá:ngê
    3) orukwá:kû 11, enkwá:kû 10 <okukwa.kûra "to scrabble" (No.828)
       orukwá:kú rúmû
       orukwá:kú rwâ:nge
       rúnu rukwá:kû
       rúnu rukwá:kú kî?
       orukwá:kú rwá:ngê

22) pimple; acne / 小さい出来物、にきび
    embarábî 9,10
    embarábí é:mû
    embarábí yâ:nge
    é:nu mbarábî
    é:nu mbarábí kî?
    embarábí yá:ngê

23) smallpox / 天然痘
    1) oburû:ndu 14, ----
       oburú:ndu búmû
       oburú:ndu bwâ:nge
       búnu burû:ndu
       búnu burú:ndú kî?
       oburú:ndu bwá:ngê
    2) ekisûni 7, ebisûni 8 : syn. of the preceding.
       ekisúni kímû
       ekisúni kyâ:nge
       kínu kisûni
       kínu kisúní kî?
       ekisúni kyá:ngê

24) leprosy; Hansen's disease / ハンセン氏病
    ekigê:nge 7, ebigê:nge 8

    ekigé:nge kímû
    ekigé:nge kyâ:nge
    kínu kigê:nge
    kínu kigé:ngé kî?
    ekigé:nge kyá:ngê

25) kwashiorkor; severe malnutrition / クワシオルコール
    ekyô:si 7, ebyô:si 8
    ekyó:si kímû
    ekyó:si kyâ:nge
    kínu kyô:si
    kínu kyó:sí kî?
    ekyó:si kyá:ngê

26) vitiligo / 白癬
    amasi:tálê 6
    amasi:tálé gámû
    amasi:tálé gâ:nge
    gánu masi:tálê
    gánu masi:tálé kî?
    amasi:tálé gá:ngê
    N.B. This disease is belived to develop by inobservance of twin rituals amahâsa 6 (No.475).

27) tuberculosis / 結核
    akakô:nko 12, obukô:nko 14
    akakó:nko kámû
    akakó:nko kâ:nge
    kánu kakô:nko
    kánu kakó:nkó kî?
    akakó:nko ká:ngê

28) high blood pressure / 高血圧
    ekimásâ 7, ebimásâ 8
    ekimásá kímû
    ekimásá kyâ:nge
    kínu kimása
    kínu kimásá kî?
    ekimásá kyá:ngê

29) diabetes / 糖尿病
    oburwáire bwa. sukâ:li 14 : [lit.] sugar disease. See sukâ:li 9 (No.168).
 ☆ Nyina sukâ:li. I have diabetes.
 ☆ Nkurwá:ra sukâ:li. I suffer from diabetes.

30) hepatitis / 肝炎
    enkâka 9,10
    enkáka é:mû
    enkáka yâ:nge
    é:nu nkâka
    é:nu nkáká kî?
    enkáka yá:ngê

31) to have a stomachache / 腹痛がする

1) okurúmwa ê:nda
2) enjôka 10 : intestinal worms. See No.108.
☆ Enjóka ziku.ndûma. : I have stomach disorder.
3) ebihâra 8 : stomachache caused by witchcraft
ebihára bímû
ebihára byâ:nge
bínu bihâra
bínu bihárá kî?
ebihára byá:ngê

32) to have diarrhea / 下痢をする
1) okuturûka /okutúrûka : [lit.] to go out. See No.586.
☆ Nkuturûka. : I have diarrhea.
cf. enturûko /entúrûko 9, ---- : diarrhea stool / 下痢便
enturúko é:mû
enturúko yâ:nge
é:nu nturûko
é:nu nturúkó kî?
enturúkó yá:ngê
2) okucugûra : syn. of okuturûka
N.B. This verb is used vulgarly to mean "to say" as follows :
☆ Okucugúrá kî? : What are you saying? (in a provocative way)
N.B. This sentence corresponds to the normal sentence No:bázá kî?
cf. encugûra 9, ---- : syn. of enturûko
encugúra é:mû
encugúra yâ:nge
é:nu ncugûra
é:nu ncugúrá kî?
encugúra yá:ngê

33) dysentery / 赤痢
ensêse 9, ----
ensése é:mû
ensése yâ:nge
é:nu nsêse
é:nu nsésé kî?
ensése yá:ngê

34) paralysis / 中風
okusarâra /okusárâra : to become paralitic

35) lymphadenitis / リンパ腺炎
enfú:mbî 9,10
enfú:mbí é:mû
enfú:mbí yâ:nge
é:nu nfú:mbî
é:nu nfú:mbí kî?
enfú:mbí yá:ngê

36) small swelling in the wrist / 手首の腫れ
enkâzi 9,10

enkázi é:mû
enkázi yâ:nge
é:nu nkâzi
é:nu nkází kî?
enkázi yá:ngê
N.B. This word also indicates fingertip swelling by virus.

37) athlete's foot / 水虫
nyabugérê 9, ---- or obugeregérê 14, ---- <ekigérê 7/8 "foot" (No.42)
nyabugéré é:mû
nyabugéré yâ:nge
é:nu nyabugérê
é:nu nyabugéré kî?
nyabugéré yá:ngê

38) filaria / フィラリア
ekijágâ 7, ebijágâ 8
ekijágá kímû
ekijágá kyâ:nge
kínu kijágâ
kínu kijágá kî?
ekijágá kyá:ngê

39) hydrocele / 睾丸瘤
amatûga 6
amatúga gámû
amatúga gâ:nge
gánu matûga
gánu matúgá kî?
amatúga gá:ngê

40) elephantiasis / 象皮病
obujôjo 14, ebijôjo 8 <enjôjo 9/10 "elephant" (No.81)

41) venereal disease / 性病
endwáire y'e.nsôni 9, endwáire z'e.nsôni 10

42) syphilis / 梅毒
kaberebé:njê 9, ----
kaberebé:njé é:mû
kaberebé:njé yâ:nge
é:nu kaberebé:njê
é:nu kaberebé:njé kî?
kaberebé:njé yá:ngê

43) joint swelling caused by syphilis
amaso.ngêzo 6
amaso.ngézo gámû
amaso.ngézo gâ:nge
gánu maso.ngêzo
gánu maso.ngézó kî?
amaso.ngézo gá:ngê

44) gonorrhea / 淋病

327

1) enzíkû 9, ----
   enzíkú é:mû
   enzíkú yâ:nge
   é:nu nzíkû
   é:nu nzíkú kî?
   enzíkú yá:ngê

2) eki:gâ:rro 7, ebi:gâ:rro 8 : syn. of the preceding.
   eki:gá:rro kímû
   eki:gá.:ro kyâ:nge
   kínu ki:gâ:rro
   kínu ki:gá:rró: kî?
   eki:gá:rro kyâ:nge

3) akaigâ:rro 12, obwi.gâ:rro 14 : syn. of the preceding.

45) aids / エイズ
   silî:mu 9,10 <Eng. slim
   silí:mu é:mû
   silí:mu yâ:nge
   é:nu silî:mu
   é:nu silí:mú kî?
   silí:mu yá:ngê

683. to infect sb with a disease / （病気を）移す
   okutû:rra
   okutulîrwa pass. : to be infected by sb
   okutulîza caus. : the same as okutû:rra
   ☆ okutú:rra omú:ntu oburwáire : to infect a person with a disease
   ☆ okutulíza omú:ntu oburwáire : the same as the above expression

   a. infectious disease / 伝染病
      1) endwáire etû:rra 9, endwáire zitû:rra 10
      2) oburwáire butû:rra 14
      3) endwáire erúkutû:rra 9, endwáire zirúkutû:rra 10
      cf. endwáire etatú:rrâ 9, endwáire zitatú:rrâ 10 : uninfectious disease

684. to get hurt, injured, wounded / 怪我をする
   okuhutâ:ra
   okuhutâ:za caus. : to hurt, to injure, etc.
   okuhuta:zîbwa caus.+pass. : to be made hurt by sb

   a. injury; wound / 怪我、傷
      1) obuhûta 14, ---- : fresh injury, cut
         obuhúta búmû
         obuhúta bwâ:nge
         búnu buhûta
         búnu buhútá kî?
         obuhúta bwá:ngê
      2) ekihô:ya 7, ebihô:ya 8 : wound, ulcer
         ekihó:ya kímû
         ekihó:ya kyâ:nge
         kínu kihô:ya

        kínu kihó:yá kî?
        ekihó:ya kyá:ngê
    b. scar / 傷跡
        enkôjo 9,10
        enkójo é:mû
        enkójo yâ:nge
        é:nu nkôjo
        é:nu nkójó kî?
        enkójo yá:ngê
    c. scab / かさぶた
        ekikó:kô 7, ebikó:kô 8. See No.120.
685. to bleed / 出血する
    1) okújwá esagâma /okújwá ességâma
    2) okújwá omusá:hî : the same as the preceding.
        N.B. okújwâ itself means "to bleed" in general, not necessarily "to bleed blood", but also sap from a tree, rain from a roof, etc.
    ☆ Omútí nigújwá amasâ:nda. : The tree is bleeding sap.
  a. to have a period; to menstruate / 月経中である
    1) okugé:nda (or okúbá) omukwê:zi
    ☆ Ali omukwê:zi. : She is in a menstrual period.
    2) okugé:nda (or okúbá) omumasûmi : a polite expression of "to menstruate"
    3) okugé:nda (or okúbá) omubigérê : a euphemic expression of "to menstruate"; [lit.] to be in the feet
686. to have a pain / 痛い
    1) okusâ:sa
        N.B. This is the most general and polite term to refer to pain, in contrast with other verbs such as okutê:ra "to beat", okuhô:nda "to pound".
    ☆ Ni.nsá:sá omútwê. : I have a headache.
    ☆ Omútwé nigu.nsá:sâ. : My head hurts me.
    cf. obusâ:si 14, ---- : pain, ache, sore / 痛み
        obusá:si búmû
        obusá:si bwâ:nge
        búnu busâ:si
        búnu busá:sí kî?
        obusá:si bwá:ngê
    2) okurûma /okúrûma : [lit.] to bite (No.654)
    ☆ É:nda n'e.ndúmâ. : I hava a stomachache.
    3) okusa:lîrwa : to have a strong pain
        okusa:lîza caus. : to cause pain
        okusa:lizîbwa /okusa:lízîbwa caus.+pass. : to be caused pain by sb
    ☆ N'o.nsa:lízâ. : You are causing me pain.
    4) okutê:ra : [lit.] to beat (No.869)
    ☆ Omútwé nigu.nté:râ. : I have a headache; [lit.] The head is beating me.
    ☆ Ni.nté:rwá omútwê. : I have a headache.; [lit.] I am being beaten by the head.
    5) okuhô:nda : to have a pounding pain; [lit.] to pound (No.668)
    ☆ Omútwé nigu.mpó:ndâ. : I have a pounding headache.

      6) okukatûra : to have a terrible pain; [lit.] to beat hard (No.869)
      ☆ Omútwé nigu.nkatúrâ. : I have a terrible headache.
      7) okucê:nywa : to have muscle pains or arthralgia
  a. to hurt a sore / 痛いところを突く
      okutonôkya /okutónôkya
      okutonokâra : to hit one's sore against sth
      okutonokîbwa or okutonokêbwa pass. : to be hurt one's sore by sb
      ☆ Antonokézê. : He has hurt my sore.
      ☆ Ntonokáîrê. : I have had my sore hurt.
687. to have a bone broken / 骨折する
      1) okuhe.ndêka <neut. of okuhê:nda "to break (tr.)" (No.714)
      cf. obuhe.ndêki 14, ---- : pain of bone fracture
      obuhe.ndéki búmû
      obuhe.ndéki bwâ:nge
      búnu buhe.ndêki
      búnu buhe.ndékí kî?
      obuhe.ndéki bwá:ngê
      ☆ Mpe.ndekere omukôno. : I have my arm broken.
      ☆ Omukóno gwâ:nge guhe.ndekérê. : My arm is broken.
      ☆ Oija kuhe.ndéka omukôno. : You will have your arm broken.
      2) okucwê:ka <neut. of okúcwâ "to break" (No.814)
  a. to sprain (one's ankle); to twist / 捻挫する
      okwe.cûra
      ☆ Okugúru kwe.cuzírê. : My leg is sprained.
688. to have a cramp / （筋肉の）引付をおこす
      ekínywá kwe.sîka
      ☆ Ekínywá kye.sikírê. : I have a cramp in my muscle.
  a. convulsion; spasm / 筋肉の痙攣
      ekicûro 7, ebicûro 8
      ekicúro kímû
      ekicúro kyâ:nge
      kínu kicûro
      kínu kicúró kî?
      ekicúro kyá:ngê
689. to get burned / 火傷する
      1) okúhyâ
      ☆ Mpí:rê. : I am burnt.
      2) okwô:kya : to burn (tr.). See No.764.
      ☆ Omú:rro gunyokézê. : The fire has burned me.
      3) okunyubûka /okunyúbûka : to get burnt by hot water
690. to itch / かゆい
      1) okurumwa:rûmwa <red.+pass. of okurûma "to bite" (No.654)
      2) okuli:bwa:lî:bwa : syn. of the preceding. <red.+pass. of okúlyâ "to eat" (No.655)
      ☆ Ni.ndi:bwa:lí:bwá hamukôno. : My arm feels itchy.
      3) okubabî:rra : to make itch [said of a nettle]
      okubabî:rrwa appl.+pass. : to feel itchy

☆ Oburá:rá nibu.mbabí:rrâ. : A swamp nettle makes me itch.
a. to have a bur in the throat / 喉がいがらっぽい
okukerekê:ta : to itch [said of the throat]
okukerekê:twa pass. : to feel itchy in the throat
☆ Omumíro nigu.nkereké:tâ. : My throat itches me.

691. to tremble; to quake (with cold, etc.); to shiver / 震える
okutukumîra /okutukúmîra
☆ N'a:tukumírá habwo.muswî:ja. : He is shivering because of fever (malaria).
a. quake; shiver / 震え
ekimâzi 7, ebimâzi 8
ekimázi kímû
ekimázi kyâ:nge
kínu kimâzi
kínu kimází kî?
ekimázi kyá:ngê

692. to groan / うめく、うなる
1) okuborô:ga : to groan with pain
2) okusî:nda : to give a sigh of pain
a. to struggle; to resist / もがく、じたばたする
okurwâ:na : to struggle [of a hen or a goat being slaughtered]; [lit.] "to fight" (No.884).

693. to vomit / 吐く、もどす
1) okutanâka /okutánâka
okutanâkya /okutánâkya caus. : to help vomit
N.B. okutanâka is used in a quarrel to mean "to say", in the following way.
☆ Î:we, okutanáká kî? : You, what nonsense are you saying?
cf. entanâki 9, ebitanâki 8 /entánâki 9, ebitánâki 8 : vomit / 吐瀉物
entanáki é:mû
entanáki yâ:nge
é:nu ntanâki
é:nu ntanáki kî?
entanáki yá:ngê
2) okusesêma /okusésêma : syn. of okutanâka, but a polite word
okusesêmwa /okusésêmwa pass. : to be vomitted
okusesêmya /okusésêmya caus. : to cause to vomit, to help vomit
N.B. okusesêmya is used in a quarrel to mean "to slap hard", in the following way.
☆ Î:we, ninyíjá kukusesêmya! : You, I will slap you hard!
3) okwe.bo.ndóiga : to vomit [said of a dog]
☆ É:mbwá ekwe.bo.ndóiga. : A dog is vomitting.
a. to be about to vomit; to have nausea / 吐きそうである
okumyô:rwa
b. to cause nausea
okusesêmya /okusésêmya caus.
☆ Eby'o.kúlyá bya.nsesêmya. : The food is about to cause me nausea.

694. to be dizzy / 目が回る、めまいがする
okuzigô:rrwa
☆ Ni.nzigó:rrwâ. : I feel dizzy.

a. dizziness / めまい
- 1) akaizigo:lézô 12, ----
  akaizigo:lézó kámû
  akaizigo:lézó kâ:nge
  kánu kaizigo:lézô
  kánu kaizigo:lézó kî?
  akaizigo:lézó ká:ngê
- 2) akaizigô:rro 12, ---- : the same as the preceding.
  akaizigó:rro kámû
  akaizigó:rro kâ:nge
  kánu kaizigô:rro
  kánu kaizigó:rró: kî?
  akaizigó:rro ká:ngê

695. to faint / 失神する、気を失う、気絶する
okukâba

a. to talk deliriously / うわ言を言う
- 1) okuhûga
- 2) okubalisîbwa : syn. of the preceding. <okubâza "to say" (No.640).

b. to recover consciousness / 意識を取り戻す
okugarúka omu.ntê:ko Cf. entê:ko 9/10 "health" (No.678).
☆ Agarukire omu.ntê:ko. : He has recovered his consciousness.

696. to go mad; to lose one's head / 気が狂う
- 1) okúgwá i:rárû
- 2) okuhu.ngu:tûka intr. : to go mad, syn. of the preceding.
  okuhu.ngu:tûra tr. : to make sb mad
- 3) okurarûka /okurárûka intr. : to go mad, syn. of okúgwá i:rárû and okuhungu:túka
  okurarûra /okurárûra tr. : to make sb mad
- 4) okutabúka omútwê : to be mentally deranged. Cf. okutabûra "to stir" (No.903).
☆ Atabukire omútwê. : He is mentally deranged.

a. madness / 狂気
i:rárû 5, ---- <okurarûka "to go mad". See above.
i:rárú límû
i:rárú lyâ:nge
línu irárû
línu irárú kî?
i:rárú lyá:ngê

b. mad; lunatic / 狂人
- 1) omurárû 1, abarárû 2. See above.
- 2) omúgú w'i.rárû 1, abágú b'i:rárû 2 : syn. of the preceding. <okúgwá i:rárû
  omúgú wi.rárú ó:mû
  omúgú wi.rárú wâ:nge
  ó:nu múgú wi.rárû
  ó:nu múgú wi.rárú kî?
  omúgú wi.rárú wá:ngê

697. to attend on a sick person; to nurse / 介護する、看病する
okurwâ:za <caus. of okurwâ:ra "to be sick" (No.680)

cf. omurwâ:zi 1, abarwâ:zi 2 : person attending a patient, nurse
omurwá:zi ó:mû
omurwá:zi wâ:nge
ó:nu murwâ:zi
ó:nu murwá:zí kî?
omurwá:zi wá:ngê

698. to phlebotomize; to cup / 瀉血する
okurumîka /okurúmîka
cf. ekirumîko 7, ebirumîko 8 /ekirúmîko 7, ebirúmîko 8 : goat horn used for phlebotomizing
ekirumíko kímû
ekirumíko kyâ:nge
kínu kirumîko
kínu kirumíkó kî?
ekirumíko kyá:ngê

a. to scarify; to make incisions / 乱切する
okusa.ndâga
cf. omusa.ndâgo 3, emisa.ndâgo 4 : incision
omusa.ndágo gúmû
omusa.ndágo gwâ:nge
gúnu musa.ndâgo
gúnu musa.ndágó kî?
omusa.ndágo gwá:ngê

699. to take pus out of a boil / 膿を出す
1) okumíga ekizî:mba : to squeeze pus with a finger
2) okumíga amasírâ : the same as the preceding.

a. pus / 膿
1) amasírâ 6
amasírá gámû
amasírá gâ:nge
gánu masírâ
gánu masírá kî?
amasírá gá:ngê
2) amahêra 6 : syn. of the preceding.
amahéra gámû
amahéra gâ:nge
gánu mahêra
gánu mahérá kî?
amahéra gá:ngê

700. to give an enema / 浣腸する
okúhá entêgo
okwé:ha entêgo refl. : to give oneself an enema
☆ Bahaire omwá:na entêgo. : They have given a child an enema.

a. enema (tool) / 浣腸器
entêgo 9,10
entégo é:mû
entégo yâ:nge

        é:nu ntêgo
        é:nu ntégó kî?
        entégo yá:ngê
701. to be constipated / 便秘をする
    1) okugumí:rrwa kugé:nda omukyo.lô:ni
    2) okugumí:rrwa omú:ndâ : syn. of the preceding.
    3) okutagé:nda ahê:ru : syn. of the preceding; [lit.] not to go outside
    4) okutagé:nda omukyo.lô:ni : syn. of the preceding; [lit.] not to go to the toilets
  a. to take medicine for constipation / 便秘薬を飲む
        okúnywá ebibázi by'o.kuturûka
702. to massage / マッサージをする、揉む
        okwi.gâta
        okweigâta refl. : to massage oneself
703. to consult a doctor / 医者にかかる
        okugé:nda kuróra omufûmu
  a. medical doctor / 医者
    1) omufûmu 1, abafûmu 2 : traditional doctor
        omufúmu ó:mû
        omufúmu wâ:nge
        ó:nu mufûmu
        ó:nu mufúmú kî?
        omufúmu wá:ngê
    2) omutâ:mbi 1, abatâ:mbi 2 : syn. of the preceding.
        omutá:mbi ó:mû
        omutá:mbi wâ:nge
        ó:nu mutâ:mbi
        ó:nu mutá:mbí kî?
        omutá:mbi wá:ngê
    3) kata.mbírâ 1a,2a, aba:kata.mbírâ 2 : healer <okuta.mbîra "to cure"
        kata.mbírá ó:mû
        kata.mbírá wâ:nge
        ó:nu kata.mbírâ
        ó:nu kata.mbírá kî?
        kata.mbírá wá:ngê
    4) omusâhu 1, abasâhu 2 : modern medical doctor
        omusáhu ó:mû
        omusáhu wâ:nge
        ó:nu musâhu
        ó:nu musáhú kî?
        omusáhu wá:ngê
  b. medicine / 薬
        omubâzi 3, emibâzi 4 : general term for medicine, drug, ointment
        omubázi gúmû
        omubázi gwâ:nge
        gúnu mubâzi
        gúnu mubází kî?

           omubâzi gwá:ngê
        cf. ekibâzi 7, ebibâzi 8 <aug. of omubâzi 3/4 : locally made medicine
    c. medicinal plant / 薬草
           kata.mbírâ 9,10 <okutâ:mba "to cure"
           kata.mbírá é:mû
           kata.mbírá yâ:nge
           é:nu kata.mbírâ
           é:nu kata.mbírá kî?
           kata.mbírá yá:ngê
704. to examine a patient / 診察する
        okukebêra /okukébêra
     ☆ okukebéra omurwáire : to examine a patient
     cf. omukebêzi 1, abakebêzi 2 /omukébêzi 1, abakébêzi 2 : examiner
        omukebézi ó:mû
        omukebézi wâ:nge
        ó:nu mukebêzi
        ó:nu mukebézí kî?
        omukebézí gwá:ngê
705. to cure; to heal / 治す、治療する
     1) okuta.mbîra <appl. of okutâ:mba "to prescribe". See below.
     ☆ okuta.mbîra omurwáire : to heal a patient
     2) okukîza : syn. of the preceding. <caus. of okukîra "to become cured" (No.708).
   a. to prescribe / 薬を処方する
        okutâ:mba
     ☆ Ata.mbire omurwáire. : He has prescribed drugs for the patient.
   b. to treat / 手当する、治療する
        okuja.njâba
     cf. omuja.njâbi 1, abaja.njâbi 2 : healer
        omuja.njábi ó:mû
        omuja.njábi wâ:nge
        ó:nu muja.njâbi
        ó:nu muja.njábí kî?
        omuja.njábi wá:ngê
     cf. obuja.njâbi 14, ---- : treatment
706. to give an injection / 注射をする
        okuté:ra enkî:nzo
   a. to vaccinate / 予防接種する
        okugêma
707. to operate / 手術する
        okusemêza /okusémêza
708. to become cured / 治る
        okukîra
     ☆ Nkizírê. : I am cured.
709. to tell a person's fortune; to foretell; to divine / 占う
        okuragûra
        okuragûza caus. : to consult a diviner

cf. endâgu 9,10 : divination / 占い
　　endágu é:mû
　　endágu yâ:nge
　　é:nu ndâgu
　　é:nu ndágú kî?
　　endágu yá:ngê
　a. fortune-teller; diviner / 占師
　　1) omufúmu w'e.nzâ:rwa 1, abafúmu b'e.nzâ:rwa 2 : [lit.] traditional doctor
　　2) omufúmu w'e.kinyôro 1, abafúmu b'e:kinyôro 2 : [lit.] Nyoro style doctor

710. to curse / 呪う
　　okukyê:na
　a. curse / 呪い
　　1) omukyê:no 3, emikyê:no 4. <okukyê:na. See above.
　　　omukyé:no gúmû
　　　omukyé:no gwâ:nge
　　　gúnu mukyê:no
　　　gúnu mukyé:nó kî?
　　　omukyé:no gwá:ngê
　　2) ekiko.nderêzo 7, ebiko.nderêzo 8 : syn. of the preceding.
　　　ekiko.nderézo kímû
　　　ekiko.nderézo kyâ:nge
　　　kínu kiko.nderêzo
　　　kínu kiko.nderézó kî?
　　　ekiko.nderézo kyá:ngê
　b. bad omen / 縁起が悪いこと、不幸、不運
　　　i:hâno 5, amahâno 6
　　　i:háno límû
　　　i:háno lyâ:nge
　　　línu ihâno
　　　línu ihánó kî?
　　　i:háno lyá:ngê

711. to bewitch / 呪術をかける
　　1) okurôga /okúrôga : to bewitch
　　　okurôgwa pass. : to be bewitched by sb
　　　okurogêra appl. : to bewitch for sb or at a place
　　　okurogêsa caus. : to use medicine to bewitch
　　cf. omurôgo 1, abárôgo 2 : witch
　　　omurógo ó:mû
　　　omurógo wâ:nge
　　　ónu múrôgo
　　　ónu múrógó kî?
　　　omurógo wá:ngê
　　cf. i:rôgo 1, amárôgo 2 : witchcraft
　　cf. oburôgo 14 /obúrôgo 14 , ---- : tool for witchcraft
　　2) okusêra : to bewitch at night
　　　okusêrwa pass. : to be bewitched by sb at night

cf. omusêzi 1, abasêzi 2 : witch at night, night dancer
omusézi ó:mû
omusézi wâ:nge
ó:nu musêzi
ó:nu musézí kî?
omusézi wá:ngê

3) okúhá ebihâra : to cause intestinal troubles by bewitching
cf. (ekihâra 7), ebihâra 8 /(ekíhâra 7), ebíhâra 8 : intestinal problems (vomitting, etc.) caused /by witchcraft
ebihára bímû
ebihára byâ:nge
bínu bihâra
bínu bihárá kî?
ebihára byá:ngê

712. to marry / 結婚する
1) okuswê:ra : to take a wife [subject: male] / 妻をめとる
okuswê:rwa or okuswe.rêbwa pass. : to be taken as a wife by sb [subject: female] / 嫁ぐ
okuswe.ra.ngâna recipr. : to marry each other / （男女が）結婚する
2) okutû:nga : to marry [subject: male]
okutû:ngwa or okutu.ngîbwa pass. : to be married by sb [subject: female]
okutu.nga.ngâna recipr. : to marry each other

a. to marry a girl without permission of the girl's family / 不法に結婚する
okúcwá orúgô : [lit.] to break a fence

b. to go to the girl's side to negociate the condition of marriage / 結婚の条件を整えに行く
okurá:nga obúkô : [lit.] to announce the in-law relationship
N.B. This is done by a senior person of the bridegroom's side who knows the girl's family. obúkô 14 is the relationship between sons-in-law and parents-in-law. See No.469.
cf. amá:rwá g'e:kigâ:mbo : beer offered by the bridegroom's side to the bride's side at the occasion of okurá:nga obúkô.
cf. omurá:ngi w'o.búkô 1, abará:ngi b'o:búkô 2 : matchmaker

c. to go and make an official demand of a girl / 正式に結婚の申込みに行く
okwe.râ:nga : [lit.] to announce oneself
N.B. The bridegroom is accompanied by about 40 people (father, mother, uncles, aunts, brothers, sisters, friends, etc.). On this occasion, several gifts are given from the bridegroom side to the bride side. But the following four are mandatory. In addition to them, items such as fruits, cow ghee, chikens, bicycles, even cars are offered according to the capacity of the bridegroom side.
1) embúzi ya nyina mwâ:na 9 : goat given to the mother of the bride
2) esú:ká ya ise.nkátí mwâ:na 9 : cloth offered to the paternal aunt of the bride who took care of her for the preparation of marriage. This cloth makes dresses and other clothes.
3) akasî:mo 12 : gift (usually money) offered to the father of the bride
4) amá:rwá g'a:b'o:rugá:ndâ : beer offered to the family of the bride

d. the first drink offered at the occasion of "okwe.râ:nga"
ekicwa.muhê:ndo 7, ebicwa.muhê:ndo 8
ekicwa.muhé:ndo kímû
ekicwa.muhé:ndo kyâ:nge
kínu kicwa.muhê:ndo

kínu kicwa.muhé:ndó kî?
ekicwa.muhé:ndo kyá:ngê

e. to give a daughter in marriage / 娘を嫁に出す
okugába omwi.síkî → okugáb'omwi.síkî

f. to smear a bride's body with perfumed cow butter / 花嫁の体にクリームを塗る
okusí:ga omugólê
N.B. Traditionally this is done with amagíta g'e:migájû "perfumed cow ghee" (No.165). These days girls go to beauty saloons.

g. parents to make the bride sit on the lap / 両親が花嫁を膝の上に座らせる
okubukára omugólê
N.B. This is a sign of blessing from the parents to their daughter to send her officially to her husband's home.

h. to sit on the lap of the parents / 花嫁が両親の膝の上に座る
okwi.ká:rra habibéro by'a.bazáire
N.B. This is the same thing as said above, expressed from the bride's viewpoint.

i. to do a wedding ceremony in the church / 教会で式をあげる
1) okute:ranizîbwa /okute:ranízîbwa
N.B. This is a ceremony to get joined by exchanging rings, etc. It normally takes place one week after the okwe.râ:nga "official arrangement of the marriage", usually on Saturdays in the case of Christians and Sundays in the case of Muslims. After that they take photos and change clothes, and then proceed to the wedding party.
2) okugáitwa : syn. of the preceding.

j. wedding party / 結婚披露宴
obugênyi 14, amagênyi 6. See Nos.480,537.

k. marriage / 結婚
obuswê:zi 14, ---- <okuswê:ra "to marry". See above.
obuswé:zi búmû
obuswé:zi bwâ:nge
búnu buswê:zi
búnu buswé:zí kî?
obuswé:zi bwá:ngê

l. bride / 新婦、花嫁
omugólê 1, abagólê 2
omugólé ó:mû
omugólé wâ:nge
ó:nu mugólê
ó:nu mugólé kî?
omugólé wá:ngê
N.B. As this word means not only the bride but also the groom, the following expressions can differentiate the two.
☆ omugólé mukâzi 1, abagólé bakâzi 2 : bride
☆ omugólé musáija 1, abagólé basáija 2 : bridegroom

m. bride price; dowry / 婚資
omukâ:ga 3, emikâ:ga 4 : [lit.] unit of six (six hundred shillings in the past)
omuká:ga gúmû
omuká:ga gwâ:nge

    gúnu mukâ:ga
    gúnu muká:gá kî?
    omuká:ga gwá:ngê
    N.B. The bride price depends much on the capacity of the bridegroom side. In many cases it consists of two cows, three goats, ten crates of beer (one crate contains 25 bottles of beer), one millin shillings.
    ☆ okujúga omukâ:ga : to pay the bride price
713. to have sexual intercourse / 性交する、寝る
    1) okusi:hâna : polite expression of "to have sex"
    2) okucûga : [male subject]; This refers to the act of sex.
       okucûgwa pass. : [female subject]
    3) okukóra omukâzi
    4) okúlyâ : a polite way to say "to have sex with sb"; [lit.] to eat (No.655)
   a. sexual desire / 性欲
      1) i:súma ly'o.mukâzi 5, ---- : sexual desire to have women. N.B. i:sûma 5 means "desire" in general (No.979).
      2) i:súma ly'e.mâna 5, ---- : the same as the preceding. Cf. emâna 9/10 "female sexual organs, vagina" (No.33).
      3) amakîre 6 : sexual desire felt by women
         amakíre gámû
         amakíre gâ:nge
         gánu makîre
         gánu makíré kî?
         amakíre gá:ngê
   b. to copulate; to mate (of animals) / (動物が）交尾する
      1) okutê:mba : of a bull; [lit.] to climb
         okutê:mbwa pass. : of a cow : [lit.] to be climbed
      2) okwê:mya caus. : of male animals, but usually bulls and goats
         okwê:ma : of female animals, usually cows and goats
      ☆ Embúzi eyemérê. : A femal goat has conceived.
      3) okugo:bê:ka : of a male dog
         okugo:bê:kwa pass. : of a female dog
      4) okugôsa : of a cock
         okugôswa pass. : of a hen
714. to rape / 強姦する
    okuhâ:mba
715. to get pregnant / 妊娠する
    1) okutwê:ka : to make pregnant
       okutwê:kwa pass. : to become pregnant
    cf. omutwê:ki 1, abatwê:ki 2 : he who makes a girl pregnant
       omutwé:ki ó:mû
       omutwé:ki wâ:nge
       ó:nu mutwê:ki
       ó:nu mutwé:kí kî?
       omutwé:ki wá:ngê
    2) okutwá:ra ê:nda : to conceive [mainly of humans]

☆ Omukázi atwaire ê:nda. : A woman is pregnant.

3) okúbá n'ê:nda : to be pregnant [of humans and animals]

☆ É:mbwá eina ê:nda. : A dog is pregnant.

4) okukûza : to become pregnant [of animals in general]

☆ Embúzi ekulízê. : A goat is pregnant.

5) okusê:ngya : to become pregnant [of a dog]

☆ É:mbwá ese.ngézê. : A dog is pregnant.

a. pregnancy; embryo; fetus / 妊娠、胎児

1) ê:nda 9,10
é:nda é:mû
é:nda yâ:nge
é:nu n̂da
é:nu ńdá kî?
é:nda yá:ngê

2) obutwê:ki 14, ---- : pregnancy of a young girl without knowing of the identity of the father.
<okutwê:ka "to make pregnant" (No.715)

716. to bear a child; to give birth to / 産む

1) okuzâ:ra : to bear in general
okuzâ:rwa pass. : to be born / 生れる
okuzâ:za caus. : to help to deliver [of a midwife]
okuzá:ráhô +clit. : to have a child outside the marriage [subject: husband]
okuzá:rwá:hô pass+clit. : to bear a child outside the marriage [subject: wife]

☆ Nkaza:ráhó Malíyá omwâ:na. : I had a child with Mary.

☆ A : Okaza:rwá:hó ó:há omwâ:na? : With whom did you have a child?.
B : Nkaza:rwá:hó John omwâ:na. : I had a child with John.

cf. amazâ:rwa 6 : birth / 誕生
amazá:rwa gámû
amazá:rwa gâ:nge
gánu mazâ:rwa
gánu mazá:rwá: kî?
amazá:rwa gá:ngê

☆ amazá:rwa ga: Yésû : the birth of Jesus Christ

cf. obuzâ:rwa 14 : place of birth, origin / 誕生地、起源

2) okuzigáija : to bear for the first time

cf. omuzigáijo 1, emizigáijo 4 : first born child. See No.447.

a. labour pains / 陣痛
ekîsa 7, ebîsa 8
ekísa kímû
ekísa kyâ:nge
kínu kîsa
kínu kísá kî?
ekísa kyá:ngê

☆ okuhú:rra ebîsa : to have pains of childbirth

b. midwife / 産婆、助産婦

1) omuzâ:zi 1, abazâ:zi 2 <okuzâ:za "to help to deliver". See above.
omuzá:zi ó:mû

    omuzá:zi wâ:nge
    ó:nu muzâ:zi
    ó:nu muzá:zí kî?
    omuzá:zi wá:ngê
  2) omuza:lîsa 1, abaza:lîsa 2 : syn. of the preceding.
    omuza:lísa ó:mû
    omuza:lísa wâ:nge
    ó:nu muza:lîsa
    ó:nu muza:lísá kî?
    omuza:lísa wá:ngê
 c. placenta, afterbirth / 後産
  1) ekye.nyûma 7, ebye.nyûma 8
    ekye.nyúma kímû
    ekye.nyúma kyâ:nge
    kínu kye.nyûma
    kínu kye.nyúmá kî?
    ekye:nyúma kyá:ngê
  2) ekya.dâ:di 7, ebya.dâ:di 8 : syn. of the preceding.
    ekya.dá:di kímû
    ekya.dá:di kyâ:nge
    kínu kya.dâ:di
    kínu kya.dá:dí kî?
    ekya.dá:di kyá:ngê
 d. to have a miscarriage / 流産する
    okurúgwá:mú ê:nda
 e. to procure an abortion / 堕胎する
    okwi.hámú ê:nda : [lit.] to remove an embryo from inside
 f. to breed [of a dog] / （犬が）仔を産む
    okubwa.gûra
 g. to hatch out / （卵が）かえる、（ヒヨコが）生まれる
    okwa.tû:rra
  ☆ Enkóko eyatu:rwí:rê. : A chicken has hatched out of an egg.

717. to suckle (intr.) / 乳を飲む
    okwô:nka
    okwô:nkya caus. : to have a baby at one's breast, to suckle a baby
 a. to be weaned / 乳離れをする
  1) okurúga haibê:re
  2) okucu:kûrwa pass. : syn. of the preceding.
 b. to wean a baby / 乳離れさせる
  1) okwí:ha omwá:na haibê:re
  2) okucu:kûra : syn. of the preceding.

718. to grow; to be brought up / 育つ、成長する
    okukûra
    okukû:rra appl. : to grow at a place
    okukûza caus. : to bring up a child, to raise animals
 cf. enkûra 9,10 : growing, growth

                enkúra é:mû
                enkúra yâ:nge
                é:nu nkûra
                é:nu nkúrá kî?
                enkúra yá:ngê
        a. to be stunted in growth / 成長不良である、発育不全である
            1) okuko:rrôma : to be stunted in growth [of humans, aminals and plants]
            ☆ Omwá:na ako:rrómérê. : The baby is stunted in growth.
            2) okuzi.ngâma : to delay to stand up and walk [of a child]
719. to soothe (a child); to fondle / あやす
            okucu.ncubîza /okucu.ncúbîza : to sing a lullaby to a child <caus. of the following.
            okucu.ncubîra /okucuncúbîra : to go asleep [of a child]
            ☆ Omwá:na acu.ncubí:rê. : The baby is asleep.
720. to hold in one's arms / 抱く
            okuhî:mba
    a. to hold on one's lap / 膝に抱く
            okulêra
            ☆ okuléra omwá:na habibêro : to hold a child on one's lap
        cf. endêra 9 : holding of a child on one's lap
                endéra é:mû
                endéra yâ:nge
                é:nu ndêra
                é:nu ndérá kî?
                endéra yá:ngê
    b. to carry on one's back / 背負う
            okuhê:ka
            ☆ okuhé:ka omwá:na hamugô:ngo : to carry a child on one's back
721. to behave like a spoiled child / 甘える
            okugíra eryâ:na
722. to look after (a child); to take care of / 面倒を見る、世話をする
            okurolê:rra <int. of okurôra "to see" (No.629)
    a. baby-sitter / 子守り
            omulêzi 1, abalêzi 2 <okulêra "to hold on one's lap" (No.720)
            omulézi ó:mû
            omulézi wâ:nge
            ó:nu mulêzi
            ó:nu mulézí kî?
            omulézi wá:ngê
        cf. obulêzi 14, ---- : baby-sitting
    b. not to take care of; to neglect / 世話をしない
            okunagáija
            okunagi:rîza : syn. of the preceding.
723. to watch; to guard; to protect / 見張る、番をする、保護する
            okulî:nda
        cf. omulî:nzi 1, abalî:nzi 2 : guard, guardian
            omulí:nzi ó:mû

342

omulí:nzi wâ:nge
ó:nu mulî:nzi
ó:nu mulí:nzí kî?
omulí:nzí wá:ngê

cf. obulî:nzi 14, ---- : guard, protection

724. to inspect; to survey / 見回る、視察する
okura.mbûra

cf. omura.mbûzi 1, abara.mbûzi 2 : inspector / 視察官
omura.mbúzi ó:mû
omura.mbúzi wâ:nge
ó:nu mura.mbûzi
ó:nu mura.mbúzí kî?
omura.mbúzi wá:ngê

a. to observe carefully / 観察する
okuróna múnô : to look closely

b. to go and check / 様子を見に行く
okusû:ra
☆ Gé:nda osú:lé omwâ:na! : Go and check the child (how he is)!

c. to watch, to follow the course of / 経過を見る
okutunû:ra

725. to pay attention; to be careful of; to handle with care / 注意する
1) okwe.ge.nderêza
☆ Wege.nderézê! : Be careful!
☆ Wege.nderézé abasûma! : Be careful of thieves!
☆ okwe.ge.nderéza amahûli : to handle eggs with care

cf. obwe.ge.nderêzi 14, ---- : carefullness, attention
obwe.ge.nderézi búmû
obwe.ge.nderézi bwâ:nge
búnu bwe.ge.nderêzi
búnu bwe.ge.nderézí kî?
obwe.ge.nderézi bwá:ngê

2) okukwá:ta mpórâ : to handle slowly, carefully

a. careless; carelessly / うかつな、無頓着な
bi.nkwa.ti:ré kî? : [lit.] what relations do they (bi-, cl.8) have to me? Cf. okukwâ:ta "to hold" (No.821).
☆ Ali mú:ntu bi.nkwa.ti:ré ki? : He is a careless person.

b. imprudence; frivolous behaviour / 軽率、浅はかな行為
akajâ:nja 12, obujâ:nja 14
akajá:nja kámû
akajá:nja kâ:nge
kánu kajâ:nja
kánu kajá:njá kî?
akajá:nja ká:ngê

726. to test; to examine / 試験する、検査する
okukebêra /okukébêra

cf. omukebêzi 1, abakebêzi 2 /omukébêzi 1, abakébêzi 2 : examiner. See No.704.

cf. obukebêzi /obukébêzi 14, ---- : examination
727. to die / 死ぬ
- 1) okúfâ : to die
    - okufwê:ra appl. : to die at a place, for sb/sth
    - okufwê:rwa appl.+pass. : to lose sb by death, to lose sth
    - okufwî:sa caus. : to cause to die
    - ☆ Yésú akatufwê:ra. : Jesus Christ died for us.
    - ☆ okufwé:rwa omugîsa : to lose good luck
    - cf. omúfû 1, abáfû 2 : dead person
        - omúfú ó:mû
        - omúfú wâ:nge
        - ó:nu múfû
        - ó:nu múfú kî?
        - omúfú wá:ngê
    - cf. orúfû 11, é:nfû 10 : death; also means "disease" (No.680)
    - ☆ i:sóke ly'o.rúfû : hair shaved to show the ending of mourning
    - ☆ okumára orúfû : to come out of mourning. This is done by shaving hair of the family members.
    - cf. omufwê:rwa 1, abafwê:rwa 2 : bereaved person / 遺族
        - omufwé:rwa ó:mû
        - omufwé:rwa wâ:nge
        - ó:nu mufwê:rwa
        - ó:nu mufwé:rwá: kî?
        - omufwé:rwa wá:ngê
- 2) okucwe.kâna : to pass away, a euphemic word for "to die"

a. the deceased;late / 故人
- omugê:nzi 1, abagê:nzi 2 : See No.582.
- ☆ Omugé:nzi Kátô akaba musáija murú:ngî. : Late Kato was a good man.

b. to rest in a tomb / 墓に眠る
- okutû:ra
- ☆ Atu:lízê. : He rests in the tomb.

c. dead body; corpse / 死体、遺体
- 1) omurâ:mbo 3, emirâ:mbo 4
    - omurá:mbo gúmû
    - omurá:mbo gwâ:nge
    - gúnu murâ:mbo
    - gúnu murá:mbó kî?
    - omurá:mbo gwá:ngê
- 2) omutû:mbi 3, emitû:mbi 4 : syn. of the preceding.
    - omutú:mbi gúmû
    - omutú:mbi gwâ:nge
    - gúnu mutû:mbi
    - gúnu mutú:mbí kî?
    - omutú:mbí gwá:ngê

d. to be dying / 瀕死である
- okukâba

e. critical condition / 危篤
　　ekihurû:tu 7, ----
　　ekihurú:tu kímû
　　ekihurú:tu kyâ:nge
　　kínu kihurû:tu
　　kínu kihurú:tú kî?
　　ekihurú:tu kyá:ngê
f. to notify sb of death / 死亡を通知する
　　okubîka
　cf. omubîki 1, ababîki 2 : notifier
　　omubíki ó:mû
　　omubíki wâ:nge
　　ó:nu mubîki
　　ó:nu mubíkí kî?
　　omubíki wá:ngê

728. to live; to be alive / 生きる、生きている
　1) okwo.mê:ra : to live, to live long
　2) okúbá mwo.mê:zi : to be healthy, alive
　cf. omwo.mê:zi 1, abo:mê:zi 2 : healthy person, who is alive (No.678)

729. to revive (intr.) / 生き返る、蘇生する
　　okuhu.mbû:ka intr.
　　okuhu.mbû:ra tr. : to revive (tr.)
　cf. amahu.mbû:ka 6, ---- : revival, Easter
　　amahu.mbú:ka gámû
　　amahu.mbú:ka gâ:nge
　　gánu mahu.mbû:ka
　　gánu mahu.mbú:ka kî?
　　amahu.mbú:ka gá:ngê

730. to rescue; to save / 助ける、救助する
　　okujûna : to rescue, to save
　　okujûnwa pass. : to be rescued, saved by sb
　　okujunîra /okujúnîra appl. : to save in a place
　　okwe.junîra /okwe.júnîra refl.+appl. : to recsue oneself
　　okujunîsa /okujúnîsa caus. : to save using sth
　　okujunîrwa /okujúnîrwa pass.+appl. : to be saved by means of sth
　cf. omujunîzi 1, abajunîzi 2 /omujúnîzi 1, abajúnîzi 2 : rescuer
　　omujunízi ó:mû
　　omujunízi wâ:nge
　　ó:nu mujunîzi
　　ó:nu mujunízí kî?
　　omujunízi wá:ngê
　☆ Amujuni:re amáizi. : He has saved him from the water.
　☆ Njuni:rwe John. : I have been saved by John.
　☆ okujúna omú:ntu omû:rro : to rescue a person from fire
　☆ okujúna omú:ntu omugúgû : to rescue a person in his load
　☆ Mujunire akábî. : I have rescued him from a danger.

☆ okujuníra é:mbwá n'e:kítî : to rescue a dog (caught in a trap) with a stick
☆ okujunísa é:mbwá n'e:kítî : the same as the preceding.
☆ okujunísa ekítí é:mbwâ : the same as the preceding.

a. to save (in Christianity) / （魂を）救済する
 okurokôra tr.
 okurokôrwa tr.+pass. : to be saved by sb
 okurokôka intr. : to be saved
cf. omurokôle 1, abarokôle 2 : person who is saved (in Christianity)
 omurokóle ó:mû
 omurokóle wâ:nge
 ó:nu murokôle
 ó:nu murokólé kî?
 omurokóle wá:ngê
cf. oburokôle 14, ---- : state of being saved (in Christianity)

731. to work / 働く
1) okukôra
 okukô:rra appl. : to work for sb, in a place
 okukozêsa caus. : to make sb work, to work with a tool
 okukora.ngâna assoc. : to work in collaboration
cf. omukôzi 1, abakôzi 2 : worker. See No.502.
cf. obukôzi 14, --- : way of working
☆ obukózi bwâ:we burú:ngî. : Your work is good.
2) okupakâsa or okupagâsa /okupákâsa or okupágâsa : to do manual or physical work on contract
cf. omupakâsa 1, abapakâsa 2 /omupákâsa 1, abapákâsa 2 : casual worker, laborer. See No.502.
cf. obupakâsi 14 /obupákâsi 14, ---- : result of casual work
3) okuko.ngôra : to work intermittently taking frequent breaks
cf. omuko.ngôzi 1, abako.ngôzi 2 : who works intermittently
 omuko.ngózi ó:mû
 omuko.ngózi wâ:nge
 ó:nu muko.ngôzi
 ó:nu muko.ngózí kî?
 omuko.ngózi wá:ngê
cf. obuko.ngô:zi 14, ---- : lazy working style of taking frequent breaks

732. to train / 訓練する
1) okute.ndêka
cf. omute.ndêki 1, abate.ndêki 2 : trainer
 omute.ndéki ó:mû
 omute.ndéki wâ:nge
 ó:nu mute.ndêki
 ó:nu mute.ndékí kî?
 omute.ndéki wá:ngê
2) okwe.gêsa : to teach, to instruct. <caus. of okwê:ga "to learn" (No.1056)
 okwe.gesêbwa pass. /okwe.gésêbwa pass. : to be taught, instructed
cf. omwe.gêsa 1, abe:gêsa 2 : teacher, instructor
 omwe.gésa ó:mû

　　　　omwe.gésa wâ:nge
　　　　ó:nu mwe.gêsa
　　　　ó:nu mwe.gésá kî?
　　　　omwe.gésa wá:ngê
　　cf. obwe.gesêbwa 14 /obwe.gésêbwa 14 , ---- : education, instruction
　　　　obwe.gesébwa búmû
　　　　obwe.gesébwa bwâ:nge
　　　　búnu bwe.gesêbwa
　　　　búnu bwe.gesébwá: kî?
　　　　obwe.gesébwa bwá:ngê
　　☆ Obwe.gésébwa bwâ:nge bwa. haigûru. : I have a high education.
733. to do / する、行う
　　　　okukôra
　　　　okukôrwa pass : to be done
　　cf. enkôzi 9,10 : doer, actor
　　　　enkózi é:mû
　　　　enkózi yâ:nge
　　　　é:nu nkôzi
　　　　é:nu nkózí kî?
　　　　enkózi yá:ngê
　　cf. ekikôrwa 7, ebikôrwa 8 : act, action, deed
　　　　ekikórwa kímû
　　　　ekikórwa kyâ:nge
　　　　kínu kikôrwa
　　　　kínu kikórwá: kî
　　　　ekikórwa kyá:ngê
　　a. to redo / やり直す
　　　　okugarúkámû /okugárúkámû : [lit.] to return to it. Cf. okugarûka "to return" (No.579).
　　b. behaviour / 行動
　　　　engêso 10 : behaviors, manners. See No.525.
　　c. way of doing; method / やり方
　　　1) omulî:ngo 3, emirî:ngo 4 : form, shape, style, way, method. See No.515.
　　　2) Expressed by cl.9 nouns, formed regularly from verb infinitives as follows :
　　　　ensêka 9 : way of laughing. Cf. okusêka "to laugh".
　　　　enzîna 9 : way of dancing. Cf. okuzîna "to dance".
　　　　ê:ndya 9 : way of eating. Cf. okúlyâ "to eat".
　　　　embyâ:ma 9 : way of spleeping. Cf. okubyâ:ma "to sleep".
　　　　enjûma 9 : way of abusing. Cf. okujûma "to abuse".
　　　3) Expressed by cl.4 nouns with an applicative suffix, formed from most verbs as follows :
　　　　emisekêre 4 /emisékêre 4 : way of laughing. Cf. okusêka "to laugh".
　　　　emirî:re 4 : way of eating. Cf. okúlyâ "to eat".
　　　　emiga.mbîre 4 : way of speaking. Cf. okugâ:mba "to speak".
734. to make; to produce / 作る、制作する
　　　　okukôra
735. to create / 創造する
　　　　okuhâ:nga

a. creator / 創造主
- 1) omuhâ:ngi 1, ----
  omuhá:ngi ó:mû
  omuhá:ngi wâ:nge
  ó:nu muhâ:ngi
  ó:nu muhá:ngí kî?
  omuhá:ngi wá:ngê
- 2) nyamuhâ:nga 1a, ---- : syn. of the preceding.
  nyamuhá:nga ó:mû
  nyamuhá:nga wâ:nge
  ó:nu nyamuhâ:nga
  ó:nu nyamuhá:ngá kî?
  nyamuhá:nga wá:ngê

b. creature / 創造物
  ekihâ:ngwa 7, ebihâ:ngwa 8
  ekihá:ngwa kímû
  ekihá:ngwa kyâ:nge
  kínu kihâ:ngwa
  kínu kihá:ngwá: kî?
  ekihá:ngwa kyá:ngê

736. to use / 用いる、使用する
- 1) okukozêsa /okukózêsa <caus. of okukôra "to work" (Nos.731,733,734)
- ☆ okukozésa ekalâ:mu : to use a pencil
- 2) Expressed by the causative of verbs like the following.
  okulí:sa ehû:ma : to eat with a fork. Cf okúlyâ "to eat" (No.655).

737. to help / 手伝う、助ける
- 1) okuyâ:mba
  okuya.mba.ngâna recipr. : to help each other
  cf. omuyâ:mbi 1, abayâ:mbi 2 : helper
  omuyá:mbi ó:mû
  omuyá:mbi wâ:nge
  ó:nu muyâ:mbi
  ó:nu muyá:mbi kî?
  omuyá:mbi wá:ngê
- 2) okuko:nyêra : to assist
  cf. omuko:nyêzi 1, abako:nyêzi 2 : assistor, helper
  omuko:nyézi ó:mû
  omuko:nyézi wâ:nge
  ó:nu muko:nyêzi
  ó:nu muko:nyézí kî?
  omuko:nyézibi wá:ngê
  cf. obuko:nyêzi 14, ---- : consolatory money, fruits, etc. given to a patient
- 3) okujûna : to help, to save. See No.730.

738. to cooperate / 協力する
- 1) okwi.kira.nganîza or okwi.kiranîza : to agree with each other to do sth
- 2) okukó:rra hámû : to work together

739. to disturb; to be a nuisance / 邪魔をする
　　1) okutabûra /okutábûra tr. : to mix, to disturb
　　　 okutabûrwa /okutábûrwa tr.+pass. : to be disturbed by sb/sth
　　　 okutabûka /okutábûka intr. : to get mixed up, disturbed
　☆ okutabúra omû:ntu. : to disturb a person
　☆ okutabúrwa omuswî:ja : to be disturbed by a fever
　　2) okutalibâna : to be disturbed
　　　 okutalibanîza caus. : to disturb
　　　 okutalibanizîbwa caus.+pass. : to be disturbed by sb/sth

740. to get tired / 疲れる
　　1) okujwâ:ha
　　　 okujwa:hîra appl. : to be tired in one way or another
　☆ Njwa.hírê. : I am tired.
　☆ okujwa.híra kímû : to be exhausted
　　2) okudô:ha : to be exhausted, an old word
　a. tiredness; fatigue / 疲れ、疲労
　　　 obujwâ:hi 14, ----
　　　 obujwá:hi búmû
　　　 obujwá:hi bwâ:nge
　　　 búnu bujwâ:hi
　　　 búnu bujwá:hí kî?
　　　 obujwá:hi bwá:ngê
　cf. omujwâ:hi 1, abajwâ:hi 2 : he who is tired

741. to take a rest / 休む、休憩する
　　　 okuhu:mûra : to take a rest
　　　 okuhu:múráhô : to take a rest a little bit or for a long time
　　　 okuhu:mûza caus. : to give sb a rest
　cf. ekihu:mûro 7, ebihu:mûro 8 : rest
　　　 ekihu:múro kímû
　　　 ekihu:múro kyâ:nge
　　　 kínu kihu:mûro
　　　 kínu kihu:múró kî?
　　　 ekihu:múro kyá:ngê

742. to cultivate / 耕す
　　1) okulîma /okúlîma : to cultivate, to dig
　　　 okulímîra appl. : to cultivate for sb, in a style
　　　 okulímîsa caus. : to make sb cultivate, to use a tool to cultivate
　☆ okulimísa enfûka : to cultivate with a hoe
　cf. i:rîma 5, ---- : agricultural work, gardening
　　　 i:ríma límû
　　　 i:ríma lyâ:nge
　　　 línu irîma
　　　 línu irímá kî?
　　　 i:ríma lyá:ngê
　☆ i:ríma ly'o.kubâ:nza : the first gardening, i.e. digging
　☆ i:ríma lya. kabîri : the second gardening, i.e. planting

☆ i:ríma lya. kasâtu : the third gardening, i.e. weeding
☆ i:ríma lya. kánâ : the fourth gardening, i.e. harvesting
cf. omulîmi 1, abalîmi 2 : cultivator, farmer / 耕作者、農民
    omulími ó:mû
    omulími wâ:nge
    ó:nu mulîmi
    ó:nu mulímí kî?
    omulími wá:ngê
cf. obulîmi 14 : farming, cultivation, agriculture
cf. obulímê 14, amalímê 6 : cleared field ready for planting
    obulímé búmû
    obulímé bwâ:nge
    búnu bulímê
    búnu bulímé kî?
    obulímé bwá:ngê
cf. endimîro 9,10 /endímîro 9,10 : planted field
    endimíro é:mû
    endimíro yâ:nge
    é:nu ndimíro
    é:nu ndimíró kî?
    endimíro yá:ngê
2) okutéma i:tâka : to dig the ground with a hoe (gardening, road-making, etc.)
3) okutóija : to dig deep to make soil ready to plant 修正

743. to reclaim land / 開墾する
    okutéma ekisákâ : to cut bush with a machete
    N.B. The procedure of reclamation is first "to cut", second "to burn", third "to dig", and finally "clean" before planting.
cf. ekitême 7, ebitême 8 : cleared field / 畑用に草木の刈られている所
    ekitéme kímû
    ekitéme kyâ:nge
    kínu kitême
    kínu kitémé kî?
    ekitéme kyá:ngê
a. to burn the field / 刈った草木を焼く
    okwó:kya ekitême
b. to clean the field for planting / 作付けのために整地する
  1) okuko:kô:ba
  2) okusemêza

744. to plant / 植える
    okubyâ:ra : to plant, to sow
    okubyâ:za caus. : to cause sb to plant, to use sth to plant
    okubyá:rra appl. : to plant for sb
☆ okubyá:ra ebitakúlî : to plant sweet potatoes
☆ okubyá:za ebihí:mba engâro : to sow beans with hands
cf. omubyâ:zi 1, ababyâ:zi 2 : planter
    omubyá:zi ó:mû

          omubyá:zi wâ:nge
          ó:nu mubyâ:zi
          ó:nu mubyá:zí kî?
          omubyá:zí wá:ngê
    a. to sow / 種を蒔く
          okusîga
          N.B. Sowing of sorghum, millet, rice, and peas is done by scattering seeds on the surface of the field.
    b. to earth / 土を被せる
        1) okutáhó i:tâka : to put soil to sth
        ☆ okutáhó i:táka ebihî:mba : to earth kidney beans
        2) okuswê:ka : [lit.] to cover
        ☆ okuswe.késa i:táka ebihî:mba : to cover kidney beans with soil
    c. to thin out (plants) / 間引く
          okujûba
          okujubî:rra : more or less the same as the preceding.
        ☆ okujúba obúrô : to thin out millet plants
745. to grow; to spring up / 生える
          okukûra /okúkûra
    a. to germinate / 芽を出す
          okumêra /okúmêra
        cf. ekimêra 7, ebimêra 8 /ekímêra 7, ebímêra 8 : plant which has germinated, which has grown
          ekiméra kímû
          ekiméra kyâ:nge
          kínu kimêra
          kínu kimérá kî?
          ekiméra kyá:ngê
    b. half-grown / 半育ち
          obutóigo 14 : state in which cereal plants (millet, sorghum, rice, etc.) are on their half-way /to grow
          obutóigo búmû
          obutóigo bwâ:nge
          búnu butóigo
          búnu butóígó kî?
          obutóigo bwá:ngê
    c. source where suckers begin to grow / 子木が生えだす木などの根本
          i:kôro 5, amakôro 6
          i:kóro límû
          i:kóro lyâ:nge
          línu ikôro
          línu i:kóró kî?
          i:kóro lyá:ngê
746. to creep / (ツル性植物が) 這う
          okurâ:nda
        cf. ekirâ:nzi 7, ebirâ:nzi 8 : creeping plant
          ekirá:nzi kímû
          ekirá:nzi kyâ:nge

351

kínu kirâ:nzi

kínu kirá:nzí kî?

ekirá:nzi kyá:ngê

747. to wither (intr.); to die [of plants] / 枯れる

okuhotôka /okuhótôka : See also No.1127 "to lose one's energy"

748. to weed / 雑草を取る

1) okujubî:rra : to weed in the garden with hands or using a small hoe

☆ okujubí:rra é:njû : to weed in the compound with a tool or machine

2) okulîma : [lit.] to cultivate, to dig

☆ okulíma omubitô:ke : to weed in the banana plantation

3) okwo.mbêra : to weed in planted fields with hands or using a small hoe, word mostly used by the Tooro.

4) okutemê:rra : to weed with a tool or machine (cutting tall weeds)

a. to be covered with weeds / （畑・家が）雑草で一杯になる

okuhû:ka

☆ Ebitó:ke bihu:kírê. : Banana trees are covered with weeds.

b. to cut grass / 草を刈る

1) okutéma ebinyá:nsî : to cut grass with a machete, to slash

2) okusára ebinyá:nsî : to cut grass with a sickle, to mow with a machine

2) okusâ:ha : to slash (with a skasher)

cf. omusâ:hi 1, abasâ:hi 2 : slasher (person)

omusá:hi ó:mû

omusá:hi wâ:nge

ó:nu musâ:hi

ó:nu musá:hí kî?

omusá:hi wá:ngê

c. to shake off earth from the roots of grass pulled out / 抜いた草の根についた土を払う

okuku.nkumûra /okuku.nkúmûra

749. to flower / 花が咲く

okwâ:kya

☆ Omútí gwa:kízê. : A tree has flowered.

750. to bear fruits / 実がなる

1) okuzá:ra ebijúmâ

2) okwá:na ebijúmâ

☆ Omútí gwa:nire ebijúmâ. : A tee has born fruits.

751. to get ripe / 熟れる、熟する

1) okwê:nga : said of fruits (mangoes, oranges, etc.) which change colours when ripe

okwe.ngêsa caus. : to make ripe

2) okwê:ra : said of crops such as millet, sorghum, maize

okwê:za caus. : to make ready for harvesting

☆ Obúró bwe.zérê. : Millet is ready to harvest.

a. to ripen / 熟させる

1) okuhanîka /okuhánîka : to make bananas ripe for beer (by putting above the fireplace)

☆ Mpanikire ebitô:ke. : I have put bananas above the fireplace to ripen.

2) okuzî:ka : to bury. This verb is used when ripening bananas in a pit.

☆ okuzí:ka ebitô:ke : to bury bananas to ripen in a pit

3) okwe.ngêsa <caus. of okwê:nga "to get ripe". See above.
4) okwê:za <caus. of okwê:ra "to get ripe". See above.
b. not to get ripe (bananas in a pit) / 穴の中で十分熟さない
1) okukôna
☆ Ebitó:ke bikonérê. : Bananas are not ripe. (They do not give juice.)
2) okúfâ : [lit.] to die
☆ Ebitó:ke bifwí:rê. : Bananas are spoiled. (They do not give juice.)

752. to rot (intr.) / 腐る
1) okujû:nda : said of meat, animals, etc.
okujû:nza caus. : to cause sth to rot, to rot (tr.)
2) okugâga : to go bad, to spoil (intr.), said of cooked food / 傷む
☆ Eby'o.kúlyá bigagírê. : The food has gone bad.
3) okúfâ : to become bad, not good for drinking [said of milk, juice]; [lit.] to die
☆ Amátá gafwí:rê. : The milk has gone bad.
4) okusarâra /okusárâra : to go sour of crops, said especially of cassava and sweet potatoes left a few days without peeling
cf. ekisarâle 7, ebisarâle 8 /ekisárâle 7, ebisárâle 8 : crops whose taste has turned sour. See No.159.

753. to harvest / 収穫する
Several verbs are used according to the method of harvesting.
1) okugêsa : to cut with a knife, the ear, head, or cob (of millet, sorghum, rice, etc.)
cf. i:gêsa 5, amagêsa 6 : harvesting season
i:gésa límû
i:gésa lyâ:nge
línu igêsa
línu igésá kî?
i:gésa lyá:ngê
2) okutêma : to cut banana bunches with a machete
3) okuháiga : to dig with a hoe or a stick tubers such as cassava, potatoes, yams
cf. i:háiga 5, amaháiga 6 : digging season of cassava, potatoes, etc.
i:háiga límû
i:háiga lyâ:nge
línu iháiga
línu iháígá kî?
i:háiga lyá:ngê
4) okwî:ha : to pull out plants of beans, peas, groundnuts, etc.
a. to pick (fruits) / 摘む
1) okuhanû:ra : to pick fruits with hands or using a stick
☆ John, gé:nda ohanú:lé emiyé:mbê! : John, go and pick mangoes!
2) okunôga : to pick cotton, tea leaves, coffee beans, etc. with fingers
3) okusorôma /okusórôma : to pick leaves of different plants at various places (to make medicine)
☆ okusoróma ebibâzi : to pick herbs to make medicine

754. to be abundant in harvest / 豊作である
okwê:ra múnô (or kurú:ngî) : [lit.] to grow well
okwê:za caus. : to make ready for harvesting

☆ Nyereze obúrô. : I have a good harvest of millet.

a. to have a bad harvest; to fail [of crops] / 不作である

    okúfâ : [lit.] to die

☆ Eby'o.kúlyá bifwí:rê. : The crop has failed.

755. to put under the sun / 表に干す

    okwa.nîka

    okwa.nikîra /okwa.níkîra appl. : the same as the preceding.

☆ Ninyanikírá ebihî:mba. : I am putting kidney beans under the sun.

a. to take in what is spread outside / 表に干してあるものを取込む

  1) okwa.nûra <rev.tr. of okwa.nîka "to spread to dry". See above.

  2) okutâ:hya : syn. of the preceding. <caus. of okutâ:ha "to go in" (No.585)

b. to spread to dry / 広げる

    okwa.njâra

756. to skin; to peel; to pare; to bark / 皮を剥く

  1) okuto.ndô:ra : to peel or shell with fingers (beans, groundnuts, maize, ripe bananas, oranges, etc.)

☆ Ata:to.ndó:lé enkú:kú tá:lyê. : He who does not peel cow peans will not eat.

  2) okususû:ra : syn. of the preceding.

☆ okususú:ra ebyé:njû : to peel ripe bananas

  3) okuhâ:ta : to peel with a knife (unripe bananas, potatoes, yams, etc.)

  4) okuho:gôra : to remove the skin (of maize, sugar cane, etc.)

757. to thresh / 脱穀する

  1) okutê:ra : to thresh by beating millet, rice, etc.

☆ okuté:ra obúrô : to beat millet

  2) okuhû:ra : to beat with a stick

  3) okuko.nkobôra /okuko.nkóbôra : to thresh maize with fingers

a. to remove husks from grains / 籾殻を取り除く

  1) okwí:há omusû:nga : to remove husks, a general expression of removing husks. There are several ways of removing husks as follows.

  2) okusekûra /okusékûra : to remove husks by pounding

  3) okuhô:nda : to remove husks (millet, wheat, etc.) by pounding or treading with feet

  4) okusirisî:ta : to remove husks (millet, etc.) by rubbing with hands

b. chaff; husks of rice or sorghum / 籾殻

  1) omusû:nga 3, emisû:nga 4 or ebisû:nga 8

    omusú:nga gúmû

    omusú:nga gwâ:nge

    gúnu musû:nga

    gúnu musú:ngá kî?

    omusú:nga gwá:ngê

  2) ekísî 7, ebísî 8 : syn. of the preceding. See No.139.

  3) ekikútî 7, ebikútî 8 : millet husk

    ekikútí kímû

    ekikútí kyâ:nge

    kínu kikútî

    kínu kikútí kî?

    ekikútí kyá:ngê

758. to pound / 搗く
    okuhô:nda
- a. mortar / 臼
    - ensekûro 9,10 /ensékûro 9,10
    - ensekúro é:mû
    - ensekúro yâ:nge
    - é:nu nsekûro
    - é:nu nsekúró kî?
    - ensekúro yá:ngê
- b. pestle; pounder / 杵
    1) ekya.nâ:na 7, ebya.nâ:na 8 or omwa.nâ:na 3, emya.nâ:na 4
        - ekya.ná:na kímû
        - ekya.ná:na kyâ:nge
        - kínu kya.nâ:na
        - kínu kya.ná:ná kî?
        - ekya.ná:na kyá:ngê
    2) ekihuru.ngûso 7, ebihuru.ngûso 8 or omuhuru.ngûso 3, emihuru.ngûso 4 : syn. of the preceding.
        - ekihuru.ngúso kímû
        - ekihuru.ngúso kyâ:nge
        - kínu kihuru.ngûso
        - kínu kihuru.ngúsó kî?
        - ekihuru.ngúso kyá:ngê

759. to grind / 挽く
    okúsâ
    okusê:ra appl. : to grind for sb, at a place
    okuséisa caus. : to grind with a tool
    okuséibwa pass. : to be ground by sb
☆ Obúró busí:rwê. : The millet is ground.
cf. ê:nsa 9 : way of grinding
    é:nsa é:mû
    é:nsa yâ:nge
    é:nu ńsa
    é:nu ńsá kî?
    é:nsa yá:ngê
- a. grinding stone / 挽き石
    1) enséiso 9,10 or ensî:so 9,10 : top stone <okuséisa "to grind with a tool". See above.
        - enséiso é:mû
        - enséiso yâ:nge
        - é:nu nséiso
        - é:nu nséísó kî?
        - enséiso yâ:nge
    2) orubê:ngo 9, emê:ngo 10 : bottom stone
        - orubé:ngo rúmû
        - orubé:ngo rwâ:nge
        - rúnu rubê:ngo
        - rúnu rubé:ngó kî?

                orubé:ngo rwá:ngê
760.   to winnow / 箕で選り分ける
    1) okusegênya /okuségênya
    2) okusi:hû:ra : syn. of the preceding.
    3) okusegêsa /okuségêsa : syn. of the preceding.
  a. to winnow by wind / 風撰する
            okuhehemûkya
        cf. omusû:nsa 3, emisû:nsa 4 : what is winnowed
            omusú:nsa gúmû
            omusú:nsa gwâ:nge
            gúnu musû:nsa
            gúnu musú:nsá kî?
            omusú:nsa gwá:ngê
  b.   winnow / 箕
            orugálî 11, engálî 10
            orugálí rúmû
            orugálí rwâ:nge
            rúnu rugálî
            rúnu rugálí kî?
            orugálí rwá:ngê
761. to sift / 篩にかける
            okuke:kê:ya
        cf. akake:kê:yo 12, obuke:kê:yo 14 : sifter, sieve / 篩
            akake:ké:yo kámû
            akake:ké:yo kâ:nge
            kánu kake:kê:yo
            kánu kake:ké:yó kî?
            akake:ké:yo ká:ngê
  a. residue after sieving
    1) (ekihá:ndê 7), ebihá:ndê 8 <okuha.ndûka "to be coarse" (No.983)
            ebihá:ndé bímû
            ebihá:ndé byâ:nge
            bínu bihá:ndê
            bínu bihá:ndé kî?
            ebihá:ndé byá:ngê
    2) encê:nka (9),10 : refuse of cassava after sieving
            encé:nka zímû
            encé:nka zâ:nge
            zínu ncê:nka
            zínu ncé:nká kî?
            encé:nka zá:ngê
762. to draw water / 水を瓶からすくう
            okutâha : to dip up with a cup
        cf. omutâhi 1, abatahi 2 : he who draws water
            omutáhi ó:mû
            omutáhi wâ:nge

　　　　ó:nu mutâhi
　　　　ó:nu mutáhí kî?
　　　　omutáhi wá:ngê
　☆ okugé:nda kutáha amáízi haizíbâ : to go to draw water at a well
　☆ okutúma omwá:na haizíbâ : to send a child to a well

763. to take fire; to become alight / 火が起こる
　　　　okwâ:ka
　☆ Omú:rro nigwá:kâ. : The fire is burning.
　☆ É:nkú nizá:ká mpórâ. : The firewoods take fire slowly.
　☆ É:nkú nizá:ká bwâ:ngu. : The firewoods take fire quickly.
　a. to make a fire / 火を起こす
　　1) okuhê:mba
　☆ okuhé:mba omû:rro : to make a fire
　　2) okwâ:kya : syn. of the preceding. <caus. of okwâ:ka "to take fire". See above.
　b. to go for fire (to a neighbour) / 火を借りに行く
　　　　okwí:ha omû:rro

764. to burn (intr.) / 燃える、焼ける
　　　　okúhyâ
　☆ É:nkú zihí:rê. : The firewood has burned away.
　a. to burn (tr.) / 燃やす
　　1) okwô:kya : to burn sth
　　　　okwo.kêbwa pass. : to be burned by sb
　　　　okwo.kêsa caus. : to use sth to burn (dry banana leaves, etc.)
　　　　okwo.kêza appl. : to burn for sb
　☆ okwó:kya ekitême : to burn cleared grassland
　cf. omwô:ki 1, abô:ki 2 : he who sets fire
　　　　omwó:ki ó:mû
　　　　omwó:ki wâ:nge
　　　　ó:nu mwô:ki
　　　　ó:nu mwó:kí kî?
　　　　omwó:ki wá:ngê
　　2) okucumîka : to make up fire (by using matches, putting kindling to fire)
　☆ okucumíka ekisákâ : to burn bush

765. to go out [of fire] / （火が）消える
　　　　okuzîma
　　　　okuzîmya caus. : to put out, to extinguish
　　　　okuzimi:rîza ins. : to put out several fires
　a. to keep embers in ashes / おきにする
　　1) okusisîka
　☆ okusisíka omû:rro : to keep fire (in ashes)
　　2) okukû:ma : syn. of the preceding.

766. to cook / 料理する
　　　　okucû:mba
　　　　okucu.mbîra appl. : to cook for sb, in a pan, at a place
　　　　okucu.mbîsa caus. : to use sth to cook
　　　　okucû:mbwa pass. : to be cooked by sb

cf. omucû:mbi 1, abacû:mbi 2 : cook / 料理人
omucú:mbi ó:mû
omucú:mbi wâ:nge
ó:nu mucû:mbi
ó:nu mucú:mbí kî?
omucú:mbi wá:ngê

cf. encû:mba 9 : way of cooking
encú:mba é:mû
encú:mba yâ:nge
é:nu ncû:mba
é:nu ncú:mbá kî?
encú:mba yá:ngê

cf. ekicu.mbîro 7, ebícu.mbîro 8 : kitchen
ekicu.mbíro kímû
ekicu.mbíro kyâ:nge
kínu kicu.mbîro
kínu kicu.mbíró kî?
ekicu.mbíro kyá:ngê

cf. emicu.mbîre 4 : way of cooking, recipe <appl. of okucû:mba "to cook"
emicu.mbíre é:mû
emicu.mbíre yâ:nge
é:nu micu.mbîre
é:nu micu.mbíré kî?
emicu.mbíre yá:ngê
☆ Emicu.mbíré yé térí nú:ngî. : His way of cooking is not good.

a. to simmer (intr.) / グツグツ煮える
okutogôta
okutogôsa caus. : to simmer (tr.)
☆ okutogósa amahûli : to boil eggs with a rattling noise

b. to boil (potatoes, etc.) in water / ゆでる
okucû:mba : [lit.] to cook
☆ okucú:mba ebitakúlî : to boil sweet potatoes
☆ okucú:mba ebicô:li : to boil maize

c. to decoct / 煮出す、煎じる
okucû:mba
☆ okucú:mba omubâzi : to decoct medicine

767. to be cooked [of food] / 煮える
1) okúhyâ : to be well-cooked, to be ready for eating
okuhyê:ra appl. : to be well-cooked at a place, in a way
☆ Eby'o.kúlyá bihí:rê. : The food is well-cooked, and ready to eat.
2) okucû:mbwa <pass. of okucû:mba "to cook" (No.766).
☆ Eby'o.kúlyá bicu.mbírwê. : The food is cooked.

768. to roast; to broil; to grill / 焼く
1) okwô:kya
☆ okwó:kya gó:njâ : to roast plantain bananas
☆ okwó:kya enyâma : to grill meat

2) okubâba : to grill
☆ okubába enyâma : to grill meat
3) okuhu.mbî:ka : to roast in ashes
☆ okuhu.mbí:ka muhógô : to roast cassavas in ashes
  a. grilled meat / 焼き肉
       enyáma eyokêze 9, enyáma zo:kêze 10
       cf. akati:mba k'o:kutalíka enyâma 12, obutí:mba bw'o.kutalíka enyâma 14 : iron grillnet for smoking meat
  b. to parch; to roast (beans) /（豆などを）煎る
       okukarâ:nga

769. to scorch (intr.) in a pan; to burn (intr.) [of food] / 焦げる
       okusi:rî:ra
       okusi:rî:za caus. : to burn food (in a pan)
     ☆ Ekitó:ke kisi:rí:rê. : The banana is burned.

770. to fry / 油で炒める
       1) okusî:ka
       ☆ okusí:ka amahûli : to fry eggs
       2) okucû:mba : to fry in oil / 油で揚げる
       ☆ okucú:mba ama.ndâ:zi : to fry pancake in oil
  a. to make a frying noise in oil / 油の中でジューッと音を出す
       okusâ:ra
     ☆ Amagíta nigasá:râ. : Oil is making a frying noise.

771. to smoke (meat) / 薫製にする
       okutalîka /okutálîka
       okutalîkwa /okutálîkwa pass. : to be smoked by sb
     ☆ Ntalikire enyâma. : I have smoked meat.
     ☆ Enyáma etalikírê. : The meat is smoked.
  a. smoked meat / 薫製肉
       omukâro 3, emikâro 4
       omukáro gúmû
       omukáro gwâ:nge
       gúnu mukâro
       gúnu mukáró kî?
       omukáro gwá:ngê
     ☆ Gúnu mukáro gw'ê:nte. : This is smoked beef.
  b. shelf to smoke meat / 薫製台
       obutâro 14, ----

772. to boil water / 沸かす
       1) okucú:mba amáizi
       2) okucamûra tr. /okucámûra tr. : syn. of the preceding.
          okucamûka intr. /okucámûka intr. : to boil (intr.). to get hot
       ☆ Amáizi gacamukírê. : The water has boiled.
  a. to boil over / 吹き上がる、煮えこぼれる
       okufû:ka
     ☆ Amátá nigafú:kâ. : The milk is boiling over.
  b. to warm up; to heat / 温める

okutagâsa /okutágâsa <caus. of okutagâta "to be warm" (No.1218).

773. to knead (dough, millet bread) / （ウガリを）捏ねる
    1) okuhotôra /okuhótôra : to knead dough in a pan with a stick
    2) okukâ:nda : to knead dough with hands (to make chapatis, pancakes, etc.)

774. to put (a pot) on the fire / （鍋を）火にかける
    okutê:káhô
    ☆ okuté:káhó esefulíyá hakyô:to : to put a saucepan on a stove

 a. to lift (a pot) off the fire / （鍋を）火から降ろす
    1) okwî:háhô
    ☆ okwí:háhó esafulíyá hakyô:to : to lift a saucepan off the fire
    2) okute:kúráhô : syn. of the preceding.

775. to bring food (from the kitchen to the dining table) / 料理を運ぶ
    1) okwi.rîza : [lit.] to bring near <caus. of okwî:rra "to come near" (No.573)
    2) okuse.mbêza : syn. of the preceding. <caus. of okuse.mbêra "to come near" (No.509)
    ☆ okuse.mbéza eby'o.kúlyâ : to bring food from the kitchen
    3) okuhe:rêza : to assist to give, to serve. See No.942.
  cf. omuhe:rêza 1, abahe:rêza 2 : who serves food
    omuhe:réza ó:mû
    omuhe:réza wâ:nge
    ó:nu muhe:réza
    ó:nu muhe:rézá: kî?
    omuhe:réza wá:ngê
  cf. obuhe:rêza 14, ---- : serving (in a restaurant, church, etc.)
    ☆ okuhe:réza abagényi eby'o.kúlyâ : to serve food to visitors

 a. to pour out cooked food / よそう
    1) okwi.hûra : to pour out from the saucepan to a big plate
    2) okubêga : to serve food to others
    3) okugâba : syn. of the preceding; [lit.] to give. See No.942.

776. to season / 味付けをする
    1) okurû:nga : to season in general, but to put salt in particular
    ☆ okurú:nga omû:nyu : to season with salt

 a. to be properly seasoned / うまく味付けされている
    okuhîka : [lit.] to arrive (No.578)
    ☆ Omú:nyu guhikire omumukûbi. : The sauce is properly salted.
    2) okunôga : syn. of okuhîka
    okunogâ:na recipr. : syn. of the preceding.
    okunôgya caus. : to well season
    ☆ Cá:yi enogérê. : The tea is properly seasoned, i.e. sweatened.
    3) okuto:râna : syn. of okunôga
    okuto:ranîza caus. : to well season
    4) okunûra : to taste (intr.)
    ☆ Omú:nyu gunuzírê. : Salt is well-tasted.

 b. curry powder / カレー粉
    eki.nzâ:li 7, ebi.nzâ:li 8 <Sw. bizari
    eki.nzá:li kímû
    eki.nzá:li kyâ:nge

kínu ki.nzâ:li
kínu ki.nzá:lí kî?
eki.nzá:li kyá:ngê

777. to try a taste / 味見をする、味わう

okurôza <caus. of okurôra "to see" (No.629)

☆ okuróza amá:rwâ : to taste beer

☆ okuróza omukûbi : to taste sauce

cf. endózâ 9,10 : small quantity to taste
endózá é:mû
endózá yâ:nge
é:nu ndózâ
é:nu ndózá kî?
endózá yá:ngê

a. to eat a little before the food is ready / つまみ食いをする
okujabûra /okujábûra

778. to brew / 酒をつくる、醸造する

okujû:nga : [lit.] to rub (ripe bananas)

cf. some terms relative to beer-making :

1) kisúbî 9,10; músâ 9,10; embî:re 9,10 : beer-making bananas. See No.131.
2) embîso 9,10 : pit to ripen green bananas in. See No.769.
3) okuhanîka /okuhánîka : to ripen green bananas above the cooking stove
4) okuhanû:ra : to take ripe bananas down from the shelf
5) okuzî:ka : to put in a pit to ripen bananas
6) okuzi:kûra : to take out ripe bananas from in a pit
7) okuto.ndô:ra : to peel ripe bananas by hand
8) ekyé:njû 7, ebyé:njû 8 : ripe banana. See No.131.
9) esójô 9,10 : esp. of grass used for brewing. See No.155.
10) ensá:ndê 9,10 : banana juice. See No.131.
11) orugâ:njo 11, engâ:njo 10 : hole on the ground to rub and squeeze bananas to have juice
12) tô:nto 9,10 : banana beer. See No.171.
13) okukamû:ra : to squeeze juice from bananas
14) obwâ:to 14 or eryâ:to 5, amâ:to 6 : brewing tub (for fermentation)
N.B. As this noun can also mean "canoe" (No.652). The following qualification makes the meaning clearer.
☆ obwá:to bwa.má:rwâ 14, amá:to g'a:má:rwâ 6
15) ekika.ndáigo 7, ebikandáigo 8 : dregs of brewed bananas mingled with the grass esójô
ekika.ndáigo kímû
ekika.ndáigo kyâ:nge
kínu kika.ndáigo
kínu kika.ndáígó kî?
kika.ndáígo kyá:ngê
16) omugûsa 3, emigûsa 4 : sorghum. See No.138.
N.B. Sorghum powder is sprinkled over the banana juice, which is thought to activate the fementation process.
17) obukâ:nja 14 or ebikâ:nja 8 : lees
N.B. As this word also means "dregs of tea leaves" (No.173), the following expression

makes the meaning clearer.
- ☆ ebiká:nja by'a.mwé:ngê 8 : lees of banana beer
18) okubî:mba : to froth
19) okutâha : to scoop, to dip up
20) okurôza : to taste to see whether beer is ready
21) okukê:nka : not to ferment well
   - ☆ Amá:rwá gake.nkérê. : Beer has not been brewed well.
22) okúhyâ : to become ready
   - ☆ Amá:rwá gahí:rê. : The beer is ready.
23) okusâ:rra : to become bitter
   - ☆ Amá:rwá gasa:lí:rê. : The beer tastes bitter.
     N.B. This is said of beer which was left over several days after fermentation.
   a. to distill alcohol / 蒸留酒をつくる
      okucú:mba harâgi
   b. to taste watery / 水っぽい
      okúbá káizi or okúbá rwî:zi <cl.12 akáizi or cl.11 orwî:zi from amáizi 6 "water" (No.319)
      - ☆ Tó:nto eri káizi. : The beer is watery.

779. to clean / 掃除する、きれいにする
   1) okusemêza /okusémêza
   2) okwô:gya : to clean with water <caus. of okwô:ga "to wash" (No.688)
      - ☆ Nyogeze é:njû. : I have cleaned the house.
   a. to wipe with a cloth / 雑巾をかける
      1) okusi:mû:ra
         okusi:mû:za caus. : to use sth to wipe
      2) okuragâza /okurágâza : syn. of okusi:mû:ra
         - ☆ okuragáza emé:zâ : to wipe the table

780. to sweep / 掃く
   1) okusi.ngô:rra
      okusi.ngo:léza caus. : to make sb sweep, to sweep with a tool
      cf. ekisi.ngo:lêzo 7, ebisi.ngo:lêzo 8 : broom / 箒
      ekisi.ngo:lézo kímû
      ekisi.ngo:lézo kyâ:nge
      kínu kisi.ngo:lêzo
      kínu kisi.ngo:lézó kî?
      ekisi.ngo:lézo kyá:ngê
   2) okwê:ya : syn. of okusi.ngô:rra
      cf. ekyê:yo 7, ebyê:yo 8 : syn. of ekisi.ngo:lêzo 7/8
      ekyé:yo kímû
      ekyé:yo kyâ:nge
      kínu kyê:yo
      kínu kyé:yó kî?
      ekyé:yó kyá:ngê

781. to shake off (dust) / 埃を払う
   1) okuté:ra ecû:cu : [lit.] to beat dust
   2) okuku.nkumûra tr. /okuku.nkúmûra tr. : to shake off
      okuku.nkumûka intr. /okuku.nkúmûka intr. : to be shaken off

☆ okuku.nkumúra ecû:cu : to shake off dust
☆ Ecú:cu eku.nkumukirémû. : Dust has been shaked off.

782. to wash / 洗う、洗濯する
    okwô:gya : to wash (clothes, dishes, children, etc.)
    okwo.gêza appl. : to wash for sb
    okwo.gêsa caus. : to use sth to wash
  ☆ okwo.gésa esabbû:ni : to use soap to wash

  a. dirty water after washing (clothes, the body, etc.) / 洗濯の排水
    í:kô 5, ----
    í:kó límû
    í:kó lyâ:nge
    línu í:kô
    línu í:kó kî?
    í:kó lyá:ngê
  ☆ Jó:ni aina í:kô. : John has bad characters (ill-hearted). [idiom]

  b. to rinse / 濯ぐ
    okujubu.ngûza

783. to wring; to squeeze / 絞る
  1) okukamû:ra : to wring, to twist
    okukamû:rwa pass. : to be wrung by sb
    okukamû:ka intr. : to become dry, to be wrung
  ☆ okukamú:ra orugôye : to wring a cloth
  ☆ Orugóye rukamu:kírê. : The cloth is wrung.
  2) okujû:nga : to squeeze, to press (to have juice)
  3) okumîga : to squeeze with a finger
  4) okuzîga : to squeeze herbs to have juice
  ☆ okuzíga ebikó:ra by'o.mubâzi : to squeeze medicinal leaves

784. to iron / アイロンをかける
    okugô:rra
    okugô:rrwa or okugorôrwa pass. : to be ironed by sb
  ☆ Ngoroire orugôye. : I have ironed a dress.
  ☆ Orugóye rugoróirê. : The dress is ironed.

  a. iron / アイロン
    pâ:si 9,10 <Eng. pass
    pá:si é:mû
    pá:si yâ:nge
    é:nu pâ:si
    é:nu pá:sí kî?
    pá:sí yá:ngê

785. to soak in water; to immerse / 水に浸ける
    okwi.bîka
    okwi.bîkwa pass. : to be soaked in water by sb

  a. to dunk in sauce / スープに浸す
    okukôza
    okukolêza /okukólêza appl. : to dunk in a plate
  ☆ okukóza entó:ngé omumukûbi : to dunk a hand-rolled piece of food into the sauce

786. to sew / 縫う
    1) okubazî:ra
    cf. omubazî:zi 1, ababazî:zi 2 : tailor (profession)
        omubazí:zi ó:mû
        omubazí:zi wâ:nge
        ó:nu mubazî:zi
        ó:nu mubazí:zí kî?
        omubazí:zi wá:ngê
    cf. obubazî:zi 14, ---- : profession as a tailor
    cf. orubazî:ro 11, embazî:ro 10 : seam / 縫い目
        orubazí:ro rúmû
        orubazí:ro rwâ:nge
        rúnu rubazî:ro
        rúnu rubazí:ró kî?
        orubazí:ro rwá:ngê
    2) okusôna : to make fashionable clothing <Sw. kushona
  a. hem / (衣服の) 縁、すそ
        i:gêma 5, amagêma 6 <okugêma "to bend (tr.)" (No.859)
        i:géma límû
        i:géma lyâ:nge
        línu igêma
        línu igémá kî?
        i:géma lyá:ngê
  b. cloth left over after cutting a garment / 切れ端、端切れ
        ekikôba 7, ebikôba 8
        ekikóba kímû
        ekikóba kyâ:nge
        kínu kikôba
        kínu kikóbá kî?
        ekikóba kyá:ngê
  c. embroidery / 刺繍
        i:jô:ba 5, amajô:ba 6
        i:jó:ba límû
        i:jó:ba lyâ:nge
        línu ijô:ba
        línu ijó:bá kî?
        i:jó:ba lyá:ngê
  d. fashion / ファッション
    1) obusôni 14, ---- : high fashion <okusôna "to make fashionable clothing"
        obusóni búmû
        obusóni bwâ:nge
        búnu busôni
        búnu busóní kî?
        obusóni bwá:ngê
    2) omusôno 3, emisôno 4 : new fashion
        omusóno gúmû

    omusóno gwâ:nge
    gúnu musôno
    gúnu musónó kî?
    omusóno gwá:ngê
  3) emisonêre 4 : way of sewing a new style of fashion
    emisonére é:mû
    emisonére yâ:nge
    é:nu misonêre
    é:nu misonéré kî?
    emisonére yá:ngê
  4) omutî:ndo 3, emitî:ndo 4 : grade of sewing, style
    omutí:ndo gúmû
    omutí:ndo gwâ:nge
    gúnu mutî:ndo
    gúnu mutí:ndó kî?
    omutí:ndo gwá:ngê
 ☆ omutí:ndo gwa. haigûru : high grade style of sewing
 ☆ omutí:ndo gwa. há:nsî : low grade style of sewing
  5) omulê:mbe 3, emirê:mbe 4 : syn. of the preceding.
    omulé:mbe gúmû
    omulé:mbe gwâ:nge
    gúnu mulê:mbe
    gúnu mulé:mbé kî?
    omulé:mbe gwá:ngê
  cf. omusôni 1, abasôni 2 : fashion maker, stylist
    omusóni ó:mû
    omusóni wâ:nge
    ó:nu musôni
    ó:nu musóní kî?
    omusóni wá:ngê

787. to knit; to plait / 編む
  1) okurûka : to braid mats
 ☆ okurúka omukê:ka : to braid a mat
  2) okusîba : to plait hair, to make ropes
 ☆ okusíba i:sôke : to plait hair

788. to twist; to make a rope / （縄を）綯う
    okusîba
 ☆ okusíba omugûha : to make a rope

789. to paint; to smear / 塗る
    okusî:ga
 ☆ okusí:ga erá:ngî : to paint. Cf. erá:ngî 9,10 "paint" (No.466).
 ☆ okusí:ga semî:nti : to smooth cement
 a. to daub a wall with mud / 壁に泥を塗る
    okuhôma : to put mud on a wall with hands
 b. to put cement to a wall / セメントを塗る
    okuté:ra semî:nti

790. to decorate / 飾る
  okutî:mba
  ☆ okutí:mba é:njû : to decorate a house (with pictures)
  a. decoration / 装飾
    amajáhyâ 6
    amajáhyá gámû
    amajáhyá gâ:nge
    gánu majáhyâ
    gánu majáhyá: kî?
    amajáhyá gá:ngê
791. to build; to construct / 建てる、建設する
  okwo.mbêka
  okwo.mbêkwa pass. : to be built by sb
  ☆ okwo.mbéka é:njû : to build a house
792. to thatch; to roof / 屋根を覆く
  okusakâ:ra
  ☆ John akusaká:ra é:njú yâ:nge. : John is thatching my house.
793. to knead clay / 土器をつくる
  1) okubû:mba
  ☆ okubú:mba ensóhâ : to make clay pots
  ☆ okubú:mbá amatafâ:li : to make bricks
  2) okutê:ra : [lit.] beat (No.869)
  ☆ okuté:rá amatafâ:li : to make bricks
    N.B. People use wooden rectangular frames to mould bricks. They beat the clay so that it may fit in the frame.
  a. to burn earthenware / 陶器を焼く
    okwô:kya
    ☆ okwó:kyá ebinâga : to burn pots
  b. to colour earthenware / 焼いたあと色をつける
    okuteré:za ekinâga : to colour a pot
  c. to put a design to earthenware / 陶器に模様をつける
    okuseméza ekinâga : to put a design to a pot
794. to carve / 彫る、削る
  okubáija
  okubaijîra appl. : to carve for sb
  okubaijîsa caus. : to use a tool to carve
  cf. omubáizi 1, ababáizi 2 : carver
    omubáizi ó:mû
    omubáizi wâ:nge
    ó:nu mubáizi
    ó:nu mubáízí kî?
    omubáizi wá:ngê
  cf. embáijo 9,10 : chisel / 彫り斧、彫刻刀
    embáijo é:mû
    embáijo yâ:nge
    é:nu mbáijo

                é:nu mbáíjó kî?
                embáíjo yá:ngê
        a. drill; eyeleteer / 錐、千枚通し
                endubûzo 9,10 /endúbûzo 9,10 <okudubûra "to pierce, to penetrate" (No.768)
                endubúzo é:mû
                endubúzo yâ:nge
                é:nu ndubûzo
                é:nu ndubúzo kî?
                endubúzo yá:ngê
        b. scrap of wood left over when carving / 木の削り屑
                ekisúsú ky'o.rubá:hô 7, ebisúsú by'e.mbá:hô 8
795. to plane / かんなをかける
                okurâ:nda
            cf. erá:ndâ 9,10 : plane
                erá:ndá é:mû
                erá:ndá yâ:nge
                é:nu rá:ndâ
                é:nu rá:ndá kî?
                erá:ndá yá:ngê
        a. to smooth with sandpaper / 紙やすりをかける
                okuso:môra
            cf. omuso:môro 3, emiso:môro 4 : sandpaper
                omuso:móro gúmû
                omuso:móro gwâ:nge
                gúnu muso:môro
                gúnu muso:móró kî?
                omuso:móro gwá:ngê
796. to sharpen (tr.) / 先を尖らす
                okuso.ngôza
                okuso.ngózêbwa pass. : to be sharpened, made pointed by sb
                okuso.ngôra : to be sharp
            ☆ Nsongoize ekalâ:mu. : I have sharpened a pencil.
            ☆ Ekalá:mu eso.ngóírê. : The pencil is sharp.
797. to whet; to sharpen / 研ぐ
                okute:kêra
            ☆ okute:kéra omûhyo : to whet a knife
        a. whetstone; grindstone / 砥石
                i:hyô:ro 5, amahyô:ro 6
                i:hyó:ro límû
                i:hyó:ro lyâ:nge
                línu ihyô:ro
                línu ihyó:ró kî?
                i:hyó:ro lyá:ngê
798. to work in iron / 鍛冶をする
                okuhê:sa
            cf. omuhê:si 1, abahê:si 2 : blacksmith / 鍛冶屋

            omuhé:si ó:mû
            omuhé:si wâ:nge
            ó:nu muhê:si
            ó:nu muhé:sí kî?
            omuhé:si wá:ngê
        cf. obuhê:si 14 : smithery / 鍛冶
    a. bellows / ふいご
            ekihwî:ju 7, ebihwî:ju 8
            ekihwí:ju kímû
            ekihwí:ju kyâ:nge
            kínu kihwî:ju
            kínu kihwí:jú kî?
            ekihwí:ju kyá:ngê
799. to hunt / 猟をする、狩りをする
            okuhî:ga
            okuhi:ganîza /okuhi:gánîza repet. : to hunt repeatedly
    ☆ okuhi:ganíza omû:ntu : to follow a person continuously
        cf. omuhî:gi 1, abahî:gi 2 : hunter / 猟師
            omuhí:gi ó:mû
            omuhí:gi wâ:nge
            ó:nu muhî:gi
            ó:nu muhí:gí kî?
            omuhí:gi wá:ngê
        cf. obuhî:gi 14, ---- : hunting
    ☆ Orúlí hamuhî:gi ní rwó rúlí há:mbwâ. : What happens to a hunter also happens to his dog.
        N.B. orúlí "what is" implies orúfû 11 "death" (No.727).
    a. net / 網
            ekitî:mba 7, ebitî:mba 8
            ekití:mba kímû
            ekití:mba kyâ:nge
            kínu kitî:mba
            kínu kití:mbá kî?
            ekití:mbá kyá:ngê
        cf. akatî:mba 12, obutî:mba 14 : small net, mosquito net <dim. of ekitî:mba 7/8
    ☆ akatí:mba k'o:kusóha é:ncû 12, obutí:mba bw'o.kusóha é:ncû 14 : fishing net
800. to set a trap; to entrap / 罠をかける
            okutêga
            okutegêsa /okutégêsa caus. : to trap with a tool
    ☆ okutegésa obútwâ : to set a poison
        cf. omutêgo 3, emitêgo 4 : trap / 罠
            omutégo gúmû
            omutégo gwâ:nge
            gúnu mutêgo
            gúnu mutégó kî?
            omutégó gwá:ngê
    ☆ omutégo gw'e.mbásúko 3, emitégo y'e.mbásúko 3 : snare / 撥ね罠

368

cf. embasûko 9,10 /embásûko 9,10 : snaring
   embasúko é:mû
   embasúko yâ:nge
   é:nu mbasûko
   é:nu mbasúkó kî?
   embasúko yá:ngê
a. to spring back / 跳ね返る
   okubasûka intr. /okubásûka intr.
   okubasûra tr. /okubásûra tr. : to let the snare spring back (by touching it)
   ☆ okubasúra omutêgo : to let a trap spring back

801. to fish / 漁をする、魚を獲る
   1) okusôha
      okusóhêsa caus. : to fish using a tool
      ☆ okusohésa akatî:mba : to fish with a net
   cf. omusôhi 1, abasôhi 2 : fisherman
      omusóhi ó:mû
      omusóhi wâ:nge
      ó:nu musôhi
      ó:nu musóhi kî?
      omusóhi wá:ngê
   cf. obusôhi 14, ---- : fishery
   2) okukwá:ta eby'e.nyá:njâ : to catch fish
      okukwâ:sa caus. : to catch with a tool. See No.838.
      ☆ A : N'o:kwá:sá kî? : With what are you fishing?
         B : Ni.nkwá:sá akatî:mba. : I am fishing with a net.
   3) okutéga eby'e.nyá:njâ : to set a trap (in water) to catch fish
      okutegêsa /okutégêsa caus. : to trap by means of sth
      ☆ okutegésa akatî:mba eby'e.nyá:njâ : to fish with a net

802. to fish with line and hook / 釣る
      okukwá:sa eby'e.nyá:njá n'e.ndôbyo
   a. hook / 釣り針
      endôbyo 9,10
      endóbyo é:mû
      endóbyo yâ:nge
      é:nu ndôbyo
      é:nu ndóbyó: kî?
      endóbyo yá:ngê
   b. fishing rod / 釣り竿
      orubâ:ngo 11, embâ:ngo 10
      orubá:ngo rúmû
      orubá:ngo rwâ:nge
      rúnu rubâ:ngo
      rúnu rubá:ngó kî?
      orubá:ngo rwá:ngê
   c. fishing line / テグス
      akagûha 12, obugûha 14 <dim. of omugûha 3/4 "rope" (No.211).

d. bait / えさ
- eky'o.kutegésa é:ncû 7, eby'o.kutegésa é:ncû 8

803. to raise (or keep, rear) animals / 動物を飼う、飼育する
- 1) okutû:nga : also means "to own" (No.823)
  - okutû:ngwa pass. : to be raised [of animals] by sb, to feed on
- ☆ okutú:nga ê:nte : to raise (or own) cattle
- 2) okulî:nda : to guard, to raise
- ☆ okulí:nda ê:nte : to guard cattle
- ☆ okulí:nda enkôko : to rear chickens
- 3) okukûza : to raise <caus. of okukûra "to grow" (No.718)
- ☆ okukúza embûzi : to raise goats
- 4) okulî:sa : to raise <caus. of okúlyâ "to eat" (No.655)
- ☆ okulí:sa enkôko : to raise chickens

a. to graze / （家畜に）草を食ませる
- okulî:sa <caus. of okúlyâ "to eat" (No.655)
- ☆ okulí:sa ê:nte : to graize cattle

b. animal keeper; shepherd / 家畜の番人、牧夫
- 1) omulî:sa 1, abalî:sa 2 : animal keepr <okulî:sa "to raise". See above.
  - omulí:sa ó:mû
  - omulí:sa wâ:nge
  - ó:nu mulî:sa
  - ó:nu mulí:sá kî?
  - omulí:sa wá:ngê
- ☆ omulí:sa w'ê:nte 1, abalí:sa b'ê:nte 2 : cattle-keeper
- 2) omuhúmâ 1, abahúmâ 2 : cattle-keeper
  - omuhúmá ó:mû
  - omuhúmá wâ:nge
  - ó:nu muhúmâ
  - ó:nu muhúmá kî?
  - omuhúmá wá:ngê
  - N.B. In Runyoro omuhúmâ 1/2 means any cattle-keepers, either Munyankore or not. It is different from omuhímâ 1/2 "the pastralist subclass the Banyankore" (No.481).

c. enclosure for animals / 家畜の囲い
- orúgó rw'ê:nte 11, é:ngó z'ê:nte 10 : cow enclosure. Cf. orúgô 11/10 "fence" (No.232).

d. barring stick at the entrance of a cow enclosure / 牛の囲いの入り口の横棒
- omuhî:ngo 3, emihî:ngo 4
- omuhí:ngo gúmû
- omuhí:ngo gwâ:nge
- gúnu muhî:ngo
- gúnu muhí:ngó kî?
- omuhí:ngo gwá:ngê

e. huts for domestic animals / 家畜小屋
- 1) ekíjú ky'e.nyâna 7, ebíjú b'e.nyâna 8 : pen for cows
- 2) ekíjú ky'e.mbûzi 7, ebíjú by'e.mbûzi 8 : hut for goats
- 3) ekiho.ngôle 7, ebiho.ngôle 8 : hut for goats and sheep
  - ekiho.ngóle kímû

        ekiho.ngóle kyâ:nge
        kínu kiho.ngôle
        kínu kiho.ngólé kî?
        ekiho.ngóle kyá:ngê
    4) ekíjú ky'e.nkôko 7, ebíjú by'e.nkôko 8 : hut for hens
    5) ekíjú ky'é:mbwâ 7, ebíjú by'é:mbwâ 8 : hut for a dog
  f. grazing field; pasture / 牧草地、牧場
        i:ri:sîzo 5, amali:sîzo 6 <okulî:sa "to graze" (No.706)
        i:ri:sízo límû
        i:ri:sízo lyâ:nge
        línu iri:sîzo
        línu iri:sízó: kî?
        i:ri:sízo lyá:ngê

804. to castrate / 去勢する
        okulâ:wa
        okula:bîbwa pass. : to be castrated by sb
  ☆ okulá:wa ê:nte : to castrate bulls

805. to milk / 乳を搾る
        okukâma
  ☆ okukâma ê:nte → okukám'ê:nte : to milk a cow
  a. milking place / 搾乳場所
        i:kamîro 5, amakamîro 6 /i:kámiro 5, amakámiro 6 <appl. of okukâma "to milk". See above.
        i:kamíro límû
        i:kamíro lyâ:nge
        línu ikamîro
        línu ikamíró kî?
        i:kamíro lyá:ngê
  b. gathering place of cows before milking / 搾乳の前の牛の待機場所
        i:sâ:zi 5, amasâ:zi 6
        i:sá:zi rímû
        i:sá:zi ryâ:nge
        línu isâ:zi
        línu isá:zí kî?
        i:sá:zí ryá:ngê

806. to lay eggs / 卵を産む
    1) okubî:ka
    2) okwa.lîka : syn. of the preceding.
  a. to sit on eggs / （ニワトリが）卵を暖める
        okurâ:rra <appl. of okurâ:ra "to spend the night" (No.615)
  ☆ Enkóko ekurâ:rra. : A hen is sitting on eggs.

807. to cut / 切る
    1) okutêma : to cut with a machete or an axe
        okutémêra /okutémêra appl. : to cut for sb, at a place
        okutémêsa /okutémêsa caus. : to make sb cut, to use sth to cut
        okutêmwa pass. : to be cut by sb
        okutemêka neut. : to be cuttable

☆ Ntemere omútî. : I have cut a tree.
☆ Omútí gutemerwe John. : The tree has been cut by John.
☆ Omútí gutemérê. : The tree is cut.
2) okusâra : to cut with a knife, razor, scissors, etc.
okusâ:rra appl. : to cut for sb, at a place
okusârwa pass. : to be cut by sb
okusâza caus. : to make sb cut, to use sth to cut

a. to cut and divide / 切り分ける
1) okutema:têma : to cut in pieces with a machete <red. of okutêma "to cut with a machete" (No.807)
2) okusara:sâra : to cut into piepces with a knife <red. of okusâra "to cut with a knife" (No.807)
3) okubaganîza /okubagánîza : to cut into pieces of equal size (ex. a watermelon)
okubaganûra /okubagánûra tr. : syn. of the preceding, but less frequently used
okubaganûka /okubagánûka intr. : to be cut into pieces of equal size

b. to break into small pieces / 小さく切り分ける
okucwa.cwâ:na <red. of okúcwâ "to break, to snap" (No.814)

808. to break (tr.); to destroy / 壊す、破壊する
1) okwâ:ta : to break calabashes, eggs, glasses, radios, etc.
okwa.tîra appl. : to break for sb, at a place
okwa.tîsa caus. : to use sth to break
okwâ:twa pass. : to be broken by sb
okwa.tîka neut. : to break (intr.), to be able to break
☆ Bínu ebí:ntu nibya:tíkâ. : These things are easy to break.
2) okusî:sa : to spoil (by handling badly)
okusi:sikâra neut.+intr. : to be spoiled

a. to demolish / 壊す、解体する
1) okusê:sa
okusê:swa pass. : to be demolished by sb
okuse:sêka neut. : to collapse (intr.)
☆ É:njú ese:sekérê. : The house has collapsed.
2) okuté:ra haitâka or okuté:ra há:nsî : to beat down
☆ okuté:ra é:jú haitâka : to put down a house to the ground

b. to break (intr.); to be broken or destroyed / 壊れる
1) okwa:tîka : said of a calabash, glass, etc. <neut. of okwâ:ta "to break (tr.)". See above.
☆ Ekisísi kya:tikírê. : The big calabash is broken.
2) okuse:sêka : to collapse <neut. of okusê:sa "to demolish". See above.

809. to chip / かける
1) okumo.ngô:ka intr. : to chip (intr.)
okumo.ngô:ra tr. : to chip (tr.)
okumo.ngô:rwa tr.+pass. : to be chipped
2) okucabbûka /okucábbûka intr. : syn. of okumo.ngô:ka
okucabbûra /okucábbûra tr. : syn. of okumongô:ra
okucabbûrwa /okucábbûrwa tr.+pass. : syn. of okumongô:rwa

a. to crush out of shape / ひしゃげさす
okumôda
okwe.môda refl. : to be crushed out of shape / ひしゃげる

☆ Modere esefulíyâ : I have crushed a metalic pan.
☆ omútwé gumodêre : head of crushed form

810. to repair; to mend / 直す、修理する
okukôra : to repair a radio, tv set, etc.
  a. to dismount / 解体する、分解する
    1) okusumû:rra
       okusumurû:rra appl. : to dismount for sb
       okusumurûrwa or okusumû:rrwa pass. : to be dismounted by sb
    2) okwa.bû:rra : syn. of okusumû:rra
       okwa.burû:rra appl. : syn. of okusumurû:rra
       okwa.burûrwa or okwa.bû:rrwa pass. : syn. of okusumurûrwa or okusumû:rrwa

811. to break down (intr.); to stop working / 壊れる、機能しない
    1) okúfâ : not to work (ex. radio, car, bulb, etc.)
       ☆ Esá:ha efwí:rê. : The watch does not work.
    2) okuléka kukôra : to stop functioning
    3) okusi:sikâra : to be spoiled, to be in a bad condition

812. to split (tr.) / 割る
okwâ:sa
okwa.sîza appl. : to split for sb
☆ Yásá:mú omuhógô! : Split the cassava!
☆ Nyasize é:nkû. : I have splitted firewood.
☆ Oyasize kúbî. : You have splitted badly.
  a. chop; split / 割ったもの、かけら
    1) ekyá:sî 7, ebyá:sî 8 : <okwâ:sa "to split". See above.
       ekyá:sí kímû
       ekyá:sí kyâ:nge
       kínu kyá:sî
       kínu kyá:sí kî?
       ekyá:sí kyá:ngê
    2) ekibbâli 7, ebibbâli 8 : syn. of the preceding.
       ekibbáli kímû
       ekibbáli kyâ:nge
       kínu kibbâli
       kínu kibbálí kî?
       ekibbálí kyá:ngê

813. to crack (intr.) / ひびが入る
    1) okúbámú omunyâ:rra : to have a crack inside
    2) okútámú omunyâ:rra : syn. of the preceding; [lit.] to put a crack inside
       ☆ Ekisí:ka kirúmú omunyâ:rra. : The wall is cracked.
  a. crack / ひび
    1) omunyâ:rra 3, eminyâ:rra 4
       omunyá:rra gúmû
       omunyá:rra gwâ:nge
       gúnu munyâ:rra
       gúnu munyá:rrá: kî?
       omunyá:rra gwá:ngê

or omugâ:rra 3, emigâ:rra 4
omugá:rra gúmû
omugá:rra gwâ:nge
gúnu mugâ:rra
gúnu mugá:rrá: kî?
omugá:rra gwá:ngê

814. to break (tr.); to snap off / 折る
   1) okúcwâ : to break (a chair, a rope, etc.), to snap (a stick)
      okucwê:ra appl. : to break for sb, at a place
      okucwî:sa caus. : to use sth to break
      okucwî:bwa pass. : to be broken by sb
      okucwê:ka neut.. : to be broken (by itself)
      okucwa.cwâ:na red. : to break sth into small pieces
      ☆ Ncwi.re ekítî. : I have snapped off a stick.
      ☆ Okugúru kucwe.kérê. : The leg is broken.
      ☆ Ekítí kicwi.rwe John. : The stick has been broken by John.
   2) okuhê:nda : to break a bone, a stick
      okuhê:ndwa pass. : to be broken by sb
      okuhe.ndêka neut. : to break by itself
      okuhe.ndêsa caus. : to use sth to break
      N.B. These words are mostly used by the Batooro, and not much in Runyoro which uses okúcwâ, etc. However, when used in Runyoro, they give a polite nuance.
      ☆ Okugúru guhe.ndekérê. : The leg is broken, an expression more polite than Okugúrú kucwekérê.

815. to tear / 破る、引き裂く
      okuta:gûra tr. : to tear (clothes, paper, etc.)
      okuta:gû:rra tr.+appl. : to tear for sb, in a way
      okuta:gûka intr. : to be torn
      okuta:gûrwa tr.+pass. : to be torn by sb
      okuta:gurû:rra tr.+tr.(?)+appl. : syn. of okuta:gû:rra
   cf. omuta:gûzi 1, abata:gûzi 2
      omuta:gúzi ó:mû
      omuta:gúzi wâ:nge
      ó:nu muta:gûzi
      ó:nu muta:gúzí kî?
      omuta:gúzi wá:ngê
   a. to burst open (intr.); to split / 張り裂ける
      okuhu:lîka
      okuhu:lîkya caus. : to burst (tr.)
      ☆ okuhu:líkya omupî:ra n'o:musumâ:li : to burst a ball with a nail
      ☆ okuhu:likísa omusumâ:li omupî:ra : to burst a ball using a nail
      ☆ Omupí:ra guhu:likírê. : The ball is burst.
   b. to tear off / 引きちぎる
      1) okúcwâ : to rend (a rope) by pulling
         okucwê:ka neut. : to be rended
         ☆ Omugúha gucwe.kérê. : The rope is rended.

2) okuhagûra tr. : to tear off banana clusters from a bunch or a branch from a tree, etc.
okuhagûka intr. : to be torn off from a bunch or branch from a tree, etc.

3) okuko:nôra tr. : syn. of okuhagûra
okuko:nôka intr. : to tear itself off (ex. a banana bunch from a tree under its heavy weight)

☆ okuko:nóra ebicô:li : to tear off corncobs from a stalk

☆ Ebicó:li biko:nokérê. : Corncobs are torn off from a stalk.

816. to wear out (intr.) / 擦り切れる

1) okuku.njû:ka intr. : to wear out (intr.), to become unstitched
okuku.njû:ra tr. : to wear out (tr.), to tear a seam apart

☆ Engéso ziku.nju:kírê. : [fig.] The behaviours have become bad.

2) okukûra : to grow old [of humans, clothes, etc.]

☆ Orugóye rukuzírê. : The clothes have become old, worn out.

817. to crush; to mash / 潰す

1) okumîga : to mash beans, cooked bananas, potatoes, etc. with a small pestle
2) okuhô:nda : to crush with a hammer or stone, to pound peanuts, etc.
3) okusekûra /okusékûra : to pound millet or rice (for threshing), peanuts (to make paste), etc.
4) okusirisî:ta : to thresh by trampling with feet, to smash with fingers or hands

818. to throw away / 捨てる

1) okunâga : to throw away sth unnecessary, to drop
okunâgwa pass. : to be thrown away by sb

2) okusê:sa : to dispose (of rubbish)

☆ okusé:sa ebisasîro : to dispose of rubbish

☆ Gé:nda osé:sé amáizi! : Go throw waste water!

a. to leave sth or sb; to abandon / 放置する、放棄する

1) okulêka : to leave, to abandon, to divorce. See also No.800.
okulekêka neut. : to be able to leave, to be abandonable

☆ okuléka omwé:ngê → okulék'omwé:ngê : to abandon alcohol

☆ okuléka é:kâ → okulék'é:kâ : to desert home

2) okusîga : to leave sb/sth behind
okusîgwa pass. : to be left behind by sb
okusigâra intr. : to remain behind

3) okurúga hakî:ntu : to leave sth

☆ okurúga hasê:nte : to leave money
okurúga hamwé:ngê : to leave liquor
okurúga habakâzi : to leave women

4) okwa.mûka : to leave sb

☆ Omukázi ô:gu, John akamwamûka. : John stopped loving that woman.

819. to pick up; to gather / 拾う

okukôma : to pick up
okukoma:kôma red. : to pick up (grains) on the ground [repeated action]
okukomêka neut. : to be pickable

820. to take / 取る

okutwâ:ra
okutwâ:rwa pass. : to be taken by sb
okutwâ:rra appl. : to take for sb
okutwa:lîka neut. : to be takable

☆ Kínu kikutwa:lîka? : Can this be taken?
   a. to take back / 取り返す
      okugâ:rra
      okugarû:rra appl. : to take sth back for sb
      okugarûrwa or okugâ:rrwa pass. : to be taken back by sb
821. to grasp; to seize; to hold / 掴む
      okukwâ:ta
      okukwa.ta.ngâna recipr. : to grasp each other
   a. handful / 一握り
      okwí:háhó n'e.ngâro : to take a handful of sth
   c. to catch in the air / 人が投げたものを掴む
      okubâka
822. to take up a small quantity (e.g. pomade) with a finger / 指などですくう
   1) okwí:háhó n'a:kâ:ra
   ☆ Aihiréhó amagíta n'a:kâ:ra. : He has taken up cream with a finger.
   2) okukô:mba : to take up with a finger to taste
823. to have; to own / 持つ、所有する
   1) okutû:nga : to have, to own, to possess
   ☆ okutú:nga ê:nte : to have cows
   2) okugîra : to have, to get, to own
   ☆ okugíra engéso ḿbî : to have bad manners.
   3) defective verb -ínê or -ínâ
      N.B. 1) Although only forms with the ending -e are shown below, forms with the ending -a are also used for both affirmative and negative. 2) The class 17 forms do not exist, for which cases the class 16 forms are used.

	affirmative		negative	
	sg.	pl.	sg.	pl.
1st per.	nyínê	twí:nê	ti:nyîne	titwî:ne
2nd per.	óinê	mwí:nê	tóine	timwî:ne
3rd per.	áinê	báinê	táine	tibáine
3.	gwí:nê	4. éinê	3. tigwî:ne	4. téine
5.	lí:nê	6. gáinê	5. tirî:ne	6. tigáine
7	kí:nê	8. bí:nê	7. tikî:ne	8. tibî:ne
9.	éinê	10. zí:nê	9. téine	10. tizî:ne
11.	rwí:nê		11. tirwî:ne	
12.	káinê	14. bwí:nê	12. tikáine	14. tibwî:ne
		13. twí:nê		13. titwî:ne
15.	kwí:nê		15. tikwî:ne	
16.	háinê		16. tiháine	
18.	mwí:nê		18. timwî:ne	
	"I have, etc."		"I do not have, etc."	

   ☆ Nyine ekitâbu. → nyin'ekitâbu. : I have a book.
   ☆ Ti:nyíne kitâbu. : I don't have a book.
   ☆ Kúnu haine enjûra. : This area has rain.
824. not to have / 持っていない
   1) okutatû:nga : not to own

2) okutagîra /okutágîra : not to have
3) See the preceding defective series.
   a. to lack / 欠く
   okubûrwa <pass. of okubûra "to be lost" (No.1079)
   ☆ okubúrwa sê:nte : to lack money
   cf. obubúrwâ 14 : lacking
   obubúrwá búmû
   obubúrwá bwâ:nge
   búnu bubúrwâ
   búnu bubúrwá: kî?
   obubúrwá bwá:ngê

825. to touch / 触れる、触る
   okukwá:táhô /okukwâ:táhô <okukwâ:ta "to hold" followed by the clitic hô.
   ☆ okukwá:ta hakitâbu : to touch a book

826. to rub; to scrub / 擦る
   1) okukû:ba
   okukû:bya caus. : to cause to rub, to use sth to rub
   okwe.kû:byǎ:hô refl.+caus.+hô : to rub oneself against sth
   2) okusî:nga : to rub medicine into the body / （薬を体に）擦り込む

827. to polish / 磨く
   1) okusî:nga : to polish with a brush or sponge
   ☆ okusí:nga esefulíyâ : to polish a cooking pan
   2) okusi:mû:ra : to polish the floor
   3) okuté:ra enkáito : to polish shoes

828. to scratch / 掻く
   1) okwa.gûra : to scratch sb or sth
   okwe.yagûra /okwe.yágûra refl. : to scratch oneself
   2) okukwa.kûra : to scratch seriously, to scrabble
   3) okutakûra /okutákûra : to scratch the ground [said of a dog, etc.]
   a. to claw (of a lion) / 爪を立てる、爪で引っ掻く
      1) okutôga : to claw / 爪を立てる
      2) okuhâra : to scratch strongly
   b. to scrape / こそげる
      okukorogôta
      ☆ okukorogóta obúró omusefulíyâ : to scrape millet bread in the cooking pan

829. to dig / 掘る
   1) okulîma
   ☆ okulíma ekí:nâ : to dig a hole
   cf. omulîmi 1, abalîmi 2 : digger. See No742.
   2) okuháiga : to dig out (potatoes, etc.) with a hoe, etc.
   ☆ okuháiga muhógô : to dig out cassava tubers with a hoe
   ☆ okuháiga ebitakúlî : to dig out potatoes with a pointed stick
   3) okuhâ:nga : to dig deep (in order to dig out deep-rooted grass); they use a forked hoe.
   a. to shovel / シャベルで掘る
      okutîhya
      okutihîsa caus. : to use a shovel

☆ okutíhya i:tâka : to shovel soil
☆ okutihísa ekitîhyo : to use a shovel to dig
  b. to disinter / 発掘する、掘り出す
      okuzi:kûra <rev.tr. of okuzî:ka "to bury" (No.830)
      okuzi:kûka intr. : to be disintered
830. to bury / 埋める、埋葬する
    okuzî:ka
    okuzî:kwa pass. : to be buried by sb
  ☆ okuzí:ka omúfû : to bury a dead person
    cf. omuzî:ki 1, abazî:ki 2 : funeral attendant / 葬式の参列者
      omuzí:ki ó:mû
      omuzí:ki wâ:nge
      ó:nu muzî:ki
      ó:nu muzí:kí kî?
      omuzí:ki wá:ngê
  a. gravedigger / 墓堀人
    1) omulími w'e.kitû:ro 1, abalími b'e:bitû:ro 2
    2) omulími w'é:mbî 1, abalími b'é:mbî 2 : syn. of the preceding.
      N.B. Gravediggers are treated in a special way, given a special meal consisting of meat, cooked bananas, beer, etc.
831. to cover / 覆う
    1) okuswê:ka : to cover a whole body, crops after harvesting, etc.
    okuswe.kêra appl. : to cover for sb
    okwe.swê:ka refl. : to cover oneself with a blanket, etc.
    okuswe.kê:rra repet. : to put a cover on sth continuously
    2) okufubîka /okufúbîka : to cover sb with clothes (because of coldness)
    okwe.fubîka /okwe.fúbîka refl. : to cover oneself
  ☆ Nyefubikire esú:kâ. : I have covered myself with a sheet.
    3) okufu.ndikîra : to put a cover (on a pan, dish, etc.)
  ☆ okufu.ndikíra amáizi : to put a cover on the water
  ☆ Fu.ndikíra omúnwa gwâ:we! : Put a cover to your mouth!
832. to spread; to lay out / 敷く
    okwâ:ra
    okwâ:rra appl. : to spread for sb
    okwa.lî:rra int. : to spread several things
  ☆ okwa.lí:rra emikê:ka : to spread mats
  ☆ okwa.lí:rra ebitô:ke : to cut banana leaves and spread them on the ground
833. to wrap; to pack / 包む
    okusê:mba
    okuse.mbêsa caus. : to use sth to wrap
834. to suspend; to hang / 吊るす
    okuhanîka /okuhánîka
    okwe.hanîka /okwe.hánîka refl. : to hang oneself
  ☆ okuhaníka orugóye hamútî : to hang a cloth on a tree
  a. to hook; to hang up / 掛ける、壁に掛ける
    okuhánîka posit.tr.

okuhanû:ka rev.intr. : to fall [of an object from a hanging position]
okuhanû:ra rev.tr. : to take down what is hung

835. to hang down; to dangle / ぶら下がる
okule.ngî:ja

   a. to get on a swing / ブランコに乗る
   okwe.sû:nsya

      cf. omwe.sû:nsyo 3, emye.sû:nsyo 4 : swing
      omwe.sú:nsyo gúmû
      omwe.sú:nsyo gwâ:nge
      gúnu mwe.sû:nsyo
      gúnu mwe.sú:nsyó kî?
      omwe.sú:nsyo gwá:ngê

836. to detach / 引き離す、剥がす
   1) okwa.hukanîza : to detach two things stuck together (ex. twin bananas), to pull apart two quarrelling people
   2) okwî:háhô : to detach (ex. a stamp)
   3) okuhomô:ra tr. : to detach (mud of a wall)
      okuhomô:ka intr. : to come off (ex. mud from a wall)
      ☆ Obudó:ngo buhomo:kere há:njû. : Mud has come off from the house.
   4) okuba.mbûra tr. : to take off (a picture hung on the wall)
      okuba.mbûka intr. : to come off (ex. a picture on a wall)
   5) okususû:ra tr. : to skin
      okususû:ka intr. : to come off (of skin)

837. to attach / くっつける、引っ付ける
   1) okukwa.tanîza /okukwa.tánîza : to attach what is broken <repet. of okukwâ:ta "to catch" (No.838)
   2) okubâ:mba : to attach (a picture on a wall, skin to a drum, etc.), to crucify
      okubâ:mbwa pass. : to be attached, to be crucified
      ☆ Jesus, bakamuba.mba hamusalábâ. : Jesus was crucified.

   a. to stick to sth; to cling / くっつく
      okukwa.tîra <appl. of okukwâ:ta "to catch" (No.838)

838. to catch; to take hold of; to arrest / 捕まえる、逮捕する
   1) okukwâ:ta
      okukwâ:twa pass. : to be caught by sb
      okukwâ:sa caus. : to catch with a tool, to use sth to hold
   2) okusîba : to fasten, to tie. See No.839.

   a. to put in jail / 牢屋に入れる
      okútá omu.nkômo

      cf. enkômo 9,10 : jail, prison / 刑務所、監獄、牢屋
      enkómo é:mû
      enkómo yâ:nge
      é:nu nkômo
      é:nu nkómó kî?
      enkómo yá:ngê

839. to bind; to fasten; to tie / 縛る、くくる
   1) okubôha : to tie with a rope, etc.

☆ okubóha embûzi : to tie a goat's legs with a rope
☆ okubóha ekitô:ke hagâ:li : to tie a bunch of bananas to a bicycle
  2) okusîba : to bind, to tie
     okusibîka /okusíbîka posit.tr. : to tie sth/sb to sth
☆ okusíba amagúru g'e.nkôko : to fasten the legs of a hen
☆ okusibíka embûzi hamútî : to tie a goat to a tree
  3) okuje.njêka : to tie loosely, carelessly

840. to tie; to join together / 結ぶ
     okusumîka /okusúmîka
     okusumíka emigúha ebîri : to join two ropes

  a. knot / 結び目
     1) i:sumîko 5, amasumîko 6 /i:súmîko 5, amasúmîko 6 : tight knot <okusumîka
        i:sumíko límû
        i:sumíko lyâ:nge
        línu isumîko
        línu isumíkó kî?
        i:sumíko lyá:ngê
     2) empuru:tulîzo 9,10 /empuru:túlîzo 9,10 : loose knot
        empuru:tulízo é:mû
        empuru:tulízo yâ:nge
        é:nu mpuru:tulîzo
        é:nu mpuru:tulízó kî?
        empuru:tulízo yá:ngê
     3) i:tû:ko 5, amatû:ko 6 : knot made with a cloth
        i:tú:ko límû
        i:tú:ko lyâ:nge
        línu itû:ko
        línu itú:kó kî?
        i:tú:ko lyá:ngê

841. to string / 紐に通す
     1) okurâ:nga
☆ okurá:nga enkwâ:nzi : to string beads
     2) okuhû:nda : the same as okurâ:nga.
     cf. akahú:ndê 12, obuhú:ndê 14 : string of beads, worn on the neck (as a necklace), the wrist /(bracelet), the leg, or the head
        akahú:ndé kámû
        akahú:ndé kâ:nge
        kánu kahú:nde
        kánu kahú:ndé kî?
        akahú:ndé ká:ngê
☆ Omwi.síkí ajwaire akahú:ndê. : The young girl wears a beatiful necklace.
     3) okwi.nâra : to string tobacco leaves to a long wire to dry
☆ okwi.nára etá:bâ : to string tobacco leaves

842. to undo; to untie / 解く
     1) okusumû:rra tr.
        okusumû:rrwa or okusumu:rûrwa tr.+pass. : to be untied by sb
        okusumû:ka intr. : to become untied

okusumu:rûka intr. : syn. of the preceding.
☆ okusumú:rra omugûha : to untie a rope
2) okubohô:rra : to undo, to untie, syn. of okusumû:rra
okubohô:rrwa or okuboho:rôrwa pass. : to be untied by sb
okubohorô:rra appl. : to untie for sb
okuboho:rôka intr. : to become untied

a. to undo a seam / 縫い目を解く
okutu.ngû:rra
okutu.ngû:rrwa or okutu.ngurûrwa pass. : to be undone by sb (of a seam)
okutu.ngu:rrûka intr. : to become undone (of a seam)
☆ okutu.ngú:rra orugôye : to undo a dress
☆ Orubazí:ro rutu.ngu:rrukírê. : The seam is undone.

843. to let go; to set free; to release / （捕まえているものを）放す、解放する
okulekêra
okulekêrwa pass. : to be released by sb

844. to be tight / きつい
okugûma : to be tight, hard
☆ Omugúha nigugúmâ. : The rope is tight.

a. to tighten (tr.) / 締め付ける
1) okugûmya : to fasten (a knot) tight, to harden, to squeeze
<caus. of okugûma "to be tight, hard". See above.
☆ okugúmya i:súmîko : to tighten a knot
2) okulê:ga : to tighten (a rope) / ロープなどをピンと張る
okulê:gwa pass. : to be tightened by sb
okule:gûka rev.intr. : to become loose
okule:gû:rra rev.tr. : to loosen (tr.)
okule:gurûka rev.intr. : to become loose
☆ okulé:ga omugúha gw'e.mbûzi : to tighten the rope of a goat

b. to press; to tighten / （服、靴などが）きつい、窮屈である
1) okufû:nda : to be tight, narrow
☆ Orugóye rufu.nzírê. : The dress is tight.
2) okumîga : [lit.] to squeeze
☆ Enkáito nizi:mígâ. : The shoes squeeze my feet.
3) okwô:kya : [lit.] to burn (tr.). See No.764.
☆ Enkáito nizi:nyókyâ. : I get a shoe sore on my feet.

845. to be loose / 緩い
1) okulegêya /okulégêya <Sw. kuregea
☆ I:sumíko li:kulegêya. : The knot is loose.
2) okule:gurûka /okule:gúrûka intr. : to loosen (intr.), syn. of okulegêya
okule:gû:rra : to loosen (tr.)
okule:gurûrwa or okule:gû:rrwa pass. : to be loosened by sb
okule:gurû:rra appl. : to loosen for sb
Cf. okulê:ga "to tighten (tr.)" (No.844).
3) okugazîha or okugalîha /okugázíha or okugálîha : to be loose [of clothes]
okugazíhya or okugalíhya /okugázíhya or okugálíhya caus. : to loosen (tr.)
☆ Orugóye rugazihírê. : The clothes are loose.

846. to press (or hold) down / 押さえつける
  okwi.gatîra /okwi.gátira appl. : to press down sth
  okwi.gâta : to apply a thing to sth, to push sth against sth
 ☆ okwi.gatíra engóye omusa.ndû:ko : to press down clothes in the suitcase
 ☆ okwi.gáta omû:ntu entômi : to push a fist to a person

847. to wind up; to roll up / 巻く
  okuzî:nga
  okuzi.ngî:rra int. : to coil / ぐるぐる巻きにする
 ☆ okuzí:nga omugûha : to roll a rope

848. to be entangled; to tangle (intr.) / 縺れる
 1) okwe.sibasîba <refl.+red. of okusîba "to bind" (No.839)
 2) okwe.zi.ngirîza : syn. of the preceding. <refl.+int. of okuzî:nga "to wind up" (No.847).
  okuzi.ngirîza : to entangle (tr.)
 3) okusumi:kâna : to be entangled, syn. of the preceding.
  okusumi:kanîza /okusumi:kánîza caus. : to entangle (tr.)
  okwe.sumi:kanîza /okwe.sumi:kánîza refl.+caus. : to be badly entangled

 a. to disentangle / 縺れを解く
  okuzi.ngû:rra tr. <rev.tr. of okuzî:nga "to wind up" (No.847)
  okuzi.ngurûka intr. : to become disentangled
  okuzi.ngurûrwa or okuzingû:rrwa pass. : to be disentangled by sb
  okuzi.ngurû:rra appl. : to disentangle for sb
 ☆ Omugúha gukazingu:rrwa John. : The rope was disentangled by John.

849. to twist / ねじる
 1) okumyô:ra : to twist
 2) okukamû:ra : to wring, to squeeze, to twist

 a. to twine fibers / 撚る
  okuzi.ngitî:rra : to twine fibers, to make plies / 繊維をよじる、よりを作る
  okuzi.ngitirî:rra appl. : to twine fibers for sb
  okuzi.ngitirîrwa or okuzi.ngitî:rrwa pass. : to be twined by sb

 b. to strangle; to throttle / 首を絞める
 1) okunîga
 ☆ okuníga ebíkyâ : to strangle the neck
 2) okumyô:ra : to twist

850. to fold / 折り畳む
  okukûba
  okukubîka neut. : to be foldable
 ☆ Esá:ti n'e:kubíkâ. : The shirt is (soft and is) foldable.

 a. to roll up (one's sleeves) / まくる、まくり上げる
 1) okuhînya
 2) okufûnya : the same as the preceding.

 b. to crumple / （折りたたまずに）まるめる
  okuzî:nga : to roll

851. to wrinkle (intr.); to crinkle (intr.) / 皺がよる
  okwe.zi.ngazî:nga : to crinkle (intr.) [said of clothes]
   <refl.+red. of okuzî:nga "to roll up" (No.847).

 a. wrinkles on clothes, etc. / 皺

omugônya 3, emigônya 4
omugónya gúmû
omugónya gwâ:nge
gúnu mugônya
gúnu mugónyá kî?
omugónya gwá:ngê

852. to unfold / 伸ばす、広げる
- okwa.njû:rra tr. : to unfold a mat, to spread a bed sheet <tr. of okw.anjâra "to spread to dry"
- okwa.njurû:rra appl. : to unfold for sb /(No.755)
- okwa.njurûka /okwa.njúrûka intr. : to become unfolded, to become spread out
- okwa.njurûrwa /okwa.njúrûrwa or okwa.njû:rrwa tr.+pass. : to be unfolded by sb

  a. to stretch / 伸ばす
  1) okwa.njû:rra : to unfold
  2) okugoronyôra tr. : to stretch the arms
     okwe.goronyôra refl+tr. : to stretch oneself
     okugoronyôka intr. : to become stretched
  3) okura.mbikirîza /okura.mbikírîza : to stretch the legs

853. to close; to shut / 閉める
  1) okukî:nga
  ☆ Kí:nga orwî:gi! : Close the door!
  2) okubû:mba : to shut the mouth
  ☆ okubú:mba akânwa : to shut the mouth

854. to open / 開ける
  1) okuki.ngûra : to open a door, etc. <rev. of okukî:nga "to close" (No.853)
     okuki.ngûrwa pass. : to be opened by sb
     okuki.ngû:rra appl. : to open for sb
     okuki.ngurûka /okuki.ngúrûka intr. : to open (intr.)
  2) okusumû:rra tr. : to open a package, a bottle
     okusumurû:rra tr.+appl. : to open for sb
     okusumu:rûka intr. : to become opened
     okusumu:rûza tr.+caus. : to open with a tool
     okusumu:rûrwa or okusumû:rrwa tr.+pass. : to be opened
  3) okuse.mbû:rra tr. : to unwrap a gift, package <rev. of okusê:mba "to wrap, to pack" (No.833)
     okuse.mburû:rra or okuse.mburulîra appl. : to unwrap for sb
     okuse.mburûka /okuse.mbúrûka intr. : to become unwrapped by itself
     okuse.mburûrwa or okuse.mbû:rrwa tr.+pass. : to be unwrapped by sb
  4) okufu.ndukûra /okufu.ndúkûra : to remove a cover <rev. of okufu.ndikîra "to cover"
     okufu.ndukû:rra appl. : to remove a cover for sb /(No.831)
     okwe.fu.ndukûra refl. /okwe.fu.ndúkûra refl. : to become uncovered by oneself/itself
  5) okwe.sâma : to open one's mouth
     okwe.sâmya caus. : to open sb's mouth
  ☆ okwe.sámya omwá:na omûnwa : to open a child's mouth (to give him a drug)

  a. to uncover / 覆いを取る、毛布をめくる
     okusu:kûra : to uncover a blanket, to turn over (pages of a book)
  b. to open [said of the mouth, the eyes or the ears which were malfunctioning]
     okwi.gûka

☆ Aigukire amáiso. : He has started seeing.

855. to lock / 鍵をかける
    okusîba
  ☆ okusíba orwî:gi : to lock a door

  a. key / 鍵
    ekisumu:rûzo 7, ebisumu:rûzo 8 <okusumu:rûza "to open with a tool" (No.854)
    ekisumu:rúzo kímû
    ekisumu:rúzo kyâ:nge
    kínu kisumu:rûzo
    kínu kisumu:rúzó kî?
    ekisumu:rúzo kyá:ngê

  b. lock / 錠前
    ekofûro 9,10 <Sw. kufuli
    ekofúro é:mû
    ekofúro yâ:nge
    é:nu kofûro
    é:nu kofúró kî?
    ekofúro yá:ngê

856. to fill a hole; to stop a gap / 穴を塞ぐ
    okwi.gâ:rra. See also No.753.
    okwi.galîza caus. : to fill up with sth
    okwi.gâ:rrwa pass. : to be filled by sb
  ☆ okwi.gá:rra ekí:ná hakisî:ka : to fill a hole of a wall
  ☆ okwi.gá:rra ebí:ná by'e.bihî:mba : to fill up the holes of kidney beans after sowing
  ☆ okwi.galíza amabá:le ekihúrû: to fill up a hole with stones
  ☆ okwi.gá:rra egâ:li : to repair a puncture of a bicycle tube

  a. to be blocked; to be clogged / 穴が詰まる
    okwi.gâ:rra : to block (tr.). See No.858.
  ☆ Páipu eigalí:rê : The tube is blocked.

857. to stick in one's throat / 喉につまる
  1) okunîga : to block
    okunîgwa pass. : to be blocked by sb/sth
  ☆ Entó:ngé y'o.búró enigírê. : A piece of millet bread has stuck in my throat.
  2) okukorogô:ta : to choke / 喉がつまる
  ☆ Omumîro nigu.nkorogó:tâ. : My throat is choked.

  a. to choke / むせさせる
    okurokâna
  ☆ Amáizi ga.ndokáínê. : Water has choked me.

858. to obstruct; to block / 遮断する、遮る
    okwi.gâra
    okwi.gâ:rra int. : to block completely
    okwi.gâza int.+caus. : to block using sth (stones, etc.)
  ☆ okwi.gára páipu : to block a pipe
  ☆ okwi.gára amátû : to cause sb to be deaf
  ☆ Omuswí:ja gukamwigara amáiso. : Fever made him blind.
  ☆ okwi.gáza (or okwi.galiríza) amáiso n'e.ngâro : to cover the eyes with hands

☆ John akaiga:rra omuhâ:nda. : John blocked the path.

859. to bend (tr.); to curve (tr.) / 曲げる
　　1) okugêma
　　　　okugémêra appl. : to bend for sb, at a place
　　　　okugêmwa pass. : to be bent by sb
　　　　okugemêbwa /okugémêbwa pass. : the same as the preceding.
　　　　okugemêka /okugémêka neut. : to be bendable
　　☆ Ngemere ewáyâ. : I have bent a wire.
　　☆ Ewáyá egemérê. : A wire is bent.
　　☆ Ewáyá egemerwe John. : A wire has been bent by John.
　　☆ Ngemi:re omú:ntu ewáyâ : I have bent a wire for a person.
　　☆ okugeméra ewáyá hamútî : to bend a wire at a tree

860. to lean (intr.) on / もたれる、寄りかかる
　　　　okwi.gamîra /okwi.gámîra
　　　　okwi.gamîza /okwi.gámîza caus. : to rest sth against
　　☆ okwi.gamíra hakisî:ka : to lean against a wall
　a. to lean (toward); to incline (intr.); to tilt (intr.) / 傾く
　　　　okugogôma /okugógôma
　　　　okugogômya /okugógômya caus. : to incline (tr.)
　　☆ Ekitó:ke kigogomérê. : A banana tree inclines, about to come down.
　b. to tip (a cup); to tilt (tr.) / （コップなどを）傾ける
　　　　okuculîka /okucúlîka

861. to put sideways; to put across / 横向きに置く、（道などを）塞ぐように置く
　　　　okukî:ka
　　　　okwe.kî:ka refl. : to put oneself across, to be sideways
　　cf. obukî:kâ 14, ---- : oblique position
　　　　obukí:ká búmû
　　　　obukí:ká bwâ:nge
　　　　búnu bukí:kâ
　　　　búnu bukí:ká kî?
　　　　obukí:ká bwá:ngê
　a. obliquely; sidewise / 斜めに
　　　1) bukí:kâ 14
　　☆ Abya:mire omukitâbu bukí:kâ. : He is sleeping sidewise in the bed.
　　　2) bukí:zî 14 : syn. of the preceding.

862. to support; to prop / 支える、突っかい棒をする
　　　　okuhagîka or okuhigîka /okuhágîka or okuhígîka
　　☆ okuhagíka ekitô:ke n'e:nyómyo : to support a banana tree with a pole

863. to move; to step aside / 動く、よける
　　　1) okugê:nda : to go, to move
　　　2) okwí:rrá:yô : to get out of the way, to step aside
　　☆ Írrá:yô! : Step aside! Move backward!

864. to wave / 振る
　　　　okuhû:ba : to wave (a hand)
　a. to shake (tr.) / 振る
　　　1) okucîkya or okucûkya : to shake sth (with a hand)

okwe.cîkya or okwe.cûkya : to shake oneself
- ☆ okucíkya ekinyêge : to shake a shaker
- ☆ Amatá:gi ga:kwe.cúkya habwo.muyâga. : Branches are shaking with wind.
2) okucû:nda : to shake milk to get butter
- ☆ okucú:nda amátâ : to shake milk (to get butter)
3) okuku.nkumûra /okuku.nkúmûra tr. : to shake off
   okuku.nkumûka /okuku.nkúmûka /intr. : to be shaked off
- ☆ okuku.nkumúra ecú:cú omurugôye : to shake off dust of the cloth
- ☆ okuku.nkumúra emiyé:mbê : to shake (branches of) mangoes
- ☆ Emiyé:mbé eku.nkumukírê. : Mangoes have dropped (because of a storm).

b. to shake (intr.) /（木などが）揺れる、ガタガタする
  1) okute.ngê:ta
     okute.ngê:sa caus. : to shake (tr.) / ガタガタさせる
  - ☆ É:nsí n'e:te.ngé:tâ. : The ground is trembling (because of an earthquake)
  - ☆ Erí:no nirite.ngé:tâ. : A tooth is shaking.
  - ☆ Ebí:ntu nibite.ngé:tâ. : Thing are shaking. (state of dizziness after turning round)
  2) okunegêna /okunégêna : to be loose [of teeth] /（歯などが）ぐらぐらする
  - ☆ Omukóno nigunegénâ. : The (broken) arm is wobbly.

865. to go around; to make a round / 回る
  1) okwe.to:rô:ra : to go around / 回りを巡る
     okwe.to:rô:za caus. : to make go around, to surround
  - ☆ okwe.to:ró:za é:mbwâ : to make go round a dog (around the house)
  2) okwe.hi.ngulirîza /okwe.hi.ngulírîza : to circle around / ぐるぐると回る
  - ☆ Ayehi.nguliri:ze é:njú emirú:ndi esâtu. : He has gone around the house three times.

a. to rotate (tr.) / 手に持ってぐるぐると回す、回転させる
   okuzigîsa

866. to make a pilgrimage / 巡礼する
   okuramâga : also means "go to war" (No.550)

867. to turn one's face toward / 向く
  1) okuhi.ndûka : to turn (intr.)
     okuhi.ndukîra appl. : to turn toward
  - ☆ okuhi.ndúka enyûma : to look back
  2) okuróra enyûma : to look back

a. looking back after defecation / 排便のあと後ろを振り返ること
   omukebûko 3, emikebûko 4 /omukébûko 3, emikébûko 4
   omukebúko gúmû
   omukebúko gwâ:nge
   gúnu mukebûko
   gúnu mukebúkó kî?
   omukebúko gwá:ngê
   N.B. This is an old word. It can be paraphrased as "obutaróra enyîma hanyúma y'o.kwe.semêza". This act is the totem of the abarû:ngu clan.

868. to turn (intr.) / 曲る
   okuhi.ndûka intr.
   okuhi.ndûra tr. : to turn (tr.)
  - ☆ okuhi.ndúka hamósô : to turn to the left

a. corner / 曲り角、角
1) ekó:nâ 9,10, amakó:nâ 6 : corner <Eng.
ekó:ná é:mû
ekó:ná yâ:nge
é:nu kó:nâ
é:nu kó:ná kî?
ekó:ná yá:ngê
☆ Ali hakó:nâ. : He is at the corner.
2) ensô:nda 9,10 : nook, corner, angle
ensó:nda é:mû
ensó:nda yâ:nge
é:nu nsô:nda
é:nu nsó:ndá kî?
ensó:nda yá:ngê
or akasô:nda 12, obusô:nda 14 : dim. of ensô:nda 9/10
b. roundabout / 円形交差点、ロータリー
omwe.to:rô:ro 3, emye.to:rô:ro 4. <okwe.to:rô:ra "to go around" (No.865)
omwe.to:ró:ro gúmû
omwe.to:ró:ro gwâ:nge
gúnu mwe.to:rô:ro
gúnu mwe.to:ró:ró kî?
omwe.to:ró:ro gwá:ngê

869. to hit; to beat; to punch / 殴る、叩く
1) okutê:ra : to hit with a hand or a stick
okutê:rwa pass. : to be hit by sb
okutê:za caus. : to cause sb to hit, to use sth to hit
okutê:rra appl. : to hit for sb
okute:ra.ngâna recipr. : to hit each other
okute:ratê:ra red. : to hit repeatedly
☆ John ati:re omwâ:na. : John has hit a child.
2) okukatûra /okukátûra : to hit hard
3) okukôna : to knock with an angled finger
4) okuhô:nda : to hit with a stone or a hammer, to pound
5) okuhû:ra : to hit with a stick / 棒で打ち下ろす
☆ okuhú:ra obúrô : to hit millet with a stick (to thresh)
6) okutôma : to hit the first
☆ omwí:go ogutomêre : the cane which has hit the first
a. slap / 平手打ち
orúhî 11, é:mpî 10
orúhí rúmû
orúhí rwâ:nge
rúnu rúhî
rúnu rúhí kî?
orúhí rwá:ngê
☆ okuté:ra omú:ntu orúhî : to slap a person
b. to hit with one's fist / 拳骨で殴る

387

okuté:ra n'e:kikó:ndê
- c. to knock at the door / （ドアなどを）叩く
    1) okukôna : to knock once with an angled finger
       okukonakôna red. : to knock with an angled finger several times
       ☆ okukonakóna harwî:gi : to knock at the door several times
    2) okuko.nkôna : to knock several times, syn. of okukonakôna
    3) okuté:ra harwî:gi : to knock several times at the door with a hand
- d. to clap one's hands / 拍手をする
       okuté:ra omu.ngâro

870. to kick / 蹴る
   okusâ:mba
   okusâ:mbwa pass. : to be kicked by sb
   okusa.mba.ngâna recipr. : to kick each other

871. to throw oneself at / 体当たりする
   1) okutomêra /okutómêra. See No.612.
      okutomêza /okutómêza caus. : to dash using sth
      okutomêrwa pass. : to be thrown at by sb
      ☆ Amutomi:ze omútî. : He has dashed him against a tree.
   2) okuhu:mîra : to hit against sth without knowing (in the darkness, etc.). See also No.612.
- a. to butt / 頭突きをする
    1) okutoméza omútwê
    2) okutoméra n'o:mútwê : syn. of the preceding.
    ☆ okutoméra omú:ntu n'o:mútwê : to butt a person

872. to throw; to pitch / 投げる
   1) okuhu.ngûra : to throw into a distance
   2) okunâga : to throw nearby

873. to push / 押す
   okusi.ndîka
   ☆ okusi.ndíka ecakárâ : to push a wheelbarrow
- a. to poke; to give sb a push / 突く
   okusi.ndíka n'a:mâ:ni
- b. to push back / 押し返す
   okufûnya
   ☆ okufúnya omû:rro : to push back half-burnt firewoods into the furnace
   ☆ okufúnya é:nte hakisá:rû : to drive cows to a river

874. to push grass aside (to look for sth) / （草などを）かき分ける
   okuhîga
   ☆ okuhíga ebinyá:nsî : to push grass aside
   N.B. This is usually done in order to look for grasshoppers which have gone down the grass.
- a. to push one's way (through a thick undergrowth) / （草などを）かき分けて進む
   okufû:mba
   ☆ okufú:mba ekisákâ : to push one's way through a thicket
   ☆ okufú:mba amáizi : to cross a river (or a flood) pushing one's way through water

875. to pull / 引く、引っ張る
   1) okusîka : to pull
   ☆ okusíka omugúha gw'e.mbûzi : to pull the rope of a goat

2) okukû:rra : to drag, to trail
okukurûrwa or okukû:rrwa pass. : to be dragged by sb
okukurúza caus. : to use sth to drag
okukurû:rra appl. : to drag for sb
☆ okukurúza omugûha : to drag with a rope

a. to stretch out / （ゴムなどを）引き伸ばす
1) okunyû:rra tr. : to stretch out (e.g. rubber)
okunyurû:rra tr.+appl. : to stretch out for sb
okunyurûrwa or okunyû:rrwa tr.+pass. : to be stretched out by sb
okunyu:rrûka intr. : to become stretched out
2) okuna:nû:rra tr. : syn. of okunyû:rra
okuna:nurû:rra tr.+appl. : to stretch out for sb
okuna:nurûrwa or okuna:nû:rrwa tr.+pass. : to be stretched out by sb
okuna:nurûka intr. : to become stretched out

876. to pull out / 引き抜く
1) okukû:ra : to pull out (a plant) by force
2) okwî:ha : to remove
okwí:hámû : to pull out what is stabbed

877. to pierce; to stab / 突き刺す
1) okucumîta /okucúmîta
☆ okucumíta entále n'eicûmu : to stab a lion with a spear
2) okudubûra /okudúbûra : to pierce deep and leave a trace, to penetrate
☆ okudubúra amátû : to penetrate the ears (to wear earrings)

a. to plant (a stick) in the ground / （棒などを地面に）突き立てる
okusî:mba
okusi.mbîra appl. : to plant for sb

878. to skewer (meat, fish) when grilling / 串に刺す
okucumíta enyáma harútî : to skewer meat on a stick

a. skewer / 串
orútî 11, é:ntî 10 <omútî 3/4 "tree" (No.116)

879. to make a hole / 穴を開ける
1) okútámú ekihúrû : to make a fallow hole, an opening
2) okulíma ekí:nâ : to dig a deep hole in the ground
3) okutî:mba : to make a small hole
☆ okutí:mba ekí:ná kubyá:rámú ekimûli : to make a small hole to plant a flower.

a. hole / 穴
1) ekí:nâ 7, ebí:nâ 8 : hole, pit in the ground
ekí:ná kímû
ekí:ná kyâ:nge
kínu kí:nâ
kínu kí:ná kî?
ekí:ná kyá:ngê
2) omwí:nâ 3, emí:nâ 4 : big hole in the ground, usually those made by animals
☆ omwí:ná gw'e.mbêba : hole of a rat
3) orwí:nâ 11, ---- : syn. of the preceding. For the plural of this word, ebí:nâ 8 is used.
4) embîso 9,10 : big pit in the ground to ripen bananas for beer-making

embíso é:mû
embíso yâ:nge
é:nu mbîso
é:nu mbísó kî?
embíso yá:ngê

5) orugâ:njo 11, engâ:njo 10 : hole on the ground to rub and squeeze bananas to have juice
orugá:njo rúmû
orugá:njo rwâ:nge
rúnu rugâ:njo
rúnu rugá:njó kî?
orugá:njó rwá:ngê

6) ekihúrû 7, ebihúrû 8 : opening, hole of an object, mesh
ekihúrú kímû
ekihúrú kyâ:nge
kínu kihúrû
kínu kihúrú kî?
ekihúrú kyá:ngê

cf. akahúrû 12, obuhúrû 14 : small mesh
☆ ebihúrú by'e.nyî:ndo : nostrils
☆ obuhúrú bw'a.katí:mba k'e:míbû : meshes of a mosquito net

880. to fire; to shoot / 撃つ
okurâsa
☆ okurása ekisôro : to shoot an animal
☆ okurása emû:ndu → okurás'emû:ndu : to shoot a gun
☆ okurása n'e:mû:ndu : to shoot sth with a gun

881. to aim at (with a gun) / 狙う
okutê:ba

882. to kill / 殺す
okwî:ta
okwî:twa pass. : to be killed by sb
okwi.tîra appl. : to kill for sb, at a place
okwî:sa or okwi.tîsa caus. : to cause sb to kill, to use sth to kill
okwi.ta.ngâna ricipr. : to kill each other
okwéita refl. : to kill oneself
okweitîra refl.+appl. : to kill oneself for a reason
☆ okwí:sa i:cûmu : to use a spear to kill

cf. omwî:si 1, abáisi 2 : murderer (profession)
omwí:si ó:mû
omwí:si wâ:nge
ó:nu mwî:si
ó:nu mwí:sí kî?
omwí:si wá:ngê

cf. kí:tâ 1a/2a, ba:kí:tâ 2a, aba:kí:tâ 2 : killer
kí:tá ó:mû
kí:tá wâ:nge
ó:nu kí:tâ

ó:nu kí:tá kî?
kí:tá wá:ngê

883. to slaughter; to butcher / 屠殺する、解体する
   1) okubâ:ga
      okuba:gîra appl. : to slaughter for sb, at a place
   cf. omubâ:gi 1, ababâ:gi 2 : butcher
      omubá:gi ó:mû
      omubá:gi wâ:nge
      ó:nu mubâ:gi
      ó:nu mubá:gí kî?
      omubá:gi wá:ngê
   cf. i:ba:gîro 5, amaba:gîro 6 : slaughterhouse
      i:ba:gíro límû
      i:ba:gíro lyâ:nge
      línu iba:gî:ro
      línu iba:gíró kî?
      i:ba:gíro lyá:ngê
   2) okuki.njâ:ga : to cut off the head of a goat, cow, etc.
   cf. omuki.njâ:gi 1, abaki.njâ:gi 2 : slaughterer
      omuki.njá:gi ó:mû
      omuki.njá:gi wâ:nge
      ó:nu muki.njâ:gi
      ó:nu muki.njá:gí kî?
      omuki.njá:gi wá:ngê
   a. to take out the viscera / 内臓を取り出す
      okwi.hámú eby'ê:nda
   b. to give part of a hunted animal when slaughtered / 解体した獲物を分け与える
      okuswa.gûra

884. to fight / 戦う
      okurwâ:na
      okurwa.nîsa caus. : to fight with a weapon
      okurwa.nîra appl. : to fight for sb
      okurwa.nîrwa appl.+pass. : to be fought for
      okurwa.narwâ:na red. : to keep on fighting
   cf. omurwâ:ni 1, abarwâ:ni 2 : fighter
      omurwá:ni ó:mû
      omurwá:ni wâ:nge
      ó:nu murwâ:ni
      ó:nu murwá:ní kî?
      omurwá:ni wá:ngê

885. to defend / 防御する
      okujûna
      okujunîra appl. : to defend for sb
      okwe.jûna refl. : to defend oneself
   cf. omujunîzi 1, abajunîzi 2 /omujúnîzi 1, abajúnîzi 2 : defender. See No.730.

886. to win; to defeat / 勝つ、負かす

okusî:nga

okusî:ngwa pass. : to be defeated by sb

okusi.ngûra tr. : to win a war or an exam

okusi.ngûrwa tr.+pass. : to be defeated in a war or an exam

okusi.ngûka intr. : to be able to win

887. to compete / 競争する

okusi.mbirâna /okusi.mbírâna

cf. empáká 10 : competition / 競争

empáká zímû

empáká zâ:nge

zínu mpákâ

zínu mpáká kî?

empáká zá:ngê

888. to govern; to rule / 支配する

okulêma

okulêmwa pass. : to be governed, ruled by sb

cf. omulêmi 1, abalêmi 2 : governor, ruler, leader

omulémi ó:mû

omulémi wâ:nge

ó:nu mulêmi

ó:nu mulémí kî?

omulémi wá:ngê

889. to lose; to be defeated / 負ける

okusî:ngwa <pass. of okusî:nga "to win" (No.886)

☆ okusí:ngwa omusâ:ngo : to lose a case

890. to invite / 招く

1) okura:lîza

okura:lizîbwa pass. : to be invited by sb

2) okwê:ta : to invite, to call

☆ okwé:ta omú:ntu habugênyi : to invite a person to a party

891. to welcome / 歓迎する

okuta.ngî:rra

okuta.ngirîrwa or okuta.ngî:rrwa pass. : to be welcomed by sb

☆ Ota.ngirí:rwê. : You are welcome.

a. to be hospitable / 客をもてなす

okukûna

okukunîra appl. : to be hospitable to guests, to entertain

☆ okukuníra omugênyi : to treat a guest well

cf. amakûne 6 : hospitality

amakúne gámû

amakúne gâ:nge

gánu makûne

gánu makúné kî?

amakúne gá:ngê

892. to visit / 訪問する、訪ねる

1) okubû:nga : to make a visit

okubu.ngîra appl. : to visit a person, a place
2) okwi.namîra : to visit someone to pass time
3) okugemûra /okugémûra : to visit [of a mother-in-law to son-in-law]
   N.B. This is a special visit of a mother-in-law done to her son-in-law to thank him for treating her daughter couteously. Bunches of bananas, a goat, chickens, etc. are brought as presents. Sons-in-law also visit their mother-in-law in the same way, and the same verb is used.
   ☆ Ni.ngé:ndá kugemúra ow'o.múkô. : I am going to visit my son-in-law's place.
a. to drop in on sb, at a place / 寄り道する
   1) okuhu.ngûka
   2) okurábáhô : syn. of the preceding. Cf. okurâba "to pass" (No.580).

893. to gather (intr.); to meet (intr.) / 集まる、集合する
   1) okuta.ngata.ngâ:na
   2) okute:râna : syn. of the preceding.
   3) okwi.tira.ngâna : syn. of the preceding.
a. to crowd; to herd / 群れる
   1) okúbá hámû : to be together
   ☆ É:nte ziri hámû : Cows are together.
   2) okúbá -ingi : to be many
   ☆ Abá:ntu báingi. : People are many, crowded.
b. herd / 群れ
     i:gâna 5, amagâna 6. See No.483.

894. to attend a meeting / 会議に出席する
     okukurâta /okukúrâta
   cf. orukurâto 11, enkurâto 10 /orukúrâto 11, enkúrâto 10 : meeting, council / 集会、会合、会議
     orukuráto rúmû
     orukuráto rwâ:nge
     rúnu rukurâto
     rúnu rukurátó kî?
     orukuráto rwá:ngê
   cf. omukurâsi 1, abakurâsi 2 /omukúrâsi 1, abakúrâsi 2 : meeting member
     omukurási ó:mû
     omukurási wâ:nge
     ó:nu mukurâsi
     ó:nu mukurású kî?
     omukurási wá:ngê
b. chairperson / 司会者
     omukúru w'o.rukurâto 1, abakúru b'e.nkurâto 2

895. to put together; to gather (tr.) / 集める
   1) okútá hámû : to put together
   ☆ okútá é:nte hámû : to put cows together
   2) okusorô:za : to gather (tr.)
   3) okutû:ma : to rake up with hands
   4) okukorogôta : to rake up with a spade
   ☆ okukorogóta omusényi há:nsî : to rake up sand on the ground
   5) okucâ:nya : to gather gravel, sand, etc.

896. to pile up; to accumulate / 積み重ねる、山盛りに置く
    okutû:ma
    okutu:matû:ma red. : to make small heaps
 a. to put on top; to lay (bricks) / 上に積み重ねる
    okupâ:nga : to lay bricks, big stones, etc. one by one by hand
 b. pile; heap / 積み重ね、（野菜・肉などの）山、盛
    1) entû:mo 9,10 : pile (of stones, bricks, sand, etc.) <okutû:ma "to pile up"
      entú:mo é:mû
      entú:mo yâ:nge
      é:nu ntû:mo
      é:nu ntú:mó kî?
      entú:mo yá:ngê
  or omutû:mo 3, emitû:mo 4
    2) omutê:ko 3, emitê:ko 4 : heap (of vegetables, etc. at a marketplace)
      omuté:ko gúmû
      omuté:ko gwâ:nge
      gúnu mutê:ko
      gúnu muté:kó kî?
      omuté:ko gwá:ngê

897. to put / 置く
    okútâ
    okutê:ra appl. : to put for sb
    okutê:ka posit. : to put in a position, syn. of okútâ
    okute:kêra posit.+appl. : to put for ab, syn. of okutê:ra
    okutê:bwa pass. : to be put by sb
    okute:kêbwa posit.+pass. : to be put by sb, syn. of okutê:bwa
  ☆ okútá ekalâ:mu hamé:zâ : to put a pencil on the table

898. to move (or put) away / 横に置く、のける
    1) okútá harubâju : to put aside
    2) okwí:háhô : to take away, to displace
    3) okwi.rízǎ:yô : to push aside
    4) okuhugûra tr. : syn. of the preceding.
      okwe.hugûra refl.+tr. : to put oneself aside
      okuhugûka intr. : to turn aside, to be in a different position
  ☆ okwe.hugúra motôka : to put oneself aside to avoid a car
  ☆ Ekisisáni kihugukírê. : The picture has turned aside.
 a. to transfer / 物を移す
    1) okuhi.ndûra
    2) okuhi.ngîsa : syn. of the preceding.

899. to take away; to remove / 取り除く
    okwî:ha
    okwi.hîra appl. : to take out for sb
    okwî:hwa pass. : to be taken away by sb
    okwi.hîka neut. : to be able to take away
    okwí:háyô +clit. : to take from there
    okwí:hámû +clit. : to take out from inside

- ☆ okwí:ha ekitábu hamé:zâ : to take a book from the table
- ☆ okwí:ha ekihúká omulî:so : to take out an insect from the eye
- ☆ Gé:nda omú:njú oihému entébê! : Go in the house to take out a chair!

c. to take out things from a house on fire / 燃えている家から家財を取り出す
    okusahûra

900. to put in; to insert / 入れる
  1) okútámû : to insert
  2) okutâ:hyá:mû : to put inside <caus. of okutâ:ha "to go in" (No.585), followed by mu "inside".
  3) okuhi.ngîka : to put a lot in a container

  a. to cram; to pack / 詰め込む
   1) okwi.gâta : to cram
     okwi.gatîra appl. : to cram with force
   2) okusôka : syn. of okwi.gâta
     okusokêra /okusókêra appl. : syn. of okwi.gatîra

901. to keep / 保管する、蓄える
    okwa.hûra
    okwa.hû:rra appl. : to keep for sb
    okwa.hûrwa pass. : to be kept by sb

902. to mix / 混ぜる
  1) okutabûra /okutábûra
  2) okujwa.ngâna : to mix different things (ex. cement and sand)
    okujwa.nganîza /okujwa.ngániza caus. : to mix different things, the same as above

903. to stir / （お茶などを）かき混ぜる
  1) okutabûra /okutábûra : to mix, to sir
  2) okukorôga /okukórôga <Sw. kukoroga

904. to divide (tr.); to distribute / 分ける
  1) okubaganîza <repet. of okugâba "to give" (No.942)
  2) okwa.hukanîza /okwa.hukániza : syn. of the preceding.

905. to arrange; to put in order / 整理する、整える
    okute:kanîza /okute:kániza : to arrange, to organize <rept. of okutê:ka "to put in a position"
  ☆ okute:kaníza obugênyi : to organize a party
  cf. omute:kanîza 1, abate:kanîza 2 /omute:kániza 1, abate:kániza 2 : organizer
    omute:kaníza ó:mû
    omute:kaníza wâ:nge
    ó:nu mute:kaníza
    ó:nu mute:kanízá kî?
    omute:kaníza wá:ngê

906. to scatter / 撒き散らす
  1) okunaganâga <red. of okunâga "to throw (away)" (No.818)
  2) okurarâ:ngya caus. : syn. of the preceding.
    okurarâ:nga : to diffuse (intr.), to disperse (intr.) / 拡散する、散らばる
  ☆ Omuyága gurara.ngize engôye. : Wind has scattered the clothes.
  ☆ Empapúro zirara.ngírê. : Sheets of paper are scatterd.

907. to pour (tr.) / 注ぐ
  1) okútámû : [lit.] to put in
  ☆ okútámú amáizi omukikópô : to pour water in the cup

2) okusê:sa : to pour liquid, to spill (tr.)
okuse:sêka neut. : to pour (intr.)
☆ okusé:sa cá:yi omukikópô : to pour tea in the cup

908. to spill (tr.) / 撒く、こぼす
1) okwâ:ta : to spill (tr., said of milk only); [lit.] to break (tr.)
okwâ:twa pass. : to be spilt (of milk); [lit.] to be broken
okwa.tîka neut. : to spill (intr., of milk); [lit.] to break (intr.)
☆ Amátá ga:tikírê. : The milk has spilt.
2) okusê:sa : to pour, to spill (tr.) , [euph.] to urinate
okuse:sêka neut. : to spill (intr.)
☆ Cá:yi ese:sekere há:nsî. : Tea has spilled on the ground.
☆ okusé:sa enkâli : to urinate [euph.]
3) okudô:ma : [rare] to pour liquid wastefully, or to pour useless liquid
okudo:mêsa caus. : to use sth to pour wastefully
okudo:mokâra /okudo:mókâra intr. : to spill (intr.) wastefully
☆ okudó:ma amáízi há:nsî : to throw useless water on the ground
a. to spatter [of a liquid in a container] / 容器の水が飛び跳ねる
okuca.mbaitûka intr.
okuca.mbaitûra tr. : to cause to spatter

909. to sprinkle / 振り掛ける
1) okumamî:rra : to sprinkle (e.g. salt on food)
okumami:rîrwa or okumamî:rrwa pass. : to be sprinkled by sb
2) okumî:sa : to sprinkle, to spray (water on flowers, crops)
3) okuse:sê:rra : to water (plants) <repet. of okusê:sa "to spill water" (No.908)
okuse:sê:rrwa or okuse:sérêrwa pass. : to be watered by sb

910. to hide / 隠す
1) okuserêka /okusérêka
okuserêkwa /okusérêkwa pass. : to be hidden by sb
okwe.serêka /okwe.sérêka refl. : to hide oneself
2) okuswe.kê:rra : to put a cover continuously <repet. of okuswê:ka "to cover the whole body"
okuswe.kérêrwa or okuswe.kê:rrwa pass. : to be covered by sb   /(No.831)
a. hiding place; refuge / 隠し場所、隠れ家
1) obuserêko /obusérêko 14 , ---- : place to hide sth
obuseréko búmû
obuseréko bwâ:nge
búnu buserêko
búnu buserékó kî?
obuseréko bwá:ngê
cf. ekiserêko 7, ebiserêko 8 /ekisérêko 7, ebisérêko 8 : what is hidden
2) obwe.serêko /obwe.sérêko 14, ---- : place to hide oneself

911. to look for; to seek; to search / 探す
okusê:rra : to look for <rev.tr. of okuserêka (No.910).
okuserû:rra appl. : to search for sb
okuserûrwa or okusê:rrwa pass. : to be looked for by sb
okuse:rrasê:rra red. : to search
okuseru:liríza /okuseru:lírîza repet. : syn. of the preceding.

☆ John aserwi.re sê:nte. : John has looked for money.
  a. to spy / スパイする
    okubêga
  cf. mbégâ 1*a*/2*a*, ba:mbégâ 2*a*, aba:mbégâ 2 : spy
    mbégá ó:mû
    mbégá wâ:nge
    ó:nu mbégâ
    ó:nu mbégá kî?
    mbégá wá:ngê

912. to find / 見つける
  1) okuzô:ra : to find an object
    okuzô:rwa pass. : to be found
    okuzo:lêka or okuzo:kêka neut. : to be able to find
  2) okusâ:nga : to find sb at a place or doing sth
    okusâ:ngwa pass. : to be found at a place or doing sth
    okusa.ngîbwa pass. : the same as the preceding.
    okusa.ngîka neut. : to be able to find
    okusa.ngâ:na or okusa.nga.ngâna recipr. : to find each other

913. to wait (for); to await / 待つ
  1) okulî:nda
    okuli.ndîra appl. : to wait for sb, at a place
    okulî:ndwa pass. : to be waited for
    okuli.ndîbwa pass. : the same as the preceding.
  2) okutege:rêza : syn. of okulî:nda
    okutege:rezêbwa /okutege:rézêbwa pass. : to be waited for
    N.B. okutege:rêzwa pass. : not used
  a. being nervous and exited in waiting / ドキドキして待つこと
    amaibaibâne 6
    amaibaibáne gámû
    amaibaibáne gâ:nge
    gánu maibaibâne
    gánu maibaibáné kî?
    amaibaibáne gá:ngê

914. to meet; to come across / 会う、出会う
  1) okwi.tirâna /okwi.tírâna
  ☆ Nkaitirana John omukatâle. : I met John in the market.
  2) okuta.ngata.ngâ:na : syn. of the preceding.
  3) okusâ:nga : to go and see a person. See No.912.
  ☆ John, omusa.ngire nkáhâ? : Where have you found John?

915. to accompany a parting guest a little way down the road / 送って行く
  1) okuse.ndekerêza /okuse.ndekérêza
  2) okuge.ndêsa : to accompany a person who is in need of help <caus. of okugê:nda
  ☆ okuge.ndésa omû:ntu : to accompany a person

916. to separate; to leave / 別れる
  1) okwa.hukâna /okwa.húkâna : to separate with each other on the road, to branch (of roads, branches, etc.)

☆ okwa.hukána na John : to separate from John

2) okurugaho.ngâna : syn. of okwa.húkâna

917. to divorce / 離婚する
- 1) okulêka /okúlêka : to leave a person, to divorce
  okulêkwa /okúlêkwa pass. : to be left, abandoned, divorced
  okuleka.ngâna recipr. : to leave each other, to divorce each other
  ☆ okuléka omukâzi : to divorce a wife
- 2) okwa.ngâna : to leave the husband and go home [said of a wife] / 妻が実家に帰る
  okwa.nganîsa caus. : to cause to leave the husband and go home [of a wife]
  ☆ Omukázi aya.ngáínê. : The wife has gone back to her parents' home.
  - a. to bring back the wife from her home / 実家に帰った妻を連れ戻す
    okuzimûra /okuzímûra

918. to live; to inhabit / 住む
  okwi.kâra : to live, to stay
  ☆ N'oikárá nkáhâ? : Where do you (sg.) live?
  cf. omwi.kâzi 1, abaikâzi 2 : inhabitant, dweller
  omwi.kázi ó:mû
  omwi.kázi wâ:nge
  ó:nu mwi.kâzi
  ó:nu mwi.kází kî?
  omwi.kázi wá:ngê
  cf. enyikâra 9,10 : way of staying, state
  enyikára é:mû
  enyikára yâ:nge
  é:nu nyikâra
  é:nu nyikárá kî?
  enyikára yá:ngê
  - a. to have no fixed address; to be homeless / 住所不定である、家なし
    1) okutagíra bwi.kâzi (or bwi.kâro) : to have no fixed address
    2) okutagírá kâ : to be homeless; [lit.] not to have a house
  - b. address / 住所
    1) obwi.kâzi 14, ---- <okwi.kâra "to live, to stay". See above.
    2) obwi.kâro 14, ---- : syn. of the preceding.
      obwi.káro búmû
      obwi.káro bwâ:nge
      búnu bwi.kâro
      búnu bwi.káró kî?
      obwi.káro bwá:ngê
    3) obûgwa 14, ---- : permanent place to stay, home address <okúgwâ "to fall" (No.592)
      obúgwa búmû
      obúgwa bwâ:nge
      búnu bûgwa
      búnu búgwá: kî?
      obúgwa bwá:ngê
  - c. home village (town) / 故郷
    oburûgo 14 : where one comes from <okurûga "to come from" (No.572)

oburúgo búmû
oburúgo bwâ:nge
búnu burûgo
búnu burúgó kî?
oburúgo bwá:ngê

919. to move; to emigrate / 引っ越しする
　　1) okufurûka /okufúrûka : to move from a place or a house
　　　okufurukîra appl. : to move to a place or a house
　　　okufurûkwa /okufúrûkwa pass. : to be moved from [said of a place or a house]
　　cf. ekifurúkwâ 7, ebifurúkwâ 8 : abandoned house. See No.255.
　　☆ É:njú efurukírwê. : The house has been moved from.
　　☆ é:njú efurukîrwe : a/the house from which people have moved
　　2) okuha.mbâ:ra : to move from one place to another in serach for a job or because of madness, /etc.
　　　okuha.mbâ:za caus. : to cause to move from place to place
　　3) okutâra : more or less the same as okuha.mbâ:ra
　　　okutaratâra red. : the same as the preceding.

920. to exist; to be / 存在する、ある
　　1) okubáhô : to exist here, to be present
　　　N.B. The clitic -hô indicates "here". Substitution of -yô to -hô gives the meaning "there".

	affirmative		negative	
	sg.	pl.	sg.	pl.
1st per.	ndóhô	turóhô	ti.ndôho	titurôho
2nd per.	oróhô	muróhô	torôho	timurôho
3rd per.	aróhô	baróhô	tarôho	tibarôho
cl.16	haróhô		tiharôho	
	"I am here, I am around, etc."		"I am not here, I am not around, etc."	

	affirmative		negative	
	sg.	pl.	sg.	pl.
1st per.	ndíyô	tulíyô	ti.ndîyo	titulîyo
2nd per.	olíyô	mulíyô	tolîyo	timulîyo
3rd per.	alíyô	balíyô	talîyo	tibalîyo
cl.16	halíyô		tihalîyo	
	"I am there, etc."		"I am not there, etc."	

　　☆ Haróhó omû:ntu. : Here is someone.
　　☆ Halíyó omû:ntu. : There is someone.
　　☆ Hamé:zá haróhó ekitâbu. : There is a book on the table.
　　☆ Taróho hânu. Age.nzere omutáuni. : He is not here. He has gone to the town.
　　☆ Talíyo ô:ku. Age.nzere omutáuni. : He is not there. He has gone to the town.
　　2) defective verb -li : to exist, to be

	affirmative		negative	
	sg.	pl.	sg.	pl.
1st per.	ńdî	túlî	tí:ndî	titúlî
2nd per.	ó:lî	múlî	tólî	timúlî
3rd per.	á:lî	bálî	tálî	tibálî
cl.3/cl.4	gúlî	é:rî	tigúlî	térî
cl.5/cl.6	lírî	gálî	tirírî	tigálî

cl.7/cl.8	kírî	bílî	tikírî	tibírî
cl.9/cl.10	é:rî	zírî	térî	tizírî
cl.11	rúlî		tirúlî	
cl.12/cl.14	kálî	búlî	tikálî	tibúlî
cl.13		túlî		titúlî
cl.15	kúlî		tikúlî	
cl.16	hálî		tihálî	
	"I am, etc."		"I am not, etc."	

☆ Ndi omú:njû. : I am in the house.
☆ Titúlí omú:njû. : We are not in the house.
☆ Ekitábu kiri hamé:zâ. : The book is on the table.
☆ Ekitábu tikírí hamé:zâ. : The book is not on the table.

cf. conjugation of -li in the remote past tense:

	affirmative		negative	
	sg.	pl.	sg.	pl.
1st per.	nálî	twá:lî	nkaba ntálî	tukaba tutálî
2nd per.	wálî	mwá:lî	okaba otálî	mukaba mutálî
3rd per.	yálî	bá:lî	akaba atálî	bakaba batálî
cl.3/cl.4	gwá:lî	yálî	gukaba gutálî	ekaba etálî
cl.5/cl.6	lyá:lî	gá:lî	likaba litálî	gakaba gatálî
cl.7/cl.8	kyá:lî	byá:lî	kikaba kitálî	bikaba bitálî
cl.9/cl.10	yálî	zá:lî	ekaba etálî	zikaba zitálî
cl.11	rwá:lî		rukaba rutálî	
cl.12/cl.14	ká:lî	bwá:lî	kakaba katálî	bukaba butálî
cl.13		twá:lî		tukaba tutálî
cl.15	kwá:lî		kukaba kutálî	
cl.16	há:lî		hakaba hatálî	
	"I was, etc."		"I was not, etc."	

N.B. The affirmative forms can be paraphrased as nkaba ńdî "I was", okaba ó:lî "you were", akaba á:lî "he/she was", etc.

☆ Nali omú:njû. : I was in the house.
☆ Nali mugáiga. : I was rich.
☆ Nkaba ntálî omú:njû. : I was not in the house.

a. to be absent / 欠席している、不在である、留守である
   1) okutábáhô
   2) okwô:sa : syn. of the preceding.

921. to be; to become / 〜である、〜になる
   1) okúbâ
      okubê:ra appl. : to be in a situation
   2) defective verb -li. See No.920.
   ☆ with the example of omwâ:na 1, abâ:na 2 "child"
      Ndi mwâ:na. : I am a child.   Tí:ndí mwâ:na. : I am not a child.
      Oli mwâ:na. : You are a child.   Tólí mwâ:na. : You are not a child.
      Ali Mwâ:na. : He/she is a child.   Tálí mwâ:na. : He/she is not a child.
      Tuli bâ:na. : We are children.   Titúlí bâ:na. : We are not children.
      Muli bâ:na. : You are children.   Timúlí bâ:na. : You are not children.

Bali Bâ:na. : They are children. Tibálí bâ:na. : They are not children.

☆ with the example of omusáija 1, abasáija 2 "man"
Ndi musáija. : I am a man. Tí:ndí musáija. : I am not a man.
Oli musáija. : You are a man. Tólí musáija. : You are not a man.
Ali musáija. : He is a man. Tálí musáija. : He is not a man.
Tuli basáija. : We are men. Titúlí basáija. : We are not men.
Muli basáija. : You are men. Timúlí basáija. : You are not men.
Bali basáija. : They are men. Tibálí basáija. : They are not men.
Erí:so (liri) likô:to. : The eye is big.
Amáíso (gali) makô:to. : The eyes are big.

3) ni inv. : it is ～
☆ A : Ó:nu ni ó:hâ? → Ó:nu n'ó:hâ? : Who is this?
B : Ni Kátô. : It is Kato.
☆ Tálí Kátô. Ni Nyówé Kátô. : He is not Kato. It is me who am Kato.
☆ Tálí ni John. : It is not John.
☆ Omwá:na nú wê. : It is the child.
☆ Abá:na ní bô. : It is the children.
☆ Ni Kátó ayasíre ekikópô. : It is Kato who kas broken the cup.
☆ Tálí Kátó ayasíre ekikópô. : It is not Kato who has broken the cup.
☆ Tálí mwá:na ayasíre ekikópô. : It is not the child who has broken the cup.
☆ Tibálí bá:na aba:síre ekikópô. : It is not the children who have broken the cup.

a. negation
1) ti part. : negative clitic which is used in conjugated verb forms.
2) -ta- : negative morpheme which is used in the second element of complex verb forms, and also in infinitives. See examples of -ta- in infinitives.

okugê:nda "to go" → okutagê:nda "not to go"
okwî:ha "to remove" → okutáiha "not to remove"
okwê:ta "to call" → okutê:ta "not to call"
okwâ:sa "to split" → okutâ:sa "not to split"
okwô:ga "to bathe" → okutô:ga "not to bathe"
okúsâ "to grind" → okutâsa "not to grind"
okwe.serêka "to hide oneself" → okute:serêka "not to hide oneself"

922. to happen; to take place / 起こる
okúbáhô : to be present
okutábáhô neg. : not to be present, not to happen
☆ Ekí:ntu kibairéhô. : Something has happened.

923. to need / 必要だ
1) okwê:nda : to need
☆ Ninyé:ndá sê:nte. : I need money.
2) okwe.tâ:ga : to want
☆ N'o:yetá:gá kî? : What do you (sg.) want?
3) okugô:nza : to like, to love
☆ N'o:gó:nzá kî? : What do you (sg.) like?

a. to have to; must; should / ～しなければならない
1) okutê:kwa
N.B. This implies obligation by order.

☆ Okuté:kwa kúbá n'e.ngéso nú:ngî. : You should have good manners.

2) -ínâ (or -ínê) "to have" + infinitive : to have to, must, should

☆ Nyina kugê:nda. : I have to go.

☆ Baina kugê:nda. : They have to go.

☆ Orugóye kumuhíka kurú:ngî, oina kurugarúkámû. : In order for the dress to fit him well, you have to redo it.

 b. to be supposed to do / することになっている
  okusemê:rra

  ☆ Omwá:na asemeri:re ahu:rré:gé abá:ntu bakûru. : The child is supposed to listen carefully to old people.

924. to buy / 買う
  okugûra
  okugû:rra appl. : to buy for sb
  okugûrwa pass. : to be bought by sb
  okugulîbwa /okugúlîbwa pass. : to be buyable
  okuglîka /okugúlîka neut. : to be buyable; more or less the same as the preceding.

  ☆ Embúzi ê:nu n'e:gulíkâ. : This goat can be bought.

 cf. omugúzî 1, abagúzî 2 : buyer
  omugúzí ó:mû
  omugúzí wâ:nge
  ó:nu mugúzî
  ó:nu mugúzí kî?
  omugúzí wá:ngê

 cf. obugúzî 14, ---- : purchase

 a. to beat down the price; to bargain / 値切る
  okuramûza

925. to book; to reserve / 予約する
  okwa.hûra

926. to sell / 売る
 1) okutû:nda
  okutu.ndîra appl. : to sell for sb, at a place

 cf. omutû:nzi 1, abatû:nzi 2 : seller
  omutú:nzi ó:mû
  omutú:nzi wâ:nge
  ó:nu mutû:nzi
  ó:nu mutú:nzí kî?
  omutú:nzi wá:ngê

 cf. obutû:nzi 14, ---- : act of selling

 2) okugûza : syn. of okutû:nda, word mostly used by the Tooro <caus. of okugûra "to buy"
  okugúlîza appl. : to sell for sb, at a place   /(No.924)
  okugúzîbwa pass. : to be sold by sb

 cf. omugúzâ 1, abagúzâ 2 : seller, used mostly by the Tooro, but sometimes in Runyoro, too
  omugúzá ó:mû
  omugúzá wâ:nge
  ó:nu mugúzâ
  ó:nu mugúzá: kî?

                omugúzá wá:ngê
   a. to sell on debt / ツケで売る
                okuhôra
                okwe.hóra refl. : to buy on debt / ツケで買う
     ☆ okuhóra amagîta : to sell oil on credit
     ☆ okwe.hóra amagîta : to buy oil on credit
   b. to remain unsold / 売れ残る
                okudîba
                okudîbya caus. : to cause to not buy
                okudibîsa caus. : to fail to sell
     ☆ okudíbya omû:ntu : to do a negative campaign of a person
     ☆ okudibísa ebî:ntu : to fail to sell goods (at a marketplace)
927. to trade / 取引する
                okusu:bûra
         cf. omusu:bûzi 1, abasu:bûzi 2 : trader
                omusu:búzi ó:mû
                omusu:búzi wâ:nge
                ó:nu musu:búzi
                ó:nu musu:búzí kî?
                omusu:búzi wá:ngê
         cf. obusu:bûzi 14, ---- : trade, commerce / 商売
   e. merchandise / 商品
                ekibâ:mbo 7, ebibâ:mbo 8
                ekibá:mbo kímû
                ekibá:mbo kyâ:nge
                kínu kibâ:mbo
                kínu kibá:mbó kî?
                ekibá:mbo kyá:ngê
928. to get profit / 利益を得る、もうける
                okugôba
         cf. amagóbâ 6 : profit
                amagóbá gámû
                amagóbá gâ:nge
                gánu magóbâ
                gánu magóbá kî?
                amagóbá gá:nge
     ☆ Ngobere enyâma. : I have got meat as a profit.
     ☆ Ngobere omunyâma. : I have profited by trading meat.
929. to suffer a loss in business; to lose / 商売で損をする
      1) okufwê:rwa : to lose in business; [lit.] to lose by death <pass.+appl. of okúfâ "to die" (No.727)
      2) okusâra : to make suffer a loss in business; [lit.] to cut (No.807)
                okusârwa pass. : not to have an expected profit; [lit.] to be cut (No.807)
     ☆ Obusu:búzi bw'e.ngôye bu.nsazírê. : Business of clothes have made me a loss.
     ☆ Nsazirwe ebinyô:bwa. : I have suffered a loss in selling groundnuts.
930. to measure; to weigh / 計る

1) okulê:nga
2) okupîma : syn. of the preceding. <Sw. kupima

931. to obtain; to get / 得る
>okutû:nga
>okutû:ngwa pass. : to be obtained by sb, to be obtainable
>okutu.ngîbwa pass. : the same as the preceding.
>okutu.ngîka neut. : to be obtainable
>okutu.ngîkwa neut.+pass. : to be obtainable, syn. of the preceding.

a. to be given; to get / もらう
>okuhê:bwa <pass. of okúhâ "to give" (No.942)

932. to steal / 盗む
>okwî:ba
>okwî:bwa or okwi.bîbwa pass. : to be stolen by sb
>okwi.bîka neut. : to be stealable

a. thief / 泥棒
>omusûma 1, abasûma 2
>omusúma ó:mû
>omusúma wâ:nge
>ó:nu musûma
>ó:nu musúmá kî?
>omusúma wá:ngê

cf. obusûma 14 : theft

933. to take by force; to rob / 取り上げる、奪う
1) okunyâga : to take sth from a person by force
cf. omunyâgi 1, abanyâgi 2 : robber
>omunyági ó:mû
>omunyági wâ:nge
>ó:nu munyâgi
>ó:nu munyágí kî?
>omunyági wá:ngê

cf. obunyâgi 14, ---- : robbery
2) okuhâ:mba : to plunder sb of land
☆ Aha.mbire ekisáká kyâ:nge. : He has plundered my bushland.

934. to lend / 貸す
1) okutî:za : to lend objects such as baskets, books, but not money
2) okuhôra : to lend money

a. to borrow / 借りる
1) okwe.tî:za : to borrow objects such as baskets, books (not money) <refl. of okutî:za. See above.
2) okwe.hôza : to borrow money <refl. of okuhôza "to lend". See above.

b. debt; loan / 借金
>i:bâ:nja 5, amabâ:nja 6
>i:bá:nja límû
>i:bá:nja lyâ:nge
>línu ibâ:nja
>línu ibá:njá kî?

           i:bá:nja lyá:ngê
       c. to give back what is borrowed / 借りたものを返す
           1) okugâ:rrá:yô
           2) okusasûra : to pay back money; [lit.] to pay. See No.935.
935. to pay / 払う
           okusasûra
           okusasû:rra or okusasulîra /okusasúlîra appl. : to pay for sb
           okusasûrwa pass. : to be payed by sb
           okusasulîbwa /okusasúlîbwa pass. : the same as the preceding.
           okusasulîka /okusasúlîka neut. : to be payable
       ☆ Kínu kikasasulibwa John. : This was payed by John.
       a. to pay for damage; to compensate / 弁償する、賠償する
           okulêha
           okulehêra appl. : to compensate for sb
           okulehêsa caus. : to ask to compensate
           okulehêka neut. : to be possible to compensate
936. to exchange / 交換する
           1) okuhi.ngîsa
           2) okucû:sa : syn. of the preceding. <Gan.
937. to carry / 運ぶ
           1) okuhî:mba
           okuhi.mbîra appl. : to carry for sb
           okuhi.mbîsa caus. : to help sb to carry, to use sth to carry
           okuhî:mbwa pass. : to be carried by sb
           okuhi.mbîbwa pass. : the same as the preceding.
           okuhi.mbîka neut. : to be able to carry
       cf. omuhî:mbi 1, abahî:mbi 2 : porter
           omuhí:mbi ó:mû
           omuhí:mbi wâ:nge
           ó:nu muhî:mbi
           ó:nu muhí:mbí kî?
           omuhí:mbi wá:ngê
       cf. obuhî:mbi 14, ---- : carrying
           2) okuhê:ka : to carry on the back
       ☆ okuhé:ka omwâ:na : to carry a baby on the back
       ☆ okuhé:ka emû:ndu : to carry a gun
           3) okwe.twê:ka : to carry on the head. See below.
           4) okutwâ:ra : to carry away
           5) okusô:mba : to carry by making several trips
           6) okutâna : to carry goods to the market for sale
       a. to load / 荷物を持たせる
           okutwê:ka : to load sb's head
           okwe.twê:ka refl. : to put on one's head
           okwe.twe.kêsa refl.+caus. : to help sb to put on the head
938. to lift up; to raise / 持ち上げる
           okuhî:mba

okuhî:mbwa pass. : to be lifted by sb
okuhi.mbîbwa pass. : the same as the preceding.

939. to put down; to unload / 下に置く、降ろす
1) okutû:ra : to unload from the head <okutwâ:ra "to carry away" (No.937)
okwe.tû:ra refl. : to unload oneself
2) okútá há:nsî : to put on the ground
okuté:ka há:nsî : syn. of the preceding.
3) okuhu:mûza : to put down a load for a while (as it is heavy) <caus. of okuhu:mûra "to take a rest" (No.741)
☆ okuhu:múza ensâhu : to put down a bag for a while

940. to bring / 持ってくる
okulê:ta
okule:têra appl. : to bring for sb
okulê:twa pass. : to be brought by sb
okule:têbwa pass. : the same as the preceding.
okule:têka neut. : to be able to bring

a. to fetch food / 食料を調達してくる
okusâka
☆ okusáka ebyo.kúlyá omutáuni : to fetch food from the town

941. to send / 送る
1) okusi.ndîka : to send a message, money, etc.
☆ N'o:si.ndíká kî? : What are you (sg.) sending?
2) okutwê:ka : syn. of okusi.ndîka
3) okutûma : to send a person to carry a message, etc., to order a person to do sth
okutúmîra appl. : to send a person for sb, to order a person to do sth for sb
okutûmwa pass. : to be sent by sb
okutúmîbwa pass. : the same as the preceding.
okutúmîka neut. : to be able to send
okutúmîrwa appl.+pass. : to be sent for sb by sb
cf. omutúmwâ 1, abatúmwâ 2 : messenger
omutúmwá ó:mû
omutúmwá wâ:nge
ó:nu mutúmwâ
ó:nu mutúmwá: kî?
omutúmwá wá:ngê
cf. obutúmwâ 14 : message

a. to deliver a package or a message / 届ける
1) okuhîkya <caus. of okuhîka "to arrive" (No.578)
☆ okuhíkya ebbarúhâ : to deliver a letter
2) okutwâ:ra : syn. of okuhîkya

942. to give / 与える
1) okúhâ : to give to sb, to hand
okuhê:bwa pass. : to be given by sb
okuhe:rêza ins. : to assist to give, to hand sth to a person who cannot take personally
okwe.he:rêza refl.+ins. : to take by oneself
okwe.hê:ra refl.+appl. : to deliver personally

okuhê:ra appl. : to give for sb

N.B. Okúhâ does not necessarily imply the transfer of ownership of an article.

☆ okúhá sê:nte : to give money

☆ Ba.mpaire sê:nte : They have given me money, I have been given money.

2) okugâba : to give (to transfer the ownership of a thing)

okugabîra /okugábîra appl. : to give to sb

okugâbwa pass. : to be given by sb

okugabîbwa /okugábîbwa pass. : to be able to give

okugabîka /okugábîka neut. : syn. of the preceding.

okugabîrwa /okugábîrwa appl.+pass. : to be given sth by sb

a. to deliver personally; to hand over personally / 手渡す

1) okwe.hê:ra <refl.+appl. of okúhâ "to give". See above.

2) okukwâ:sa : syn. of the preceding. <caus. of okukwâ:ta "to grasp" (No.838)

☆ okukwá:sa ekisê:mbo : to deliver a gift personally

3) okúhâ : to give to sb, to hand. See above.

b. here you are [presentation formula] / ほら（どうぞ）

dárâ part.

☆ Dara sê:nte! : Here you have money!

☆ Dara esá:tí yâ:we! : Here is your shirt!

943. not to give; to refuse to give; to keep sth to oneself / 与えない、独り占めする

1) okutâha : [lit.] not to give. Cf. okútâ "to give" (No.821).

2) okutagâba /okutágâba : [lit.] not to give. Cf. okugâba "to give" (No.942).

3) okwî:ma : to keep to oneself

cf. omwî:mi 1, abáimi 2 : person who does not give

omwí:mi ó:mû

omwí:mi wâ:nge

ó:nu mwî:mi

ó:nu mwí:mí kî?

omwí:mi wá:ngê

944. to give a present / 贈り物をする

1) okuhê:mba (or okugába, or okúhá) ekisê:mbo

☆ okúhá omugólé ebisê:mbo : to give presents to the bride

2) okurabûka /okurábûka : syn. but a Tooro word

a. gift; present / 贈り物、プレゼント

1) ekisê:mbo 7, ebisê:mbo 8 <okusê:mba "to wrap" (No.833)

ekisé:mbo kímû

ekisé:mbo kyâ:nge

kínu kisê:mbo

kínu kisé:mbó kî?

ekisé:mbo kyá:ngê

2) ekiramûkyo 7, ebiramûkyo 8 : small present <okuramûkya "to greet" (No.946)

ekiramúkyo kímû

ekiramúkyo kyâ:nge

kínu kiramûkyo

kínu kiramúkyó: kî?

eiramúkyo kyá:ngê

3) ekirabûko 7, ebirabûko 8 /ekirábûko 7, ebirábûko 8 : present given to the bride <okurabûka.
    ekirabúko kímû   /See above.
    ekirabúko kyâ:nge
    kínu kirabûko
    kínu kirabúkó kî?
    ekirabúko kyá:ngê
  b. to return a present / お礼返しをする
    okuro.ngô:ra
  c. return gift / お返し
    1) empâ:no 9,10 : return present given on the spot
       empá:no é:mû
       empá:no yâ:nge
       é:nu mpâ:no
       é:nu mpá:nó kî?
       empá:no yá:ngê
    2) ekiro.ngô:ro 7, ebiro.ngô:ro 8 : gift given when one gives back a return visit. <okuro.ngô:ra.
       ekiro.ngó:ro kímû   /See above.
       ekiro.ngó:ro kyâ:nge
       kínu kiro.ngô:ro
       kínu kiro.ngó:ró kî?
       ekiro.ngó:ro kyá:ngê

945. to receive / 受け取る
    1) okutû:nga : to receive a thing
    2) okwa.nu:kûra : to receive with hands
    3) okuta.ngî:rra : to receive a person
       okuta.ngî:rrwa or okuta.ngirîrwa pass. : to be received by sb

946. to greet / 挨拶をする
    1) okuramûkya
       okuramukîbwa pass. : to be greeted by sb
       okuramukîza appl. : to greet for sb
       okuramukya.ngâna recipr. : to greet each other
       ☆ Obandamukízê! : Give my regards to them!
    cf. endamûkya 9,10 : way of greeting
       endamúkya é:mû
       endamúkya yâ:nge
       é:nu ndamûkya
       é:nu ndamúkyá: kî?
       endamúkya yá:ngê
    2) okurôra : to see. See No.629.
       ☆ Oba.ndó:rrê! : Give my regards to them!
         N.B. This a subjunctive form of the applicative "to see for sb".
    a. to shake hands / 握手をする
       okukwá:ta omu.ngâro

947. to take leave of sb; to bid farewell / 別れを告げる
    okurâga
    okuraga.ngâna recipr. : to take leave of each other

☆ Age.nzere ataragírê. : He has gone without saying goodbye.

948. to sing / 歌う
okuzîna
okuzinîra /okuzínîra appl. : to sing for sb
okuzînwa or okuzinîbwa /okuzíníbwa pass. : to be sung by sb
okuzinîka /okuzíníka neut. : to be able to sing

cf. omuzîni 1, abazîni 2 : singer, dancer
omuzíni ó:mû
omuzíni wâ:nge
ó:nu muzîni
ó:nu muzíní kî?
omuzíni wá:ngê

cf. enzîna 9,10 : way of singing, dancing
enzína é:mû
enzína yâ:nge
é:nu nzîna
é:nu nzíná kî?
enzína yá:ngê

cf. emizinîre 4 /emizínîre 4 : syn. of the preceding.
emizinîre é:mû
emizinîre yâ:nge
é:nu mizinîre
é:nu miziníré kî?
emizinîre yá:ngê

a. song / 歌
1) ekizîna 7, ebizîna 8 <okuzîna "to sing". See above.
ekizína kímû
ekizína kyâ:nge
kínu kizîna
kínu kizíná kî?
ekizína kyá:ngê

2) ekikâso 7, ebikâso 8 : traditional song sung by women to praise kings, chiefs, etc.
ekikáso kímû
ekikáso kyâ:nge
kínu kikâso
kínu kikásó kî?
ekikáso kyá:ngê

3) akazína k'o:túrô 12, obuzína bw'o.túrô 14 : lullaby, cradle song

4) amábwâ 6 : cattle song
amábwá gámû
amábwá gâ:nge
gánu mábwâ
gánu mábwá: kî?
amábwá gá:ngê

949. to dance / 踊る
okuzîna

N.B. This is the same verb as "to sing". See the preceding number. Indeed, "to dance" is not differentiated from "to sing"; people sing and dance at the same time.

cf. omuzîni 1, abazîni 2 : dancer, singer. See above.

cf. enzîna 9,10 : way of dancing, singing. See above.

cf. emizinîre 4 /emizínîre 4 : syn. of the preceding. See above.

a. dance / 踊り

1) amazîna 6 : dance <okuzîna "to dance"
amazína gámû
amazína gâ:nge
gánu mazîna
gánu mazíná kî?
amazína gá:ngê

2) orunyêge 11, ---- : traditional dance with shakers ebinyêge 8
Cf. ekinyêge 7/8 "shaker on legs in dancing" (No.600).

3) i:gû:lya 5, amagû:lya 6 : dance with shakers ebinyêge 8 but without strong stamping of feet
i:gú:lya límû   /on the fround
i:gú:lya lyâ:nge
línu igû:lya
línu igú:lyá: kî?
i:gú:lya lyá:ngê

950. to play a musical instrument; to perform / 演奏する

okutê:ra : to beat. See No.869.

☆ okuté:ra engôma : to beat a drum

☆ okuté:ra ekidô:ngo : to play the guitar

☆ okuté:ra endêre : to play the flute

951. to play / 遊ぶ

okuzâ:na : to play
okuza:nîra appl. : to play at a place
okuzâ:nwa or okuza:nîbwa pass. : to be played by sb
okuza:nîka neut. : to be playable

☆ okuzá:na omupî:ra : to play football / サッカーをする

cf. omuzâ:ni 1, abazâ:ni 2 : player (of football, etc.)
omuzá:ni ó:mû
omuzá:ni wâ:nge
ó:nu muzâ:ni
ó:nu muzá:ní kî?
omuzá:ni wá:ngê

a. ball; football / ボール、球

omupî:ra 3, emipî:ra 4 <Sw. mpira
omupí:ra gúmû
omupí:ra gwâ:nge
gúnu mupî:ra
gúnu mupí:rá kî?
omupí:ra gwá:ngê

cf. akapî:ra 12, obupî:ra 14 : dim.of omupî:ra 3/4 : small ball (tennis ball, etc.)

N.B. As these words designate all types of rubber, the following qualification makes the

meaning clearer.
- ☆ omupí:ra gw'o.kuzâ:na 3, emipí:ra y'o.kuzâ:na 4 : ball of playing (football)

b. score, point in playing / 得点
- akagôbo 12, obugôbo 14
- akagóbo kámû
- akagóbo kâ:nge
- kánu kagôbo
- kánu kagóbó kî?
- akagóbo ká:ngê

c. game / ゲーム
- omwê:so 3, emyê:so 4 : mankala game
- omwé:so gúmû
- omwé:so gwâ:nge
- gúnu mwê:so
- gúnu mwé:só kî?
- omwé:so gwá:ngê

d. gambling game / ギャンブル
- ejâ:ra 9,10
- ejá:ra é:mû
- ejá:ra yâ:nge
- é:nu jâ:ra
- é:nu já:rá kî?
- ejá:ra yá:ngê

952. to wrestle / 相撲を取る
    okuzá:na ekîgwo
  cf. ekîgwo 7, ebîgwo 8 : traditional wrestling <okúgwâ "to fall" (Nos.591, 592)
    ekígwo kímû
    ekígwo kyâ:nge
    kínu kîgwo
    kínu kígwó: kî?
    ekígwo kyá:ngê

953. to be glad, happy, satisfied / 嬉しい、喜ぶ
  1) okusemerêrwa /okusemérêrwa /okusemérerwa : to be glad, happy
     okusemerê:rrwa appl. : to be happy for sb, because of sb
     okusemêza caus. : to make happy, to please; also means "to clean".
     okusemezêbwa caus.+pass. : to be made happy by sb/sth
  cf. amasemerêrwa 6 : happiness
     amasemerérwa gámû
     amasemerérwa gâ:nge
     gánu masemerêrwa
     gánu masemerérwá: kî?
     amasemerérwa gá:ngê
  ☆ Nsemerí:rwê. : I am happy.
  ☆ Amazíga g'ê:nte ní kwó okusemerérwa kw'é:mbwâ. : [prov.] A cow's tears are the happiness of a dog.
  2) okwe.bûga : to rejoice, to express joy (success in an exam, having a goal in a football game,

etc.)
- a. to amuse oneself, to have a good time / 楽しむ
    - okucakâra : to amuse oneself in going to dance, having a drink, to go out for a party, etc.

954. to be excited / 興奮する
- okusemerérwa múnô
- a. excitement / 興奮
    - akajagâ:rro 12, obujagâ:rro 14
    - akajagá:rro kámû
    - akajagá:rro kâ:nge
    - kánu kajagâ:rro
    - kánu kajagá:rró kî?
    - akajagá:rro ká:ngê

955. to be lucky / 幸運である
    1) okúbá n'o:mugîsa
    2) okwe.sî:ma : syn. of the preceding. <refl. of okusî:ma "to thank" (No.957)
- a. good luck; blessing / 運、祝福
    1) omugîsa 3, emigîsa 4
        - omugísa gúmû
        - omugísa gwâ:nge
        - gúnu mugîsa
        - gúnu mugísá kî?
        - omugísa gwá:ngê
        - cf. omunyamugîsa 1, abanyamugîsa 2 : lucky person
    2) ekisê:mbo 7, ebisê:mbo 8 : syn. of the preceding; also means "gift, present". See No.944.
        - ☆ Okúhá ekisê:mbo : to bless sb

956. to be unlucky / 不幸である
- okúbá n'o:mugísa múbî
- a. bad luck / 不幸、不運
    - ekisirâ:ni 7, ebisirâ:ni 8 <Sw. kisarani
    - ekisirá:ni kímû
    - ekisirá:ni kyâ:nge
    - kínu kisirâ:ni
    - kínu kisirá:ní kî?
    - ekisirá:ni kyá:ngê
    - ☆ Ntu.ngire ekisirâ:ni; egá:li ba:gî:ba. : I have had a bad luck; the bicycle was stolen.
- b. to bring bad luck / 不幸をもたらす
    - okuku.ngûra
    - cf. enku.ngûzi 9,10 : he who brings bad luck
        - enku.ngúzi é:mû
        - enku.ngúzi yâ:nge
        - é:nu nku.ngûzi
        - é:nu nku.ngúzí kî?
        - enku.ngúzi yá:ngê
    - or omuku.ngûzi 1, abaku.ngûzi 2
    - cf. obuku.ngûzi 14, ---- : act of bringing bad luck, e.g. unnecessary crying of a child

957. to thank / 感謝する

okusî:ma
- okusi:mîra appl. : to thank on behalf of sb
- okusî:mwa or okusi:mîbwa pass. : to be thanked by sb
- okusi:mîsa caus. : to thank by means of sth (ex. money, etc.)
- okusi:mîka neut. : to be able to thank
- okwe.sî:ma refl. : to be thankfull, to be lucky

☆ Ni.nkusí:mâ. : I thank you.

cf. akasî:mo 12, obusî:mo 14 : gratitude / 感謝
- akasí:mo kámû
- akasí:mo kâ:nge
- kánu kasî:mo
- kánu kasí:mó kî?
- akasí:mo ká:ngê

a. to confer a favour, to benefit (vt) / 恩恵を与える
- okugasîra /okugásîra
- okugasîrwa /okugásîrwa pass. : to benefit (vi), to earn privilege

958. to feel shame / 恥ずかしい

1) okuswâ:ra : to be ashamed
- okuswâ:za caus. : to put sb in dishonor, to insult. See No.860.
- okuswâ:zwa caus.+pass. : to be put in dishonor by sb
- okuswa.:zîbwa caus.+pass. : the same as the preceding.

☆ Nswaírê. : I am ashamed.

2) okuhemûka /okuhémûka intr. : to be ashamed, syn. of okuswâ:ra
- okuhemukîra appl. : to be ashamed for sb
- okuhemûra /okuhémûra tr. : to put in dishonor, syn. of okuswâ:za
- okuhemûrwa /okuhémûrwa tr.+pass. : to be put in dishonor by sb, syn. of okuswâ:zwa

☆ Kátó ahemuki:re John. : Kato is ashamed for John.

a. shame / 恥
- ensôni 10
- ensóni zímû
- ensóni zâ:nge
- zínu nsôni
- zínu nsóní kî?
- ensóni zá:ngê

b. shameless person / 恥知らずな人

1) omuhémû 1, abahémû 2 <okuhemûka "to be ashamed". See above.
- omuhémú ó:mû
- omuhémú wâ:nge
- ó:nu muhémû
- ó:nu muhémú kî?
- omuhémú wá:ngê

cf. obuhémû 14 : shamelessness

2) omúhú w'e.nsôni 1, abáhú b'e.nsôni 2 : syn. of omuhémû 1/2.
N.B. The word omúhû 1/2 "who lacks sth, especially manners" is not used alone; it is used only with ensôni 10 "shame".

959. to be shy / 内気である

    1) okugíra ensôni
    2) okukwá:twa ensôni : syn. of the preceding.
960. to be afraid; to fear / 恐がる、恐れる
        okutî:na
        okutî:nwa pass. : to be feared by sb
        okuti:nîsa caus. : to frighten, to threaten
        okuti:nisirîza ins. : to frighten sb continuously
    cf. obutî:ni 14 : fear
        obutí:ni búmû
        obutí:ni bwâ:nge
        búnu butî:ni
        búnu butí:ní kî?
        obutí:ni bwá:ngê
    cf. ekitî:nwa 7, ebitî:nwa 8 : sth to fear (fierce animals, etc.)
        ekití:nwa kímû
        ekití:nwa kyâ:nge
        kínu kitî:nwa
        kínu kití:nwá: kî?
        ekití:nwa kyá:ngê
961. to be sad; to feel sorrow / 悲しむ
    1) okusa:lîrwa : to be sad <okusâ:sa "to have a strong pain" (No.686)
    ☆ Nsa:lí:rwê. : I am sad
    ☆ Nsa:lírwá obu ndórá John. : I fell sad when I see John.
    2) okugânya : to feel grief
  a. sadness; grief / 悲しみ
    1) obusa:lîzi 14, ---- : sadness
        obusa:lízi búmû
        obusa:lízi bwâ:nge
        búnu busa:lîzi
        búnu busa:lízí kî?
        obusa:lízi bwá:ngê
    2) amagányî 6 or engányî 10 : grief <okugânya. See above.
        amagányí gámû
        amagányí gâ:nge
        gánu magányî
        gánu magányí kî?
        amagányí gá:ngê
    3) obujûne 14, ---- : syn. of the preceding.
        obujúne búmû
        obujúne bwâ:nge
        búnu bujûne
        búnu bujúné kî?
        obujúne bwá:ngê
    4) akainamî:rro 12, obwi.namî:rro 14 : syn. of the preceding.
        akainamí:rro kámû
        akainamí:rro kâ:nge

kánu kainamî:rro
kánu kainamí:rró: kî?
akainamí:rro ká:nge

962. to disappoint / 落胆させる
okutabaijûra tr.
okutabaijûka intr. : to be disappointed
okutabaijûrwa tr.+pass. : to be disappointed by sb
☆ Ontabaijwí:rê. : You (sg.) have disappointed me.

963. to be lonely / 孤独である、寂しい
okutú:nga amâsu.
cf. amâsu 6 : solitude, loneliness, tedium
amásu gámû
amásu gâ:nge
gánu mâsu
gánu mású kî?
amásu gá:ngê
☆ okwe.mára amâsu : to divert one's loneliness

964. to regret / 後悔する
okweijûkya
☆ Nkweijúkya kuté:ra omwâ:na. : I regret to have beaten a/the child.

965. to get angry / 怒る
okubi:hîrwa : to get angry
okubi:hirîrwa /okubi:hírîrwa appl. : to get angry against sth/sb
okubi:hîza caus. : to make sb angry, to irritate
okubi:hizîbwa caus.+pass. : to be made angry by sb
☆ Obi:hizi:bwé: kî? : Against what are you (sg.) angry?
☆ Kíkî ekikubi:hî:ze? : What has made you angry?

a. anger / 怒り
ekinígâ 7, ebinígâ 8
ekinígá kímû
ekinígá kyâ:nge
kínu kinígâ
kínu kinígá kî?
ekinígá kyá:ngê

b. to be short-tempered / 気が短い
okugíra ekinigákya háihi : [lit.] to have a near anger

966. to be in a bad mood / 機嫌が悪い
okubi:hîrwa : to be in a bad mood, to be hurt morally, to be offended

a. to frown; to grimace / しかめっ面をする
okusíba hamáiso

967. to be fierce, aggressive / 怖い、攻撃的な
1) -kâ:mbwe adj. : fierce, tough, serious
  1. omukâ:mbwe   2. abakâ:mbwe
  3. omukâ:mbwe   4. emikâ:mbwe
  5. erikâ:mbwe   6. amakâ:mbwe or agakâ:mbwe
  7. ekikâ:mbwe   8. ebikâ:mbwe

    9. enkâ:mbwe   10. enkâ:mbwe or ezikâ:mbwe
   11. orukâ:mbwe
   12. akakâ:mbwe   14. obukâ:mbwe
                              13. otukâ:mbwe
   15. okukâ:mbwe
   16. ahakâ:mbwe

☆ omú:ntu mukâ:mbwe 1, abá:ntu bakâ:mbwe 2 : a tough person
   omukázi mukâ:mbwe 1, abakázi bakâ:mbwe 2 : a tough woman
   omwá:na mukâ:mbwe 1, abá:na bakâ:mbwe 2 : a tough child
   é:mbwá nkâ:mbwe 9, é:mbwá nkâ:mbwe or é:mbwá zikâ:mbwe 10 : a tough dog
   é:nte nkâ:mbwe 9, é:nte nkâ:mbwe or é:nte zikâ:mbwe 10 : a tough cow
   N.B. These expressions can also mean "The person is tough", etc.

☆ omú:ntu omukâ:mbwe 1, abá:ntu abakâ:mbwe 2 : the tough person
   omukázi omukâ:mbwe 1, abakázi abakâ:mbwe 2 : the tough woman
   omwá:na omukâ:mbwe 1, abá:na abakâ:mbwe 2 : the tough child
   é:mbwá enkâ:mbwe 9, é:mbwá enkâ:mbwe or é:mbwá ezikâ:mbwe 10 : the tough dog
   é:nte enkâ:mbwe 9, é:nte enkâ:mbwe or é:nte zikâ:mbwe 10 : the tough cow

cf. obukâ:mbwe 14, ---- : fierce behavior, toughness
   obuká:mbwe búmû
   obuká:mbwe bwâ:nge
   búnu buká:mbwe
   búnu buká:mbwé: kî?
   obuká:mbwe bwángê

cf. okúbá mukâ:mbwe : to be fierce, tough, serious, aggressive
cf. okuka.mbuhâra /okuka.mbúhâra den. : the same as the preceding.
   okuka.mbuhâza /okuka.mbúhâza caus. : to make fierce, tough, serious, aggressive

2) -kâ:li adj. : fierce, aggressive [of a person, a dog, etc.]

☆ omú:ntu mukâ:li 1, abá:ntu bakâ:li 2 : afierce person
   omukázi mukâ:li 1, abakázi bakâ:li 2 : a fierce woman
   omwá:na mukâ:li 1, abá:na bakâ:li 2 : a fierce child
   é:mbwá nkâ:li 9, é:mbwá nkâ:li or é:bwá zikâ:li 10 : a fierce dog

☆ omú:ntu omukâ:li 1, abá:ntu abakâ:li 2 : afierce person
   omukázi omukâ:li 1, abakázi abakâ:li 2 : a fierce woman
   omwá:na omukâ:li 1, abá:na abakâ:li 2 : a fierce child
   é:mbwá enkâ:li 9, é:mbwá enkâ:li or é:bwá ezérí kâ:li 10 : a fierce dog
   N.B. This adjective does not take a prefix when used predicatively.

cf. okúbá kâ:li : to be fierce, aggressive

☆ Omú:ntu ali kâ:li. 1, Abá:ntu bali kâ:li. 2 : The person is fierce.
   Omukázi ali kâ:li. 1, Abakázi bali kâ:li. 2 : The woman is fierce.
   Omwá:na ali kâ:li. 1, Abá:na bali kâ:li. 2 : The child is fierce.
   É:mbwá eri kâ:li. 9, É:mbwá ziri kâ:li. 10 : The dog is fierce.

cf. obukâ:li 14 : fierceness, aggressiveness
   obuká:li búmû
   obuká:li bwâ:nge
   búnu buká:li
   búnu buká:lí kî?

obuká:li bwá:ngê

968. to calm sb down / （怒っている人などを）宥める
- 1) okuculê:za <caus. of okuculê:ra "to keep quite" (No.648)
- 2) okuhu:mûza : syn. of the preceding. <caus. of okuhu:mûra "to take a rest" (No.741)
okuhu:muzîbwa pass. : to be dandled by sb
- ☆ okuhu:múza omwâ:na : to dandle a child (who is crying)
- cf. omuhu:mûza 1, abahu:mûza 2 : dandler of a child
omuhu:múza ó:mû
omuhu:múza wâ:nge
ó:nu muhu:múza
ó:nu muhu:múzá kî?
omuhu:múza wá:ngê

a. to comfort; to console / 慰める
- 1) okugûmya <caus. of okugúma "to be firm" (No.968)
okugumya.gûmya red.
- ☆ okugúmya omû:ntu : to console a person /(No.595)
- 2) okwi.rukî:rra : to go and console a person in bereavement. <int. of okwi.rûka "to run"
okwi.rukî:rrwa or okwi.rukirîrwa or even okwi.ruki:rîrwa pass. : to be consoled by sb

969. to be surprised, astonished / 驚く
- 1) okuhunî:rra
okuhuni:rîza caus. : to surprise sb
- 2) okwe.si:târa : syn. of the preceding.
okwe.si:tâza caus. : to surprise sb

a. to be startled, shocked / びっくりする
- 1) okukâ:nga : to shock sb
okwe.kâ:nga refl. : to be startled, shocked
- 2) okujujumûra tr. : the same as okukâ:nga
okujujumûka intr. : the same as okwe.kâ:nga

b. shock / 衝撃
enkîzi 9,10
enkízi é:mû
enkízi yâ:nge
é:nu nkîzi
é:nu nkízí kî?
enkízi yá:ngê

970. to have a hard time; to suffer hardships / 苦労する
- 1) okubona:bôna <red. of okubôna "to see" (No.629)
- ☆ Mboinaboine múnô. : I have suffered a lot.
- 2) okugumî:rrwa or okugumi:rîrwa pass. : syn. of the preceding. <int.+pass. of okugûma "to be hard, solid" (No.1129).
okugumí:rra : to make suffer
- ☆ Kínu ki.ngumí:rrâ. : This makes me suffer.

a. to be hurt morally / 傷つく
okutabaijûka

971. to be in trouble / 困る
okúbá mukizîbu

a. to perplex / 当惑させる

417

1) okusobêra
   okusobêrwa pass. : to be perplexed
☆ Nsobí:rwê. : I am perplexed, I don't know what to do.
☆ Omusáíja ansobí:rê. : The man has perplexed me.
2) okutabûra /okutábûra : to mix, to annoy
b. to dither / うろたえる
   okuta:bâ:na
c. trouble, hardship, problem / 困難、問題
   1) ekizîbu 7, ebizîbu 8
      ekizíbu kímû
      ekizíbu kyâ:nge
      kínu kizîbu
      kínu kizíbú kî?
      ekizíbu kyá:ngê
   2) ekikolîgo 7, ebikolîgo 8 /ekikólîgo 7, ebikólîgo 8 : syn. of the preceding.
      ekikolígo kímû
      ekikolígo kyâ:nge
      kínu kikolîgo
      kínu kikolígó kî?
      ekikolígo kyá:ngê

972. to hesitate / 迷う
   okugurukya.gurûkya /okugurukya.gúrûkya
   ☆ Ni.ngurukya.gurúkyá esímú ey'o.kugûra. : I hesitate about the telephone to buy.

973. to survive a hardship; to overcome / 苦労に耐える、打ち勝つ
   okwe.júna ebizîbu
   a. to endure / 耐える
      okwe.rûmya <refl.+caus. of okurûma "to bite" (No.654)

974. to worry (intr.); to feel uneasy / 心配する、不安である
   1) okwe.rali:kî:rra : to worry (intr.), to feel uneasy, to be in suspense / 心の中でハラハラする
      okwe.rali:kirîza /okwe.rali:kíríza caus. : to make sb worry
   2) okutu.ntûra : to worry (intr.); syn. of okwe.rali:kî:rra
      okutu.ntû:rra appl. : to worry about sb
      okutu.ntulîza /okutu.ntúlîza caus. : to make sb worry
      okutu.ntulizîbwa caus.+pass. : to be made worry by sb
   a. to be irritated, restless / イライラする
      okubûga
   ☆ okubúga n'o:burwáire : to be restless by a disease

975. to feel relieved, at ease / 安心する
   okuhu:mûra

976. to like; to love / 好きである、愛する
   1) okugô:nza
      okugo.nzêbwa pass. : to be liked, loved
      okugo.nza.ngâna recipr. : to like or love each other
      okwe.gô:nza refl. : to show off
   2) okwê:nda : syn. of okugô:nza
   a. love; affection / 愛、愛情

1) engó:nzî 10 : love
   engó:nzí zímû
   engó:nzí zâ:nge
   zínu ngó:nzî
   zínu ngó:nzí kî?
   engó:nzí zá:ngê
2) omukwâ:no 3, emikwâ:no 4 : affection
   omukwá:no gúmû
   omukwá:no gwâ:nge
   gúnu mukwâ:no
   gúnu mukwá:nó kî?
   omukwá:no gwá:ngê

977. to dislike; to hate / 嫌う
   1) okunôba
      okunôbwa pass. : to be disliked by sb
      okunóbêbwa pass. : the same as the preceding.
   cf. omunóbwâ 1, abanóbwâ 2 : person who is hated
      omunóbwá ó:mû
      omunóbwá wâ:nge
      ó:nu munóbwâ
      ó:nu munóbwá: kî?
      omunóbwá wá:ngê
   2) okutagô:nza : not to like <neg. of okugô:nza "to like" (No.976)
   3) okutâma : to disgust
      okutâmwa pass. : to be disgusted by sb/sth
      okwe.tâmwa refl.+pass. : to feel disgusted by sb/sth
      ☆ Engéso za: Jô:ni zi.ntamírê. : The behaviours of John have disgusted me.
      ☆ N'a:ntámâ. : He disguts me.
   4) okunûga : syn. of okutâma
      okunûgwa pass. : syn. of okutâmwa
   5) okutûra : not to like, not to appreciate
   a. to be reluctant / 気が進まない
      okugayâ:ra
      okugayâ:za caus. : to cause to be reluctant

978. to want; to need; to desire / 欲する
   1) okwe.tâ:ga : to want
      ☆ Okwe.tá:gá kî? : What do you (sg.) want?
      ☆ Ninyetá:gá kugé:nda omutáuni. : I want to go to the town.
   2) okwê:nda : to need
      ☆ N'o:yé:ndá kî? : What do you (sg.) need?
   3) okugô:nza : to like, to want
      ☆ N'o:gó:nzá kî? : What do you (sg.) want?

979. to long / 思いこがれる、熱望する
      okwe.gô:mba
      ☆ Ninyegó:mbá kúbá derê:va. : I am longing to become a driver.
   a. longing; desire / 欲望、熱望

1) ekihîka 7, ebihîka 8 : longing, expectation
      ekihíka kímû
      ekihíka kyâ:nge
      kínu kihîka
      kínu kihíká kî?
      ekihíka kyá:ngê
   2) i:sûma 5, ---- : desire to have sth
      i:súma límû
      i:súma lyâ:nge
      línu isûma
      línu isúmá kî?
      i:súma lyá:ngê
      ☆ i:súma ly'e.nyâma : desire of meat
   3) amáiru 6 : desire for meat
      amáiru gámû
      amáiru gâ:nge
      gánu máiru
      gánu máirú kî?
      amáiru gá:ngê
      ☆ amáiru g'e.nyâma : strong apetite for meat
980. to intend / 意図する、意図的に行う
      okuge.ndê:rra
      cf. ekige.ndê:rwa 7, ebige.ndê:rwa 8 : intention, purpose / 意図
          ekige.ndé:rwa kímû
          ekige.ndé:rwa kyâ:nge
          kínu kige.ndê:rwa
          kínu kige.ndé:rwá: kî?
          ekige.ndé:rwa kyá:ngê
981. to be able; can; to manage / 出来る、可能だ
      okusobôra /okusóbôra
      okusobôka /okusóbôka neut. : to be possible, feasible
      okwe.sobôra /okwe.sóbôra refl. : to be able to do on one's own
      okusobôrwa /okusóbôrwa pass. : to be manageable
      ☆ Ebizíbu bisobórwâ. : The problems are manageable.
   a. to be gifted, talented / 才能がある
      1) okuhî:rwa
         ☆ Akahi:rwa kuzîna. : He is talented in singing.
         cf. omuhî:rwa 1, abahî:rwa 2 : a gifted person
             omuhí:rwa ó:mû
             omuhí:rwa wâ:nge
             ó:nu muhî:rwa
             ó:nu muhí:rwá: kî?
             omuhí:rwa wá:ngê
         cf. obuhî:rwa 14, ---- : talent
      2) okúbá ekisê:mbo
         ☆ Aina ekisé:mbo ky'o.kuzîna. : He has a talent of singing.

b. talent; gift / 才能
- 1) obuhî:rwa 14 : talent. See above.
- 2) ekisê:mbo 7, ebisê:mbo 8 : gift, present, talent. See No.944.

c. inability / 不能
- amagágâ 6
- amagágá gámû
- amagágá gâ:nge
- gánu magágâ
- gánu magágá kî?
- amagágá gá:ngê

982. to believe; to trust / 信じる
- 1) okwi.kirîza /okwi.kírîza : to believe
  - okwi.kiriríza appl. : to believe in
  - okwi.kiririza:mu.ngâna appl.+clit.+recipr. : to believe in each other
  - ☆ okwi.kiríza embá:ndwâ : to believe in local spirits
  - ☆ okwi.kiriríza omuKajûra : to believe in Kajura
- 2) okwe.sîga : to trust
  - okwe.sîgwa pass. : to be trusted by sb
  - ☆ okwe.síga omû:ntu : to trust a person
- cf. omwe.sîgwa 1, abe:sîgwa 2 : someone trusted, reliable person
  - omwe.sígwa ó:mû
  - omwe.sígwa wâ:nge
  - ó:nu mwe.sîgwa
  - ó:nu mwe.sígwá: kî?
  - omwe.sígwa wá:ngê
- cf. obwe.sîgwa 14, ---- : trust, reliability

983. to guarantee / 保証する
- okugumîza /okugúmîza : to confirm <caus. of okugûma "to be firm" (No.1129)
- N.B. The word okukakâsa is a Luganda loan.

984. to doubt / 疑う
- okugurukya.gurûkya /okugurukya.gúrûkya
- ☆ Ni.ngurukya.gurúkyá engéso z'o:mwâ:na. : I am doubtful of the behaviours of the child.
- ☆ Ni.nguruky.agurúkyá John kwî:ja. : I doubt if John comes.

a. to suspect / ではないかと思う
- 1) okunihîra /okuníhîra : to suspect, to hope
  - ☆ okunihî:rră:mû : to suspect of sb
- 2) okute:kerêza /okute:kérêza : to think
  - ☆ okute:kereréză:mû : to think of sb

985. to ask; to question / 問う
- okukagûza /okukágûza
- okukaguzîbwa pass. : to be asked by sb
- okukagûzwa pass. : not used
- okukagulîza /okukagúlîza appl. : to ask for sb
- okukagu:lirîza repet. : to ask repeatedly
- ☆ N'o:kaguzá: ki? : What are you asking?
- cf. ekikagûzo 7, ebikagûzo 8 /ekikágûzo 7, ebikágûzo 8 : question / 質問

        ekikagúzo kímû
        ekikagúzo kyâ:nge
        kínu kikagûzo
        kínu kikagúzó: kî?
        ekikagúzo kyá:ngê

986. to answer / 答える
        okugarúkámû : to answer a question; [lit.] to return in it. Cf. okugarûka "to return (intr.)"
        okugarukírámû appl. : to answer for sb   /(No.579).
        okugarúkwǎ:mû pass. : to be answered by sb
   cf. engarukámû 9,10 : answer / 答え
        engarukámú é:mû
        engarukámú yâ:nge
        é:nu ngarukámû
        é:nu ngarukámú kî?
        engarukámú yá:ngê

987. to reply to a call / （呼ばれて）返事する
        okwe.tebûka /okwe.tébûka <okwê:ta "to call" (No.646)
        okwe.tebukîra appl. : to reply for sb
 a. word uttered as a response when called by someone / 呼ばれた時の返事
    1) wáitu : [lit.] our (cl.1); polite response used by men and women, especially women when called by a senior person or by her husband. Daughters also use this word to reply to their fathers and mothers, especially to mothers. To fathers they may say "tâ:ta". But saying wáitu is more polite.
    2) tâ:ta : [lit.] father
       N.B. This word is used by sons and daughters when called by their father or mother. But daughters more often than not reply, saying "wáitu" to show their respect toward them. It is used by extention by boys and girls when called by any senior people. It is a customary rule that seniors are not to be called by younger people. When young people have something to tell or ask them, they go to them and ask in person. These days, however, the Swahili word muzê:i is introduced to the language and is very often used by young people to call seniors, including their fathers.
 b. not to reply to a call / 呼ばれても返事をしない
        okute:tebûka /okute:tébûka <neg. of okwe.tebûka "to answer". See above.

988. to explain / 説明する
        okusobô:rra
        okusoborô:rra appl. : to explain to sb
        okusobô:rrwa or kusoborôrwa pass. : to be explained by sb
        okusoborolêrwa appl.+pass. : to be explained to sb
 ☆ John akasoborolerwa Kajûra. : John was given explanations by Kajura.
   cf. ensobô:rra 9, --- : explanation
        ensobó:rra é:mû
        ensobó:rra yâ:nge
        é:nu nsobô:rra
        é:nu nsobó:rrá: kî?
        ensobó:rra yá:ngê

989. to persuade; to convince / 説き伏せる、納得させる

1) okusô:na : to persuade
   okuso:nasô:na red. : more or less the same as the preceding.
☆ Tumuso:naso:nérê. : We have persuaded him.
2) okuberebê:nja : to convince

990. to understand / 理解する、わかる
   1) okwe.tegerêza
      okwe.tegereza.ngâna recipr. : to understand each other
      okute:tegerêza neg. : not to understand
   ☆ Ó:gu mú:ntu akwe.tegerêza. : This is a person who understands.
   ☆ N'o:yetegerézâ? : Do you (sg.) understand?
   ☆ Okwe.tegerêza? : the same as the preceding.
   ☆ Tí:nkwe.tegerêza. : I don't understand.
   ☆ Ti.nkwe.tegerí:zê. : I have not understood you.
   2) okukê:nga : syn. of okwe.tegerêza
   3) okukwâ:ta : [lit.] to grasp. See Nos.821, 838.
      okukwa.ta.ngâna recipr. : to understand each other; [lit.] to grasp each other
   4) okwi.kira.nganîza or okwi.kiranîza : to understand each other

991. to command; to give orders / 命令する
   okuragîra
   cf. ekiragîro 7, ebiragîro 8 : order
      ekiragíro kímû
      ekiragíro kyâ:nge
      kínu kiragîro
      kínu kiragíró kî?
      ekiragíro kyá:ngê

992. to forbid; to prohibit / 禁止する
   okuta.ngisirîza <okutâ:nga "to deny, to prevent". See below.
   a. to prevent; to hinder / 防ぐ、させない
      okutâ:nga
   ☆ okutá:nga embûzi kúlyá eby'o.kúlyâ : to prevent goats from spoiling crops

993. to apologize; to excuse oneself / 詫びる
   1) okwe.se.ngerêza
   2) okwe.tô:nda : syn. of the preceding.
   3) okusába ekiganyîro : to ask forgiveness
   cf. ekiganyîro 7, ebiganyîro 8 : forgiveness, apology
      ekiganyíro kímû
      ekiganyíro kyâ:nge
      kínu kiganyîro
      kínu kiganyíró kî?
      ekiganyíro kyá:ngê
   ☆ Ni.nkusábá onganyírê. : I ask you to forgive me.

994. to forgive / 許す
   okuganyîra
   okuganyîrwa pass. : to be forgiven by sb
   cf. omuganyîzi 1, abaganyîzi 2 /omugányîzi 1, abagányîzi 2 : he who forgives
      omuganyízi ó:mû

omuganyízi wâ:nge
ó:nu muganyîzi
ó:nu muganyízí kî?
omuganyízi wá:ngê
N.B. This word can also mean "God".

995. to show one's sympathy for sb / 同情する、情けをかける
   1) okusa:sîra <appl. of okusâ:sa "to have a pain" (No.686)
   2) okugíra embabâzi : syn. of the preceding.
   a. sympathy / 同情
      embabâzi 10 /embábazi 10. See No.1152.

996. to praise / 褒める
   1) okuháisa
      okuhaisîbwa pass. : to be praiseed
      okuhaisanîza /okuhaisániza repet. : to praise repeatedly
   ☆ okuhaisaníza Ruhá:ngâ : to praise God / 神を賛美する
   2) okukugîza : to praise, syn. of the preceding.
      okukugizîbwa pass. : to be praised

997. to be proud / 自慢する
   1) okwe.hû:rra : [lit.] to feel oneself <refl. of okuhû:rra "to feel" (No.634)
      okwe.hulirízǎ:mû : be proud of sth/sb
   ☆ Ayehú:rrâ. : He prides himeself.
   cf. omwe.hû:rro 3, emye.hû:rro 4 : pride
      omwe.hú:rro gúmû
      omwe.hú:rro gwâ:nge
      gúnu mwe.hû:rro
      gúnu mwe.hú:rró kî?
      omwe.hú:rro gwá:ngê
   2) okwe.mányáhô : syn. of okwe.hû:rra; [lit.] to know oneself concerning it <refl. of okumânya "to know" (No.1065), followed by the clitic ho "about that, on it".
   ☆ Kajûra ayemanyáhô. : Kajura is proud of himeself.

998. to behave self-importantly; to be arrogant / 偉そうにする、傲慢だ
      okwe.pâ:nka : to behave self-importantly, to show off. Cf. okupâ:nka, not used.
   a. arrogance / 傲慢
      1) emye.pâ:nko 4 : arrogance by way of appearance (e.g. walking, clothing), show, vanity /見栄
         emye.pá:nko é:mû
         emye.pá:nko yâ:nge
         é:nu mye.pâ:nko
         é:nu mye.pá:nkó kî?
         emye.pá:nko yá:ngê
      2) embáza ḿbî 9,10 : arrogance by way of talking; [lit.] bad way of talking
   b. self-mindedness, egoism / わがまま
      orwî:ru 11, ----
      orwí:ru rúmû
      orwí:ru rwâ:nge
      rúnu rwî:ru
      rúnu rwí:rú kî?

424

orwí:ru rwá:ngê

999. to be confident / 自信がある
    okwe.sîga
    okwe.yesîga refl. : to be confident of oneself
    okute:yesîga neg.+refl. : not to be confident of oneself
  a. to pretend to be strong, to try to act tough; bravado / つっぱる、強がりを言う
    1) okwe.pimapîma
    2) okwe.pâ:nka : syn. of the preceding; also means "to behave self-importantly" (No. 998)

1000. to scold / 叱る
    okuhâna : to scold, to advice
    okuhânwa pass. : to be scolded by sb, to be given advice by sb

1001. to abuse / 悪態をつく
    okujûma : to abuse, to insult
    okujûmwa pass. : to be abused
    okujumîbwa pass. : the same as the preceding.
    okujumîra appl. : to abuse for sb
    okujuma.ngâna recipr. : to abuse each other
  cf. enjûma 9 : abuse, way of abusing
    enjúma é:mû
    enjúma yâ:nge
    é:nu njûma
    é:nu njúmá kî?
    enjúma yá:ngê
  ☆ Enjúma ya. Kajûra te.nsemí:zê. : Kajura's way of abusing does not please me.
  cf. ekijûmo 7, ebijûmo 8 : insult
    ekijúmo kímû
    ekijúmo kyâ:nge
    kínu kijûmo
    kínu kijúmó kî?
    ekijúmo kyá:ngê

1002. to insult / 侮辱する、侮る
    1) okuswâ:ra : to be insulted
    okuswâ:za caus. : to insult
    okuswa.zîbwa caus.+pass. : to be insulted by sb
    okuswa.za.ngâna caus.+recipr. : to insult each other
  ☆ Nswáírê. : I am insulted.
  ☆ Nswazi:bwe Kátô. : I have been insulted by Kato.
    2) okujûma : to abuse, to insult. See No.1001.
  a. to put in disgrace; to ashame / 恥をかかせる
    okuhemûra /okuhémûra tr.
    okuhemûrwa /okuhémûrwa tr.+pass. : to be put in disgrace
    okuhemûka /okuhémûka intr. : to be ashamed
    okuhemukîra intr.+appl. : to be ashamed for sb
  cf. ekihémû 7, ebihémû 8 : disgrace
    ekihémú kímû
    ekihémú kyâ:nge

   kínu kihému
   kínu kihémú kî?
   ekihémú kyá:ngê
1003. to protest / 抗議する
   okuhakanîza
  cf. omuhakanîzi 1, abahakanîzi 2 : protestant
   omuhakanízi ó:mû
   omuhakanízi wâ:nge
   ó:nu muhakanîzi
   ó:nu muhakanízí kî?
   omuhakanízi wá:ngê
1004. to accuse / 訴える、訴訟をする
   okunyegê:rra
   okunyegérêrwa or okunyegê:rrwa pass. : to be accused by sb
   okunyege:rra.ngâna recipr. : to accuse each other
  cf. omunyegê:rra 1, abanyegê:rra 2 : accuser
   omunyegé:rra ó:mû
   omunyegé:rra wâ:nge
   ó:nu munyegê:rra
   ó:nu munyegé:rrá: kî?
   omunyegé:rra wá:ngê
  cf. omunyegêzi 1, abanyegêzi 2 : accuser, syn. of the preceding.
   omunyegézi ó:mû
   omunyegézi wâ:nge
   ó:nu munyegêzi
   ó:nu munyegézí kî?
   omunyegézi wá:ngê
  cf. obunyegêzi 14, ---- : accusation
  cf. omunyegê:rrwa 1, abanyegê:rrwa 2 : defendant, accused person
   omunyegé:rrwa ó:mû
   omunyegé:rrwa wâ:nge
   ó:nu munyegê:rrwa
   ó:nu munyegé:rrwá: kî?
   omunyegé:rrwa wá:ngê
  a. to appeal to a higher court / 控訴する
   okujû:rra
   okujúlîza caus. : syn. of the preceding.
1005. to plead before the court / 弁論する
   okuto.ngâna
   okuto.nganîra appl. : to plead at a place
   okuto.nganî:rra doub.appl. : to plead for sb
 ☆ okuto.nganíra mukô:ti : to plead in a court
  cf. omuto.nganirîzi 1, abato.nganirîzi 2 : lawyer
   omuto.nganirízi ó:mû
   omuto.nganirízi wâ:nge
   ó:nu muto.nganirîzi

　　　　　ó:nu muto.nganirízí kî?
　　　　　omuto.nganirízi wá:ngê
1006. to give evidence; to testify / 証言する
　　　　　okúhá obwa.káiso : to give evidence
　　a. witness / 証言者、証人
　　　　1) omujulîzi 1, abajulîzi 2 /omujúlîzi 1, abajúlîzi 2
　　　　　omujulízi ó:mû
　　　　　omujulízi wâ:nge
　　　　　ó:nu mujulîzi
　　　　　ó:nu mujulízí kî?
　　　　　omujulízi wá:ngê
　　　　2) káiso 1a,2a, ba:káiso 2a, aba:káiso 2 <akáiso 12, dim.of erî:so 5/6 "eye" (No.6) : syn. of
　　　　　káiso ó:mû　　　　　　　　　　　　　　　　　　　　　　／the preceding.
　　　　　káiso wâ:nge
　　　　　ó:nu káiso
　　　　　ó:nu káísó kî?
　　　　　káiso wá:ngê
　　b. testimony, evidence / 証言、証拠
　　　　1) obwa.káiso 14, ---- <obwa + akáiso, dim.of erî:so 5/6 "eye" (No.6).
　　　　　obwa.káiso búmû
　　　　　obwa.káiso bwâ:nge
　　　　　búnu bwa.káiso
　　　　　búnu bwa.káísó kî?
　　　　　obwa.káiso bwá:ngê
　　　　2) obujulîzi /obujúlîzi 14, ---- : syn. of the preceding. See above.
　　c. exhibit / 証拠品
　　　　　ekizibîti 7, ebizibîti 8 /ekizíbîti 7, ebizíbîti 8 <Eng.
　　　　　ekizibíti kímû
　　　　　ekizibíti kyâ:nge
　　　　　kínu kizibîti
　　　　　kínu kizibítí kî?
　　　　　ekizibíti kyá:ngê
1007. to judge; to try a case / 裁く
　　　　1) okúcwâ : [lit.] to cut
　　　　　okucwá:mû : to judge it, judgement
　　　　2) okuramûra /okurámûra : syn. of okúcwâ
　　cf. omuramûzi 1, abaramûzi 2 /omurámûzi 1, abarámûzi 2 : judge / 裁判官
　　　　　omuramúzi ó:mû
　　　　　omuramúzi wâ:nge
　　　　　ó:nu muramûzi
　　　　　ó:nu muramúzí kî?
　　　　　omuramúzi wá:ngê
　　a. affair; case / 事件、訴訟、裁判
　　　　　omusâ:ngo 3, emisâ:ngo 4
　　　　　omusá:ngo gúmû
　　　　　omusá:ngo gwâ:nge

        gúnu musâ:ngo
        gúnu musá:ngó kî?
        omusá:ngo gwá:ngê
   b. court / 裁判所
     1) h'o:kuramú:rra emisâ:ngo 16 <ahá:ntu h'o:kuramú:rra emisâ:ngo 16 "place of judge cases"
     2) h'o:kucwé:ra emisâ:ngo 16 <ahá:ntu h'o:kucwé:ra emisâ:ngo 16 "place of judge cases"

1008. to punish / 罰する
        okufubîra /okufúbîra
        okufúbîrwa pass. : to be punished by sb
   cf. ekifubîro 7, ebifubîro 8 /ekifúbîro 7, ebifúbîro 8 : punishment / 罰
        ekifubíro kímû
        ekifubíro kyâ:nge
        kínu kifubîro
        kínu kifubíró kî?
        ekifubíro kyá:ngê
  a. sanctions / 制裁
        omuhî:ngo 3, emihî:ngo 4
        omuhí:ngo gúmû
        omuhí:ngo gwâ:nge
        gúnu mohî:ngo
        gúnu muhí:ngó kî?
        omuhí:ngo gwá:ngê

1009. to advise / 助言する
     1) okúhá amagêzi : [lit.] to give wisdom
     2) okuhâna : to scold, to advice
     3) okuhabûra /okuhábûra tr. : to rectify, to put to the right direction, to advise
        okuhabûrwa /okuhábûrwa tr.+pass. : to advised by sb
        okuhabûka /okuhábûka intr. : to be advised
   cf. ekihabûro 7, ebihabûro 8 /ekihábûro 7, ebihábûro 8 : advice / 助言
        ekihabúro kímû
        ekihabúro kyâ:nge
        kínu kihabûro
        kínu kihabúró kî?
        ekihabúro kyá:ngê

1010. to cheat; to deceive / 騙す
     1) okubi:habî:ha <red. of okubî:ha "to tell a lie" (No.1012)
        okwe.bî:ha refl. : to deceive oneself, to fool oneself
     2) okugôbya : to betray, not to be sincere. See No.1156.
  a. swindle / いかさま、詐欺
        amanya:nú:ngî 6
        amanya:nú:ngí gámû
        amanya:nú:ngí gâ:nge
        gánu manya:nú:ngî
        gánu manya:nú:ngí kî?
        amanya:nú:ngí gá:ngê

1011. to betray a secret / 人の秘密をばらす

okwa.túra ensîta
a. to confide a secret to sb / 自分の秘密を打ち明ける
okugá:mba ensîta
b. to keep a secret / 秘密を守る
1) okwa.húra ensîta
2) okulí:nda ensîta : the same as the preceding.
c. secret / 秘密
ensîta 9,10
ensíta é:mû
ensíta yâ:nge
é:nu nsîta
é:nu nsítá kî?
ensíta yá:ngê

1012. to tell a lie / 嘘をつく
1) okubî:ha
okubi:hîra appl. : to tell a lie about a person
☆ Ombi:hirírê : You (sg.) have told me a lie.
☆ Ombi:hiri:re ebisûba : You (sg.) have told a lie about me.
2) okubáza ebisûba : the same as okubî:ha
☆ Ambali:ze ebisûba. : He has told me a lie.
a. lie / 嘘
(ekisûba 7), ebisûba 8
ebisúba bímû
ebisúba byâ:nge
bínu bisûba
bínu bisúbá kî?
ebisúba byá:ngê

1013. to speak ill of sb / 悪口を言う
okubázá:hó kúbî
☆ Akubalizéhó kúbî. : He has spoken ill of you (sg.).
a. to gossip / 噂する
okugêya
b. rumour; gossip / 噂
orugâ:mbo 11, engâ:mbo 10 <okugâ:mba "to speak" (No.640)
orugá:mbo rúmû
orugá:mbo rwâ:nge
rúnu rugâ:mbo
rúnu rugá:mbó kî?
orugá:mbo rwá:ngê

1014. to respect / 尊敬する
1) okútámú ekiti:nîsa
okuté:bwǎ:mú ekiti:nîsa pass. : to be respected by sb
okutamu.ngána ekiti:nîsa recipr. : to respect each other
☆ okútámú omú:ntu ekiti:nîsa : to respect a person
2) okuté:kámú ekiti:nîsa : syn. of okútámú ekiti:nîsa
okuté:kwá:mú ekiti:nîsa pass. : to be respected by sb

okute:kamu.ngána ekiti:nîsa recipr. : to respect each other
N.B. As both okútâ and okutê:ka have the same meaning of "to put" (No.897), the three expressions in 2) are, respectively, the same as those in 1).
- a. respect; honour / 尊敬
  ekiti:nîsa 7, ebiti:nîsa 8 <okuti:nîsa "to frighten" (No.960)
  ekiti:nísa kímû
  ekiti:nísa kyâ:nge
  kínu kiti:nîsa
  kínu kiti:nísá kî?
  ekiti:nísa kyá:ngê

1015. to despise / 軽蔑する
  1) okugaru:kirîza /okugaru:kírîza
     okugaru:kirizîbwa pass. to be despised
     okugaru:kiriza.ngâna : recipr. : to despise each other
  2) okutátámú ekiti:nîsa : not to respect
     okutaté:bwǎ:mú ekiti:nîsa pass. : not to be respected by sb
     okutatamu.ngána ekiti:nîsa recipr. : not to respect each other
  3) okutaté:kámú ekiti:nîsa : not to respect
     okutaté:kwǎ:mú ekiti:nîsa pass. : not to be respected by sb
     okutate:kamungána ekiti:nîsa recipr. : not to respect each other
     N.B. The three expressions in 2) are, respectively, the same as those shown in 1).
  4) okugâya : to underestimate
     okugâywa pass. : to be underestimated by sb
     okugaya.ngâna recipr. : to underestimate each other
  cf. omugâyo 3, emigâyo 4 : underestimation, contempt, scorn / 過小評価、軽蔑
     omugáyo gúmû
     omugáyo gwâ:nge
     gúnu mugâyo
     gúnu mugáyó kî?
     omugáyo gwá:ngê

1016. to ill-treat / いじめる、虐待する
  1) okutwá:ra kúbî : to ill-treat
  2) okutu.ntûza : to treat harshly
     okutu.ntuzîbwa pass. : to be treated harshly by sb
  3) okuhaihâza : syn. of okutu.ntûza
     okuhaihazîbwa pass. : syn. of okutu.ntuzîbwa
  4) okuharâza /okuhárâza : syn. of okutu.ntûza
     okuharazîbwa pass. : syn. of okutu.ntuzîbwa
- a. ill-treatment; harassment / いじめ
  omwá:gâ 3, emyá:gâ 4
  omwá:gá gúmû
  omwá:gá gwâ:nge
  gúnu mwá:gâ
  gúnu mwá:gá kî?
  omwá:gá gwá:ngê

1017. to do mischief to sb / 人に悪さをする、いたずらをする

1) okujwô:ga
2) okusoisômya : syn. of the preceding.

1018. to flatter / へつらう、お世辞を言う
  okusû:ta
  okusu:tasû:ta red. : to flatter continuously
 a. to be sweet-mouthed / 口でうまいことを言う
  okuso:nasô:na
 b. to ingratiate / 人に取り入る
  okwe.gûya

1019. to pray / 祈る
 1) okusâba
  okusabîra /okusábîra appl. : to pray for sb
  okusabîrwa /okusábîrwa appl.+pass. : to be prayed for sb by sb
  okusabîsa /okusábîsa caus. : to lead a prayer
 2) okusâ:ra : to pray in Islaam /（イスラム教で）説教する
 a. prayer / 祈り
  esâ:ra 9,10 <Sw. sala
  esá:ra é:mû
  esá:ra yâ:nge
  é:nu sâ:ra
  é:nu sá:rá kî?
  esá:ra yá:ngê
 ☆ okusóma esâ:ra : to make a prayer

1020. to worship / 拝む
  okurâmya
  okuramîza appl. : to worship at a place
  okuramîbwa pass. : to be worshiped
 ☆ okurámya Ruhá:ngâ : to worship God
 a. to pray to the spirits of the dead / 霊に祈る
  1) okubá:ndwa emizîmu
  2) okurámya embá:ndwâ : syn. of the preceding.
  3) okugabíra emizîmu : to give (food, sacrifice) to the spirits

1021. to preach / 説教する
 1) okutebêza /okutébêza
 2) okusomêsa /okusómêsa : to preach, to teach
 a. preacher / 説教師
  1) omutebêzi 1, abatebêzi 2 /omutébêzi 1, abatébêzi 2
   omutebézi ó:mû
   omutebézi wâ:nge
   ó:nu mutebêzi
   ó:nu mutebézí kî?
   omutebézi wá:ngê
  2) omusomésá w'e.kanísâ 1, abasomésá b'e:kanísâ 2 : syn. of the preceding.

1022. to ask; to request; to demand / 求める
 1) okusâba : to ask
  okusâbwa pass. : to be asked by sb

　　　　okusabîbwa /okusábîbwa pass. : the same as the preceding.
　　　　okusaba.ngâna recipr. : to ask each other
　　2) okwe.se.ngerêza : to ask in a humble way, to implore / ねだる
　　　　okwe.se.ngerezêbwa pass. : to be asked in a humble way
　　3) okutô:nga : to ask to give back
　　　　okuto.ngêbwa pass. : to be asked to give back by sb
　　　　okuto.nga.ngâna recipr. : to ask each other to give back
　　☆ John, ni.nkutó:ngá esá:tí yâ:nge. : John, I ask you to give back my shirt.
1023. to tempt / 誘惑する
　　　　okwô:hya
　　　　okwo.hêbwa pass. : to be tempted by sb
　　cf. ekyô:hyo 7, ebyô:hyo 8 : temptation
　　　　ekyó:hyo kímû
　　　　ekyó:hyo kyâ:nge
　　　　kínu kyô:hyo
　　　　kínu kyó:hyó: kî?
　　　　ekyó:hyo kyá:ngê
　a. enticement / おびき寄せるもの、餌
　　　　akasô:no 12, obusô:no 14
　　　　akasó:no kámû
　　　　akasó:no kâ:nge
　　　　kánu kasô:no
　　　　kánu kasó:nó kî?
　　　　akasó:no ká:ngê
1024. to beg / 物乞いする
　　　　okusabi:rîza <repet. of okusâba "to ask" (No.1022)
　a. beggar / 乞食
　　1) omusabi:rîzi 1, abasabi:rîzi 2 : <okusabi:rîza "to beg". See above.
　　　　omusabi:rízi ó:mû
　　　　omusabi:rízi wâ:nge
　　　　ó:nu musabi:rîzi
　　　　ó:nu musabi:rízí kî?
　　　　omusabi:rízi wá:ngê
　　2) masikî:ni 1a/2a, ba:masikî:ni 2a, aba:masikî:ni 2 : syn. of the preceding. <Sw. maskini
　　　　masikí:ni ó:mû
　　　　masikí:ni wâ:nge
　　　　ó:nu masikî:ni
　　　　ó:nu masikí:ní kî?
　　　　masikí:ni wá:ngê
1025. to undertake; to accept / 引き受ける
　　　　okwi.kirîza /okwi.kírîza
1026. to refuse; to reject / 断る、拒否する
　　1) okwâ:nga : to refuse (to receive)
　　　　okwa.ngîra appl. : to refuse for a reason
　　☆ Aya.ngírê. : He has refused, he has said "no".
　　☆ Ebí:ntu bika.nga kwî:ja. : Things did not come to fruition.

    2) okuzîra : to refuse sth sulkily, with anger
    ☆ okuzíra ebyo.kúlyâ : to refuse a meal sulkily
    ☆ Abasirá:mu bazira empúnû. : The Muslims refuse pork.
    cf. enzîra 9, ---- : sulky refusal, with anger
        enzíra é:mû
        enzíra yâ:nge
        é:nu nzîra
        é:nu nzírá kî?
        enzíra yá:ngê
  a. to deny; not to admit / 否定する
    1) okwâ:nga
    2) okwe.hakâna /okwe.hákâna : syn. of the preceding.
1027. to agree / 賛成する
    okwi.kirîza /okwi.kírîza : to believe, to agree. See No.982.
1028. to support / 支持する、支援する
    okuyâ:mba
    okuyâ:mbwa or okuya.mbîbwa pass. : to be supported by sb
    okuya.mbîsa caus. : to use sth to support
    okuya.mba.ngâna recipr. : to support each other
    okwe.yâ:mba refl. : to support oneself
  cf. omuyâ:mbi 1, abayâ:mbi 2 : supporter. See No.737.
  cf. obuyâ:mbi 14, ---- : support
1029. to oppose; to be against; to object / 反対する
    okuhakanîza : to oppose
    okuhakanizîbwa pass. : to be opposed by sb
    okuhakaniza.ngâna recipr. : to oppose each other
    Cf. okuhakâna "to compete" (No.775).
  a. to butt in / 横やりを入れる
    okwe.kí:kámû : to lie down sidewise in it
    ☆ John, plan yáitu, agye.ki:kirémû. : John has butt in our plan.
1030. to obey / 従う
    okwe.bu.ndâ:za refl. : to obey
    okubu.ndâ:za : to make obey
    okute:bu.ndâ:za neg.+refl. : to disobey
1031. to disobey / 従わない、不従順である
    okute:bu.ndâ:za <neg. of okwe.bu.ndâ:za "to obey" (No.1030)
1032. to consult; to seek sb's advice / 相談する
    okwe.kagúzǎ:hô
    okwe.kaguza:ho.ngâna recipr. : to consult each other
    ☆ okwe.kagúzǎ:hó abagúrûsi : to consult old men
1033. to decide / 決める
    okúcwá:mû <okúcwâ "to break, to snap" (No.814)
  cf. encwá:mû 9,10 : decision
        encwá:mú é:mû
        encwá:mú yâ:nge
        é:nu ncwá:mû

   é:nu ncwá:mú kî?
   encwá:mú yá:ngê
 a. to make up one's mind / 決心する
   okúcwá:mû
1034. to allow; to permit / 許す、許可する
  1) okwi.kirîza /okwi.kírîza : [lit.] to accept
  2) okuragîra : to permit, to allow, to authorize
 a. to permit oneself; to take liberties / 勝手なことをする
  1) okwe.twâ:ra <refl. of okutwâ.ra "to carry away" (No.937)
  2) okusi:sikâra : to do what one likes, to be uncontrolled
1035. to dispute; to argue / 口論する
  1) okutaikirîza /okutaikírîza : [lit.] not to agree <neg. of okwi.kirîza "to believe, to agree"
   okutaikiririzamu.ngâna recipr. : [lit.] not to agree with each other
 cf. obutaikirîza 14 /obutaikírîza 14, ---- : dispute / 口論、議論
   obutaikiríza búmû
   obutaikiríza bwâ:nge
   búnu butaikíríza
   búnu butaikírízá: kî?
   obutaikiríza bwá:ngê
  2) okutake.nga.ngâna : [lit.] not to understand each other <neg.+recipr. of okukê:nga "to understand" (No.990)
 a. conflict / もめ事
   enga:nâ:ni 10
   enga:ná:ni zímû
   enga:ná:ni zâ:nge
   zínu nga:nâ:ni
   zínu nga:ná:ní kî?
   enga:ná:ni zá:ngê
1036. to quarrel / 喧嘩する
   okuku.ngâna
   okuku.nganîra /okuku.ngánîra appl. : to quarrel over sth
   okuku.nganîza /okuku.ngánîza appl.+caus. : to pick a quarrel with sb
   okuku.nganizîbwa appl.+caus.+pass. : to be provoked to a quarrel by sb
   okuku.nganaku.ngâna red. : to quarrel habitually
 cf. enku.ngâni 10 : quarrel / 喧嘩
   enku.ngáni zímû
   enku.ngáni zâ:nge
   zínu nku.ngâni
   zínu nku.ngání kî?
   enku.ngáni zá:ngê
 ☆ okutú:nda enku.ngâni : to provoke sb to a quarrel; [lit.] to sell a quarrel
 a. savage environment, rude state / 殺伐
   akahô:nko 12, ----
   akahó:nko kámû
   akahó:nko kâ:nge
   kánu kahô:nko

kánu kahó:nkó kî?
akahó:nko ká:ngê

1037. to mediate; to settle a quarrel / 仲裁する
 okuramûra
 okuramurâna recipr. : to mediate themselves
 cf. endamurâni 9,10 : mediator
  endamuráni é:mû
  endamuráni wâ:nge
  é:nu ndamurâni
  é:nu ndamuráni kî?
  endamuráni wá:ngê
 a. to separate quarreling persons / 喧嘩している人を引き離す
  1) okujunîra /okujúnîra
  2) okwa.hukanîza : syn. of the preceding.
  3) okuna:nû:rra : to pull apart (ex. two tussling parties)

1038. to make peace; to become reconciled / 仲直りする、よりを戻す
 okwe.garúkámû clit.
 okwe.garukamu.ngâna +clit.+recipr. : to make peace each other
 okwe.garukiramu.ngâna appl.++clit.+recipr. : more or less the same as the preceding.
 okwe.garukírwă:mû appl.+pass.(?)+clit. : to come and make peace
 okugarukanízǎ:mû caus.+clit. : to repeat quarreling after making peace

1039. to swear / 誓う
 okurahîra
 okurahîza caus. : to make swear
 okurahizîbwa caus.+pass. : to be made swear by sb
 cf. ekirahîro 7, ebirahîro 8 : oath, vow / 誓い
  ekirahíro kímû
  ekirahíro kyâ:nge
  kínu kirahîro
  kínu kirahíró kî?
  ekirahíro kyá:ngê
 a. false swear / 嘘の誓い
  amaku:mû:le 6
  amaku:mú:le gámû
  amaku:mú:le gâ:nge
  gánu maku:mû:le
  gánu maku:mú:lé kî?
  amaku:mú:le gá:ngê

1040. to promise / 約束する
 1) okuragâ:na : to make a promise
  okuragâ:nwa pass. : to be promised by sb
  okuraga:nîbwa pass. : the same as the preceding.
  okuraga:nîza appl.+caus. : to promise sth to sb
 cf. endagâ:no 9,10 : promise, agreement, convention / 約束、合意、協定
  endagá:no é:mû
  endagá:no yâ:nge

   é:nu ndagâ:no
   é:nu ndagá:nó kî?
   endagá:no yá:ngê
 or ekiragâ:no 7, ebiragâ:no 8
 ☆ Ebigá:mbo bínu bikaraga:nwa John. : These words were promised by John.
 ☆ Nkakuraga:niza esá:tî. : I promised you a shirt.
 2) okuraganîza : to promise sth to sb, syn. of okuraga:nîza
 ☆ Nkakuraganiza kwî:ja. : I promised you (sg.) to come.
 a. to keep one's word / 約束を守る
  2) okuhiki:rîza : to fulfill someone's promise <okuhîka "to arrive" (No.578)
   okutahiki:rîza neg. : to break one's promise; [lit.] not to keep one's word

1041. to hope; to expect / 期待する
  okunihîra
  okunihîza caus. : to give a hope, expectations
  okunihizîbwa caus.+pass. : to be given a hope by sb
 a. to wish / 望む
  1) okugo.ndêza <okugô:nza "to like"(No.976)
  2) okwe.ndêza <okwê:nda "to like"(No.976)

1042. to be jealous / ねたむ、嫉妬する
  okugíra i:hâli
  okugî:rra i:hâli appl. : to envy sb
  okugi:ra.ngána i:hâli appl.+recipr. : to envy each other
 a. jealousy / ねたみ、嫉妬
  i:hâli 5, ----
  i:háli rímû
  i:háli ryâ:nge
  línu ihâli
  línu ihálí kî?
  i:háli ryá:ngê
 b. ill will / 意地悪、悪意
  1) omutíma múbî 3
 ☆ Aina omutíma múbî. : He is bad-hearted.
  2) omwó:yo múbî 3 : syn. of the preceding.
  3) i:tîma 5, ---- : bad heart, malicious intention <omutîma 3/4 "heart, mind"(No.47)

1043. to have a grudge against sb / 恨む
  okugíra enzîgu
 a. grudge / 恨み
  enzîgu 9,10
  enzígu é:mû
  enzígu yâ:nge
  é:nu nzîgu
  é:nu nzígú kî?
  enzígu yá:ngê
 or obuzîgu 14, ----
 b. to revenge oneself / 恨みを晴らす
  okuhó:ra enzîgu

1044. to get tired morally; to lose interest / 飽きる
　　　okujwâ:ha : to get tired physically or morally
　　　okujwa:hîbwa pass. : to get tired of sth
　☆ Njwa.hire kuzá:na omupî:ra. : I am tired of playing football.
　☆ Njwa.hirwe enyâma. : I am tired of meat.
　☆ Njwa.hi:bwe engéso zâ:we. : I am tired of your behaviours.

1045. to prepare; to get ready / 準備する、用意する
　　1) okute:kanîza /okute:kánîza
　　　okute:kanizîbwa pass. : to be prepared
　　　okute:kanirîza appl. : to prepare for sb
　　　okwe.te:kanîza refl. : to prepare oneself
　☆ Nyete:kaní:zê. : I am ready.
　　2) okutegêka /okutégêka : to prepare, to plan
　　cf. omutegêki 1, abategêki 2 : planner
　　　omutegéki ó:mû
　　　omutegéki wâ:nge
　　　ó:nu mutegêki
　　　ó:nu mutegékí kî?
　　　omutegéki wá:ngê
　　a. to stand ready / 身構える
　　　okwe.te:kanirîza /okwe.te:kanírîza
　☆ okwe.te:kaníríza obulêmu : to make oneself ready for war

1046. to try / 試みる、試す
　　1) okulê:ngáhô
　　2) okule.ngêsa : syn. of the preceding.
　a. test; examination / テスト、試験
　　1) ekikagûzo 7, ebikagûzo /ekikágûzo 7, ebikágûzo : test, examination, question
　　　<okukagûza "to ask, to question" (No.985)
　　2) ekire.ngêso 7, ebire.ngêso 8 : syn. of the preceding.
　　　ekire.ngéso kímû
　　　ekire.ngéso kyâ:nge
　　　kínu kire.ngêso
　　　kínu kire.ngésó kî?
　　　ekire.ngéso kyá:ngê
　　3) ekigêzo 7, ebigêzo 8 : syn. of the preceding.
　　　ekigézo kímû
　　　ekigézo kyâ:nge
　　　kínu kigêzo
　　　kínu kigézó kî?
　　　ekigézo kyá:ngê

1047. to make an effort; to endeavor / 努力する
　　1) okútámú amâ:ni
　　2) okutalibâna : to struggle to get sth
　　3) okule.ngêsa : to try to get sth
　a. to devote oneself / 献身的に行う、打ち込む
　　　okwé:háyô

☆ okwé:háyó kukôra : to devote oneself to one's work

1048. to continue (intr.) / 続く
- 1) okwe.yo.ngêra
  - okwe.yo.ngêza caus. : to continue (tr.)
- 2) okugumízá:mû : to keep on doing
  - ☆ Akagumizá:mú kulîma. : He kept on digging.

a. continuously; incessantly / 続けて、絶え間なく
  - butalékâ <neg. of okulêka "to leave, to abandon" (Nos.574, 818, 1163, 1176)
  - ☆ Akya.kóra butalékâ. : He is still working without stopping.

1049. to develop (intr.) / 発展する
- 1) okukura:kurâna
  - okukura:kuranîza caus. : to develop (tr.)
- cf. enkura:kurâna 9, ---- : development
  - enkura:kurána é:mû
  - enkura:kurána yâ:nge
  - é:nu nkura:kurâna
  - é:nu nkura:kuráná kî?
  - enkura:kurána yá:ngê
- 2) okukûra : to grow, to develop (intr.)
  - okukûza caus. : to bring up, to develop (tr.)

a. to advance; to progress / 進展する、進歩する
- 1) okwe.yo.ngêra
- 2) okugé:nda kurú:ngî : [lit.] to go well
  - ☆ Omulímo nigugé:ndá kurú:ngî. : The work goes well.
- 3) okugé:nda mumáiso : syn. of the preceding; [lit.] to go forward

1050. to succeed; to do well / 成功する
- 1) okusi.ngûra
- cf. obusi.ngûzi 14, ---- : success
  - obusi.ngúzi búmû
  - obusi.ngúzi bwâ:nge
  - búnu busi.ngûzi
  - búnu busi.ngúzí kî?
  - obusi.ngúzi bwá:ngê
- 2) okuhîka : to pass exams, to arrive. See No.578.
  - ☆ okuhíka ekire.ngêso : to pass an examination

1051. to fail; to flunk / 失敗する
- 1) okúgwâ : to fail; [lit.] to fall. See No.592.
  - ☆ okúgwá ekire.ngêso : to flunk an examination
- 2) okulêma : to exceed the capacity; also means "to govern" (No.888)
  - okulêmwa pass. : to fail
  - okulemêsa /okulémêsa caus. : to cause to fail
  - ☆ Ekire.ngéso kikulemérê. : The examination has failed you (sg.).
  - ☆ Ndemérwê. : I have failed.
  - ☆ okulémwa kuté:mba omútî : to fail to climb up a tree

a. to fail to do; to miss / しそこねる
  - okufwê:rwa : [lit.] to lose by death

N.B. This verb when followed by another verb means "to fail to do"
- ☆ Nfwe.ri:rwe koróra omugényi wâ:nge. : I have failed to see my guest.

1052. to make a mistake / 間違う、間違える
- 1) okusôbya
- cf. ensóbî 9,10 : mistake, error, fault / 間違い、過失
  - ensóbí é:mû
  - ensóbí yâ:nge
  - é:nu nsóbî
  - é:nu nsóbí kî?
  - ensóbí yá:ngê
- 2) okukóra ensóbî : syn. of the preceding.
- ☆ Nkozire ensóbî. : I have made a mistake.

1053. to commit a crime / 罪を犯す
  okunága omusâ:ngo. Cf. omusâ:ngo 3/4 "case, affair" (No.1007).
- a. criminal / 犯罪者
  - 1) omunya.nzígwâ 1, abanya.nzígwâ 2. See No.549.
  - 2) enkózi y'e.kíbî 9, enkózi z'e:bíbî 10 : syn. of the preceding.
    Cf. enkôzi 9,10 "doer, actor" (No.733), ekíbî 9/10 "bad thing".
- b. crime; sin / 罪
  - 1) omusâ:ngo 3, emisâ:ngo 4 : crime
  - 2) ekíbî 7, ebíbî 8 <-´bî adj. "bad" (No.1153) : bad thing, sin
    - ekíbí kímû
    - ekíbí kyâ:nge
    - kínu kíbî
    - kínu kíbí kî?
    - ekíbí kyá:ngê
  - ☆ okukóra ekíbî : to commit a crime, sin
  - ☆ Kíbí kî eki akozérê? : What is the crime which he has committed? What crime has he committed?
- c. comeuppance; divine justice / 悪行の報い
  - akarâ:ko 12, ----
  - akará:ko kámû
  - akará:ko kâ:nge
  - kánu karâ:ko
  - kánu kará:kó kî?
  - akará:ko ká:ngê

1054. to write / 書く
  - okuha.ndî:ka : to write, to register
  - okuha.ndi:kîra appl. : to write to/for sb
  - okuha.ndi:kîsa caus. : to use sth to write
  - okuha.ndî:kwa or okuha.ndi:kîbwa pass. : to be written by sb
  - okuha.ndi:kîrwa appl.+pass. : to be written to/for sb
  - okuha.ndi:kira.ngâna appl.+recipr. : to write to each other

1055. to read / 読む
  - okusôma : to read, to go to school, to go to church
  - okusomêra appl. : to read for sb, at a place

okusômwa pass. : to be read by sb
okusomêka neut. : to be readable
☆ okusóma ekitâbu : to read a book
cf. obusômi 14, ---- : literacy, education
obusómi búmû
obusómi bwâ:nge
búnu busômi
búnu busómí kî?
obusómi bwá:ngê
N.B. Literacy is inevitably associated with churches, and this word has a religious acceptation.
☆ obusómi bwa: Nya.ngómâ : Nyangoma's literacy

1056. to learn; to study / 習う、勉強する
1) okwê:ga
☆ Ninyégá okuha.ndî:ka. : I am learning how to write.
2) okusôma : [lit.] to read, to go to school, to go to church
☆ N'o:sómá nkáhâ? : Where do you study?

1057. to teach / 教える
1) okusomêsa /okusómêsa <caus. of okusôma "to learn" (No.1056)
okusomêswa or okusomesêbwa pass. : to be taught by sb
okusomesa.ngâna recipr. : to teach each other
2) okwe.gêsa <caus. of okwê:ga "to learn, to study" (No.1056)
okwe.gesa.ngâna recipr. : to teach each other

1058. to count / 数える
1) okubâra : to count
okubârwa pass. : to be counted by sb
okubâza caus. : to cause sb to count, to use sth to count
cf. ekibâro 7, ebibâro 8 : counting, calculation / 計算
ekibáro kímû
ekibáro kyâ:nge
kínu kibâro
kínu kibáró kî?
ekibáro kyá:ngê
2) okukóra ekibâro : to calculate / 計算する

a. number / 数
obwî:ngi 14 <-ingi adj. "many" (No.1240)
obwí:ngi búmû
obwí:ngi bwâ:nge
búnu bwî:ngi
búnu bwí:ngí kî?
obwí:ngi bwá:ngê
☆ obwí:ngi bw'ê:nte : the number of cows
☆ Bwí:ngí kî obw'a.bâ:ntu? : What is the number of the people?

1059. to think / 思う、考える
okute:kerêza /okute:kérêza
☆ okute:keréza habâ:na : to think of children

440

cf. ekite:kerêzo 7, ebite:kerêzo 8 /ekite:kérêzo 7, ebite:kérêzo 8 : thought / 思い、思考
　　ekite:kerézo kímû
　　ekite:kerézo kyâ:nge
　　kínu kite:kerezo
　　kínu kite:kerézó: kî?
　　ekite:kerézo kyá:ngê
cf. ente:kerêza 9 /ente:kérêza 9 : way of thinking
　　ente:keréza é:mû
　　ente:keréza yâ:nge
　　é:nu nte:kerêza
　　é:nu nte:kerézá: kî?
　　ente:keréza yá:ngê
 a. to guess / 推測する
　　okutê:ba
1060. to take notice; to mind / 気にする
　　okúfá:yô : [lit.] to die there <okúfâ "to die" (No.727), followed by the clitic yo "about it"
　☆ Otáfá:yô! : Don't mind!
　☆ Fă:yó okulíma ebyo.kúlyâ! : Mind and cultivate crops!
1061. to behave in bad manners / 行儀が悪い、無作法な行いをする
　　okwe.sû:nga : to behave in bad manners, said especially of children
 a. bad manners / 不作法
　1) emye.sû:ngo 4 : bad manners of children
　　emye.sú:ngo é:mû
　　emye.sú:ngo yâ:nge
　　é:nu mye.sû:ngo
　　é:nu mye.sú:ngó kî?
　　emye.sú:ngo yá:ngê
　2) engéso ḿbî 10 : bad manners of adults
1062 to utter obscene words / 卑猥なことを言う
　　okuse:gûra
　cf. omuse:gûzi 1, abase:gûzi 2 : ribald person
　　omuse:gúzi ó:mû
　　omuse:gúzi wâ:nge
　　ó:nu muse:gûzi
　　ó:nu muse:gúzí kî?
　　omuse:gúzi wá:ngê
 a. obscenity / 卑猥
　1) obuse:gûzi 14, ---- : obscenity, immorality <omuse:gûzi 1/2 "ribald person"
　2) obusé:gû 14, ---- : syn. of the preceding.
　　obusé:gú búmû
　　obusé:gú bwâ:nge
　　búnu busé:gû
　　búnu busé:gú kî?
　　obusé:gú bwá:ngê
　3) akalebûle /akalébûle 12, ---- : obscene talk; bawdry / 下品な話、猥褻談、下ネタ
　　akalebúle kámû

         akalebúle kâ:nge
         kánu kalebûle
         kánu kalebúlé kî?
         akalebúle ká:ngê
1063. to remember; to recall / 思い出す
         okwi.jûka
         okwi.jûkya caus. : to remind sb
         okwi.júkîbwa caus.+pass. : to be reminded by sb
         okwi.jukya.ngâna caus.+recipr. : to remind each other
     cf. eki:jûkyo 7, ebi:jûkyo 8 : memory
         eki:júkyo kímû
         eki:júkyo kyâ:nge
         kínu ki:jûkyo
         kínu ki:júkyó: kî?
         eki:júkyo kyá:ngê
  a. to memorize; to remember / 覚える
         okukwá:ta omumútwê : [lit.] to catch in the head
1064. to forget / 忘れる
         okwê:bwa <pass. of the following verb
         okwê:ba : to slip sb's mind
     ☆ Nyeberwe omuhâ:nda. : I have forgotten the route.
     ☆ Omuhá:nda gu:nyebérê. : The route has slipped from my mind.
1065. to know / 知る
         okumânya
         okumânywa pass. : to be known
         okumányîsa caus. : to make know, to inform
         okumanya.ngâna recipr. : to know each other
         okwe.mânya refl. : to know oneself
         okwe.mányîka neut. : to be known, recognised
     ☆ Ti:manyírê. : I don't know.
  a. to be ignorant / 無知である
         okutamânya
     cf. obutamányâ 14, ---- : ignorance
         obutamányá búmû
         obutamányá bwâ:nge
         búnu butamányâ
         búnu butamányá kî?
         obutamányá bwá:ngê
1066. to let know; to inform / 知らせる
     1) okumanyîsa /okumányîsa <caus. of okumánya "to know" (No.1065)
         okumanyisîbwa pass. : to be informed by sb
     2) okurâ:nga : to announce
         okura.ngî:rra int. : to announce repeatedly
     cf. ekira.ngî:rro 7, ebira.ngî:rro 8 : announcement, proclamation
         ekira.ngí:rro kímû
         ekira.ngí:rro kyâ:nge

kínu kira.ngî:rro
kínu kira.ngí:rró: kî?
ekira.ngí:rro kyá:ngê

a. news / ニュース、知らせ

1) amahû:rre 6 <okuhû.rra "to hear" (No.633)
   amahú:rre gámû
   amahú:rre gâ:nge
   gánu mahû:rre
   gánu mahú:rré: kî?
   amahú:rre gá:ngê

2) amakûru 6 : syn. of the preceding. <(?) -kûru "old, senior, big" (No.1145)
   amakúru gámû
   amakúru gâ:nge
   gánu makûru
   gánu makúrú kî?
   amakúru gá:ngê

☆ omusómi w'a.makûru 1, abasómi b'a:makûru 2 : reader of news, announcer

b. alarm / 警報

endú:rû 9,10
endú:rú é:mû
endú:rú yâ:nge
é:nu ndú:rû
é:nu ndú:rú kî?
endú:rú yá:ngê

☆ Endú:rú ega.mbírê, nú bwó nayeta John. : An alarm sounded, and then I called John.

1067. to notice; to perceive / 気がつく

1) okwe.tegerêza

☆ Nyetegeli:ze ba.ndeti:re ekitô:ke. : I have noticed that they have brought me bananas.

2) okwe.cûra : this is a Tooro word, but used to mean "to realize, to perceice suddebly"

☆ Nyecuzire omú:ntu omú:njû. : I have suddenly perceived a person in the house.

☆ Mbaire ni.nsé:rrá sé:nte zâ:nge omusá:tî, okwe.cúra ziri omu.mpálî. : I have being looking for my money in the pocket of the shirt, only to find it in the trousers.

1068. to be accustomed to sth; to be familiar with / 慣れる

okumanyî:ra <okumânya "to know" (No.1065)

☆ Amanyi:ri:re obwî:re. : He is accustomed to the climate.

a. familiarity, habituation / よく知っていること、慣れ

akamanyî:rro 12, obumanyî:rro 14
akamanyí:rro kámû
akamanyí:rro kâ:nge
kánu kamanyî:rro
kánu kamanyí:rró: kî?
akamanyí:rro ká:ngê

1069. to concern / 係る

1) okukwá:táhô <okukwâ:ta "to graps" (No.838), followed by the clitic ho "about it"
   okukwá:twǎ:hô pass. : to be concerned by sb

☆ Kínu tiki:kukukwa.táhô. : This does not concern you.

☆ Ti.ndikukwá:twǎ:hô. : I am not concerned with it; I have nothing to do with it.
2) Ebí:ntu tibírí byá:wê. : The things are not yours, they do not concern you.

a. to be related / 関係する
    okukwa.tâna <recipr. of okukwâ:ta "to grasp" (No.838)
    ☆ N'o:kwa.táná ó:tá na John? : How are you (sg.) related with John?
    cf. obukwa.tâne 14 : relation, relationship
        obukwa.táne búmû
        obukwa.táne bwâ:nge
        búnu bukwa.tâne
        búnu bukwa.táné kî?
        obukwa.táne bwá:ngê

1070. to be similar; to resemble; to look alike / 似る
    1) okusisâna /okusísâna
        okusisanîza /okusisánîza caus. : to compare
        okwe.sisanîza /okwe.sisánîza refl.+caus. : to pretend to be similar, to compare oneself
    ☆ Abaró:ngo nibasisánâ. : Twins look alike.
    ☆ Akusisána í:sê. : He resembles his father.
    2) okusâna : syn. of the preceding. A shortened form of okusisâna.

1071. to imitate / 真似る
    okusani:rîza

a. to repeat; to do again / 繰り返す、もう一度する
    1) okugarúkámû
    2) okwo.ngêra : to do again
        okuto.ngêra neg. : not to do again
    ☆ Oto.ngérá kukóra kúbî! : Don't do bad things again!

1072. to compare / 比べる
    1) okule.ngesanîza /okule.ngesánîza <repet. of okule.ngêsa "to try" (No.1046)
    2) okusisanîza /okusisánîza : syn. of the preceding. <caus. of okusisâna "to look alike" (No.1070).

1073. to choose / 選ぶ
    okukôma
    okukômwa or okukómêbwa pass. : to be chosen, elected
    okukoma.ngâna recipr. : to choose each other
    okukómêka neut. : to be choosable

a. vote; election / 選挙
    akarúru 12, oburûru 14 /akárúru 12, obúrûru 14 : vote, election, ballot paper
    akarúru kámû
    akarúru kâ:nge
    kánu karûru
    kánu karúrú kî?
    akarúru ká:ngê

1074. to begin (tr.) / 始める
    okuta.ndîka
    N.B. This verb is used transitively as well as intransitively.
    okuta.ndikîsa caus. : to use sth to begin
    okuta.ndîkwa or okuta.ndíkîbwa pass. : to be begun by sb

- ☆ okuta.ndíka omulîmo : to begin a work
- ☆ Omulímo guta.ndikírê. : The work has begun.

a. to do first; to be the first / 最初に行う、一番である

okubâ:nza

- ☆ okúbá ow'o.kubâ:nza : to be first (person)
- ☆ Abairégé ow'o.kubá:nza hasómêro. : He was the first (to arrive) at school.

1075. to finish (tr.) / 終える

okumâra
okumârwa pass. : to be finished by sb
okumâ:rra appl. : to finish sth for sb
okumalî:rra int. : to accomplish, to achieve, to finish to a point
okumali:rîrwa int.+pass. : to be accomplished by sb

- ☆ Mazire omulîmo. : I have finished the work.
- ☆ Nge.nzere kumalí:rra omulîmo. : I have gone to accomplish the work.
- ☆ Orugú:do nirumalí:rrá hánû. : The road finishes here.
- ☆ Mazire okúnywá omwé:ngê. : I have stopped to drink liquor.

a. to finish (intr.) / 終わる

okúhwâ : to finish (intr.), to be used up
okuhwê:rra int. : to finish gradually, to fade away, to soak, to thaw

- ☆ Enyáma ehoiréhô. : The meat has finished completely.
- ☆ Amáizi gahwe.rí:rê. : The water has finished gradually.

1076. to cease (intr.); to come to an end; to stop (intr.) / 止む、終わる

1) okúhwâ : to cease [of war, etc.]
- ☆ Obulému buhóírê. : The war is over.
2) okúkyâ : to cease [of rain]
- ☆ Enjúra ekí:rê. : The rain has stopped.
3) okwe.mê:rra : to stop (intr.), to cease [of war, etc.]
- ☆ Obulému bwemerí:rê. : The war has ceased (but may resume again).
4) okwa.mûka : to stop [of rain]. See No.1097.
- ☆ Enjúra eyamukírê. : The rain has stopped.
5) okuculê:ra : to become calm [of wind]. See No.648.
- ☆ Omuyága guculí:rê. : The wind has calmed down.
6) okugarukîra : to stop at a place
- ☆ Gé:nda, ogarukíre hamadú:kâ! : Go and stop at the shops!

a. to stop (tr.) / 止める

1) okwe.merêza /okwe.mérêza <caus. of okwe.mê:rra "to stop (intr.)". See above.
okwe.merezêbwa pass. : to be stopped by sb
- ☆ okwe.meréza injîni : to stop a/the engine
2) okutâ:nga : to stop sth, to hinder
3) okulêka : to give up (a habit)
- ☆ okuléka kúnywá etá:ba : to stop smoking
4) okúcwâ : to break (tr.)
- ☆ okúcwá omúzé gw'o.mwé:ngê : to stop the habit of drinking

1077. to avoid / 避ける

okwe.ta.ntâra
okwe.ta.ntârwa pass. : to be avoided by sb

☆ okwe.ta.ntára engéso mbî : to avoid bad manners

1078. to disappear; to be lost / 消える、無くなる
    1) okubûra : to disappear, to be lost
    okubura:bûra red. : to disappear often
    ☆ John n'a:bura:búrâ. : John often disappears.
    2) okuhwê:rra : to become smaller and smaller
    okuhwê.rră:yô : to go out of sight completely
    <appl. of okúhwâ "to finish" (No.1075), followed by the clitic yo.
    ☆ Motóká ehwe.ri:réyô. : The car has gone out of sight completely.

1079. to lose / なくする
    1) okunâga
    okunâgwa pass. : to be lost
    2) okubûza /okúbûza : to make lost, to lose <caus. of okubûra "to get lost" (No.1078)
    3) okufwê:rwa : to lose by death <pass.+appl. of okúfâ "to die" (No.727)
    ☆ Nfwe.ri:rwe omwá:na wâ:nge. : I have lost my child.
    ☆ okufwé:rwa enkôko : to lose chickens (by disease)

1080. to waste / 無駄にする
    okusî:sa
    okusi:sîra appl. : to waste for (because of) sb
    okusi:sîbwa pass. : to be wasted by sb
    okusi:sikâra /okusi:síkâra neut.+intr. : to waste (intr.), to be spoiled
    ☆ okusí:sa amáizi : to waste water
    ☆ Amáizi gasi:sikáírê. : The water has come to nothing, The water has been spoiled.
  a. to do sth worthless / 無駄なことをする
    okugâda
    ☆ okugadíra búsâ : to bother for nothing

1081. to run short; to be used up / 無くなる、切れる
    okúhwâ
    ☆ Sé:nte zi.mpoiréhô. : I have run short of money.
  a. to be empty / 空である
    1) okúhwá:mû : to finish inside
    ☆ Cá:yi ehoirémû. : Tea is finished in it.
    2) okutábámû : not to be inside
    ☆ Ecúpá térúmu kâ:ntu. : There is nothing in the bottle.
    ☆ Omucúpá tihárúmu kâ:ntu. : In the bottle there is nothing.
    3) kwó:nkâ
    ☆ Ekikópó kiri kwó:nkâ. : The cup is empty.
    ☆ Omugényi akaija ali kwó:nkâ. : The visitor came empty-handed.
    4) -ˆsa adj. : empty. See No.59.
    ☆ engáro ñsa : empty hands
    ☆ Akaija engáro ñsa. : He came empty-handed.
    5) -kárû adj. : empty, dry
    ☆ motóka nkárû 9, motóka nkárû or motóka zikárû 10 : empty car with no passengers
    ☆ orugú:do rukárû 11, engú:do nkárû or engú:do zikárû 10 : empty road with no cars or people walking
  b. to empty (tr.) / 空にする

okumárámû : [lit.] to finish what is inside

☆ okumárámú cá:yi omukikópô : to finish tea in the cup

1082. to be full / 満ちる、一杯である

okwi.jûra

okwi.jûza caus. : to fill (tr.)

okwi.julîza /okwi.júlîza caus. : to make full

okwi.julirîza /okwi.julírîza caus. : to fill up to the rim

okwi.juzîbwa /okwi.júzîbwa caus.+pass. : to be filled by sb

☆ Omupí:ra gwi.jwi:re orwó:yâ. : The ball is full of air.

☆ Ekikópó tiki:jwí:rê. : The cup is not full.

a. half / 半分

ekicwé:kâ 7, ebicwé:kâ 8 : half, part, section. See No.1247.

☆ ekicwé:ká kya. muhógô 7 : half of a cassava root

☆ Ekikópó kiri kicwé:kâ. : The cup is half-full.

☆ Halímú cá:yi kicwé:kâ. : There is half of the tea inside.

1083. to decrease (intr.); to diminish (intr.) / 減る

okukê:ha

okukê:hya caus. : to decrease (tr.), to diminish (tr.), to reduce

okuke:hêbwa caus.+pass. : to be decreased

okuke:hêka neut. : to be decreasable

1084. to increase (tr.) / 増やす

1) okwo.ngêra : to add

okwe.yo.ngêra refl. : to increase (intr.), to rise (intr.)

okwo.ngêza caus. : to increase (tr.), syn. of okwo.ngêra

☆ okwo.ngéra amáizi : to add water

☆ okwo.ngéza omusâ:ra : to increase the salary

☆ Amáizi ge:yo.ngí:rê. : The water has increased.

☆ Sé:nte ze:yo.ngi:re hasukâ:li. : The price of sugar has risen.

a. to add / 付け加える

1) okwo.ngêra

okwo.ngéráhô clit. : to add onto it

cf. enyo.ngézâ 9,10 : addition, extra when buying goods / おまけ

enyo.ngézá é:mû

enyo.ngézá yâ:nge

é:nu nyo.ngézâ

é:nu nyo.ngézá: kî?

enyo.ngézá yá:ngê

or sometimes : enyo.ngézô 9,10

é:nu nyo.ngézó: ki?

2) okuko:kêra : to add, to annex

☆ okuko:kéráhó ekí:ntu kî:ndi : to add something else to it

b. to increase (intr.) / 増える、多くなる

1) okukânya : to increase in number or volume, to be plenty

☆ Amáizi gakanyire omukisá:rû. : Water has increased in the river.

2) okwe.yo.ngêra : syn. of the preceding. <refl of okwo.ngêra "to increase". See above.

3) okúbá bî:ngi : to become many. See -ingi "many, much" (No.1240).

1085. to swell / 腫れる
- 1) okuzî:mba : to swell [of legs, etc.], to have a bump
  okuzî:mbya caus. : to cause to swell
- 2) okuhâga : to increase volume [of a ball, etc.], to swell
  okuhâgya caus. : to swell sth
- ☆ Omupí:ra guhagírê. : The ball has swollen.
- 3) okwi.jûra : to swell [of a tyre]; [lit.] to become full (No.1082)
  okwi.jûza caus. : to make swell; [lit.] to fill
- 4) okutû:mba : to swell because of water
  okutu.mbîsa caus. : to cause to swell
- ☆ Ebihí:mba bitu.mbírê. : The beans have swollen.

a. swelling by hitting; bump / （打撲による）コブ
- 1) ekifû:fu 7, ebifû:fu 8
  ekifú:fu kímû
  ekifú:fu kyâ:nge
  kínu kifû:fu
  kínu kifú:fú kî?
  ekifú:fu kyá:ngê
- 2) i:bû:ku 5, amabû:ku 6 : syn. of the preceding.
  i:bú:ku límû
  i:bú:ku lyâ:nge
  línu ibû:ku
  línu ibú:kú kî?
  i:bú:ku lyá:ngê

1086. to get deflated [of a ball, etc.] / 空気がぬける、しぼむ
okwâ:ba
okwa.bîka neut. : syn. of the preceding.
okwâ:bya caus. : to deflate
okwa.bîkya neut.+caus. : syn. of the preceding.
okwa.bî:rra repet. : to lose strength, air continuously

1087. to change (tr.) / 変える
- 1) okuhi.ngîsa
  okuhi.ngisîbwa pass. : to be changed, transformed by sb
- 2) okufwô:ra : to make become better or worse, to change sb's position
- ☆ Ba.nfwoire mukûru. : They have put me in an important position.
- 3) okuhi.ndûra : to change (tr.)
  okuhi.ndûka : to change (intr.)
- ☆ Akapi.mpína kahi.ndura erá:ngî. : The chameleon changes its colour.

1088. to turn (a pancake); overturn (tr.) / ひっくり返す
- 1) okuhi.ndûra tr. : to turn (tr.)
  okuhi.ndûka intr. : to turn (intr.), to turn back
  okuhi.ndûrwa or okuhi.ndulîbwa tr.+pass. : to be turned by sb
  cf. empi.ndûka 9 : change, reversal
  empi.ndúka é:mû
  empi.ndúka yâ:nge
  é:nu mpi.ndûka

         é:nu mpi.ndúká kî?
         empi.ndúka yá:ngê
      2) okuju:mîka : to overturn [of a car]
         okwe.ju:mîka refl. : to overturn (intr.)
         okuju:mîkwa or okuju:mikîbwa pass. : to be overturned by sb
      ☆ Motóká eyeju:mikírê. : A car has overturned.
   a. to turn inside out / 裏返す
      1) okuhi.ndulîza /okuhi.ndúlîza <okuhi.ndûra "to turn (tr.)". See above.
      cf. empi.ndulîzo 9,10 /empi.ndúlîzo 9,10 : turning inside out
         empi.ndulízo é:mû
         empi.ndulízo yâ:nge
         é:nu mpi.ndulîzo
         é:nu mpi.ndulízó kî?
         empi.ndulízo yá:ngê
      ☆ Ajwaire esá:tí mpi.ndúlîzo. : He wears a shirt inside out
      2) okuhi.ndûra tr. : to turn inside out. Syn. of okuhi.ndúlîza
         okuhi.ndûka intr. : to be reverse
   b. to pull inside out / 中身を出す
      okufwô:ra
1089. to put upside down / 逆さまに置く、上下逆にする
      okuculîka /okucúlîka
      okuculikîra appl. : to put upside down for sb, to pour (water) for sb
      okuculîkwa /okucúlîkwa or okuculikîbwa pass. : to be put upside down by sb
      okwe.culîka /okwe.cúlîka refl. : to put oneself upside down, to stand on one's head
   a. to stoop projecting the buttocks / 体を低くして尻を突き出す
      okukunâma /okukúnâma
1090. to take sb's place / （人の）代わりをする
      1) okutwá:ra eki:kâro (or omwâ:nya) : to take the place
      2) okúbá omuki:kâro (or omumwâ:nya) : to be in the place
      ☆ okugé:nda omukiká:ro ky'o.mú:ntu ó:ndî : to go in the place of someone else
   a. to replace; to sustitute / 取替える
      1) okuhi.ngîsa : to replace
      ☆ okuhi.ngísa ekofûro : to replace locks
      2) okugâ:rrá:hô : to substitute
      ☆ okugâ:rrá:hó omú:ntu ó:ndî : to substitute sb else
1091. to succeed; to inherit / あとを継ぐ、相続する
      okugwê:ta : to make succeed, to nominate as heir
      okugwê:twa or okugwe.têbwa pass. : to succeed
      ☆ Nibagé:ndá okugwé:ta John. : They are going to make succeed John.
      cf. omugwê:twa 1, abagwê:twa 2 : successor, heir / 後継者、跡取り息子、総領息子
         omugwé:twa ó:mû
         omugwé:twa wâ:nge
         ó:nu mugwê:twa
         ó:nu mugwé:twá: kî?
         omugwé:twa wá:ngê
      cf. obugwê:twa 14 : succession, inheritance / 相続

☆ Akagwe.tebwa í:sê. : He succeeded his father.
a. to take over the wife (of a dead brother) / 死んだ兄弟の妻を娶る
okuswé:ra muka: mwe.newâ:bu
b. one's last will; testament / 遺言
ekirâ:mo 7, ebirâ:mo 8
ekirá:mo kímû
ekirá:mo kyâ:nge
kínu kirâ:mo
kínu kirá:mó kî?
ekirá:mo kyá:ngê
☆ okuha.ndí:ka ekirâ:mo : to write a will

1092. to dawn / 夜が明ける
okúkyâ
☆ Obwí:re bukí:rê. : It has dawned.
a. to have a red glow at sunrise / 朝焼けがする
okusâra
☆ Emá:mba n'e:sárâ. : The sky is red glow before dawn.
b. dawn / 夜明け
emâ:mba 9, ----
emá:mba é:mû
emá:mba yâ:nge
é:nu mâ:mba
é:nu má:mbá kî?
emá:mba yá:ngê
☆ emá:mba esazîre 9 : week sunshine before dawn

1093. to rise [of the sun] / 日が昇る
okuturûka /okutúrûka
☆ okuturúka kw'eizô:ba : sunrise
☆ I:zó:ba liturukírê. : The sun has risen.

1094. to get dark / 日が暮れる
okwî:ra
okwi.rî:rra appl. : to become dark to sb
okwi.rî:rrwa appl.+pass. : to find it has become dark
☆ Obwí:re bwi.zírê. : It has become dark.
☆ Obwí:re bukamwiri:rra omutáuni. : It became dark while he was in the town.
☆ Jó:ni airiri:rwe omutáuni. : John has found himself in the town when it has become dark.

1095. to set [of the sun] / 日が沈む
okúgwâ : to set [of the sun]; [lit.] to fall (No.592)
☆ I:zó:ba nirígwâ. : The sun is setting.
☆ I:zó:ba ligwí:rê. : The sun has set.
a. to descend [of the sun] / （太陽が）傾く
okulê:nga
☆ I:zó:ba lire.ngérê. : The sun has descended.
b. to show the bright colours at the sunset / 夕焼け
okugorô:ba

1096. to shine / 照る

1) okwâ:ka
☆ I:zó:ba niryá:kâ. : The sun is shining.
2) okújwâ : syn. of okwâ:ka; also means "to bleed" (No.685).
☆ Omusáná nigújwâ. : The sun is shining.

1097. to rain / 雨が降る
1) okúgwâ : to fall. See No.592.
☆ Enjúra n'é:gwâ. : It is raining.
☆ Enjúra tégwâ. : It usually does not rain.
2) okuyô:rra : to rain much at a distance
☆ Ni.mpú:rrá enjúra n'e:yó:rrâ. : I hear rain falling much at a distance.

a. to stop rain / 雨を止める
okwa.mûra tr. : to stop rain
okwa.mûka intr. : to stop of rain (intr.)
cf. omwa.mûzi 1, aba:mûzi 2 : rain-stopper
omwa.múzi ó:mû
omwa.múzi wâ:nge
ó:nu mwa.mûzi
ó:nu mwa.múzí kî?
omwa.múzi wá:ngê
☆ Enjúra eyamukírê. : The rain has stopped.

b. to make rain / 雨を降らせる
okwî:ga
cf. omwî:gi 1, abáigi 2 : rain-maker
omwí:gi ó:mû
omwí:gi wâ:nge
ó:nu mwî:gi
ó:nu mwí:gí kî?
omwí:gi wá:ngê

1098. to thunder / 雷が鳴る
1) okubwa.tûka
☆ Enkúba n'e:bwatúkâ. : It thunders.
2) okuhurugûma : to thunder at a distance / 遠くでゴロゴロいう
☆ Enkúba n'e:hurugúmâ. : It thunders at a distance / 遠くでゴロゴロいう

a. to hit [of a thunderbolt]
okutê:ra
okutê:rwa pass. : to be hit (by a thunderbolt)
☆ okuté:rwa enkûba : to be hit by a thunderbolt

1099. to get wet; to be drenched / 濡れる
okujûba
okujûbya caus. : to wet (tr.); to drench / 濡らす
okujubîbwa /okujúbîbwa caus.+pass. : to be made wet by sb

a. to moisten (intr.) / 湿る
okufûka
☆ Esú:ká nizifúkâ. : The sheets are moistened.

b. to go moldy / 黴が生える
okuhû:mba

☆ Omuhógó guhu.mbírê. : The cassava has become moldy.

1100. to take shelter from rain / 雨宿りをする
　　okwi.gâma or okweigâma
　　okwi.gamîka or okweigamîka /okwi.gámîka or okweigámîka : to be possible to take shelter
　　☆ okwi.gáma enjûra : to take shelter from the rain
　　☆ Enjúra n'eigamíkâ. : The rain can be sheltered from.

1101. to warm oneself (at the fire) / 火に当たる、暖をとる
　　1) okwô:ta
　　☆ okwó:ta omû:rro : to warm oneself at the fire
　　☆ okwó:ta omusánâ : to warm oneself under the sun, to bask / 日向ぼっこをする
　　2) okwe.tagâsa /okwe.tágâsa : to warm oneself <refl.+caus. of okutagâta "to become warm" (No.1218).

1102. to get dry / 乾く
　　1) okwô:ma
　　okwo.mêra appl. : to become dry in a way, in a place
　　okwô:mya caus. : to dry (tr.)
　　okwo.mêsa caus. : to use sth to dry
　　okwo.mêbwa caus.+pass. : to be dried by sb
　　okwo.meserêza ins. : to dry sth carefully
　　☆ okwo.méra kímû : to become dry completely
　　☆ Engóye z'o:mi:re kímû. : The clothes are completely dry.
　　☆ okwó:mya orugóye na pâ:si : to dry a cloth with an iron
　　☆ okwo.mésa pâ:si orugóye : to use an iron to dry a cloth
　　☆ okwo.mésa orugóye na pá:si : to dry a cloth with an iron
　　2) -kárû adj. : dry, empty
　　☆ orugóye rukárû 11, engóye nkáru or engóye zikárû 10 : dry cloth
　　☆ ekalá:mu nkárû 9,10 or ekalá:mu zikárû 10 : dry pen, i.e. pencil
　　☆ cá:i nkárû 9 : dry tea, i.e. tea without sugar nor milk

　a. to dry (tr.) / 乾かす
　　1) okwô:mya : to dry (tr.). See above.
　　2) okutalîka /okutálîka : to dry (meat)
　　okwe.talîka /okwe.tálîka refl. : to expose oneself (to heat)
　　3) okwa.nîka : to spread in the sun to dry (clothes, crops, etc.)

1103. to make water muddy / 濁す
　　1) okutaba.ngûra tr.
　　okutaba.ngûka intr. : to become muddy
　　okutaba.ngûrwa tr.+pass. : to be made muddy
　　☆ Amáízi gataba.ngukírê. : The water is muddy.
　　2) okúbá sâ:bu : to be muddy. Cf. esâ:bu 10 "mud" (No.326).
　　☆ Amáízi gali sâ:bu. : The water is muddy.
　　☆ Omuhá:nda gulímú esâ:bu. : The road is muddy.

1104. to filter / 濾す、濾過する
　　okuse.ngî:ja or okuse.ngéija

　a. to become clear [of muddy water] / 澄む
　　okutê:ka
　　☆ Amáízi gate:kérê. : The water has settled.

1105. to solidify (intr.); to coagulate (intr.); to set (intr.) / 固まる、凝固する
    okukwâ:ta
    ☆ Omusá:hi gukwa.sírê. : The blood has coagulated.

1106. to cool down; to get cold / 冷める
    okufûka
    okufûkya caus. : to cool (tr.) / 冷ます
    okufukîsa caus. : to use sth to cool
    okufukîbwa caus.+pass. : to be cooled by sb
    okufuki:sirîza int. : to cool sth continuously, to keep on cooling
    ☆ Cá:yi efukírê. : The tea has cooled down.
    ☆ okufuki:siríza omwâ:na : to cool down a child in fever

1107. to melt (intr.); to dissolve (intr.) / 溶ける
    1) okwâ:ga : to melt (intr.)
       okwa.gîra appl. : to melt (intr.) in a place
       okwâ:gya caus. : to melt (tr.)
       okwa.gîsa caus. : to use sth to melt
    ☆ Amagíta ga:gírê. The butter has melted.
    ☆ okwá:gya amagîta : to melt butter
    ☆ okwa.gísa ehû:ma amagîta : to use a fork to melt butter
    2) okuhwê:rra : to dissolve
       okuhwe.rêza caus. : to cause to dissolve
    ☆ Suká:li ehwe.rí:rê. : The sugar has dissolved.
    ☆ Mpwe.ri:ze sukâ:li. : I have dissolved sugar.

1108. to flow; to stream [of water] / 流れる
    1) okugêra
    ☆ Amáízi nigagérâ. : Water is flowing.
    2) okugê:nda : [lit.] to go. See No.571.
    ☆ Amáízi nigagé:ndá omukisá:rû. : Water flows in the river.
    3) okutâ:ha : to flow into a place; [lit.] to go in (No.585)
    ☆ Ekisá:rú nikitá:há omunyá:njâ. : The river flows into the lake.

1109. to leak out; to escape / 漏れる
    1) okújwâ
    ☆ Ensóha n'é:jwâ. : The pot leaks.
    2) okutô:nya : to drip (intr.) from the roof, etc. / 水滴が落ちる、雨漏りがする

1110. big; large / 大きい
    1) -kô:to adj. : big in size or status
       1. omukô:to   2. abakô:to
       3. omukô:to   4. emikô:to
       5. erikô:to   6. amakô:to or agakô:to
       7. ekikô:to   8. ebikô:to
       9. enkô:to   10. enkô:to or ezikô:to
       11. orukô:to
       12. akakô:to   14. obukô:to
                          13. otukô:to
       15. okukô:to
       16. ahakô:to

N.B. The cl.16 ahakô:to is used for all locative classes. Thus, we have ô:ku hakô:to (cl.17) "there it is big", múnu hakô:to (cl.18) "here inside it is big".

The augment of the epithet adjective indicates the definiteness of the noun phrase, and the absence of the augment the indefiniteness of the noun phrase. This obtains for other adjectives as well.

☆ 1. omú:ntu mukô:to : a big (fat) person
2. abá:ntu bakô:to : pl.
3. omútí mukô:to : a big tree
4. emítí mikô:to : pl.
5. erí:so likô:to : a big eye
6. amáíso makô:to or amáíso gakô:to : pl.
7. ekisá:rú kikô:to : a big river
8. ebisá:rú bikô:to : pl.
9. embúzi nkô:to : a big goat
10. embúzi nkô:to or embúzi zikô:to : pl.
11. orugóye rukô:to : a big piece of clothing
10. engóye nkô:to or engóye zikô:to : pl.
12. aká:ntu kakô:to : a big thing
14. obú:ntu bukô:to : pl.
13. otú:ntu tukô:to : dim. of cl.14
15. okugúru kukô:to : a big leg
6. amagúru makô:to or amagúru gakô:to : pl.
16. ahá:ntu hakô:to : a big place
16. omú:njú hakô:to : a big area in the house
cf. omú:njú nkô:to : in a big house

N.B. The above expressions can also be sentences meaning "The person is big (fat)." etc.

☆ 1. omú:ntu omukô:to : the big person
2. abá:ntu abakô:to : pl.
3. omútí omukô:to : the big tree
4. emítí emikô:to : pl.
5. erí:so erikô:to : the big eye
6. amáíso amakô:to or amáíso agakô:to : pl.
7. ekisá:rú ekikô:to : the big river
8. ebisá:rú ebikô:to : pl.
9. embúzi enkô:to : the big goat
10. embúzi enkô:to or embúzi ezikô:to : pl.
11. orugóye orukô:to : the big piece of clothing
10. engóye enkô:to or engóye ezikô:to : pl.
12. aká:ntu akakô:to : the big thing
14. obú:ntu obukô:to : pl.
13. otú:ntu otukô:to : dim. of cl.14
15. okugúru okukô:to : the big leg
6. amagúru amakô:to or amagúru agakô:to : pl.
16. ahá:ntu ahakô:to : the big place
16. omú:njú ahakô:to : the big area in the house
cf. omú:njú enkô:to : in the big house

2) The bigness can be rendered by putting the noun into the augmentative classes, namely 7/8, or cl.11.
☆ ekíjû 7, ebíjû 8 : big house, strange house. Cf. é:njû 9/10, amájû 6 "house".
☆ orújû 11 : big house, bigger than ekíjû 7/8
☆ ekitébê 7, ebitébê 8 : big chair, royal chair. Cf. entébê 9/10 "chair" (No.247).
☆ orutébê 11 : slang word for "chair"
3) -ˊkê adj. N.B. This adjective means "small" (No.1111), but is used to mean "very big, huge". See No.1111.
☆ omú:ntu múké... 1, abá:ntu báké... 2 : a huge person

a. bigness / 大きさ
　1) obukô:to 14 : bigness
　　　obukó:to búmû
　　　obukó:to bwâ:nge
　　　búnu bukô:to
　　　búnu bukó:tó kî?
　　　obukó:to bwá:ngê
　2) engú:ndû 9,10 : big-size animal or person (ex. elephants, giants)
　　　engú:ndú é:mû
　　　engú:ndú yâ:nge
　　　é:nu ngú:ndû
　　　é:nu ngú:ndú kî?
　　　engú:ndú yá:ngê
　☆ engú:ndú y'o.musáija 9, engú:ndú z'a:basáija 10 : gigantic, mascular, strong man
b. to become big, fat / 大きくなる、偉くなる
　　　okúbá mukô:to

1111. small; little / 小さい
　1) -tóítô, -tí:tô, or -táítô adj. : small in size, status, number
　　N.B. Three ways of pronounciation are heard for this adjective, of which -tóítô seems the most common in Hoima town.
　　　　1. omutóítô　　2. abatóítô
　　　　3. omutóítô　　4. emitóítô
　　　　5. eritóítô　　6. amatóítô or agatóítô
　　　　7. ekitóítô　　8. ebitóítô
　　　　9. entóítô　　10. entóítô or ezitóítô
　　　　11. orutóítô
　　　　12. akatóítô　14. obutóítô
　　　　　　　　　　　　13. otutóítô
　　　　15. okutóítô
　　　　16. ahatóítô
　　N.B. The cl.16 ahatóítô is used for all locative classes. This adjective can mean "a small number of, a few" when used in the plural, in addition to the normal plural meaning of the corresponding singular.
　☆　1. omú:ntu mutóítô : a small person
　　　2. abá:ntu batóítô : pl.; a small number of persons
　　　3. omútí mutóítô : a small tree
　　　4. emítí mitóítô : pl.; a small number of trees

5. erí:so litóítô : a small eye
6. amáiso matóítô or amáiso gatóítô : pl.; a small number of eyes
7. ekisá:rú kitóítô : a small river
8. ebisá:rú bitóítô : pl.; a small number of rivers
9. embúzi ntóítô : a small goat
10. embúzi ntóítô or embúzi zitóítô : pl.; a small number of goats
11. orugóye rutóítô : a small piece of clothing
10. engóye ntóítô or engóye zitóítô : pl.; a small number of pieces of clothing
12. aká:ntu katóítô : a small thing
14. obú:ntu butóítô : pl.; a small number of small things
13. otú:ntu tutóítô : dim.of cl.14
15. okugúru kutóítô : a small leg
6. amagúru matóítô : pl.; a small number of legs
16. ahá:ntu hatóítô : a small place

The above expressions can also be sentences meaning "The person is small." etc.

☆ 1. omú:ntu omutóítô : the small person
2. abá:ntu abatóítô : pl.; the few persons
3. omútí omutóítô : the small tree
4. emítí emitóítô : pl.; the few trees
5. erí:so eritóítô : the small eye
6. amáiso amatóítô : pl.; the few eyes
7. ekisá:rú ekitóítô : the small river
8. ebisá:rú ebitóítô : pl.; the few rivers
9. embúzi entóítô : the small goat
10. embúzi entóítô or embúzi ezióítô : pl.; the few goats
11. orugóye orutóítô : the small piece of clothing
10. engóye entóítô or engóye ezitóítô : pl.; the few pieces of clothing
12. aká:ntu akatóítô : the small thing
14. obú:ntu obutóítô : pl.; the few things
13. otú:ntu otutóítô : dim.of cl.14
15. okugúru okutóítô : the small leg
6. amagúru amatóítô or amagúru agatóítô : pl.; the few legs
16. ahá:ntu ahatóítô : the small place

Cf. the duplicated forms -toitotóítô "small small"
1. omutoitotóítô   2. abatoitotóítô
3. omutoitotóítô   4. emitoitotóítô
5. eritoitotóítô   6. amatoitotóítô or agatoitotóítô
7. ekitoitotóítô   8. ebitoitotóítô
9. entoitotóítô   10. entoitotóítô or ezitoitotóítô
11. orutoitotóítô
12. akatoitotóítô   14. obutoitotóítô
                     13. otutoitotóítô
15. okutoitotóítô
16. ahatoitotóítô

N.B. The cl.16 ahatoitotóítô is used for all locative classes. -toitotóítô can mean "a small number of, a few" when used in the plural, in addition to the normal plural meaning of the corresponding singular.

☆ 1. omú:ntu mutoitotóítô : a very small person
2. abá:ntu batoitotóítô : pl.; a very small number of persons
3. omútí mutoitotóítô : a very small tree
4. emítí mitoitotóítô : pl.; a very small number of trees
5. erí:so litoitotóítô : a very small eye
6. amáíso matoitotóítô or amáíso gatoitotóítô : pl.; a very small number of eyes
7. ekisá:rú kitoitotóítô : a very small river
8. ebisá:rú bitoitotóítô : pl.; a very small number of rivers
9. embúzi ntoitotóítô : a very small goat
10. embúzi ntoitotóítô or embúzi zitoitotóítô : pl.; a very small number of goats
11. orugóye rutoitotóítô : a very small piece of clothing
10. engóye ntoitotóítô or engóye zitoitotóítô : pl.; a very small number of pieces of clothing
12. aká:ntu katoitotóítô : a very small thing
14. obú:ntu butoitotóítô : pl.; a very small number of very small things
13. otú:ntu tutoitotóítô : dim.of cl.14
15. okugúru kutoitotóítô : a very small leg
6. amagúru matoitotóítô or amagúru gatoitotóítô : pl.; a very small number of legs
16. ahá:ntu hatoitotóítô : a very small place

N.B. The above expressions can also be sentences meaning "The person is very small, the people are very few." etc.

☆ 1. omú:ntu omutoitotóítô : the very small person
2. abá:ntu abatoitotóítô : pl.; the few persons
3. omútí omutoitotóítô : the very small tree
4. emítí emitoitotóítô : pl.; the few trees
5. erí:so eritoitotóítô : the very small eye
6. amáíso amatoitotóítô or amáíso agatoitotóítô : pl.; the few eyes
7. ekisá:rú ekitoitotóítô : the very small river
8. ebisá:rú ebitoitotóítô : pl.; the few rivers
9. embúzi entoitotóítô : the very small goat
10. embúzi entoitotóítô : pl.; the few goats
11. orugóye orutoitotóítô : the very small piece of clothing
10. engóye entoitotóítô or engóye ezitoitotóítô : pl.; the few pieces of clothing
12. aká:ntu akatoitotóítô : the very small thing
14. obú:ntu obutoitotóítô : pl.; the few things
13. otú:ntu otutoitotóítô : dim.of cl.14
15. okugúru okutoitotóítô : the very small leg
6. amagúru amatoitotóítô or amagúru agatoitotóítô : pl.; the few legs
16. ahá:ntu ahatoitotóítô : the very small place

2) -´kê adj. : syn. of -tóítô
1. omúkê   2. abákê
3. omúkê   4. emíkê
5. eríkê   6. amákê or agákê
7. ekíkê   8. ebíkê
9. é:nkê   10. é:nkê or ezíkê
11. orúkê

12. akákê   14. obúkê
            13. otúkê
15. okúkê
16. ahákê

N.B. The cl.16 ahákê is used for all locative classes. This adjective can mean "a small number of, a few" when used in the plural, in addition to the normal plural meaning of the corresponding singular.

☆ 1. omú:ntu múkê : a small person
2. abá:ntu bákê : pl.; a small number of persons
3. omútí múkê : a small tree
4. emítí míkê : pl.; a small number of trees
5. erí:so líkê : a small eye
6. amáíso mákê or amáíso gákê : pl.; a small number of eyes
7. ekisá:rú kíkê : a small river
8. ebisá:rú bíkê : pl.; a small number of rivers
9. embúzi ńkê : a small goat
10. embúzi ńkê or embuzi zíkê : pl.; a small number of goats
11. orugóye rúkê : a small piece of clothing
10. engóye ńkê or engóye zíkê : pl.; a small number of pieces of clothing
12. aká:ntu kákê : a small thing
14. obú:ntu búkê : pl.; a small number of small things
13. otú:ntu túkê : dim.of cl.14
15. okugúru kúkê : a small leg
6. amagúru mákê or amagúru gákê : pl.; a small number of legs
16. ahá:ntu hákê : a small place

N.B. The above expressions can also be sentences meaning "The person is small/the people are small, the people are few." etc.

☆ 1. omú:ntu omúkê : the small person
2. abá:ntu abákê : pl., the small number of people
3. omútí omúkê : the small tree
4. emítí emíkê : pl., the small number of trees
5. erí:so eríkê : the small eye
6. amáíso amákê or amáíso agákê : pl., the small number of eyes
7. ekisá:rú ekíkê : the small river
8. ebisá:rú ebíkêo : pl., the small number of rivers
9. embúzi é:nkê : the small goat
10. embúzi é:nkê or embúzi ezíkê : pl., the small number of goats
11. orugóye orúkê : the small piece of clothing
10. engóye é:nke or engóye ezíke : pl., the small number of clothes
12. aká:ntu akákê : the small thing
14. obú:ntu obúkê : pl., the small number of small things
13. otú:ntu otúkê : dim.of cl.14, the small number of very small things
15. okugúru okúkê : the small leg
6. amagúru amákê or amagúru agákê : pl., the small number of legs
16. ahá:ntu ahákê : the small place, the small number of places

N.B. This adjective can mean "very big, huge" by way of particular emphasis. Just like the normal usage, the plural forms indicate both plural of the singular nouns as well as "a huge number of". The deplicated forms do not have this usage.

☆ omú:ntu múké... 1, abá:ntu báké... 2 : (sg.) a huge person; (pl.) huge people, a huge number
☆ Abá:ntu báké..., abaizîre! : People are very many, those who have come!   /of people

cf. the duplicated forms -kékê "small small"
1. omukemúkê   2. abakebákê
3. omukemúkê   4. emikemíkê
5. erikeríkê   6. amakemákê or agakegákê
7. ekikekíkê   8. ebikebíkê
9. enké:nkê   10. enké:nkê or ezikezíkê
11. orukerúkê
12. akakekákê   14. obukebúkê
               13. otuketúkê
15. okukekúkê
16. ahakehákê

N.B. The cl.16 ahakeháke is used for all locative classes.

☆ 1. omú:ntu mukemúkê : a very small person
2. abá:ntu bakebákê : pl.; a very small number of persons
3. omútí mukemúkê : a very small tree
4. emítí mikemíkê : pl.; a very small number of trees
5. erí:so likeríkê : a very small eye
6. amáíso makemákê or amáíso gakegákê : pl.; a very small number of eyes
7. ekisá:rú kikekíkê : a very small river
8. ebisá:rú bikebíkê : pl.; a very small number of rivers
9. embúzi nkĕ:nkê : a very small goat
10. embúzi nkĕ:nkê or embúzi zikezíkê : pl.; a very small number of goats
11. orugóye rukerúkê : a very small piece of clothing
10. engóye nkĕ:nkê or engóye zikezíkê : pl.; a very small number of pieces of clothing
12. aká:ntu kakekákê : a very small thing
14. obú:ntu bukebúkê : pl.; a very small number of very small things
13. otú:ntu tuketúkê : dim.of cl.14
15. okugúru kukekúkê : a very small leg
6. amagúru makemákê or amagúru gakegákê : pl.; a very small number of legs
16. ahá:ntu hakehákê : a very small place

N.B. The above expressions can also be sentences meaning "The person is very small/the people are very small, the people are very few." etc.

☆ 1. omú:ntu omukemúkê : the very small person
2. abá:ntu abakebákê : pl.; the very small number of people
3. omútí omukemúkê : the very small tree
4. emítí emikemíkê : pl.; the very small number of trees
5. erí:so erikeríkê : the very small eye
6. amáíso amakemákê or amáíso agakegákê : pl.; the very small number of eyes
7. ekisá:rú ekikekíkê : the very small river
8. ebisá:rú ebikebíkê : pl.; the very small number of rivers
9. embúzi enké:nkê : the very small goat
10. embúzi enké:nkê or embúzi ezikezíkê : pl.; the very small number of goats

11. orugóye orukerúkê : the very small piece of clothing
10. engóye enké:nkê or engóye ezikezíkê : pl.; the very small number of clothes
12. aká:ntu akakekákê : the very small thing
14. obú:ntu obukebúkê : pl.; the very small number of things
13. otú:ntu otuketúkê : dim. of cl.14
15. okugúru okukekúkê : the very small leg
6. amagúru amakemákê or amagúru agakegákê : pl.; the very small number of legs
16. ahá:ntu ahakehákê : the very small place; the very small number of places

3) The smallness can be rendered by putting the noun into the diminutive classes, namely cl.12/14, cl.13, this latter indicating smaller things than cl.14.

☆ akâ:ntu 12, obû:ntu 14 or otû:ntu 13 : a small thing <ekî:ntu 7/8 "thing"
☆ akanyônyi 12, obunyônyi 14 or otunyônyi 13 : a small bird <ekinyônyi 7/8 "bird"
☆ akájû 12, obújû 14 or otújû 13 : a small house which can be abandoned after use, e.g. soldiers' camp hut in a battle field, nest of birds, etc. <é:njû 9/6 "house"

4) nya- prefix 9
☆ nyamáizi 9 : small quantity of water
☆ nyanjûra 9 : small rain

a. smallness / 小ささ
  1) obutóítô 14 : smallness in size, status or number
     obutóító búmû
     obutóító bwâ:nge
     búnu butóítô
     búnu butóító kî?
     obutóító bwá:ngê
  2) obúkê 14 : syn. of the preceding.
     obúké búmû
     obúké bwâ:nge
     búnu búkê
     búnu búké kî?
     obúké bwá:ngê

b. to become small, little / 少ない、小さい、少なくなる
  1) okúbá mutóítô : to become small
  2) okukê:ha : to be small in size or number
     okukê:hya caus. : to reduce the size or number

1112. fat / 太った
  1) okunyê:ta
     okunyê:sa caus. : to cause to be fat
     okunye:sêbwa caus.+pass. : to be caused to be fat
☆ Jó:ni anye:sérê. : John has grown fat.
  cf. omunyê:to 3, ---- : fatness / 肥満
     omunyé:to gúmû
     omunyé:to gwâ:nge
     gúnu munyê:to
     gúnu munyé:tó kî?
     omunyé:to gwá:ngê
  2) okúbá mukô:to. See No.1110.

1113. thin; lean / 痩せた
   1) okwa.nûka intr. : to become thin, lean, slender
      okwa.nûra tr. : to make thin, etc.
      okwa.nûkya caus. : syn. of the preceding.
      okwa.nukîbwa caus.+pass. : to be made thin, etc. by sb
   ☆ Omú:ntu ayanukírê. : The person has become lean.
   2) -tóítô adj. "small". See No.1111.
   3) -cékê adj. : slender, weak
      1. omucékê   2. abacékê
      3. omucékê   4. emicékê
      5. ericékê   6. amacékê or agacékê
      7. ekicékê   8. ebicékê
      9. encékê   10. encékê or ezicékê
      11. orucékê
      12. akacékê   14. obucékê
                    13. otucékê
      15. okucékê
      16. ahacékê
      N.B. The cl.16 ahacékê is used for all locative classes.
   ☆ 1. omú:ntu mucékê : a slender person
      2. abá:ntu bacékê : pl.
      3. omútí mucékê : a slender tree
      4. emítí micékê : pl.
      5. erí:so licékê : a weak eye
      6. amáíso macékê or amáíso gacékê : pl.
      7. ekitábu kicékê : a single bed
      8. ebitábu bicékê : pl.
      9. embúzi ncékê : a slender goat
      10. embúzi ncékê or embuzi zicékê : pl.
      11. orugóye rucékê : a thin piece of clothing
      10. engóye ncékê or engóye zicékê : pl.
      12. aká:ntu kacékê : a slender thing
      14. obú:ntu bucékê : pl.
      13. otú:ntu tucékê : dim.of cl.14
      15. okugúru kucékê : a slender leg
       6. amagúru macékê or amagúru gacékê : pl.
      16. ahá:ntu hacékê : a slender place
      N.B. The above expressions can also be sentences meaning "The person is slender/the people are slender." etc.
   ☆ 1. omú:ntu omucékê : the slender person
      2. abá:ntu abacékê : pl.
      3. omútí omucékê : the slender tree
      4. emítí emicékê : pl.
      5. erí:so ericékê : the weak eye
      6. amáíso amacékê : pl.
      7. ekitábu ekicékê : the single bed

    8. ebitábu ebicékêo : pl.
    9. embúzi encékê : the slender goat
    10. embúzi encékê or embúzi ezicékê : pl.
    11. orugóye orucékê : the thin piece of clothing
    10. engóye encékê or engóye ezicékê : pl.
    12. aká:ntu akacékê : the slender thing
    14. obú:ntu obucékê : pl.
    13. otú:ntu otucékê : dim.of cl.14
    15. okugúru okucékê : the slender leg
    6. amagúru amacékê or amagúru agacékê : pl.
    16. ahá:ntu ahacékê : the slender place
    N.B. The cl.16 ahacékê is used for all locative classes.
 cf. obucékê 14 : thinness, slenderness, weakness
    obucéké búmû
    obucéké bwâ:nge
    búnu bucékê
    búnu bucéké kî?
    obucéké bwá:ngê
 cf. okucêka : to become thin, weak.

1114. thin / 細い、薄い
    1) okukê:ha
    2) -tóítô adj. See No.1111.
    ☆ ekitábu kitóítô 7, ebitábu bitóítô 8 : thin book
       N.B. This phrase can also mean "The book is small or thin."

1115. thick / 厚い
       -kô:to adj. See No.1110.
    ☆ ekitábu kikô:to 7, ebitábu bikô:to 8 : thick book
       N.B. This phrase can also mean "The book is thick."
  a. thick (of soup) / 濃い
       okukwâ:ta
    ☆ Omukúbi gukwa:sírê. : The sauce is thick.

1116. tall; high / 高い
        -ráira adj. : tall, high, long
    ☆ 1. omú:ntu muráira : a tall person
        2. abá:ntu baráira : pl.
        3. omútí muráira : a tall tree
        4. emítí miráira : pl.
        5. i:cúmu liráira : a long spear
        6. amacúmu maráira or amacúmu garáira : pl.
        7. ekisá:rú kiráira : a long river
        8. ebisá:rú biráira : pl.
        9. enjóka ndáira : a long snake
        10. enjóka ndáira or enjóka ziráira : pl.
        11. orugóye ruráira : a long piece of cloth
        10. engóye ndáira or engóye ziráira : pl.
        12. aká:ntu karáira : a long object

14. obú:ntu buráira : pl.

13. otú:ntu turáira : dim.of cl.14

15. okugúru kuráira : a long leg

6. amagúru maráira or amagúru garáira : pl.

16. ahá:ntu haráira : a long place

N.B. Prefixation of an augment to the noun does not change the tone of the head noun. The above expressions also mean "the person is tall", etc.

☆ oburáira 14, ---- : height, length

oburáira búmû

oburáira bwâ:nge

búnu buráira

búnu buráírá kî?

oburáira bwá:ngê

cf. okuráiha : to be tall, high, long

okuráihya caus. : to make tall, high, long

okuraihîbwa caus.+pass. : to be made tall, high, long

☆ 1. omusáija araihírê. : The man is tall.

2. abasáija baraihírê. : pl.

3. omútí guraihírê. : The tree is tall.

4. emítí eraihírê. : pl.

☆ 1. omusáija araihîre. : a man who is tall, i.e. a tall man

2. abasáija baraihîre. : pl.

3. omútí guraihîre. : a tree which is tall, i.e. a tall tree

4. emítí eraihîre. : pl.

1117. short; low / 低い

-gûfu adj. : short, low, shallow

1. omugûfu   2. abagûfu
3. omugûfu   4. emigûfu
5. erigûfu   6. amagûfu or agagûfu
7. ekigûfu   8. ebigûfu
9. engûfu   10. engûfu or ezigûfu
11. orugûfu
12. akagûfu 14. obugûfu
             13. otugûfu
15. okugûfu
16. ahagûfu

☆ 1. omú:ntu mugûfu : a short person

2. abá:ntu bagûfu : pl.

3. omútí mugûfu : a short tree

4. emítí migûfu : pl.

5. i:cúmu ligûfu : a short spear

6. amacúmu magûfu or amacúmu gagûfu : pl.

7. ekí:ntu kigûfu : a short thing

8. ebí:ntu bigûfu : pl.

9. enjóka ngûfu : a short snake

10. enjóka ngûfu or enjóka zigûfu : pl.

11. orugóye rugûfu : a short cloth
10. engóye ngûfu or engóye zigûfu : pl.
12. aká:ntu kagûfu : a short object
14. obú:ntu bugûfu : pl.
13. otú:ntu tugûfu : dim.of cl.14
15. okugúru kugûfu : a short leg
6. amagúru magûfu or amagúru gagûfu : pl.
16. ahá:ntu hagûfu : a low place

N.B. Prefixation of an augment to the noun does not change the tone of the head noun. The above expressions also mean "The perosn is short", etc.

☆ 1. omú:ntu omugûfu. : the short person
2. abá:ntu abagûfu. : pl.
3. omútí omugûfu. : the short tree
4. emítí emigûfu. : pl.

☆ 1. Omú:ntu nú wé omugûfu. : The person is the short one.
2. Abá:ntu nú bó abagûfu. : pl.
3. Omútí ní gwó omugûfu. : The tree is the short one.
4. Emítí ní yó emigûfu. : pl.

a. shortness / 低さ

obugûfu 14
obugúfu búmû
obugúfu bwâ:nge
búnu bugûfu
búnu bugúfú kî?
obugúfu bwá:ngê

b. to become short or low / 低くなる
1) okúbá mugûfu
2) okugufuhâra : syn. of the preceding.
okugufuhâza caus. : to shorten (tr.)

1118. long / 長い
1) -ráira adj. : tall, high, long. See No.1116.
2) okuráiha : to be tall, high, long. See No.1116.
☆ 11. orugú:do ruráira : a long road
10. engú:do ndáira or engú:do ziráira : pl.
☆ 11. Orugú:do ruraihíre. : The road is long
10. Engú:do ziraihíre. : pl.
☆ 11. orugú:do ruraihîre. : a road which is long
10. engú:do ziraihîre. : pl.
☆ 11. orugú:do oruraihîre. : the road which is long
10. engú:do eziraihîre. : pl.
☆ 11. orugú:do orunyakuraihîre. : the road which is long
10. engú:do ezinyakuraihîre. : pl.

1119. short / 短い
-gûfu adj. See No.1117.

1120. deep / 深い
1) -ráira adj. : tall, high, long, deep. See No.1116.

2) okuráiha : to be tall, high, long, deep. See No.1116.

☆ Ekí:ná kiraihírê. : The hole is deep.

2) hâra 16 : deep, far

☆ Ekí:ná kiri hâra. : The hole is deep.

1121. shallow / 浅い

-gûfu adj. See No.1117.

☆ ekí:ná kigûfu 7, ebí:ná bigûfu 8 : a shallow hole
N.B. This phrase can also mean "The hole is shallow."

☆ ekí:ná ekigûfu 7, ebí:ná ebigûfu 8 : the shallow hole

1122. wide / 広い

1) -gázî adj.

2) okugalîha or okugazîha /okugálîha or okugázîha
okugalîhya or okugazîhya /okugálîhya or okugázîhya caus. : to widen (tr.)
okugalihîbwa or okugazihîbwa caus.+pass. : to be widened by sb

☆ 11. orugú:do rugázî : a wide road
10. engú:do ngázî or engú:do zigázî 10 : pl
N.B. These phrases can also be sentences meaning "The road is wide." etc.

☆ 11. orugú:do orugázî : the wide road
10. engú:do engázî or engú:do ezigázî 10 : pl

☆ 11. Orugú:do rugalihírê. : The road is wide.
10. Engú:do zigalihírê. : pl.

☆ 11. orugú:do oru(nyaku)galihîre. : the road which is wide, i.e. th wide road
10. engú:do ezi(nyaku)galihîre : pl.

cf. width / 広さ
obugázî 14
obugází búmû
obugází bwâ:nge
búnu bugázi
búnu bugází kî?
obugází bwá:ngê

☆ obugází bw'o.rugû:do : the width of a/the road

a. to spread (intr.); to overflow / 広がる、氾濫する

1) okusa.ndâ:ra
okusa.ndâ:za caus. : to spread (tr.)
okusa.nda:zîbwa caus.+pass. : to be spread by sb

☆ Amáízi gasa.ndaírê. : Water spreads.

☆ Ekisá:rú kisa.ndaírê. : The river has overflown.

2) okuja.njâ:ra : to spread (intr.), to scatter (intr.)
okuja.njâ:za caus. : to spread (tr.), to scatter (tr.)

☆ Ebitábu bija.njaire hamé:zâ. : Books scatter on the table.

1123. narrow / 狭い

1) -tóítô adj. : narrow, tight. See No.1111.

☆ akagú:do katóítô. : a narrow road
N.B. This expression also means "The road is narrow."

2) okufû:nda : to become narrow
okufû:nza caus. : to make narrow

okufu.nzîbwa caus.+pass. : to be made narrow by sb
okufu.nzîka neut. : to be able to be reduced in size
☆ Orugú:do rufu.nzírê. : The road is narrow.
☆ É:nu empálí ekufu.nzîka. : This pair of tousers can be reduced in size.
cf. obufú:ndâ 14 : narrowness / 狭さ
    obufú:ndá búmû
    obufú:ndá bwâ:nge
    búnu bufú:ndâ
    búnu bufú:ndá kî?
    obufú:ndá bwá:ngê

1124. heavy / 重い
okulemê:ra : to be heavy
okulemê:za caus. : to make heavy
okuleme:zêbwa caus.+pass. : to be made heavy by sb
☆ Ensáhó eremí:rê. : The bag is heavy.
    Ensáhó ziremí:rê. : pl.
☆ ensáhó erémî:re. : a bag which is heavy, i.e. a heavy bag
    ensáhó zírémî:re. : pl.
☆ ensáhó eyerémî:re : the bag which is heavy, i.e. the heavy bag
    ensáhó ezirémî:re : pl.
☆ ensáhó enyakulemî:re : the bag which is heavy, i.e. the heavy bag
    ensáhó ezinyakulemî:re : pl.
cf. obulemê:zi 14 : weight / 重さ
    obulemé:zi búmû
    obulemé:zi bwâ:nge
    búnu bulemê:zi
    búnu bulemé:zí kî?
    obulemé:zi bwá:ngê
☆ okulé:nga obulemê:zi : to weigh the weight

1125. light / 軽い
okwa.nguhî:rra <int. of okwa.ngúha "to be fast" (No.1211)
☆ 7. Ekikápú nikya.nguhí:rrâ. : The bag is light.
    8. Ebikápú nibya.nguhí:rrâ. : pl.
☆ 7. Ekikápu kikwa.nguhî:rra. : The bag is light
    8. Ebikápu bikwa.nguhî:rra. : pl.
☆ 7. ekikápu kirúkwa.nguhî:rra. or ekikápu kí:kwa.nguhî:rra. : a bag which is light, i.e. a light
    8. ebikápu birúkwa.nguhî:rra. or bikápu ebí:kwa.nguhî:rra. : pl.   /bag
☆ 7. ekikápu ekírúkwa.nguhî:rra. or or ekikápu ekí:kwa.nguhî:rra. : the bag which is light, i.e.
    8. ebikápu ebírúkwa.nguhî:rra. or ebikápu ebí:kwa.nguhî:rra. : pl.   /the light bag
☆ 7. Ekikápu kya.nguhirí:rê. : The bag is light.
    8. Ebikápu bya.nguhirí:rê. : pl.
☆ 7. ekikápu kya.nguhirî:re : a bag which is light, i.e. a light bag
    8. ebikápu bya.nguhirî:re. : pl.
☆ 7. ekikápu ekya.nguhirî:re. : the bag which is light, i.e. the light bag
    8. ebikápu ebya.nguhirî:re. : pl.

1126. strong / 強い

amâ:ni 6 : strength, power. See No.553.
- ☆ Aine amâ:ni. : He is strong.
- ☆ omú:ntu w'a:mâ:ni 1, abá:ntu b'a:mâ:ni 2 : a strong person
- ☆ omú:ntu ow'a:mâ:ni 1, abá:ntu ab'a:mâ:ni 2 : the strong person
- ☆ Amuti:re n'a:mâ:ni. He has beaten him with force.

a. forcibly; compulsorily / 無理に、無理やり
  1) okuha.mbirîza /okuha.mbírîza : to force sb to do
  - ☆ Amuha.mbirize kugé:nda haizíba. : He has forced him/her to go to a well.
  2) n'a:mâ:ni : [lit.] with force

1127. weak / 弱い、虚弱な
  1) okutagíra mâ:ni : to be weak temporarily; [lit.] not to have strength
     okutagíra amâ:ni : to be weak by nature; [lit.] not to have the strength
  2) okucêka : to become thin, weak. See No.1113.
  cf. -cékê adj. : thin, slender, weak
  cf. obucékê 14 : thinness, slenderness, weakness
  ☆ obucéké bw'omubîri 14 : weakness of the body

a. to feel dull / 体がだるい
  1) okúhwá amâ:ni : [lit.] to finish (one's) strength
  2) okuhú:rra obucéké omumubîri : [lit.] to feel weakness in the body

b. to loose one's energy / 精気を失う
  okuhotôka /okuhótôka
  ☆ Ka muhotokére! : You (pl.) have lost your energy!

1128. lazy / 怠惰な
  1) -gárâ adj.
     1. omugárâ,   2. abagárâ
  cf. obugára 14 : laziness / 怠惰、怠け心
     obugárá búmû
     obugárá bwâ:nge
     búnu bugárâ
     búnu bugárá kî?
     obugárá bwá:ngê
  ☆ 1. omú:ntu mugárâ : a lazy person
     2. abá:ntu bagárâ : pl.
     N.B. These phrases can also be sentences meaning "The person is lazy." etc.
  ☆ 1. omú:ntu omugárâ : the lazy person
     2. abá:ntu abagárâ : pl.
  2) -nâfu adj. : lazy, syn. of -gára
     1. omunâfu,   2. abanâfu
     okunafuhâra : to become lazy
  cf. obunâfu 14 : laziness / 怠惰、怠け心
     obunáfu búmû
     obunáfu bwâ:nge
     búnu bunâfu
     búnu bunáfú kî?
     obunáfu bwá:ngê
  ☆ 1. omú:ntu munâfu : a lazy person

2. abá:ntu banâfu : pl.

N.B. These phrases can also be sentences meaning "The person is lazy." etc.

☆ 1. omú:ntu omunâfu : the lazy person

2. abá:ntu abanâfu : pl.

1129. hard; solid / 堅い

-gúmû adj. : hard, solid

okugûma : to be hard, solid, firm

okuguma.ngâna assoc. : to be hard (of land because of drought, stones, etc.)

okugûmya caus. : to harden (tr.)

okugúmîra appl. : to be hard in a way, in a place

1. omugúmû 2. abagúmû
3. omugúmû 4. emigúmû
5. erigúmû   6. amagúmû or agagúmû
7. ekigúmû   8. ebigúmû
9. engúmû   10. engúmû or ezigúmû
11. orugúmû
12. akagúmû   14. obugúmû
             13. otugúmû
15. okugúmû
16. ahagúmû

☆ 1. omú:ntu mugúmû: a hard person

2. abá:ntu bagúmû : pl.

3. omútí mugúmû : a hard tree

4. emítí migúmû : pl.

5. i:bá:le ligúmû : a hard stone

6. amabá:le magúmû or amabá:le gagúmû : pl.

7. ekí:ntu kigúmû : a hard thing

8. ebí:ntu bigúmû : pl.

9. enyáma ngúmû : a hard meat

10. enyáma ngúmû or enyáma zigúmû : pl.

11. orugóye rugumu : a hard cloth

10. engóye ngúmû or engóye zigúmû : pl.

12. aká:ntu kagúmû : a hard object

14. obú:ntu bugúmû : pl.

13. otú:ntu tugúmû : dim.of cl.14

15. okugúru kugúmû : a hard leg

6. amagúru magúmû or amagúru gagúmu : pl.

16. ahá:ntu hagúmû : a low place

N.B. The above expressions can also be sentences meaning "The person is hard." etc.

☆ Omuhógó nigugúmâ. : The cassava is hard (to eat).

☆ I:táka liguma.ngáínê. : The ground is hard.

☆ okugumíra ebizîbu : to hold out against mishaps

☆ okugumíra kímú : to become very hard, to keep one's shoulders back / 気を強く持つ

☆ Jó:ni agumi:re kímû. : John has a hard spirit.

cf. obugúmû 14 : hardness, toughness

obugúmú búmû

obugúmú bwâ:nge
búnu bugúmû
búnu bugúmú kî?
obugúmú bwá:ngê
☆ obugúmú bw'eitâka : the hardness of soil
cf. emigumîre 4 : syn. of obugúmû <appl. of okugúma
emigumíre é:mû
emigumíre yâ:nge
é:nu migumîre
é:nu migumíré kî?
emigumíre yá:ngê

1130. soft; tender / 柔らかい
okwo.rôba : to be tender (ex. meat), soft, simple (ex. examination), etc.
okwo.rôbya caus. : to make tender, etc.
cf. obwo.rôbi 14 : softness, tenderness
obwo.róbi búmû
obwo.róbi bwâ:nge
búnu bwo.rôbi
búnu bwo.róbí kî?
obwo.róbi bwá:ngê
☆ 1. Omú:ntu n'a:yoróbâ. : The person is soft.
2. Abá:ntu nibo:róbâ. : pl.
7. Ekire.ngéso nikyo:róbâ. : The examination is simple.
8. Ebire.ngéso nibyo:róbâ. : pl.
9. Enyáma n'e:yorobâ. : The meat is tender.
10. Enyáma nizo:róbâ. : pl.
a. soggy; sodden (e.g. rice cooked with too much water) / ベチャベチャする、水っぽい
1) okutôta : to be sloppy [said of millet bread, stiff porridge of maize]
okutôsa caus. : to make sloppy
☆ Obúró butosérê. : The millet bread is sloppy.
2) okuserebêra : syn. of okutôta

1131. robust; firm / 丈夫な
-gúmû adj. : hard, solid, robust. See No.1129.
okugûma : to be hard, solid, firm, robust. See No.1129.
☆ Esá:ha yâ:nge ngúmû. : My watch is durable.

1132. fragile / もろい
1) eky'o.kwe.ge.nderêza 7, eby'o.kwe.ge.nderêza 8 : that which should be handled carefully
Cf. okwe.ge.nderêza "to handle with care" (No.725).
2) okwa.tîka : to be breakable, to break (intr.). See No.808.
☆ Amahúli niga:tíkâ. : Eggs are breakable.

1133. sharp / 鋭い
okutô:ra
☆ Omúhyó gutóirê. : The knife is sharp.
☆ omúhyó gutóire. : a knife which is sharp, a sharp knife
☆ omúhyó ogutóire. : the knife which is sharp, the sharp knife
a. sharpness / 鋭さ、切れ味

obwô:gi 14, ----- : edge, sharpness. See No.199.
- ☆ obwó:gi bw'o.múhyô : the sharpness of a knife

1134. dull; blunt / 鈍い
- 1) okutatô:ra : not to be sharp. See No.1133.
- 2) okutagíra bwô:gi : not to have sharpness
- ☆ Omúhyó tigwí:na bwô:gi. : The knife does not have an edge, it is dull.
- 3) okúfà : [slang]; [lit.] to die. See No.727.
- ☆ Omúhyó gufwí:rê. : The knife is dull.
- 4) ekipirîpyo 7, ebipirîpyo 8 /ekipírîpyo 7, ebipírîpyo 8 : something (e.g. knife) dull
    ekipirípyo kímû
    ekipirípyo kyâ:nge
    kínu kipirîpyo
    kínu kipirípyó: kî?
    ekipirípyo kyá:ngê

  a. to get rusty / 錆びる
      okumôma
    ☆ Omúhyó gumomérê. : The knife is rusty.
    cf. obumômi 14, ---- : rust
      obumómi búmû
      obumómi bwâ:nge
      búnu bumômi
      búnu bumómí kî?
      obumómi bwá:ngê

1135. straight / まっすぐな、直立する
    okutere:kê:rra : to be straight
    okutere:kerêza caus. : to straighten (tr.)
    okutere:kerezêbwa caus.+pass. : to be made straight by sb
- ☆ Orugú:do rutere:kerí:rê. : The road is straight.
- ☆ orugú:do rutere:kerî:re. : a road which is straight, i.e. a straight road
- ☆ orugú:do orutere:kerî:re. : the road which is straight, i.e. the straight road

  a. to straighten what is curved or bent / 曲がっているものを真っ直ぐにする
      okugonyô:rra
      okugonyorôrwa or okugonyô:rrwa pass. : to be made straight
      okugonyo:rrôka intr. : to straighten (intr.)

  b. upright / 真っ直ぐに
      bwé:mî
    ☆ Ayemeri:re bwé:mî. : He is standing upright.

1136. bent; curved / 曲がった
- 1) okwi.nâma : said of a standing object which leans
    okwi.nâmya caus. : to bend, to curve
- ☆ Omútí gwi.namírê. : The tree is bent.
- 2) eky'e.kó:nâ 7, eby'e.kó:nâ 8 : winding (of a road); [lit.] that with corner(s)
    Cf. ekó:nâ 9/10, amakó:nâ 6 "corner" (No.868).
- ☆ engú:do y'a.makó:nâ : a winding road
- ☆ Engú:do eina amakó:nâ. : The road is winding.
- 3) okugêma : to bend. See No.859.

okugêmya or okugemêsa caus. : to use sth to bend

okugemêka neut. : to be bendable

☆ Ewáyá egemérê. : The wire is bent.

☆ ewáyá egémêre : a wire which is bent

1137. round / 丸い

 1) okwe.huli.ngî:rra : to be round

 ☆ Omupí:ra gwehuli.ngirí:rê. : The ball is round.

 2) okwe.to:rô:ra : to go round, to circle

  okwe.to:rô:za caus. : to make go round

 3) ráunda 9,10 : circle <Eng.

  ráúnda é:mû

  ráúnda yâ:nge

  é:nu ráunda

  é:nu ráúndá kî?

  ráúnda yá:ngê

 ☆ enjú ya ráunda 9, amájú ga: ráunda 6 : a round house

1138. flat; level; even / 平たい、平である

 okutere:kê:rra : to be flat

 okutere:kerêza caus. : to make sth flat

 ☆ É:nsí etere:kerí:rê. : The ground is flat.

a. to make flat / 平らにする

 1) okutere:kerêza : to make flat. See above.

 2) okusê:nda : to level the ground with a hoe

 ☆ okusé:nda i:tâka : to level the ground

1139. uneven; bumpy / でこぼこした

 okutatere:kê:rra : [lit.] not to be flat <neg. of okutere:kê:rra "to be flat" (No.1138)

1140. smooth / 滑らかな

 okuhehê:ra

 ☆ Orugóye niruhehé:râ. : The cloth is smooth.

a. to smooth the surface with the hands (after daubing a wall with mud) / 平らにする

 okuhuhû:ra

1141. rough / ざらざらした

 1) okusî:ha

 ☆ Orugóye nirusí:hâ. : The cloth is rough.

 2) okutaráiga : to become old, to degrade (intr.)

 ☆ Orugóye rutaraigírê. : The cloth is rough.

 3) okuhâra : to be rough (surface of a table, cloth, etc.); [lit.] to claw. See No.828.

 ☆ Orugóye niruhárâ. : The cloth scratches.

1142. fine / 細かい

 1) -rú:ngî adj. : good, fine

 ☆ Obuhú:nga burú:ngî. : The powder is fine.

 2) -tóítô, -tí:tô, or -táítô adj. : small. See No.1111.

 ☆ obujúra butóítô : fine rain, drizzle

a. small-meshed / （網の）目の細かい

 amáíso gatóítô

 ☆ akatí:mba k'a:máíso gatóítô 12, obutí:mba bw'a.máíso gatóítô 14 : a small-meshed net

1143. coarse; rough / （目の）粗い
    okuha.ndûka : to be coarse
  ☆ Obuhú:nga buha.ndukírê. : The powder is coarse.
a. large-meshed / （網の）目の粗い
    amáíso gakô:to
  ☆ akatí:mba k'a:máíso gakô:to 12, obutí:mba bw'a.máíso gakô:to 14 : a large-meshed net

1144. young / 若い
    -´tô adj.
      1. omútô   2. abátô
      3. omútô   4. emítô
      5. erítô   6. amátô
      7. ekítô   8. ebítô
      9. é:ntô 10. é:ntô or ezítô
      11. orútô
      12. akátô 14. obútô
              13. otútô
      15. okútô
      16. ahátô
  ☆ 1. omú:ntu mútô : a young person
    2. abá:ntu bátô : pl.
    1. omwá:na mútô : a young child
    2. abá:na bátô : pl.
    1. omukázi mútô : a young woman
    2. abakázi bátô : pl.
    3. omútí mútô : a young tree
    4. emítí mítô : pl.
  ☆ 1. omú:ntu omútô : the young person
    2. abá:ntu abátô : pl.
    1. omwá:na omútô : the young child
    2. abá:na abátô : pl.
    1. omukázi omútô : the young woman
    2. abakázi abátô : pl.
    3. omútí omútô : the young tree
    4. emítí emítô : pl.
  ☆ 1. Omú:ntu ali mútô. : The person is young.
    2. Abá:ntu bali bátô. : pl.
    1. Omwá:na ali mútô. : The child is young.
    2. Abá:na bali bátô. : pl.
    1. Omukázi ali mútô. : The woman is young.
    2. Abakázi bali bátô. : pl.
    3. Omútí gali mútô. : The tree is young.
    4. Emítí eri mítô. : pl.
    N.B. The sentences can be constructed without the copula ali, etc. But in that case, the sentences may be taken for corresponding noun phases "a youn person", etc.
  ☆ 1. Omú:ntu ní wé omútô. : The person is the young one.
    2. Abá:ntu ní bó abátô. : pl.

1. Omwá:na ní wé omútô. : The child is the young one.

2. Abá:na ní bó abátô. : pl.

1. Omukázi ní wé omútô. : The woman is the young one.

2. Abakázi ní bó abátô. : pl.

3. Omútí ní gwó omútô. : The tree is the young one.

4. Emítí ní yó emítô. : pl.

a. minority in terms of age; childhood / 年少性

obútô 14, ---- <-´tô adj. See above.

obútó búmû

obútó bwâ:nge

búnu bútô

búnu bútó kî?

obútó bwá:ngê

☆ Omubútó bwâ:nge nachurágá múnô. : I cried very much in my chilhood.

1145. old; senior / 年をとった、年長の

-kûru adj.

1. omukûru   2. abakûru
3. omukûru   4. emikûru
5. erikûru   6. amakûru
7. ekikûru   8. ebikûru
9. enkûru   10. enkûru or ezikûru
11. orukûru
12. akakûru   14. obukûru
            13. otukûru
15. okukûru
16. ahakûru

☆ 1. omú:ntu mukûru : a senior/old person

2. abá:ntu bakûru : pl.

1. omwá:na mukûru : a senior child

2. abá:na bakûru : pl.

1. omukázi mukûru : a senior/old woman

2. abakázi bakûru : pl.

3. omútí mukûru : a old tree

4. emítí mikûru : pl.

N.B. The above phrases can also be sentences meaning "The person is old." etc.

☆ 1. omú:ntu omukûru : the senior/old person

2. abá:ntu abakûru : pl.

1. omwá:na omukûru : the senior child

2. abá:na abakûru : pl.

1. omukázi omukûru : the senior/old woman

2. abakázi abakûru : pl.

3. omútí omukûru : the old tree

4. emítí emikûru : pl.

☆ 1. Omú:ntu nú wé omukûru. : The person is the senior one.

2. Abá:ntu nú bó abakûru. : pl.

1. Omwá:na nú wé omukûru. : The child is the senior one.

2. Abá:ná nú bó abakûru. : pl.
　　　1. Omukázi nú wé omukûru. : The woman is the senior one.
　　　2. Abakázi nú bó abakûru. : pl.
　　　3. Omútí nú gwó mukûru. : The tree is the old one.
　　　4. Emítí ní yó mikûru. : pl.
a. seniority in terms of age / 年長性
　　　obukûru 14 <-kûru adj.
　　　obukúru búmû
　　　obukúru bwâ:nge
　　　búnu bukûru
　　　búnu bukúrú kî?
　　　obukúru bwá:ngê

1146. new; newcomer / 新しい、新人
　　　-hyâ:ka adj.
　　　　1. omuhyâ:ka　　2. abahyâ:ka
　　　　3. omuhyâ:ka　　4. emihyâ:ka or empyâ:ka
　　　　5. erihyâ:ka　　 6. amahyâ:ka
　　　　7. ekihyâ:ka　　 8. ebihyâ:ka
　　　　9. empyâ:ka　　10. empyâ:ka or ezihyâ:ka
　　　　11. oruhyâ:ka
　　　　12. akahyâ:ka　　14. obuhyâ:ka
　　　　　　　　　　　　　13. otuhyâ:ka
　　　　15. okuhyâ:ka
　　　　16. ahahyâ:ka
　☆　1. omú:ntu muhyâ:ka : a new person, newcomer
　　　　2. abá:ntu bahyâ:ka : pl.
　　　　1. omwá:na muhyâ:ka : a new child
　　　　2. abá:na bahyâ:ka : pl.
　　　　1. omukázi muhyâ:ka : a new woman
　　　　2. abakázi bahyâ:ka : pl.
　　　　3. omútí muhyâ:ka : a new tree
　　　　4. emítí mihyâ:ka or emítí mpyâ:ka : pl.
　　　　11. orugóye ruhyâ:ka : new clothes
　　　　10. engóye mpyâ:ka or engóye zihyâ:ka : pl.
　　　N.B. The above phrases can also be sentences meaning "The person is new." etc.
　☆　1. omú:ntu omuhyâ:ka : the new person
　　　　2. abá:ntu abahyâ:ka : pl.
　　　　1. omwá:na omuhyâ:ka : the new child
　　　　2. abá:na abahyâ:ka : pl.
　　　　1. omukázi omuhyâ:ka : the new woman
　　　　2. abakázi abahyâ:ka : pl.
　　　　3. omútí omuhyâ:ka : the new tree
　　　　4. emítí emihyâ:ka or emítí empyâ:ka : pl.
　　　　11. orugóye oruhyâ:ka : the new clothes
　　　　10. engóye empyâ:ka　or engóye ezihyâ:ka : pl.
　☆　1. Omú:ntu nú wé omuhyâ:ka. : The person is the new one.

2. Abá:ntu nú bó abahyâ:ka. : pl.

1. Omwá:na nú wé omuhyâ:ka. : The child is the new one.

2. Abá:na nú bó abahyâ:ka. : pl.

1. Omukázi nú wé omuhyâ:ka. : The woman is the new one.

2. Abakázi nú bó abahyâ:ka. : pl.

3. Omútí nú gwó omuhyâ:ka. : The tree is he new one.

4. Emítí ní yó emihyâ:ka. or emítí ní yó mpyâ:ka. : pl.

11. Orugóye ní rwó oruhyâ:ka. : The piece of clothing is the new one.

10. Engóye ní zó empyâ:ka. or Engóye ní zó ezihyâ:ka. : pl.

a. newness; freshness; novelty / 新しさ

obuhyâ:ka 14 <-hyâ:ka adj. See above.

obuhyá:ka búmû

obuhyá:ka bwâ:nge

búnu buhyâ:ka

búnu buhyá:ká kî?

obuhyá:ka bwá:ngê

1147. old; old-fashioned / 古い、旧式の

1) okukûra : to grow old. See No.718.

2) -kûru adj. : old. See No.1145.

☆ orugóye rukûru 11, engóye nkûru or engóye zikûru 10 : old, used clothes

3) eky'o.bwí:re bw'e.nyûma 7, eby'o.bwí:re bw'e.nyûma 8 : that of old days

4) eky'o.bwí:re obuge.nzîre 7, eby'o.bwí:re obuge.nzîre 8 : that of the past days

5) eky'o.bwí:re obuhi.ngwî:re 7, eby'o.bwí:re obuhi.ngwî:re 8 : that of the past days

☆ orugóye rw'o.bwí:re obuhi.ngwî:re 11, engóye z'o:bwí:re obuhi.ngwî:re 10 : old clothes

6) okurúga hamutî:ndo : to come out of fashion, to be outdated

☆ Orugóye rurugire hamutî:ndo. : The clothes are out of fashion.

☆ engóye ezirugíre hamutî:ndo. : clothes which are out of fashion

1148. beautiful; pretty; good-looking / 美しい、きれいな

1) -rú:ngî adj. : good, beautiful, pretty, good-looking

1. omurú:ngî   2. abarú:ngî

3. omurú:ngî   4. emirú:ngî or enú:ngî

5. erirú:ngî   6. amarú:ngî

7. ekirú:ngî   8. ebirú:ngî

9. enú:ngî   10. enú:ngî or ezirú:ngî

11. orurú:ngî

12. akarú:ngî   14. oburú:ngî

13. oturú:ngî

15. okurú:ngî

16. aharú:ngî

☆ 1. omú:ntu murú:ngî : a good person

2. abá:ntu barú:ngî : pl.

1. omwá:na murú:ngî : a good child

2. abá:na barú:ngî : pl.

1. omukázi murú:ngî : a good woman

2. abakázi barú:ngî : pl.

3. omútí murú:ngî : a good tree

        4. emítí mirú:ngî or emítí nú:ngî : pl.

        N.B. The above phrases can also be sentences meaning " The person is good." etc.

   ☆ 1. omú:ntu omurú:ngî : the good person

        2. abá:ntu abarú:ngî : pl.

        1. omwá:na omurú:ngî : the good child

        2. abá:na abarú:ngî : pl.

        1. omukázi omurú:ngî : the good woman

        2. abakázi abarú:ngî : pl.

        3. omútí omurú:ngî : the good tree

        4. emítí omirú:ngî or emítí enú:ngî : pl.

   ☆ 1. Omú:ntu nú wé omurú:ngî. : The person is the good one.

        2. Abá:ntu nú bó abarú:ngî. : pl.

        1. Omwá:na nú wé omurú:ngî. : The child is the good one.

        2. Abá:na nú bó abarú:ngî. : pl.

        1. Omukázi nú wé omurú:ngî. : The woman is the good one.

        2. Abakázi nú bó abarú:ngî. : pl.

        3. Omútí nú gwó omurú:ngî. : The tree is the good one.

        4. Emítí ní yó emirú:ngî. or Emítí ní yó enú:ngî. : pl.

    2) okusiki:rîza : to be attractive

   ☆ Omwi.síkí n'a:siki:rízâ. : The girl is attractive.

    3) okusemêra : to be pretty, to look nice

    4) okunyî:rra : syn. of the preceding.

    5) okuzó:ka kurú:ngî : to appear well, to look nice

  a. beauty; prettiness / 美しさ、美

        oburú:ngî 14 : also means "goodness, kindness" <-rú:ngî adj. See above.

        oburú:ngí búmû

        oburú:ngí bwâ:nge

        búnu burú:ngî

        búnu burú:ngí kî?

        oburú:ngí bwá:ngê

1149. ugly; bad-looking / 醜い、きたない

    1) -´bî adj. See No.1153 for forms of various classes.

   ☆ Orugóye rúbî. : The piece of clothing is ugly.

    cf. okubî:ha : to be ugly

    2) okuzó:ka kúbî : to appear badly, to look ugly (said of an object)

   ☆ Orugóye niruzó:ká kúbî. : The cloth looks ugly.

1150. clean / 清潔な、きれいな

    1) -ecûmi adj.

        1. omwe.cûmi   2. abe:cûmi

        3. omwe.cûmi   4. emye.cûmi

        5. erye.cûmi   6. ame:cûmi

        7. ekye.cûmi   8. ebye.cûmi

        9. enye:cûmi   10. enye:cûmi

       11. orwe.cûmi

       12. ake:cûmi   14. obwe.cûmi

                       13. otwe.cûmi

15. okwe.cûmi
16. ahe:cûmi
cf. obwe.cûmi 14, ---- : cleanliness, purity
    obwe.cúmi búmû
    obwe.cúmi bwâ:nge
    búnu bwe.cûmi
    búnu bwe.cúmí kî?
    obwe.cúmi bwá:ngê

☆ 1. omú:ntu mwe.cûmi : a clean person
  2. abá:ntu be:cûmi : pl.
  1. omwá:na mwe.cûmi : a clean child
  2. abá:na be:cûmi : pl.
  1. omukázi mwe.cûmi : a clean woman
  2. abakázi be:cûmi : pl.
  3. omútí mwe.cûmi : a clean tree
  4. emítí mye.cûmi : pl.
  11. orugóye rwe.cûmi : a clean piece of clothing
  10. engóye nyecûmi : pl.

N.B. The above phrases can also be sentences meaning "The person is clean." etc.

☆ 1. omú:ntu omwe.cûmi : the clean person
  2. abá:ntu abe:cûmi : pl.
  1. omwá:na omwe.cûmi : the clean child
  2. abá:na abe:cûmi : pl.
  1. omukázi omwe.cûmi : the clean woman
  2. abakázi abe:cûmi : pl.
  3. omútí omwe.cûmi : the clean tree
  4. emítí emye.cûmi : pl.
  11. orugóye orwe.cûmi : the clean piece of clothing
  10. engóye enye:cûmi : pl.

☆ 1. Omú:ntu nú wé omwe.cûmi. : The person is the clean one.
  2. Abá:ntu nú bó abe:cûmi. : pl.
  1. Omwá:na nú wé omwe.cûmi. : The child is the clean one.
  2. Abá:na nú bó abe:cûmi. : pl.
  1. Omukázi nú wé omwe.cûmi. : The woman is the clean one.
  2. Abakázi nú bó abe:cûmi. : pl.
  3. Omútí ní gwó mwe.cûmi. : The tree is the clean one.
  4. Emítí ní yó mye.cûmi. : pl.
  11. Orugóye ní rwó orwe.cûmi. : The piece of clothing is the clean one.
  10. Engóye ní zó enyecûmi. : pl.

2) -yó:njô adj. : syn. of -ecûmi
  1. omuyó:njô   2. abayó:njô
  3. omuyó:njô   4. emiyó:njô or enyó:njô
  5. eriyó:njô   6. amayó:njô
  7. ekiyó:njô   8. ebiyó:njô
  9. enyó:njô   10. enyó:njô or eziyó:njô
  11. oruyó:njô

12. akayó:njô   14. obuyó:njô
                13. otuyó:njô
15. okuyó:njô
16. ahayó:njô
cf. obuyó:njô 14, ---- : syn. of obwe.cûmi 14
   obuyó:njó búmû
   obuyó:njó bwâ:nge
   búnu buyó:njô
   búnu buyó:njó kî?
   obuyó:njó bwá:ngê
☆ 1. omú:ntu muyó:njô : a clean person
  2. abá:ntu bayó:njô : pl.
  1. omwá:na muyó:njô : a clean child
  2. abá:na bayó:njô : pl.
  1. omukázi muyó:njô : a clean woman
  2. abakázi bayó:njô : pl.
  3. omútí muyó:njô : a clean tree
  4. emítí miyó:njô or emítí nyó:njô : pl.
  11. orugóye ruyó:njô : a clean piece of clothing
  10. engóye ziyó:njô or engóye nyó:njô : pl.
  N.B. The above phrases can also be sentences meaning "The person is clean." etc.
☆ 1. omú:ntu omuyó:njô : the clean person
  2. abá:ntu abayó:njô : pl.
  1. omwá:na omuyó:njô : the clean child
  2. abá:na abayó:njô : pl.
  1. omukázi omuyó:njô : the clean woman
  2. abakázi abayó:njô : pl.
  3. omútí omuyó:njô : the clean tree
  4. emítí emiyó:njô or emítí enyó:njô : pl.
  11. orugóye oruyó:njô : the clean piece of clothing
  10. engóye eziyó:njô or engóye enyó:njô : pl.
☆ 1. Omú:ntu nú wé omuyó:njô. : The person is the clean one.
  2. Abá:ntu nú bó abayó:njô. : pl.
  1. Omwá:na nú wé omuyó:njô. : The child is the clean one.
  2. Abá:na nú bó abayó:njô. : pl.
  1. Omukázi nú wé omuyó:njô. : The woman is the clean one.
  2. Abakázi nú bó abayó:njô. : pl.
  3. Omútí ní gwó omuyó:njô. : The tree is the clean one.
  4. Emítí ní yó emiyó:njô. or Emítí ní yó enyó:njô. : pl.
  11. Orugóye ní rwé oruyó:njô. : The piece of clothing is the clean one.
  10. Engóye ní zó eziyó:njô. or Engóye ní zó enyó:njô. : pl.
3) okwê:ra : to be clean, white
   okwê:za caus. : to make sth clean, white
☆ Haigúru ha mé:zá hakwê:ra. : The surface of the table is clean.
a. cleanliness / 清潔
  1) obwe.cûmi 14 <-ecûmi adj.

obwe.cúmi búmû
obwe.cúmi bwâ:nge
búnu bwe.cûmi
búnu bwe.cúmí kî?
obwe.cúmi bwá:ngê

2) obuyó:njô 14 <-yó:njô adj. : syn. of the preceding.
obuyó:njó búmû
obuyó:njó bwâ:nge
búnu buyó:njô
búnu buyó:njó kî?
obuyó:njó bwá:ngê

1151. dirty / 汚い、汚れた
1) -rôfu adj.
1. omurôfu   2. abarôfu
3. omurôfu   4. emirôfu or endôfu
5. erirôfu   6. amarôfu
7. ekirôfu   8. ebirôfu
9. endôfu   10. endôfu or ezirôfu
11. orurôfu
12. akarôfu   14. oburôfu
              13. oturôfu
15. okurôfu
16. aharôfu

☆ 1. omú:ntu murôfu : a dirty person
2. abá:ntu barôfu : pl.
1. omwá:na murôfu : a dirty child
2. abá:na barôfu : pl.
1. omukázi murôfu : a dirty woman
2. abakázi barôfu : pl.
3. omútí murôfu : a dirty tree
4. emítí mirôfu or emítí endôfu : pl.
11. orugóye rurôfu : a dirty piece of clothing
10. engóye ndôfu or engóye zirôfu : pl.

☆ 1. omú:ntu omurôfu : the dirty person
2. abá:ntu abarôfu : pl.
1. omwá:na omurôfu : the dirty child
2. abá:na abarôfu : pl.
1. omukázi omurôfu : the dirty woman
2. abakázi abarôfu : pl.
3. omútí omurôfu : the dirty tree
4. emítí emirôfu or emítí endôfu : pl.
11. orugóye orurôfu : the dirty piece of clothing
10. engóye endôfu or engóye ezirôfu : pl.

N.B. The above expressions can also be sentences meaning "The person is dirty." etc.

☆ 1. Omú:ntu nú wé omurôfu. : The person is the dirty one.
2. Abá:ntu nú bó abarôfu. : pl.

1. Omwá:na nú wé omurôfu. : The child is the dirty one.
2. Abá:na nú bó abarôfu. : pl.
1. Omukázi nú wé omurôfu. : The woman is the dirty one.
2. Abakázi nú bó abarôfu. : pl.
3. Omútí nú gwó omurôfu. : The tree is the dirty one.
4. Emítí ní yó emirôfu. or Emítí nú yó endôfu. : pl.
11. Orugóye ní rwó orurôfu. : The piece of clothing is the dirty one.
10. Engóye ní zó endôfu. or Engóye ní zó ezirôfu. : pl.

a. dirt / 汚れ
   oburôfu 14 <-rôfu adj. See above.
   oburófu búmû
   oburófu bwâ:nge
   búnu burôfu
   búnu burófú kî?
   oburófu bwá:ngê

b. stain; blot / 染み
   ekito:nyézâ 7, ebito:nyézâ 8
   ekito:nyézá kímû
   ekito:nyézá kyâ:nge
   kínu kito:nyézâ
   kínu kito:nyézá: kî?
   ekito:nyézá kyá:ngê

1152. good / 良い
   -rú:ngî adj. See No.1148.

   a. kind / 親切な
      1) -rú:ngî adj. See No.1148.
         oburú:ngî 14, ---- : goodness, kindness <-rú:ngî adj. See No.1148.
      2) omú:ntu w'o.mutíma murú:ngî 1, abá:ntu b'e:mitíma mirú:ngî 2 : a person of good heart
      3) embabâzi 10 : kindness, goodwill, grace / 親切心
         embabázi zímû
         embabázi zâ:nge
         zínu mbabâzi
         zínu mbabází kî?
         embabázi zá:ngê
      ☆ Aine embabâzi. : He is kind.
      ☆ omú:ntu w'e.mbabâzi 1, abá:ntu b'e.mbabâzi 2 : a kind person

   b. it is good / するのが良い
      kirú:ngî 7 <-rú:ngî adj. "good". See No.1148.
      ☆ Kirú:ngí kuzá:ra omwâ:na. : It is good to give birth to a child.
      ☆ Kirú:ngí oíjé nyé:nkyâ. : It is good for you to come tomorrow.

   c. well; properly / 良く、うまく
      kurú:ngî 17 <-rú:ngî adj. "good" (No.1148).
      ☆ okubóya kurú:ngî : to smell good
      ☆ okugé:nda kurú:ngî : to go well, in peace
      ☆ Ti.ndaíré kurú:ngî. : I have not slept well. (having a headache at the time of wake-up)

1153. bad / 悪い

1) -´bî adj.
    1. omúbî   2. abábî
    3. omúbî   4. emíbî or é:mbî
    5. eríbî   6. amábî
    7. ekíbî   8. ebíbî
    9. é:mbî   10. é:mbî or ezíbî
    11. orúbî
    12. akábî   14. obúbî
                13. otúbî
    15. okúbî
    16. ahábî

☆ 1. omú:ntu múbî : a bad person
   2. abá:ntu bábî : pl.
   1. omwá:na múbî : a bad child
   2. abá:na bábî : pl.
   1. omukázi múbî : a bad woman
   2. abakázi bábî : pl.
   3. omútí múbî : a bad tree
   4. emítí míbî or emítí ḿbî : pl.
   11. orugóye rúbî : a bad piece of clothing
   10. engóye ḿbî or engóye zíbî : pl.
   N.B. The above expressions can also be sentences meaning "The person is bad." etc.

☆ 1. omú:ntu omúbî : the bad person
   2. abá:ntu abábî : pl.
   1. omwá:na omúbî : the bad child
   2. abá:na abábî : pl.
   1. omukázi omúbî : the bad woman
   2. abakázi abábî : pl.
   3. omútí omúbî : the bad tree
   4. emítí emíbî or emítí é:mbî : pl.
   11. orugóye orúbî : the bad piece of clothing
   10. engóye é:mbî or engóye ezíbî : pl.

☆ 1. Omú:ntu nú wé omúbî. : The person is the bad one.
   2. Abá:ntu nú bó abábî. : pl.
   1. Omwá:na nú wé omúbî. : The child is the bad one.
   2. Abá:na nú bó abábî. : pl.
   1. Omukázi nú wé omúbî. : The woman is the bad one.
   2. Abakázi nú bó abábî. : pl.
   3. Omútí nú gwó omúbî. : The tree is the bad one.
   4. Emítí ní yó emíbî. or Emítí ní yó é:mbî. : pl.
   11. Orugóye ní rwó orúbî. : The piece of clothing is the bad one.
   10. Engóye ní zó é:mbî. or Engóye ní zó ezíbî. : pl.

2) okutokô:ra : to be very bad, to worsen (intr.)
☆ John atokoire engêso. : John has a very bad manner.

a. badness / 悪いこと、悪さ
   obúbî 14, ---- : badness, bad character of a person <- ´bî adj. See above.

obúbí búmû

obúbí bwâ:nge

búnu búbî

búnu búbí kî?

obúbí bwá:ngê

  b. badly; wrongly / 悪く

   kúbî 17 <-´bî adj. See above.

   ☆ okubáza kúbî : to speak badly

   ☆ Ndaire kúbî. : I have slept badly. (having a headache at the time of wake-up, for example)

   ☆ Ndozere kúbî. : I have seen badly, I have had illusion.

  c. to become bad / 悪くなる

   1) okúbá múbî

   2) okusi:sikâra : to get spoiled

   ☆ Motóka esi:sikaírê. : The car has become spoiled.

   3) okusôba : to be done badly

    okusôbya caus. : to do in a wrong way

   ☆ Orugû:do, barusobézê. : They have put the road in a wrong way.

   ☆ Ebî:ntu, babisobézê. : They have done the things in a wrong way.

1154. gentle; mild; modest / おとなしい、穏やかな

   1) okwe.támú ekiti:nîsa : to be gentle, to behave carefully, self-possessedly; [lit.] to put oneself into respect

   2) okwe.twá:ra kurú:ngî : to behave well; [lit.] to take oneself well

  a. to be humble / 控えめな

   okwe.bu.ndâ:za

1155. severe; intense / 厳しい、激しい

   conn.+ amâ:ni. Cf. amâ:ni 6 "strength, power" (No.553).

   ☆ Omusáná gw'a.mâ:ni. : The sunshine is intense. ([lit.] of power)

   ☆ Omusáná gwi.na amâ:ni. : the same as the preceding; [lit.] The sunshine has power.

  a. to be tough / 不屈である、タフである

   okugûma : to be tough, complicated, difficult

   ☆ Omú:ntu agumírê. : The person is tough.

1156. honest; truthful / 正直な

   1) amazîma 6 : truth, sincerity / 真実、誠実

    amazíma gámû

    amazíma gâ:nge

    gánu mazîma

    gánu mazímá kî?

    amazíma gá:ngê

   ☆ omú:ntu w'a.mazîma 1, abá:ntu b'a:mazîma 2 : truthworthy person

   2) amanánû 6 : truth; syn. of amazîma 6

    amanánú gámû

    amanánú gâ:nge

    gánu manánû

    gánu manánú kî?

    amanánú gá:ngê

   3) omwe.sîgwa 1, abe:sîgwa 2 : reliable person <okwe.sîga "to trust". See No.982.

cf. obwe.sîgwa 14, ---- : trustworthiness

4) bbwa part. : openly, frankly / 隠し立てをせず、率直に

☆ Gé:nda omugá:mbé bbwa! : Go and tell him openly!

a. not to be sincere / 不誠実な

1) okugôbya : not to be sincere

okugobêza appl. : not to be sincere to sb

cf. omugôbya 1, abagôbya 2 : person who is not sincere

omugóbya ó:mû

omugóbya wâ:nge

ó:nu mugôbya

ó:nu mugóbyá: kî?

omugóbya wá:ngê

cf. obugôbya 14, ---- : insincerity

2) okutába mú:ntu w'a.mazîma : not to be a truthworthy person

1157 right; correct / 正しい

1) okuhîka : to be right; also means "to arrive" (No.578)

☆ Ohikírê. : You (sg.) are right.

☆ Kihikírê. 7 : It is right.

2) Ní kwô. or Ní kwô kíri. : That's right.

3) Nú kwo. : That's it.

☆ Ti ní kwô? : Isn't it so?

a. sure / 確かな

1) amazîma 6 : truth

☆ Â:go mazîma? : Is that true?

2) okugûmya : to confirm, to make sure <caus. of okugúma "to be firm" (No.1129)

☆ Okugúmya John afwí:rê? : Are you (sg.) sure that John is dead?

b. uncertainty / 不確かさ

amasíkô 6

amasíkó gámû

amasíkó gâ:nge

gánu masíkô

gánu masíkó kî?

amasíkó gá:ngê

1158. wrong; incorrect; not true / 間違った

1) okutahîka /okutáhîka : not to be right <neg. of okuhîka "to be right, to arrive" (Nos.578, 1157)

☆ Tikihikírê. : It is not correct.

2) okusôbya : to be wrong, to make a mistake

☆ Osobézê. : You (sg.) are wrong.

3) okúgwâ : to fail (in exams), to be wrong; [lit.] to fall (No.592)

☆ John agwi:re ebigêzo. : John has failed in the exams.

1159. brave; courageous / 勇敢な

emá:nzî 9,10 : courageous person

emá:nzí é:mû

emá:nzí yâ:nge

é:nu má:nzî

           é:nu má:nzí kî?
           emá:nzí yá:ngê
       or omumá:nzî 1, abamá:nzî 2
   a. bravery / 勇敢
       1) obumá:nzî 14 : courage, bravery. See above.
       2) ekihâgi 7, ebihâgi 8 : quality of being stout, bravery
           ekihági kímû
           ekihági kyâ:nge
           kínu kihâgi
           kínu kihágí kî?
           ekihági kyá:ngê
1160. diligent / 勤勉な
       1) omwe.kâ:mbi 1, abe:kâ:mbi 2 : hard worker
           omwe.ká:mbi ó:mû
           omwe.ká:mbi wâ:nge
           ó:nu mwe.kâ:mbi
           ó:nu mwe.ká:mbí kî?
           omwe.ká:mbi wá:ngê
       cf. obwe.kâ:mbi 14, ---- : hardworking
       2) omukôzi 1, abakôzi 2 : worker, implying "hard-working" (No.502)
       ☆ Mú:ntu mokôzi. : He is a hard worker, diligent.
       cf. obukôzi 14 : diligence
   a. to persevere / 頑張る
       1) okugumi:sirîza
       2) okútámú amâ:ni
1161. patient / 辛抱強い
           okugumi:sirîza
       cf. obugumi:sirîza 14, ---- : patience
           obugumi:siríza búmû
           obugumi:siríza bwâ:nge
           búnu bugumi:sirîza
           búnu bugumi:sirízá: kî?
           obugumi:siríza bwá:ngê
   a. persistent / しつこい
       1) okugumi:sirîza : to be patient, to endure
       2) okugumíra hámû : to stick to one thing
1162. to tolerate / 寛容である
           okugumi:sirîza
1163. to give up / 諦める
       1) okúhwá:hô
       2) okurúgáhô
       ☆ okurúgáhó ekî:ntu : to give up a thing
       3) okulêka
1164. same; identical / 同じ
       1) okwi.ngâna : to be the same in size, weight, etc.
           okwi.nganaingâna red. : to be equal

☆ Ebitábu nibi:ngánâ. : The books are the same.
☆ Abá:na nibainganaingánâ. : The children are of equal size.
☆ Ekitábu niki.nganaingáná na kînu. : The book is the same size as this.
☆ Okúlyá ebyo.kúlyá ebita:kwi.ngána kíbî. : Eating of an unequilible amount of food is bad.

2) okusisâna : [lit.] to look like each other. See No.1070.
☆ Kínu ekitábu nikisáná ê:ki. : This book is the same as that one.

3) -'mû adj. : [lit.] one. See No.373.
☆ Bínu ebitábu bímû. : These books are the same.
☆ Kínu ekitábu kiri kímú n'ê:ki. : This book is the same as that one.
☆ Kínu ekitábu ni kyo kímú n'ê:ki. : This book is the same as that one.

a. the very / まさにその
This construction is expressed with "-self". See No.1233.
☆ Ó:nu mú:ntu wenyíni owú nkusê:rra. : This is the very person whom I am looking for.

1165. to fit / （サイズが）合う
okuhîka : [lit.] to arrive (No.578)
okutahîka /okutáhîka : not to fit
☆ Orugóye nirukuhíkâ. : The dress fits you (sg.).
☆ Esá:tí t'eruku.mpîka. : The shirt does not fit me.

1166. to be too ~; to do to excess / あまりにも～である、度を過ごす
okuhi.ngurâna /okuhi.ngúrâna
okuhi.nguraníza /okuhi.nguráníza repet. : to do more excessively
☆ Ekí:ntu kihi.nguraine kulemê:ra. : The object is too heavy.
☆ Amáizi, ogahi.nguraní:zê. : You (sg.) have put water excessively.

1167. different / 異なる、違う
okwa.hukâna : to be different, separate
okwa.hukanîza caus. : to differentiate
☆ Kínu nikya:hukáná na kîri. : This is different from that one.

a. difference / 差異、違い
1) enyahukâna 9,10 : difference
enyahukána é:mû
enyahukána yâ:nge
é:nu enyahukâna
é:nu enyahukáná kî?
enyahukána yá:ngê

2) obutaingâna 14, ---- : unequality in size, weight, etc. <neg. of okwi.ngâna "to be equal" /(No.1239)
obutaingána búmû
obutaingána bwâ:nge
búnu butaingâna
búnu butaingáná kî?
obutaingána bwá:ngê

3) obutasisâna 14, ---- : not being the same in appearance <neg. of okusisâna "to look alike" /(No.1070)
obutasisána búmû
obutasisána bwâ:nge
búnu butasisâna
búnu butasisáná kî?
obutasisána bwá:ngê

1168. contrary; reverse / 逆の
  okutaikira.nganîza : [lit.] not to agree with each other
 cf. obutaikira.nganîza 14 : contrariness
  obutaikira.nganíza búmû
  obutaikira.nganíza bwâ:nge
  búnu butaikira.nganîza
  búnu butaikira.nganízá: kî?
  obutaikira.nganíza bwá:ngê

1169. interesting / おもしろい
  okusemêza : to please, to interest. See No.953.
 ☆ Nikisemézâ. : It is interesting.
 a. funny / おかしな、滑稽な
  okusekêsa /okusékêsa : [lit.] to make laugh <caus. of okusêka "to laugh" (No.649)
 b. clown, farceur / おどけ者、ひょうきん者
  kapêre 1*a*,2*a*, aba:kapêre 2
  kapére ó:mû
  kapére wâ:nge /kapéré wâ:nge
  ó:nu kapêre
  ó:nu kapéré kî?
  kapére wá:ngê
 ☆ Ó:gu ali kapêre. That one is a clown.

1170. cheerful / 陽気である
  okusemerêrwa : to be happy, cheerful
 cf. amasemerêrwa 6 : happiness, cheerfulness. See No.953.
 ☆ omú:ntu w'okusemerêrwa 1, abá:ntu b'o:kusemerêrwa 2 : a happy, cheerful person
 a. friendly; easy to make friends with / 付き合いやすい、親しみのある
  1) conn.+engó:nzî. Cf. engó:nzî 9/10 "love" (No.976).
 ☆ omú:ntu w'e.ngó:nzî 1, abá:ntu b'e.ngó:nzî 2 : a friendly person
  2) okugô:nza : [lit.] to love. See No.976.
 ☆ Jó:ni n'a:gó:nzá abâ:ntu. : John is lovely to people.
 b. sociable / 社交的な
  1) conn.+abâ:ntu. Cf. abâ:ntu 2 "people" (No.436).
 ☆ omú:ntu w'a.bâ:ntu 1, abá:ntu b'a:bâ:ntu 2 : a sociable, collaborative person
  2) omwé:ndâ 1, abé:ndâ 2 <okwê:nda "to like" (No.976) : a perosn who like others
  omwé:ndá ó:mû
  omwé:ndá wâ:nge
  ó:nu mwé:ndâ
  ó:nu mwé:ndá kî?
  omwé:ndá wá:ngê
  3) okwi.kira.nganîza or okwi.kiranîza : to cooperate, to collaborate

1171. disagreeable; unpleasant / 厭な
  1) okutaikiranîza /okutaikiránîza : [lit.] not to cooperate. Cf. okwi.kiranîza (No.738).
 ☆ Mú:ntu atá:kwi.kiranîza 1, Bá:ntu batá:kwi.kiranîza 2 : He is a disagreeable person.
  2) okutasemerêrwa : to be unpleasant
 ☆ Mú:ntu atá:kutasemerêrwa 1, Bá:ntu batá:kutasemerêrwa 2 : He is an unpleasant person.

1172. noisy / 喧しい

okutôka : to be noisy, to make noise

☆ Abá:na nibatóka. : The children are making a noise.

a. to make noises of various kinds

1) okutokomêra : to make a rattling noise [e.g. engine of a car]
2) okuvû:ma : to graon [of an engine of a car on a slope]
3) okutogôta : to simmer [of food being cooked in a pan]
   ☆ Eby'o.kúlya nibitogóta. : The food is simmering (in a pan).
4) okutukumîra /okutukúmîra : to vibrate, to make a clattering noise
5) okupipîra : to make a clattering noise [of a cover on a pan]
   ☆ Ekifu.ndikízo kya. hasafulîya nikipipíra. : The cover of a cooking pot is making a clattering noise.
6) okugâ:mba : to creak [e.g. bed, chair]; [lit.] to speak (No.640)
   ☆ Entébé n'e:gá:mbâ. : The chair is creaking.
7) okwí:ta amátû : to give an ear-piercing sound; [lit.] to kill the ears
   ☆ Etókó enyisire amátû. : A noise has scraped my ears.
8) okutû:ta : to whiz [e.g. birds flying, stones thrown in the air]
9) okuborogôta : sound of a waterfall
10) okuju.njû:ra : to make a flying noise [of insects]

1173. dangerous / 危ない

-´bî adj. : bad, dangerous. See No.1153.

☆ omú:ntu múbî 1, abá:ntu bábî 2 : a bad, dangerous person

a. danger / 危険

akábî 12, obúbî 14 : danger, accident <-bí adj. "bad" (No.1153).

akábí kámû

akábí kâ:nge

kánu kábî

kánu kábí kî?

akábi ká:ngê

☆ Haróhó akábî. : There is danger.

☆ ebi:káro by'a.kábî : dangerous places

b. dangerous deed (drunk driving, etc.) / 危険行為

akasâ:rre 12, ----

akasá:rre kámû

akasá:rre kâ:nge

kánu kasâ:rre

kánu kasá:rré kî?

akasá:rre ká:ngê

1174. busy; engaged / 忙しい

1) okúbá n'e:mirímo nyî:ngi : [lit.] to have a lot of work
   ☆ Nyine emirímo nyî:ngi. : I am busy.
2) okúbá n'e:by'o.kukóra bî:ngi : [lit.] to have many things to do

1175. to have free time; to idle / 暇である

okutába n'e:kyo.kukôra : [lit.] not to have what to do

☆ Tinyína ekyo.kukôra : I have free time. [lit.] I don't have what to do.

a. to be bored / 退屈である

okutâmwa <pass. of okutâma "to disgust" (No.977)

☆ Ntamirwe okwi.kára hânu. : I am bored with staying here.
  b. to be boring / 退屈である
     okujwâ:hya <caus. of okujwâ:ha "to be tired, to bored" (Nos.740, 1044)
     ☆ Ekitábu kikujwâ:hya. : The book is boring.
  c. boredom / 退屈
     obujwâ:hi 14, ---- : means also "tiredness; fatigue" (No.740)
  d. to kill time / 暇つぶしをする
     okwe.maramâra <refl+red. of okumâra "to finish (tr.)"
  e. kill-time / 暇つぶし
     ekye.mâro 7, ebyemâro 8
     ekye.máro kímû
     ekye.máro kyâ:nge
     kínu kye.mâro
     kínu kye.máró kî?
     ekyemáro kyá:ngê

1176. good (at); skillful (in) / うまい、上手な
     okumânya : [lit.] to know. See No.1065.
     ☆ John amanyire omupî:ra. : John is good at football. [lit.] John knows football.
     ☆ John amanyire kuzîna. : John is good at singing.

1177. poor (at); unskillful (in) / へたな
     okutamânya : [lit.] not to know. See No.1065.
     ☆ Tâ:kumánya kulíma kurú:ngî. : He is not good at cultivating; [lit.] He does not know cultivating well.

1178. easy / やさしい、容易な
     okwa.ngûha : to hurry up, to be light, to be easy, light. See No.1211.
     ☆ Ekikagúzo kya.nguhírê. : The test is easy.

1179. difficult / 難しい
   1) -zîbu adj.
        1. omuzîbu   2. abazîbu
        3. omuzîbu   4. emizîbu
        5. erizîbu   6. amazîbu
        7. ekizîbu   8. ebizîbu
        9. enzîbu   10. enzîbu
       11. oruzîbu
       12. akazîbu   14. obuzîbu
                     13. otuzîbu
       15. okuzîbu
       16. ahazîbu
     ☆ 1. omú:ntu muzîbu : a difficult person
        2. abá:ntu bazîbu : pl.
        1. omwá:na muzîbu : a difficult child
        2. abá:na bazîbu : pl.
        1. omukázi muzîbu : a difficult woman
        2. abakázi bazîbu : pl.
        3. omútí muzîbu : a difficult tree
        4. emítí mizîbu : pl.

N.B. The above phrases can also be sentences meaning "The person is difficult." etc.

☆ 1. omú:ntu omuzîbu : the difficult person
2. abá:ntu abazîbu : pl.
1. omwá:na omuzîbu : the difficult child
2. abá:na abazîbu : pl.
1. omukázi omuzîbu : the difficult woman
2. abakázi abazîbu : pl.
3. omútí omuzîbu : the difficult tree
4. emítí emizîbu : pl.

☆ 1. Omú:ntu ní wé omuzîbu. : The person is the difficult one.
2. Abá:ntu ní bó abazîbu. : pl.
1. Omwá:na ní wé omuzîbu. : The child is the difficult one.
2. Abá:na ní bó abazîbu. : pl.
1. Omukázi ní wé omuzîbu. : The woman is the difficult one.
2. Abakázi ní bó abazîbu. : pl.
3. Omútí ní gwó omuzîbu. : The tree is the difficult one.
4. Emítí ní yó emizîbu. : pl.

cf. obuzîbu 14, ---- : difficulty / 困難
obuzíbu búmû
obuzíbu bwâ:nge
búnu buzîbu
búnu buzíbú kî?
obuzíbu bwá:ngê

2) okugûma : to be firm, hard, difficult to deal with. See No.1129.
okuguma.ngâna ass. : to be hard to approach, difficult
☆ Omú:ntu agumírê. : The person is difficult.
☆ Omú:ntu aguma.ngáinê. : The person is difficult to approach, to deal with.
☆ Omú:ntu n'a:guma.ngánâ. : the same as the preceding.

a. to complicate / 複雑にする
okulemêsa : to complicate, to make impossible, make sb fail
☆ ekí:ntu kí:kulemêsa 7, ebí:ntu bí:kulemêsa : a complicated thing
☆ okulemésa omû:ntu : to cause sb to fail

1180. clever; wise / 頭のいい、利口な
1) omugêzi 1, abagêzi 2
omugézi ó:mû
omugézi wâ:nge
ó:nu mugêzi
ó:nu mugézí kî?
omugézí wá:ngê
☆ omú:ntu mugêzi 1, abá:ntu bagêzi 2 : a clever person
☆ omú:ntu omugêzi 1, abá:ntu abagêzi 2 : the clever person
☆ okúbá mugêzi : to become clever
2) omunyamagêzi 1, abanyamagêzi 2 : person with wisdom
cf. obugêzi 14, amagêzi 6 : cleverness, wisdom
obugézi búmû
obugézi bwâ:nge

búnu bugêzi
búnu bugézí kî?
obugézi bwá:ngê
N.B. The plural amagêzi 6 refers to a person's wisdom, amagézi gâ:nge "my wisdom", for example.

1181. stubborn; thickheaded / 頑固な、頭の鈍い
- 1) okutahû:rra : [lit.] not to listen
- cf. entahû:rra 9,10 : a stubborn person
    entahú:rra é:mû
    entahú:rra yâ:nge
    é:nu ntahû:rra
    é:nu ntahú:rrá: kî?
    entahú:rra yá:ngê
- cf. obutahû:rra 14, ---- : stubbornness
- 2) okúbá n'o:mútwé mukô:to : [lit.] to have a big head
- ☆ Omú:ntu aine omútwé mukô:to. : The person is stubborn.

1182. sly; cunning / ずるがしこい
- 1) omugezigêzi 1, abagezigêzi 2 <red. of omugêzi 1/2 "clever". See No.1180.
- cf. orugezigêzi 14 : slyness
- 2) amacwâ:cwa 6 : cunningness
    amacwá:cwa gámû
    amacwá:cwa gâ:nge
    gánu macwâ:cwa
    gánu macwá:cwa: kî?
    amacwá:cwa gá:ngê
- 3) amályô 6 : syn. of the preceding.
    amályó gámû
    amályó gâ:nge
    gánu mályô
    gánu mályó: kî?
    amályó gá:ngê
- a. mischievous boy / いたずら小僧
    omuhô:le 1, abahô:le 2
    omuhó:le ó:mû
    omuhó:le wâ:nge
    ó:nu muhô:le
    ó:nu muhó:lé kî?
    omuhó:le wá:ngê
- cf. obuhô:le 14 : mischievousness, provocation

1183. stupid; fool / 馬鹿な
- 1) omudôma 1, abadôma 2 : fool
    omudóma ó:mû
    omudóma wâ:nge
    ó:nu mudôma
    ó:nu mudómá kî?
    omudóma wá:ngê

or omudomadôma 1, abadomadôma 2 or even ekidomadôma 7, ebidomadôma 8
cf. obudôma 14 : stupidity
cf. okudôma : to become fool
2) ekigwâ:gwa 7, ebigwâ:gwa 8 : fool, syn. of omudôma 1/2
ekigwá:gwa kímû
ekigwá:gwa kyâ:nge
kínu kigwâ:gwa
kínu kigwá:gwá: kî?
ekigwá:gwa kyâ:nge
3) eki.ngídâ 7, ebi.ngídâ 8 : idiot, imbecile
eki.ngídá kímû
eki.ngídá kyâ:nge
kínu ki.ngídâ
kínu ki.ngídá kî?
eki.ngídá kyá:ngê

1184. important; significant / 重要な、大切な
1) omugâso 3, emigâso 4 : importance, significance, usefulness, worth
omugáso gúmû
omugáso gwâ:nge
gúnu mugâso
gúnu mugásó kî?
omugáso gwá:ngê
☆ omú:ntu w'o.mugâso 1, abá:ntu b'e:migâso 2 : an important person
☆ ekí:ntu ky'o.mugâso 7, ebí:ntu by'o.mugâso 8 : an important thing
2) -kô:to adj. : big, important. See No.1110.
☆ omú:ntu mukô:to 1, abá:ntu bakô:to 8 : a big, important person
a. valuable / 貴重な、価値のある
omuhê:ndo 3, emihê:ndo 4 : price, value (No.569)
☆ ekitábu ky'o.muhê:ndo 7, ebitábu by'o.muhê:ndo 8 : a valuable book

1185. necessary / 必要な
okwe.tâ:gwa : to be needed <pass. of okwe.tâ:ga "to want, to need" (Nos.923.978)
okwe.ta:gîsa : more or less the same as the preceding.
okwe.ta:gisîbwa pass. : to be very necessary
☆ Sé:nte nize:tá:gwâ. : Money is needed.
☆ Sé:nte nize:ta:gisíbwá kubáhô. : Money is very necessary (to be there).
cf. obwe.tâ:go 14 : necessity / 必要性
obwe.tá:go búmû
obwe.tá:go bwâ:nge
búnu bwe.tâ:go
búnu bwe.tá:gó kî?
obwe.tá:go bwá:ngê

1186. normal; ordinary; regular; common / 普通の、通常の
1) ekya. buli kírô 7, ebya. buli kírô 8 : that of everyday. Cf. buli kírô "everyday" (No.357).
☆ orugóye rwa. buli kírô 11, engóye za: buli kírô 10 : normal clothes
2) ekya. bulí:jô 7, ebya. bulí:jô 8 : that of everyday. Cf. bulí:jô "everyday" (No.357).
3) ekya. butó:sâ 7, ebya. butó:sâ 8 : that of everyday. Cf. obutó:sâ "everyday" (No.357).

1187. cheap / 安い
- 1) ekya. sé:nte ntaítô 7, ebya. sé:nte ntaítô 8 : [lit.] that of small money
- ☆ ekitábu kya. sé:nte ntaítô 7, ebitábu bya. sé:nte ntaítô 8 : a cheap book
- 2) ekya. sé:nte ńkê 7, ebya. sé:nte ńkê 8 : [lit.] that of small money
- ☆ ekitábu kya. sé:nte ńkê 7, ebitábu bya. sé:nte ńkê 8 : a cheap book
- 3) okugúza kurú:ngî : to sell at a fair price
- 4) omuhé:ndo gwa. há:nsî : low price
- ☆ Omuhé:ndo gw'e.kitábu guli há:nsî. : The price of the book is low.

1188. expensive / 高い、高価な
- 1) eky'o.muhé:ndo gwa. haigûru 7, eby'o.muhé:ndo gwa. haigûru 8 : [lit.] that of high price
- ☆ ekí:ntu ky'o.muhé:ndo gwa. haigûru 7, ebí:ntu by'o.muhé:ndo gwa. haigûru 8 : an expensive thing
- 2) ekya. sé:nte nyî:ngi 7, ebya. sé:nte nyî:ngi 8 : [lit.] that of much money
- ☆ ekitábu kya. sé:nte nyî:ngi 7, ebitábu bya. sé:nte nyî:ngi : an expensive book
  - a. to ask an exorbitant price; to overcharge / 高値で売る、ぼる
    - okusê:ra
    - okusê:rwa pass. : to be overcharged
    - cf. omusê:zi 1, abasê:zi 2 : who overcharges
      - omusé:zi ó:mû
      - omusé:zi wâ:nge
      - ó:nu musê:zi
      - ó:nu musé:zí kî?
      - omusé:zi wá:ngê
    - ☆ N'o:sé:râ. : You overcharge.

1189. rich / 金持ち
- 1) omugáiga 1, abagáiga 2 : rich person
  - omugáiga ó:mû
  - omugáiga wâ:nge
  - ó:nu mugáiga
  - ó:nu mugáigá kî?
  - omugáiga wá:ngê
  - cf. obugáiga 14, ---- : richness
  - cf. okúbá mugáiga : to become rich
- 2) omugû:da 1, abagû:da 2 : a rich person; syn. of omugáiga 1/2
  - omugú:da ó:mû
  - omugú:da wâ:nge
  - ó:nu mugû:da
  - ó:nu mugú:dá kî?
  - omugú:da wá:ngê
  - cf. obugû:da 14, ---- : richness; syn. of obugáiga 14
  - cf. okúbá mugû:da : to become rich; syn. of okúbá mugáiga

1190. poor / 貧しい
- 1) omunâku 1, abanâku 2 : poor person
  - omunáku ó:mû
  - omunáku wâ:nge
  - ó:nu munâku

    ó:nu munákú kî?
    omunáku wá:ngê
  2) omusê:ge 1, abasê:ge 2 : poor person; syn. of omunáku 1/2
    omusé:ge ó:mû
    omusé:ge wâ:nge
    ó:nu musê:ge
    ó:nu musé:gé kî?
    omusé:ge wá:ngê
  3) okwi.nâra : to be poor
    okwi.nâza caus. : to make sb poor
  4) okudô:ba : to become poor; syn. of okwi.nâra
 a. poverty / 貧困
  1) obunâku 14, ---- <omunâku 1/2 "poor person". See above.
  cf. okúbá munâku : to become poor
  cf. enâku 9,10 : misery / 窮状
  2) obusê:ge 14 or amasê:ge 6 : the same as obunâku 14 <omusê:ge 1/2 "poor person"
  cf. okúbá musê:ge : to become poor; the same as okúba munáku
  3) amainâro 6 : poverty after being wealth
    amaináro gámû
    amaináro gâ:nge
    gánu mainâro
    gánu maináró kî?
    amaináro gá:ngê
1191. stingy / けち
  1) endumi:rîzi 9,10
    endumi:rízi é:mû
    endumi:rízi yâ:nge
    é:nu ndumi:rîzi
    é:nu ndumi:rízí kî?
    endumi:rízi yá:ngê
   or omurumi:rîzi 1, abarumi:rîzi 2
  cf. okurumî:rwa : to be stingy
  ☆ John arumí:rwâ. : John is stingy.
  2) omúfú w'ê:nda 1, abáfú b'ê:nda 2 : a stingy person
    Cf. okúfâ "to die" (No.727), ê:nda 9/10 "abdomen, stomach" (No.25).
  cf. obúfú bw'ê:nda 14, ---- : stinginess
 a. greed / がつがつしていること、がめついこと
    omurûru 3, emirûru 4
    omurúru gúmû
    omurúru gwâ:nge
    gúnu murûru
    gúnu murúrú kî?
    omurúru gwá:ngê
  ☆ omú:ntu w'o.murúru 1, abá:ntu b'o:murúru 2 : a greedy person
  ☆ Aine omurûru. : He is greedy.
1192. generous / 気前のいい、寛大な

        omwé:ndâ 1, abé:ndâ 2 : a generous person. See No.1170.
    cf. obwé:ndâ 14, ---- : generosity
1193. good; tasty; delicious / おいしい、うまい
        okunûra : to be sweet, to taste good, delicious
        okunûza caus. : to make sweet, delicious
        okunulî:rra int. : to have an excessive taste (too sweet, etc.)
        okunuli:rîza int.+caus. : to make sth have an excessive taste (too sweet, etc.)
    ☆ Eby'o.kúlyá nibinúrâ. : The food is delicious.
    ☆ Omú:nyu gunuzire omumukûbi. : Salt is appropriately tasted in the sauce, there is enough salt in the sauce.
    ☆ Ekisúra kinulili:re omumukúbi. : Salt is much tasted in the sauce, the sauce is too salty.
    ☆ Suká:li enulili:re mucá:yi. : Tea is too sweetened.
    cf. obunúzî 14 : deliciousness, sweetness
        obunúzí búmû
        obunúzí bwâ:nge
        búnu bunúzí
        búnu bunúzí kî?
        obunúzí bwá:ngê
1194. unsavory; bad-tasting / まずい、おいしくない
    1) okuke.nkemûka : unsavory [said mainly of fruits and juice, concerning unripe mangoes, for example]
    2) okutanûra /okutánûra : not to be delicious <neg. of okunûra "to be delicious" (No.1193)
    ☆ Eby'o.kúlyá tibinuzírê. : The food is not delicious.
1195. sweet / 甘い
        okunûra : to be sweet, delicious. See No.1193.
        okunulî:rra int. : to be excessively sweet
    ☆ Esuká:li enúrâ. : Sugar is sweet.
    ☆ Esuká:li enuli:ri:re omucâ:yi. : The tea is too sweetened.
    cf. obunúzî 14 : deliciousness, sweetness (No.1193)
1196. bitter; biting to the taste / 苦い、えぐい、酸っぱい、辛い
        okusâ:rra : to be bitter, sour, salty, pungent, spicy
    ☆ Omú:nyu gusá:rrâ. : Salt is has a bitter taste.
    ☆ Ka:murále n'e:sá:rrâ. : The (red) pepper is pungent.
    ☆ Eby'o.kúlyá bisali:re omûnyu. : The food is too salty.
    ☆ Omû:nyu gusa:li:re omumukûbi. : The sauce is too salty.
1197. raw; unripe; uncooked / 生の
        -bîsi adj.
        1. omubîsi   2. ababîsi
        3. omubîsi   4. emibîsi
        5. eribîsi   6. amabîsi
        7. ekibîsi   8. ebibîsi
        9. embîsi   10. embîsi
        11. orubîsi
        12. akabîsi   14. obubîsi
                      13. otubîsi
        15. okubîsi

16. ahabîsi

N.B. The class 1/2 noun omubîsi 1, ababîsi 2 means an unexperienced person.

☆ 1. omú:ntu mubîsi : an unexperienced person

 2. abá:ntu babîsi : pl.

 3. omútí mubîsi : a raw tree

 4. emítí mibîsi : pl.

 7. eky'e.nyá:njá kibîsi : a raw fish

 8. eby'e.nyá:njá bibîsi : pl.

 7. ekihí:mba kibîsi : a raw bean

 8. ebihí:mba bibîsi : pl.

 9. enyáma mbîsi : raw meat

 10. enyáma mbîsi : pl.

N.B. These expressions can also mean "The person is unexperienced." "The tree is raw." etc.

☆ 1. omú:ntu omubîsi : the unexperienced person

 2. abá:ntu ababîsi : pl.

 3. omútí omubîsi : the raw tree

 4. emítí emibîsi : pl.

 7. eky'e.nyá:njá ekibîsi : the raw fish

 8. eby'e.nyá:njá ebibîsi : pl.

 7. ekihí:mba ekibîsi : the raw bean

 8. ebihí:mba ebibîsi : pl.

 9. enyáma embîsi : the raw meat

 10. enyáma embîsi : pl.

cf. obubîsi 14 : rawness

 obubísi búmû

 obubísi bwâ:nge

 búnu bubîsi

 búnu bubísí kî?

 obubísi bwá:ngê

1198. not to be well-cooked; to be underdone / 生煮えである

 1) okutâhya : to be underdone <neg. of okúhyâ "to be well-cooked" (No.767)

 ☆ Enyáma tehí:rê. : The meat is underdone.

 ☆ Eky'e.nyá:njá tikihí:rê. : The fish is not well-cooked.

 2) okukôna : to be undercooked [said mailnly of crops like cassava, potatoes, cooking banannas]

 ☆ ebitakúlí bikonérê. : The sweet potatoes are undercooked, crunchy.

 3) okujâ:ta : not to be well kneaded [said of millet bread]

 ☆ Obúró buja:sírê. : The millet bread is not well kneaded.

1199. bright; light / 明るい

 okwâ:ka : to be bright, to shine

 ☆ Omú:njú nihá:kâ. : It is bright in the house.

a. to lighten; to throw light on sth / 照らす

 okumulîka

 okumulikîra appl. : to lighten for sb

 okumulikîsa caus. : to lighten with a tool

 ☆ Bá:na î:nywe, ni.mbamulikírá kúbá kurú:ngî. : You children, I am shedding light for you to become prosperous in the future.

1200. to be dazzling / まぶしい

 okwí:ta amáiso : [lit.] to kill eyes

 ☆ Omusáná nigu:nyítá amáiso. : The sunshine dazzles my eyes. [lit.] The sunshine dazzles me in the eyes.

 a. to shine with grease; to have shiny skin /（油などで）テカテカしている

  1) okumeremê:ta : to shine (with grease), to be glossy

  2) okwa.gî:rra : to be shiny-skinned (natural)

  okwa.girîza caus. : to put oil, pommade on the skin

  ☆ Omukázi n'a:yagí:rrâ. : The wife has shiny-skin.

 b. to be luminous, lustrous /（金属などが）光る

  okwe.nge.ngêta

 c. reflection / 反射光

  ekye.rerêzi 7, ebye.rerêzi 8. See No.348.

1201. dark / 暗い

 1) omwi.rîma 3, (emi:rîma 4) : darkness. See No.361.

 ☆ Omú:njú harúmú omwirîma. : It is dark in the house.

 2) ekizímâ 7, ebizímâ 8 : darkness after extinguishing a lamp. See No.310.

  ekizímá kímû

  ekizímá kyâ:nge

  kínu kizímâ

  kínu kizímá kî?

  ekizímá kyá:ngê

1202. black / 黒い

 1) okwi.ragûra : to become black

 ☆ 1. omú:ntu arúkwi.ragûra or omú:ntu á:kwi.ragûra : a black person

  2. abá:ntu barúkwi.ragûra or abá:ntu bá:kwi.ragûra : pl.

  3. omútí gurúkwi.ragûra or omútí gú:kwi.ragûra : a black tree

  4. emítí erúkwi.ragûra or emítí é:kwi.ragûra : pl.

  7. ekí:ntu kirúkwi.ragûra or ekí:ntu kí:kwi.ragûra : a black thing

  8. ebí:ntu birúkwi.ragûra or ebí:ntu bí:kwi.ragûra : pl.

  9. é:nte erúkwi.ragûra or é:nte é:kwi.ragûra : pl.

  11. orugóye rurúkwi.ragûra or orugóye rú:kwi.ragûra : a black piece of clothing

  10. engóye zirúkwi.ragûra or engóye zí:kwi.ragûra : pl.

 ☆ 1. omú:ntu owárúkwi.ragûra or omú:ntu owá:kwi.ragûra : the black person

  2. abá:ntu abárúkwi.ragûra or abá:ntu abá:kwi.ragûra : pl.

  3. omútí ogúrúkwi.ragûra or omútí ogú:kwi.ragûra : the black tree

  4. emítí eyérúkwi.ragûra or emítí eyé:kwi.ragûra : pl.

  7. ekí:ntu ekírúkwi.ragûra or ekí:ntu ekí:kwi.ragûra : the black thing

  8. ebí:ntu ebírúkwi.ragûra or ebí:ntu ebí:kwi.ragûra : pl.

  9. é:nte eyérúkwi.ragûra or é:nte eyé:kwi.ragûra : the black cow

  10. é:nte ezírúkwi.ragûra or é:nte ezí:kwi.ragûra : pl.

  11. orugóye orúrúkwi.ragûra or orugóye orú:kwi.ragûra : the black piece of clothing

  10. engóye ezírúkwi.ragûra or engóye ezí:kwi.ragûra : pl.

 ☆ 1. Omú:ntu n'airagúrâ. : The person is black.

  2. Abá:ntu nibairagúrâ. : pl.

3. omútí nigwiragúrâ : The tree is black.

4. emítí neiragúrâ : pl.

7. Ekí:ntu niki:ragúrâ. : The thing is black.

8. Ebí:ntu nibi:ragúrâ. : pl.

9. É:nte neiragúrâ. : The cow is black.

10. É:nte nizi:ragúrâ. : pl.

11. Orugóye nirwiragúrâ. : The piece of clothing is black.

10. Engóye nizi:ragúrâ. : pl.

2) kikâra 9,10 : black colour <i:kâra 5/6 "charcoal" (No.334)

kikára é:mû

kikára yâ:nge

é:nu kikâra

é:nu kikárá kî?

kikára yá:ngê

a. African / アフリカ人

arúkwi.ragûra 1, abá:kwi.ragûra 2

b. to dye black (basket material, etc.) / 黒く染める

okuhi.ndûra : [lit.] to change

☆ okuhi.ndúra i:sôke : to change hair colour

c. gray colour / 灰色

kibû:bi 9,10

kibú:bi é:mû

kibú:bi yâ:nge

é:nu kibû:bi

é:nu kibú:bí kî?

kibú:bi yá:ngê

☆ 7. ekí:ntu kya. kibû:bi : a gray thing

8. ebí:ntu bya. kibû:bi : pl.

11. orugóye rwa. kibû:bi : a gray piece of clothing

10. engóye za: kibû:bi : pl.

☆ 7. ekí:ntu ekya. kibû:bi : the gray thing

8. ebí:ntu ebya. kibû:bi : pl.

11. orugóye orwa. kibû:bi : the gray piece of clothing

10. engóye eza: kibû:bi : pl.

☆ 7. Ekí:ntu kibû:bi. : The thing is gray.

8. Ebí:ntu kibû:bi. : pl.

11. Orugóye kibû:bi. : The piece of clothing is gray.

10. Engóye kibû:bi. : pl.

1203. white / 白い

1) okwê:ra : to become white, clean, mature, holy, etc.

okwê:za caus. : to make white, clean, mature, holy, etc.

☆ 1. omú:ntu arúkwê:ra or omú:ntu á:kwê:ra : a white person

2. abá:ntu barúkwê:ra or abá:ntu bá:kwê:ra : pl.

3. omútí gurúkwê:ra or omútí gú:kwê:ra : a white tree

4. emítí erúkwê:ra or emítí é:kwê:ra : pl.

7. ekí:ntu kirúkwê:ra or ekí:ntu kí:kwê:ra : a white thing

8. ebí:ntu birúkwê:ra or ebí:ntu bí:kwê:ra : pl.
9. é:nte erúkwê:ra or é:nte é:kwê:ra : a white cow
10. é:nte zirúkwê:ra or é:nte zí:kwê:ra : pl.
11. orugóye rurúkwê:ra or orugóye rú:kwê:ra : a white piece of clothing
10. engóye zirúkwê:ra or engóye zí:kwê:ra : pl.
☆ 1. omú:ntu owárúkwê:ra or omú:ntu owá:kwê:ra : the white person
2. abá:ntu abárúkwê:ra or abá:ntu abá:kwê:ra : pl.
3. omútí ogúrúkwê:ra or omútí ogú:kwê:ra : the white tree
4. emítí eyérúkwê:ra or emítí eyé:kwê:ra : pl.
7. ekí:ntu ekírúkwê:ra or ekí:ntu ekí:kwê:ra : the white thing
8. ebí:ntu ebírúkwê:ra or ebí:ntu ebí:kwê:ra : pl.
9. é:nte eyérúkwê:ra or é:nte eyé:kwê:ra or é:nte érúkwê:ra : the white cow
10. é:nte ezírúkwê:ra or é:nte ezí:kwê:ra : pl.
11. orugóye orúrúkwê:ra or orugóye orú:kwê:ra : the white piece of clothing
10. engóye ezírúkwê:ra or engóye ezí:kwê:ra : pl.
☆ 1. Omú:ntu n'a:yérâ. : The person is white.
2. Abá:ntu nibé:râ. : pl.
3. Omútí nigwé:râ : The tree si white.
4. Emítí n'e:yérâ. : pl.
7. Ekí:ntu nikyé:râ. : The thing is white.
8. Ebí:ntu nibyé:râ. : pl.
9. É:nte n'e:yérâ. : The cow is white.
10. É:nte niz'é:râ. : pl.
11. Orugóye nirwé:râ. : The piece of clothing is white.
10. Engóye niz'é:râ. : pl.
a. white colour / 白色
1) kyê:ru 9,10 <okwê:ra "to be white"
kyé:ru é:mû
kyé:ru yâ:nge
é:nu kyê:ru
é:nu kyé:rú kî?
kyé:ru yá:ngê
2) kajérû 9,10 : syn. of the preceding.
kajérú é:mû
kajérú yâ:nge
é:nu kajérû
é:nu kajérú kî?
kajérú yá:ngê
☆ motóka ya kajérû : a white car
b. to lose its whiteness (of clothes after long use) /（服 が）白さを失う
okugûba
☆ Orugóye rugubírê. : The piece of clothing does not become white any more.
1204. red / 赤い
1) okutukûra : to become red
☆ 1. omú:ntu arúkutukûra or omú:ntu á:kutukûra : a red person
2. abá:ntu barúkutukûra or abá:ntu bá:kutukûra : pl.

498

3. omútí gurúkutukûra or omútí gú:kutukûra : a red tree

4. emítí erúkutukûra or emítí é:kutukûra : pl.

7. ekí:ntu kirúkutukûra or ekí:ntu kí:kutukûra : a red thing

8. ebí:ntu birúkutukûra or ebí:ntu bí:kutukûra : pl.

9. é:nte erúkutukûra or é:nte é:kutukûra : a red cow

10. é:nte zirúkutukûra or é:nte zí:kutukûra : pl.

11. orugóye rurúkutukûra or orugóye rú:kutukûra : a red piece of clothing

10. engóye zirúkutukûra or engóye zí:kutukûra : pl.

☆ 1. omú:ntu owárúkutukûra or omú:ntu owá:kutukûra : the red person

2. abá:ntu abárúkutukûra or abá:ntu abá:kutukûra : pl.

3. omútí ogúrúkutukûra or omútí ogú:kutukûra : the red thing

4. emítí eyérúkutukûra or emítí eyé:kutukûra : pl.

7. ekí:ntu ekírúkutukûra or ekí:ntu ekí:kutukûra : the red thing

8. ebí:ntu ebírúkutukûra or ebí:ntu ebí:kutukûra : pl.

9. é:nte eyérúkutukûra or é:nte eyé:kutukûra : the red cow

10. é:nte ezírúkutukûra or é:nte ezí:kutukûra : pl.

11. orugóye orúrúkutukûra or orugóye orú:kutukûra : the red piece of clothing

10. engóye ezírúkutukûra or engóye ezí:kutukûra : pl.

☆ 1. Omú:ntu n'a:tukúrâ. : The person is red.

2. Abá:ntu nibatukúrâ. : pl.

3. Omútí nigutukúrâ. : The tree is red.

4. emítí n'e:tukúrâ : pl.

7. Ekí:ntu nikitukúrâ. : The thing is red.

8. Ebí:ntu nibitukúrâ. : pl.

9. É:nte n'e:tukúrâ. : The cow is red.

10. É:nte nizitukúrâ. : pl.

11. Orugóye nirutukúrâ. : The piece of clothing is red.

10. Engóye nizitukúrâ. : pl.

2) okunanâta : syn. of okutukûra

a. brown / 茶色

1) kitâka 9,10 : dark brown <i:tâka 5/6 "land, earth, soil" (No.324)

kitáka é:mû

kitáka yâ:nge

é:nu kitâka

é:nu kitáká kî?

kitáka yá:ngê

cf. erá:ngí ya kitâka 9 : dark brown colour

☆ 7. ekí:ntu kya. kitâka : a dark brown thing

8. ebí:ntu bya. kitâka : pl.

11. orugóye rwa. kitâka : a dark brown piece of clothing

10. engóye za: kitâka : pl.

☆ 7. ekí:ntu ekya. kitâka : the dark brown thing

8. ebí:ntu ebya. kitâka : pl.

11. orugóye orwa. kitâka : the dark brown piece of clothing

10. engóye eza: kitâka : pl.

☆ 7. Ekí:ntu kitâka. : The thing is dark brown.

8. Ebí:ntu kitâka. : pl.

11. Orugóye kitâka. : The piece of clothing is dark brown.

10. Engóye kitâka. : pl.

2) rutâ:nga 9,10 : light brown

rutá:nga é:mû

rutá:nga yâ:nge

é:nu rutâ:nga

é:nu rutá:ngá kî?

rutá:nga yá:ngê

b. clear-skinned / 皮膚の色が明るい

emibíri ebîri : [lit.] two skins, i.e. mid coloured-skin

☆ omú:ntu w'e.mibíri ebîri 1, abá:ntu b'e:mibíri ebîri 2 : a clear-skinned person

1205. blue / 青い

bburúrû 9,10 : washing blue <Eng.

bburúrú é:mû

bburúrú yâ:nge

é:nu bburúrû

é:nu bburúrú kî?

bburúrú yá:ngê

☆ 7. ekí:ntu kya. bburúrû : a blue thing

8. ebí:ntu bya. bburúrû : pl.

11. orugóye rwa. bburúrû : a blue piece of clothing

10. engóye za: bburúrû : pl.

☆ 7. ekí:ntu ekya. bburúrû : the blue thing

8. ebí:ntu ebya. bburúrû : pl.

11. orugóye orwa. bburúrû : the blue piece of clothing

10. engóye eza: bburúrû : pl.

☆ 7. Ekí:ntu bburúrû. : The thing is blue.

8. Ebí:ntu bburúrû. : pl.

11. Orugóye bburúrû. : The piece of clothing is blue.

10. Engóye bburúrû. : pl.

a. purple / 紫

kakôbe 9,10 <enkôbe 9,10 "baboon" (No.81); the name comes from the colour of the /baboon.

kakóbe é:mû

kakôbe yâ:nge

é:nu kakôbe

é:nu kakóbé kî?

kakôbe yá:ngê

☆ 7. ekí:ntu kya. kakôbe : a purple thing

8. ebí:ntu bya. kakôbe : pl.

11. orugóye rwa. kakôbe : a purple piece of clothing

10. engóye za: kakôbe : pl.

☆ 7. ekí:ntu ekya. kakôbe : the purple thing

8. ebí:ntu ebya. kakôbe : pl.

11. orugóye orwa. kakôbe : the purple piece of clothing

10. engóye eza: kakôbe : pl.

☆ 7. Ekí:ntu kakôbe. : The thing is purple.
   8. Ebí:ntu kakôbe. : pl.
   11. Orugóye kakôbe. : The piece of clothing is purple.
   10. Engóye kakôbe. : pl.

b. green / 緑
   1) kijúbû 9,10 <ejúbwâ 9/10 "species of green coloured grass" (No.129)
      kijúbú é:mû
      kijúbú yâ:nge
      é:nu kijúbû
      é:nu kijúbú kî?
      kijúbú yá:ngê
   ☆ 7. ekí:ntu kya. kijúbû : a green thing
      8. ebí:ntu bya. kijúbû : pl.
      11. orugóye rwa. kijúbû : a green piece of clothing
      10. engóye za: kijúbû : pl.
   ☆ 7. ekí:ntu ekya. kijúbû : the green thing
      8. ebí:ntu ebya. kijúbû : pl.
      11. orugóye orwa. kijúbû : the green piece of clothing
      10. engóye eza: kijúbû : pl.
   ☆ 7. Ekí:ntu kijúbû. : The thing is green.
      8. Ebí:ntu kijúbû. : pl.
      11. Orugóye kijúbû. : The piece of clothing is green.
      10. Engóye kijúbû. : pl.
   2) kinyá:nsî 9,10 : syn. of kijúbû 9/10. <ekinyá:nsî 7/8 "grass" (No.129)
      kinyá:nsí é:mû
      kinyá:nsí yâ:nge
      é:nu kinyá:nsî
      é:nu kinyá:nsí kî?
      kinyá:nsí yá:ngê
   ☆ 7. ekí:ntu kya. kinyá:nsî : a green thing
      8. ebí:ntu bya. kinyá:nsî : pl.

1206. yellow / 黄色
      kyé:njû 9,10 <ekyé:njû 7/8 "ripe banana" (No.131)
      kyé:njú é:mû
      kyé:njú yâ:nge
      é:nu kyé:njû
      é:nu kyé:njú kî?
      kyé:njú yá:ngê
   ☆ 7. ekí:ntu kya. kyé:njû : a yellow thing
      8. ebí:ntu bya. kyé:njû : pl.
      11. orugóye rwa. kyé:njû : a yellow piece of clothing
      10. engóye za: kyé:njû : pl.
   ☆ 7. ekí:ntu ekya. kyé:njû : the yellow thing
      8. ebí:ntu ebya. kyé:njû : pl.
      11. orugóye orwa. kyé:njû : the yellow piece of clothing
      10. engóye eza: kyé:njû : pl.

☆ 7. Ekí:ntu kyé:njû. : The thing is yellow.
　　8. Ebí:ntu kyé:njû. : pl.
　　11. Orugóye kyé:njû. : The piece of clothing is yellow.
　　10. Engóye kyé:njû. : pl.

1207. deep-coloured / 濃い
　　okukwâ:ta
　　☆ Erá:ngí ya bburúru ekwa.sírê. : The blue colour is dark.
　　☆ bburúrú ekwa.sîre : dark blue

1208. light; pale / 淡い
　　okutakwâ:ta <neg. of okukwâ:ta "deep-coloured" (No.1207)
　　☆ Erá:ngi etakwa.sírê. : The colour is light (not deep-coloured).
　　a. to fade (intr.); to be discoloured / 色があせる、（シャツなどの）色が落ちる
　　　1) okusi:hû:ka
　　　☆ Orugóye rusi:hu:kírê. : The piece of clothing has faded.
　　　☆ Engéso zâ:we zisi:hu:kírê. : [fig.] Your bahaviours have become bad.
　　　2) okucucûka : syn. of okusi:hû:ka
　　　　okucucûra : to cause to fade

1209. transparent / 薄い、中が透けて見える、透明な
　　okurole:kâna : to be transparent. Cf. okurôra "to see" (No.629).
　　☆ Orugóye nirurole:kánâ. : The piece of clothing is transparent.

1210. quick; fast; rapid; speedy / 速い
　　obwâ:ngu 14, ---- : quickness, speed
　　obwá:ngu búmû
　　obwá:ngu bwâ:nge
　　búnu bwâ:ngu
　　búnu bwá:ngú kî?
　　obwâ:ngu bwá:ngê
　　cf. bwâ:ngu adv. : quickly, rapidly
　　☆ Omú:ntu n'a:gé:ndá bwâ:ngu. : The person is going quickly.
　　☆ Íjá bwâ:ngu! : Come quickly!

1211. to hurry up; to make haste / 急ぐ、急いで行く
　　1) okwa.ngûha : to move fast <den. of obwâ:ngu 14 "quickness, speed"
　　　okwa.ngûhya caus. : to do sth in a hurry, to make hurry up
　　　☆ Ya.ngûha, tugé:ndê! : Hurry up, let's go!
　　　☆ Aya.nguhire kwî:ja. : He has hurried up to come. He has come before time.
　　　☆ Aya.nguhize omulîmo. : He has hurried up the work.
　　2) okurahûka : to hurry up; syn. of okwa.ngûha
　　　okurahûkya caus. : to do sth in a hurry; syn. of okwa.ngûhya
　　　☆ Mwí:jé nimurahúkâ! : You (pl.) come in a hurry!
　　a. chaotic behaviours of people (in case of fire, etc.) / あわてふためき
　　　akairukáínê 12, ----
　　　akairukáíné kámû
　　　akairukáíné kâ:nge
　　　kánu kairukáínê
　　　kánu kairukáíné kî?
　　　akairukáíné ká:ngê

1212. slow / 遅い
- 1) mpórâ adv. : slowly / ゆっくりと
  mpora.mpórâ red. : slowly slowly
  - ☆ Gé:nda mpórâ! : Go slowly!
- 2) okwe.zigazîga : to be slow in doing

1213. early / 早い
  kâra adv.
  - ☆ nyé:nkyá kâra : early morning
  - ☆ okugé:nda kâra : to go early
  - ☆ okúlyá kâra : to eat early
  - ☆ Oíjé kâra! : Come early!
  - ☆ kára na kâra : in early times, once upon a time

1214. late (adj.) / 遅い、遅れる
- 1) okuke:rerêrwa : to be late
  - ☆ Oke:rerí:rwê. : You are late.
  - ☆ Nke:reri:rwe hamulîmo. : I have arrived late to the work.
  - ☆ Nke:reri:rwe kwî.ja. : I have come late.
- 2) okugê:nda : to elapse; [lit.] to go. See No.571.
  - ☆ Obwí:re buge.nzírê. : It is late; [lit.] Time has gone.
  - a. to be behind / 遅れる
    okusigâ:rra <appl. of okusigâra "to remain" (No.575).
    - ☆ okusigá:rra kulîma : to be behind in cultivating
  - b. later / 後で
    ha:nyûma adv.
    - ☆ Ninyíjá ha:nyûma. : I come later.

1215. far / 遠い
  hâra adv.
  - ☆ Ni.ngé:ndá hâra. : I am going far.
  - ☆ Ó:ku hâra. : That place is far.
  - ☆ N'a:rá:rá hára n'i:somêro. : He lives far from the school.
  - ☆ hára n'o:mugêra. : far from the river

1216. near / 近い
  háihi 16
  - ☆ háíhi n'ekisá:rû : near the river
  - a. to be about to do / まもなくする、するところだ
    okúbá háihi : [lit.] to be near. Cf. háihi 16 "near".
    - ☆ Bbá:si eri háihi kugê:nda. : The bus is about to leave.
    - ☆ Omútí guli háihi kúgwâ. : The tree is about to fall.

1217. hot / 熱い、暑い
- 1) okwô:kya : to be burningly hot; [lit.] to burn. See No.764.
  - ☆ Amáízi nigó:kyâ. : The water is hot.
  - ☆ Mpa amáízi gá:kwô:kya! : Give me hot water!
  - ☆ Omusáná nigwó:kyâ. : The sunshine is burning.
- 2) etú:tû 9, ---- : mugginess / 蒸し暑さ
  etú:tú é:mû
  etú:tú yâ:nge

é:nu tú:tû
é:nu tú:tú kî?
etú:tú yá:ngê
- cf. ekitú:tû 7, ---- <aug. of etú:tu 9 : much mugginess
- ☆ Omú:njú harúmú etú:tû. : It is muggy inside.
- ☆ Aine etú:tû. : [fig.] He has a quarelling temper.
- ☆ amáízi g'e:kitú:tû : hot water
- 3) ekitu.ngu:tâno 7, ---- : mugginess (greater than ekitú:tu). See No.670.

1218. warm / 暖かい

okutagâta : to be warm, tepid
okutagâsa /okutágâsa caus. : to warm up; to heat up / 温める

- cf. obutagâsi 14, ---- : warmness
  obutagási búmû
  obutagási bwâ:nge
  búnu butagási
  búnu butagásí kî?
  obutagási bwá:ngê
- ☆ Obwí:re nibutagátâ. : The weather is warm.
- ☆ Amáízi nigatagátâ. : The water is warm.
- ☆ amáízi gá:kutagâta : warm water
- ☆ okutagása amáizi : to warm up water

1219. cold; chilly / 寒い、冷たい

1) okufûka : to be cold, chilly
   okufûkya caus. : to cool sth
   okufúka múnô : to be very cold
   okufuki:rîza ins. : to make feel cold
- ☆ Amáízi nigafúkâ. : The water is cold.
- ☆ Obwí:re nibufúkâ. : The weather is cold. It is cold.
- ☆ okufúkya câ:yi : to cool the tea
- ☆ N'a:mufuki:rízâ. : He is making him cold. (attending sb feverish)
- ☆ N'o.nfuki:rízâ! : You make me cold! (touching me with cold hands)
- cf. obufuki:rîzi 14, ---- : coldness
  obufuki:rízi búmû
  obufuki:rízi bwâ:nge
  búnu bufuki:rîzi
  búnu bufuki:rízí kî?
  obufuki:rízi bwá:ngê
- or obufûki 14, ---- : coldness
  obufúki búmû
  obufúki bwâ:nge
  búnu bufúki
  búnu bufúkí kî?
  obufúki bwá:ngê

2) embêho 9,10 or amabêho 6 : coldness of the air
   embého é:mû
   embého yâ:nge

é:nu mbêho
　　　é:nu mbéhó kî?
　　　embého yá:ngê
　cf. akabêho 12, ---- : dim. of embêho 9/10
　☆ Ni.mpú:rrá embêho. : I feel chilly.
　☆ Halíyó embêho. : It is cold.
1220. cool; refreshing / 涼しい
　1) okufukafùka : to be slighyt cold <red. of okuafùka
　☆ amáízi nigafukafúkâ. : The water is cool.
　2) obufùki 14, ---- : coldness, coolness. See above.
　☆ Ni.mpú:rrá obufùki há:nsí y'o.mútî. : I feel cool under a tree
1221. this; these [demonstrative] / これ、この
　　PPr.-nu
　　This series of demonstratives indicates an object near the speaker. The demonstrative can be used as a pronoun.
　　　1. ô:nu　　2. bbânu
　　　3. gûnu　　4. ê:nu
　　　5. lînu　　6. gânu
　　　7. kînu　　8. bînu
　　　9. ê:nu　　10. zînu
　　　11. rûnu
　　　12. kânu　14. bûnu
　　　　　　　　13. tûnu
　　　15. kûnu
　　　16. hânu
　　　17. kûnu
　　　18. mûnu
　　N.B. Demonstratives can come either before or after the noun it qualifies.
☆　1. ó:nu omû:ntu : this person
　　2. bbánu abâ:ntu : pl.
　　3. gúnu omútî : this tree
　　4. é:nu emítî : pl.
　　5. línu i:cûmu : this spear
　　6. gánu amacûmu : pl.
　　7. kínu ekitâbu : this book
　　8. bínu ebitâbu : pl.
　　9. é:nu embûzi : this goat
　　10. zínu embûzi : pl.
　　11. rúnu orugôye : this piece of clothing
　　10. zínu engôye : pl.
　　12. kánu akâ:ntu : this small thing
　　14. búnu obû:ntu : pl.
　　13. túnu otû:ntu : dim.of cl.14
　　15. kúnu okugûru : this leg
　　 6. gánu amagûru : pl.
　　16. hánu ahâ:ntu : this place

17. kúnu ahâ:ntu : this place, this way
☆ 1. omú:ntu ô:nu : this person
2. abá:ntu bbânu : pl.
3. omútí gûnu : this tree
4. emítí ê:nu : pl.
5. i:cúmu lînu : this spear
6. amacúmu gânu : pl.
7. ekitábu kînu : this book
8. ebitábu bînu : pl.
9. embúzi ê:nu : this goat
10. embúzi zînu : pl.
11. orugóye rûnu : this piece of clothing
10. engóye zînu : pl.
12. aká:ntu kânu : this small thing
14. obú:ntu bûnu : pl.
13. otú:ntu tûnu : dim.of cl.14
15. okugúru kûnu : this leg
6. amagúru gânu : pl.
16. ahá:ntu hânu : this place

1222. that; those [demonstrative] / それ、その

The demonstrative which indicates an object near the hearer or slightly far from the speaker has two series : 1) augment + PPr. and 2) augment + PPr.(o). The former is considered abbreviation of the latter. For cl.2, 6, 12, 16 for which the PPr. contains the vowel a, the foirst series has no proper forms and those o the second are used instaed. The demonstrative can be used as a pronoun.

1) augment + PPr.		2) augment + PPr.o	
1. ô:gu	2. â:bo	1. ô:gwo	2. â:bo
3. ô:gu	4. ê:gi	3. ô:gwo	4. ê:gyo
5. ê:ri	6. â:go	5. ê:ryo	6. â:go
7. ê:ki	8. ê:bi	7. ê:kyo	8. ê:byo
9. ê:gi	10. ê:zi	9. ê:gyo	10. ê:zo
11. ô:ru		11. ô:rwo	
12. â:ko	14. ô:bu	12. â:ko	14. ô:bwo
	13. ô:tu		13. ô:two
15. ô:ku		15. ô:kwo	
16. â:ho		16. â:ho	
17. ô:ku		17. ô:kwo	
18. ô:mu		18. ô:mwo	

N.B. The demonstratives can come either before or after the noun it qualifies.

☆ 1. ó:gu omû:ntu : that person
2. á:bo abâ:ntu : pl.
3. ó:gu omútî : that tree
4. é:gi emítî : pl.
5. é:ri i:cûmu : that spear
6. á:go amacûmu : pl.
7. é:ki ekitâbu : that book

8. é:bi ebitâbu : pl.
9. é:gi embûzi : that goat
10. é:zi embûzi : pl.
11. ó:ru orugôye : that piece of clothing
10. é:zi engôye : pl.
12. á:ko akâ:ntu : that small thing
14. ó:bu obû:ntu : pl.
13. ó:tu otû:ntu : dim.of cl.14
15. ó:ku okugûru : that leg
6. á:go amagûru : pl.
16. á:ho ahâ:ntu : that place
17. ó:ku ahâ:ntu : that place

☆ 1. omú:ntu ô:gu : that person
2. abá:ntu â:bo : pl.
3. omútí ô:gu : that tree
4. emítí ê:gi : pl.
5. i:cúmu ê:ri : that spear
6. amacúmu â:go : pl.
7. ekitábu ê:ki : that book
8. ebitábu ê:bi : pl.
9. embúzi ê:gi : that goat
10. embúzi ê:zi : pl.
11. orugóye ô:ru : that piece of clothing
10. engóye ê:zi : pl.
12. aká:ntu â:ko : that small thing
14. obú:ntu ô:bu : pl.
13. otú:ntu ô:tu : dim.of cl.14
15. okugúru ô:ku : that leg
6. amagúru â:go : pl.
16. ahá:ntu â:ho : that place

☆ 1. ó:gwo omû:ntu : that person
2. á:bo abâ:ntu : pl.
3. ó:gu omútî : that tree
4. é:gyo emítî : pl.
5. é:ryo i:cûmu : that spear
6. á:go amacûmu : pl.
7. é:kyo ekitâbu : that book
8. é:byo ebitâbu : pl.
9. é:gyo embûzi : that goat
10. é:zo embûzi : pl.
11. ó:rwo orugôye : that piece of clothing
10. é:zo engôye : pl.
12. á:ko akâ:ntu : that small thing
14. ó:bwo obû:ntu : pl.
13. ó:two otû:ntu : dim.of cl.14
15. ó:kwo okugûru : that leg

    6. á:go amagûru : pl.
    16. á:ho ahâ:ntu : that place
    17. ó:kwo ahâ:ntu : that place
☆ 1. omú:ntu ô:gwo : that person
    2. abá:ntu â:bo : pl.
    3. omútí ô:gwo : that tree
    4. emítí ê:gyo : pl.
    5. i:cúmu ê:ryo : that spear
    6. amacúmu â:go : pl.
    7. ekitábu ê:kyo : that book
    8. ebitábu ê:byo : pl.
    9. embúzi ê:gyo : that goat
    10. embúzi ê:zo : pl.
    11. orugóye ô:rwo : that piece of clothing
    10. engóye ê:zo : pl.
    12. aká:ntu â:ko : that small thing
    14. obú:ntu ô:bwo : pl.
    13. otú:ntu ô:two : dim.of cl.14
    15. okugúru ô:kwo : that leg
    6. amagúru â:go : pl.
    16. ahá:ntu â:ho : that place

a. that over there [demonstrative] / あの向こうのもの

  PPr. + li

  This series of demonstratives indicate an object which is located far from both the speaker and the hearer. The object can or cannot be seen. The demonstrative can be used as a pronoun. Also, this demonstrative is used anaphorically to refer to a person or an object mentioned in a story (that we saw yesterday...).

☆ Nkagura ekitábu Ka.mpálâ, kyó:nká ekitábu kîri kikába kiri kikûru. : I bought a book in Kampala, but that book was old.

    1. ô:li   2. bâli
    3. gûli   4. ê:ri
    5. lîri   6. gâli
    7. kîri   8. bîri
    9. ê:ri   10. zîri
    11. rûli
    12. kâli   14. bûli
               13. tûli
    15. kûli
    16. hâli
    17. kûli
    18. mûli

  N.B. The demonstratives can come either before or after the noun it qualifies.

☆ 1. ó:li omû:ntu : that person over there
    2. báli abâ:ntu : pl.
    3. gúli omútî : that tree over there
    4. é:ri emítî : pl.

5. líri i:cûmu : that spear over there
   6. gáli amacûmu : pl.
   7. kíri ekitâbu : that book over there
   8. bíri ebitâbu : pl.
   9. é:ri embûzi : that goat over there
  10. zíri embûzi : pl.
  11. rúli orugôye : that piece of clothing over there
  10. zíri engôye : pl.
  12. káli akâ:ntu : that small thing over there
  14. búli obû:ntu : pl.
  13. túli otû:ntu : dim.of cl.14
  15. kúli okugûru : that leg over there
   6. gáli amagûru : pl.
  16. háli ahâ:ntu : that place over there
  17. kúli ahâ:ntu : that place over there
☆ 1. omú:ntu ô:li : that person over there
   2. abá:ntu bâli : pl.
   3. omúti gûli : that tree over there
   4. emíti ê:ri : pl.
   5. i:cúmu lîri : that spear over there
   6. amacúmu gâli : pl.
   7. ekitábu kîri : that book over there
   8. ebitábu bîri : pl.
   9. embúzi ê:ri : that goat over there
  10. embúzi zîri : pl.
  11. orugóye rûli : that piece of clothing over there
  10. engóye zîri : pl.
  12. aká:ntu kâli : that small thing over there
  14. obú:ntu bûli : pl.
  13. otú:ntu tûli : dim.of cl.14
  15. okugúru kûli : that leg over there
   6. amagúru gâli : pl.
  16. ahá:ntu hâli : that place over there

b. that (which); what / 〜ところのもの
   eki-stem
   ☆ Ekikóra kúbi núkwo kuta:ndamûkya. : What is bad is not to greet me.

1223. which / どれ、どの
   PPr.-´hâ or -ráhâ adj.

1. ó:hâ	2. báhâ	or	1. aráhâ	2. baráhâ
3. gúhâ	4. é:hâ		3. guráhâ	4. eráhâ
5. líhâ	6. gáhâ		5. liráhâ	6. garáhâ
7. kíhâ	8. bíhâ		7. kiráhâ	8. biráhâ
9. é:hâ	10. zíhâ		9. eráhâ	10. ziráhâ
11. rúhâ			11. ruráhâ
12. káhâ	14. búhâ		12. karáhâ	14. buráhâ
	13. túhâ			13. túhâ

15. kúhâ 15. kuráhâ
16. háhâ 16. haráhâ

☆ 1. omú:ntu ó:hâ or omú:ntu aráhâ : which person
2. abá:ntu báhâ or abá:ntu baráhâ : pl.
3. omútí gúhâ or omútí guráhâ : which tree
4. emítí é:hâ or emítí eráhâ : pl.
5. erí:no líhâ or erí:no liráhâ : which tooth
6. amáíno gáhâ or amáíno garáhâ : pl.
7. ekitábu kíhâ or ekitabu kiráhâ : which book
8. ebitábu bíhâ or ebitábu biráhâ : pl.
9. embúzi é:hâ or embúzi eráhâ : which goat
10. embúzi zíhâ or embúzi ziráhâ : pl.
11. orugóye rúhâ or orugóye ruráhâ : which piece of clothing
10. engóye zíhâ or engóye ziráhâ : pl.
12. aká:ntu káhâ or aká:ntu karáhâ : which thing
14. obú:ntu búhâ or obú:ntu buráhâ : pl.
13. otú:ntu túhâ or otú:ntu turáhâ : dim.of cl.13
15. okugúru kúhâ or okugúru kuráhâ : which leg
6. amagúru gáhâ or amagúru garáhâ : pl.
16. ahá:ntu háhâ or ahá:ntu haráhâ : which place

1224. personal pronouns / 人称代名詞
1) I; me / 私
nyówê
☆ na nyówe : and me, with me
☆ Adyé:ri na nyówê : Adyeri and me
☆ nyówé na Adyê:ri : me and Adyeri
☆ nka nyówê : like me
☆ A : Ó:gu n'ó:hâ? : Who is that?
B : Ni nyówê. : It is me.
2) you (sg.) / あなた、君
î:we
☆ nkáiwe : like you (sg.)
☆ Ni î:we. → nî:we : It is you (sg.).
3) he or she; him or her / 彼、彼女
ú:wê
☆ nkáwê : like him/her
☆ Níwê. : It is him/her.
4) we; us / 我々
î:twe
☆ nkáitwe : like us
☆ Ni î:twe. → nî:twe : It is us.
5) you (pl.) / あなた方
î:nywe
☆ nkáinywe : like you (pl.)
☆ Ni î:nywe. → nî:nywe : It is you (pl.).
6) they; them / 彼ら、彼女ら

　　　　â:bo
　☆ nkâ:bo : like them
　☆ Ní bô. : It is them.
1225. independent pronouns / 独立代名詞
　　　　PPr.-o (-e in cl.1)
　　　　1. wê　　2. bô
　　　　3. gwô　　4. yô
　　　　5. ryô　　6. gô
　　　　7. kyô　　8. byô
　　　　9. yô　　10. zô
　　　　11. rwô
　　　　12. kô　　14. bwô
　　　　　　　　13. twô
　　　　15. kwô
　　　　16. hô
　☆ 1. Ní wé agwî:re. : It is him who has fallen.
　　 2. Ní bó bagwî:re. : It is them who have fallen.
　　 3. Ní gwó gugwî:re. : It is that which has fallen.
　　 4. Ní yó egwî:re. : It is those which have fallen.
　　 5. Ní ryó ligwî:re. : It is that which has fallen.
　　 6. Ní gó gagwî:re. : It is those which have fallen.
　　 7. Ní kyó kigwî:re. : It is that which has fallen.
　　 8. Ní byó bigwî:re. : It is those which have fallen.
　　 9. Ní yó egwî:re. : It is that which has fallen.
　　 10. Ní zó zigwî:re. : It is those which have fallen.
　　 11. Ní rwó rugwî:re. : It is that which has fallen.
　　 12. Ní kó kagwî:re. : It is those which has fallen.
　　 14. Ní bwó bugwî:re. : It is those/that which have/has fallen.
　　 13. Ní twó tugwî:re. : It is those which have fallen.
　　 15. Ní kwó kugwî:re. : It is that which has fallen.
　　 16. Ní hó hagwî:re. : It is that which has fallen.
　a. relative pronouns / 関係代名詞
　　　　augment + PPr.
　　　　1. owa　　2. aba
　　　　3. ogu　　4. egi
　　　　5. eri　　6. aga
　　　　7. eki　　8. ebi
　　　　9. eye　　10. ezi
　　　　11. oru
　　　　12. aka　　14. obu
　　　　　　　　13. otu
　　　　15. oku
　　　　16. aha
　☆ 1. omú:ntu owu nkusê:rra : the person whom I am looking for
　　 2. abá:ntu aba nkusê:rra : pl.
　　 3. omútí ogu nkusê:rra : the tree which I am looking for

4. emítí egi nkusê:rra : pl.

5. erí:no eri nkusê:rra : the tooth which I am looking for

6. amáíno aga nkusê:rra : pl.

7. ekitábu eki nkusê:rra : the book which I am looking for

8. ebitábu ebi nkusê:rra : pl.

9. embúzi eyi nkusê:rra : the goat which I am looking for

10. embúzi ezi nkusê:rra : pl.

11. orugóye oru nkusê:rra : the piece of clothing which I am looking for

10. engóye ezi nkusê:rra : pl.

12. aká:ntu aka nkusê:rra : the small thing which I am looking for

14. obú:ntu obu nkusê:rra : pl.

13. otú:ntu otu nkusê:rra : dim.of cl.14

15. okugúru oku nkusê:rra : the leg which I am looking for

6. amagúru aga nkusê:rra : pl.

16. ahá:ntu aha nkusê:rra : the place which I am looking for

☆ 1. Tí.nkumánya ó:há (owu) ba:kusê:rra. : I don't know who (sg.) they are looking for.

2. Tí.nkumánya báhá (aba) ba:kusê:rra. : I don't know who (pl.) they are looking for.

7. Tí.nkumánya kíhá (eki) ba:kusê:rra. : I don't know what (sg.) they are looking for.

8. Tí.nkumánya bíhá (ebi) ba:kusê:rra. : I don't know what (pl.) they are looking for.

7. Tí.nkumánya ekí:ntu (eki) ba:kusê:rra. : I don't know the thing which they are looking for.

8. Tí.nkumánya ebí:ntu (ebi) ba:kusê:rra. : I don't know the things which they are looking /for.

b. subject prefixes / 主語接頭辞

1.	1st per sg.	n-, ny-	2.	1st per pl.	tu-
	2nd per sg.	o-		2nd per pl.	mu- or m-
	3rd per sg.	a-, i-		3rd per pl.	ba-
3.		gu-	4.		e-
5.		li-	6.		ga-
7.		ki-	8.		bi-
9.		e-	10.		i-, zi-
11.		ru-			
12.		ka-	14.		bu-
			13.		tu-
15.		ku-			
16.		ha-			

c. object infix / 目的接中辞

1.	1st per.sg.	-n-	2.	1st per.pl.	-tu-
	2nd per.sg.	-ku-		2nd per.pl.	-ba-
	3rd per.sg.	-mu-		3rd per.pl.	-ba-
3.		-gu-	4.		-gi-
5.		-li-	6.		-ga-
7.		-ki-	8.		-bi-
9.		-gi-	10.		-zi-
11.		-ru-			
12.		-ka-	14.		-bu-
			13.		-tu-
15.		-ku-			

16. -ha-

1) with a consonant-initial radical -twa:r- okutwâ:ra "to take"

	sg.	pl.
1st pers.	oku.ntwâ:ra	okututwâ:ra
2nd pers.	okukutwâ:ra	okubatwâ:ra
3rd pers.	okumutwâ:ra	okubatwâ:ra

2) with a vowel-initial radical -emerez- okwe.merêza "to stand, to stop"

	sg.	pl.
1st pers.	okunyemerêza	okutwemerêza
2nd pers.	okukwe.merêza	okube:merêza
3rd pers.	okumwe.merêza	okube:merêza

3) with an r-initial radical -ror- okurôra "to see"

	sg.	pl.
1st pers.	oku.ndôra	okuturôra
2nd pers.	okukurôra	okubarôra
3rd pers.	okumurôra	okubarôra

4) with an m-initial radical -mig- okumîga "to squeeze"

	sg.	pl.
1st pers.	oku:mîga	okutumîga
2nd pers.	okukumîga	okubamîga
3rd pers.	okumumîga	okubamîga

5) with the monosyllabic radical -li- okúlyâ "to eat"

	sg.	pl.
1st pers.	okû:ndya	okutûlya
2nd pers.	okukûlya	okubâlya
3rd pers.	okumûlya	okubâlya

6) with the monosyllabic radical -ha- okúhâ "to give"

	sg.	pl.
1st pers.	okû:mpa	okutûha
2nd pers.	okukûha	okubâha
3rd pers.	okumûha	okubâha

☆ okú:mpa enyâma : to give me meat

☆ okubáha enyâma : to give them meat

N.B. The use of an object infix together with an object noun serves to indicate the definiteness of the object noun. Compare the following two sentences.

☆ Ngumazíré omulîmo. : I have finished the work.

☆ Mazire omulîmo. : I have finished a work.

1226. of [connective] / の

PPr.-a

1. wa 2. ba:
3. gwa. 4. ya
5. lya. 6. ga:
7. kya. 8. bya.
9. ya 10. za:
11. rwa.
12. ka: 14. bwa.

13. twa.
15. kwa.
16. ha:

☆ 1. omwá:na wa Bagô:nza : a child of Bagonza
2. abá:na ba: Bagô:nza : pl.
3. omútí gwa. Bagô:nza : a tree of Bagonza
4. emítí ya Bagô:nza : pl.
5. i:cúmu lya. Bagô:nza : a spear of Bagonza
6. amacúmu ga: Bagô:nza : pl.
7. ekitábu kya. Bagô:nza : a book of Bagonza
8. ebitábu bya. Bagô:nza : pl.
9. embúzi ya Bagô:nza : a goat of Bagonza
10. embúzi za: Bagô:nza : pl.
11. orugóye rwa. Bagô:nza : a piece of clothing of Bagonza
10. engóye za: Bagô:nza : pl.
12. aká:ntu ka: Bagô:nza : a small thing of Bagonza
14. obú:ntu bwa. Bagô:nza : pl.
13. otú:ntu twa. Bagô:nza : dim.of cl.14
15. okugúru kwa. Bagô:nza : a leg of Bagonza
6. amagúru ga: Bagô:nza : pl.
16. ahá:ntu ha: Bagô:nza : a place of Bagonza

☆ 1. omwá:na owa (or owálí wa) Bagô:nza : the child of Bagonza
2. abá:na aba: (or abálí ba:) Bagô:nza : pl.
3. omútí ogwa. (or ogúlí gwa.) Bagô:nza : the tree of Bagonza
4. emítí eya (or eyérí ya) Bagô:nza : pl.
5. i:cúmu erya. (or erírí rya.) Bagô:nza : the spear of Bagonza
6. amacúmu aga: (or agálí ga:) Bagô:nza : pl.
7. ekitábu ekya. (or ekírí kya.) Bagô:nza : the book of Bagonza
8. ebitábu ebya. (or ebírí bya.) Bagô:nza : pl.
9. embúzi eya (or eyérí ya) Bagô:nza : the house of Bagonza
10. embúzi eza: (or ezírí za:) Bagô:nza : pl.
11. orugóye orwa. (or orúlí rwa.) Bagô:nza : the piece of clothing of Bagonza
10. engóye eza: (or ezírí za:) Bagô:nza : pl.
12. aká:ntu aka: (or akálí ka:) Bagô:nza : the small thing of Bagonza
14. obú:ntu obwa.(or obúlí bwa.) Bagô:nza : pl.
13. otú:ntu otwa.(or otúlí twa.) Bagô:nza : dim.of cl.14
15. okugúru okwa.(or okúlí kwa.) Bagô:nza : the leg of Bagonza
6. amagúru aga: (or agálí ga:) Bagô:nza : pl.
16. ahá:ntu aha: (or ahálí ha:) Bagô:nza : the place of Bagonza

☆ 1. omwá:na w'o.musomésa : a child of the teacher
2. abá:na b'o:musomésa : pl.
3. omútí gw'o.musomésa : a tree of the teacher
4. emítí y'o.musomésa : pl.
5. i:cúmu ly'o.musomésa : a spear of the teacher
6. amacúmu g'o:musomésa : pl.
7. ekitábu ky'o.musomésa : a book of the teacher

8. ebitábu by'o.musomésa : pl.
   9. embúzi y'o.musomésa : a house of the teacher
  10. embúzi z'o:musomésa : pl.
  11. orugóye rw'o.musomésa : a piece of clothing of the teacher
  10. engóye z'o:musomésa : pl.
  12. aká:ntu k'o:musomésa : a small thing of the teacher
  14. obú:ntu bw'o.musomésa : pl.
  13. otú:ntu tw'o.musomésa : dim.of cl.14
  15. okugúru kw'o.musomésa : a leg of the teacher
   6. amagúru g'o:musomésa : pl.
  16. ahá:ntu h'o:musomésa : a place of the teacher
☆ 1. omwá:na ow'o.musomésa : the child of the teacher
   2. abá:na ab'o:musomésa : pl.
   3. omútí ogw'o.musomésa : the tree of the teacher
   4. emítí ey'o.musomésa : pl.
   5. i:cúmu ery'o.musomésa : the spear of the teacher
   6. amacúmu ag'o:musomésa : pl.
   7. ekitábu eky'o.musomésa : the book of the teacher
   8. ebitábu eby'o.musomésa : pl.
   9. embúzi ey'o.musomésa : the house of the teacher
  10. embúzi ez'o:musomésa : pl.
  11. orugóye orw'o.musomésa : the piece of clothing of the teacher
  10. engóye ez'o:musomésa : pl.
  12. aká:ntu ak'o:musomésa : the small thing of the teacher
  14. obú:ntu obw'o.musomésa : pl.
  13. otú:ntu otw'o.musomésa : dim.of cl.14
  15. okugúru okw'o.musomésa : the leg of the teacher
   6. amagúru ag'o:musomésa : pl.
  16. ahá:ntu ah'o:musomésa : the place of the teacher
☆ 1. omwá:na anyakúli wa Bagô:nza : the child who belongs to Bagonza
   2. abá:na abanyakúli ba: Bagô:nza : pl.
   3. omútí ogunyakúli gwa. Bagô:nza : the tree which belongs to Bagonza
   4. emítí enyakúli ya Bagô:nza : pl.
   5. i:cúmu erinyakúli lya. Bagô:nza : the spear which belongs to Bagonza
   6. amacúmu aganyakúli ga: Bagô:nza : pl.
   7. ekitábu ekinyakúli kya. Bagô:nza : the book which belongs to Bagonza
   8. ebitábu ebinyakúli bya. Bagô:nza : pl.
   9. embúzi enyakúli ya Bagô:nza : the house which belongs to Bagonza
  10. embúzi ezinyakúli za: Bagô:nza : pl.
  11. orugóye orunyakúli rwa. Bagô:nza : the piece of clothing which belongs to Bagonza
  10. engóye ezinyakúli za: Bagô:nza : pl.
  12. aká:ntu akanyakúli ka: Bagô:nza : the small thing which belongs to Bagonza
  14. obú:ntu obunyakúli bwa. Bagô:nza : pl.
  13. otú:ntu otunyakúli twa. Bagô:nza : dim.of cl.14
  15. okugúru okunyakúli kwa. Bagô:nza : the leg which belongs to Bagonza
   6. amagúru aganyakúli ga: Bagô:nza : pl.

16. ahá:ntu ahanyakúli ha: Bagô:nza : the place which belongs to Bagonza

1227. my / 私の

PPr.-â:nge poss.adj.

N.B. This possessive adjective has two tone patterns according to the presence or non-presence of an augment. The forms with an augment (owá:ngê, etc.) mean "mine, etc." when they are used predicatively without an augment.

[without an augment]		[with an augment]	
1. wâ:nge	2. bâ:nge	1. owá:ngê	2. abá:ngê
3. gwâ:ng	4. yâ:nge	3. ogwá:ngê	4. eyá:ngê
5. lyâ:ng	6. gâ:nge	5. eryá:ngê	6. agá:ngê
7. kyâ:nge	8. byâ:nge	7. ekyá:ngê	8. ebyá:ngê
9. yâ:nge	10. zâ:nge	9. eyá:ngê	10. ezá:ngê
11. rwâ:nge		11. orwá:ngê	
12. kâ:nge	14. bwâ:nge	12. oká:ngê	14. obwá:ngê
	13. twâ:nge		13. otwá:ngê
15. kwâ:nge		15. akwá:ngê	
16. hâ:nge		16. owá:ngê	
18. mwâ:nge		18. omwá:ngê	

☆ 1. omwá:na wâ:nge : my child
2. abá:na bâ:nge : pl
3. omútí gwâ:nge : my tree
4. emítí yâ:nge : pl.
5. i:cúmu lyâ:nge : my spear
6. amacúmu gâ:nge : pl.
7. ekitábu kyâ:nge : my book
8. ebitábu byâ:nge : pl.
9. embúzi yâ:nge : my goat
10. embúzi zâ:nge : pl.
11. orugóye rwâ:nge : my piece of clothing
10. engóye zâ:nge : pl.
12. aká:ntu kâ:nge : my small thing
14. obú:ntu bwâ:nge : pl.
13. otú:ntu twâ:nge : dim.of cl.14
15. okugúru kwâ:nge : my leg
6. amagúru gâ:nge : pl.
16. ahá:ntu hâ:nge : my place

N.B. The above noun phrase construction is used to state what the subject does, while the construction below with an augment on the possessive adjective gives the phrase a sense of particularity, i.e. my child in contrast with your child, etc.

☆ 1. omwá:na owá:ngê : my particular child
2. abá:na abá:ngê : pl
3. omútí ogwá:ngê : my particular tree
4. emítí eyá:ngê : pl.
5. i:cúmu eryá:ngê : my particular spear
6. amacúmu agá:ngê : pl.
7. ekitábu ekyá:ngê : my particular book

8. ebitábu ebyá:ngê : pl.
9. embúzi eyá:ngê : my particular goat
10. embúzi ezá:ngê : pl.
11. orugóye orwá:ngê : my particular piece of clothing
10. engóye ezá:ngê : pl.
12. aká:ntu aká:ngê : my particular small thing
14. obú:ntu obwá:ngê : pl.
13. otú:ntu otwá:ngê : dim.of cl.14
15. okugúru okwá:ngê : my particular leg
6. amagúru agá:ngê : pl.
16. ahá:ntu owá:ngê : my particular place
☆ Omwá:na wâ:nge murwáire. : My child is sick (and not injured, for example).
☆ Omwá:na owá:ngê murwáire. : My child (and not yours) is sick.
☆ 1. Omwá:na wá:ngê. : The child is mine.
2. Abá:na bá:ngê. : pl.
3. Omútí gwá:ngê. : The tree is mine.
4. Emítí yá:ngê. : pl.
5. I:cúmu ryá:ngê. : The spear is mine.
6. Amacúmu gá:ngê. : pl.
7. Ekitábu kyá:ngê. : The book is mine.
8. Ebitábu byá:ngê. : pl.
9. Embúzi yá:ngê. : The goat is mine.
10. Embúzi zá:ngê. : pl.
11. Orugóye rwá:ngê. : The piece of clothing is mine.
10. Engóye zá:ngê. : pl.
12. Aká:ntu ká:ngê. : The small thing is mine.
14. Obú:ntu bwá:ngê. : pl.
13. Otú:ntu twá:ngê. : The dim.of cl.14
15. Okugúru kwá:ngê. : The leg is mine.
6. Amagúru gá:ngê. : pl.
16. Ahá:ntu wá:ngê. : The place is mine.

1228. your (sg.) / あなたの

PPr.-â:we poss.adj.

N.B. This possessive adjective has two tone patterns according to the presence or non-presence of an augment. The forms with an augment (owá:wê, etc.) mean "yours, etc." when they are used predicatively without an augment.

[without an augment]		[with an augment]	
1. wâ:we	2. bâ:we	1. owá:wê	2. abá:wê
3. gwâ:we	4. yâ:we	3. ogwá:wê	4. eyá:wê
5. lyâ:we	6. gâ:we	5. eryá:wê	6. agá:wê
7. kyâ:we	8. byâ:we	7. ekyá:wê	8. ebyá:wê
9. yâ:we	10. zâ:we	9. eyá:wê	10. ezá:wê
11. rwâ:we		11. orwá:wê	
12. kâ:we	14. bwâ:we	12. aká:wê	14. obwá:wê
	13. twâ:we		13. otwá:wê
15. kwâ:we		15. okwá:wê	

16. hâ:we
16. owá:wê
18. mwâ:we
18. omwá:wê

☆ 1. omwá:na wâ:we : your child
2. abá:na bâ:we : pl
3. omútí gwâ:we : your tree
4. emítí yâ:we : pl.
5. i:cúmu lyâ:we : your spear
6. amacúmu gâ:we : pl.
7. ekitábu kyâ:we : your book
8. ebitábu byâ:we : pl.
9. embúzi yâ:we : your goat
10. embúzi zâ:we : pl.
11. orugóye rwâ:we : your piece of clothing
10. engóye zâ:we : pl.
12. aká:ntu kâ:we : your small thing
14. obú:ntu bwâ:we : pl.
13. otú:ntu twâ:we : dim.of cl.14
15. okugúru kwâ:we : your leg
6. amagúru gâ:we : pl.
16. ahá:ntu hâ:we : your place

N.B. The above noun phrase construction is used to state what the subject does, while the construction below with an augment on the possessive adjective gives the phrase a sense of particularity, i.e. your child in contrast with my child, etc.

☆ 1. omwá:na owá:wê : your particular child
2. abá:na abá:wê : pl
3. omútí ogwá:wê : your particular tree
4. emítí eyá:wê : pl.
5. i:cúmu eryá:wê : your particular spear
6. amacúmu agá:wê : pl.
7. ekitábu ekyá:wê : your particular book
8. ebitábu ebyá:wê : pl.
9. embúzi eyá:wê : your particular goat
10. embúzi ezá:wê : pl.
11. orugóye orwá:wê : your particular piece of clothing
10. engóye ezá:wê : pl.
12. aká:ntu aká:wê : your particular small thing
14. obú:ntu obwá:wê : pl.
13. otú:ntu otwá:wê : dim.of cl.14
15. okugúru okwá:wê : your particular leg
6. amagúru agá:wê : pl.
16. ahá:ntu ahá:wê : your particular place

☆ Omwá:na wâ:we murwáire. : Your child is sick (and not injured, for example).
☆ Omwá:na owá:wê murwáire. : Your child (and not mine) is sick.
☆ 1. Omwá:na wá:wê. : The child is yours.
2. Abá:na bá:wê : pl
3. Omútí gwá:wê. : The tree is yours.

4. Emítí yá:wê : pl.

5. I:cúmu ryá:wê. : The spear is yours.

6. Amacúmu gá:wê : pl.

7. Ekitábu kyá:wê. : The book is yours.

8. Ebitábu byá:wê : pl.

9. Embúzi yá:wê. : The goat is yours.

10. Embúzi zá:wê : pl.

11. Orugóye rwá:wê. : The piece of clothing is yours.

10. Engóye zá:wê : pl.

12. Aká:ntu ká:wê. : The small thing is yours.

14. Obú:ntu bwá:wê : pl.

13. Otú:ntu twá:wê : dim.of cl.14

15. Okugúru kwá:wê. : The leg is yours.

6. Amagúru gá:wê : pl.

16. Ahá:ntu há:wê. : The place is yours.

1229. his; her / 彼の、彼女の

PPr.-ê poss.adj.

[without an augment]   [with an augment]

1. wê   2. bê   1. ó:wê   2. á:bê
3. gwê   4. yê   3. ó:gwê   4. é:yê
5. lyê   6. gê   5. é:ryê   6. á:gê
7. kyê   8. byê   7. é:kyê   8. é:byê
9. yê   10. zê   9. é:yê   10. é:zê
11. rwê   11. ó:rwê
12. kê   14. bwê   12. á:kê   14. ó:bwê
         13. twê   13. ó:twê
15. kwê   15. ó:kwê
16. hê   16. á:hê
18. mwê   18. ó:mwê

☆ 1. omwá:ná wê : his/her child

2. abá:ná bê : pl

3. omútí gwê : his/her tree

4. emítí yê : pl.

5. i:cúmú lyê : his/her spear

6. amacúmú gê : pl.

7. ekitábú kyê : his/her book

8. ebitábú byê : pl.

9. embúzí yê : his/her goat

10. embúzí zê : pl.

11. orugóyé rwê : his/her piece of clothing

10. engóyé zê : pl.

12. aká:ntú kê : his/her small thing

14. obú:ntú bwê : pl.

13. otú:ntú twê : dim.of cl.14

15. okugúrú kwê : his/her leg

6. amagúrú gê : pl.

16. ahá:ntú hê : his/her place

N.B. The above noun phrase construction is used to state what the subject does, while the construction below with an augment on the possessive adjective gives the phrase a sense of particularity, i.e. his/her child in contrast with your child, etc. Note that the above phrases can also be sentences meaning "The child is his." etc.

☆ 1. omwá:na ó:wê : his/her particular child
   2. abá:na á:bê : pl
   3. omútí ó:gwê : his/her particular tree
   4. emítí é:yê : pl.
   5. i:cúmu é:ryê : his/her particular spear
   6. amacúmu á:gê : pl.
   7. ekitábu é:kyê : his/her particular book
   8. ebitábu é:byê : pl.
   9. embúzi é:yê : his/her particular goat
  10. embúzi é:zê : pl.
  11. orugóye ó:rwê : his/her particular piece of clothing
  10. engóye é:zê : pl.
  12. aká:ntu á:kê : his/her particular small thing
  14. obú:ntu ó:bwê : pl.
  13. otú:ntu ó:twê : dim.of cl.14
  15. okugúru ó:kwê : his/her particular leg
   6. amagúru á:gê : pl.
  16. ahá:ntu á:hê : his/her particular place

☆ Omwá:ná wê murwáire. : His/her child is sick (and not injured, for example).

☆ Omwá:na ó:wê murwáire. : His/her child (and not mine) is sick.

1230. our / 我々の

   PPr.-itu poss.adj.

[without an augment]		[with an augment]	
1. wáitu	2. báitu	1. owáitu	2. abáitu
3. gwáitu	4. yáitu	3. ogwáitu	4. eyáitu
5. lyáitu	6. gáitu	5. eryáitu	6. agáitu
7. kyáitu	8. byáitu	7. ekyáitu	8. ebyáitu
9. yáitu	10. záitu	9. eyáitu	10. ezáitu
11. rwáitu		11. orwáitu	
12. káitu	14. bwáitu	12. akáitu	14. obwáitu
	13. twáitu		13. otwáitu
15. kwáitu		15. okwáitu	
16. háitu		16. aháitu	
18. mwáitu		18. omwáitu	

☆ 1. omwá:na wáitu : our child
  2. abá:na báitu : pl
  3. omútí gwáitu : our tree
  4. emítí yáitu : pl.
  5. i:cúmu lyáitu : our spear
  6. amacúmu gáitu : pl.
  7. ekitábu kyáitu : our book

8. ebitábu byáitu : pl.
9. embúzi yáitu : our goat
10. embúzi záitu : pl.
11. orugóye rwáitu : our piece of clothing
10. engóye záitu : pl.
12. aká:ntu káitu : our small thing
14. obú:ntu bwáitu : pl.
13. otú:ntu twáitu : dim.of cl.14
15. okugúru kwáitu : our leg
6. amagúru gáitu : pl.
16. ahá:ntu háitu : our place

N.B. The above noun phrase construction is used to state what the subject does, while the construction below with an augment on the possessive adjective gives the phrase a sense of particularity, i.e. our child in contrast with your child, etc. Note that the above phrases can also be sentences meaning "The child is ours." etc.

☆ 1. omwá:na owáitu : our particular child
2. abá:na abáitu : pl
3. omútí ogwáitu : our particular tree
4. emítí eyáitu : pl.
5. i:cúmu eryáitu : our particular spear
6. amacúmu agáitu : pl.
7. ekitábu ekyáitu : our particular book
8. ebitábu ebyáitu : pl.
9. embúzi eyáitu : our particular goat
10. embúzi ezáitu : pl.
11. orugóye orwáitu : our particular piece of clothing
10. engóye ezáitu : pl.
12. aká:ntu akáitu : our particular small thing
14. obú:ntu obwáitu : pl.
13. otú:ntu otwáitu : dim.of cl.14
15. okugúru okwáitu : our particular leg
6. amagúru agáitu : pl.
16. ahá:ntu aháitu : our particular place

☆ Omwá:na wáitu murwáire. : Our child is sick (and not injured, for example).
☆ Omwá:na owáitu murwáire. : Our child (and not yours) is sick.

1231. your (pl.) / あなた方の
PPr.-â:nyu poss.adj.

[without an augment]

1. wâ:nyu	2. bâ:nyu
3. gwâ:nyu	4. yâ:nyu
5. lyâ:nyu	6. gâ:nyu
7. kyâ:nyu	8. byâ:nyu
9. yâ:nyu	10. zâ:nyu
11. rwâ:nyu	
12. kâ:nyu	14. bwâ:nyu
	13. twâ:nyu

[with an augment]

1. owâ:nyu	2. abâ:nyu
3. ogwâ:nyu	4. eyâ:nyu
5. eryâ:nyu	6. agâ:nyu
7. ekyâ:nyu	8. ebyâ:nyu
9. eyâ:nyu	10. ezâ:nyu
11. orwâ:nyu	
12. akâ:nyu	14. obwâ:nyu
	13. otwâ:nyu

15. kwâ:nyu   15. okwâ:nyu
16. hâ:nyu   16. ahâ:nyu
18. mwâ:nyu   18. omwâ:nyu

☆ 1. omwá:na wâ:nyu : your (pl.) child
  2. abá:na bâ:nyu : pl
  3. omútí gwâ:nyu : your (pl.) tree
  4. emítí yâ:nyu : pl.
  5. i:cúmu lyâ:nyu : your (pl.) spear
  6. amacúmu gâ:nyu : pl.
  7. ekitábu kyâ:nyu : your (pl.) book
  8. ebitábu byâ:nyu : pl.
  9. embúzi yâ:nyu : your (pl.) goat
  10. embúzi zâ:nyu : pl.
  11. orugóye rwâ:nyu : your (pl.) piece of clothing
  10. engóye zâ:nyu : pl.
  12. aká:ntu kâ:nyu : your (pl.) small thing
  14. obú:ntu bwâ:nyu : pl.
  13. otú:ntu twâ:nyu : dim.of cl.14
  15. okugúru kwâ:nyu : your (pl.) leg
  6. amagúru gâ:nyu : pl.
  16. ahá:ntu hâ:nyu : your (pl.) place

N.B. The above noun phrase construction is used to state what the subject does, while the construction below with an augment on the possessive adjective gives the phrase a sense of particularity, i.e. your child in contrast with our child, etc. Note that the above phrases can also be sentences meaning "The child is yours (pl)." etc.

☆ 1. omwá:na owâ:nyu : your (pl.) particular child
  2. abá:na abâ:nyu : pl
  3. omútí ogwâ:nyu : your (pl.) particular tree
  4. emítí eyâ:nyu : pl.
  5. i:cúmu eryâ:nyu : your (pl.) particular spear
  6. amacúmu agâ:nyu : pl.
  7. ekitábu ekyâ:nyu : your (pl.) particular book
  8. ebitábu ebyâ:nyu : pl.
  9. embúzi eyâ:nyu : your (pl.) particular goat
  10. embúzi ezâ:nyu : pl.
  11. orugóye orwâ:nyu : your (pl.) particular piece of clothing
  10. engóye ezâ:nyu : pl.
  12. aká:ntu akâ:nyu : your (pl.) particular small thing
  14. obú:ntu obwâ:nyu : pl.
  13. otú:ntu otwâ:nyu : dim.of cl.14
  15. okugúru okwâ:nyu : your (pl.) particular leg
  6. amagúru agâ:nyu : pl.
  16. ahá:ntu ahâ:nyu : your (pl.) particular place

  ☆ Omwá:na wâ:nyu murwáire. : Your child is sick (and not injured, for example).
  ☆ Omwá:na owâ:nyu murwáire. : Your child (and not ours) is sick.
☆ 1. Omwá:na wâ:nyu. : The child is yours (pl.).

2. Abá:na bâ:nyu. : pl.

3. Omútí gwâ:nyu. : The tree is yours (pl.).

4. Emítí yâ:nyu. : pl.

5. I:cúmu lyâ:nyu. : The spear is yours (pl.).

6. Amacúmu gâ:nyu. : pl.

7. Ekitábu kyâ:nyu. : The book is yours (pl.).

8. Ebitábu byâ:nyu. : pl.

9. Embúzi yâ:nyu. : The goat is yours (pl.).

10. Embúzi zâ:nyu. : pl.

11. Orugóye rwâ:nyu. : The piece of clothing is yours (pl.).

10. Ongóye zâ:nyu. : pl.

12. Aká:ntu kâ:nyu. : The small thing is yours (pl.).

14. Obú:ntu bwâ:nyu. : pl.

13. Otú:ntu twâ:nyu. : dim.of cl.14

15. Okugúru kwâ:nyu. : The leg is yours (pl.).

6. Amagúru gâ:nyu. : pl.

16. Ahá:ntu hâ:nyu. : The place is yours (pl.).

1232. their / 彼らの、彼女らの

1) PPr.-â:bu poss.adj.

[without an augment]		[with an augment]	
1. wâ:bu	2. bâ:bu	1. owâ:bu	2. abâ:bu
3. gwâ:bu	4. yâ:bu	3. ogwâ:bu	4. eyâ:bu
5. lyâ:bu	6. gâ:bu	5. eryâ:bu	6. agâ:bu
7. kyâ:bu	8. byâ:bu	7. ekyâ:bu	8. ebyâ:bu
9. yâ:bu	10. zâ:bu	9. eyâ:bu	10. ezâ:bu
11. rwâ:bu		11. orwâ:bu	
12. kâ:bu	14. bwâ:bu	12. akâ:bu	14. obwâ:bu
	13. twâ:bu		13. otwâ:bu
15. kwâ:bu		15. okwâ:bu	
16. hâ:bu		16. ahâ:bu	
18. mwâ:bu		18. omwâ:bu	

☆ 1. omwá:na wâ:bu : their child

2. abá:na bâ:bu : pl

3. omútí gwâ:bu : their tree

4. emítí yâ:bu : pl.

5. i:cúmu lyâ:bu : their spear

6. amacúmu gâ:bu : pl.

7. ekitábu kyâ:bu : their book

8. ebitábu byâ:bu : pl.

9. embúzi yâ:bu : their goat

10. embúzi zâ:bu : pl.

11. orugóye rwâ:bu : their piece of clothing

10. engóye zâ:bu : pl.

12. aká:ntu kâ:bu : their small thing

14. obú:ntu bwâ:bu : pl.

13. otú:ntu twâ:bu : dim.of cl.14

15. okugúru kwâ:bu : their leg

6. amagúru gâ:bu : pl.

16. ahá:ntu hâ:bu : their place

N.B. The above noun phrase construction is used to state what the subject does, while the construction below with an augment on the possessive adjective gives the phrase a sense of particularity, i.e. their child in contrast with our child, etc. Note that the above phrases can also be sentences meaning "The child is theirs." etc.

☆ 1. omwá:na owâ:bu : their child

2. abá:na abâ:bu : pl

3. omútí ogwâ:bu : their tree

4. emítí eyâ:bu : pl.

5. i:cúmu eryâ:bu : their spear

6. amacúmu agâ:bu : pl.

7. ekitábu ekyâ:bu : their book

8. ebitábu ebyâ:bu : pl.

9. embúzi eyâ:bu : their goat

10. embúzi ezâ:bu : pl.

11. orugóye orwâ:bu : their piece of clothing

10. engóye ezâ:bu : pl.

12. aká:ntu akâ:bu : their small thing

14. obú:ntu obwâ:bu : pl.

13. otú:ntu otwâ:bu : dim.of cl.14

15. okugúru okwâ:bu : their leg

6. amagúru agâ:bu : pl.

16. ahá:ntu ahâ:bu : their place

☆ Omwá:na wâ:bu murwáire. : Their child is sick (and not injured, for example).

☆ Omwá:na owâ:bu murwáire. : Their child (and not ours) is sick.

2) Conn + independent pronoun bô

[without an augment]

1. wábô   2. bá:bô
3. gwá:bô 4. yábô
5. lyá:bô 6. gá:bô
7. kyá:bô 8. byá:bô
9. yábô   10. zá:bô
11. rwá:bô
12. ká:bô 14. bwá:bô
           13. twá:bô
15. kwá:bô
16. há:bô
18. mwá:bô

[with an augment]

1. owábô   2. abá:bô
3. ogwá:bô 4. eyábô
5. eryá:bô 6. agá:bô
7. ekyá:bô 8. ebyá:bô
9. eyábô   10. ezá:bô
11. orwá:bô
12. aká:bô 14. obwá:bô
           13. otwá:bô
15. okwá:bô
16. ahá:bô
18. omwá:bô

☆ 1. omwá:na wábô : their child

2. abá:na bá:bô : pl

3. omútí gwá:bô : their tree

4. emítí yábô : pl.

5. i:cúmu lyá:bô : their spear

6. amacúmu gá:bô : pl.

7. ekitábu kyá:bô : their book

8. ebitábu byá:bô : pl.

9. embúzi yábô : their goat

10. embúzi zá:bô : pl.

11. orugóye rwá:bô : their piece of clothing

10. engóye zá:bô : pl.

12. aká:ntu ká:bô : their small thing

14. obú:ntu bwá:bô : pl.

13. otú:ntu twá:bô : dim.of cl.14

15. okugúru kwá:bô : their leg

6. amagúru gá:bô : pl.

16. ahá:ntu há:bô : their place

N.B. The above noun phrase construction is used to state what the subject does, while the construction below with an augment on the possessive adjective gives the phrase a sense of particularity, i.e. their child in contrast with our child, etc. Note that the above phrases can also be sentences meaning "The child is theirs." etc.

☆ 1. omwá:na owábô : their child

2. abá:na abá:bô : pl

3. omútí ogwá:bô : their tree

4. emítí eyábô : pl.

5. i:cúmu eryá:bô : their spear

6. amacúmu agá:bô : pl.

7. ekitábu ekyá:bô : their book

8. ebitábu ebyá:bô : pl.

9. embúzi eyábô : their goat

10. embúzi ezá:bô : pl.

11. orugóye orwá:bô : their piece of clothing

10. engóye ezá:bô : pl.

12. aká:ntu aká:bô : their small thing

14. obú:ntu obwá:bô : pl.

13. otú:ntu otwá:bô : dim.of cl.14

15. okugúru okwá:bô : their leg

6. amagúru agá:bô : pl.

16. ahá:ntu ahá:bô : their place

☆ Omwá:na wábó murwáire. : Their child is sick (and not injured, for example).

☆ Omwá:na owábó murwáire. : Their child (and not ours) is sick.

1233. -self / 自身、自体

PPr.-enyínî or -onyínî

N.B. The forms of the classes (and not the first and second persons) are of two varieties, either -enyínî or -onyínî.

1.	1st per.sg.	nyenyínî	2.	1st per.pl.	twe.nyínî
	2nd per.sg.	wenyínî or wonyínî		2nd per.pl.	mwe.nyínî
	3rd per.sg.	wenyínî or wonyínî		3rd per.pl.	be:nyínî or bo:nyínî
3.		gwe.nyínî or gwo.nyínî	4.		yenyínî or yonyínî
5.		lye.nyínî or lyo.nyínî	6.		ge:nyínî or go:nyínî

7. kye.nyínî or kyo.nyínî   8. bye.nyínî or byo.nyínî
9. yenyíní or yonyíní   10. ze:nyínî or zo:nyínî
11. rwe.nyínî or rwo.nyínî
12.   13. twe.nyínî or ywo.nyínî
15. kwe.nyínî   or kwo.nyínî
16. he:nyínî   or ho:nyínî

☆ 1. omú:ntu wenyíní or wonyíní : the person himself/herself or the very person
2. abá:ntu be:nyíní or bo:nyíní : pl.
3. omútí gwe.nyíní or gwo.nyíní : the tree itself or the very tree
4. emítí yenyíní or yonyíní : pl.
5. i:cúmu lye.nyíní or lyo.nyíní : the spear itself or the very spear
6. amacúmu ge:nyíní or go:nyíní : pl.
7. ekitábu kye.nyíní or kyo.nyíní : the book itself or the very book
8. ebitábu bye.nyíní or byo.nyíní : pl.
9. embúzi yenyíní or yonyíní : the goat itself or the very goat
10. embúzi ze:nyíní or zo:nyíní : pl.
11. orugóye rwe.nyíní or rwo.nyíní : the piece of clothing itself or the very piece of clothing
10. engóye ze:nyíní or zo:nyíní : pl.
12. aká:ntu ke:nyíní or ko:nyíní : the small thing itself or the very small thing
14. obú:ntu bwe.nyíní or bwo.nyíní : pl.
13. otú:ntu twe.nyíní or two.nyíní : dim.of cl.14
15. okugúru kwe.nyíní or kwo.nyíní : the leg itself or the very leg
6. amagúru ge:nyíní or go:nyíní : pl.
16. ahá:ntu he:nyíní or ho:nyíní : the place itself or the very place

☆ Nyówé nyenyíní ni.ngé:ndâ. : I am going myself.
☆ Nú wé wenyíní aizîre. : It is himself that has come.
☆ Omú:ntu wenyíní ní wé tusa.ngíré omukisákâ. : It is the person himself/herself that we have found in the bush.

a. for oneself; by oneself / 自分で
1) Expressed by the reflexive pronoun + the applicative of the verb.
☆ okwe.cu.mbîra : to cook for oneself. Cf. okucû:mba "to cook" (No.766).
☆ okwe.re:têra : to bring for oneself. Cf. okulê:ta "to bring" (No.940).
☆ okwe.ha.ndi:kîra : to write for oneself. Cf. okuha.ndî:ka "to write" (No.1054).
☆ okweizîra : to come for oneself, to come in person. Cf. okwî:ja "to come" (No.572).
2) -ónkâ (-énkâ) pron. "alone, in person"
☆ okucú:mba nyé:nkâ : to cook by myself
☆ okwí:ja nyé:nkâ : to come by myself

1234. who / 誰
ó:hâ 1*a*, báhâ 2*a*. See No.1223 for a complete series of this word.
☆ Ó:há aizíre hánû? : Who (sg.) has come here?
☆ N'î:we ó:hâ? : Who (sg.) are you?
☆ Oli ó:hâ? : Who (sg.) are you?
☆ N'o:sé:rrá: ó:hâ? : Whom (sg.) are you (sg.) looking for?
☆ N'o:sé:rrá: báhâ? : Whom (pl.) are you (sg.) looking for?

1235. what / 何
1) kî inv.

☆ N'o:sé:rrá: kî? : What are you (sg.) looking for?

2) kíkî inv.

☆ Kíkí okusê:rra? : What are you (sg.) looking for?

☆ Kíkí eki okusê:rra? : What is that which you (sg.) are looking for?

☆ Kíkí eki mukusê:rra? : What is that which you (pl.) are looking for?

☆ Kínu kíkî? : What is this?

a. what [introducing indirect question] / 何

eki 7, ebi 8

N.B. This in fact is a relative pronoun of class 7. See No.1225 for the whole series of classes.

☆ Tí.nkumánya eki ndá:lyâ. : I don't know what I will eat.

1236. when / いつ

dî inv.

☆ N'oijá dî? : When will you (sg.) come?

☆ Okaza:rwá: dî? : When were you (sg.) born?

1237. why; for what reason / なぜ

habwá:kî

☆ Habwá:kí otaizírê? : Why haven't you (sg.) come?

☆ Habwá:kí oke:rerí:rwê? : Why are you (sg.) late?

1238. how / どの様に

1) -'tâ adj.

1.	1st pers.sg.	ńtâ	2.	1st pers.pl.	tútâ
	2nd pers.sg.	ó:tâ		2nd pers.pl.	mútâ
	3rd pers.sg.	á:tâ		3rd pers.pl	bátâ
3.		gútâ	4.		é:tâ
5.		lítâ	6.		gátâ
7.		kítâ	8.		bítâ
9.		é:tâ	10.		zítâ
11.		rútâ			
12.		kátâ	14.		bútâ
			13.		tútâ
15.		kútâ			
16.		hátâ			

☆ Oraire ó:tâ? : Good morning! [lit.] How have you (sg.) spent the night?

☆ Oli ó:tâ? : How are you (sg.)?

☆ Nitugé:ndá tútâ? : How shall we go?

☆ Enkôko, nimugicú:mbá mútâ? : How do you (pl.) cook the chicken?

☆ Hali hátá ô:ku? : How is it there?

2) nku part. : how, as

☆ Nku zí:jâ, tományâ. : You don't know how they (cl.10) come.

☆ Abá:ntu, tományá nku bagé:ndâ. : You don't know how people go.

3) hâ part.

☆ Omwá:na n'aingáná hâ? : How big is (the size of) the child? See No.1239.

4) kî part. : the same as hâ.

☆ Omwá:na n'aingáná kî? : How big is (the size of) the child?

5) "how to do" is expressed by the verb infinitive.

☆ Tí.nkumánya kucû:mba. : I don't know how to cook.

a. by means of / の手段によって
   1) mulí:ngó kî : by what means
   ☆ Tí.nkumánya mulí:ngó kí baráíjâ. : I don't know by what means they will come.
   2) nk'ô:ku
   ☆ Tí.nkumánya nk'ó:ku baráíjâ. : I don't know how they will come.
   3) na part.
   ☆ Aizire ná kî? : With what has he come? (by car, on foot, or with an object in his hand, etc.)

b. ideophones / 様態詞
   N.B. The forms from 1) to 14) indicate intensity, while those from 15) to 18) refer to the manner or state in which an event takes place, and those from 19) to 21) represent a sound. Usually each ideophone is paired with a particular verb. Still, some go with a group of verbs of the same class of meaning. (torotóro which is used in Rutooro to mean "very upright", ex. okwe.mé:ra torotóro "to stand very upright" is not used in Runyoro.)

   1) si:sî:si : indicates "very black".
      okwi.ragúra si:sî:si : to be very black
   ☆ Jó:ni n'airagúrá si:sî:si. : John is very black.
   2) syo.syô:syo : syn. of the preceding.
   3) tukutûku : indicates "very red".
      okutukúra tukutûku : to be very red
   ☆ Ekita.mbá:ra nikitukúrá tukutûku. : The (table) cloth is very red.
   4) ti:tî:ti : indicates "very white" or "very cold".
      okwé:ra ti:tî:ti : to be very white
   ☆ Ekita.mbá:ra nikyé:rá ti:tî:ti. : The (table) cloth is very white.
   ☆ Amáízi nigafúká ti:tî:ti. : The water is very cold.
   5) tititîti : indicates "very cold".
      okufúka tititîti : to be very cold
   ☆ obwí:re nibufúká tititîti : The weather is very cold.
   6) daidái : indicates "very hard"
      okugúma daidái : to be very hard
   ☆ Nikigúmá daidái. : It is very hard.
   7) twi.twî:twi : indicates "very hot".
      okwó:kya twi.twî:twi : to be very hot
   ☆ Omusáná nigwó:kyá twi.twî:twi. : The sun shines very intensely.
   8) nulinûli : indicates "very delicious, sweet".
      okunulí:rra nulinûli : to be very delicious, sweet
   ☆ Énu suká:li n'e:nulí:rrá nulinúli. : This sugar is very sweet.
   9) pe:pê:pe : indicates "very bitter, pungent".
      okusâ:rra pe:pê:pe : to taste very bitter, pungent
   ☆ Ka:murále n'e:sá:rrá pe:pê:pe. : The (red) pepper is very pungent.
   10) cu:cû:cu : indicates "a strong bad smell".
      okunú:nka cu:cû:cu : to smell very bad
   ☆ Jó:ni anya.mpire ekinyâ:mpo, nikinú:nká cu:cû:cu. : John has broken wind, it smells very bad.
   11) ci:cî:ci : indicates "very silent, quiet".
      okuculé:ra ci:cî:ci : to be very silent, quiet
   ☆ Hotéli é:nu eikara ci:cî:ci. : This hotel is very quiet.

12) fi:fî:fi : indicates "very full".
   okwi.júra fi:fî:fi : to be very full
   ☆ Ekikópó ki:jwi:re fi:fî:fi : The cup is full up to the brim.
13) fu:fû:fu : syn. of the preceding.
14) terutêru : indicates "very slippery".
   okuté:rra terutêru : to be very slippery
   ☆ Orugú:do niruté:rrá terutêru. : The road is very slippery.
15) piritipirîti or pitipîti : indicates "in a fluster".
   ☆ okwi.rúka piritipirîti : to run in a fluster
   ☆ okwí:ja piritipirîti : to come out in a fluster
   ☆ okugé:nda piritipirîti : to go out in a fluster
   ☆ Omwá:na arwaírê. Nyína n'a:gé:ndá piritipiríti kumutwâ:ra omw'i.rwâ:rro. : The child is sick. His mother is going in a fluster to take him to the hospital.
16) katukâtu : hurriedly, immediately, quickly / あたふたと、取るものも取らず
   ☆ Aizire katukâtu. He has come hurriedly.
   ☆ N'a:rubátá katukâtu. : He is walking hurriedly.
17) pitapîta : syn. of the preceding.
18) jegejêge : in a unsteady way
   ☆ okurubáta jegejêge : to walk with unsteady steps
   ☆ Omwá:na ali jegejêge. : The child is in a unsteady way.
19) bugubûgu : indicates "a splutter noise".
   ☆ Omú:rro nigwá:ká bugubûgu. : The fire is burning with a spluttering noise.
20) dogodôgo : indicates a sloshing sound.
   ☆ Amáizi gali dogodôgo. : The water is making a sloshing sound.
   ☆ Amáizi nigacamúká dogodógo. : The water is boiling with a bubbling noise.
21) patapâta : indicates "liquid falling in a dripping way"
   ☆ Enjúra n'é:gwá patapâta. : It rains in a dripping way.

1239. how many / いくつ（の）
   1) -ingáhâ adj.
      N.B. This adjective is used only for countable nouns, including money. For uncountables, the following okwi.ngâna is used.
         2. baingáhâ
         4. ingáhâ
         6. aingáhâ
         8. bi.ngáhâ
         10. zi.ngáhâ
         14. bwi.ngáhâ
         13. twi.ngáhâ
         16. haingáhâ
      ☆ 2. abá:ntu baingáhâ : how many people
         4. emítí ingáhâ : how many trees
         6. amacúmu aingáhâ : how many spears
         8. ebitábu bi.ngáhâ : how many books
         10. embúzi zi.ngáhâ : how many goats
         14. obú:ntu bwi.ngáhâ : how many small things
         13. otú:ntu twi.ngáhâ : dim.of cl.14

N.B. These expressions also mean "How many are the people?", etc.
☆ Oina bá:na baingáhâ? : How much children do you have?
☆ Oina sé:nte zi.ngáhâ? : How much money do you have?

a. how much / どれだけ
  1) okwi.ngâna : to be equal, to amount to
     N.B. This verb is used to ask about the size "how big" or the volume "how much".
     ☆ Omútí nigwi.ngáná hâ? : How big is the size of the tree?
     ☆ Amáízi nigaingáná kî? : What is the quantity of water?
     ☆ Oina suká:li ekwi.ngáná kî? : How much sugar do you (sg.) have?
  2) bwí:ngí kî : what amount
     ☆ Amafûta, oina bwí:ngí kî? : How much oil do you (sg.) have?
     ☆ Sukâ:li, oina bwí:ngí kî : How much sugar do you (sg.) have?

b. how long; how much time / どれだけの期間
  1) bwí:ré kî : what time, what period
     ☆ Omazire bwí:ré kî? : How much time have you spent?
  2) okwi.ngâna : to be equal, to amount to
     ☆ Omazire obwí:re bú:kwi.ngáná kî (or nkáhâ?)? : How much time have you spent?

1240. many; much; a lot of / 多い
  1) -ingi adj.
     N.B. This adjective is normally used with countable nouns in the plural, and material nouns in the singular. However, for humans and animals, the singular can indicate "many" in spite of its singularity. The singular form is also used to mean "big-sized".

     1. mwî:ngi   2. báingi
     3. mwî:ngi   4. nyî:ngi
     5. lî:ngi   6. máingi
     7. kî:ngi   8. bî:ngi
     9. nyî:ngi   10. zî:ngi
    11. rwî:ngi
    12. káingi   14. bwî:ngi
                  13. twî:ngi
    15. kwî:ngi
    16. háingi

  ☆ 1. omú:ntu mwî:ngi : many people, a big-size person
    2. abá:ntu báingi : many people
    3. omútí mwî:ngi : a big-size tree
    4. emítí nyî:ngi : many trees
    5. i:táka lî:ngi : much soil
    5. i:cúmu lî:ngi : a big-size spear
    6. amacúmu máingi : many spears
    7. ekitábu kî:ngi : a big-size book
    8. ebitábu bî:ngi : many books
    9. suká:li nyî:ngi : much sugar
    9. embúzi nyî:ngi : many goats, a big-size goat
   10. embúzi zî:ngi : many goats
   11. orugóye rwî:ngi : a large piece of clothing

       10. engóye zî:ngi : many pieces of clothing
       12. akatú:nda káingi : a big-size passion fruit
       14. obutú:nda bwî:ngi : many passion fruits
       15. okugúru kwî:ngi : a big-size leg
        6. amagúru máingi : many legs
    ☆ Omú:ntu aina abá:na báingi. : The person has many children.
    ☆ Haróhó i:táka lî:ngi. : There is much soil.
    ☆ John ali mwî:ngi musê:nte. : John is big in terms of money, he has much money.
   2) ekî:he 7, (ebî:he 8) : lot, plenty
    ☆ ekí:he ky'é:mbwâ : a lot of dogs
    ☆ ekí:he ky'e.njûra : a lot of rain
    ☆ Halíyó ekí:he ky'e.nsohêra. : There are a lot of flies.
   3) okukânya : to be plenty
1241. to be excessive / 過ぎる
       okuhi.ngurâna /okuhi.ngúrâna
       okuhi.nguranîza caus. : to make sth excessive
   cf. obuhi.nguranîza 14, ---- : excessiveness
       obuhi.nguraníza búmû
       obuhi.nguraníza bwâ:nge
       búnu buhi.nguranîza
       búnu buhi.nguranízá: kî?
       obuhi.nguraníza bwá:ngê
    ☆ Ebyo.kúlyá bihi.nguraine omû:nyo. : The food is too salty.
   cf. okulêma : to exceed the capacity; also means "to govern" (No.888)
1242. few; a small number (or quantity) of / 少ない、少数の
       N.B. A small number is expressed with the adjective "small" used in the plural, for which
       see No.1111.
   1) -tóítô, -táítô or -tí:tô adj. : small in size, status, number
   2) -´kê adj.; syn. of the preceding.
  a. a little bit; slightly / 少し
       hô clit.
    ☆ omútí mugúfú hô : a slightly short tree
    ☆ omútí mukó:tó hô : a slightly big tree
  b. to be scanty; scarce / 少ない、足りない
       okubûra : to be scanty, to be lost. See No.1078.
    ☆ Eby'o.kúlyá bibuzírê. : Food is scarce.
    ☆ Sé:nte zibuzírê. : Money is scarce.
   cf. i:bûra 5, ---- : scantiness, scarcity
       i:búra límû
       i:búra lyâ:nge
       línu ibúra
       línu ibúrá kî?
       i:búra lyá:ngê
    ☆ i:búra ly'e.by'o.kúlyâ : scarcity of food
  c. to be average / 中間くらい
       hagátí na hagátî

1243. nothing; nobody / 何も、誰も〜でない
  -â:ha adj.
    1. wâ:ha   2. bâ:ha
    3. gwâ:ha   4. yâ:ha
    5. lyâ:ha   6. gâ:ha
    7. kyâ:ha   8. byâ:ha
    9. yâ:ha   10. zâ:ha
    11. rwâ:ha
    12. kâ:ha   14. bwâ:ha
                 13. twâ:ha
    15. kwâ:ha
    16. hâ:ha
    17. kwâ:ha
  ☆ 1. omú:ntu wâ:ha : nobody
    2. abá:ntu bâ:ha : pl.
    3. omútí gwâ:ha : no tree
    4. emítí yâ:ha : pl.
    5. i:cúmu lyâ:ha : no spear
    6. amacúmu gâ:ha : pl.
    7. ekitábu kyâ:ha : no book
    8. ebitábu byâ:ha : pl.
    9. embúzi yâ:ha : no goat
    10. embúzi zâ:ha : pl.
    11. orugóye rwâ:ha : no piece of clothing
    10. engóye zâ:ha : pl.
    12. aká:ntu kâ:ha : no small object
    14. obú:ntu bwâ:ha : pl.
    15. okugúru kwâ:ha : no leg
    6. amagúru gâ:ha : pl.
    16. hâ:ha
    17. kwâ:ha
  N.B. hâ:ha 16 and kwâ:ha 17 means "no". For example, see No.1290.
  ☆ Omú:ntu wâ:ha taizírê. : Nobody has come.

1244. enough; sufficient / 足りる、十分な
  okumâra : to be enough
  okwe.mâra refl. : to be self-sufficient, independent
  ☆ Abá:ntu nibamárâ. : People are enough.
  ☆ Sé:nte nizimárâ. : Money is enough.
  ☆ Ompé sé:nte zí:kumâra! : Give me enough money!
  ☆ Tokozéré (e)kí:kumâra. : You have not worked enough.
  a. not to be enough; to run short / 足りない
    okutamâra <neg. of okumâra. See above.
  ☆ Abá:ntu tibá:kumâra. : People are not enough.
  ☆ Sé:nte tizí:kumâra. : Money is not enough.

1245. all; whole / 全部
  -ôna (or -êna) adj. : all, whole, every, any

1.	1st per.sg.	nyê:na	2. 1st per.pl.	itwê:na
	2nd per.sg.	wê:na	2nd per.pl.	inywê:na
	3nd per.sg.	wê:na	3nd per.pl.	bô:na
3.		gwô:na	4.	yô:na
5.		lyô:na	6.	gô:na
7.		kyô:na	8.	byô:na
9.		yô:na	10.	zô:na
11.		rwô:na		
12.		kô:na	14.	bwô:na
			13.	twô:na
15.		kwô:na		
16.		hô:na		

☆ 1. omú:ntu wê:na : the/a whole body of a person, any person
   2. abá:ntu bô:na : all (the) people
   3. omútí gwô:na : the/a whole tree, any tree
   4. emítí yô:na : all (the) trees
   5. i:cúmu lyô:na : the/a whole spear, any spear
   6. amacúmu gô:na : all (the) spears
   7. ekitábu kyô:na : the/a whole book, any book
   8. ebitábu byô:na : all (the) books
   9. embúzi yô:na : the/a whole goat, any goat
  10. embúzi zô:na : all (the) goats
  11. orugóye rwô:na : the/a whole piece of clothing, any cloth
  10. engóye zô:na : all (the) pieces of clothing
  12. aká:ntu kô:na : the/a whole small thing, any thing
  14. obú:ntu bwô:na : all (the) small things
  13. otú:ntu twô:na : dim.of cl.14
  15. okugúru kwô:na : the/a whole leg, any leg
   6. amagúru gô:na : all (the) legs
  16. ahá:ntu hô:na : the/a whole place, any place

N.B. Singular forms can mean "any, every". Thus, for example omútí gwô:na 3 means "the/a whole tree" or "any tree". Note also that the adjective does not take the augment (*abá:ntu abô:na "all the people", etc.) in spite of the definite meaning.

☆ Abá:ntu bô:na baizírê. : All the people have come.

☆ Sé:nte zâ:nge zô:na, bazi:bírê. : All of my money has been stolen.

☆ Lê:ta embúzi yô:na! : Bring any goat!

a. both / 両方の
    2. bó:mbî
    4. yó:mbî
    6. gó:mbî
    8. byó:mbî
   10. zó:mbî
   13. twó:mbî
   14. bwó:mbî

   N.B. This adjective can mean not only "both" but also "all" and "only", according to contexts.

☆ 2. abá:ntu bó:mbî : both people
   4. emítí yó:mbî : both trees
   6. amáíso gó:mbî : both eyes
   8. ebitábu byó:mbî : both books
   10. embúzi zó:mbî : both goats
   14. obú:ntu bwó:mbî : both small objects
   13. otú:ntu twó:mbî : dim.of cl.14
☆ Omusáíja n'o:mukázi baizire bó:mbî. : Both the husband and the wife have come.
☆ Embúzi zó:mbí ziríyô. : All goats are there (male and female, black and white, etc.).
☆ Ebitábu byó:mbí ní byó birímû. : There are only books, nothing else.
   N.B. "All three", "all four", etc. are expressed with "both" followed by numerals, as follows. Note also that "all two" is possible.
☆ 2. bó:mbí babîri : all two
   2. bó:mbí basâtu : all three
   2. bó:mbí bánâ : all four
   2. bó:mbí batâ:no : all five
   2. bó:mbí mukâ:ga : all six
   2. bó:mbí musâ:nju : all seven
   2. bó:mbí munâ:na : all eight
   2. bó:mbí mwé:ndâ : all nine
   2. bó:mbí ikûmi : all ten
☆ 4. yó:mbí ebîri : all two
   4. yó:mbí esâtu : all three
   4. yó:mbí é:nâ : all four
   4. yó:mbí etâ:no : all five
   4. yó:mbí mukâ:ga : all six
   4. yó:mbí musâ:nju : all seven
   4. yó:mbí munâ:na : all eight
   4. yó:mbí mwé:ndâ : all nine
   4. yó:mbí ikûmi : all ten

1246. everywhere / どこでも
   hô:na 16
☆ Hô:na ha ngé:ndá, nsa.ngáyó abá:ntu b'e.mbabâzi. : Everywhere I go, I find kind people.
☆ Hô:na h'o:ra:gé:ndá, ninyíjá kukuho.ndêra. : Everywhere you (sg.) go, I will follow you (sg.).
   a. wherever / どこに行こうとも
      ho:na hô:na 16
☆ Ho:na hó:na ha mura:kagé:ndâ, nda:baho.ndêra. : Wherever you (pl.) may go, I will follow you (pl.).

1247. bit; part / 部分
   ekicwé:kâ 7, ebicwé:kâ 8 : bit, half, section, portion, destination
   ekicwé:ká kímû
   ekicwé:ká kyâ:ngee
   kínu kicwé:kâ
   kínu kicwé:ká kî?
   ekicwé:ká kyá:ngê

1248. somebody; a certain person / 誰か、ある
- 1) omû:ntu 1 : a certain person
- ☆ Haróhó omû:ntu. : There is someone here.
- 2) nyamusáíjâ 1*a*, ---- : someone (male). See No.437.
  N.B. This word and the following word are used to refer to a person without mentioning his or her name.
- ☆ Nyamusáíjá aizírê : Someone has come.
- 3) nyaikázî 1*a*, ---- : someone (female). See No.438.
- 4) ná:nkâ 1*a*,2*a*, ba:ná:nkâ 2*a*, aba:ná:nka 2 : a certain person (when one does not recall the name)
- ☆ Ná:nká agi:r'áhâ? : Where has that person gone?
- ☆ Owa ná:nká haizíréyó abagênyi. : At a certain person's house visitors have come.

1249. something / 何か
  ekî:ntu 7
- ☆ Halíyó ekî:ntu ahê:ru. : There is something outside.

a. nothing / 何も（ない）
- 1) busáyô, busáhô, or busámû : nothing, naked, empty
- ☆ Busáyó by'o.kúlyâ omukatâle. : There is no food at the market.
- ☆ Hamé:zá busáhó kâ:ntu. : There is nothing on the table.
- ☆ Omú:njú busámú mû:ntu. : There is nobody in the house.
- 2) kâ:ntu 12 or kî:ntu 7
- ☆ Ti:nyíne kâ:ntu. : I have nothing.
- 3) kwó:nkâ 17. See the series of "only" (No.1288).
- ☆ Eki:káro kiri kwó:nkâ. : There is nothing at the place; the place is empty.
- ☆ Ndi kwó:nkâ. : I have nothing; I am empty.

1250. another; other / 他の、もう１つの
  -ˆ:ndi, -´:ndî : another, one more, in addition
  N.B. The forms for classes 1, 3 and 9 are the same both for definiteness (with an augment) and indefiniteness (without an augment).

  [without an augment]   [with an augment]
  1. ó:ndî   2. bâ:ndi   1. ó:ndî   2. abâ:ndi
  3. gû:ndi   4. é:ndî   3. ogû:ndi   4. é:ndî
  5. lî:ndi   6. gâ:ndi   5. erî:ndi   6. agâ:ndi
  7. kî:ndi   8. bî:ndi   7. ekî:ndi   8. ebî:ndi
  9. é:ndî   10. zî:ndi   9. é:ndî   10. ezî:ndi
  11. rû:ndi   11. orú:ndi
  12. kâ:ndi   14. bû:ndi   12. akâ:nd   14. obû:ndi
               13. tû:ndi   13. otû:ndi
  15. kû:ndi   15. okû:ndi
  16. hâ:ndi   16. ahâ:ndi

- ☆ 1. omú:ntu ó:ndî, 2. abá:ntu bâ:ndi : another person
- 3. omútí gû:ndi, 4. emítí é:ndî : another tree
- 5. i:cúmu lî:ndi, 6. amacúmu gâ:ndi : another spear
- 7. ekitábu kî:ndi, 8. ebitábu bî:ndi : another book
- 9. embúzi é:ndî, 10. embúzi zî:ndi : another goat
- 11. orugóye rû:ndi, 10. engóye zî:ndi : another piece of clothing

12. aká:ntu kâ:ndi, 14. obú:ntu bû:ndi : another small thing
14. otú:ntu tû:ndi : dim.of cl.14
15. okugúru kû:ndi, 6 amagúru gâ:ndi : another leg
16. ahá:ntu hâ:ndi : somewhere else

☆ Ninyé:ndá ekitábu kî:ndi : I need another book (one more book).
☆ Haizirémú omú:ntu ó:ndi. : There came another person instead.
☆ 1. omú:ntu ó:ndî, 2 abá:ntu abâ:ndi
3. omútí ogû:ndi, 4. emítí é:ndî : the other tree
5. i:cúmu erî:ndi, 6. amacúmu agâ:ndi 6 : the other spear
7. ekitábu ekî:ndi, 8. ebitábu ebî:ndi : the other book
9. embúzi é:ndî, 10. embúzi ezî:ndi : the other goat
11. orugóye orû:ndi, 10. engóye ezî:ndi : the other piece of clothing
12. aká:ntu akâ:ndi, 14. obú:ntu obû:ndi : the other small thing
13. otú:ntu otû:ndi : dim.of cl.14
15. okugúru okû:ndi, 6. amagúru agâ:ndi : the other leg
16. ahá:ntu ahâ:ndi : the other place

☆ Ninyé:ndá ekitábu ekî:ndi : I want the other book.
N.B. Although the definiteness is expressed with an augment attached to the adjective, the following sentences with the demonstrativesli gûli (cl.3), kîri (cl.7), etc. "that over there" make the meaning clearer.

☆ Ninyé:ndá omútí gúli ogû:ndi. : I want that other tree.
☆ Ninyé:ndá ekitábu kíri ekî:ndi. : I want that other book.

1251. every; each / 各々の、各
1) búlî inv.
1. buli mû:ntu : every person
3. buli mútí : every tree
5. buli rî:so : every eye
7. buli kitâbu : every book
9. buli mbûzi : every goat
9. buli ńjû → bulí:njû : every house
9. buli ḿbwâ → bulí:mbwâ : every dog
9. buli ńte → bulî:nte : every cow
9. buli ńdâ → bulí:ndâ : every louse
9. buli ńda → bulî:nda : every pregnancy
11. buli rugôye : every piece of clothing

☆ Buli obu ngé:ndá Hóima, ndora Kátô. : Every time I go to Hoima, I see Kato.
2) -ôna (or -êna) adj. : all, every, any. See No.1245.
☆ 1. omú:ntu wê:na : every/any person
3. omútí gwô:na : every/any tree
☆ Omú:ntu wê:na araija hânu. : Every person will come here.

1252. what; what kind of / どんな、どんな種類の
1) kî inv. See No.484.
☆ Ô:gu mútí kî? : What kind of tree is that?
☆ Ali mú:ntú kî? : What kind of person is he? (his sex, profession, tribe?)
☆ Kínu kisúsú kyá: kî? : Of what is this skin?
☆ Ô:gu mútí gwá: kî? : For what purpose is that tree?

2) -´kî adj. : what species, tribe, profession
   N.B. This adjective seems to be used only in cl.1 and 2.
   múkî 1,   bákî 2
   ☆ Ô:gu, mú:ntu múkî? : Of what tribe (profession) is that person?
   ☆ Â:bo, bá:ntu bákî? : Of what tribe (profession) are those persons?
   ☆ John, ali múkî? : Of what tribe (profession) is John?

1253. such ; like this / このような
   1) nka inv. : like
   ☆ nka omusáija 1 → nk'o:musáija : like a man
     nka abasáija 2 → nk'a:basáija : like men
     nka omútî 3 → nk'o:mútî : like a tree
     nka emítî 4 → nk'e:mítî : like trees
     nka ekitâbu 7 → nk'e:kitâbu : like a book
     nka ebitâbu 8 → nk'e:bitâbu : like books
     nka embûzi 9,10 → nk'e:mbûzi : like a goat/goats
     nka émbwâ 9,10 → nk'é:mbwâ : like a dog/dogs
     nka énjû 9,10 → nk'é:njû : like a house/houses
     nka ê:nte 9,10 → nk'ê:nte : like a cow/cows
     nka é:ndâ 9,10 → nk'é:ndâ : like a louse/lice
     nka ê:nda 9,10 → nk'ê:nda : like a abdomen/abdomens, pregnancy
   ☆ with independent pronouns, meaning "like me, like you, etc."

1.	1st per.sg.	nkanyówê	2.	1st per.pl.	nkáitwe
	2nd per.sg.	nkáiwe		2nd per.pl.	nkáinywe
	3rd per.sg.	nkáwê		3rd per.pl.	nkábô
3.		nkágwô	4.		nkáyô
5.		nkályô	6.		nkágô
7.		nkákyô	8.		nkábyô
9.		nkáyô	10.		nkázô
11.		nkárwô			
12.		nkákô	14.		nkábwô
			13.		nkátwô
15.		nkákwô			
16		nkáhô			

   ☆ Omú:ntu nkáwê tasobórá ku.ntê:ra. : A person like him cannot beat me.
   2) by use of cl.6 NPr ma- replacing the original one. For an adverbial use, the augment is not used.
   ☆ amasáija 6 "manliness" ← omusáija 1/2 "man"
   ☆ amakâzi 6 "womanliness" ← omukázi 1/2 "woman"
   ☆ mâte 6 "like a cow" ← ê:nte 9/10 "cow"
   ☆ mabûzi 6 "like a goat" ← ê:nte 9/10 "goat"
   ☆ mábwâ 6 "like a dog" ← é:bwa 9/10 "dog"
   ☆ makôko 6 "like a hen" ← enkôko 9/10 "hen"
   ☆ majôka 6 "like a snake" ← enjôka 9/10 "snake"
   ☆ okwi.ká:rra makâzi : to sit like a woman, in a woman style
   ☆ okunyâ:rra masáija : to urinate like a man, in a man style
   ☆ Akurubáta mâte. : He is walking like a cow, in a cow style.

3) -´tî adj. : like this

1.	1st per.sg.	ńtî	2.	1st per.pl.	tútî
	2nd per.sg.	ó:tî		2nd per.pl.	mútî
	3rd per.sg.	á:tî		3rd per.pl.	bátî
3.		gútî	4.		é:tî
5.		lítî	6.		gátî
7.		kítî	8.		bítî
9.		é:tî	10.		zítî
11.		rútî			
12.		kátî	14.		bútî
			13.		tútî
15.		kútî			
16.		hátî			

1. omú:ntu ali á:tî : a person is like this
2. abá:ntu bali bátî : pl.
3. omútí guli gútî : a tree is like this
5. emítí eri é:tî : pl.
9. emubúzí eri é:tî : a goat is like this
10. emubúzí ziri zítî : pl.
1. omú:ntu á:kusána á:tî : a person who looks like this
2. abá:ntu bá:kusána bátî : pl.
3. omútí gú:kusána gútî : a tree which looks like this
5. emítí é:kusána é:tî : pl.
9. emubúzí é:kusána é:tî : a goat which looks like this
10. emubúzí zí:kusána zítî : pl.

☆ Ni.ngó:nzá abá:ntu bá:kukóra bátî. : I like people who work like this.
☆ Orarozéré omútí gú:kusána gútî? : Have you ever seen a tree which looks like this?

4) -´tyô adj. : like that / そのような、まあまあな

1.	1st per.sg.	ńtyô	2.	1st per.pl.	tútyô
	2nd per.sg.	ó:tyô		2nd per.pl.	mútyô
	3rd per.sg.	á:tyô		3rd per.pl.	bátyô
3.		gútyô	4.		é:tyô
5.		lítyô	6.		gátyô
7.		kítyô	8.		bítyô
9.		é:tyô	10.		zítyô
11.		rútyô			
12.		kátyô	14.		bútyô
			13.		tútyô
15.		kútyô			
16.		hátyô			

☆ A : Abá:ntu bali bátâ? : How are the people?
　B : Bali bátyô. : They are like that.
　B : Bali batyo.bátyô. : They are like that.

1254. and / と
　　na inv.
　☆ nyówé náiwe : me and you (sg.)

- ☆ í:we na nyówê : you (sg.) and me
- ☆ omusáíja n'o:mukâzi : a man and a woman
- ☆ omukázi n'o:musáija : a woman and a man
- ☆ omusáíja n'ê:nte : a man and a cow
- ☆ omusáíja n'é:mbwâ : a man and a dog
- ☆ omusáíja n'e:ntêbe : a man and a chair

  N.B. Nouns of different classes, especially those of humans and animals or objects, can rarely be conjoined to form the subject of a sentence. Therefore, the conjunction "A and B do ..." is rendered concomitantly as "A does ... with B". If they are conjoined, the cl.8 concord is used.

- ☆ Omusáíja age.nzere n'é:nté yê. : A man has gone with his cow.
- ☆ ? Omusáíja n'é:nté yé bage.nzérê. : A man and his cow have gone.
- ☆ É:nte n'é:mbwá bige.nzere hámû. : A cow and a dog have gone together.
- ☆ Emé:zá n'e:ntébé bigwi:re hámû. : A table and a chair have fallen together.

1255. too; also / も、また

  1) na inv.
  - ☆ na nyówê : me too
  - ☆ nâ:nye : me too; the same as the preceding.
  - ☆ náiwe : you (sg.) too
  - ☆ náwê : him/her too
  - ☆ náitwe : us too
  - ☆ náinywe : you (pl.) too
  - ☆ nábô : them too
  - ☆ Náwé aizírê. : He also has come.

  2) kâ:ndi <cl.12 of the adj. -ˆndi "other". See No.1250.
  - ☆ Kínu kya. sé:nte ntóítô, kâ:ndi kirú:ngî. : This is cheap, and also good.
  - ☆ Nyówé ni.ngé:ndá na bbâ:si, kâ:ndi î:we n'o:gé:ndá ná kî? : Me, I am going by bus, and you, with what are you going?

1256. together / 一緒に

  hámû <cl.18 of the adj. -´mû adj. "one" . See No.373.
  - ☆ Tuge.nzere hámû. : We have gone together.
  - ☆ hámú na nyówê : together with me
  - ☆ hámú na Bagô:nza : together with Bagonza
  - ☆ hámú n'o:mwâ:na : together with a child
  - ☆ byó:na hámû : all together (cl.8)

1257. or / あるいは、または

  rû:ndi inv.
  - ☆ í:we rú:ndi nyówê : you (sg.) or me
  - ☆ omusáíja rú:ndi omukâzi : a man or a woman
  - ☆ é:mbwá rú:ndi ê:nte : a dog or a cow
  - ☆ embúzi rú:ndi enkôko : a goat or a hen
  - ☆ tútí rú:ndi bátî : like us or like them

1258. by [agent] / によって

  1) The passive construction is made by putting the verb into the passive form. No preposition is needed to indicate the agent.
  - ☆ Nti:rwe Bagô:nza. : I have been beaten by Bagonza.

Cf. okutê:rwa "to be beaten", pass. of okutê:ra "to beat" (No.869).
- ☆ Akaitwa Kátô. : He was killed by Kato.
  Cf. okwî:twa "to be killed", pass. of okwî:ta "to kill" (No.882).
- ☆ Eby'o.kúlyá biri:rwe Bagô:nza. : The food has been eaten by Bagonza.
  Cf. okulî:bwa "to be eaten", pass. of okúlyâ "to eat" (No.655).

2) The passive meaning is also rendered by topicalizing the object, followed by a transitive construction with an anaphoric object prefix referring to the the object.
- ☆ Eby'o.kúlyá, Bagó:nza nú wé abirî:re. : The food has been eaten by Bagonza. [lit.] The food, it is Bagonza who has eaten it.

a. with [instrument]; by means of / で

1) By means of the causative of verbs with no prepositions.
- ☆ Akate:za ekítí Kátô. : He beat Kato with a stick.
  Cf. okutê:za, causative of okutê:ra "to beat" (No.869).
- ☆ Ni.ndí:sá ekigî:ko eby'o.kúlyâ. : I am eating food with a spoon.

2) by various prepositions
- ☆ Akate:ra Kátó n'e:kítî. : He beat him with a stick.
- ☆ Ni.ndyá eby'o.kúlyá n'e:kigî:ko. : I am eating food with a spoon.
- ☆ Aizire na mótôka. : He has come by car.
- ☆ Aizire omumótôka. : He has come in the car.

3) by the applicative of the verb
- ☆ Aizi:re mumótôka. : He has come in a car.
  Cf. okwi.zîra, appl. of okwî:ja "to come" (No.572).

1259. even / さえ

na inv.
- ☆ Na Basábá n'a:sobórá kuha.ndî:ka. : Even Basaba can write (letters).
- ☆ N'o:mwá:na n'a:sobórá kwó:gyá esahâ:ni. : Even a child can wash plates.

a. at least / 少なくとも、最低限

ha:kîri
- ☆ ha:kíri sirí:ngi rukûmi : at least one thousand shillings

b. not even / さえも

n'o:bu bya.kúbâ 8, n'o:bu za:kúbâ 10, n'o:bu ka:kúbâ 12, etc.
- ☆ Ti:nyína by'o.kúlyá n'o:bu bya.kúbá ebitakúlî. : I don't have food, even sweet potatoes.
- ☆ Ti:nyína sê:nte n'o:bu za:kúbá sirí:ngi kikûmi. : I don't have money, even 100 shillings.
- ☆ Ti:nyína kâ:ntu n'o:bu ka:kúbá kátî. : I don't have anything at all.

1260. without / 無しに

1) with the negative present (perfect)
- ☆ Age.nzere atalí:ré ekya.nyé:nkyâ. : He has gone without taking breakfast.
- ☆ Age.nzere atáína swé:tâ. : He has gone without a sweater.
- ☆ Tí:nywá câ:yi etarúmú mátâ. : I don't drink tea without milk.

2) kwó:nkâ. See No.1288.
- ☆ Agarukire kwó:nkâ. : He has come back with nothing.

1261. for (the sake of); on behalf of / ～のために

1) Expressed with the applicative.
- ☆ Ni.nkó:rrá abâ:na. : I am working for children.
  Cf okukô:rra, appl. of okukôra "to work" (Nos.731, 733).
- ☆ Ni.nkó:rrá sê:nte. : I am working for money.

2) omwi.bára ly'o.mû:ntu : in the name of sb, on behalf of sb
  ☆ okwí:ja omwi.bára ly'o.mú:ntu ó:ndî : to come in the name of someone else
3) omuki:káro ky'o.mû:ntu : in the place of sb
  ☆ Nge.nzere Ka.mpálá omuki:káro kya. John. : I have gone to Kampala in the place of John.
  a. instead of; to make up for / 代わりに
      mû clit.
      ☆ Ti:nyína sê:nte, rú:ndi nkuhémú embûzi. : I don't have money, but let me give you a goat instead.
      ☆ okuge.ndérámú omû:ntu : to go for a person, in his place
  b. in order to / ために
      1) The infinitive form of the verb is used to mean for the purpose of doing.
      ☆ Omusáija age.nzire kulí:sa ê:nte omukisákâ. : The man has gone to graze cows in the bush.
      2) ní kwô or nú kwô : so that
      ☆ Nitugé:dá kâra ní kwó tumusa.ngéyô. : We are going early in order to find him there.
      ☆ Ni.nsómá ní kwó nsobóle kutú:nga omulîmo. : I study in order to be able to get a job.

1262. about; with respect to; concerning / 〜について
    1) okukwa.tâna <assoc. of okukwâ:ta "to catch" (Nos.821 and 838)
    ☆ Ebí:ntu ebí:kukwa.tána na sê:nte, obirugéhô! : Leave things which concern money!
    2) by topicalizing the noun without any preposition
    ☆ Ekyé:njú, akirí:rê. : Talking about the ripe banana, he has eaten it.
    ☆ Embúzi, ngití:rê. : The goat, I have beaten it.
  a. how about /
      kâ:ndi <cl.12 of the adj. -ˆndi "another" (No.1250).
      ☆ Abá:ntu bage.nzérê. Kâ:ndi î:we, t'ó:kugê:nda? : People have gone. How about you (sg.), you are not going?

1263. but / しかし
    1) kyó:nkâ <cl.7 of the adj. -´nkâ "only" (No.1288).
    ☆ Kátó age.nzérê, kyó:nká nyówé ti.nge.nzérê. : Kato has gone, but me I have not gone.
    ☆ Oíjé, kyó:nká tihalíyó sê:nte. : You can come, but there is no money.
    ☆ Nyizíré, kyó:nká ti.nde:síré by'o.kúlyâ. : I have come, but I have not brought food.
    2) báitu adv. : syn. of kyó:nkâ
    ☆ Akuzírê, báitu akuzó:ka kurú:ngî. : He has become old, but he appears in a good condition.
  a. although; even though / だけれども
      n'ô:bu
      N.B. This form is usually used with the verb okúbâ "to be", conjugated in the near future or remote future (in order to moderate the statement). Below is the conjugation in the near future.

	sg.	pl.
1st pers.	n'ó:bu ndá:bâ	n'ó:bu turá:bâ
2nd pers.	n'ó:bu orá:bâ	n'ó:bu murá:bâ
3rd pers.	n'ó:bu ará:bâ	n'ó:bu bará:bâ

      "even though I am, etc."
      ☆ N'ó:bu ará:bá ali mútô, amanyire ebí:ntu bî:ngi. : Although he is young, he knows many things.
      ☆ N'ó:bu bará:bá bata.ndamukízê, báitu mbamanyírê. : Although they did not greet me, I know them.

- ☆ N'ó:bu orá:bá orwáire, lé:ngáhó óíjê. : Even though you (sg.) may be sick, try to come.
- ☆ N'ó:bu ndíbá ntaizírê, ndisi.ndika omú:ntu ó:dî. : Even though I will not come, I will send another person.

1264. (and) then / そして、それから
   1) nú bwô
   - ☆ Bali.nda ngé:ndé nú bwó bakólé ebyâ:bu. : They wait for me to go, and then they do their things.
   - ☆ endú:rú ega.mbírê, núbwó nayeta John. : An alarm rang, then I called John.
   2) ha:nyûma adv. : afterwards
   - ☆ Náíja, ha:nyúma nayôga. : I came, and then I bathed.
   - ☆ Nkage:nda omutakâle, ha:nyûma naraba owa Bagô:nza. : I went to the market, then after I passed at Bagonza's place.
   - ☆ Tura:ge:nda omutakâle, ha:nyûma tura:raba owa Bagô:nza. : We will go to the market, then after we will pass at Bagonza's place.

1265. because / なぜなら
   habw'o:kúbâ <habwa (see below) + okúbâ "to be"
   - ☆ Ti:nyizíré habw'o:kúbá ndi murwáire. : I have not come because I am sick.
   a. reason / 理由
      ensô:nga 9,10
      ensó:nga é:mû
      ensó:nga yâ:nge
      é:nu nsô:nga
      é:nu nsó:ngá kî?
      ensó:nga yá:ngê
      - ☆ habw'e.nsó:nga y'e.njûra : for the reason of rain
   b. pretext; excuse; guise / 口実
      ekye.kwâ:so 7, ebye.kwâ:so 8
      ekye.kwá:so kímû
      ekye.kwá:so kyâ:nge
      kínu kye.kwâ:so
      kínu kye.kwá:só kî?
      ekye.kwá:so kyá:ngê
      cf. okwe.kwâ:sa : to make one's excuse
   c. because of; on account of / のせいで
      habwa
      - ☆ habwa: Bagô:nza : because of Bagonza
      - ☆ habwa enjûra → habw'e.njûra : because of rain
      - ☆ Ti:nyizíré habw'e.njúra kúgwâ. : I have not come because of the rain falling.
      - ☆

	sg.	pl.
1st pers.	habwá:ngê	habwáitu
2nd pers.	habwá:wê	habwâ:nyu
3rd pers.	hábwê	habwá:bô

      "because of me, etc."
   d. since / ので
      nk'ô:ku inv.
      - ☆ Nk'ó:ku atarukwî:ja, nda:si.ndika omú:ntu ó:ndî. : Since he is not coming, I will send

another person.

1266. according to; judging from / から見ると

okurugî:rra <doub.appl. of okurûga "to come from a place" (No.572)

☆ okurugî:rra omu ebi okozérê, oli múbî. : According to what you have done you are wrong.

a. to do for the sake of doing; to do without reason / 無闇にする、理由も無くする

okumâra "to finish (tr.)" followed by the cl.6 gerund

☆ okumára gályâ : to just eat, to eat for the sake of eating

☆ okumára gakôra : to work for the sake of working

☆ okumára gasêka : to laugh for the sake of laughing, to laugh without reason

1267. therefore; so / 従って、だから

nahabw'ê:ki or nahabw'ê:kyo

☆ Ntu.ngire abagênyi, nahabw'ê:ki ti.ndikwî:ja. : I have got visitors, so I am not coming.

☆ Ti.nkwî:ja ó:ku omutáuni, nahabw'ê:kyo í:we oijé kûnu. : I am not coming there to the town, so you come this way.

1268. if / もし

1) kakúbâ inv.

N.B. This particle can come at the beginning of the clause or just before the verb. To indicate future events, the conditional clause, as well as the main clause can be either in the near future or the remote future.

☆ Kakúbá enjúra ê:gwa (or Enjúra kakúbá ê:gwa), ti.nkwî:ja. : If it rains, I will not come.

☆ Kakúbá enjúra erâ:gwa (or Enjúra kakúbá erâ:gwa), ti.nkwî:ja. : If it rains, I will not come.

☆ Kakúbá nyína sê:nte, na:kuguzíré esâ:ha. : If I had money, I would buy a watch.

☆ Kakúbá nyína sê:nte, nkubaire nguzíré esâ:ha. : If I had had money, I would have bought a watch.

☆ Kakúbá oge.nzêre. : If you were gone; I wish you had gone.

☆ Kakúbá otaizîre. : If you should not have come; I regret that you have come.

2) ô:bu : syn. of kakúba, but it also means "when". See No.1270.

1269. if; whether / 〜かどうか

ô:bu <dem. of cl.14 (?)

☆ Tí.nkumánya abagényi obu baráíjâ. : I don't know if the visitors will come.

☆ Ti:manyíré obu ndá:lyá hátî. : I don't know whether I will eat today.

1270. when / 〜の時

1) ô:bu <dem. of cl.14 (?)

☆ Obu nage.nzére omutáuni, nkarora Kátô. : When I went to the town, I saw Kato.

☆ Obu nge.nzére owa Kátô, nkasa.nga n'a:si.ngó:rrâ. : When I went to Kato's place, I found him sweeping.

☆ Obu enjúra erígwa (or enjúra obu erígwa), ti.ndî:ja. : When it rains, I will not come.

☆ Obu tukábá tuli Hóima, enjúra ekagwa múnô. : When we were in Hoima, it rained much.

2) omukasûmi 18 : in the moment. Cf. akasûmi 12/14 "moment" (No.352).

☆ Omukasúmi aka mbaíré ni.ngó:nzá kugê:nda, Bagó:nza yáija. : At the moment I wanted to go, Bagonza came.

a. during / の間

1) omubíró bya. bûli : [lit.] during those days

2) ira lyô:na : all that time

☆ Î:ra lyô:na obaire n'o:kórá kî? : During all that time what were you doiing?

b. ago / の前

okúhwâ : to end, to finish

☆ Akage.nda ebíró bitâ:no ebihóire.: He went five days ago. [lit.] He went five days which have finished.

☆ Akage.nda ebíró bitâ:no ebihóiréhô. : the same as the preceding.

c. since / 以来

hátî part. : (from) now

☆ Age.nzere hátí bíró bisâtu. : He has gone since three days. [lit.] He has gone now three days.

1271. better than [the comparative degree] / より

okukîra : to surpass, to exceed

☆ Kátó n'a:kírá Bagô:nza. : Kato is better than Bagonza; [lit.] Kato exceeds Bagonza.

☆ Kátó n'a:kírá Bagô:nza kuráiha. : Kato is taller than Bagonza; [lit.] Kato exceeds Bagonza in height.

☆ Kátó muráira kukíra Bagô:nza. : Kato is taller than Bagonza; [lit.] Kato is tall exceeding Bagonza.

☆ Kínu ekitábu nikikírá ê:kyo obukô:to. : This book is bigger than that one.

☆ Aina sê:nte n'a:nkîra. : He has more money than me.

☆ N'a.nkírá (or n'a.nkízá) kwi.rûka. : He runs faster than me.

☆ Ni.ngó:nzá enyâma kukíra ebihî:mba. : I like meat more than beans.

☆ Kíkí eki kizíre kunûra? : Which is more delicious?

a. the most [the superlative] / 最も[最上級]

1) okukíra bô:na 1, okukíra byô:na 8, okukíra zô:na 10, etc. : [lit.] to surpass all

☆ Kínu ekitábu nikikírá byô:na. : This book is the best (better than the others).

☆ Kínu ekitábu nikikírá byô:na obukô:to. : This book is the biggest (bigger than the others).

☆ N'a:kírá bô:na okuráiha. : He is the tallest.

☆ N'a:kírá bô:na amagêzi. : He is the wisest.

2) -hô clit. : indicates very much, the most

☆ ekitábu kikó:tó hô : a very big book, the biggest book

☆ John mukó:tó hô, hálí bô:na : Hohn is the biggest among all.

☆ John mugúfú hô, hálí bô:na : Hohn is the shortest among all.

1272. very; much / 非常に

1) bî:ngi <cl.8 of the adj. -ingi "many, much" (No.1240).

☆ okúlyá: bî:ngi : to eat much

2) múnô inv.

☆ okúlyá: múnô : to eat much

☆ kurú:ngí múnô : very well

☆ okubáza múnô : to speak much or loudly

☆ okutege:réza múnô : to wait for a long time

☆ okute:keréza múnô : to think a lot, deeply

a. too much / 非常に多く

munomúnô inv.red.

☆ okúlyá: munomúnô : to eat too much

☆ okubáza munomúnô : to talk too much

b. how, what [exclamation] / なんと[感嘆]

1) ka inv.

☆ Ka mú:ntu murú:ngî! : What a good person he is!

☆ Bagô:nza ka murú:ngî! : How good Bagonza is!

2) bó:jô N.B. This is the same form of the plural of omwó:jô 1 "boy" (No.441).
- ☆ Bó:jô, ekí:ntu kínu kirú:ngî! : How nice this thing is!
- ☆ Bó:jó webâle! : Oh, thank you!

1273. especially; particularly / 特に、とりわけ

okukíra múnô : [lit.] to exceed very much
- ☆ Ni.ngó:nzá kúlyá enyâma, báitu kukíra múnó enkôko. : I like to eat meat, but particularly chicken.
- ☆ Inywê:na ni.mbagó:nzâ, báitu kukíra múnó ô:nu. : I love all of you, but particularly this one.

1274. really; truly / 本当に

1) kwô part. : really
- ☆ Ni.ngó:nzá kwó ebitô:ke. : I really like bananas
- ☆ Wa:kúbá kwó musáija. : You can be a real man.
- ☆ Ti ní kwô? : Isn't it so?

2) by conjugation of the remote past with -ka-
- ☆ Omusáija akaba mugûfu! : The man is really short.
- ☆ Omusáija akaráiha! : The man is really tall.
- ☆ Orugú:do rukagálîha! : The road is really wide.

3) mazîma, or mazíma málî : truly. Cf. amazîma 6 "truth, sincerity" (No.1156).
- ☆ Mazíma ni.ngó:nzá ebitô:ke. : I truly like bananas.
- ☆ Mazíma málî ni.ngó:nzá kúlyá ebitakúlî. : Truly I like to eat sweet potatoes.
- ☆ Mazîma? : Truly, really?
- ☆ Mazîma n'oíjâ? : Truly are you coing?

1275. just; exactly; precisely / ちょうど、まさに

PPr.-enyínî. See Nos.1071 and 1002.
- ☆ A: Kínu kí:ntu kyâ:we? : Is this your thing?
  B: Ní kyó kyo.nyíni. : It is that exactly.
- ☆ Ní kyó kyo.nyíní eki nkusê:rra. : It is exactly what I am looking for.

1276. not at all / 全然

na kátî
- ☆ Ti:nyíne sê:nte na kátî. : I don't have any money at all.
- ☆ Omucúpá busámú kâ:ntu na kátî. : There is nothing at all in the bottle.

a. completely / 完全に

kímû <cl.7 of the adj. -´mû "one" (No.373)
- ☆ Njwa.hi:re kímû. : I am completely tired.
- ☆ Omútí gwo:mi:re kímû. : The tree is completely dry.
- ☆ Kibuli:re kímû. : It is completely lost.

1277. forever; for good / 永遠に

kímû <cl.7 of the adj. -´mû "one" (No.373)
- ☆ Age.ndi:re kímû. : He has gone forever.

1278. certainly; surely / 必ず

mazîma adv. Cf. amazîma 6 "truth, sincerity" (No.1156).
- ☆ Mazíma ninyíjâ. Ondí:ndê! : Surely I am coming. Wait for me!

a. perhaps; maybe / 恐らく、多分

obû:ndi <cl.14 of the adj. -ˆ:ndi "another" (No.1250)
- ☆ Obú:ndi ndaíjâ. : Perhaps I will come.

1279. immediately; at once / すぐに

1) á:ho nâ:ho
- ☆ Hanyúma y'o.butá:ndwa, po:lí:si ekaija á:ho nâ:ho. : After the accident, police came immediately.
2) bwâ:ngu or bwa.ngu bwâ:ngu <obwâ:ngu 14 "quickness, speed" (No.1210)
- ☆ Akaija bwâ:ngu. : He came immediately.

a. soon; shortly; before long / まもなく、もうすぐ
   bwâ:ngu <obwâ:ngu 14 "quickness, speed"
   - ☆ Ninyíjá bwâ:ngu. : I am coming soon.

b. suddenly / 突然
   á:ho nâ:ho
   - ☆ Afwi.re á:ho nâ:ho. : He has died suddenly.

1280. always / 常に、いつも
   1) buli kírô : [lit.] everyday. See No.357.
   - ☆ Buli kírô oija oke:rerî:rwe. : You always come late.
   2) bulí:jô : syn. of the preceding.
   3) butó:sâ : syn. of the preceding.
   4) bwô:na 14 : syn. of the preceding. <-ôna adj. "all" (No.1245)
   - ☆ Bwá:na hálí ngé:ndâ, ba.mpa enkôko. : Every time I go, they give me chickens.

a. whenever / いつでも
   1) buli kíró : [lit.] everyday
   - ☆ Buli kíró obu ngé:ndá omutáuni, ndora Bagô:nza. : Whenever I go to the town, I see Bagonza.
   2) bwó:na bwô:na 14 : whenever
   - ☆ Bwó:na bwô:na hálí ngé:ndá omutáuni, ndora Bagô:nza. : the same as the preceding sentence.

1281. sometimes / 時々
   obú:ndi n'o:bû:ndi <cl.14 of the adj. -^:ndi "other" (No.1250).
   - ☆ Obú:ndi n'o:bû:ndi nyija nke:rerî:rwe. : I sometimes come late.

1282. already / 既に
   Expressed by the perfective of the verb okumâra "to finish"
   - ☆ Amazire kugê:nda. : He has already gone.
   - ☆ Bbá:si emazire kugê:nda. : The bus has already gone.
   - ☆ Mazire kúlyâ. : I have already eaten.

1283. still / まだ
   1) -kya- infix
   cf. the present of tense of -li "to be" with -kya-

	sg.	pl.
1st per.	nkyâ:li	tukyâ:li
2nd per.	okyâ:li	mukyâ:li
3rd per.	akyâ:li	bakyâ:li

   "I am still, etc."
   - ☆ Okyá:li mwâ:na. : You are still a child.
   cf. the present tense of -ínâ (or -ínê) "to have" with -kya-. Forms with the ending -e are also used.

	sg.	pl.
1st per.	nkyáina	tukyáina

	sg.	pl.
2nd per.	okyáina	mukyáina
3rd per.	akyáina	bakyáina

"I still have, etc."

☆ Nkyáina sê:nte. : I still have money.

cf. the present progressive of okukôra "to work" + -kya-

	sg.	pl.
1st per.	nkya.kôra	tukya.kôra
2nd per.	okya.kôra	mukya.kôra
3rd per.	akya.kôra	bakya.kôra

"I am still working, etc."

☆ Nkya.kóra omulîmo. : I am still doing the work.

2) na hátî : up to now, even now

☆ Na hátí ni.nkórâ. : I am working up to now.

1284. no longer / もう〜でない

neg. + -kya-

cf. the present tense of -li "to be" with -kya-

	sg.	pl.
1st per.	ti.nkyâ:li	titukyâ:li
2nd per.	t'okyâ:li	timukyâ:li
3rd per.	t'akyâ:li	tibakyâ:li

"I am no longer 〜, etc."

☆ T'okyá:li mwâ:na. : You are no longer a child.

cf. the present tense of -ínâ (or -ínê) "to have" with -kya-. Forms with the ending -e are also used.

	sg.	pl.
1st per.	ti.nkyáina	titukyáina
2nd per.	t'okyáina	timukyáina
3rd per.	t'akyáina	tibakyáina

"I have no longer 〜, etc."

☆ Ti.nkyáina sê:nte. : I don't have money any longer.

cf. the present progressive of okukôra "to work" + -kya-

	sg.	pl.
1st per.	ti.nkya.kôra	titukya.kôra
2nd per.	t'okya.kôra	timukya.kôra
3rd per.	t'akya.kôra	tibakya.kôra

"I am not working any longer, etc."

☆ Ti.nkya.kóra omulîmo. : I am no longer doing the work.

a. not yet / まだ〜でない

Neg. of the present perfective.

cf. conjugation of okukôra "to work".

	sg.	pl.
1st per.	tí:nkákozêre	titúkákozêre
2nd per.	t'ókákozêre	timúkákozêre
3rd per.	t'ákákozêre	tibákákozêre

"I have not yet worked, etc."

☆ Tí.nkakozére omulîmo. : I have not yet done the work.

cf. conjugation of okúlyâ "to eat".

	sg.	pl.
1st per.	tí:nkálî:re	titúkálî:re
2nd per.	t'ókálî:re	timúkálî:re
3rd per.	t'ákálî:re	tibákálî:re

"I have not yet eaten, etc."

☆ Tínkálí:re eby'o.kúlyâ. : I have not yet eaten the food.

cf. conjugation of okwî:ja "to come".

	sg.	pl.
1st per.	tí:nkáizîre	titúkáizîre
2nd per.	t'ókáizîre	timúkáizîre
3rd per.	t'ákáizîre	tibákáizîre

"I have not yet come, etc."

☆ T'ákáizíre kûnu. : He has not yet come this way.

1285. again / 再び
1) obû:ndi 14 <-´ndi adj. "another" (No.1250).
☆ Ninyíjá kwí:ja obû:ndi : I will come again.
2) ogwa. kabîri : for the second time
N.B. Ogwa 3 refers to omurû:ndi 3/4 "time" (No.405).
☆ Otagarukírá ogwa. kabîri! : Don't repeat for the second time!
3) omurú:ndi (o)gû:ndi : the same as ogwa. kabîri ; [lit.] (the) other time. See No.405.
☆ Otakigarukírá omurú:ndi (o)gû:ndi! : Don't repeat it (cl.7) another time!
4) buhyâ:ka 14 : anew, again <-hyâ:ka "new" adj. (No.1146)
☆ Aizire buhyâ:ka. : He has come again.

1286. and so on; etc. / など
ebí:ndi n'e:bî:ndi 8 or n'e:bî:ndi 8
N.B. If nouns of various classes are involved, the class 8 concord is used. If, on the other hand, it is only nouns of one class which are involved, the concord of the plural is used, as follows.
☆ abá:ndi n'a:bâ:ndi 2 : and so on (concerning people)
☆ ezí:ndi n'e:zî:ndi 10 : and so on (concerning animals or things)
☆ Nguzire ebitô:ke, n'e:bî:ndi. : I have bought bananas, and so on.

1287. about; approximately / 約、ほど、くらい
nka inv.
☆ nka mukâ:ga : about six
☆ Ninyé:ndá abá:ntu nka mukâ:ga : I need about six people.

1288. only; alone / のみ、だけ
-ónkâ, -énkâ pron.

1.	1st per.sg.	nyé:nkâ	2.	1st per.pl.	twé:nkâ
	2nd per.sg.	wé:nkâ		2nd per.pl.	inywé:nkâ
	3rd per.sg.	wé:nkâ		3nd per.pl.	bó:nkâ
3.		gwó:nkâ	4.		yó:nkâ
5.		lyó:nkâ	6.		gó:nkâ
7.		kyó:nkâ	8.		byó:nkâ
9.		yó:nkâ	10.		zó:nkâ
11.		rwó:nkâ			

        12.   kó:nkâ   14.   bwó:nkâ

                              13.   twó:nkâ

        15.   kwó:nkâ

        16.   hó:nkâ

☆ 1. omú:ntu wé:nkâ : only a person

   2. abá:ntu bó:nkâ : only people, and not animals

   3. omútí gwó:nkâ : only a tree

   4. emítí yó:nkâ : pl.

   5. i:cúmu lyó:nkâ : only a spear

   6. amacúmu gó:nkâ : pl.

   7. ekitábu kyó:nkâ : only a book

   8. ebitábu byó:nkâ : pl.

   9. embúzi yó:nkâ : only a goat

   9. embúzi zó:nkâ : ol.

   11. orugóye rwó:nkâ : only a piece of clothing

   10. engóye zó:nkâ : pl.

   12. aká:ntu kó:nkâ : only a small thing

   14. obú:ntu bwó:nkâ : pl.

   13. otú:ntu twó:nkâ : dim.of cl.14

   15. okugúru kwó:nkâ : only a leg

   15. amagúru gó:nkâ : pl.

   16. ahá:ntu hó:nkâ : only a place

☆ Nge.nzere nyé:nkâ. : I have gone alone.

☆ omú:ntu ó:mú wé:nkâ : only one person

☆ aká:ntu kámú kó:nkâ : only one small thing

☆ Ninyé:ndá abá:ntu bó:nkâ. : I want humans only (not animals).

☆ á:ho hó:nkâ : only that place

☆ Abakázi bó:nkâ ní bó barúkugé:ndáyô. : It is only women who are going there.

☆ Embúzi zó:nkâ ní zó zíryá embábi z'e:bitô:ke. : It is only goats that eat banana leaves.

a. except / 以外、除いて

   kwí:háhô : [lit.] to remove from there (No.899)

☆ kwí:háhó ebitakúlî : except sweet potatoes

☆ Abá:ntu abá:ndi bage.nzere kwí:háhó nyówê. : The other people have gone except me.

1289. yes / はい

   é:gô adv.

☆ A: N'oíjá? : Are you coming?

   B: É:go, ni.nyíjâ. : Yes, I am coming.

1290. no / いいえ

   1) ná:ngwâ adv.

☆ A : N'oíjá? : Are you (sg.) coming?

   B : Ná:ngwâ, tí:nkwî:ja. : No, I am not coming.

   2) hâ:ha 16 <-â:ha adj. "nothing" (No.1243) : syn. of the preceding.

   3) kwâ:ha 17 <-â:ha adj. "nothing" (No.1243) : syn. of the preceding.

☆ A: Noíjá? : Are you (sg.) coming?

   B: Kwâ:ha, tí:nkwî:ja. : No, I am not coming.

1291. Good morning! / おはよう（ございます）

1) [to one person] Oraire ó:tâ? : [lit.] How have you (sg.) spent the night?
   [to two or more people] Muraire mútâ? : [lit.] How have you (pl.) spent the night?
   N.B. These forms are present perfect constructions of okurâ:ra "to spend a night" (No.615).
2) [to one person] Oraire kurú:ngî? : [lit.] Have you (sg.) spent the night well?
   [to two or more people] Muraire kurú:ngî? : [lit.] Have you (pl.) spent the night well?
3) Bukí:rê? : [lit.] Has it dawn?
   N.B. This expression comes from the predicate of the sentence Obwí:re buki:re kuru:ngî? "Has it dawned well (on you)?". Cf. okúkyâ "to dawn, to become morning" (No.1092).

a. Sample exchanges of greetings

  A: Oraire ó:tâ, Akî:ki? : Good morning, Akiiki!
  B: Ndaire kurú:ngî, Amô:ti. : I am fine, Amooti!
    Î:we, oraire ó:tâ? : And you, how are you?
  A: Ndaire kurú:ngî. : I am fine.

N.B. Normally one adds a person's pet name when greeting him/her. See No.523 for pet names. Titles such as the following are used according to the age of the addressee.
[to an old man] mugurûsi or muzê:i
[to an old woman] mukaikûru
[to a young male] musigâzi
[to a young female] mwi.síkî
[to a young girl] kaisíkî
[to a young boy] mwó:jô
[to a small boy] kó:jô
[to small children] batobátô

1292. Good afternoon! / こんちにわ

[to one person] Osi:bire ó:tâ? : [lit.] How have you (sg.) spent the day?
[to two or more people] Musi:bire mútâ? : [lit.] How have you (pl.) spent the day?
N.B. These forms are used around from 12 to 6 pm. They are present perfect constructions of okusî:ba "to spend daytime" (No.575).

a. sample exchange of greetings

  A: Osi:bire ó:tâ, Akî:ki? : Good afternoon, Akiiki! [lit.] How have you spent the daytime?
  B: Nsi:bire kurú:ngî, Amô:ti. : I am fine, Amooti. [lit.] I have sent the daytime well.
    Î:we, osi:bire ó:tâ? : And you, how are you, Amooti? [lit.] How have you spent the daytime?
  A: Nsi:bire kurú:ngî. : I am fine.

1293. Good evening! / こんばんわ

[to one person] Oiri:rwe ó:tâ? : [lit.] How has it become dark to you (sg.)?
[to two or more people] Mwi.ri:rwe mútâ? : [lit.] How has it become dark to you (pl.)?
N.B. These forms are used around from 6 pm to nidnight. They are present perfect constructions of the applicative passive of okwî:ra "to become dark" (No.1094).

a. sample exchange of greetings

  A: Oiri:rwe ó:tâ, Akî:ki? : Good evening, Akiiki. [lit.] How has it become dark to you?
  B: Nyiri:rwe kurú:ngî, Amô:ti. : I am fine. [lit.] It has become dark to me well.
    Î:we, oiri:rwe ó:tâ? : And you, good evening. [lit.] How has it become dark to you?
  A: Nyiri:rwe kurú:ngî. : I am fine. [lit.] It has bocame dark to me well.

1294. How are you? / ご機嫌いかがですか

1) [to one person] Oli ó:tâ? : How are you (sg.)?

[to two or more people] Muli mútâ? : How are you (pl.)?
☆ A: Oli ó:tâ? : How are you (sg.)?
   B: Ndi kurú:ngî. : I am fine.
      Î:we, olíyó ó:tâ? : And you, how are you (sg.) there?
   A: Ndi kurú:ngî. : I am fine.
2) Muli mútá ô:ku? : How are you (pl.) there (at home)?
   N.B. This is a greeting to plural persons.
☆ A: Muli mútá ô:ku? : How are you (pl.) there (at home)?
   B: Tuli kurú:ngî. : We are fine.
3) Amakúru gar'áhâ? : How are you? [lit.] Where are the news?
☆ A: Amakúru gar'áhâ? : How are you? [lit.] Where are the news?
   B: Gâ:ha. : Good. [lit.] Nothing.
4) Biráhâ? : How are you? [lit.] Where are the words?
   N.B. The subject ebigâ:mbo 8 "words" (No.508) is presupposed.
☆ A: Biráhâ? : How are you? [lit.] Where are the words?
   B: Byâ:ha. : Good. [lit.] Nothing.
5) [to one person] Ag'o:bóínê? : How are you (sg.)?; [lit.] That (cl.6) which you (sg.) have seen?
   [to two or more people] Aga mubóínê? : How are you (pl.)?; [lit.] That (cl.6) which you (pl.) have seen?
☆ A: Ag'o:bóínê? : How are you (sg.)?
   B: Busáyô. Rû:ndi, owâ:nyu? : Nothing (particular). But how about your place?
   A: Busáyô. Harú:ngî. Nothing. It is fine.
6) [to one person] Biráhá eby'o.bóínê? : How are you (sg.)? [lit.] Where are the things you (sg.) have seen?
   [to two or more people] Biráhá ebi mubóínê? : How are you (pl.)? [lit.] Where are the things you (pl.) have seen?
☆ A: Biráhá eby'o.bóínê? : How are you (sg.)?
   B: Byâ:ha. Rû:ndi eby'o.bóínê (or owâ:nyu)? : Nothing (particular). And at your place (or the things you (sg.) have seen)?
   A: Halíyó obisî:nge. : There is peace there.
7) [to one person] Biráhá eby'o.hulí:rê? : How are you (sg.)? [lit.] Where are the things which you (sg.) have heard?
   [to two or more people] Biráhá ebi muhulí:rê? : How are you (pl.)? [lit.] Where are the things which you (pl.) have heard?
☆ A: Biráhá eby'o.hulí:rê? : How are you (sg.)? [lit.] Where are the things which you (sg.) have heard?
   B: Byâ:ha. : Nothing (particular).
      Rû:ndi, î:we? : But you?
   A: Ti.nyîna. : I have nothing.
8) [to one person] Makúrú kî, ag'o:hulí:rê? : How are you (sg.)? [lit.] What are the news which you (sg.) have heard?
   [to two or more people] Makúrú kî, aga muhulí:rê? : How are you (pl.)? [lit.] What are the news which you (pl.) have heard?
☆ A: Makúrú kî, ag'o:hulí:rê? : How are you (sg.)? [lit.] What are the news which you (sg.) have heard?

B: Gâ:ha. Rû:ndi owâ:nyu?
A: Gâ:ha. : Nothing (particular).

9) [to one person] Eby'o.bóínê? : How are you (sg.)? [lit.] Where are those which you (sg.) have seen?

[to two or more people] Ebi mubóínê? : How are you (pl.)? [lit.] Where are those which you (pl.) have seen?

N.B. The subject ebigâ:mbo 8 "words" (No.508) is presupposed.

☆ A: Eby'o.bóínê? : How are you (sg.)?
B: Byâ:ha. : Nothing (particular).
Rû:ndi, î:we? : But you?
A: Ti.nyîna. : I have nothing.

1295. good-bye / さようなら

N.B. It is usually the leaving party who says "good-bye" first, in various manners, as follows.

1) [to one person] Osí:bé kurú:ngî! : Spend the day well!

[to two or more people] Musí:bé kurú:ngî! : Spend the day well!

N.B. This is a formula used by a person who leaves home for work in the morning. Cf. okusî:ba "to spend daytime, to stay" (No.575).

☆ A: Osí:bé kurú:ngî! : Spend the day well!
B: Náiwe, osí:bé kurú:ngî! : You (sg.) also spend the day well!
B: Náinywe, musí:bé kurú:ngî! : You (pl.) also spend the day well!

☆ A: Musí:bé kurú:ngî! : Spend the day well!
B: Náiwe, ogé:ndé kurú:ngî! : You (sg.) also go well!
B: Náinywe, mugé:ndé kurú:ngî! : You (pl.) also go well!

2) [to one person] Oikálé kurú:ngî! : Stay well!

[to two or more people] Mwi.kálé kurú:ngî! : Stay well!

N.B. This is a formula used by a person who goes for a journey. Cf. okwi.kâra "to stay" (No.575).

☆ A: Oikálé kurú:ngî! : Stay well!
B: Náiwe, ogé:ndé kurú:ngî! : You (sg.) also go well!
B: Náinywe, mugé:ndé kurú:ngî! : You (pl.) also go well!

3) [one person leaving] Ka ngé:ndê! : Let me go!

[two or more people leaving] Ka tugé:ndê! : Let us go!

☆ A: Ka ngé:ndê! : Let me go!
B: Kálê. : OK.

☆ A: Ka ngé:ndé, Amô:ti! : Let me go, Amooti!
B: Kálé Akî:ki. : OK, Akiiki

4) [to one person staying] Mukáma akulí:ndê! : [lit.] May God protect you (sg.)!

[to two or more people staying] Mukáma abalí:ndê! : [lit.] May God protect you (pl.)!

☆ A: Mukáma akulí:ndê! : [lit.] May God protect you (sg.)!
B: Náiwe, mukáma akulí:ndê! : [lit.] You too, may God protect you (sg.)!

a. We will see each other / また会いましょう

1) Tura:rora.ngánâ. : We will see each other.

N.B. This is a near future form of okurora.ngâna "to see each other" (No.629).

2) Tura:ba niturora.ngánâ. : We will be seeing each other.

N.B. This is a complex verb form consisting of okúbâ "to be" in the near future followed by okurora.ngâna "to see each other" (No.629) conjugated in the present progressive and

used as a present participle. This formula is used when the discussion is not over.
  b. Send my best regards to them! / 〜によろしく
    1) Oba.ndamukízê! : [lit.] You (sg.) greet them for me!
       N.B. This is a subjunctive form of okuramûkya "to greet" (No.946). Normally the form "... greet them" is used. If one knows that the person to see is only one person, one can say Omu.ndamukízê "Greet him/her for me!".
    2) Obaramúkyê! : [lit.] You (sg.) greet them!
       N.B. This is a subjunctive form of okuramûkya "to greet" (No.946). Normally the form "... greet them" is used. If one knows that the person to meet is only one person, one can say Omuramúkyê "You (sg.) greet him/her!".
    3) Oba.ndó:rrê! : [lit.] You (sg.) see them for me!
       N.B. This is a subjunctive form of okurôra "to see" (No.629). Normally the form "... see them" is used. If one knows that the person to meet is one person, one can say Omu.ndó:rrê "See him/her for me!".

1296. Good night! / おやすみ（なさい）
  1) [to one person] Orá:lé kurú:ngî!
     [to two or more people] Murá:lé kurú:ngî!
     N.B. This is a subjunctive form of okurâ:ra "to spend a night" (No.615).

1297. May I come in? / ごめんください
  1) When a person approaches a house :
     A: Aba:kûnu, Mulíyô? : The people of this place, are you there?
     B: 1) É:go, tulíyô. : Yes, we are.
        2) Tulíyô, íjâ! : We are, come!
        3) Tulíyô, íjá kûnu! : We are, come this way!
  2) When a person knows that someone is in the house :
     A: Nta:hémû? : May I come in?
     B: É:go, ta:hámû. : Yes, come in.
        Cf. okutâ:ha "to go in" (No.585).
   or A: Nyíjê? : May I come?
     B: Íjâ!. : Come!
        Cf. okwî:ja "to come" (No.572).
  3) Swahili expressions are sometimes used.
     A: Kódi : May I come in? <Sw. hodi
     B: Karíbu : Come in! <Sw. karibu

1298. Welcome! / 歓迎
  1) [to one visitor] Káije : You are welcome. [lit.] You may come.
     [to two or more visitors] Mu káije! : You (pl.) are welcome. [lit.] You (pl.) may come. N.B. This formula is used to visitors. It is a subjunctive form of the 2nd per.sg. and pl. of okwî:ja "to come" (No.572) preceded by the particle ka (meaning "possibility"?).
  ☆ A: Káije. (or Okáije.) : You (sg.) are welcome. [lit.] You (sg.) may come.
     B: Kasâ:ngwe! : [lit.] Good to find you (sg.)!
        Cf. okusâ:ngwa "to be found at a place or doing sth" (No.912).
  ☆ A: Okáije. : You (sg.) are welcome. [lit.] You (sg.) may come.
     B: Okasâ:ngwe! : [lit.] Good to find you (sg.)!
        Cf. okusâ:ngwa "to be found at a place or doing sth" (No.912).
  ☆ A: Mukáije! : You (pl.) are welcome. [lit.] You (pl.) may come.

B: Mukasâ:ngwe! : [lit.] Good to find you (pl.)!
 2) [to one visitor] Twa.kusemerê:rrwa. : [lit.] We are glad about you (sg.).
    [to two or more visitors] Twa.basemerê:rrwa. : [lit.] We are glad about you (pl.).
    N.B. This formula is used to visitors.
 ☆ A: Twa.kusemerê:rrwa. : [lit.] We are glad about you (sg.).
    B: Na nyówê, nabasemerê:rrwa. : Me too, I am happy about you (pl.).
 or A: Twa.kusemeré:rrwa kukurôra. : [lit.] We are glad to see you (sg.).
    B: Na nyówe, nasemeré:rrwa kubarôra. : Me too, I am happy to see you (pl.).
 3) [to one visitor] Webále kwî:ja. : [lit.] Thank you (sg.) for coming.
    [to two or more visitors] Mwe.bále kwî:ja. : [lit.] Thank you (pl.) for coming.
    N.B. These formulas are said to visitors who have come.
 ☆ A: Webále kwî:ja! : Welcome to you (sg.)!
    B: Kálê, nyizírê. : Yes, I have come.
 ☆ A: Mwe.bále kwî:ja! : Welcome to you (pl.)!
    B: Kálê, twi.zírê. : Yes, we have come.
 ☆ A: Webále kwî:ja! : Welcome to you (sg.)!
    B: Webále kusâ:ngwa. : Thank you for joining.
    B: Webále kasâ:ngwe. : Thank you for joining.
a. Welcome back! [words of welcome to family members who have come back]
 1) [to one person] Webáléyô! : Welcome back!
    [to two or more people] Mwe.báléyô! : Welcome back!
    N.B. This greating is often used by a person to a family member who has come back from a joruney. The clitic yo means "from there", i.e. from the journey, work, etc. Wives also use this formula to welcome their husband who has come back from their work.
 ☆ A: Webáléyô! : Welcome back!
    B: Kálê, ndugiréyô. : Yes, I have come from there.
 ☆ A: Mwe.báléyô! : Welcome back!
    B: Kálê, turugiréyô. : Yes, we have come from there.
 5) [to one person] Webále kurugáyô! : Welcome back from there!
    [to two or more people] Mwe.bále kurugáyô! : Welcome back from there!
    N.B. These formulas are said to family members who have come back.
 ☆ A: Webále kurugáyô! : Welcome back from there!
    B: Kálê, ndugiréyô! : Yes, I have come back from there!
 ☆ A: Mwe.bále kurugáyô! : Welcome back from there!
    B: Kálê, turugiréyô! : Yes, we have come back from there!
 6) [to one person] Warugáyô? : [lit.] Have you (sg.) come back?
    [to two or more people] Mwarugáyô? : [lit.] Have you (pl.) come back?
    N.B. These expressions are normally used by parents to their children who have come back from the work, a journey, etc.
 ☆ A: Warugáyô? : Have you (sg.) come back?
    B: Ndugiréyô! : I have come back from there!
 ☆ A: Mwa.rugáyô? : Have you (pl.) come back?
    B: Turugiréyô! : We have come back from there!
 7) [to one person] Orugiréyo? : [lit.] Have you (sg.) come back?
    [to two or more people] Murugiréyô? : [lit.] Have you (pl.) come back?
    N.B. These expressions are the same as those in 6), but thought as more polite than them.

☆ A: Orugiréyô? : Have you (sg.) come back?
   B: Ndugiréyô! : I have come back from there!
☆ A: Murugiréyô? : Have you (pl.) come back?
   B: Turugiréyô! : We have come back from there!

1299. Please! / どうぞ
   1) câ:li
   ☆ Cá:li nyâ:mba! : Please, help me!
   2) bó:jô
   N.B. This is the plural form of omwó:jô 1 "boy" (No.441). It is used to any person, not exluding women.
   ☆ Bó:jó, munyá:mbê! : Please, help me!
   ☆ Bó:jó, nko:nyéra kutéma omútî! : Please, assist me to cut the tree!
   ☆ Bó:jo, tugé:ndê! : Please, let us go!
   ☆ Bó:jo, ya.ngûha! : Please hurry up!
   3) [to one person] Nya:búrá î:we!
      [to two or more people] Nya:búra î:nywe!
   N.B. nya:búrâ is a rare expression. It is normally followed by î:we "you (sg.)" or î:nywe "you (pl.)".
   ☆ Nya:búrá î:we, oté:bwâ! : Please don't forget!
   4) [to one person] Nkwe.se.ngerí:zê. : I request you (sg.).
      [to two or more people] Mbe:se.ngerí:zê. : I request you (pl.).
   Cf. okwe.se.ngerêza "to request, to beg" (No.1022).
   ☆ Nkwe.se.ngerí:zé, nde:téra amáizi! : I request you to bring me water!
   5) ha:kîri inv.
   ☆ Ha:kíri mpá ekitakúlî! : Please give me sweet potatoes!
   ☆ Ha:kíri í:já owá:ngé omúkâ! : Please come to my home!
   ☆ Ha:kíri oíjé nyé:nkyâ. : Please come tomorrow.
   6) bâ:mbi
   ☆ Bâ:mbi nyâ:mba! : Please, help me!
   ☆ Bâ:mbi oíjê! : Please, come!

1300. Excuse me! / ごめんなさい、すみません
   1) Nganyîra! : [lit.] Forgive me!
      Tuganyírê! : [lit.] Forgive us!
      Cf. okuganyîra "to forgive" (No.994).
   2) Ni.nsábá ekiganyîro. : [lit.] I ask forgiveness.
      Cf. ekiganyîro 7/8 "forgiveness" (No.993).
   3) Ni.nsábá onganyírê. : [lit.] I ask you (sg.) to forgive me.
   a. Excuse me [when addressing oneself to sb] / すみません
      Nganyîra! : [lit.] Forgive me!
      Cf. okuganyîra "to forgive" (No.994).
   ☆ Nganyíra, í:já hânu! : Excuse me, but come here!

1301. Good; It's OK / よろしい
   1) Tikí:ne nsô:nga. : It does not have problem.
      Cf. ensô:nga 9/10 "reason, problem" (No.1265)
   2) Busáhó nsô:nga. : No problem.
      Cf. ensô:nga 9/10 "reason, problem" (No.1265)

3) Kálê. : OK, all right.
4) Otáfwǎ:yô! : Don't mind!
   Cf. okúfá:yô "to mind" (No.1060).
   a. Is that so?; really? / そうですか、なるほど
      Ní kyó ê:ki!

1302. words of consolation to a person who has worked hard / お疲れさま
   1) [to one person] Webâle
      [to two or more people] Mwe.bâle
      N.B. These expressions, usually used to mean "thank you", are also used to console a person for various occasions.
      ☆ A: Webále kukôra. : Thank your for working.
         B: Webále kusî:ma. : Thank you for thanking.
      ☆ A: Mwe.bále kulîma. : Thank you for cultivating.
         B: Mwe.bále kusî:ma. : Thank you for thanking.
   2) buswá:gû or maswá:gû : formula of consolation to a hunter who has come back
      ☆ A: Buswá:gû. (or Maswá:gû.) : Thank you for hunting.
         B: Buswagura manyâma. : Distribution of meat.
      ☆ A: Maswá:gû. : Thank you for hunting.
         B: Bikâ:mba. (or Makâ:mba) : I have come back with no meat.
      N.B.1) Buswagura comes from okuswa.gûra "to give part of a hunted animal when slaughtered". 2) ekikâ:mba 7/8 is a species of shrub with sharp leaves which scrape when people pass in the bush.
   3) gaitéyô : formula to say to a person who has come back from the drawing-water site <okwî:ta "to kill" (No.882)
      ☆ A: Gaitéyô! : Thank you for your drawing water. [lit.] Kill it (=water) there!
         N.B. Drawing water is killing it in the current.
         B: Gasé:sê! : [lit.] Spill it!
         Cf. okusê:sa "to spill (water)". N.B. This is an ironic expression "Spill it (=precious water), and ..."

1303. Sorry; My sympathy / お気の毒に
   1) [to a single person] K'o:bóínê!
      [to two or more people] Ka mubóínê!
      N.B. These are perfective forms of okubôna "to see" (No.629), preceded by the particle ka "how, what" (No.1272).
      ☆ K'o:bóíné kurwâ:ra! : Sorry for your sickness!
      ☆ K'o:bóíné kufwê:rwa! : Sorry for your losing a family member (or a relative)!
      ☆ Ka mubóíné ebizîbu, bá:ntu î:nywe! : Sorry for the problems, you people!
      ☆ Ka mubóíné i:hâno! : Sorry for the misfortune!
         N.B. When the term i:hâno 5/6 is used, it refers to a death or a disaster.
      ☆ A : K'o:bóínê! : My sympathy!
         B : Mbóínê. : I have seen (misfortunes).
   2) Ka kíbî! : It is too bad.
      ☆ A: Ka bíbí, Akî:ki! : It is too bad, Akiiki!
         B: Nda:korá kî, Amô:ti? : What shall I do, Amooti?
   3) [to one person] Ka warórá i:hâno! : What a misfortune you (sg.) have seen!
      [to two or more people] Ka mwarórá i:hâno! : What a misfortune you (pl.) have seen!

☆ A: Ka warórá i:hâno! : What a misfortune you (sg.) have seen!
　　B: Kâ:ndi, nda:korá kî? : But what shall I do?
4) [to one person] Ka watú:ngá i:hâno! : What a misfortune you (sg.) have had!
　　[to two or more people] Ka mwatú:ngá i:hâno! : What a misfortune you (pl.) have had!

1304. Congratulations! / おめでとう（ございます）
　　[to a one person] Webâle!
　　[to two or more people] Mwe.bâle!
☆ A: Webále kusí:nga ebigêzo! : Congratulations upon passing the examimation!
　　B: Webále ku.nsabîra. : Thank you for praying for me.
☆ A: Webále kusá:mba omupî:ra! : Congratulations upon shooting a goal (in football)!
　　B: Webále ku.nsî:ma. : Thank you for thanking.
☆ A: Webále kwe.jûna! : Congratulations on your giving birth to a child!
　　B: Webále ku.nsabîra. : Thank you for praying for me.
　　N.B. This is an exchange of congratulations when a woman has given birth to a child. Cf. okwe.jûna "to defend oneself" (No.885).
☆ A: Garukáyô! : Go back there! (=Have one more child!)
　　B: Halíyó amáhwâ. : There are thorns there. (=It is too much.)
　　N.B. This is a joking exchange of congratulations when a woman has given birth to a child.
　a. to congratulate / 祝う、祝福する
　　okutaba:rûkya

1305. A happy new year! / 新年おめでとうございます
　　[to one person] Webále omwâ:ka!
　　[to two or more people] Mwe.bále omwâ:ka!
　a. formula to say on the last day of the year / 大晦日の挨拶
　　[to one person] Webále kumára omwâ:ka!
　　[to two or more people] Mwe.bále kumára omwâ:ka!
　b. Merry Christmas / メリー・クリスマス
　　1) Webále kuhíka hakíró ky'o.kuzá:rwa kwa. Krísto! : [lit.] Congratulations for arriving at the birthday of Christ!
　　2) Webále ekíró ky'o.kuzâ:rwa! : [lit.] Congratulations for arriving at the birthday!
　　3) Webále kuhíka hakíró kikûru! : [lit.] Congratulations for arriving at the holy day!

1306. Happy birthday! / 誕生日おめでとう
　　1) Webále amazâ:rwa!
　　2) Webále ekíró ky'a.mazâ:rwa!

1307. Thank you / ありがとう（ございます）
　　1) [to one person] Webâle.
　　　 [to two or more people] Mwe.bâle.
　　　 [to the third person sg.] Ayebâle.
　　　 [to the third person pl.] Be:bâle.
☆ Webále múnô. : Thank you very much.
☆ Webále kukôra. : Thank you for working.
☆ A: Webále kuvúga motóka kurú:ngî. : Thank you for your good driving of a car.
　　B: Webále kusî:ma. : Thank you for thanking.

1308. formulas before and/or after the meal / いただきます、ご馳走様でした
　　N.B. There are no formulas to say before eating. The following two are uttered after eating.
　　1) Webále kucû:mba. : Thank you for cooking.

N.B. This formula is said to the person who cooked, the wife in particular.

☆ A: Webále kucû:mba, Adyê:ri. : Thank you for your cooking, Adyeri.
   B: Náiwe webále kúlyâ. : You too, thank you for eating.

2) Así:ma mbéré alí:râ : He who thanks at the place where he eats.
   N.B. This formula is said to the wife, family members, close friends after eating.

☆ A: Asî:ma mbélé alí:râ : Thank you for your meal.
   B: Búli nku:ngûzi. : [lit.] He is a bad-wisher. : You are welcome.
   B: Búli muku:ngûzi. : [lit.] He is a bad-wisher. : You are welcome.
   N.B. These last replies mean "It is not necessary to thank me. I did what I ought to do. Too much thanking may bring a misfortune."

English Index

A

(to) abandon	818	African	1202	angle trumpet	158
abandoned house	255, 919	African fan palm	158	angry	965
abdomen	25	African stainwood	158	animal	65
able	981	African tulip tree	158	animal hair	69
abortion	716	after	412	animal keeper	803
about	1262, 1287	afterbirth	716	animal leg	44
about to do	1216	afternoon	359	animal skin	54
about to vomit	693	again	1071, 1285	reverend	504
above	413	against	1029	(to) announce	1066
abscess	682	age	354	announcement	1066
absent	920	aggressive	967	another	1250
abundant in harvest	754	ago	1270	answer	986
(to) abuse	1001	(to) agree	1027	ant	100
acacia	158	agriculture	742	anteater	89
(to) accept	1025	ahead of sb	581	antelope	81
accident	563	(to go) ahead	576	anthill	101
(to) accompany a parting guest	915	aids	682	anus	30
		(to) aim at (with a gun)	881	(to) apologize	993
according to	1266	air	338	apology	993
(on) account of	1265	airplane	559	(to) appeal to a higher court	1004
(to) accumulate	896	alarm	1066		
accusation	1004	albino	489	(to) appear	586
(to) accuse	1004	albizia	158	(to) approach	573
accustomed to sth	1068	alcoholic drink	171	approximately	1287
ache	686	alight	763	April	406
Achilles' tendon	42	alive	728	aquatic animal	113
acne	682	all	1245	(to) argue	1035
(to come) across	914	(to) allow	1034	arm	36
(to put) across	861	ally	548	armpit	37
act	733	alms	538	arms	551
action	733	aloe	158	around	421
actor	733	alone	1288	(to go) around	865
Adam's apple	19	already	1282	(to) arrange	905
(to) add	1084	also	1255	(to) arrest	838
addition	1084	altar	281	arrested person	501
address	918	although	1263	(to) arrive	578
(to have no fixed) address	918	always	1280	arrogance	437, 998
adjacent	573	(to) ambush	598	arrogant	998
(not to) admit	1026	among	419	arrow	545
adolescent	443	amulet	536	arthralgia	689
adult	444	(to) amuse oneself	953	ascarid	92
(to) advance	1049	ancestor	466	ash	333
advice	1009, 1032	ancestral spirit	534	(to) ask	985, 1022
affair	1007	and	1254	assembly hall	275
affection	967	and so on	1286	(to) assist	737
afraid	960	and then	1264	assistor	737
		anger	965	associate	479

asthma	682	bait	802	(to) beat	869
astonished	969	balance	231	beaten [of a drum]	540
at	427	baldness	4	beautiful	1148
athlete's foot	682	ball	951	beauty	1148
(to) attach	837	ball pen	233	because	1265
(to) attend a ceremony	539	bamboo	154	because of	1265
after the burial of the mother		banana	131	(to) become	921
(to) attend a meeting	894	banana beer	171, 778	bed	249
(to) attend on a sick person	697	banana juice	131, 778	(to go to) bed	615
		banana leaf	131	bedbug	99
attention	725	banana peel	131	bedclothes	251
attitude	524	banana plantation	297	bedroom	263
August	406	banana stump	131	bee	95
aunt	454	bananas (cooked)	163	beehive	95
authority	554	bank of a river	304	beer	171, 712
automobile	558	banknote	564	beer-making bananas	131, 778
average	1242	barb	17	before	411
avocado	124	barbed wire	239	before long	1279
(to) avoid	1077	bare feet	42	(to) beg	1024
(to) await	913	(to) bargain	924	beggar	1024
axe	193	bark	120	(to) begin with	401
		bark cloth	120, 251, 496	(to) begin	1074
B		(to) bark	756	beginning	401
baboon	81	barren	473	(on) behalf of	1261
baby	440	barring stick	803	(to) behave in bad manners	1061
baby-sitter	722	basket	174, 214		
bachelor	474	basket (as a dish)	211	(to) behave like a spoiled child	721
back [body part]	22	bat	81		
back [place]	412	(to) bathe	620	behaviour	733
back leg	44	bathroom	620	behind	412, 1214
back of the head	1	battery	226	beholder	629
back of the knee	45	battle	550	belief	531
backbone	22	bawdry	1062	(to) believe	982
backside	29	(to) be	920, 921	believer	531
bad	752, 1153	beach of a lake	310	bell	542
bad breath	635	bead	185	bellows	798
bad luck	956	bead necklace	185	below	414
bad manners	1061	beak	84	belt	187
bad mood	966	beam	264	(to) bend oneself	608
bad omen	710	beam of sunshine	347	(to) bend	859
bad physical condition	679	(to) bear a child	716	(to) benefit	957
bad-looking	1149	(to) bear fruits	750	bent	1136
badly	1153	beard	17	bereaved child	574
badness	1153	beast of prey	65	bereaved person	727
bad-tasting	1194	(to) beat down the price	924	berry	124
bag	215	(to) beat fast	47	beside	420
baggage	218	(to) beat its wings [of a bird]	601	(to) betray a secret	1011

better than	1271	body hair	58	(to) brew	778
between	419	body odor	635	brewing tub	778
beverage	172	body part	53	bribe	566
(to) bewitch	711	boil	682	brick	260
Bible	513	(to) boil over	772	brick-maker	503
bicycle	561	(to) boil water	772	bride	712
(to) bid farewell	947	(to) boil	766	bride price	712
big	1110	bole	117	bridge	309
bigness	1110	bolt of cloth	252	briefs	183
bile	49	bone	60	bright	1199
bill	84	bone broken	687	bright colours at the sunset	1095
billion	399	bone marrow	60	brim	426
(to) bind	839	book	513	(to) bring back the wife	917
bird	82	(to) book	925	(to) bring bad luck	956
(species of) birds	89	border	300	(to) bring food (from the kitchen)	775
birth	716	bored	1175		
birth name	523	boredom	1175	(to) bring	940
(to give) birth to	716	boring	1175	(to) broil	768
birthmark	55	(to) borrow	934	broken	808
bishop	504	both	1245	broken pot	201
bit	1247	bottle	210	bronchia	19
bitch	79	bottom	425	broth	161
(to) bite	654	bough	121	brother	456
biting to the taste	1196	boundary	300	brother-in-law	469
bitter	778, 1196	bounds	426	brothers and sisters of the same father	455
black	1202	bow	545		
blacksmith	798	bowl	211	brothers and sisters of the same mother	455
blanket	251	bowlegged	44		
(to) bleed	685	boy	441	brought up	718
(to) bless	955	bracelet	186	brown	1204
blind	487	brain	2	(to) brush the teeth	619
(to) blink naturally	630	branch	121	bubble	321
(to) block	858	bravado	999	(to) bubble	321
blocked	856	brave	1159	bucket	204
blood	63	bravery	1159	buffalo	81
blot	1151	bread	169	buffalo-wever	89
blotting paper	232	(to) break down	811	(to) build	791
(to) blow [of wind]	339	(to) break into small pieces	807	bulbul	89
(to) blow one's nose	10	(to) break wind	677	bull	73
(to) blow with the mouth	638	(to) break	808, 814	bullet	544
blue	1205	breakfast	160	bump	1085
blunt	1134	breaking off of one's friendship with a person	549	bumpy	1139
boar	81			bunch	131
board	244	breast	23, 24	bundle	220
boat	562	breast milk	175	bur in the throat	690
body	53	(to) breathe	637	burden	218
body damage	488	(to) breed [of a dog]	716	(to) burn [of food]	769

(to) burn earthenware	793	carnivore	81	chaotic behaviours of people	1211
(to) burn the field	743	carpenter	503	chapati	169
(to) burn	764	carrot	151	character	524
burned	689	(to) carry on one's back	720	charcoal	334
(to) burst open	815	(to) carry	937	(to) chase	597
(to) bury	830	carrying	937	cheap	1187
bus	558	cartilage	60	(to) cheat	1010
bush	301	(to) carve	794	(to) check	724
bushbuck	81	carver	794	cheek	16
bushpig	81	case 1	221	cheek bone	16
bustle	510	case 2	1007	cheerful	1170
busy	1174	cassava	133, 163	cheetah	81
but	1263	cassava leaves	133	chest	23
butcher	883	cassava tree	133	(to) chew	656
(to) butt in	1029	cassia	158	chewing tobacco	149
(to) butt	871	cast-off skin of a snake	108	chick	87
butterfly	96	castor-oil plant	158	chicken	87
buttocks	29	(to) castrate	804	chicken lice	104
(to) buy	924	cat	80	chicken wing	87
buyer	924	catapult	243	chief	498
by [agent]	1258	(to) catch in the air	821	chigoe	102
		(to) catch	838	child	439
C		caterpillar	90, 106	child born from the adultery of the wife	439
cabbage	151	catfish	113		
cabinetmaker	503	Catholic sister	504	childhood	1144
calculation	1058	cattle	73	children issued from the same mother	439
calf 1	44	cattle kraal	274		
calf 2	73	cauliflower	151	chilly	1219
(to) call	646	cave	323	chimney glass	224
(to) calm down	968	(to) cease	1076	chimpanzee	81
can 1 [n.]	209	ceiling	261	chin	15
can 2 [aux.]	981	celebration	537	(to) chip	809
candle	225	cement	326	(to) choke	857
candle bush	158	cement to a wall	789	(to) choose	1073
candlenut tree	158	cemetery	278	chop	812
cane rat	81	centipede	107	(to) chop wood	335
canine	14	ceremony	537	Christian name	523
canoe	562	certain person	1248	Christmas	408
canon	544	certainly	1278	church	279
cap	184	chaff	757	churned milk	175
cap of a ballpen	203	chain	239, 561	cicada	96
car	558	chain cover	561	cigarette	149
car mechanic	503	chair	247	circle	519
(to take) care of	722	chairperson	894	circumcision	532
careful	725	chairperson of village	289	circumference	421
careless	725	chameleon	110	civet	81
carelessly	725	(to) change	1087		

clan	482	coercion	553	Congo	291
clan members of the mother	471	coffee	174	(to) congratulate	1304
clans of the Banyoro	482	coffin	222	congratulations!	1304
(to) clap one's hands	869	coin	564	conjunctivitis	682
class	283	cold	1106, 1219	connective tissue of the tongue to the chin	12
claw of animals	41	cold water	319	consolatory money	737
(to) claw	828	cold weather	337	constipated	701
clay	325	cold wind	339	(to) construct	791
clay pit	325	coldness	1219	(to) consult a doctor	703
clay pot for cooking	201	(to) collaborate	1170	(to) consult	1032
clay pot to keep water	206	colleague	479	(to) contain grains of sand inside	327
clean	1150	(to) collide with	612		
(to) clean the field for planting	743	colobus	81	contempt	1015
		colour	515	(to) continue	1048
(to) clean	779	(to) colour earthenware	793	continuously	1048
cleanliness	1150	comb	623	contrary	1168
clear [of muddy water]	1104	(to) comb	623	(to) converse	641
cleared field	297, 742, 743	(to) come back	579	(to) convince	989
clear-skinned	1204	(to) come near	573	convulsion	688
clever	1180	(to) come off	836	cook	766
cleverness	1180	(to) come out of mourning	539	(to) cook	766
cliff	317	(to) come to an end	1076	cooked	767
(to) climb down	588	(to) come	572	cooked rice	170
(to) climb	587	comet	351	cooking	766
climbing plant	157	comeuppance	1053	cooking bananas	131
(to) cling	837	(to) command	991	cooking oil	166
clippers	200	commerce	927	cooking pot	201
clitoris	33	(to) commit a crime	1053	cooking stone	271
clod of hard soil	324	common	1186	cool	1220
clogged	856	(to) compare	1070, 1072	(to) cool down	1106
(to) close	853	(to) compensate	935	(to) cooperate	738, 1170
cloth	252, 712	(to) compete	887	(to) copulate	713
cloth left over	786	competition	887	cord	238
cloth to carry a baby	252	completely	1276	cordia	158
clothes	177	(to) complicate	1179	core of a tree	117
clouds	340	compound	258	cork	210
cloudy day	337	compulsion	553	corncob	140
clown	1169	compulsorily	1126	corner	868
cluster of bananas	131	computer	543	corner of a house	266
(to) coagulate	1105	(to) conceive	715	coronation	496
coarse	1143	(to) concern	1069	corpse	727
coat	180	concerning	1262	correct	1157
cobra	108	condolence money	539	coucal	89
cock	87	(to) confer a favour	957	(to) cough	673
cockroach	98	(to) confide a secret to sb	1011	(to) count	1058
coco yam	136	confident	999	counties in Hoima district	295
coconut palm tree	132	conflict	1035		

counting	1058	crowd	483	dangerous deed	1173
country	291	(to) crowd	893	(to) dangle	835
county	293	crown	496	dark	1094, 1201
county chairperson	293	(to) crumple	850	darkness	361, 1201
courageous	1159	(to) crunch	657	date palm tree	132
court	1007	(to) crush out of shape	809	(to) daub a wall	789
cousin	463	(to) crush	817	daughter	461
cover	203, 910	(to) cry [of animals]	653	daughter-in-law	469
(to) cover	831	(to) cry	652	dawn	1092
covered with weeds	748	crystal of salt	166	(to) dawn	1092
cow	73	cuckoo	89	day	357
cow market	284	(to) cultivate	742	day after tomorrow	370
cow milk	175	cultivator	742	day before yesterday	369
cow pea	145	cunning	1182	days of the week	407
cowry	112	cup	207	daytime	359
crack	813	(to) cup	698	dazzling	1200
(to) crack	813	curdled milk	175	dead body	727
cradle song	948	(to) cure	705	dead person	727
craft	503	cured	708, 709	deaf	486
craftsman	503	curry powder	776	death	727
(to) cram	900	curse	710	debt	934
cramp	688	(to) curse	710	deceased	727
crater lake	310	curtain	269	(to) deceive	1010
(to) crawl	609	(to) curve	859	December	406
cream	175	curved	1136	(to) decide	1033
(to) create	735	cushion to protect the head	218	decision	1033
creator	735			(to) decoct	766
creature	735	(to) cut and divide	807	(to) decorate	790
(to) creep	746	(to) cut grass	748	decoration	790
creeper	157, 238	(to) cut hair	624	(to) decrease	1083
creeping plant	746	(to) cut meat off with one's teeth	657	deed	733
crest	87			deep	1120
crested crane	89	(to) cut off fibers of a banana stalk	131	deep-coloured	1207
cricket	98			(to) defeat	886
crime	1053	(to) cut off the head	87, 883	defeated	889
criminal	1053	cut on the face	626	(to) defecate	671
crimsonwing	89	(to) cut	807	(to) defend	885
(to) crinkle	851	cypress	158	defendant	1004
cripple	488			defender	885
critical condition	727	**D**		deflated	1086
crocodile	81	dam	75	(to) delay to stand up	718
cross	530	dance	949	delicious	1193
(to) cross	583	(to) dance	949	(to) deliver a package or message	941
cross-beam	561	dancer	948		
crossbreed	506	(to) dandle	968	(to) deliver personally	942
crossroads	287	danger	1173	(to) demand	1022
crow	89	dangerous	1173	(to) demolish	808

demon	534	(to) disappoint	962	door	267
(to) deny	1026	discharge from the eyes	7	doorway	267
(to) descend [of the sun]	1095	disciple	528	dot	517
(to) descend	588	discolored	1208	dotted hen	87
descendant	467	disease	680	(to) doubt	984
descent	588	disease of cows	73	dove	89
desert date	158	disease of goats and sheep	75	down	414
design	517	diseases	682	downhill slope	288
design to earthenware	793	(to) disentangle	848	dowry	712
desire	979	disgrace	1002	(to) doze	616
(to) desire	978	(to) disgust	977	dracaena	158
(to) despise	1015	dish	211	(to) drag	875
destination	571	dishcloth gourd	147	dragonfly	96
(to) destroy	808	(to) disinter	829	(to) draw water	762
(to) detach	836	(to) dislike	977	(to) draw	514
(to) develop [of breasts]	24	(to) dismiss	597	drawing	514
(to) develop	1049	(to) dismount	810	drawing room	263
development	1049	(to) disobey	1031	dream	617
(to) devote oneself	1047	dispute	1035	(to) dream	617
dew	320	(to) dispute	1035	dregs (of tea leaves)	173, 778
dewlap	73	(to) dissolve	1107	drenched	1099
diabetes	682	(to) distill alcohol	778	(to) dress up	627
disability by birth	488	distilled alcohol	171	(to) dress	627
diarrhea	682	(to) distribute	904	dresses for women	178
(to) die [of plants]	747	district	293	drill	794
(to) die	727	district chairperson	293	drink	172
difference	1167	district commissioner	293	(to) drink	661
different	1167	districts in Uganda	294	drinker	664
difficult	1179	(to) disturb	739	drinking glass	207
difficulty	1179	ditch	305	(to) drive a car	560
(to) dig	742, 829	(to) dither	971	(to) drive out	597
digger	829	(to) divide	904	driver	560
digging season	753	divination	709	drizzle	341
diligent	1160	divine justice	1053	(to) droop [of breasts]	24
(to) diminish	1083	diviner	709	(to) drop [of water]	342
dinner	160	(to) divorce	917	(to) drop in on sib	892
(to) dip up	778	dizzy	694	(to) drop	592
direction	410, 584	(to) do	733	droppings of hens	671
dirt	1151	doctor	703	drowned	604
dirt of the body	57	document	512	drug	703
dirt under the sole of legs or shoes	43	doer	733	drum	540
dirt of smoking pipes	227	dog	79	drunk	664
dirty	1151	dog-tooth	14	drunkard	664
dirty water after washing	782	do Mbeya	158	drunken person	664
disagreeable	1171	domestic animal	65	dry	1102
(to) disappear	1078	domestic fowl	87	(to) dry	1102
		donkey	78	dry banana leaf	131

dry banana stalk	238	egoism	998	epigastric fossa	25
dry remainder of millet porridge	163	egret	89	epilepsy	682
		eight	380	erosion	299
dry season	336	eight hundred	393	error	1052
duck	88	eighteen	383	eruption	682
duiker	81	eighth	380	(to) escape	596, 1109
dull	1134	eighty	387	escapee	596
(to feel) dull	1127	eland	81	esophagus	19
dumb person	485	elbow	38	especially	1273
dung	671	elder brother	458	estate	258
dung beetle	103	elder sister	458	etc.	1286
(to) dunk in sauce	785	election	1073	ethnic group	481
during	1270	electric fish	113	eucalyptus	158
dusk	360	electric lamp	224	euphorbia	158
dust	328	electricity	226	euphorbia cuneate	158
duty	570	elephant	81	Europe	292
dweller	918	elephant grass	155	even	138, 1259
(to) dye black	1202	elephant nose	68	even though	1263
dying	727	elephant tusk	68	evening	360
dysentery	682	elephantiasis	682	event	511
		eleven	383	every	1251
E		embankment	299	everyday	357
each	1251	embers	765	everywhere	1246
eagle	89	embroidery	786	evidence	1006
ear	9	embryo	715	exactly	1275
ear of sorghum or millet	139	(to) emigrate	919	(to) exaggerate	645
early	1213	employee	502	exaggeration	645
early morning	358	employment	570	examination	726, 1046
earth	324	empty	1081	(to) examine a patient	704
(to) earth	744	(to) empty	1081	(to) examine	726
earthen pot	206	empty hands	59	examiner	704
earthquake	316	enclosure for animals	803	except	1288
earthworm	91	enclosure of private areas	274	(to do to) excess	1166
earwax	9	end	426	excessive	1241
(at) ease	975	(to) endeavor	1047	(to) exchange	936
east	422	(to) endure	973	excited	954
Easter	729	enema [tool]	700	excitement	954
easy	1178	enemy	549	excrement	671
(to) eat heartily	669	(to lose one's) energy	1127	excuse	1265
(to) eat	655	engaged	1174	excuse me!	1300
eater	655	engine	558	(to) excuse oneself	993
eaves	268	enough	1244	exhibit	1006
edge	199, 426	entangled	848	exhibition	284
education	732, 1055	(to) enter	585	(to) exist	920
effort	1047	enticement	1023	exorbitant price	1188
egg	86	entrance	267	(to) expect	1041
eggplant	151	envelop	512	expensive	1188

(to) explain	988	fear	960	(to) fire 1	597
explanation	988	(to) fear	960	(to) fire 2	880
extra food which remains	159	feather	83	fire of vigil	539
extremity	426	February	406	firearms	544
eye	7	feces	671	fire finch	89
eye socket	7	(to) feel	634	firefly	96
eyebrow	6	feeling	634	fireplace	271
eyelash	6	female animal	66	firewood	335
eyeleteer	794	female dog	79	firm	1131
		female goat	75	first	401
F		female suffix	438	(to be the) first	1074
face	5	femininity	438	first appearance of the moon	629
face down	614	fence	274		
(to) fade	1208	(not to) ferment well	778	first born	447
(to) fail [of crops]	754	fern	129	first drink	712
(to) fail	1051	ferry	562	first milk of a cow	175
(to) faint	695	(to lose) fertility	298	(in the) first place	401
fair	284	fertilizer	298	first tooth of a baby	14
falcon	89	festival	537	firstly	401
(to) fall down	591	(to) fetch food	941	fish	113
(to) fall	592	fetus	715	(to) fish	801, 802
familiar with	1068	fever	681	fisherman	801
familiarity	1068	few	1242	fishing line	802
family	470	fiber of banana stalk	131	fishing rod	802
family head	470	field	742	fist	35, 869
(to) fan	639	field after harvesting	297	fit	682
fang	68	field left unutilized	297	(to) fit	1165
far	1215	field ready to plant	297	five	377
farceur	1169	fierce	967	flag	547
farm	297	fierce animal	65	flame	331
farmer	742	fifteen	383	flame tree	158
fart	677	fifth	377	flashlight	226
fashion	786	fifty	384	flat	1138
fast	1210	fig	158	(to) flatter	1018
(to) fast	667	(to) fight	884	flea	102
(to) fasten	839	fighter	884	(to) float	603
fat	1110	filarial	682	flood	308
fat [adj.]	1112	(to) fill a hole	856	floor	262
fat [n.]	62	(to) filter	1104	flour	162
fat muscle on the nape	18	(to) find	912	flour (cassava)	133
father	451	fine	1142	flow of water after rain	341
father of twins	475	fine day	337	(to) flow	1108
father-in-law	468	finger	40	flower	123
fatigue	740	finger piano	541	(to) flower	749
fatness	1112	finger ring	186	flu	682
fault	1052	(to) finish	1075	flute	541
favorite wife	449	fire	331, 763	(to) fly	601

flycatcher	89	free time	1175	genital organs	31
foam	321	freshness	1146	gentle	1154
(to) foam	321	Friday	407	(to) germinate	745
fog	340	friend	477	germinated millet	139
(to) fold	850	friendly	1170	(to) get into a train	589
folktale	520	(easy to make) friends with	1170	(to) get off	590
(to) follow the course of	724	(to become) friends	477	(to) get to the other side	583
(to) follow	577	friendship	477	(to) get up	618
(to) fondle	719	fritter	169	(to) get	931
food	159	frivolous behavior	725	ghost	534
food bowl for domestic animals	211	frog	115	giant rat	81
		from	430	gift	712, 944, 981
food cooked without salt	159	frond of the date palm	132	gifted	981
food mat	655	front	411	ginger	151
fool	1183	front part of a car	558	giraffe	81
foot	42	front tooth	14	girl	442
foot of a bed	249	(to) froth	321, 778	(to) give back	579, 934
football	951	(to) frown	966	(to) give off a smell	635
footprint	43	fruit	124	(to) give sib a push	873
footstep	43	(to) fry	770	(to) give up	1163
for (the sake of)	1261	frying noise in oil	770	(not to) give	943
(to) forbid	992	fugitive	596	(to) give	942
force	553	full	1082	given	931
forcibly	1126	fullness	669	glad	953
forehead	5	funeral service	539	glans	31
foreign	506	fungus	152	glass	235
foreign national	291	funny	1169	glasses	237
foreleg	44	fur	58, 69	(to) gnaw at	657
forest	302			(to) go and see	571
forever	1277	**G**		(to) go and watch	629
(to) forget	1064	gambling game	951	(to) go away	574, 579
(to) forgive	994	game	951	(to) go by	580
forgiveness	993	gap between teeth	14	(to) go for a walk	594
fork	212	garbage dump	277	(to go for) fire (to a neighbor)	763
form	515	garden	273, 297		
formula to say on the last day of the year	1305	gardening	742	(to) go in	585
		garlic	151	(to) go on all fours	609
formula before and/or after the meal	1308	garment	177	(to) go out [of fire]	765
		(to) gather	819, 893, 895	(to) go out	586
fortune-teller	709	gathering	483	(to) go up	587
forty	384	gathering place of cows	805	(to) go	571
four	376	gazelle	81	goal	571
fourteen	383	gear	561	goat	75, 712
fourth	376	gecko	109	goat horn for phlebotomizing	698
fox	81	generosity	1192		
fragile	1132	generous	1192	goat milk	175
francolin	89	genet	81	goat's smell	635

570

God	527	great-grandfather	465	half	1082
godfather	523	great-grandmother	465	half-grown	745
godmother	523	greed	1191	hammer	195
goiter	682	green	1205	hand	34
gold	330	green monkey	81	(to) hand over personally	942
gonorrhea	682	green snake	108	hand whistle	638
good	193, 1301	(to) greet	946	handcart	558
good at sty	1176	grief	961	handful	821
good afternoon!	1292	(to) grill	768	handkerchief	252, 253
good evening!	1293	grilled meat	768	handle	194, 561
good morning!	1291	(to) grimace	966	(to) handle with care	725
good night!	1296	(to) grind	759	hand-made lamp	224
good time	953	grinding stone	759	hand-rolled piece of food	163
(for) good	1277	grindstone	797	(to) hang down	24, 835
good-bye	1295	grip	194	(to) hang	834
good-looking	1148	gristle	60	Hansen's disease	682
goodwill	1152	(to) groan	692	(to) happen	922
gorilla	81	groin	29	happiness	953
gospel	529	ground	324	happy	953
gossip	1013	groundnut	142	happy birthday!	1306
(to) gossip	1013	group	483	(a) happy new year!	1305
gourd	147	grouped houses	289	harassment	1016
(to) govern	888	(to) grow	718, 745	hard	129, 1179
government	498	growth	718	hard time	970
governor	888	grudge	1043	hardness	1129
gown	180	grysbok	81	hardship	971
grace	1152	(to) guarantee	983	hardworking	1160
grade	283, 786	guard	723	hare	77
grain	125	(to) guard	723	harp	541
granary	257	guardian	723	hartebeest	81
grandchild	467	guava	124	(to have a bad) harvest	754
grandfather	464	(to) guess	1059	(to) harvest	753
grandmother	465	guest	480	harvesting season	753
(to) grasp	821	guinea fowl	89	haste	1211
grass	129	guise	1265	hat	184
grass for brewing	778	guitar	541	(to) hatch out	716
grass-covered hut	255	gullet	19	(to) hate	977
grasshopper	97	gum	14	(to) have to	923
grassland	303	gun	544	(not to) have	824
gratitude	957			(to) have	823
grave	278	**H**		hawk	89
grave site	278	habit	525	head	1
gravedigger	830	habituation	1068	head of the royal council	498
gray color	1202	(to) haft	194	head scurf	252
gray hair	3	hail	343	(to lose one's) head	696
(to) graze	803	hair	3	headache	682
grazing field	803	hair of giraffe tail	69	headband	184

571

headlight of a car	224	hippopotamus	81	how are you?	1294
headrest	250	his	1229	how long	1239
(to) heal	705	history	520	how many	1239
healer	703, 705	(to) hit [of a thunderbolt]	1098	how many times	405
health	678	(to) hit	612, 869	how much	1239
healthy	678	hoe	192	humanity	436
healthy person	728	hog	81	humble	1154
heap	896	(to) hold down	846	hump	488
heap of rubbish	277	(to) hold in one's arms	720	hunching of shoulders	20
(to) hear	633	(to take) hold of	838	hundred	389, 390
heart	47	(to) hold on one's lap	720	hundred thousand	398
hearth	271	(to) hold	821	hunger	666
(to) heat	772	hole	879	hungry	666
heaven	344	hole on the ground	778	(to) hunt	799
heavy	1124	holiday	408	hunter	799
hedge	274	Holly Spirit	47	hunting	799
heel	42	home	429	(to) hurry up	1211
heifer	73	home village (town)	918	(to get) hurt	684
height	1116	homeless	918	(to) hurt a sore	686
heir	1091	honest	1156	(to be) hurt morally	970
(to) help	737	honey	95	husband	448
helper	737	honey guide	89	husks	757
hem	786	honeycomb	95	hut	255
hemp	150	honor	1014	hut to dry tobacco leaves	149
hen	87	hoof	72	huts for domestic animals	803
hepatitis	682	hook	802	hydrocele	682
her	1229	(to) hook	834	hyena	81
herd	483, 893	hookworm	92		
(to) herd	893	hoopoe	89	**I**	
here	432	(to) hope	1041		
here you are [presentation formula]	942	horn	67	I	1224
		hornbill	89	ibis	89
heron	89	horse	78	identical	1164
herpes	682	hospitable	891	ideophones	1238
(to) hesitate	972	hospital	282	idiot	1183
hiccup	674	hostility	549	(to) idle	1175
(to) hiccup	674	hot	1217	if	269, 1268
hide	70	(to feel) hot [of the body]	670	ignorance	1065
hide on a drum	540	hot spring	312	ignorant	1065
(to) hide	910	hot water	319	ill	680
hiding place	910	hour	353	ill will	1042
high	1116	house	255, 429	illness	680
high blood pressure	682	housefly	93	(to) ill-treat	1016
high self-esteem	437	housewarming	255	imbecile	1183
hill	315	how	1238	(to) imitate	1071
(to) hinder	992	how [excl.]	1272	immediately	1279
hip	28	how about	1262	(to) immerse	785
				implement	191

important	1184	internal organs	51	**K**	
impotent man	473	intestinal problems by	711	kafir	533
impoverished	298	witchcraft		(to) keep a secret	1011
imprudence	725	intestinal worm	92	(to) keep one's word	1040
in	418	intestine	51	(to) keep to oneself	943
inability	981	intoxication	664	(to) keep	803, 901
incense	635	(to) invite	890	kei apple	158
incessantly	1048	iron [mineral]	329	kernel	125
incision	698	iron [tool]	784	kerosene	166
(to) incline	860	iron grillnet	768	kettle	202
incorrect	1158	iron sheet	260	key	855
(to) increase	1084	(to) iron	784	(to) kick	870
independent pronouns	1225	irritated	974	(to) kidnap	598
independent woman	438	irritating throat	19	kidney	50
Indian	490	is that so?	1301	kidney bean	143
(to) infect	683	Islam	532	(to) kill time	1175
infectious disease	683	island	322	(to) kill	882
(to) inform	1066	(to) itch	690	killer	882
(to) ingratiate	1018			kilogram	231
(to) inhabit	918	**J**		kind 1	484, 1252
inhabitant	918	jackal	81	kind 2 [adj.]	1152
(to) inherit	1091	jack-fruit	124	kindness	1152
inheritance	1091	jail	838	king	496
injection	706	January	406	kingdom	496
injection needle	229	jar	206	king's grave	278
injured	684	Java plum	158	king's guard	497
injury	684	jaw	15	kinship	471
ink	233	jealous	1042	kinsman	471
inner waist belt	187	jealousy	1042	kitchen	270, 766
insect	90	jerry can	205	kite	89
insect like a grasshopper	97	Jesus Christ	528	(to) knead	773, 793
(to) insert	900	jigger	102	knee	45
inside	418	job	570	(to) kneel down	607
insincerity	1156	(to) join together	840	knife	197
(to) inspect	724	joint	39	(to) knit	787
inspector	724	(to) joke	651	(to) knock at the door	869
instead of	1261	jokes between	467	knot	840
(to) instruct	732	grandparents and grandchildren		(to) know	1065
instruction	732	journey	582	kudu	81
instructor	732	joy	953	kwashiorkor	682
insult	1001	judge	1007		
(to) insult	1002	judging from	1266	**L**	
(to) intend	980	jug	206	labia majora	502
intense	1155	July	406	labour pains	33
intention	980	(to) jump over	602	labourer	716
interest	1044	June	406	(to) lack	824
interesting	1169	just	1275	ladder	248

ladle	147, 213	left hand	416	load	218
lake	310	leg	44	(to) load	937
lame	488	lemon	124	loan	934
lamp	224	(to) lend	934	lock	855
land	324	length	1116	(to) lock	855
landing site	583	leopard	81	locust	97
language	507	leprosy	682	log	116
lantana	158	(to) let go	843	lonely	963
large	1110	(to) let know	1066	long	1118
large-meshed	1143	letter	512	long stride	602
larva	106	level	1138	long time ago	364
last	403	(to) level	1138	(to) long	979
last born	447	liberties	1034	long-crested eagle	89
last month	371	lice	104	longing	979
last will	1091	(to) lick	659	(to) look after (a child)	722
last year	372	lie	1012	(to) look around restlessly	629
late [adj.]	1214	(to) lie down	614	(to) look for	911
later	412, 1214	(to) lie flat on one's back	614	(to) look like	1070
(to) lather	321	(to) lie in wait for sb	598	(to) look upwards	629
lattice pattern	517	life	526	(to) look	629
(to) laugh	649	(to) lift off the fire	774	looking back after defecation	876
laughter	649	(to) lift up	938	loose	845
lavatory	276	light	1199	Lord	527
law	555	light 1 [n.]	348	(to) lose	929, 1078
lawn	129	light 2 [adj.]	199, 1208	loss in business	929
lawyer	1005	light meal in the afternoon	160	lost	584, 1078
(to) lay bricks	896	(to) lighten	1199	(a) lot of	1240
(to) lay eggs	806	lightning	345	louse	104
(to) lay out	832	like this	1253	love	976
lazy	1128	(to) like	923, 976	(to) love	923, 976
lazy working style	731	lily	123	low	1117
leader	554, 888	lime	124	lower stream	307
leadership	554	line	518	lucky	955
leaf	574, 818, 916	line on clothes by an iron	518	lullaby	948
leaf (of kidney beans, etc.)	122	lineage	470	luminous	1200
(to) leak out	1109	lineage member	470	lunatic	696
lean [adj.]	1113	lion	81	lunch	160
(to) lean	860	lip	11	lung	48
(to) leap	602	liquor	171	lungfish	113
(to) learn	1056	literacy	1055	lustrous	1200
learner	494	little	1111	lute	541
(at) least	1259	little bit	1242	lymphadenitis	682
leather	70	little finger	40		
(to take) leave of sb	947	(to) live	728, 918	**M**	
(to) leave	151	liver	49	machete	196
lees	778	lizard	109	machine	191
left	416	lizard buzzard	89	mad	696

madness	696	mattress	249	mineral of iron	329
magnolia	158	Mauritius thorn	158	minority in terms of age	1144
mahogany	158	May	406	minute	353
maize	140	may I come in?	1297	mirror	236
maize flour beer	171	maybe	1278	miscarriage	716
(to) make up for	1261	me	1224	(to do) mischief	1017
(to) make up one's mind	1033	meal	159	mischievous boy	1182
(to) make	734	meaning	522	misery	1190
make-up	625	(by) means of	238, 1258	Miss [title]	492
malaria	682	measles	682	(to) miss	1051
male animal	66	(to) measure	930	mist	340
male bud of a banana tree	131	meat	61	mistake	1052
male dog	79	(to) mediate	1037	(to) mix	902
male goat	75	mediator	1037	mixture of staple food and sauce	163
malnutrition	682	medical doctor	703		
man	437	medicinal plant	703	modest	1154
man and wife	450	medicine	703	(to) moisten	1099
(to) manage	981	medicine for constipation	701	molar	14
mandarin	124	(to) meet	893, 914	(to go) moldy	1099
mane (of lion)	69	meeting place	275	mole	81
mango	124	(to) melt	1107	momento	516
manliness	437	moment	352	Monday	407
manners	525, 733	(to) memorize	1063	money	564
mantis	98	memory	1063	mongoose	81
manure	298	(to) mend	810	month	355
many	893, 1240	meningitis	682	monument	516
marabou stork	89	(to) menstruate	685	moon	350
maraca	541	merchandise	927	moonlight	350
March	406	Merry Christmas	1305	(to) mop	622
(to) march	593	message	941	morning	358
mark	516	messenger	941	mortar	758
market	284	method	733	mosque	280
markhamia	158	microphone	509	mosquito	94
marriage	712	midday	359	most	1271
married couple	450	middle	419	mother	453
married woman	438	middle fiber of cassava tubers	133	mother of twins	475
(to) marry	712			mother-in-law	468
marsh	311	midnight	362	motorbike	561
(to) mash	817	midrib	131	moulder of clay	503
mass	529	midwife	716	mound for the royal drum	540
(to) massage	702	mild	1154	mountain	315
mat	254	milk	175	mourning period	539
matchbox	223	(to) milk	805	mousebird	89
matchmaker	712	milking place	805	moustache	17
matchstick	223	millet	139	mouth	11
(to) mate [of animals]	713	million	399	(to) move around	594
material possessions	567	(to) mind	1060	(to) move away	898

(to) move	863, 919	nettle	129	nubile girl	443
Mr. [title]	492	new	1146	nuisance	739
Mrs. [title]	492	new foliage	122	number	1058
much	240, 1272	new moon	350	number (No.)	404
mucus	10	newcomer	1146	nun	504
mud	326	newness	1146	(to) nurse	697
mud guard	561	news	1066		
muddy	1103	newtonia	158	**O**	
mulberry	158	next	402	oar	562
mumps	682	next month	371	oath	1039
(to) munch	655	next year	372	(to) obey	1030
murderer	882	nick-name	523	object	190
muscle	64	niece	462	object infix	1225
mushroom	152	night	362	(to) object	1029
musical instruments	541	night dancer	711	objective	571
Muslim	532	Nile perch	113	oblique position	861
must	923	nine	381	obliquely	861
mute	485	nine hundred	394	obscene words	1062
my	1227	nineteen	383	obscenity	1062
		ninety	388	(to) observe	724
N		ninth	381	(to) obstruct	858
nail	41	nipple	24	(to) obtain	931
naked body	59	no	1290	October	406
name	523	no longer	1284	odor	635
(to) name	523	nobody	1243	of	1226
nape	18	noise	510, 1172	offering	538
(to) narrate	644	noises of various kinds	1172	official demand of a girl	712
narrow	1123	noisy	1172	oil	166
narrowness	1123	nook	266, 868	oil drum	205
nasalized pronunciation	642	noon	359	oil palm tree	132
nausea	693	normal	1186	ointment	703
navel	27	north	422	OK	1301
near	1216	north-west wind	339	old	145, 1149
necessary	1185	nose	10	old days	364
necessity	1185	nosebleed	63	old person	445
neck	18	nostril	10	old-fashioned	1147
neck scarf	252	not at all	1276	olive	124
necklace	185	not even	1259	on	413
(to) need	923, 978	not yet	1284	once	405
needle	229	nothing	243, 1249	(at) once	1279
negation	921	notice	1060	one	373
(to) neglect	722	(to) notice	1067	one day	365
neighbour	478, 573	notifier	727	one-piece dress	178
nephew	462	(to) notify sb of death	727	oneself	1233
nervous in waiting	913	novelty	1146	onion	151
nest	85	November	406	only	1288
net	799	now	363	open space between the	273

house and the kitchen		palpitation	47	pencil	233
(to) open	854	pan	201	penis	31
opening	879	pancake	169	pepper	167
(to) operate	707	panga	196	pepper-bark tree	158
(to) oppose	1029	pangolin	81	(to) perceive	1067
opposite side	411	paper	232	(to) perform	950
or	1257	papyrus	156	perhaps	1278
orange	124	papyrus stem for turning food	213	period	685
order	991	paraffin	166	(to go without) permission	596
(in) order to	1261	paralysis	682	(to) permit	1034
(to put in) order	905	(to) parch	768	(to) perplex	971
ordinary	1186	(to) pare	756	(to) persevere	1160
organizer	905	parent	446	persistent	1161
oribi	81	parish	293	person	436
origin	505	parotitis	682	personal pronouns	1224
orphan	476	parrot	89	personality	436
other	1250	part	1247	(to) persuade	989
(the) other day	369	part of hair	3	pestle	758
other side	434	particularly	1273	pet name	523
otter	81	party	537	petticoat	181
our	1230	(to) pass away	727	(to) phlebotomize	698
outside	417	(to) pass by	581	phlegm	673
over there	434	(to) pass through	583	physically handicapped person	488
(to) overcharge	1188	(to) pass	580		
(to) overcome	973	passion fruit	124	(to) pick (fruits)	753
overflow	308	pasture	803	(to) pick up	819
(to) overflow	1122	patch on cow skin, etc.	517	picket	265
overturn	1088	patch on the skin	682	picture	514
owl	89	patella	45	(to) pierce	877
(to) own	823	path	286	pig	74
owner	495	patient [n.]	680	pigeon	89
ox	73	patient [adj.]	1161	pigmy	491
oxpecker	89	pattern	517	pile	896
		pawpaw	124	(to) pile up	896
P		(to) pay for damage	935	pilgrimage	866
(to) pack	833, 900	(to) pay	935	pillar	264
package	219	pea	144	pillow	250
pact of blood friendship	477	peace	552, 1038	pimple	682
paddle	562	peanut	142	pineapple	124
pain	686	(to) peck [of chickens at food]	658	pip	125
(to) paint	514, 789			pipe	227, 240, 541
painting	514	pedal	561	pipe stem	227
palace	497	(to) peel	756, 778	pistol	544
palate	11	(to) peep	631	pit	879
pale	1208	peg	265	pit of the stomach	25
palm of the hand	34	pen 1	803	pit to ripen green bananas	778
palm oil	132	pen 2	233	(to) pitch	872

place	409, 1090	porridge	164	(to get) profit	928
place which is burnt	318	porter	937	(to) progress	1049
(to take) place	922, 1090	posho	163	(to) prohibit	992
placenta	716	potato	135	(to) promise	1040
plains	318	potato garden	297	(to) pronounce	642
(to) plait	787	pot-maker	503	(to) prop	862
plane	795	pound (about half a kilo)	231	properly	1152
(to) plane	795	(to) pound	758	property	567
plank	244	pounder	758	prophet	528
planner	1045	(to) pour out cooked food	775	(to) protect	723
(to) plant in the ground	877	(to) pour	907, 1089	(to) protest	1003
plant like millet	139	poverty	1190	protestant	1003
plant which has germinated	745	powder milk	175	protruding navel	27
(to) plant	744	power	553	protuberance in the back	488
plantain	131	(to) praise	996	proud	997
plantation	297	(to) pray to the spirits of the dead	1020	proverb	521
planter	744			provincial commissioner	293
plastic bag	216	(to) pray	1019	provocation	1182
plate	211	prayer	1019	(to) prune banana trees	131
platform	275	(to) preach	1021	pubis	29
platform in a house to serve as a bed	249	preacher	1021	puddle	311
		(to) precede	576	puff adder	108
platform to dry kitchen utensils	246	precipice	317	(to) pull inside out	1088
		precisely	1275	(to) pull out	753, 876
(to) play a musical instrument	950	pregnancy	715	(to) pull	875
(to) play	951	pregnant	715	pumice stone	323
player	951	(to) prepare	1045	pumpkin	148
(to) plead before the court	1005	(to) prescribe	705	(to) punch	869
please!	1299	present [adj.]	920	(to) punish	1008
(to) please	1169	present [n.]	944	punishment	1008
plenty	1240	(to) press down	846	pupil	494
plot of land left unutilized	301	(to) press	844	pupil of the eye	7
(to) pluck a chicken	87	(to) pretend to be strong	999	puppy	79
pneumonia	682	pretext	1265	purchase	924
pocket	217	prettiness	1148	purity	1150
pod	127	pretty	1148	purple	1205
point in playing	951	(to) prevent	992	purpose	980
poison	176	price	569	pus	699
(to) poke	873	pride	997	(to) push aside	874
pole to show a boundary	300	priest	504	(to) push back	873
policeman	500	prime minister	498	(to) push one's way	874
(to) polish	827	prince	496	(to) push	873
pond	311	prison	838	(to) put away	579, 898
pool of rainwater	311	prisoner	501	(to) put back	579
poor	1190	problem	971	(to) put down	939
poor at sth	1177	proclamation	1066	(to) put in	900
porcupine	81	(to) produce	734	(to) put on clothes	627

(to) put on the fire	774	really?	1301	(to) rescue	730
(to) put	897	rear seat	561	rescuer	730
python	108	(to) rear	803	(to) resemble	1070
		reason	1265	(to) reserve	925
Q		(to do without) reason	1266	residue after sieving	761
quail	89	(to) recall	1063	(to) resist	692
quake	691	(to) receive	945	respect	1014
(to) quake	691	recently	364	(with) respect to	1262
quarrel	1036	recipe	766	(to) respect	1014
(to) quarrel	1036	(to) reclaim land	743	(to) respire	637
queen termite	101	reconciled	1038	response when called by someone	987
question	985	(to) recover consciousness	695		
(to) question	985	rectum	30	responsibility	556
quick	1210	red	1204	responsible	556
quickness	1210	red glow at sunrise	1092	rest	741
quietness	648	red soil	325	(to) rest in a tomb	727
(to) quit	574	(to) redo	733	restless	974
quiver	545	reed	155	(to) return [of peace]	552
		reflection	1200	(to) return a present	944
R		refreshing	1220	return gift	944
rabbit	77	refuge	910	(to) return	579
radio	543	refuse of cassava	761	(to) revenge oneself	1043
rain	341	(to) refuse to give	943	reverend	504
(to receive) rain in a receptacle	342	(to) refuse	1026	reverse	1168
		(to) regret	964	reverse side	424
(to make) rain	1097	regular	1186	(to) revive	729
(to) rain	1097	(to) reject	1026	rhinoceros	81
rainbow	346	(to) rejoice	953	rib	26
raincoat	180	(to) relate	644	ribald	1062
raindrop	342	related	1069	rice	141, 163
rain-maker	1097	relation	1069	rich	1189
rain-stopper	1097	relative pronouns	1225	richness	1189
rainy day	337	(to) release	843	riddle	521
rainy season	336	reliability	982	ridge	299
(to) raise 1	803	reliable person	1156	ridge purlin of the roof	264
(to) raise 2	938	relieved	975	right [n.]	415
rake	192	religion	531	right [adj.]	1157
rank	557	reluctant	977	right hand	415
(to) rape	714	(to) remain	575	rim	426
rapid	1210	(to) remember	1063	(to) rinse	782
rash	682	(to) remove	757, 899	ripe	751
raw	1197	(to) repair	810	ripe banana	131, 778
razor	198	(to) repeat	1071	(to) ripen	751, 778
(to) read	1055	(to) replace	1090	(to) rise [of the sun]	1093
ready	778, 1045	(not to) reply to a call	987	(to) rise	618
(to) realize	1067	(to) reply to a call	987	rising ground	324
really	1274	(to) request	1022	ritual to cleanse twins	475

river	304	(to) run away	596	(to) scarify	698	
road	286	(to) run noisily	595	(to) scatter	906	
roaming attitude	594	(to) run	595	school	283	
(to) roast	768	runner of sweet potatoes	134	scissors	200	
roasted ground nuts	161	rust	1134	(to) scold	1000	
(to) rob	933	rusty	1134	(to) scoop	778	
robber	933			(to) scorch in a pan	769	
robbery	933	**S**		score	951	
robin chat	89	sack	216	scorn	1015	
robust	1131	sacrament	529	(to) scrabble	828	
rock	323	(to) sacrifice	538	scrap of wood	794	
rock salt	166	sad	961	(to) scrape	828	
rod	241	saddle	561	(to) scratch	828	
(to) roll down	591	sadness	961	scrotum	32	
(to) roll up	847, 850	safari ant	100	(to) scrub	826	
rolled banana leaf	131	safety pin	229	seam	786	
roof	259	saint	528	(to) search	911	
(to) roof	792	(to do for the) sake of doing	1266	(to) season	776	
roofing tile	260	salary	565	seasoned	776	
room	263	saliva	13	second	353, 374	
root	118	salon	263	(for the) second time	1285	
rope	238, 788	same	1164	secret	1011	
rope-made hammock-like sack	214	same age	354	(to) see	629	
		samosa	169	seed	125, 147, 148, 150, 158	
rosary	536	sanctions	1008	(to) seek	911	
(to) rot	752	sand	327	seer	629	
(to) rotate	865	sand flea	102	(to) seize	821	
rough	141, 1143	sandals	188	-self	1233	
rough skin	54	sandpaper	795	self-explanation of genealogy	470	
round	1137	sap	128			
round shoulders	20	sardine	113	self-importantly	998	
roundabout	868	satan	534	self-mindedness	998	
(to take a) roundabout way	571	satisfied	953	self-reliant woman	438	
(to) row	562	Saturday	407	(to) sell on debt	926	
royal clan members	496	sauce	161	(to) sell	926	
royal council	498	sausage tree	158	seller	926	
royal house	497	savage environment	1036	semen	32	
(to) rub	778, 826	(to) save (in Christianity)	730	send my best regards to them!	1295	
rubber break	561	(to) save	730			
rubbish	277	(to) say	640	(to) send	941	
rude state	1036	scab	684	senior	1145	
rule	555	scale	114	seniority in terms of age	1145	
(to) rule	888	(to) scale	114	(to) separate	916	
ruler	496, 888	scanty	1242	September	406	
rumour	1013	scapula	20	servant of the king	497	
(to) run after	597	scar	684	sesame	146	
(to) run against	612	scarce	1242	sesbania	158	

580

(to) set [of the sun]	1095	shiver	691	similar	1070
(to) set a trap	800	(to) shiver	691	(to) simmer	766
(to) set free	843	shock	969	sin	1053
(to) settle a quarrel	1037	shocked	969	since	265, 1270
seven	379	shoes	188	sincere	1156
seven hundred	392	(to) shoot	880	sincerity	1156
seventeen	383	shop	285	sinewy meat	61
seventh	379	short	117, 1119	(to) sing	948
seventy	386	short pants	182	singer	948
severe	1155	(to run) short	1081, 1244	single	474
(to) sew	786	shortcut	286	(to) sink	604
sewing machine	230	shortly	1279	sisal	150, 238
sexual desire	713	shortness	1117	sister	457
sexual intercourse	713	short-tempered	965	sister-in-law	469
shade	349	should	923	(to) sit cross-legged	607
shadow	349	shoulder	20	(to) sit down	606
(to) shake hands	946	(to) shout	647	(to) sit on eggs	806
(to) shake off earth	748	shovel	192	(to) sit on one's heels	607
(to) shake off	781	(to) shovel	829	(to) sit on the lap of the parents	712
(to) shake	864	(to) show off	998		
shaker on legs	541	(to) show	632	sitting room	263
shallow	117, 1121	shower room	620	(to) situate genetically	470
shame	958	shrine	281	six	378
shameless person	958	shrine for twins	475	six hundred	391
shape	515	shrubs	158	sixteen	383
sharp	1133	(to) shut	853	sixth	378
sharp end of palm leaves	132	shy	959	sixty	385
(to) sharpen	796, 797	sibling	455	skeleton	60
sharpness	1133	sick	680	skewer	878
(to) shave	624	sickle	196	(to) skewer	878
shaved patch on the head	4	sickness	680	skill	503
sheep	76	side	26, 420	skillful	1176
sheet	251	side dish	161	skin	54
shelf on the fireplace	272	(one's) side	548	(to) skin	756
shelf to smoke meat	771	sideways	861	skin disease	682
shell	112, 127	sidewise	861	skin of the penis	31
shelter from rain	1100	sieve	761	skirt	181
shepherd	803	(to) sift	761	skull	2
shield	496, 551	sifter	761	sky	344
shin	44	(to) sigh	637	slap	869
(to) shine with grease	1200	sign	516	(to) slash	748
(to) shine	1096	(to) signal with a wink	630	slasher	748
shining	348	significance	1184	(to) slaughter	883
shiny skin	1200	significant	1184	slaughterer	883
shiny-skinned	1200	silence	648	slave	497, 501
ship	562	silent	648	(to) sleep	615
shirt	179	silver	330	sleepiness	616

sleepy	616	so	1267	sparrow	89
(to) slide	611	(to) soak in water	785	sparrow weaver	89
slightly	1242	soap	234	spasm	688
(to) slip	611	(to) sob	652	(to) spatter [of a liquid in a container]	908
slipperiness	611	sociable	1170		
slippers	188	social rank	283	(to) speak ill of sb	1013
slippery	611	sodden	1130	(to) speak	640
slobber	13	sodom apple	158	speaker	640
slope	288	soft	1130	spear	496, 546
slow	1212	soggy	1130	specialist	503
slug	112	soil	324	species	484
(to) slurp	661	solar eclipse	347	speech	640
sly	1182	soldier	499	speed	1210
small	1111	sole	43	speedy	1210
small bird	82, 89	solid	1129	(to) spend a night	615
small fruit in the process of forming	124	(to) solidify	1105	(to) spend daytime	575
		some day	365	sperm	32
small number of	1242	some time ago	364	spider	105
small portion of food additionally given to a child	159	somebody	1248	(to) spill	908
		someone	437, 438	spinach	151
		something	1249	spine	22
small quantity of	1242	sometimes	1281	spinster	474
small-meshed	1142	son	460	spirit 1	47, 534
smallness	1111	song	948	spirit 2	171
smallpox	682	son-in-law	469	spit	13
(to) smear a bride's body	712	soon	1279	(to) spit	660
(to) smear	789	soot	333	spleen	49
smell	635	(to) soothe a child	719	split	812
(to) smell	635	sore	686	(to) split	812, 815
(to) smile	649	sorghum	138, 778	spoon	212
smithery	798	sorrow	961	spot on the skin	55
smoke	332	sorry	1303	(to) sprain (one's ankle)	687
(to) smoke (meat)	771	soul	47	(to) spread to dry	755, 1102
(to) smoke	665	sound	509	(to) spread	852, 1122
smoked meat	771	soup	161	spring	312
smooth	1140	sour	752	(to) spring back	800
(to) smooth with sandpaper	795	source of suckers	745	(to) spring up	745
snail	112	source of water	312	(to) sprinkle	909
snail shell	112	south	422	sprout of beans	143
snake	108	(to) sow	744	spy	911
(to) snap off	814	soy bean	146	(to) spy	911
snaring	800	space	409	square	519
(to) sneeze	674	space made in easy fit clothes with a belt	177	(to) squat	607
(to) sniff	636			(to) squeeze juice	778
snivel	10	spade	192	(to) squeeze	783
(to) snore	676	spalled stones	323	squint	7
snow	343	sparks	331	squirrel	81
snuff	149				

(to) stab	877	(to) stoop	608	(to) substitute	1090
(to) stagger	593	(to) stop a gap	856	(to) succeed 1	1050
stain	1151	(to) stop rain	1097	(to) succeed 2	1091
stairs	248	(to) stop working	811	success	1050
stalk	130	(to) stop	599, 1076	succession	1091
stammerer	485	stopper	203, 210	successor	1091
stamping of feet	600	store	285	such	1253
(to) stand ready	1045	storm	339	(to) suck	662
(to) stand up	605	story	520	sucker	131
staple food	163	stout person	437	(to) suckle	717
star	351	straight	571, 1135	suddenly	1279
(to) stare	629	(to) straighten	1135	(to) suffer	970
startled	969	strainer (for tea)	208	sufficient	1244
(to) starve	666	(to) strangle	849	sugar	168
state	918	straw	171	sugar cane	153
status	557	(to) stream [of water]	1108	sun	347
(to) stay behind	575	strength	553	(to put under the) sun	755
(to) steal	932	(to) stretch out	875	Sunday	407
steam	319	(to) stretch	852	sunshine	347
stem	130, 131	stretcher	249	supervisor	502
step	248	(to) stride over	602	support	1028
(to) step aside	863	(to) strike the foot against sth	610	(to) support	862
(to) step back	613			supporter	1028
(to) step on	600	string	238	supposed to do	923
stepmother	453	string of beads	185, 841	sure	1157
sterile	473	(to) string	841	surely	1278
sterility	473	stripe pattern	517	surface	413, 423
stick	241	strong	1126	(to) surpass	581
stick for drums	540	(to) struggle	692	surprised	969
(to) stick in one's throat	857	stubborn	1181	(to) survey	724
stick of the king's guard	242	stuck in mud [of a car]	604	(to) survive a hardship	973
stick to keep the door open	267	(to) study	1056	(to) suspect	984
(to) stick to sth	837	(to) stumble	610	(to) suspend	834
stiff porridge	163	stump	119	swallow	89
still	1283	stump of a limb	36	(to) swallow	663
sting	229	stunted in growth	718	swam of birds	82
(to) sting	654	stupid	1183	swamp	311
stingy	1191	stutterer	485	(to) swear	1039
stinkwood	158	style	786	sweat	56
(to) stir	903	stylist	786	(to) sweat	670
stomach	25	subcounties in Bugahya county	295	sweater	179
stomachache	682			(to) sweep	780
stone	323	subcounties in Buhaguzi county	295	sweet	1195
stone of a fruit	125			sweet bananas	131
stony place	323	subcounty	293	sweet potato	134
(to) stoop projecting the buttocks	1089	subcounty chairperson	293	sweet potatoes	163
		subject prefixes	1225	sweet-mouthed	1018

sweetness	1193	tax	568	them	1224
(to) swell	1085	(to pay a) tax	568	there	433
swelling	682	taxi	558	therefore	1267
swelling of the cheeks	16	tea	173	these [dem.]	1221
swift	89	tea leaves	173	they	1224
(to) swim	621	tea without sugar nor milk	173	thick	1115
swindle	1010	(to) teach	732, 1057	thicket	301
swing	835	teacher	493, 732	thickheaded	1181
swirl of wind	339	(to) tear off bananas	131	thief	932
sword	551	(to) tear off	815	thigh	46
sympathy	995	(to) tear	815	thin	113, 1114
(my) sympathy	1303	tears	8	(to) thin out plants	744
syphilis	682	technology	503	thing	190
		teclea	158	(to) think	1059
T		telephone	643	third	375
table	245	(to) telephone	643	thirst	668
table cloth	252	television	543	thirsty	668
taboo	535	(to) tell a lie	1012	thirteen	383
tadpole	115	(to) tell a riddle	521	thirty	384
tail	71	(to) tell the way to a place	584	this [dem.]	1221
tailor	786	temple	7	this month	371
(to) take (a bus, taxi)	589	(to) tempt	1023	this way	432
(to) take away	899	temptation	1023	this year	372
(to) take back	820	ten	382	thorn	126
(to) take by force	933	tender	1130	thorn bush	301
(not to) take care of	722	tenth	382	those [dem.]	1222
(to) take in	755	tepid	1218	thousand	395, 396, 397
(to) take off clothes	628	termite	101	thread	228
(to) take one's twins to one's mother's side	475	termite nest	101	three	375
		test	1046	(to) thresh	757
(to) take out the viscera	883	(to) test	726	throat	19
(to) take out from a house	899	testament	1091	(to) throb	47
(to) take over a wife	1091	Testaments	513	throne	496
(to) take up with a finger	822	testicle	32	(to) throttle	849
(to) take	820	(to) testify	1006	(to) throw away	818
talent	981	testimony	1006	(to) throw down	591
talented	981	thank you	1307	(to) throw oneself at	871
(to) talk deliriously	695	(to) thank	957	(to) throw	872
(to) talk	640, 641	that (which)	1222	thumb	40
talker	640	that [dem.]	1222	thunder	345
tall	1116	that [conj.]	640	(to) thunder	1098
(to) tangle	849	that over there [dem.]	1222	thunderbolt	345
tapeworm	92	that way	433	Thursday	407
taro	136	thatch grass	129	tick	103
(to) taste	777, 778	(to) thatch	792	(to) tickle	650
tasty	1193	theft	932	(to) tie	839, 840
(to) tattoo	626	their	1232	tight	844

(to) tighten	844	trade fair	284	tumor	682
tilapia	113	(to) trade	927	tunnel of termites	101
till	431	trader	927	turaco	89
(to) tilt	860	tradition	505	(to) turn (a pancake)	1088
timber	244	traditional belief	533	(to) turn inside out	1088
time	352, 405	traditional gods	533	(to) turn one's face toward	867
time limit	426	(to) trail	577, 875	(to) turn one's face up	614
times	405	trailer	558	(to) turn sb over on his face	614
tip 1	426	(to) train	732	(to) turn	868
tip 2	566	trainer	732	twelve	383
(to) tip a cup	860	(to) transfer	898	twenty	384
tired	740	transparent	1209	twice	405
tired morally	1044	trap	800	twig	121
tiredness	740	(to) travel	582	twilight	360
title of honour (chief, etc.)	492	traveller	582	twin	475
to [destination]	428	(to) tread on	600	(to) twine	849
toad	115	treasurer	498	(to) twist	687, 788, 849
tobacco	149	(to) treat	705	two	374
today	366	tree	116	two bananas stuck together	131
together	1256	tree hyrax	81	two palms put together	34
(to put) together	895	(species of) trees	158	tyre	561
toilets	276	(to) tremble	691		
(to) tolerate	1162	trembling by wind	339	**U**	
tomato	151	trench	305	Uganda	291
tomb	278	tribe	481	ugly	1149
tomorrow	368	tribes in Uganda	481	ulcer	684
tongue	12	tribune	568	umbilical cord	27
too	1255	tributary	304	umbrella	189
too ~	1166	trouble	971	uncertainty	1157
too much	1272	trousers	182	uncle	452
tool	191	trowel	326	uncooked	1197
tooth	14	(not to be) true	1158	(to) uncover	854
toothbrush	619	truly	1274	under	414
top of a mountain	315	trumpet	541	under skirt	181
top of a tree	116	trunk	21, 117	underdone	1198
(to put on) top	896	(to) trust	982	(to) underestimate	1015
torch	226	trustworthiness	1156	underpants	182, 183
tortoise	111	truth	1156	underside	424
totem	482	truthful		(to) understand	990
(to) touch	825	(to) try a case	1007	(to) undertake	1025
tough	1155	(to) try to act tough	999	(to) undo	842
toughness	1129	(to) try	1046	uneasy	974
towel	253	tsetse fly	93	uneven	1139
town	290	tuberculosis	682	(to) unfold	852
toxic cassava	133	Tuesday	407	uninhabited land	301
trace	43	tuft of a papyrus plant	156	unity	373
track	43	(to) tumble	591	(to) unload	939

unlucky	956	veranda	268	water closet	276
unmarried male youth	443	vernonia	158	(to) water	909
unmarried person	474	verse of the Bible	513	waterbuck	81
unnecessary crying of a child	652	very	1272	waterdrop	342
		(the) very	1164	waterfall	306
unpleasant	1171	vicinity	420	watery	778
unripe	1197	village	289	wave	314
unsavory	1194	(to) visit	892	(to) wave	864
unskillful	1177	visitor	480	waxbill	89
unsold	926	(to lose) vitality	679	way	286
unsteady on one's feet	593	vitiligo	682	we	1224
untidy sleeper	615	voice	509	we will see each other	1295
(to) untie	842	(to) vomit	693	weak	1127
until	431	vote	1073	weak sunlight before dawn	358
unutilized land	301	vow	1039	wealth	567
up	413	vulture	89	(to) wean	717
uphill slope	288			weapon	551
upper stream	307	**W**		(to) wear out	816
upright	1135	wagtail	89	(to) wear	627
uproar	510	wail	652	weather	337
upside down	1089	waist	28	weaver	89
upstream of a river	307	waistcloth	181	web	105
urinal	276	(to) wait for	913	wedding ceremony	712
urinary bladder	52	(to) wake up	618	Wednesday	407
(to) urinate	672	walk	594	weed	129
urine	672	(to) walk	593	(to) weed	748
urine bottle	276	(to) walk out of step	610	week	356
us	1224	wall	266	(to) weep	652
(to) use	736	(to) want	923, 978	weevil	103
used clothes	177	war	550	(to) weigh	930
used up	1081	(to go to) war	550	weight	1124
usefulness	1184	warehouse	285	welcome!	1298
(not to be able to) utter the name	646	warm	1218	(to) welcome	891
		(to) warm oneself	1101	well 1	313
uvula	11	(to) warm up	772, 1218	well 2	1152
		warm water	319	(to do) well	1050
V		warmness	1218	well-cooked	767
(to) vaccinate	706	wart	55	(not to be) well-cooked	1198
vagina	33	warthog	81	wen	488
valley	317	(to) wash one's face	619	west	422
valuable	1184	(to) wash the whole body	620	wet	1099
vapour	319	(to) wash	782	what [adj.]	235, 1252
vegetables	151	wasp	95	what [excl.]	1272
vein	64	(to) waste	1080	what [rel.pron.]	222, 1235
venereal disease	682	(to) watch	723, 724	what kind of	1252
venom	176	watchhouse	256	(for) what reason	1237
Venus	351	water	319	wheat	141

wheel	561	wire	239	(to go the) wrong way	584
wheelbarrow	558	wisdom	1009, 1180	wrongly	1153
when [conj.]	1270	wisdom tooth	14		
when [inter.adv.]	1236	wise	1180	**X**	
whenever	1280	(to) wish	1041	xylophone	541
where	435	witch	711		
wherever	1246	witchcraft	711	**Y**	
(to) whet	797	with [instrument]	1258	yam	137, 163
whether	1269	(to) wither	747	yard	273
whetstone	797	without	1260	(to) yawn	675
which	1223	witness	1006	year	354
whip	242	woman	438	yeast	169
whisker	17	womanliness	438	yellow	1206
whistle	541	womb	33	yellowwood	158
(to) whistle	638	wood	302	yes	1289
White	490	(piece of) wood	116, 335	yesterday	367
white	1203	(to gather) wood for fuel	335	yoghurt	175
white ant	101	wood worker	503	you (pl.)	1224
white colour	1203	wooden clog	188	you (sg.)	1224
white hair	3	woodpecker	89	young	1144
white hen	87	wool	69	young female goat	75
(to lose) whiteness	1203	word	508	young leaves of kidney beans	143
who	1234	words of consolation	1302		
whole	1245	work	570	younger brother	459
why	1237	work foreman	502	younger sister	459
wick	224	(to) work in iron	798	your (pl.)	1231
wide	1122	(to) work	731	your (sg.)	1228
(to) widen one's eyes	629	worker	502, 731	youth	443
widow	472	world	296		
widower	472	worm	90	**Z**	
width	1122	worn out cloth	252	zebra	81
wife	449	(to) worry	974	zero	400
wild animal	65	(to) worship	1020		
(species of) wild animals	81	worth	1184		
wild banana tree	131	worthless	1080		
wildcat	81	wound	682, 684		
wilderness	301	wounded	684		
(to) win	886	(to) wrap	833		
wind	339	wrapper	181, 219		
(to) wind up	847	(to) wrestle	952		
window	269	(to) wring	783		
wing	83	(to) wrinkle	851		
winged ant	101	wrinkles on clothes	851		
wink	630	wrinkles on the face	5		
winnow	760	(to) write	1054		
(to) winnow	760	written certificate	512		
(to) wipe	622, 779	wrong	1158		

Japanese Index

あ

あい(愛)	976	あし(足)	42
あいさつをする(挨拶)	946	あしあと(足跡)	43
あいじょう(愛情)	976	あしおと(足音)	43
あいする(愛)	976	あしがもつれる(足)	610
あいだ(間)	419, 1270	あじつけをする(味付)	776
あいにいく(会行)	571	あしにつけるガラガラ(脚)	541
アイロン	784	あしのうら(足裏)	43
アイロンのせん(線)	518	あしのうらにつくよごれ(足裏汚)	43
アイロンをかける	784	あじのかわったたべもの(味変食物)	159
あう(会)	914	あしぶみ(足踏)	600
あう(サイズが)(合)	1165	あじみをする(味見)	777
あおい(青)	1205	あしゃ(唖者)	485
あおむけにねる(仰向寝)	614	あじわう(味)	777
あか(垢)	57	あしをひきずってあるく(足引歩)	593
あかい(赤)	1204	あす(明日)	368
あかつち(赤土)	325	あせ(汗)	56
あかるい(明)	1199	あせをかく(汗)	670
あかんぼう(赤坊)	440	あそこ	434
あきや(空家)	255	あそぶ(遊)	951
あきらめる(諦)	1163	あたえない(与)	943
あきる(飽)	1044	あたえる(与)	942
アキレスけん(腱)	42	あたたかい(暖)	1218
あくい(悪意)	1042	あたためる(温)	772, 121
あくぎょうのむくい(悪行報)	1053	あだな(渾名)	523
あくしゅをする(握手)	946	あたふたと	1238
あくたいをつく(悪態)	1001	あたま(頭)	1
あくびをする(欠伸)	675	あたまあて(頭当)	218
あぐらをかく	607	あたまのいい(頭)	1180
あげだんご(揚団子)	169	あたまのにぶい(頭鈍)	1181
あける(開)	854	あたらしい(新)	1146
あげる(揚)	770	あたらしさ(新)	1146
あご(顎)	15	あたりをきょろきょろとみわたす(周見渡)	629
あごひげ(顎鬚)	17	あつい(厚)	1115
あごぼね(顎骨)	15	あつい(暑)	1217
あさ(朝)	348	あつい(熱)	1217
あざ(字)	293	あつまり(集)	483
あざ(痣)	55	あつまる(集)	893
あさい(浅)	1121	あつめる(集)	895
あさって(明後日)	370	あと(後)	412
あさはかなこうい(行為)	725	あとざん(後産)	716
あさはやくおきる(早起)	618	あとずさりをする(後)	613
あさやけがする(朝焼)	1092	あとで(後)	412, 121
あし(葦)	155		
あし(脚)	44		

あととりむすこ(跡取息子)	1091
あとにつづく(後続)	577
あとをおう(後追)	577
あとをつぐ(継)	1091
あな(穴)	878
あながつまる(穴詰)	857
あなた	1224
あなたがた	1224
あなたがたの	1231
あなたの	1228
あなどる(侮)	1002
あなをふさぐ(穴塞)	856
あに(兄)	458
あね(姉)	458
あのむこうのもの(向)	1222
アヒル	88
あぶない(危)	1173
あぶら(油)	165
アブラムシ	98
あぶらやしのき(油椰子木)	132
あぶらをさす(油差)	592
アフリカじん(人)	1202
あふれでる(溢出)	308
アボカド	124
あまい(甘)	1195
あまえる(甘)	721
あまがっぱ(雨合羽)	180
あまみずのながれ(雨水流)	341
あまみずをようきにうける(雨水容器受)	342
あまもりがする(雨漏)	1109
あまやどりをする(雨宿)	1100
あまりにも〜である	1166
あみ(網)	799
あむ(編)	787
あめ(雨)	341
あめがふる(雨降)	1097
あめをとめる(雨止)	1097
あめをふらせる(雨降)	1097
あやす	719
あらい(粗)	1143
あらう(洗)	782
あらし(嵐)	339

あられ(霰)	343	いしゃ(医者)	703	いほうにけっこんする	712
あらわれる(現)	586	いしゃにかかる(医者)	703	(違法結婚)	
あり(蟻)	100	いじわる(意地悪)	1042	いま(今)	363
ありがとう(ございます)	1307	いす(椅子)	247	いみ(意味)	522
ある(或)	1248	いずみ(泉)	312	いもうと(妹)	459
ある(在)	920	イスラムきょうと(教徒)	532	いやしい	655
あるいは	1257	いそいでいく(急行)	1211	いやな(厭)	1171
あるく(歩)	593	いそがしい(忙)	1174	いらい(以来)	1270
あるひ(日)	365	いそぐ(急)	1211	イライラする	974
あれち(荒地)	300	いぞく(遺族)	727	いりぐち(入口)	267
あわ(泡)	321	いた(板)	244	いる(煎)	768
あわい(淡)	1208	いたい(痛)	686	いれずみをする(入墨)	626
あわてふためき	1211	いたい(遺体)	727	いれる(入)	900
あわをだす(泡出)	321	いたいところをつく	686	いろ(色)	515
あんしんする(安心)	975	(痛所突)		いろがあせる(色)	1208
あんぜんピン(安全)	229	いたずら	1182	いろがおちる(色落)	1208
		いたずらする	1017	いろをつける(色付)	793
い		いただきます	1308	いわ(岩)	323
い(胃)	25	いたみ(痛)	686	いわいごと(祝事)	537
いいえ	1290	いたむ(傷)	752	いわう(祝)	1304
いいにおい(匂)	635	いためる(炒)	770	いんかく(陰核)	33
いう(言)	640	いち(一)	373	インク	233
いえ(家)	255, 429	いちがつ(一月)	406	インゲンまめ(豆)	143
イエス・キリスト	528	いちば(市場)	284	インゲンまめのは(豆葉)	143
いえでじっとして	594	いちばんである(一番)	1074	インドじん(人)	490
いないこと(家)		いつ	1236	いんのう(陰嚢)	32
いえなし(家)	918	いつか	365	インポのひと(人)	473
いがい(以外)	1288	いっしょに(一緒)	1256		
いかさま	1010	いったいせい(一体性)	373	**う**	
いかり(怒)	965	いったきりでもどらない	579	うえ(上)	413
いきかえる(生返)	729	(行戻無)		うえる(飢)	666
いきさき(行先)	571	いつでも	1280	うえる(植)	744
いきづかいがあらい	637	いっぱいである(一杯)	1082	うかつな	725
(息荒)		いつも	1280	ウガンダ	291
いきている(生)	728	いと(意図)	980	うき(雨季)	336
いきもたえだえである	637	いと(糸)	228	うく(浮)	603
(息絶)		いど(井戸)	313	うけとる(受取)	945
いきる(生)	728	いとこ	463	うごく(動)	863
いきをする(息)	637	イナゴ	97	うさぎ(兎)	77
いく(行)	571	いなびかり(稲光)	345	うし(牛)	73
いくつ(の)	1239	いぬ(犬)	79	うしかこい(牛囲)	274
いけ(池)	311	いぬがうなる(犬唸)	653	うしがなく(牛鳴)	653
いし(石)	323	いねむりする(居眠)	616	うしなどのもよう	517
いじ(遺児)	574	いのち(命)	525	(牛等模様)	
いしきをとりもどす	695	いのる(祈)	1019	うしのかこい(牛囲)	803
(意識取戻)		いびきをかく	676	うしのたいきばしょ	805
いじめる	1016	イボ	55	(牛待機場所)	

うしのびょうき(牛病気)	73	うらない(占)	709	エンジン	558
うす(臼)	758	うらないし(占師)	709	えんそうする(演奏)	950
うすい(薄)	1114, 120(	うらなう(占)	709	えんだい(演台)	275
うずら(鶉)	89	うらみ(恨)	1043	エンドウまめ(豆)	144
ウソ	89	うらみをはらす(恨晴)	1043	えんぴつ(鉛筆)	233
うそ(嘘)	1012	うらむ(恨)	1043		
うそのちかい(嘘誓)	1039	うる(売)	926	**お**	
うそをつく(嘘)	1012	うれしい(嬉)	953	お(尾)	71
うた(歌)	948	うれたバナナ(熟)	131	おい(甥)	462
うたう(歌)	948	うれのこる(売残)	926	おいかける(追)	597
うたがう(疑)	984	うれる(熟)	751	おいこす(追越)	581
うたたねする	616	うろこ(鱗)	114	おいしい	1193
うち(内)	418	うろこをとる(鱗取)	114	おいしくない	1194
うちかつ(打勝)	973	うろたえる	971	おいだす(追出)	597
うちきである(内気)	959	うわごとをいう	695	おいる(老)	445
うちこむ(打込)	1047	うわさする(噂)	1013	おう(王)	496
うちわであおぐ(団扇)	639	うん(運)	955	おうい(王位)	496
うつ(撃)	880	うんこ	671	おうかん(王冠)	496
うつくしい(美)	1148	うんこする	671	おうきゅう(王宮)	497
うつす(移)	898	うんてんしゅ(運転手)	560	おうきゅうかくぎ	498
うつす(びょうきを)	683			(王宮閣議)	
(病気移)		**え**		おうけいごぼう	242
うったえる(訴)	1004	うんてんする(運転)	560	(王警護棒)	
うつぶせにする	614	え(絵)	514	おうこく(王国)	496
うで(腕)	36	え(柄)	194	おうざ(王座)	496
うでわ(腕輪)	186	えいえんに(永遠)	1277	おうし(雄牛)	73
うなじ(項)	18	エイズ	682	おうせつま(応接間)	263
うなじのにくのもりあがり	18	えぐい	1196	おうぞく(王族)	496
(項肉盛上)		えさ(餌)	802, 1023	おうのごえい(王護衛)	497
うなる	692	えさいれ(餌入)	211	おうのしようにん	497
うね(畝)	299	えだ(枝)	121	(王使用人)	
うばう(奪)	933	えだわかれがわ	304	オウム	89
うま(馬)	78	(枝分川)		おえる(終)	1075
うまい(旨)	1193	えものをわけあたえる	883	おおい(多)	1240
うまい(上手)	1176	(獲物分与)		おおいをとる(覆取)	854
うまく	1152	えらくなる(偉)	1110	おおう(覆)	831
うまくあじつけされて	776	えらそうにする(偉)	998	おおきい(大)	1110
いる(味付)		えらぶ(選)	1073	おおきくなる(大)	1110
うまれる(生)	716	える(得)	931	おおくなる(多)	1084
うみ(膿)	699	エレファント・グラス	155	おおさわぎ(大騒)	510
うみをだす(膿出)	699	えをかく(絵描)	514	おおまた(大股)	602
うむ(産)	716	えをつける(柄)	194	おおまたであるく	593
うめく	692	えん(円)	519	(大股歩)	
うめる(埋)	830	えんぎがわるいこと	710	おおみそかのあいさつ	1305
うもう(羽毛)	83	(縁起悪)		(大晦日挨拶)	
うら(裏)	424	えんけいこうさてん	868	オール	562
うらがえす(裏返)	1088	(円形交差点)		おか(丘)	315

おかえし(返)	944	おでき	682	おやゆび(親指)	40
おかしな	1169	おと(音)	509	おやゆびピアノ(親指)	541
おかず	161	おとうと(弟)	459	およぐ(泳)	621
おかずなしでしゅしょくを 　たべる(主食)	655	おどけもの(者)	1169	オリーブ	124
		おとこ(男)	437	おりたたむ(折畳)	850
おかずをさきにたべる	655	おとこのこ(男子)	441	おりる(降)	588, 590
おかね(金)	564	おとこやもめ(男)	472	おる(折)	814
おがむ(拝)	1020	おととい(一昨日)	369	おれいがえしをする	944
おかゆ	164	おとな(大人)	444	(礼返)	
おきにする	765	おとなしい	1154	オレンジ	124
おきのどくに(気毒)	1303	おとなになる(大人成)	444	おろす(降)	939
おきゃくをもてなす(客)	891	おどり(踊)	949	おわり(終)	403, 426
おきる(起)	618	おどる(踊)	949	おわる(終)	1075, 107
おく(置)	897	おどろく(驚)	969	おんけいをあたえる	957
おくっていく(送行)	915	おとをだしてたべる	655	(恩恵与)	
おくのま(奥間)	263	おなじ(同)	1164	おんせん(温泉)	312
おくりもの(贈物)	944	おなじははのこ	439	おんどり(雄鶏)	87
おくる(送)	941	(同母子)		おんどりがなく(雄鶏鳴)	653
おくれる(遅)	1214	おならをする	677	おんな(女)	438
おこし	181	おの(斧)	193	おんなのこ(女子)	442
おこなう(行)	733	おのおのの(各々)	1251		
おこる(起)	922	おば(伯母、叔母)	454	**か**	
おこる(怒)	965	おばけ	534	か(蚊)	94
おさえつける(押)	846	おはよう(ございます)	1291	カーテン	269
おじ	452	おび(帯)	187	かい(回)	405
おしえる(教)	1057	おびきよせるもの(寄)	1023	かい(貝)	112
おしかえす(押返)	873	おふだ(札)	564	かい(櫂)	562
おじぎをする	608	おぼえる(覚)	1063	かいが(絵画)	514
おしっこ	672	おぼれる(溺)	604	かいぎ(会議)	894
おしっこをする	672	おまけ	1084	かいきゅう(階級)	557
おす(押)	873	おまもり(御守)	536	かいごう(会合)	894
おす(雄)	66	おめでとう(ございます)	1304	がいこく(外国)	506
おすいぬ(雄犬)	79	おもい(思)	1059	かいこする(解雇)	597
おすやぎ(雄山羊)	75	おもい(重)	1124	かいごする(介護)	697
おせじをいう(世辞)	1018	おもいこがれる(思焦)	979	かいこんする(開墾)	743
おそい(遅)	1212, 1214	おもいだす(思出)	1063	かいすう(回数)	405
おそなえ(供)	538	おもいでのしな	516	かいたいする(解体)	808, 810, 88
おそらく(恐)	1278	(思出品)		かいだん(階段)	248
おそれる(恐)	960	おもう(思)	1059	かいちゅう(回虫)	92
おたふくかぜ(風邪)	682	おもさ(重)	1124	かいちゅうでんとう	226
おたまじゃくし	115	おもしろい	1169	(懐中電灯)	
おだやかな(穏)	1154	おもて(表)	423	かいてんさせる(回転)	865
おちつく(落着)	552	おもてにほす(表干)	755	かいほうする(解放)	843
おちゃ(茶)	173	おや(親)	446	かいわする(会話)	641
おちる(落)	592	おやしらず	14	かう(買)	924
おつかれさま(疲)	1302	おやすみ(なさい)	1296	ガウン	180
おっと(夫)	448	おやつようバナナ	131	かえす(返)	579

594

かえる(変)	1087	かじつのたね(果実種)	125	かなづち(金槌)	195
かえる(蛙)	115	かじや(鍛冶屋)	798	かならず(必)	1278
かえる(帰)	579	かしょうひょうか	1015	がにまた(股)	44
かえる(たまごが)	716	(過小評価)		カヌー	562
(卵孵化)		かじをする(鍛冶)	798	かね(鐘)	542
かお(顔)	5	かす(貸)	934	かねもち(金持)	1189
かおにつけたきりきず	626	かず(数)	1058	かのうだ(可能)	981
(顔切傷)		かす(滓)	173	かのじょ(彼女)	1224
かおり(香)	635	かぜ(風)	339	かのじょの(彼女)	1229
かおをあらう(顔洗)	619	かぜ(風邪)	682	かのじょら(彼女)	1224
かかく(価格)	569	かぜがふく(風吹)	339	かのじょらの	1232
かかと(踵)	42	かぜのうずまき(風渦巻)	339	カバ	81
かがみ(鏡)	236	かぞえる(数)	1058	かばん(鞄)	215
かかわる(係)	1069	かぞく(家族)	470	かびがはえる(黴生)	1099
かぎ(鍵)	855	かた(肩)	20	かべ(壁)	266
かきね(垣根)	274	かたい(堅)	1129	かべにかける(壁掛)	834
かきわける(草掻分)	874	かたいつちのかたまり	324	かぼちゃ(南瓜)	148
かぎをかける(鍵)	855	(固土塊)		かま(鎌)	196
かく(欠)	824	かたがき(肩書)	492	カマキリ	98
かく(書)	1054	ガタガタする	864	かまど(竈)	271
かく(搔)	828	かたち(形)	515	かまどのうえのたな	272
かく(各)	1251	カタツムリ	112	(竈上棚)	
かぐ(嗅)	636	カタツムリのから(殻)	112	かまどよういし(竈用石)	271
かくさんする(拡散)	906	かたな(刀)	551	かみ(紙)	232
かくしだてをせず(隠立)	1156	かたまる(固)	1105	かみ(神)	527
かくしばしょ(隠場所)	910	かたみ(形見)	516	かみ(髪)	3
かくす(隠)	910	かたむく(傾)	860, 109.	かみきる(嚙切)	657
かくれが(隠家)	910	かたむける(傾)	860	カミソリ	198
かげ(影)	349	かたわら(傍)	420	かみなり(雷)	345
かけい(家系)	470	かちく(家畜)	65	かみなりがなる(雷鳴)	1098
かけいのなかでいち		かちくごや(家畜小屋)	803	かみのわけめ(髪分目)	3
づける(家計中位置)	470	かちくのかこい(家畜囲)	803	かみヤスリをかける(紙)	795
かけつける(駆)	595	かちくのばんにん	803	かみをさんびする	996
かけら(欠片)	812	(家畜番人)		(神賛美)	
かける	809	かちのある(価値)	1184	かみをそったぶぶん	4
かける(掛)	834	かつ(勝)	886	(髪剃部分)	
かご(籠)	214	がつがつしていること	1191	かむ(嚙)	654, 656
かこい(囲)	274	がっき(楽器)	541	かめ(亀)	111
かござら(籠皿)	211	がっこう(学校)	283	がめついこと	1191
かさ(傘)	189	かったくさきをやく	743	カメレオン	110
かざいをとりだす	899	(刈草木焼)		かゆい	690
(家財取出)		かってなことをする(勝手)	1034	かようび(火曜日)	407
かさぶた	684	かつれい(割礼)	532	から	430
かざる(飾)	790	かど(角)	868	からい(辛)	1196
かじ(鍛冶)	798	かどうか	1239	からかう	651
かしつ(過失)	1052	かなしみ(悲)	961	ガラス	235
かじつ(果実)	124	かなしむ(悲)	961	からす(烏)	89

からだ(体)	53	かんしゃ(感謝)	957	きそく(規則)	555
からだおおいぬの(体覆布)	181	かんじゃ(患者)	680	きた(北)	422
		かんしゃく(癇癪)	682	ギター	541
からだがあつい(体熱)	670	かんしゃする(感謝)	957	きたいする(期待)	1041
からだがだるい(体)	1127	かんしゅう(慣習)	525	きたない	1149, 115
からだをあらう(体洗)	620	かんじょう(感情)	634	きちょうな(貴重)	1184
からだをかがめる(体屈)	608	かんじる(感)	634	きつい	844
からである(空)	1081	かんせつ(関節)	39	きつおんしゃ(吃音者)	485
からにする(空)	1081	かんぜんに(完全)	1276	キツツキ	89
からみると(見)	1266	かんぞう(肝臓)	49	きつね(狐)	81
かりたものをかえす(借物返)	935	かんだいな(寛大)	1192	きとう(亀頭)	31
		かんちょう(浣腸)	700	きとく(危篤)	727
かりゅう(下流)	307	かんちょうき(浣腸器)	700	きにする(気)	1060
かりる(借)	935	かんづめ(缶詰)	209	きね(杵)	758
かりをする(狩)	799	かんでんち(乾電池)	226	きねんひ(記念碑)	516
かるい(軽)	1125	かんとくしゃ(監督者)	502	きのう(昨日)	367
かれ(彼)	1224	かんなをかける	795	きのうしない(機能)	811
カレーこ(粉)	776	がんばる(頑張)	1160	キノコ	152
かれの(彼)	1229	かんびょうする(看病)	697	きのさき(木先)	116
かれら(彼)	1224	かんぼく(灌木)	158	きのしん(木芯)	117
かれらの(彼)	1232	かんむりづる(冠鶴)	89	きのそよぎ(木)	339
かれる(枯)	747	かんようである(寛容)	1162	キノボリハイラックス(木登)	81
かわ(川)	304				
かわ(皮)	54	**き**		きびしい(厳)	1155
かわいたバナナのは(乾葉)	131	き(木)	116, 158	きまえのいい(気前)	1192
		きいろ(黄色)	1206	きみ(君)	1224
かわかす(乾)	1102	きえる(消)	765, 107	きめる(決)	1033
かわぎし(川岸)	304	きかい(機械)	191	きもち(気持)	634
かわく(乾)	1102	きがくるう(気狂)	696	きもの(着物)	177
かわら(瓦)	260	きかざる(着飾)	627	きゃく(客)	480
かわりに(代)	1261	きがすすまない(気進)	977	ぎゃくたいする(虐待)	1016
かわりをする(代)	1090	きがつく(気付)	1067	ぎゃくの(逆)	1168
かわをむく(皮剝)	756	きがみじかい(気短)	965	キャッサバ	133
かんえん(肝炎)	682	きかんし(気管支)	19	キャッサバイモのせんい(繊維)	133
かんおけ(棺桶)	222	きく(聞)	633, 854		
がんか(眼窩)	7	きけん(危険)	1173	キャッサバのは(葉)	133
かんがえ(考)	47	きげん(期限)	426	キャベツ	151
かんがえる(考)	1059	きげん(起源)	506, 716	キャリアレディー	438
かんき(乾季)	336	きげんがわるい(機嫌悪)	966	ギャンブル	951
かんげい(歓迎)	1298	きけんこうい(危険行為)	1173	きゅう(九)	381
かんけいする(関係)	1069	きこえるようになる(聞)	854	きゅうが(吸芽)	131
かんげいする(歓迎)	891	きしゃ(喜捨)	538	きゅうくつである(窮屈)	844
かんけいだいめいし(関係代名詞)	1225	きず(傷)	684	きゅうけいする(休憩)	741
		きずあと(傷跡)	684	きゅうし(臼歯)	14
かんごく(監獄)	838	きずつく(傷)	970	きゅうしきの(旧式)	1147
がんこな(頑固)	1181	きぜつする(気絶)	695	きゅうじゅう(九十)	388
かんさつする(観察)	724	キセル	227	きゅうじょう(窮状)	1190

きゅうじょする(救助)	730	キリン(麒麟)	81	くすり(薬)	703
きゅうでん(宮殿)	497	キリンのしっぽのけ	69	くすりをしょほうする	705
ぎゅうにゅう(牛乳)	175	(麒麟尻尾毛)		(薬処方)	
きゅうひゃく(九百)	394	きる(切る)	807	くせ(癖)	525
きゅうりょう(給料)	565	きる(着)	627	くだ(管)	240
きょう(今日)	366	きれあじ(切味)	1133	くだりざか(下坂)	288
きょうかい(境界)	300	きれいな	1148, 115	くち(口)	11
きょうかい(教会)	279	きれいにする	779	くちでうまいことをいう	1018
きょうかいでしきをあげる	712	きれたてあし(切手足)	36	くちばし(嘴)	84
(教会式挙)		きれはし(切端)	786	くちひげ(口髭)	17
きょうかいではたらくひと	504	きれる(切)	1081	くちびる(唇)	11
(教会働人)		キロ	231	くちぶえをふく(口笛吹)	638
きょうき(狂気)	696	ぎろん(議論)	1035	くちをひらく(口開)	642
ぎょうぎ(行儀)	525	きをうしなう(気失)	695	くつ(靴)	188
ぎょうぎがわるい	1061	きをつよくもつ(気強持)	1129	グツグツにえる(煮)	766
(行儀悪)		きん(金)	330	くつずれをする(靴擦)	844
きょうく(教区)	293	ぎん(銀)	330	くっつく	837
ぎょうこする(凝固)	1105	きんしする(禁止)	992	くっつける	837
きょうじん(狂人)	696	きんせい(金星)	351	くに(国)	291
きょうせい(強制)	553	きんにく(筋肉)	64	くび(首)	18
きょうせいする(矯正)	584	きんにくのけいれん	688	くびかざり(首飾)	185
きょうそう(競争)	887	(筋肉痙攣)		くびをしめる(首絞)	849
きょうそうする(競争)	887	きんべんな(勤勉)	1160	くまで(熊手)	192
きょうだい(兄弟)	456	きんようび(金曜日)	407	くも(雲)	340
きょうだいしまい	455			くも(蜘蛛)	105
(兄弟姉妹)		**く**		くものす(蜘蛛巣)	105
きょうてい(協定)	1040	グアヴァ	124	くもりび(曇日)	337
きょうりょくする(協力)	738	くい(杭)	265	くらい	1201, 128
きょかする(許可)	1034	くうき(空気)	338	ぐらぐらする(歯)	864
きょじゃくな(虚弱)	1127	くうきがぬける	1086	くらさ(暗)	361
きょせいぎゅう(去勢牛)	73	くうふく(空腹)	666	クラス	283, 557
きょせいする(去勢)	804	くがつ(九月)	406	グラス	207
きょねん(去年)	372	くき(茎)	130	くらべる(比)	1072
きょひする(拒否)	1026	くくる	839	くらやみ(暗闇)	361
きらう(嫌)	977	くさ(草)	129	クラン	482
きり(霧)	340	くさきのかられている	743	クランメンバー	471
きり(錐)	794	ところ(草木刈所)		クリーム	175
きりかぶ(切株)	119, 131	くさり(鎖)	239	クリームをぬる(塗)	712
きりさめ(霧雨)	341	くさる(腐)	752	くりかえす(繰返)	1071
キリストきょうめい(教名)	523	くさをかる(草刈)	748	クリスマス	408
ぎりのきょうだい	469	くさをはませる	803	くる(来)	572
(義理兄弟)		(家畜草食)		ぐるぐるとまわる(回)	865
ぎりのちち(義理父)	468	くし(櫛)	623	ぐるぐるまきにする(巻)	847
ぎりのはは(義理母)	468	くし(串)	878	くるしむ(苦)	970
ぎりのむすこ(義理息子)	469	くしにさす(串刺)	878	くるま(車)	558
ぎりのむすめ(義理娘)	469	くしゃみをする	674	くるまのしゅうりこう	503
きりわける(切分)	807	くすぐる	650	(車修理工)	

くるまのぜんめん 　（車前面）	558	けっこんひろうえん 　（結婚披露宴）	712	こうかんする（交換） ごうかんする（強姦）	936 714
くろい（黒）	1202	けっこんをもうしこむ	712	こうがんりゅう（睾丸瘤）	682
くろうする（苦労）	970	（結婚申込）		こうぎする（抗議）	1003
くろうにたえる（苦労耐）	973	けっしんする（決心）	1033	こうけいしゃ（後継者）	1091
くろくそめる（黒染）	1202	けっせきする（欠席）	920	こうげきてきな（攻撃的）	967
くわ（鍬）	192	げつようび（月曜日）	407	こうけつあつ（高血圧）	682
クワシオルコール	682	げひんなはなし（下品話）	1062	こうさくしゃ（耕作者）	742
ぐん（郡）	293	けむし（毛虫）	106	こうさてん（交差点）	287
ぐんしゅう（群集）	893	けむり（煙）	332	こうし（子牛）	73
くんせいだい（燻製台）	771	げり（下痢）	682	こうしもよう（格子模様）	517
くんせいにく（燻製肉）	771	げりべん（下痢便）	682	こうしゅうがある（口臭）	635
くんせいにする（燻製）	771	ける（蹴）	870	こうじょうせんしゅ	682
くんれんする（訓練）	732	けんい（権威）	554	（甲状腺腫）	
け		けんか（喧嘩）	1036	こうしんする（行進）	593
けいかをみる（経過見）	724	けんかしているひとを 　ひきはなす（喧嘩人引離）	1037	こうずい（洪水） こうそする（控訴）	308 1004
けいさつかん（警察官）	500	けんかをうられる	1035	こうどう（行動）	733
けいさん（計算）	1058	（喧嘩売）		こうとうぶ（後頭部）	1
けいさんする（計算）	1058	げんご（言語）	507	こうびする（交尾）	713
けいしょく（軽食）	160	けんこう（健康）	678	こうふんする（興奮）	954
けいそつ（軽率）	725	けんこうこつ（肩胛骨）	20	ごうまん（傲慢）	998
けいべつ（軽蔑）	1015	けんこうである（健康）	678	コウモリ	81
けいほう（警報）	1066	げんこつでなぐる	869	こうもん（肛門）	30
けいむしょ（刑務所）	838	（拳骨殴）		こうろん（口論）	1035
ゲーム	951	けんさする（検査）	726	こえ（声）	509
けが（怪我）	684	けんし（犬歯）	14	コート	180
けがわ（毛皮）	70	けんしんてきにおこなう	1047	コーヒー	174
けがをする（怪我）	684	（献身的行）		こおろぎ（蟋蟀）	98
けしょうをする（化粧）	625	けんせつする（建設）	791	こがたな（小刀）	197
けずりくず（削屑）	794	げんど（限度）	426	ごがつ（五月）	406
けずる（削）	794	けんぶつにいく（見物行）	629	ごきげんいかがですか	1294
げた（下駄）	188	げんりゅう（源流）	307	（機嫌）	
けち	1191	けんりょく（権力）	554	ゴキブリ	98
けつえんかんけい	471			こきょう（故郷）	918
（血縁関係）		**こ**		こぐ（漕）	562
けっかく（結核）	682	ご（五）	377	こくそう（穀倉）	257
げっけいちゅうである	685	こい（濃）	1115, 120	こげる（焦）	769
（月経）		こいぬ（仔犬）	79	ここ	432
げっこう（月光）	350	ごうい（合意）	1040	ごご（午後）	359
けっこん（結婚）	712	こううんである（幸運）	955	ココナツやしのき	132
けっこんする（結婚）	711	こうか（硬貨）	564	（椰子木）	
けっこんする（男女結婚）	712	こうがい（口蓋）	11	こころみる（試）	1046
けっこんてきれいきの	443	こうがいすい（口蓋垂）	11	ゴザ	254
じょせい（結婚適齢期女性）		こうかいする（後悔）	964	こし（腰）	28
けっこんのじょうけんを	712	こうかな（高価）	1188	こじ（孤児）	476
ととのえる（結婚条件整）		こうがん（睾丸）	32	こしき（漉器）	208

598

こじき(乞食)	1024	ごめんなさい	1300	さいばんしょ(裁判所)	1007
こしにまくひも(腰巻紐)	187	こもり(子守)	722	さえ	1259
こしまき(腰巻)	181	こやすがい(小安貝)	112	さえぎる(遮)	858
ごじゅう(五十)	384	こゆび(小指)	40	さえも	1259
こじん(故人)	727	ゴリラ	81	さか(坂)	288
こす(濾)	1104	これ	1221	さかい(境)	300
こそげる	828	ころがす(転)	591	さかさまにおく(逆)	1089
こそばせる	650	ころがりおちる(転落)	591	さがす(探)	911
こたえ(答)	986	ころす(殺)	882	さかな(魚)	113
こたえる(答)	986	ころばせる(転)	591	さかなをとる(魚獲)	801
ごちそうさまでした (馳走様)	1308	ころぶ(転)	591	さかんようコテ (左官用鏝)	326
こちょう(誇張)	645	こわい(怖)	967		
こっかく(骨格)	60	こわがる(恐)	960	さぎ(詐欺)	1010
こっけいな(滑稽)	1169	こわす(壊)	808	さぎ(鷺)	89
こつずい(骨髄)	60	こわれたなべ(壊鍋)	201	さきにいく(先行)	576
こっせつする(骨折)	687	こわれる(壊)	811, 808	さきをとがらす(先尖)	796
ごったに(煮)	163	こをうむ(仔産)	716	さくにゅうばしょ (搾乳場所)	805
コップ	207	こんけつ(混血)	506		
こどくである(孤独)	963	こんげつ(今月)	371	さけ(酒)	171
ことし(今年)	372	コンゴ	291	さけつくりようバナナ (酒造用)	131
ことなる(異)	1167	こんし(婚資)	712		
ことば(言葉)	507	こんちゅう(昆虫)	90	さけのみ(酒飲)	664
こども(子供)	439	こんなん(困難)	971, 1179	さけぶ(叫)	647
こどものだだ(子供駄々)	439	こんにちは	1292	さける(避)	1077
こどものなきさけび(子供泣叫)	652	こんばんは	1293	さけをつくる(酒)	778
ことわざ(諺)	521	コンピューター	543	ささえる(支)	862
ことわる(断)	1026			ササゲ	145
こな(粉)	162	**さ**		さじ(匙)	212
こねる(捏)	773	サイ	81	さしものし(指物師)	503
この	1221	さい(差異)	1167	さす(刺)	654
このような	1253	さいきん(最近)	364	させない	992
ごはん(飯)	170	さいご(最後)	403	ざつおん(雑音)	510
ごはんののこり(飯残)	159	サイザル	150	サッカーをする	951
コブ	488, 10?	ざいさん(財産)	567	さっき	364
こぶし(拳)	35	さいじつ(祭日)	408	ざっしゅ(雑種)	506
こぼす	908	さいしょ(最初)	401	ざっそう(雑草)	129
ゴマ	146	さいしょにおこなう (最初)	1074	ざっそうでいっぱいになる (雑草一杯)	748
こまかい(細)	1142				
こまる(困)	971	さいしょにはえるは (最初歯)	14	ざっそうをとる(雑草取)	748
ごみ(塵)	277			さっちする(察知)	1067
ごみすてば(塵捨場)	277	さいしょの(最初)	401	さつばつ(殺伐)	1036
ごみやま(塵山)	277	さいしょのこ(最初子)	447	サツマイモ	134
こむぎ(小麦)	141	サイチョウ	89	サツマイモのつる(蔓)	134
こめ(米)	141	さいていげん(最低限)	1259	さとう(砂糖)	168
こめかみ	7	さいのう(才能)	981	サトウキビ	153
ごめんください	1297	さいばん(裁判)	1007	サナダむし(虫)	92
		さいばんかん(裁判官)	1007	さばく(裁)	1007

さび(錆)	1134	しけん(試験)	1046	しのびあしであるく	593
さほう(作法)	525	じけん(事件)	1007	（忍足歩）	
さます(冷)	1106	しけんする(試験)	726	しはいする(支配)	888
さみしい(寂)	963	じこ(事故)	563	しばふ(芝生)	129
さむい(寒)	1219	しこう(思考)	1059	しばる(縛)	839
さむいてんき(寒天気)	337	シコクビエ	139	しびん(尿瓶)	276
さめる(冷)	1106	しごと(仕事)	570	じぶんで(自分)	1233
サモサ	169	しさい(司祭)	504	しぼう(脂肪)	62
さや(莢)	127	しさつかん(視察官)	724	しぼうをつうちする	727
さようなら	1295	しさつする(視察)	724	（死亡通知）	
さら(皿)	211	しじする(支持)	1028	しぼむ	1086
さらう	598	ししゅう(刺繍)	786	しぼる(絞)	783
ざらざらした	1141	じしん(自身)	1233	しま(島)	322
さる(去)	574	じしん(地震)	316	しまい(姉妹)	457
さる(猿)	81	じしんがある(自信)	999	しまう	579
さわぎ(騒)	510	しずく(滴)	342	シマウマ	81
さわる(触)	825	しずむ(沈)	604	しまもよう(縞模様)	517
さん(三)	375	しそこねる	1051	しまもようのにわとり	87
さん[呼び掛け]	492	しそん(子孫)	467	（縞模様鶏）	
さんがつ(三月)	406	シダ	129	じまんする(自慢)	997
さんじゅう(三十)	384	した(下)	414	しみ(染)	1151
さんせいする(賛成)	1027	した(舌)	12	しめつける(締付)	844
さんば(産婆)	716	したい(死体)	727	しめる(閉)	853
さんぱつする(散髪)	624	じたい(自体)	1233	しめる(湿)	1099
さんぽする(散歩)	594	したがう(従)	1030	じめん(地面)	324
		したがって(従)	1267	しもネタ(下)	1062
し		したがわない(従)	1031	ジャガイモ	135
しいくする(飼育)	803	したしみのある(親)	1170	しゃがむ	607
シーツ	251	したにおく(下置)	939	しゃけつする(瀉血)	698
ジェリカン	205	したのちゅうしんせん	12	しゃこうてきな(社交的)	1170
しえんする(支援)	1028	そしき(舌中心線組織)		しゃし(斜視)	7
しお(塩)	166	じたばたする	692	しゃしん(写真)	514
しおあじをつけずに	159	しち(七)	379	しゃだんする(遮断)	858
りょうりされたしょくじ(塩味無食事)		しちがつ(七月)	406	シャツ	179
しかいしゃ(司会者)	894	しつがいこつ(膝蓋骨)	45	ジャッカル	81
しかく(四角)	519	しつこい	1161	しゃっきん(借金)	935
しかし	1263	しっしんする(失神)	695	ジャックフルーツ	124
しがつ(四月)	406	しっち(湿地)	311	しゃっくりをする	674
しかめっつらをする	966	しっとする(嫉妬)	1042	しゃぶる	662
しかる(叱)	1000	しっぱいする(失敗)	1051	しゃべる(喋)	641
じかん(時間)	353	しっぽ(尻尾)	71	シャベル	192
じき(時期)	352	しつもん(質問)	985	シャベルでほる(掘)	829
しきち(敷地)	258	じてんしゃ(自転車)	561	じゃまをする(邪魔)	739
しきてん(式典)	537	しどうしゃ(指導者)	554	しゃもじ	213
しきゅう(子宮)	33	じどうしゃ(自動車)	558	しゃりん(車輪)	561
しく(敷)	832	しなければならない	923	シャワールーム	620
しげみ(茂)	301	しぬ(死)	727	しゅう(州)	293

しゅう(週)	356	しゅしょう(首相)	498	しょうべん(小便)	672
じゅう(十)	382	しゅしょく(主食)	163	しょうべんをする(小便)	672
しゅうい(周囲)	421	じゅず(数珠)	536	じょうほう(上方)	413
じゅういち(十一)	383	しゅだんによって(手段)	1238	じょうほうをみる(上方見)	629
じゅういちがつ(十一月)	406	しゅちょう(首長)	498	じょうまえ(錠前)	855
じゅうおく(十億)	399	しゅっけつする(出血)	685	しょうめいしょ(証明書)	512
しゅうかい(集会)	894	しゅっせきする(出席)	894	じょうりゅう(上流)	307
しゅうかいじょう(集会場)	275	じゅひ(樹皮)	120	じょうりゅうしゅ(蒸留酒)	171
しゅうかくする(収穫)	753	じゅひふ(樹皮布)	120	じょうりゅうしゅをつくる(蒸留酒)	778
じゅうがつ(十月)	406	しゅるい(種類)	484		
しゅうかん(習慣)	525	じゅんびする(準備)	1045	しょく(職)	570
しゅうきょう(宗教)	531	じゅんれいする(巡礼)	866	しょくじ(食事)	159
じゅうく(十九)	383	じょうおうしろあり(女王白蟻)	101	しょくじようゴザ(食事用)	655
じゅうご(十五)	383			しょくにん(職人)	503
しゅうごうする(集合)	893	しょうが(生姜)	151	しょくりょう(食料)	159
じゅうさん(十三)	383	じょうき(蒸気)	319	しょくりょうをちょうたつしてくる(食料調達)	940
じゅうじか(十字架)	530	しょうげき(衝撃)	969		
じゅうしち(十七)	383	じょうげぎゃくにする(上下逆)	1089	じょさんぷ(助産婦)	716
じゅうしょ(住所)	918			じょせい(女性)	438
じゅうしょふていである(住所不定)	918	しょうげん(証言)	1006	じょせいせいき(女性性器)	33
		しょうげんしゃ(証言者)	1006		
しゅうじん(囚人)	501	じょうご	208	しょゆうしゃ(所有者)	495
しゅうだん(集団)	483	しょうこ(証拠)	1006	しょゆうする(所有)	823
ジューッとおとをだす(音)	770	しょうご(正午)	359	しょるい(書類)	512
しゅうどうじょ(修道女)	504	しょうこひん(証拠品)	1006	しらが(白髪)	3
じゅうに(十二)	383	しようされていないとち(使用無土地)	300	しらせ(知)	1066
じゅうにがつ(十二月)	406			しらせる(知)	1066
じゅうにしちょうちゅう(十二指腸虫)	92	しょうじきな(正直)	1156	しらみ(虱)	104
		しょうじょ(少女)	442	しり(尻)	29
じゅうはち(十八)	383	しょうすうの(少数)	1242	じりつじょせい(自立女性)	438
じゅうぶんな(十分)	1244	じょうずな(上手)	1176		
じゅうまん(十万)	398	しようする(使用)	736	しりゅう(支流)	304
じゅうような(重要)	1184	じょうぞうする(醸造)	778	しりをつきだす(尻突出)	1089
じゅうよん(十四)	383	じょうだんかんけい(冗談関係)	467	しりをふく(尻拭く)	622
しゅうらく(集落)	289			しる(知)	1065
しゅうりする(修理)	810	じょうだんをいう(冗談言)	651	しるし(印)	516
じゅうろく(十六)	383	しょうちょう(小腸)	51	しろあり(白蟻)	101
じゅえき(樹液)	128	しょうてん(商店)	285	しろありのす(白蟻巣)	101
じゅくする(熟)	751	しょうとつする(衝突)	612	しろい(白)	1203
しゅくふく(祝福)	955	しょうにん(証人)	1006	しろいにわとり(白鶏)	87
しゅくふくする(祝福)	1304	しょうにん(使用人)	502	しろいろ(白色)	1203
しゅごせっとうじ(主語接頭辞)	1225	しょうねん(少年)	441	しろこ(白子)	489
		しょうばい(商売)	927	しろさをうしなう(白失)	1203
しゅし(種子)	125	しょうばいでそんをする(商売損)	929	しわ(皺)	5,851
しゅじゅつする(手術)	707			しわがよる(皺)	851
じゅじゅつをかける(呪術)	711	しょうひん(商品)	927	しん(芯)	224
		じょうぶな(丈夫)	1131	しんぐ(寝具)	251

しんげつ(新月)	350	スープにひたす(浸)	785	するどい(鋭)	1133	
しんこう(信仰)	531	すえっこ(末子)	447	するところだ	1216	
しんさつする(診察)	704	スカート	181	するどさ(鋭)	1133	
しんしつ(寝室)	263	ずがいこつ(頭蓋骨)	2	すわる(座)	606	
しんじつ(真実)	1156	すきである(好)	976			
しんじゃ(信者)	531	すきま(隙間)	177	**せ**		
しんしょう(親称)	523	すぎる(過)	1241	ぜい(税)	568	
しんしょく(侵食)	299	すくう(掬)	762	せいえき(精液)	32	
しんじる(信)	982	すくない(少)	11, 1242	せいかく(性格)	524	
しんじん(新人)	1146	すくなくとも	1259	せいき(性器)	31	
しんせつしん(親切心)	1152	すぐに	1279	せいきをうしなう(精気)	679, 112	
しんせつな(親切)	1152	すこし(少)	1242	ぜいきん(税金)	568	
しんぞう(心臓)	47	スコップ	192	せいけつ(清潔)	1150	
じんぞう(腎臓)	50	すじにく(肉)	61	せいこうする(性交)	713	
しんぞうのどうき	47	すす(煤)	333	せいこうする(成功)	1050	
(心臓動悸)		すず(鈴)	542	せいさい(制裁)	1008	
しんぞく(親族)	471	すすぐ(濯ぐ)	782	せいさくする(製作)	734	
しんだい(寝台)	249	すずしい(涼)	1220	せいさん(聖饗)	529	
しんたいしょうがい	488	すずしいところ(涼所)	349	せいじつ(誠実)	1156	
(身体障害)		すずめばち(雀蜂)	95	せいじゃ(聖者)	528	
しんたいしょうがいしゃ	488	すする	661	せいしょ(聖書)	513	
(身体障害者)		すそ(衣服裾)	786	せいしょのぎょう(聖書行)	503	
しんだきょうだいのつまを	1091	ずつう(頭痛)	682	せいじん(聖人)	528	
めとる(死兄弟妻娶)		ずつきをする(頭突)	871	せいしん(精神)	47	
しんちくいわい(新築祝)	255	すっぱい(酸)	1196	せいちする(整地)	743	
じんつう(陣痛)	716	すでに(既)	1282	せいちょうする(成長)	718	
しんてんする(進展)	1049	すてる(捨)	818	せいちょうふりょうである	718	
しんねんおめでとう	1305	ストロー	171	(成長不良)		
ございます(新年)		すな(砂)	327	せいで	1265	
しんば(新葉)	122	すなのみ(砂蚤)	102	せいと(生徒)	494	
しんぱいする(心配)	974	すね(脛)	44	せいびょう(性病)	682	
しんぷ(新婦)	712	スパイする	911	せいふ(政府)	498	
しんぷ(神父)	504	すべる(滑)	611	せいめい(生命)	525	
しんぼうづよい(辛抱強)	1161	ズボン	182	せいよく(性欲)	713	
しんぽする(進歩)	1048	すみ(隅)	266	せいりする(整理)	905	
		すみ(炭)	334	セーター	179	
す		すみません	1300	せおいぬの(背負布)	252	
す(巣)	85	すむ(住)	918	せおう(背負)	720	
すいせい(彗星)	351	すむ(澄)	1104	せかい(世界)	296	
すいそくする(推測)	1059	すもうをとる(相撲取)	952	せきにん(責任)	556	
すいてきがおちる(水滴)	1109	ずりおちる(落)	845	せきり(赤痢)	682	
すいとうがかり(出納係)	498	すりきれる(擦切)	816	セキレイ	89	
すいとりがみ(吸取紙)	232	すりこむ(擦込)	826	せきをする(咳)	673	
すいようび(水曜日)	407	する	733	せっきょうし(説教師)	1021	
すう(吸)	662	する(擦)	826	せっきょうする(説教)	1019, 102	
スーツ・ケース	221	ずるがしこい	1182	せっけん(石鹸)	234	
スープ	161	することになっている	923	ぜっこう(絶交)	549	

602

ぜっぺき(絶壁)	317	そうぞうする(創造)	735	たいくつ(退屈)	1175
せつめいする(説明)	988	そうぞうぶつ(創造物)	735	たいこ(太鼓)	540
せなか(背中)	22	そうぞく(相続)	1091	たいこがなる(太鼓鳴)	540
せぼね(背骨)	22	そうそふ(曽祖父)	465	たいこにかわをはる	540
せまい(狭)	1123	そうそぼ(曾祖母)	465	(太鼓皮張)	
せみ(蝉)	96	そうだんする(相談)	1032	だいご(第五)	377
セメント	326	そうちょう(早朝)	358	だいさん(第三)	375
セメントをぬる(塗)	789	そうですか	1301	たいじ(胎児)	715
ゼロ	400	ぞうのはな(象鼻)	68	たいしゅう(体臭)	635
せわをする(世話)	722	ぞうひびょう(象皮病)	682	だいじゅう(第十)	382
せん(千)	395	ゾウむし(虫)	103	だいず(大豆)	146
せん(千)	397	ぞうり	188	たいせつな(大切)	1184
せん(栓)	210	そうりょうむすこ	1091	たいだ(怠惰)	1128
せん(線)	518	(総領息子)		だいちょう(大腸)	51
せんいをよじる(繊維)	849	そけいぶ(鼠径部)	29	たいちょうがわるい(体調)	679
せんきょ(選挙)	1073	そこ	433	たいど(態度)	524
せんげつ(先月)	371	そこ(底)	425	だいどころ(台所)	270
せんこうする(先行)	576	そして	1264	だいなな(第七)	379
せんこく(先刻)	364	そしゃくする(咀嚼)	656	だいに(第二)	374
せんし(戦士)	499	そしょう(訴訟)	1007	だいはち(第八)	380
せんじつ(先日)	369	そせいする(蘇生)	729	たいひ(堆肥)	298
せんじる(煎)	766	そせんれい(祖先霊)	534	だいべん(大便)	671
せんせい(先生)	493	そそぐ(注)	907	たいほう(大砲)	544
ぜんぜん(全然)	1276	そだつ(育)	718	たいほする(逮捕)	838
せんぞ(先祖)	466	そっちょくに(率直)	1156	たいま(大麻)	150
せんそう(戦争)	550	そと(外)	417	たいもう(体毛)	58
ぜんそく(喘息)	682	その	1222	タイヤ	561
せんたくする(洗濯)	782	そのような	1253	たいよう(太陽)	347
せんたん(先端)	426	そば(側)	420	たいようこうせん	347
せんとう(戦闘)	550	そふ(祖父)	464	(太陽光線)	
ぜんぶ(全部)	1245	そぼ(祖母)	465	だいよん(第四)	376
せんまいどおし(千枚通)	794	そら(空)	344	たいらである(平)	1138
せんもんか(専門家)	503	そる(剃)	624	だいろく(第六)	378
		それ	1222	たえまなく(絶間)	1048
そ		それから	1264	たえる(耐)	973
ぞう(象)	81	そんけい(尊敬)	1014	たおす(倒)	591
そうおん(騒音)	510	そんざいする(存在)	920	タオル	253
ぞうきんをかける(雑巾)	779			たおれる(倒)	591
ぞうげ(象牙)	68	**た**		たかい(高)	1116, 118
そうげん(草原)	303	たいあたりする(体当)	871	たかだい(高台)	324
そうこ(倉庫)	285	だいいち(第一)	401	たかねでうる(高値売)	1188
そうしき(葬式)	539	だいいっし(第一子)	447	たがやす(耕)	742
そうしきのさんれつしゃ	830	だいいんしん(大陰唇)	33	だから	1267
(葬式参列者)		たいいんする(退院)	282	たからがい(宝貝)	112
そうじする(掃除)	779	たいかんしき(戴冠式)	496	たき(滝)	306
そうしょく(装飾)	790	だいきゅう(第九)	381	だく(抱)	720
そうぞうしゅ(創造主)	735	だいく(大工)	503	タクシー	558

たくわえる(蓄)	901	ために	1261	ちのちぎりをむすぶ	477		
だけ	1288	たりない(足)	1242, 1244	(血契結)			
たけ(竹)	154	たりる(足)	1244	ちぶさ(乳房)	24		
だけれども	1263	だれ(誰)	1234	ちぶさがたれる(乳房垂)	24		
たしかな(確)	1157	だれか(誰)	1248	ちゃいろ(茶色)	1204		
たすける(助)	730, 737	だれも〜でない(誰)	1243	ちゃのは(茶葉)	173		
たずねる(訪)	892	タロイモ	136	チャパティ	169		
だたいする(堕胎)	716	たんか(担架)	249	ちゅういする(注意)	725		
たたかう(戦)	884	だんがい(断崖)	317	ちゅうかん(中間)	419		
たたく(叩)	869	だんがん(弾丸)	544	ちゅうかんくらい(中間)	1242		
ただしい(正)	1157	たんご(単語)	508	ちゅうさいする(仲裁)	1037		
たつ(立)	605	だんじきをする(断食)	667	ちゅうしゃをする(注射)	706		
だっこくする(脱穀)	757	たんじゅう(肝汁)	49	ちゅうしょく(昼食)	160		
たて(盾)	551	たんじょう(誕生)	716	ちゅうふう(中風)	682		
たてがみ(鬣)	69	たんじょうち(誕生地)	716	ちょういきん(弔慰金)	539		
たてる(建)	791	たんじょうびおめでとう	1306	ちょうこくとう(彫刻刀)	794		
たな(棚)	246	(誕生日)		ちょうじょう(頂上)	315		
ダニ	103	たんじょうめい(誕生名)	523	ちょうしょく(朝食)	160		
たに(谷)	317	だんせい(男性)	437	ちょうちょ(蝶々)	96		
たね(種)	125, 147	たんもの(反物)	252	ちょうど	1275		
たねをまく(種蒔)	744	だんをとる(暖)	1101	ちょくちょう(直腸)	30		
たのしむ(楽)	954			ちょくりつする(直立)	1135		
たば(束)	220	**ち**		ちらばる(散)	906		
タバコ	149	ち(血)	63	ちりょうする(治療)	705		
タバコをすう(吸)	665	ちいさい(小)	1111	チンパンジー	81		
たび(旅)	582	ちいさくきりわける	807				
タブー	535	(小切分)		**つ**			
タフである	1155	ちいさくなる(小)	1111	ついて	1262		
たぶん(多分)	1278	ちいささ(小)	1111	つうじょうの(通常)	1186		
たべもの(食物)	159	チーター	81	つえ(杖)	241		
たべものにいしをふくむ	327	ちかい(近)	1216	ツェツェばえ(蝿)	93		
(食物石含)		ちかい(誓)	1039	つかいふるしたぬの	252		
たべる(食)	655	ちがい(違)	1167	(使古布)			
たま(球)	951	ちかう(誓)	1039	つかまえる(捕)	838		
たま(弾)	544	ちがう(違)	1167	つかむ(掴)	821		
たまご(卵)	86	ちかづく(近)	573	つかれる(疲)	740		
たまごをあたためる	806	ちかみち(近道)	286	つき(月)	350, 355		
(鶏卵暖)		ちから(力)	553	つきあいやすい	1170		
たまごをうむ(卵産)	806	ちきゅう(恥丘)	29	つきさす(突刺)	877		
たましい(魂)	47	ちくび(乳首)	24	つきたてる(突立)	877		
たましいをきゅうさいする	730	ちち(父)	451	つきでたへそ(突出臍)	27		
(魂救済)		ちち(乳)	24	つぎの(次)	402		
だます(騙)	1010	ちちばなれさせる(乳離)	717	つく(着)	578		
たまねぎ(玉葱)	151	ちちをしぼる(乳搾)	805	つく(突)	873		
だまる(黙)	648	ちちをのむ(乳飲)	717	つく(搗)	758		
ためいきをつく(溜息)	637	ちつ(膣)	33	つくえ(机)	245		
ためす(試)	1046	チップ	566	つくる(作)	734		

604

つけくわえる(付加)	1084	つりざお(釣竿)	802	てんじょう(天井)	261
ツケでうる(売)	926	つりばり(釣針)	802	でんせんびょう(伝染病)	683
ツケでかう(買)	926	つる(釣)	802	でんとう(伝統)	505
つち(土)	324	つる(蔓)	148	でんとう(電灯)	224
つちをかぶせる(土被)	744	つる(蔓)	157	でんとうてきかみ	533
つちをはらう(土)	748	つるす(吊)	834	(伝統的神)	
つっかえぼう(棒)	267			でんとうてきしゅうきょう	533
つっかえぼうをする(突棒)	862	**て**		(伝統的宗教)	
つづく(続)	1048	て(手)	34	てんねんとう(天然痘)	682
つづけて(続)	1048	で[場所]	427	でんわをじゅうでんする	643
つっぱる	999	であう(出会)	914	(電話充電)	
つつみ(包)	219	てあてする(手当)	705	でんわをかける(電話)	643
つつみがみ(包紙)	219	である	921		
つつむ(包)	833	ていしする(停止)	599	**と**	
つな(綱)	238	ておしにぐるま	558	と	1254
つねに(常)	1280	(手押荷車)		と(戸)	267
つの(角)	67	テカテカしている	1200	ドア	267
つば(唾)	13	てがみ(手紙)	512	といし(砥石)	797
つばさ(翼)	83	てき(敵)	549	とう(問)	985
つばめ(燕)	89	できごと(出来事)	511	といつ(統一)	373
つばをはく(唾)	660	てきたいかんけい	549	とうがらし(唐辛子)	167
つぶす(潰)	817	(敵対関係)		ときにもようをつける	793
つま(妻)	449	できもの(出来物)	682	(陶器模様付)	
つまがじっかにかえる	917	できる(出来)	981	とうきをやく(陶器焼)	793
(妻実家帰)		テグス	802	どうぐ(道具)	191
つまづく	609	でこぼこした	1139	どうくつ(洞窟)	323
つまみぐいをする(食)	777	でし(弟子)	528	どうけつ(洞穴)	323
つまをつれもどす	917	テスト	1046	とうこう(陶工)	503
(妻連戻)		てつ(鉄)	329	どうじょう(同情)	995
つまをめとる(妻)	711	てっこうせき(鉄鉱石)	329	どうぞ	1299
つみ(罪)	1053	てつじょう(鉄条)	239	どうたい(胴体)	21
つみかさねる(上積重)	896	てつだう(手伝)	737	とうちゃくする(到着)	578
つみかさねる(積重)	896	てっぽう(鉄砲)	544	とうちゃくてん(到着点)	571
つみをおかす(罪犯)	1053	てのひら(掌)	34	とうにょうびょう(糖尿病)	682
つむ(摘)	753	てば(手羽)	87	どうねんれい(同年齢)	354
つめ(爪)	41	ではないかとおもう(思)	984	どうぶつ(動物)	65
つめこむ(詰込)	900	てぶえ(手笛)	638	どうぶつのあし(動物脚)	44
つめたい(冷)	1218	てらす(照)	1199	どうぶつのかお(動物顔)	5
つめたいかぜ(冷風)	339	てる(照)	1096	どうぶつのかわ(動物皮)	54
つめでひっかく(爪引掻)	828	でる(出)	586	どうぶつのけ(動物毛)	69
つめをたてる(爪立)	828	テレビ	543	どうぶつのつめ(動物爪)	41
つやのひ(通夜火)	539	てわたす(手渡)	942	どうぶつのふん(動物糞)	671
つゆ(梅雨)	336	てん(点)	517	どうぶつをかう(動物飼)	803
つゆ(露)	320	てんき(天気)	337	とうぼうする(逃亡)	596
つよい(強)	1126	でんき(電気)	226	どうまわり(胴回)	28
つよがりをいう(強)	999	てんこう(天候)	337	とうめいな(透明)	1209
つよそうなひと(強人)	437	てんごく(天国)	344	トウモロコシ	140

とうゆ(灯油)	165	ととのえる(整)	905	ナイフ	197
どうりょう(同僚)	479	どの	1223	ないぶ(内部)	418
どうろ(道路)	286	どのように	1238	なう(綯)	788
とうわくさせる(当惑)	971	とびこす(飛越)	602	なえ(苗)	131
とおい(遠)	1215	とびはねる(飛跳)	602	なおす(治)	705
とおくでゴロゴロいう(遠)	1098	とぶ(飛)	601	なおす(直)	810
とおったあと(通跡)	43	トマト	151	なおる(治)	708
トーテム	482	とまる(止)	599	ながい(長)	1118
とおまわりをする(遠回)	571	とみ(富)	567	なかがすけてみえる(中透見)	1209
とおる(通)	580	ともだち(友達)	477	
トカゲ	109	どもる	485	なかなおりする(仲直)	1038
とき(時)	352, 127	どようび(土曜日)	407	なかみをだす(中身出)	1088
とき(朱鷺)	89	ドラムカン	205	ながれぼし(流星)	351
ときどき(時々)	1281	とり(鳥)	82	ながれる(流)	1108
ドキドキしてまつ(待)	913	とりのしゅるい(鳥種類)	89	なきさけび(泣叫)	652
ときふせる(説伏)	989	とりあげる(取上)	933	なく(泣)	652
ときをすごす(時過)	575	とりいる	1018	なく(鳴)	653
どきをつくる(土器)	793	とりかえす(取返)	820	なぐさめる(慰)	968
とく(解)	842	とりかえる(取替)	1090	なくする	1079
とぐ(研)	797	とりこむ(取込)	755	なくなる(無)	1078, 108
どく(毒)	176	とりのぞく(取除)	757, 899	なぐる(殴)	869
どく(蛇毒)	176	とりひきする(取引)	927	なげる(投)	872
どくありキャッサバ(毒有)	133	どりょくする(努力)	1047	なさけをかける(情)	995
どくしんしゃ(独身者)	474	とりわけ	1273	なしに(無)	1260
とくてん(得点)	951	とる(取)	820	ナス	151
とくに(特)	1273	とるものもとらず	1238	なぜ	1237
どくりつだいめいし(独立代名詞)	1225	どれ	1223	なぜなら	1265
		どれい(奴隷)	501	なぞなぞ(謎々)	521
とげ(刺)	126	トレーラー	558	なた(鉈)	196
とける(溶)	1107	ドレス	178	なだめる(宥)	968
どこ	435	どれだけ	1239	なづけおや(名付親)	523
どこでも	1246	どれだけのきかん(期間)	1239	なづける(名付)	523
どこにいこうとも	1246	どろ(泥)	326	なっとくさせる(納得)	989
ところ(所)	409	どろぼう(泥棒)	932	ナツメやしのき(椰子木)	132
ところのもの	1222	どろみちでスタックする(車泥道)	604	など	1286
とさか(鶏冠)	87			なな(七)	379
とさつする(屠殺)	883	どろをぬる(泥塗)	789	ななじゅう(七十)	386
としゃぶつ(吐瀉物)	693	どをすごす(度過)	1166	ななひゃく(七百)	392
どじょう(土壌)	324	どんな	1252	ななめに(斜)	861
としより(年寄)	445	どんなしゅるいの(種類)	1252	なに(何)	1235
としをとった(年)	445	どんぶり	211	なにか(何)	1249
としをとる(歳取)	445, 1145	とんぼ(蜻蛉)	96	なにでもたべる	655
トタン	260			なにも(何)	1243, 124
とち(土地)	324	**な**		なべ(鍋)	201
とつぜん(突然)	1279	ないぞう(内臓)	51	なまえ(名前)	523
どて(土手)	299	ないぞうをとりだす(内臓取出)	883	なまえをよぶことができない(名前呼)	646
とどける(届)	941			

なまけごころ(怠心)	1128	にわとりにつくはむし (鶏付羽虫)	104	ねんざする(捻挫)	687	
なまにえである(生煮)	1198	にわとりのくびをきる (鶏首切)	87	ねんちょうの(年長)	1145	
なまの(生)	1197	にわとりのけをむしる (鶏毛毟)	87	ねんど(粘土)	325	
なみ(波)	314	にんげん(人間)	436	ねんれい(年齢)	354	
なみだ(涙)	8	にんしょうだいめいし (人称代名詞)	1224	**の**		
ナメクジ	112	にんしん(妊娠)	715	の	1226	
なめらかな(滑)	1140	ニンニク	151	のう(脳)	2	
なめる(舐)	659			のうまくえん(脳膜炎)	682	
ならう(習)	1056	**ぬ**		のうみん(農民)	742	
なる(成)	921	ぬいめ(縫目)	786	のきした(軒下)	268	
なるほど	1301	ぬいめをとく(縫目解)	842	のける	898	
なれ(慣)	1068	ぬう(縫)	786	のこる(残)	575	
なれる(慣)	1068	ぬぐ(脱)	628	のぞいて(除)	1288	
なんかい(何回)	405	ぬぐう(拭)	622	のぞく(覗)	631	
なんきんまめ(南京豆)	142	ぬげる(脱)	845	のそのそとあるく(歩)	593	
なんきんむし(南京虫)	99	ぬすむ(盗)	932	のぞむ(望)	1041	
なんこつ(軟骨)	60	ぬの(布)	252	ので	1265	
なんと[感嘆]	1272	ぬま(沼)	311	のど(喉)	19	
		ぬらす(濡)	1099	のどがいがらっぽい(喉)	690	
に		ぬる(塗)	789	のどがかわく(喉乾)	668	
に(二)	374	ぬれる(濡)	1099	のどがつまる(喉詰)	857	
にえる(煮)	767			のどにつまる(喉詰)	857	
におい(臭・匂)	635	**ね**		のどのいがらっぽさ	19	
にがい(苦)	1196	ね(根)	118	のどのかわき(喉乾)	668	
にがつ(二月)	406	ねぎる(値切)	924	のどひこ	11	
にきび	682	ねこ(猫)	80	のどぶくろ(喉袋)	73	
にく(肉)	61	ねじる	849	のどぼとけ(喉仏)	19	
にくいりおかず(肉入)	161	ねずみ(鼠)	81	のばす(伸)	852	
にげる(逃)	596	ねぞうがわるい(寝相悪)	615	のぼる(登)	587	
にごす(濁)	1103	ねたむ	1042	のみ	1288	
にこぼれる(煮)	772	ねだる	1021	のみ(蚤)	102	
にし(西)	422	ねだん(値段)	569	のみこむ(飲込)	663	
にじ(虹)	346	ねつ(熱)	681, 682	のみもの(飲物)	172	
にじゅう(二十)	384	ねつぼう(熱望)	979	のむ(飲)	661	
にだす(煮出)	766	ねどこ(寝床)	249	のやきのあと(野焼後)	318	
にちようび(日曜日)	407	ねむい(眠)	616	のる(乗)	589	
にっしょく(日食)	347	ねむけ(眠気)	616	のろい(呪)	710	
にっちゅう(日中)	359	ねむる(眠)	615	のろう(呪)	710	
にぶい(鈍)	1134	ねもと(根本)	745			
にもつ荷物	218	ねらう(狙)	881	**は**		
にもつをもたせる(荷物持)	937	ねる(寝)	615, 713	は(歯)	14	
ニュース	1066	ねん(年)	354	は(刃)	199	
にる(似)	1070	ねんぐ(年貢)	568	は(葉)	122, 131	
にわ(庭)	273			ハープ	541	
にわとり(鶏)	87			はい	1289	
にわとりがえさなどを ついばむ(鶏餌)	658			はい(灰)	333	

はい(肺)	48	はしきれ(端切)	786	はなぢ(鼻血)	63
はいいろ(灰色)	1202	はしご(梯子)	248	バナナ	131
ハイエナ	81	はじしらずなひと(恥知人)	958	バナナジュース	131
はいかいする(徘徊)	594			バナナのきのかわ(木皮)	131
はいきする(廃棄)	818	はしったあとでハアハアいう	637	バナナのきのみき(木幹)	131
バイク	561			バナナのは(葉)	131
ばいしょうする(賠償)	935	はじめ(初)	401	はなにかかったはなしかた(鼻話方)	642
はいすい(排水)	782	はじめる(始)	1074		
ばいどく(梅毒)	682	ばしょ(場所)	409	はなのあな(鼻穴)	10
パイナップル	124	はしら(柱)	264	はなみず(鼻水)	10
パイプ	227	はしる(走)	595	はなよめ(花嫁)	712
パイプのよごれ(汚)	227	はじをかかせる(恥)	1002	はなをかむ(擤)	10
はいべんのあとうしろをふりかえること(排便後振返)	867	はしをとおす(橋通)	309	はね(羽)	83
		バス	558	はねかえる(跳返)	800
はいる(入)	585	はずかしい(恥)	958	はねわな(撥罠)	800
はう(蔓性植物這)	746	はた(旗)	547	はのあいだのすきま(歯間)	14
はう(這)	609	はだか(裸)	59		
はえ(蠅)	93	はたけ(畑)	297	はは(母)	453
はえ(蝿)	93	はだし(裸足)	42	パパイア	124
はえる(生)	745	バタバタとはしる(走)	595	はばたく(羽)	601
はか(墓)	278	はたらく(働)	731	パピルス	156
はかいする(破壊)	808	バチ	540	はブラシ(歯)	619
はがす(剥)	836	はち(八)	380	はまべ(浜辺)	310
ばかな(馬鹿)	1183	はちがつ(八月)	406	はやい(早)	1213
はかにねむる(墓眠)	727	はちじゅう(八十)	387	はやい(速)	1210
はかば(墓場)	278	はちまき(鉢巻)	184	はやし(林)	302
はかほりにん(墓堀人)	830	はちみつ(蜂蜜)	95	はら(腹)	25
はかり(秤)	231	パチンコ	243	はらう(払)	935
はかる(計)	930	ばつ(罰)	1008	はらがへる(腹減)	666
はきそうである(吐)	693	はついくふぜんである(発育不全)	718	はらのむし(腹虫)	92
はく(吐)	693			はらはらする	974
はく(掃く)	780	はつおんする(発音)	642	はり(針)	229
はぐき(歯茎)	14	はっくつする(発掘)	829	はり(梁)	264
はくしゅをする(拍手)	869	パッションフルーツ	124	はりがね(針金)	239
はくじん(白人)	490	ばっする(罰)	1008	はりさける(張裂)	815
はくせん(白癬)	682	バッタ	97	はれ(晴)	337
はげ(禿)	4	はってんする(発展)	1048	はれ(腫)	682
はげコウノトリ(禿)	89	はっぴゃく(八百)	393	はれる(腫)	1085
はげしい(激)	1154	はと(鳩)	89	はをみがく(歯磨)	619
はげたか(禿鷹)	89	はな(花)	123	パン	169
バケツ	204	はな(鼻)	10	ばん(番)	404
はこぶ(運)	937	はながさく(花咲)	749	ハンカチ	253
はさみ	200	はなくそ(鼻)	10	はんざいしゃ(犯罪者)	1053
はし(橋)	309	はなし(話)	640	はんしゃこう(反射光)	1200
はし(端)	426	はなしかた(話方)	640	はんズボン(半)	182
はじ(恥)	958	はなす(放)	843	ハンセンしびょう(氏病)	682
はしか(麻疹)	682	はなす(話)	640	はんそだち(半育)	745

はんたいする(反対)	1029	ひたい(額)	5	びょう(秒)	353
パンツ	183	ひだり(左)	416	びょういん(病院)	282
バンド	187	ひだりて(左手)	416	びょうき(病気)	680, 682
はんぶん(半分)	1082	ひっくりかえす(返)	1088	びょうきである(病気)	680
はんらんする(氾濫)	1122	びっくりする	969	ひょうきんもの(者)	1170
ばんをする(番)	723	ひっこしする(引越)	919	びょうにん(病人)	680
		ひつじ(羊)	76	ひょうめん(表面)	413
ひ		ひっつける(引)	837	ヒョウタン	147
ひ(火)	331	ひっぱる(引張)	875	ひよこ(雛)	87
ひ(日)	357	ひづめ(蹄)	72	ひらたい(平)	1138
び(美)	1148	ひつようせい(必要性)	1185	ひらてうち(平手打)	869
ビーズだま(玉)	185	ひつようだ(必要)	923, 1185	ひりょう(肥料)	298
ビール	171	ひていする(否定)	1026	ひるま(昼間)	359
ひかえめな(控)	1154	ひと(人)	436	ひろい(広)	1122
ひがおこる(火)	763	ひとかげ(人影)	349	ひろう(拾)	819
ひかがみ	46	ひとざとはなれたとち	301	ひろう(疲労)	740
ひがくれる(日暮)	1094	(人里離土地)		ひろがる(広)	1122
ひかげ(日陰)	349	ひとつかみ(一掴)	163	ひろげる(広)	755, 852
ひがし(東)	422	ひとにぎり(一握)	821	ひろさ(広)	1122
ひがしずむ(日沈)	1095	ひとみ(瞳)	7	ひわい(卑猥)	1062
ひがのぼる(日昇)	1093	ひとりじめする(独占)	943	ひわいなことをいう(卑猥)	1062
ひからおろす(火降)	774	ひなたぼっこをする	1101	ひをおこす(火)	763
ひかり(光)	348	(日向)		ひをかりにいく(火借行)	763
ひかる(光)	1200	ひにあたる(日当)	1101	ビン	210
ひきいし(挽石)	759	ひにかける(火)	774	びん(瓶)	206
ひきうける(引受)	1025	ひのこ(火粉)	331	ひんこん(貧困)	1190
ひきがえる(蛙)	115	ヒヒ	81	ひんしである(瀕死)	727
ひきさく(引裂)	815	ひび	813		
ひきちぎる(引)	815	ひふ(皮膚)	54	**ふ**	
ひきつけをおこす(引付)	688	ひふのいろがあかるい	1204	ファッション	786
ひきぬく(引抜)	876	(皮膚色明)		ふあんである(不安)	974
ひきのばす(引伸)	875	ひふのはんてん	55, 682	ふいご	798
ひきはなす(引離)	836	(皮膚斑点)		フィラリア	682
ひく(引)	875	ひま(暇)	352	ふうせんする(風撰)	760
ひく(挽)	759	ひまつぶし(暇)	1175	ふうとう(封筒)	512
ひくい(低)	1117	ひまである(暇)	1175	ふうふ(夫婦)	450
ピグミー	491	ひまん(肥満)	1112	ふうん(不運)	710, 956
ひこうき(飛行機)	559	ひみつ(秘密)	1011	ふえ(笛)	541
ひざ(膝)	45	ひみつをうちあける	1011	フェリー	562
ひさし	268	(秘密打明)		ふえる(増)	1084
ひざまずく	607	ひみつをばらす(秘密)	1011	ふえをふく(笛吹)	541
ひじ(肘)	38	ひみつをまもる(秘密守)	1011	フォーク	212
ひしゃげる	809	ひも(紐)	238	ふかい(深)	1120
ひじょうに(非常)	1272	ひもにとおす(紐通)	841	ふかざら(深皿)	211
ひじょうにおおく(非常多)	1272	ひゃく(百)	389	ぶき(武器)	551
ピストル	544	ひゃくまん(百万)	399	ふきあがる(吹上)	772
ひぞう(脾臓)	49	ヒョウ	81	ふきでもの(吹出物)	682

ふく(拭)	622	プランテーション	297	べんぴやくをのむ	701	
ふく(吹)	638	プランテンバナナ	131	（便秘薬飲）		
ふく(服)	177	ふりかける(振掛)	909	べんぴをする(便秘)	701	
ふぐ(不具)	488	ふりんのこ(不倫子)	439	べんろんする(弁論)	1005	
ふくいん(福音)	529	ふる(振)	864			
ふくざつにする(複雑)	1179	ふるい(古)	1147	**ほ**		
ふくしょく(副食)	161	ふるい(篩)	761	ぼう(棒)	241	
ふくつう(腹痛)	682	ふるいにかける(篩)	761	ほうがく(方角)	410, 584	
ふくつである(不屈)	1155	ふるえ(震)	691	ほうき(箒)	780	
ふくらしこ(脹粉)	169	ふるえる(震)	691	ぼうぎょする(防御)	885	
ふくらはぎ	44	プレゼント	944	ほうこう(方向)	410, 584	
ふくろ(袋)	216	ふれる(触)	825	ぼうこう(膀胱)	52	
ふくろう(鳥)	89	ふろしき(風呂敷)	219	ほうさくである(豊作)	754	
ふこう(不幸)	710, 956	ふん(分)	353	ぼうし(帽子)	184	
ふこうをもたらす(不幸)	956	ぶんかいする(分解)	810	ほうちする(放置)	818	
ふさ(房)	131	ふんころがし(糞転)	103	ぼうでうちおろす	869	
ふざいである(不在)	920	ぶんしょ(文書)	512	（棒打下）		
ふさくである(不作)	754			ほうび(褒美)	566	
ふさぐようにおく(塞置)	861			ほうもんしゃ(訪問者)	480	
ぶさほう(無作法)	1061	**へ**		ほうもんする(訪問)	892	
ふじゅうじゅんである	1031	へ[方向]	428	ほうりつ(法律)	555	
（付従順）		へいたい(兵隊)	499	ほえる(吹)	653	
ぶじょくする(侮辱)	1002	へいや(平野)	318	ほお(頬)	16	
ふせいじつな(不誠実)	1156	へいわ(平和)	552	ほおぼね(頬骨)	16	
ふせぐ(防)	992	へいわになる(平和)	552	ボール	951	
ぶぞく(部族)	481	へそ(臍)	27	ほかの(他)	1250	
ふた(蓋)	203	へそのお(臍緒)	27	ほかんする(保管)	901	
ぶた(豚)	74	へたな	1177	ぼくじょう(牧場)	803	
ふたご(双子)	475	へちまのき(糸瓜木)	147	ぼくそうち(牧草地)	803	
ふたごのちち(双子父)	475	ベチャベチャする	1130	ぼくふ(牧夫)	803	
ふたごのはは(双子母)	475	ベッド	249	ほくろ	55	
ふたしかさ(不確)	1157	へつらう	1018	ポケット	217	
ふたたび(再)	1285	ペニス	31	ほごする(保護)	723	
ふち(縁)	426	ペニスのかわ(皮)	31	ほこり(埃)	328	
ふつうの(普通)	1186	へび(蛇)	108	ほこりをはらう(埃払)	781	
ぶつかる	612	へびのぬけがら(蛇抜殻)	108	ほし(星)	351	
ふとった(太)	1112	へや(部屋)	263	ほしょうする(保障)	983	
ふともも(太股)	46	ベランダ	268	ほそい(細)	1114	
ふにんのひと(不妊人)	473	へり(縁)	786	ほたる(蛍)	96	
ふね(船)	562	へる(減)	1083	ポチ	517	
ふのう(不能)	981	ヘルペス	682	ほっする(欲)	978	
ぶぶん(部分)	1247	へをひる(屁)	677	ほど(程)	1287	
ふむ(踏)	600	ペン	233	ほね(骨)	60	
ふやす(増)	1084	べんき(便器)	276	ほのお(炎)	331	
ぶらさがる(下)	835	べんきょうする(勉強)	1056	ほほえむ(微笑)	649	
ふらつく	593	へんじする(返事)	987	ほめる(褒)	996	
ブランコ	835	べんじょ(便所)	276	ほや	224	
		べんしょうする(弁償)	935			

ほら(どうぞ)	942	またぐ(跨)	602	み(箕)	760
ほりおの(彫斧)	794	または	1257	みえるようになる(見)	854
ほりだす(掘出)	829	まち(町)	290	みがく(磨)	827
ポリぶくろ(袋)	216	まちがい(間違)	1052	みかた(味方)	548
ほりょ(捕虜)	501	まちがう(間違)	1052	みがなる(実)	750
ぼる	1188	まちがった(間違)	1158	みがまえる(身構)	1045
ほる(掘)	829	まちぶせる(待伏)	598	みき(幹)	117
ほる(彫)	794	まつ(待)	913	みぎ(右)	415
ほるひと(掘人)	829	まつげ	6	みぎて(右手)	415
ホロホロチョウ(鳥)	89	マッサージをする	702	ミサ	529
ほん(本)	513	まっすぐ	1135	みじかい(短)	1119
ポンド	231	まっすぐにいく(真直行)	571	ミシン	230
ほんとうに(本当)	1274	まっすぐにする	1135	みず(水)	319
ま		マッチばこ(箱)	222	みずあびする(水浴)	620
まあまあな	1253	マッチぼう(棒)	223	みずうみ(湖)	310
マイク	509	マットレス	249	みずがとびはねる	908
まいごになる(迷子)	584	まつり(祭)	537	(水飛跳)	
まいそうする(埋葬)	539, 830	まで	431	みずさし(水差)	206
まいにち(毎日)	357	まど(窓)	269	みずたまり(水溜)	311
まえ(前)	1270	まねく(招)	890	みずっぽい(水)	778, 113
まえ(前)	411	まねる(真似)	1071	みずにつける(水浸)	785
まえば(前歯)	14	まばたきをする(瞬)	630	みずのわきだしぐち	312
まかす(負)	886	まびく(間引)	744	(水沸出口)	
まがった(曲)	1136	まぶしい	1200	みずむし(水虫)	682
まがりかど(曲角)	868	ままはは(継母)	453	みせ(店)	285
まがる(曲)	868	まもなく	1279	みせびらかす	632
まき(薪)	335	まもなくする	1216	みせる(見)	632
まきちらす(撒散)	906	まゆげ(眉毛)	6	みぞ(溝)	305
まきをとりにいく(薪取行)	335	まよう(迷)	584, 972	みち(道)	286
まきをわる(薪割)	335	まよなか(真夜中)	362	みちたりる(満足)	669
まく(巻)	847	マラカス	541	みちる(満)	1082
まく(撒)	908	マラリア	682	みちをおしえる(人道教)	584
まくら(枕)	250	まるい(丸)	1137	みちをまちがえる	584
まくる	850	まるきぶね(丸木舟)	562	(道間違)	
まける(負)	889	まるめる(丸)	850	みつける(見)	912
まげる(曲)	859	まわす(手持回)	865	みつばち(蜜蜂)	95
まご(孫)	467	まわりをめぐる(回巡)	865	みつばちのす(蜜蜂巣)	95
まさに	1275	まわる(回)	865	みつばちのすばこ	95
まさにその	1164	まん(万)	397	(蜜蜂巣箱)	
まずい	1194	マングース	81	みつめる(見)	629
まずしい(貧)	1190	マンゴ	124	みでよりわける(箕選分)	760
まぜる(混)	902	マンダリン	124	みどり(緑)	1205
また	1255	まんなか(真中)	419	みなみ(南)	422
まだ	1283	まんぷくする(満腹)	669	みにくい(醜)	1149
まだ〜でない	1284			みはりごや(見張小屋)	256
またあいましょう(会)	1295	**み**		みはる(見張)	723
		み(実)	124	みぼうじん(未亡人)	472

611

みほんいち(見本市)	284	めがみえない(目見)	487	もってくる(持)	940
みまわる(見回)	724	めくばせする(目配)	630	もっとも[最上級]	1271
みみ(耳)	9	めざめる(目覚)	618	もつれる(縺)	848
みみくそ(耳)	9	めす(雌)	66	もどす(戻)	579, 693
ミミズ	91	めすいぬ(雌犬)	79	もとめる(求)	1021
みみのきこえないひと	486	めすやぎ(雌山羊)	75	もどる(戻)	579
みる(見)	629	めのあらい(網目粗)	1143	もの(物)	190
		めのこまかい(目細)	1142	ものがたり(物語)	520
む		めのみえないひと	487	ものがたる(物語)	644
むかい(向)	411	(目見人)		ものごいする(物乞)	1024
むかし(昔)	364	めまい	694	もみがら(籾殻)	757
むかしばなし(昔話)	520	めまいがする	694	もむ(揉む)	702
むく(向)	867	めやに(目)	7	もめごと	1035
むこうがわ(向側)	434	メリー・クリスマス	1305	モヤシ	143
むこうずね(向脛)	44	メリケンこ(粉)	162	もやす(燃)	764
むし(虫)	90	めをだす(芽出)	745	もよう(模様)	517
むしあつさ(蒸暑)	1217	めをみひらく(目見開)	629	もらう	931
むすこ(息子)	460	めんどうをみる(面倒見)	722	もり(盛)	896
むすびめ(結目)	840	めんどり(雌鳥)	87	もり(森)	302
むすぶ(結)	840			もれる(漏)	1109
むすめ(娘)	461	**も**		もろい	1132
むせさせる	857	も	1255	モロコシ	138
むだなことをする(無駄)	1080	も(喪)	539	もんだい(問題)	971
むだにする(無駄)	1080	もう～でない	1284	もんてい(門弟)	528
むち(鞭)	242	もういちどする	1071		
むちである(無知)	1065	もうける(儲)	928	**や**	
むつかしい(難)	1179	もうじゅう(猛獣)	65	や(矢)	545
むとんちゃくな(無頓着)	725	もうすぐ	1279	やかましい(喧)	1172
むね(棟)	264	もうひとつの	1250	やかん	202
むね(胸)	23	もうふ(毛布)	251	やぎ(山羊)	75
むねがふくれる(胸膨)	24	もうふをめくる(毛布)	854	やきにく(焼肉)	768
むやみにする(無闇)	1266	もえる(燃)	764	やぎゅう(野牛)	81
むら(村)	289	もがあける(喪明)	539	やく(焼)	768
むらからおいだす	597	もがく	692	やく(約)	1287
(村追出)		もくざい(木材)	116, 244	やくそう(薬草)	703
むらさき(紫)	1205	もくたん(木炭)	334	やくそく(約束)	1040
むりに(無理)	1126	もくてきせっちゅうじ	1225	やくそくする(約束)	1040
むれ(群)	483, 893	(目的接中辞)		やくそくをまもる	1040
むれる(群)	893	もくようび(木曜日)	407	(約束守)	
		もし	1268	やけどする(火傷)	689
め		モスク	280	やける(焼)	764
め(目)	7	もたれる	860	やさい(野菜)	151
めい(姪)	462	もちあげる(持上)	938	やさしい	1178
めいてい(酩酊)	664	もちいる(用)	736	やし(椰子)	132
めいれいする(命令)	991	もつ(持)	823	やしき(屋敷)	258
めがね(眼鏡)	237	もっきん(木琴)	541	やすい(安)	1187
めがまわる(目回)	694	もっていない(持)	824	ヤスデ	107

やすむ(休)	741	ゆるす(許)	994, 1034	よる(夜)	362
やせいどうぶつ	65, 81	ゆれる(揺)	864	よる(撚)	849
(野生動物)				よろこぶ(喜)	953
やせいバナナのき	131	**よ**		よろしい	1301
(野生木)				よろしく	1295
やせた(痩)	1113	よあけ(夜明)	1092	よわい(弱)	1127
やせる(土地痩)	298	よい(良)	1152	よをすごす(夜過)	615
やづつ(矢筒)	545	よう(酔)	664	よん(四)	376
やね(屋根)	259	よういする(用意)	1045	よんじゅう(四十)	384
やねをふく(屋根覆)	792	よういな(容易)	1178		
やぶ(藪)	300, 301	ようきである(陽気)	1170	**ら**	
やぶる(破)	815	ようすをみにいく	724	ライオン	81
やま(山)	315	(様子見行)		らいげつ(来月)	371
ヤマアラシ	81	ようたいし(様態詞)	1238	らいねん(来年)	382
やまねこ(山猫)	81	ようちゅう(幼虫)	106	らくたんさせる(落胆)	962
やまもり(山盛)	896	ようび(曜日)	407	らくらい(落雷)	345
やむ(止)	1076	ヨーロッパ	292	ラジオ	543
ヤムイモ	137	よがあける(夜明)	1092	らっかする(落下)	592
ヤモリ	109	よく(良)	1152	らっかせい(落花生)	142
やり(槍)	546	よくしつ(浴室)	620	ラッパ	541
やりかた(方)	733	よくぼう(欲望)	979	らんせつする(乱切)	698
やりなおす(直)	733	よける	863	ランプ	224
やわらかい(柔)	1130	よげんしゃ(預言者)	528		
		よこぎる(横切)	583	**り**	
ゆ		よこにおく(横置)	898	りえきをえる(利益得)	928
ゆいごん(遺言)	1091	よこになる(横)	614	りかいする(理解)	990
ゆうかじょ(雄花序)	131	よこむきにおく(横向置)	861	りこうな(利口)	1179
ゆうがた(夕方)	360	よこやりをいれる	1029	りこんする(離婚)	917
ゆうかん(勇敢)	1159	よごれ(汚)	1151	リネージ	470
ゆうぐれ(夕暮)	360	よそう	775	りゆう(理由)	1265
ゆうしてっせん	239	よだれ	13	りゅうざんする(流産)	716
(有刺鉄線)		よって	1258	リュート	541
ゆうしょく(夕食)	160	よっぱらい(酔払)	664	りゆうもなくする(理由)	1266
ゆうじん(友人)	477	よばれたときのへんじ	987	りょうし(猟師)	799
ゆうやけ(夕焼)	1095	(呼時返事)		りょうて(両手)	34
ゆうわくする(誘惑)	1023	よばれてもへんじしない	987	りょうほうの(両方)	1245
ゆか(床)	262	(呼返事)		りょうりする(料理)	766
ゆき(雪)	343	よぶ(呼)	646	りょうりにん(料理人)	766
ゆげ(湯気)	319	よぼうせっしゅする	706	りょうりようバナナ	131
ゆっくりと	1212	(予防接種)		(料理用)	
ゆでる	766	よむ(読)	1055	りょうりをはこぶ(料理運)	775
ゆび(指)	40	よめにだす(嫁出)	712	りょうをする(漁)	801
ゆびですくう(指)	822	よやくする(予約)	925	りょうをする(猟)	799
ゆびわ(指輪)	186	より	1271	りょこう(旅行)	582
ゆみ(弓)	545	よりかかる(寄)	860	りょこうばなし(旅行話)	520
ゆめ(夢)	617	よりみちする(寄道)	892	りんじん(隣人)	478
ゆるい(緩)	845	よりをつくる	849	りんせつしている(隣接)	573
		よりをもどす	1038		

リンパせんえん(腺炎)	682	
りんびょう(淋病)	682	

る
るすである(留守)	920

れ
れい(霊)	534
れいにいのる(霊祈)	1020
れいびょう(霊廟)	281
れきし(歴史)	520
レモン	124
レンガ	260

ろ
ろいし(炉石)	271
ろうじん(老人)	445
ろうそく	225
ろうどうしゃ(労働者)	502
ろうや(牢屋)	838
ロータリー	868
ロープ	238
ロープなどをピンとはる(張)	844
ろかする(濾過)	1104
ろく(六)	378
ろくがつ(六月)	406
ろくじゅう(六十)	385
ろっこつ(肋骨)	26
ろっぴゃく(六百)	391
ろば(驢馬)	78

わ
わいろ(賄賂)	566
わかい(若)	1144
わかいめうし(若雌牛)	73
わかいめすやぎ(若雌山羊)	75
わかす(沸)	772
わがまま	998
わかもの(若者)	443
わかる(分)	990
わかれる(別)	916
わかれをつげる(別告)	947
わき(脇)	26
わきのした(脇下)	37
わける(分)	904
わすれる(忘)	1064
わたし(私)	1224
わたしの(私)	1227
わだち(轍)	43
わたる(渡)	583
わったもの(割)	812
わな(罠)	800
わなをかける(罠)	800
ワニ	81
わびる(詫)	993
わらう(笑)	649
わる(割)	812
わるい(悪)	1153
わるく(悪)	1153
わるくちをいう(悪口)	1013
わるくなる(悪)	1153
わるさをする(悪)	1017
われわれ(我々)	1224
われわれの(我々)	1230

Runyoro Index

A

abaijukûru	467	akahû:mbi	399	akalóbô 2	204
aba:kûnu	1297	akahu:mîzi	89	akalyaisôke	109
abanywá:nî	548	akahú:ndê	185, 841	akamanyî:rro	1068
abbálâ	523	akahú.nga k'a:kacô:li	163	akamanyîso	516
abbô:ki	523	akahúrû	879	akamîna	29
abîri	374	akahû:ta	184	akamîro	19
â:bo	1224	akaibé:bê	89	akamóiso	198
abwô:ki	475	akáibo	214	akâ:na	124, 125, 439
abwô:li	523	akáíbo k'o:mwâ:ni	174	aká:na k'e.nkôko	87
acâ:li	523	akaigar'amátû	486	akanâta	12
adyê:ri	475, 523	akaigâ:rro	682	akanayamuláínê	510
afwe.rí:rwe omukâzi	472	akaimé:mê	25	akanayanákâ	152
ag'o:bóínê?	1294	akainamî:rro	961	akanaya.ngâro	638
ag'o:hulí:rê?	1294	akainyamúnyâ	89	akanenêro	16
agutá:mbâ	496	akairirí:ngwâ	339	akanîmi	73
á:hâ	435	akairirîzi	360	akaní:nû	162
-â:ha	1243	akairîza	342, 482	akâ:ntu	190
aha	427, 428	akairukáínê	1211	akânwa	11
ahâ:ntu	409	akaisikínâ	674	akanyamu.nkô:nge	89, 482
ahê:ru	417	akaisikó:ndô	674	akanyâna	73
á:ho nâ:ho	1279	akaizigo:lézô	694	akanyâ:ngo	347
ajumâni	294	akaizigô:rro	694	akanya.nsô:rro	152
akabbakêti	204	akajagâ:rro	954	akanyaswî:swi	89
akabbarâma	89	akajáiko	594	akanyônyi	82
akabêho	1219	akajâ:nja	725	akanyu:nya.mbûzi	129
akábî	56, 173, 311, 531	akajarájâ	246	akanywa.nsá:ndê	89
akacê:ri	141	akajê:rre	98	akapâ:li	655
akâcu	352	akajúmâ	125	akapéilo	204
akacûmu	233	akakaikûru	399	akapi.mpîna	110
akacû:nzi	89	akakéije	113	akapî:ra	951
akacwé:kâ	814	akake:kê:yo	761	aká:ra katóítô	40
akafu.ndikîzo	203, 210	akakokôra	38	akarâ:ko	1053
akagárâ	156	akako.ngóijo	42	akarâso	545
akagêmo	553	akakô:nko	682	akárô	139
akagirîta	198	akako.nkomôko	288	akaro.nkorô:nko	488
akagôbo	951	akakôno	68	akarúgû	266
akagóigo	150, 238	akakôrwa	81	akaruma.nfù:zi	93
akago.ngabahárâ	89	akakû:rra	129	akarûru	1073
akagûha	802	akakutíyâ	216	akasánâ	347
akaguníyâ	216	akakwa.tâ:ngo	157	akasa.nsáire	339
akahâya	75	akakwê:te	171	akasâ:rre	1173
akahóiga	328	akalebûle	1062	akasá:rû	304
akahô:nko	1036	akalegête	219	akase.ngî:jo	208
akahorókô	104	akalêju	15	akasîgo	125
akahu:hirîzi 1	109	akalê:nge	44	akasi:hí:rrâ	19
akahu:hirîzi 2	341	akali.ndîro	256	akasî:mo	566, 712, 957
		akalóbô 1	157	akasî:ra	361

akasirimûko	288	ak'o:kuró:rrá:hô	516	amako.ngórâ	301
akasi:rí:râ	398	ak'o:kwi.jukíráhô	516	amakó:tî	20
akasi:sîra	255	akó:yâ	58	amakû:mi	20
akasólyâ	264	amabêho	338	amaku:mû:le	1039
akasô:nda	868	amabûgo	539	amakûne	891
akaso.nda-búrô	11	amábwâ	948	amakûra	75
akasô:nga	426	amacâlya	161	amakûru	1066
akasô:no	1023	amâcu	682	amakúru gar'áhâ?	1294
akasôzi	288, 315	amacû:nda	175	amakútû	286
akasuka:li-ndî:zi	131	amacwâ:cwa	1182	amakwî:zi	69
akasûmi	352	amacwá:ntâ	13	amalêgyo	342
akasúmi k'o:kufwê:rwa	539	amadî:nda	541	amalêre	129
akasû:ngu	223	amafa:kúbî	671	amálî	65
akasuraibâ:ga	89	amagágâ	981	amaligîsa	645
akasuraigâna	158	amagâ:nga	672	amályô	1182
akáswâ	540	amagányî	961	ama.mbukîro	583
akátâ	545	amagâro	308	ama.mburwî:ga	682
akatábu k'o:murwáire	249	amagêzi	1009	amâmya	139
akatâ:gi	121	amagîta	165	amanánû	1156
akatakúlí k'e:kijú:ngû	135	amagíta g'e:tâ:ra	165	amá:nda ga: tôci	226
akatâle	284	amagô:njo	301	ama.ndâ:zi	169
akata.mbâ:ra	253	amagû:nga	175	ama.ndugúyâ	682
akata.ndâ:ro	246	amahâsa	475	amanê:ra	106
akatema.nkô:nge	89	amahêra	699	amâ:ni	553, 1126, 1155
akatikitîki	353	amahîga	271	ama.nké:ndû	28
akatî:mba	799	amahûkya	139	ama.nkí:ndâ	95
akatí:mba k'e:míbû	94	amahu.mbû:ka	729	ama.nkutízâ	13
akatí:mba k'o:kutalíka enyâma	768	amahû:nge	339	amanôgo	101
		amahû:rre	1066	ama.nsa.ngâ:ni	287
akatôgo	163	amahû:rru	540	amanyâ:le	32
akatô:ngo	301	amâhyo	483	amanya:nú:ngi	1010
akato:nyézî	342, 517	amaibaibâne	913	amará:mbî	249
akatû:nda	124	amaijalé:rô	157	amarâ:nga	123
akatu.ngûru	151	amaijukûru	467	amarâ:nga	347
akatu.nguru-cúmû	151	amainâro	1190	amarâ:ro	278
akatûzi	152	amáiru	979	amarû:nga	158
akatwê:twe	315	amairú:ngî	158	amarûsu	13
akatya:bîre	152	amáizi	319	amá:rwâ	171
akavwé:râ	216	amáizi g'o:musáija	32	amá:rwá g'a:b'o:rugá:ndâ	712
akawaidú:rû	89	amajagâ:te	69	amá:rwá g'e:kigâ:mbo	712
akawaisî:mba	635	amajáhyâ	790	amasáija	437
akawaisô:mba	81	amajâ:ni	173	amasa.nga:nîro	287
akawamújê	81	amakâmo	175	amasanya:rázî	226
akawê:mpe	198	amakára ga: tôci	226	amasemerêrwa	953
akazína k'o:túrô	948	amakatárâ	570	amasíkô	1157
akazî:ngo	488	amakâzi	438	amasî:nde	297
akî:ki	523	amakîre	713	amasírâ	699

amasirimûka	422	bbasitô:ra	544	búnâ	376
amasirimûko	588	bbogôya	131	bu.ndibûgyo	294
amasî:rra	97	bbo:kôra	131	buruga i:zô:ba	422
amasi:tálê	682	bbula.ngítî	251	bûsa	59
amasô:he	171	bburúrû	1205	busáhó nsô:nga	1301
amasôke	3	bbwa	1156	busáyô	1249
amasólyâ	116	be:nyínî	1233	buserúkâ	295
amaso.ngêzo	682	-bî	1149, 1153, 1173	bushê:nyi	294
amasôro	166	bibîri	374	búsî	420
amâsu	963	bigâ:nja	188	buswá:gû 1	406
amasunúnû	175	bigîta	133	buswá:gû 2	1302
amátâ	175	bihógô	73	butalékâ	1048
amata.ngata.ngâno	287	bímû	373	butîda	243
amatê:mba	422	bínâ	376	butó:sâ	357, 1280
amazâ:rwa	716	bî:ngi	1272	bwáise	136
amázî	671	bi.nkwa.ti:ré kî?	725	bwâ:ki	81
amazîga	8	biráhá eby'o:bóínê?	1294	bwâ:nge	1227
amazîma	1156, 1157	biráhá eby'o:hulí:rê?	1294	bwâ:ngu	364, 1210, 1279
amazîna	949	biráhâ?	1294	bwa.ngu bwâ:ngu	1279
amazô:mba	682	-bîri	374	bwá:nswâ	406
amô:ti	475, 523	biri.ngányâ	151	bwé:mî	1135
amurîa	294	-bîsi	1197	bwí:ngí kî?	1239
á:nâ	376	bô	1225	bwî:no	233
apû:li	523	bó:jô	1272, 1299	bwí:ré kî?	1239
arâ:li	523	bo:nyínî	1233	bwô	1225
arúâ	294	bubîri	374	bwô:na	1280
arúkwê:ra	528	bugâhya	295	bwó:na bwô:na	1280
arúkwi.ragûra	1202	bugâ:mbe	295	byâ:nge	1227
atê:nyi	475, 523	bugubûgu	1238	byô	1225
atwô:ki	523	bugwa i:zô:ba	422		
ayatí:rwe entâ:ma	473	buhagûzi	295	**C**	
		buhanîka	295	câ:i	173
B		buhí:mbâ	295	câ:li	1299
babîri	374	buhyâ:ka	1285	capâti	169
baisé:mû	455	bukalâsa	133	câ:yi	173
baise.nkuru î:twe	466	bukí:kâ	861	-cékê	1113
báitu	1263	bukí:rê?	1291	ci:cî:ci	1238
bâ:mbi	1299	bukí:zî	861	corókô	146
bámû	373	bukûnya	59	cu:cû:cu	1238
bánâ	376	bukya.búkyâ	357		
bâ:nge	1227	bulâ:ya	292	**D**	
ba:nyiné:mû	455	búlî	1251	dáidái	1238
bâro	448	buli kírô	357, 1280	dakî:ka	353
barwo.kólê	131	bulí:jô	357, 1280	dárâ	942
bbálâ	523	bulî:sa	294	derê:va	560
bbalúkû	137	bulye.rádî	109	dí:sî	293
bbâ:si	558	búmû	373	dogodôgo	1238

durrâ:mu	205	ecakárâ	558	ekibbâli 1	475
		ecû:cu	328	ekibbâli 2	812
E		-ecûmi	1150	ekibbámû	297
ebbahâ:sa	512	ecúpâ	210	ekibbánî	272
ebbaibbûli	513	edakî:ka	353	ekibbirî:ti	223
ebbakúlî	211	edî:ni	531	ekibbû:ku	297
ebbarúhâ	512	edirísâ	269	ekibêgo	159
ebbiníkâ	202	edó:dô	151	ekibêro	46
ebbôha	81	edúbû	81	ekíbî	1053
ebe.ndérâ	547	edú:kâ	285	ekibî:ndi	211
ebibázi by'o.kuturûka	701	efakalí:mbâ	277	ekibîra	302
ebicobóyô	161	efirî:mbi	541	ekibirî:zi	158
ebicwá:ntâ	13	efwé:zâ	330	ekî:bo	214
ebigâ:mbo	520	egâ:li	561	ekibôha	157
ebigerêke	163	egá:li nú:ngî	558	ekibo.mbô:li	324
ebihá:ndê	761	egasâni	278	ekibonwa-ó:mû	351
ebihâra	711, 682	egirâ:si	207	ekibû:nda	337
ebihô:nzi	7	é:gô	1289	ekibú:ndwâ	297
ebihû:na	163	egomâsi	178	ekibûnu	29
ebijegejêge	564	ego.mbô:rra	293	ekibwe.gú:rrâ	106
ebikâ:nja	173	egó:njâ	131	ekibwî:si	481
ebikó:ra bya. muhógô	133	eguníyâ	216	ekicobóyô	161
ebikúmî	390	ehi:hîzi	89	ekicó:lî	481
ebíkyâ	18	ehi.ndîzi	89	ekicô:li	140
ebí:ndi n'e:bî:ndi	1286	ehirîzi	536	ekicôpe	481
ebí:ntu bî:ngi	567	ehû:kya	158	ekîcu	340
ebí:ntu bya. kâra	520	ehû:ma	212	ekicu.mbîro	270, 766
ebí:ntu byáira	520	ehû:zi	228	ekicumucûmu	158
ebinya:nyî:ndo	642	ejâ:gi	206	ekicumúrwâ	335
ebîri	374	ejâ:ra	951	ekicûro	688
ebirisirikî:ki	43	ejî:ja	129	ekicwa.mugô:ngo	91
ebisâ:bu	326	ejokô:ni	270	ekicwa.muhê:ndo	712
ebisasîro	277	ejô:ra	252	ekicwá:ntâ	13
ebisekûle	159	ejúbwâ	129	ekicwé:kâ 1	409, 571
ebisûba	1012	é:kâ	429, 470	ekicwé:kâ 2	1082, 1247
ebitakúlî	163	ekalâ:mu	233	ekicwé:ká ky'o.mubîri	53
ebitêge	44	ekalíyâ	561	ekidá:râ	275
ebitugûte	682	ekanísâ	279	ekídê	542
ebugûma	75 ,87	eká:nzô	180	ekidê:ro	257
obukâ:nja	778	ekeleziyâ	279	ekidîba	311
ebya. kâra	520	ekíbâ	220	ekidodóímâ	158
eby'ê:nda	883	ekibâ:mbo	927	ekidôli	276
ebyê:nda	51	ekibâ:nda	149	ekido:môro	205
ebye.yêra	5	ekibâ:nja	258	ekidô:ngo	541
eby'o.bóínê?	1294	ekibâro	1058	ekido.ngodô:ngo	89
eby'o.kúlyâ	159	ekibâya	156, 213	ekidu:kûru	214
ebyó:yâ	69	ekibâzi	703	ekidû:ma	242

ekidurrâ:mu	205	ekigwâ:gwa	1183	ekihû:ngu	89
ekidyê:ri	562	ekigwe.rerêzi	563	eki:hûro	159
ekîfo	61	ekîgwo	591, 952	ekihú:rrwâ	157
ekífû	125	ekihabûro	1009	ekihú:rrwá ky'e.kisú:nsâ	148
ekifûba	23	ekihâgi	1159	ekihúrû	879
ekifubîro	1008	ekihágû	131	ekihúrú ky'e.nyî:ndo	10
ekifû:fu	1085	ekihamîra	203	ekihuru.ngûso	758
ekifú:hâ	255	ekihá:ndê	761	ekihurû:tu	727
ekifûka	159	ekiha.ndî:ko	512	ekihwâ:hwa	682
ekifu.mbata.njôka	109	ekihâ:nga 1	11	ekihwî:ju	639, 798
ekifu.ndikîzo	203	ekihâ:nga 2	317	ekihyô:hyo	87
ekifû:njo	30, 51, 157	ekihâ:ngwa	735	ekijágâ	682
ekifurúkwâ	255, 919	ekihâra	711	ekijagûzo	537
ekigâdi	558	ekihâso	682	eki:jaijánâ	534
ekigâ:li	558	ekî:he	1240	ekijá:kâ	124
ekigâ:mbo	508	ekihémû	1002	ekijêge	152
eki:gá:nâ	308, 311	ekíhî	34	ekijerikâ:ni	205
ekigá:ndâ	481	ekihîhi	337	ekijê:rre	98
ekigâ:nda	220	ekihîka	979	ekijî:ko	212
ekigâ:nja	34	ekihî:mba	143	eki:jó:ngô	310
ekigá.nja ky'e.kigérê	43	ekihî:nga	44	ekíjû	803
ekigâno	520	ekihí:njû	335	ekíjú k'e.nyamu.mbûbi	105
ekiganyîro	993	ekihî:nzi	682	ekíjú ky'e.kinyônyi	85
ekigaragâ:mba	114	ekihî:rro	306	ekíjú ky'e.kita:ní:nâ	112
ekigaragâra	109	ekihî:so	143	ekijûju	93
eki:gâ:rro	682	ekíhô	340	eki:jûkyo	516, 1063
eki:gasaigásâ	534	ekihóhô	147	ekijúmâ	124, 125
ekigêga	214	ekihóiga	328	ekijuma.nkûba	147
ekige.ndê:rwa	980	ekihoihólyâ	96	ekijûmo	1001
ekigê:nge	682	ekihoihórô	96	ekijú:ndê	635
ekigérê	42, 43, 561	ekiho.ngôle	803	ekijú:ngû	506
ekigêzo	1046	ekiho.ngólyâ	14	ekijû:nju	242
ekigîgo	14	ekiho.ngôzo	267	ekiju.njû:zi	90
ekigîgyo	14	ekihô:ngwa	538	ekijúzâ	157
ekígô 1	274	ekihô:nzi	7	ekijwâ:ro	177
ekígô 2	289	ekihôro	159	ekíkâ	470, 484
ekigôgo	131, 238	ekihô:ya	684	ekikagûzo	985, 1046
ekigonêro	13	ekihuduhûdu	21	ekikáide	177
ekigo.ngórô	107	ekihuguhûgu	81	ekikáígâ	127
ekigôno	676	ekihu:gúrû	4	ekikáijo	153
ekigô:nzi	314	ekihûhwe	48	ekikâ:li	274
ekigórô	155	ekihúkâ	90	ekikâna	61
ekigôye	238	ekihúká ky'o.mukitô:ke	103	ekika.ndáigo	778
ekigû:de	161	ekihukûzi	81	ekikâ:nga	173
ekigû:na	682	ekihu:lé:rê	638	ekika.nga-barwáire	173
ekigû:ngu	481	ekihu:mûro	741	ekikâ:ngi	132
ekigúnû	14	ekihû:na	136	ekikápû	215, 217

ekikâra	635	ekiku.mbya.mázî	103	ekinô:mbe	325
ekikarabíyâ	205	ekikúmî	389	ekí:no.ngórô	317
ekikaráiga	252	ekikû:ndi	27	ekî:ntu	190, 1249
ekikarajâja 1	54	ekiku.ngulímâ	324	ekí:ntu ky'o.kukozêsa	191
ekikarajâja 2	437	ekikû:nku	36	ekinû:bi	481
eki:kâro	409, 571, 1090	ekikûnya	119	ekinú:dâ	89
ekikâso	948	ekikûra	305	ekinû:nko	635
ekikâzi	438	ekikuratîma	47	ekinwâ:nwa	5558
ekikê:gi	211	ekikururûzo	43	ekinyamagôsi	158
ekikêke	148	ekikútî	757	ekinyâ:mpo	677
ekikê:nkya	323	ekikûya	81	ekinyamugulîma	148
ekikêre	115	ekikwâ:nzi	185	ekinyamulîmi	81
ekikígâ	481	ekikwâ:so	229	ekinyamu.nsu.ngusû:ngu	89
ekikîro	267	ekikwâ:to	191	ekinya.nkôle	481
ekikôba	786	ekikwê:mbe	181	ekinyá:nsî	129
ekikobêko	163	ekilá:ngô	481	ekinya:rrabudîdi	97
ekikóbyâ	481	ekilâ:ya	135	ekinyarwâ:ngo	108
ekikó:dô	219	ekimárâ	545	ekinyêge	541
ekikô:hi	181	ekimâra	545	ekinyê:nje	96, 98
ekikoikólyâ	89	ekimásâ 1	278	ekî:nyi	29
ekikóikyo	521	ekimásâ 2	682	ekinyô:bwa	142
ekikó:kô	120, 684	ekimâzi	691	ekinyómô	100
ekikókwâ	9, 10, 163	ekimê:ni	299	ekinyônyi	82
ekikolîgo 1	116	ekimêra	745	ekinyôro	481, 505
ekikolîgo 2	971	ekimézâ	139	ekinyorôzi	106
ekikôlyo	265	ekimîra	10	ekinyûmyo	537
ekiko.mbabulîmi	151	ekimîro	509	ekinyúzî	561
ekikomérâ	284	ekimirô:nko	19	ekínywâ	64
ekikô:mi	277	ekimô:nko	157	ekínywá kwe.sîka	688
ekikômo	186	ekimúgâ	201	ekinywa.bwî:no	232
ekikó:ndê	35	ekimûli 1	123	ekinywa.nsá:ndê	100
ekiko.nderêzo	710	ekimûli 2	226	eki.nzâ:li	776
ekiko.ndô:ro	177	ekí:nâ	879	ekipâ:li	254
ekiko.ngôro	482	ekina:bîro	620	ekipa.mpagâra	561
ekiko.ngô:ro	140	ekinâga	201	ekipá:ndê	512
ekikó:njô	481	eki:nâmi	158	ekipâ:nga	196
ekiko.njô:njo	220	ekinâ:na	387	ekipî:ra	205
ekiko.nkômi	109	eki:nâzi	276	ekipirîpyo	1134
ekiko.nkona-mútî	89	ekingídâ	1183	ekipô:li	161
ekikópô	207	ekingîna	101	ekipô:mpo	97
ekikô:ra	122	ekingó:râ	89	ekirabûko	944
ekikô:rro	673	ekinia-hámû	81	ekiragâ:no	1040
ekikôrwa	733	ekinígâ	965	ekiragîro	555, 1039
ekíkû	99	eki.nkó:hî	637	ekirâgo	254
ekikûbyo	492	ekî:no	14,68	ekirahúlî	224, 235
ekikugîzo	492	eki:nóino	14	ekirâle	516
ekikukûle	541	ekinôko	7	ekirâli	137

ekirá:mbî	3517	ekiserêko	910	ekitakúlî	134
ekirâ:mo	1091	ekise:sêro	276	ekita.mbâ:ra	252
ekiramûkyo	944	ekísî	139, 757	ekitâ:mbi	181
ekira.ngî:rro	1066	ekisî:bo	667	ekita:ní:nâ	112
ekirâ:nzi	746	ekisîgi	6	ekitâ:ra	224
ekirâ:ro	274	ekisî:ka	266	ekitárâ	551
ekiregêya	89	ekisí:ka ky'o.kurâ:rámû	263	ekitébê	496
ekire.ngêso	1046	ekisi.ngo:lêzo	780	ekitebe	283, 483, 557
ekirîka	343	ekisi.nzî:ro	42	ekitê:ga	42
ekírô	357, 362	ekisirâ:ni	956	ekite:kerêzo	1059
ekíró ekihi.ngwî:re	369	ekisirî:ngi	682	ekitê:ko	214
ekíró ekihóire	369	ekisíryâ	89	ekitema-muhôro	98
ekíró ekirabíréhô	369	ekisisâni	514	ekitê:mbe	131
ekíró kikûru	408	ekisîsi	147	ekitême	297, 743
ekíró ky'o.kuzá:rwa kwa. Yésû	408	ekisó:dô	671	ekitê:ngo	252
		ekisógâ	481	ekitê:ra	81
ekirô:mba	27	ekisójô	155	ekite:ra.nkû:mba	89
ekiro.ngô:ro	944	eki:sokísô	89	ekitê:re	133
ekirô:to	617	ekiso:kô:ro	143, 151	ekitê:so	481
ekirukî:rro	523	ekisólê	79	ekite:tê:yi	178
ekirû:li	481	ekiso.ngêzo	14	ekitézâ	157
ekirû:mbu	46	ekisô:nko	112	ekítî	116, 174, 194, 241
ekirumîko	698	ekisôro	65	ekití kya. muhógô	133
ekísâ	671	ekisóro kikâzi	66	ekitîhyo	192
ekîsa	716	ekisóro kisáija	66	ekitîma	133
ekisagâzi	131	ekisóro kitû:ngwa	65	ekitimatîma	133
ekisâgo	250	ekisóro ky'o.mukisákâ	65	ekiti-mázî	158
ekisáija	437	ekisôzi	317	ekitî:mba	799
ekisâju	62	ekisûba	1012	ekiti:nîsa	1014
ekisákâ	301	eki:sukú:nû	106	ekitî:nwa	960
ekisá:mbû	297	ekisumu:rûzo	855	ekití:rî	30
eki:samuhâna	89	ekisûni	682	ekitô:ke	131
ekisâ:mvu	133, 151	ekisú:nsâ	148, 151	ekitó:nsâ	152
ekisa:nî:ko	131	ekisûra	166	ekito:nyézâ	1151
ekisâ:nju	242	eki:surû:mba	306	ekitô:ro	481
ekisâ:nsa	131	ekisúsû	120, 127	ekitu.mbîsa	169
ekisanu:rûzo	623	ekisúsú ky'e.kitô:ke	131	ekitu.ngu:tâno	670, 1217
ekisarâle	159	ekisúsú ky'e.mbôro	31	ekitú:ngwa hákâ	65
ekisá:rû	304, 311	ekisúsú ky'e.njôka	108	ekitû:ro	278
ekisasâra	95	ekisúsú ky'o.rubá:hô	794	eki:tú:rû	349
ekisasîro	277	ekisûzi	81, 99	ekitú:tî	249
ekisâ:tu	54	ekíswâ	101	ekitu:yâno	670
ekisêbe	112	ekítâ	147	ekitûzi	152
ekisegênyi	541	ekitâbu	249, 513	ekitwe.kâno	439
ekise.mbêso	219	ekitábu ekírúkwê:ra	513	ekitye:rájû	91
ekisê:mbo	538, 944, 955, 981	ekitabujugútâ	81	ekiwakô:nga	81
ekisemutû:tu	97	ekitagátâ	312	ekiwâ:nga	89

ekiwa.ngawâ:nga	89	ekye.rerêzi	348, 1200	embásû	81
ekiwarugô:njo	110	ekye.rerézi ky'o.kwê:zi	350	embasûko	800
ekiyakóbô	124	ekye.sê:mbe	158	embâ:ta	88
ekizibîti	1006	ekye.swê:ko	251	embâza	640
ekizîbu	971	ekyê:ya	303	embáza ḿbî	998
ekizímâ	1201	ekyê:yo	780	embêba	81
ekizî:mba	682	eky'o.bwí:re bw'e.nyûma	1147	embêho	338, 339, 1219
ekizîna	948	eky'o.bwí:re obuge.nzîre	1147	é:mbî	278
ekizî:nda	227	eky'o.bwí:re obuhi.ngwî:re	1147	embîbo	125, 130, 484
ekizí:ngâ	322	ekyo.gêro	620	embî:re	131
eko:fî:ra	184	ekyô:hyo	1023	embîso	778, 879
ekofûro	855	eky'o.kúlyâ	159	embôga	151
ekó:nâ	868	eky'o.kumanyîsa	522	embógô	81
ekô:ndo	496	eky'o.kumulikîsa	226	embonêko	629
ekó:tî	180	eky'o.kúnywâ	172	embôni	7
ekó:tí y'e.njûra	180	eky'o.kurwa.nîsa	551	embôro	31
ekutíyâ	216	eky'o.kutegésa é:ncû	802	embugubûgu	81
ekya. buli kírô	1186	eky'o.kwe.ge.nderêza	1132	embulé:râ	131
ekya. bulí:jô	1186	eky'o.kwe.swê:ka	251	emburabûzi	75
ekya. butó:sâ	1186	ekyo.lô:ni	276	emburâra	129
ekya. sé:nte ńkê	1187	ekyô:ma	191, 329	embûzi	75
ekya. sé:nte ntaítô	1187	eky'o.muhé:ndo	1188	embúzi ya nyina mwâ:na	712
ekya.dâ:di	716	gwa. haigûru		é:mbwâ	79
ekyâ:kyo	123	ekyô:si	682	embwa:kâzi	79
ekya.lâ:ni	230	ekyô:to	271, 561	embyâ:ma	733
ekyâ:mba	481	ekyó:to kya. motôka	558	emê:ri	562
ekya.musánâ	160	ekyó:to ky'o.rúfû	539	emé:zâ	245
ekyâ:na	439	ekyó:yâ	58, 83	emibíri ebîri	1204
ekya.nâ:na	758	emálê	113	emicu.mbîre	766
ekyá:ndâ	336	emalî:rra	426	emiga.mbîre	733
ekya.nyé:nkyâ	160	emâ:mba 1	109	emigumîre	1129
ekyâ:ra	40	emâ:mba 2	113	eminyanyí:ngâ	63
ekyá:ra kisáija	40	emâ:mba 3	1092	emirêju	63
ekyâ:ro	289	emá:mba esazîre	358	emirî:re	733
ekya.rwe.bâgyo	160	emâna	33	emisekêre	733
ekyá:sî	335, 812	emá:nzî	1159	emisitamîre	607
ekya:yá:yâ	131, 482	emásâ	97	emisonêre	786
eky'e.kírô	160	embabâzi	995, 1152	emizinîre	948
eky'e.kó:nâ	1136	embáigo	626	emô:ndo	81
ekye.kû:rra	108	embáijo	794	emósô	416
ekye.kwâ:so	1265	embáízî	193	emotókâ	558
ekye.mâro	1175	embâju	28	emotôka	558
ekye.merêzi	682	embâkyo	81	empáhû	101
ekyé:ndâ	388	embá:ndwâ	534	empairûmi	79
ekyé:njû	131, 778	embarábî	682	empákâ	887
eky'e.nyá:njâ	113	embarâ:ngi	81	empâ:ko	523
ekye.nyûma	716	embarâ:si	78	empálî	182

empâmo	652	encwê:ke	159	enga:nâ:ni	1035
empâ:ngi	87	encwé:râ	108	engâ:no	141
empâ:ngo 1	193	é:ndâ	104	engâ:nzi	449
empâ:ngo 2	496	ê:nda	25, 715	engâro	34
empâ:no	944	endabirwá:mû	236	engâro ñsa	59
empa:rákî	81	endagâ:no	1040	engâta	218, 561
empâ:rra	97	endagî:rro	410, 584	engégê	113
empâya	75	endâgu	709	engêso	525, 733
empekényû	60	endâhi	89	engéso ḿbî	1061
empêro	426	endá:mbî	92	engêye	81
empétâ	186	endamûkya	946	engîgo	39
empîke	101	endamurâni	1037	engîri	81
empí:ndû	229	endâ:we	73	ê:ngo	81
empi.ndûka	1088	endégê	559	engôjo	18
empi.ndulîzo	1088	endêmu	193	engôma	540
empí:njû	116, 335	endêra	720	engô:nge	81
empirîma	551	endêre	541	engônya	5
empísî	81	endimâ:u	124	engó:nzî	976, 1170
empôma	108	endimîro	742	engótê	158
empô:ndo	638	endi.ngídî	541	engôto	18
empukûru	325	endî:ro	211	engoyegôye	158, 238
empû:ngu	89	endî:sa	89	engôzi	252
empúnû	74	endôbyo	802	engû:do	286
empúnú y'o.mukisákâ	81	endogóyâ	78	engûha	103
empuru:tulîzo	840	endolerwá:mû	236	engúlî	257
empû:ta	113	endózâ	777	engû:mba	473
é:mû	373	endubûzo	794	engú:ndû	1110
emû:ndu	544	endûli	117	engúnû	14
emyá:ka ekwi.ngâna	354	endumi:rîzi	1191	engusú:rû	158
emyá:ka é:mû	354	endú:rû	1066	engúzî	566
emye.pâ:nko	998	endûrwe	49	ê:ngwa	592
emye.sû:ngo	1061	endwáire e(ku)tû:rra	683	enîmi	73
é:nâ	376	endwáire y'e.nsôni	682	ê:nio	29
-êna	1251, 1245	ê:ndya	733	enjagâra	131
enákâ	101	endya.bawâ:li	131	enjâ:hi	150
enâku	1190	endya.mítî	193	enjâ:ngu	80
ena:nâ:nsi	124	enê:nde	81	enjâra	666
enâ:nga	541	enfûka	192	enjâto	339
enâzi	132	enfú:mbî	682	enjázâ	81
encê:nka	761	enfû:zi	476	enjírî	529
encotárâ	506	enfwá:nâ	92	enjógâ	206
é:ncû	113	engâbi	81, 482	enjogêra	542
é:ncú y'a.masanya:rázî	113	engábû	496	enjôjo	81
encugûra	682	engâbu	551	enjôka	108, 682
encû:hya	158	engâhi	562	enjóka y'o.mû:nda	92
encû:mba	766	engalâbi	540	enjóka y'o.mûnwa	92
encwá:mû	1033	engâ:mba	640	enjóka z'o:mubíkyâ	682

é:njû 1	3	enkû:ngu	73	ensôro 2	312
é:njû 2	255	enkûra 1	81	ensû:ndu	55
enjúbû	81, 482	enkûra 2	718	é:nswâ	101
enjûma	733, 1001	enkura:kurâna	1049	entá:hî	89
enjú:nzâ	102	enkurû:ngu	89	enta:hitá:hî	89
enjûra	341	é:nkyâ	52	entahû:rra	1181
-énkâ	1288	enoijôro	196	entaíkê	101
enkâ:ga	385	enôno	41	entajû:mba	89, 482
enkáina	78	ê:nsa	759	entâle	81
enkáito	188	é:nsâ 1	45	entâma	16
enkâka	682	é:nsâ 2	81	entâ:ma	76
enkâli	672	ensâho	215	entanâki	693
enkanâna	131	ensâhu	215, 217	enta.ndîko	401
enka.ngâ:si	72	ensá:mbû	297	ê:nte	73
enkâ:ngo	571	ensá:myâ	106	é:nte y'e.ntî:mba	482
enkâzi	682	ensá:ndê	131, 778	entébê	247, 561
enkéije	113	ensâ:nju	386	entêgo	700
enkê:nde	81, 482	ensâ:no	162	ente:kâna	552
enkerêbe	81	ensâro	300	ente:kerêza	1059
enkî:nzo	229	ensâsu	89	entê:ko	678, 695
enkîra	131	enséiso	759	entê:mbo	255
enkîzi	969	enseizêre	101	entigîro	206
enkô:ba	147	ensêka	733	entikályâ	89
enkôbe	81	ensêko	649	entî:mba	73
enkôhya	630	ensekûro	758	entiratîma	117
enkôjo	684	ensê:nge	81	entômi	35
enkôko	87	ensérê	81	entó:ngê	163
enkokôra	38	ensêse	682	ento:nyézî	342
enkóko-rutâ:nga	158	é:nsî	262, 291, 296, 324	entô:nzi	115
enkômo	838	ensîgo 1	50	entotóima	158
enkô:na	1	ensîgo 2	125	entú:hâ	89
enkô:ndo	265	ensí:mbî	112, 564	entulêge	81
enkô:nge	119	ensí:mbô	682	entû:mbwe	44
enkôni	158	ensi.ndîkwa	119	entû:mo	896
enkônya	131	ensîta	1011	enturûko	682
enkôra	517	ensóbî	1052	entutûmi	89
enkô:ra	134	ensobô:rra	988	entwî:ga	81
enkô:rro	673	ensôga	158	enyahukâna	1167
enkôzi	733	ensóhâ	206	enyajú:ngû	158
enkózi y'e.kíbî	1053	ensohêra	93	enyâma	61, 73
enkûba	345	ensô:nda	519, 868	enyáma eyokêze	768
enkuhwâ:hwa	37	ensô:nga	1265	enyama.nkogótô	111
enkukûni	102	ensôni	958, 959	enyamuhêbe	89
enkukú:rû	158	ensô:nko	682	enyamulîmi	81
enkúmî	396	enso:nô:ki	347	enyamu.mbûbi	105
enkû:ndi	27	ensô:nzi	113	enyamunú:ngû	81
enku.ngâni	1036	ensôro 1	65	enyá:ngê	89

enyá:njâ	310	erya.hû:rro	285	**G**	
enyarubâbi	108	eryâ.na	439	gahi:ri:ráhâ	89
enyaswî:swi	89, 482	eryâ:nda	226, 334	gahye.ri:ráhâ	89
enyawâ:wa	89	eryá:rwâ	171	gaitéyô	1302
enyemêra	81	esabbî:ti	356	gâ:ju	73
enyê:nje	98	esabbû:ni	234	gámû	373
enyetwa.lîza	524	esâbwe	161	gâ:nge	1227
enyetwâ:ra	524	esagâma	63	-gárâ	1128
enyetwâ:za	524	esâ:ha	353	ga:rubî:ndi	237
enyikâra	918	esahâ:ni	211	gavumê:nti	498
enyikirîza	531	esâ:mba	297	-gázî	1122
enyîma	412	esa.ndû:ko	221	gô	1225
enyî:ndo	10	esa.ndú:ko y'o.múfû	222	gô:nya	81
-enyínî	1233	esapúlî	536	gô:wa	153
enyô:bwa	161	esâ:ra	1019	-gûfu	1117, 1119, 1121
enyólyâ	115	esá:tî	179	gúlû	294
enyômyo	264	esefulíyâ	201	-gúmû	1129, 1131
enyô:ndo	195	esêga	89	gúmû	373
enyo.ngézâ	1084	esepéhô	184	gúnu omwâ:ka	372
enyo.ngézô	1084	esê:ta	129	gúnu omwê:zi	371
enyônyi	82, 559	esigárâ	149	gwâ:nge	1227
enyó:nzâ	89	esímû	643	gwô	1225
enyugûnyu	28	esójô	155, 778		
enyûma	412, 424	esú:kâ	178, 251	**H**	
enyú:ngû	227	esú:ká ya ise.nkátí mwâ:na	712	ha	427, 428
enyunyû:zi	96, 351	eswé:tâ	179	-hâ	1223
enywâ:nto	24	etá:bâ	149	habîri	374
enzâ:rwa	505	etabujugútâ	81	habwa	1265
enzîgu	1043	etadô:ba	224	hagátî	419
enzíkû	682	etâ:ra	224	hagátí na hagátî	1242
enzîna	733, 948	etáulo	253	hagátí y'ê:nda n'e:kibêro	29
enzîra	1026	etáuni	290	haibâ:le	323
enzirabahúmâ	131	etêke	151	haigûru	413
enzirabusêra	131	etê:te	155	háihi	1216
enziramîra	108	etókô	510	hairê:mbo	273
enzîro	57, 333	etú:tû	1217	haka:nyûma	273
epétî	181	eva:kédô	124	ha:kîri	1259, 1299
erá:ndâ	795	ewáyâ	239	hâli	433
erá:ngî	515	eyóbyô	151	hamáiso	7
era:tîri	231	ezâ:bu	330	hámû	373, 1256
erî:ba	89	ezigátî	273	hánâ	376
eri.ndâ:zi	169			hâ:nge	1227
erî:no	14	**F**		há:nsî	30, 262, 425
erî:so	7	fénê	124	hânu	432
erugûru	413	fi:fî:fi	1238	ha:nyûma	412, 1214, 1264
erugúru y'e.kisá:rû	307	firí:ndâ	161	hâra	1120, 1215
erû:si	75	fu:fû:fu	1238	harâgi	171

harubáju	420	i:gâbu	561	i:pa:pâ:li	124
harubáju hamáiso	7	i:gâna	483, 893	i:pê:ra	124
harubáju rw'e.kisá:rû	304	igâ:nga	294	î:ra	364, 412
hátî	363, 366, 1253, 1270	i:gêma	786	ira lyô:na	1270
-hô	920, 1271	i:gêsa	753	î:ra náira	364
hô	1225, 1242	i:gôsi	32	î:ráhô	364
hóima	294	i:gûfa	60	i:râka	509
h'o:kucwé:ra emisâ:ngo	1007	i:gû:lya	949	i:râle	7
h'o:kuramú:rra emisâ:ngo	1007	i:gûru	344	i:ramîzo	279
hô:na	1246	i:háiga	753	i:rárû	696
ho:na hô:na	1246	i:hâli	1042	i:rê:mbo	273
horoihôro	108	i:há:ngâ	291, 481	i:rîma	742
-hyâ:ka	1146	i:hâ:ngwe	359	i:rí:mbô	278
		i:hâno	710	i:ri:sîzo	803
I		i:hâya	635	i:rôgo	711
í:bâ	448	i:hê:mbe	67, 541, 561	i:rôho	668
iba nyówê	448	i:hîga	271	i:ró:ndê	542
i:bâbi	122	i:hûli	86	irú:mbâ	475
i:ba:gîro	883	í:hwâ	126	irú:mbî	406
i:bâ:le	323	i:hyó:dô	7	i:rû:ngu	301
i:bâ:mba	307	i:hyô:ro	797	i:rwâ:rro	282
i:bâ:nja	934	í:jô	364, 367, 368	i:sáija	437
i:bâra 1	55	i:jô:ba	786	isâ:mba	89
i:bâra 2	523	í:jû	333	i:sâ:nda	128
i:bbâ:ngo	20, 488	i:jûgo	542	i:sá:ngâ	68
i:bbâ:ti	260	ijwé:rî	369, 370	i:sá:ngû	122
i:bêga	20	i:kâ:mba	128	i:sâ:nsa	131
i:bê:nga	219	i:kamîro	805	i:sarûle	626
i:bê:re	24	i:kâra	226, 334	i:sa:sâ:zi	331
i:bé:re ly'e.kitô:ke	131	i:kâzi	438	i:sásî	544
ibîri	374	i:kêbe	16	i:sâza	293
i:bôna	158	i:kê:rre	158	i:sâ:zi	805
i:bû:ku	1085	í:kô	782	í:sê	451
i:bû:mba	325	i:kô:mba	158	ise nyówê	451
i:bûra	1242	i:ko.ndêre	541	i:se.ngêre	323
i:câlya	161	i:kôro	745	ise.nkátî	454
i:cá:ndê	146	i:kûmi	382	ise.nkati nyówê	454
i:cûmu	496, 546	-ínâ	823	ise.nkuru nyówê	464
i:cwá:ntâ	13	í:nâ	376	ísé:ntô	452
i:dá:râ	248, 557	-ínê	823	ise.nto nyówê	452
i:dî:ro	263	-ingáhâ	1239	ise:nyabúrô	406
i:dólî	7	-ingi	893, 1084, 1240	isezâ:ra	468
i:dúdû	158	injîni	558	iseza:ra nyówê	468
i:dúlî	150	i:nú:nû	131	ishákâ	294
í:fô	414	î:nywe	1224	isi.ngôma	475
í:fó y'e.kisá:rû	307	i:pápâ	83	i:sôke	3
i:fûro	321	i:pápá ly'e.nkôko	87	i:somêro	283

i:sûma	979	kaberebé:njê	682	-kárû	1102, 1081
i:súma ly'e.mâna	713	kabîri	374, 405	ka:ruzî:ka	497
i:súma ly'o.mukâzi	713	kabôha	73	kasa.mbûra	406
i:sumîko	840	kabwó:yâ	295	kasâtu	375, 405
i:surúbbû	17	kacu.ngira-mwê:ru	406	kasêkya	89
i:súyû	17	kacwe.kâno	143	kasê:nya	153
í:swâ	301	kadóima	106	kasé:sê	294
i:tafâ:li	260	kadopéyâ	124	kasírû	485
i:tâ:gi	121	kagôro	534	kasúkû	89
i:tâka	324, 744	kahehebêzi	485	kata.mbírâ	703
i:tâma	16	kâho	144	katâ:no	377, 405
i:ta.mbîro	281	ká:hwâ 1	174	kate.nkâzi	454
i:tâ:nga	517	ká:hwâ 2	475	kate.nkûru	465
i:tegûra	260	káije	1298	-kátî	438
i:têhe	124	kaikâra	534	kati:kîro	498
i:té:kâ	555	kaikara-kahî:re	97	kátí-ko:mêre	97
i:te.mbêro	248	kaingáhâ	405	kátô	475
i:te.ngenénê	124	káiso	523, 1006	katukâtu	1238
i:tîma	1042	kaitabahú:rû	143	kayâga	406
itóigo	406	kajérû	143, 1203	kazó:ba ka: nyamuhâ:nga	735
i:tôjo	158	ká:kî	143	-kê	1110, 1111
i:tónwâ	55	kakôbe	1205	kî	484, 1252
i:tû:ko	840	kakúbâ	1268	-kî	1252
i:tû:mbi	362	ka:kyô:mya	534	kî:ba	143
i:tû:ngo	567	kalâ:mu	233	kibâ:le	294
i:tu.ngûru	272	kálê	1301	kibbô:ko	242
i:tú:tî	299	-kâ:li	967	kibbúbbû	485
î:twe	1224	kalitû:si	158	kibé:bê	87
î:we	1224	ka.mbayâ:ye	157	kibôga	294
i:wî:no	69	-kâ:mbwe	967	kibû:bi	1202
i:zíbâ	313	kámû	373	ki:gar'amátû	486
i:zîga	8	kamugízî	534	kigorô:bya	295
i:zô:ba	347, 357	ka:mulí:ndwâ	534	kihi.mbâ:ra	487
		ka:murâle	167	kihi.mbâ:zi	487
J		kamwê:nge	294	kijúbû	1205
ja.mbúrâ	158	kánâ	376, 405	kijúbwâ	97
		kâ:ndi	1255, 1262	kikâra	202, 1431
K		kâ:nge	1227	kílô	231
ka	1272	kâ:ntu	1249	kímû	373, 1276, 1277
ka kíbî!	1303	ka:nyabuzâ:na	534	kinyabwî:ru	534
ka ngé:ndê!	1295	kanyô:bwa	143	kinyá:nsî	1205
ka warórá i:hâno!	1303	kapêre 1	517	kíró kímû	365
kabaka.njagâra	158	kapêre 2	1169	kíro kînu	366
kabâ:le	294	kapuli:sásî	158	kirú:ngî	1152
kabaragárâ	169	kâra	1213	kisâ:bu	134
kabarólê	294	karô:le	89	kisôro	294
kabêji	151	karôti	151	kisúbî	131, 778

kí:tâ	882	kyô:mya	534	mubê:nde	294	
kitâka	1204	kyó:nkâ	1263	mucûcu	81	
kitárâ	481			mugé:nzí wâ:nge	455	
kitîka	131	**L**		mugwa.ganabútû	133	
kitôba	295	lé:rô	366	muhógô	133, 163	
kí:zâ	475	lé:sû	181	mukâ:	449	
kizira.nfú:mbî	295	-li	920, 921	mukâ:ga	378	
kô	1225	límû	373	mukáísê	453	
k'o:bóínê!	1303	lí:so likô:to	527	mukaise nyówê	453	
kobókô	294	lí:so límû	527	mukâ:ka	465	
kódi	1297	lyâ:nge	1227	mukâma	495, 527	
ko.mpyú:tâ	543			mukáma akulí:ndê!	1295	
-kô:to	1110, 1115, 1184	**M**		mukáma w'a.bakâma	527	
kubâ:nza	405	mabône	350	mukáma-ruhá:ngâ	527	
kúbî	1153	macúrâ	447	mukáma-ruhá.ngá is'î:twe	527	
kuhîka	431	makanîka	503	muka:mwâ:na	469	
kûli	433	makâ:nsi	200	muká:sô	453	
kúmû	373	makúmi abîri	384	mukona.ntáíkê	406	
kûnu	432	makúmi á:nâ	384	mukónô	294	
kúnu okwê:zi	371	makúmi asâtu	384	mukúru wâ:nge	458	
-kûru	1145, 1147	makúmi atâ:no	384	muli mútá ô:ku?	1294	
kurûga	430	makúrú kî?	1294	mulí:ndwâ	534	
kurú:ngî	1152	malé:rê	89	mulí:ngó kî?	1238	
kwâ:ha	1290	mâ:ma	453	mulíyô?	1297	
kwâ:nge	1227	ma.ngâda	124	mumáiso	411, 423	
kwê:te	171	masákâ	294	munâ:na	380	
kwé:zi kûnu	371	masikî:ni	1024	múnô	1272	
kwí:háhô	1288	masî:ndi	294	munomúnô	1272	
kwô	1225, 1261, 1274	maswá:gû	1302	munya:nya nyówê	457	
kwó:nkâ	1081, 1249	matamaibû:ku	134	músâ	131	
-kya-	1283	mâ:u	453	musáíja wâ:nge	448	
kya:bbalázâ	407	mazîma	1274, 1278	musáíja wâ:we	448	
kya.biga.mbîre	295	mazíma málî	1274	musáíjá wê	448	
kya:kabîri	407	mbarâra	294	musâ:nju	379	
kya:kánâ	407	mbégâ	911	muse:nêne	406	
kya:kasâtu	407	mirú:ndi i:ngáhâ	405	musûsu	81	
kya:katâ:no	407	mísâ	529	mútó wâ:nge	459	
kya:mukâ:ga	407	misita:fwê:ri	124	muzî:ki	14	
kyâ:nge	1227	motókâ	558	mwâ:nge	1227	
kya.ngwá:lî	295	motôka	558	mwé:ndâ	381	
kya:sabbî:ti	407	môyo	294	mwe.ne wáitu	456	
kyé:ndâ	406	mpákâ	431	mwe.nyínî	1233	
kye.njôjo	294	mpîgi	294	mwé:zi gûnu	371	
kyé:njû	1206	mpórâ	1212			
kyé:nsí-erikôra	89	mû	1261	**N**		
kyê:ru	87, 1203	mu	418, 428	na	1238, 1254, 1255, 1259	
kyô	1225	-mû	373, 1164	-nâ	376	

na hátî	1276, 1283
nahabw'ê:ki	1267
nahabw'ê:kyo	1267
n'a:mâ:ni	1126
nâ:mba	404
ná:ngwâ	1290
ná:nkâ	1248
nâ:nye	1255
nda:birya.n'ó:hâ	134
ndahûra	533
-ndi	1250
nébbî	294
n'e:bî:ndi	1286
nganyîra!	1300
ní kwô	1157, 1261
ní kyó ê:ki!	1301
ni.nsábá ekiganyîro	1300
ni.nsábá onganyírê	1300
nka	1253, 1287
nkáhâ	435
nk'ô:ku	1238, 1265
n'ô:bu	1263
nô:ti	400
nsé:rî	434
nsú:ngwâ	475
nta:hémû?	1297
ntu.ngâmo	294
-nu	1221
nú bwô	1264
nulinûli	1238
nya-	1111
nyabatî:mbo	106
nyabugérê	682
nya:búrá î:we!	1299
nyabuzâ:na	534
nyaikâzi	438, 1248
nyakátô	475
nyakunyákû	133
nyakye.yo.mbekí:rê	438
nyamagôya	489
nyamahú:ngê	475
nyamáizi	475
nyamasâza	293
nya.mpárâ	502
nyamuhaibôna	351
nyamuhâ:nga	527
nyamujúnâ	406
nyamusáijâ	437, 1248
nyamusánâ	359
nya.ngómâ	475
nyé:nkyâ	358, 368
nyé:nkyá.kâra	358
nyenyínî	1233
nyíjê?	1297
nyîna	453
nyina nyówê	453
nyinamwî:ru	534
nyinazâ:ra	468
nyinaza:ra nyówê	468
nyínê:nda	33
nyine.nkuru nyówê	465
nyíné:ntô	454
nyine.nto nyówê	454
nyôko	453
nyokozâ:ra	468
nyókwé:ntô	454
nyówê	1224

O

oba.ndamukízê!	1295
oba.ndó:rrê!	1295
obaramúkyê!	1295
ô:bu	1222, 1268, 1269, 1270
obubazî:zi	786
obubbá:myâ	128
obubbâ:ni	128
obúbî	1153
obubîri	374
obubîsi	1197
obucékê	1113
obuculê:zi	648
obudôma	1183
obudô:ngo	326
obúfú bw'ê:nda	1191
obufûki	1219, 1220
obufuki:rîzi	1219
obufú:ndâ	1123
obufú:ndî	503
obufû:zi	476
obugáiga	1189
obugázî	1122
obugênyi	537, 712
obugeregérê	682
obugêzi	1180
obugôbya	1156
obugô:rra	151
obugû:da	1189
obugûfu	1117
obugû:mba	473
obugúmû	1129
obugúzî	924
obûgwa	918
obugwê:twa	1091
obuhémû	958
obuhe.ndêki	687
obuhe:rêza	775
obuhê:si	798
obuhî:gi	799
obuhî:mbi	937
obuhi.nguranîza	1241
obuhî:rwa	981
obuhô:le	1182
obuhu:hirîzi	341
obuhû:nga	162
obuhú:nga bwa. muhógô	133
obuhú:rû	474
obuhûta	682, 684
obuhyâ:ka	1146
obuja.njâbi	705
obujôjo	682
obujulîzi	1006
obujuna:nizíbwâ	556
obujûne	961
obujwâ:hi	740, 1175
obuka:fwî:ri	533
obukâ:li	967
obukâma	496
obukâ:mbwe	549, 967
obukâzi	438
obúkê	1111
obukebêzi	726
obukîhyo	426
obukí:kâ	861
obuko.ngô:zi	731
obuko:nyêzi	737
obukô:to	1110
obukôzi	1160
obukûgu	503
obuku.ngûzi	652, 956
obukûru	1145
obukwa.tâne	1069

obulemê:zi	1124	obusî:nde	43	obwe.be.mbêzi	554
obulêmu	550	obusi.ngûzi	1050	obwe.cûmi	1150
obulêzi	722	obusirâ:mu	532	obwe.ge.nderêzi	725
obulímê	297, 742	obusîto	32, 482	obwe.gesêbwa	732
obulîmi	742	obúsô	5	obwe.kâ:mbi	1160
obúlyô	415	obusobôzi	554	obwé:ndâ	1192
obumá:nzî	1159	obusôhi	801	obwe.sîgwa	982, 1156
obumômi	1134	obusomésâ	493	obwe.tâ:go	1185
obúmû	373	obusômi	1055	obwe.tô:nzi	470
obúnâ	376	obusôni	786	obwi.gázi bw'a.mátû	486
obunâfu	1128	obusu:bûzi	927	obwi.kâro	918
obunâku	1190	obusûma	932	obwi.kâzi	918
obû:ndi	1278, 1285	obusû:ngu	549	obwî:ko	549
obú:ndi n'o:bû:ndi	1281	obusûra	31, 33	obwî:ngi	1058
obûne	49	obusû:ru	568	obwi.ngírâ	323
obû:ntu	436	obuswê:zi	712	obwî:re	337, 352
obunúzî	1193, 1195	obútâ	49	obwí:re burú:ngî	337
obunyâgi	933	obutagâsi	1218	obwí:re bw'e.bîcu	337
obunyegêzi	1004	obutaikira.nganîza	1168	obwí:re bw'e.mbêho	337
obunyôro	498	obutaikirîza	1035	obwí:re bw'e.njûra	336
obunywá:nî	477	obutaingâna	1167	obwô:gi	199, 1133
obúnywî	664	obutâle	329	obwô:ki	95
obupakâsi	731	obutamî:zi	664	obwo.mê:zi	526, 678
oburáira	1116	obutá:ndwâ	563	obwô:ngo	2
oburá:râ	129	obutâ:no	377	obwo.rôbi	1130
obúrô	139, 163	obutâro	771	ogwa. kabîri	1285
oburôfu	1151	obutasisâna	1167	oikálé kurú:ngi!	1295
oburôgo	711	obutê:rre	611	oiri:rwe ó:tâ?	1293
oburokôle	730	obutî:ni	960	okâ:li	523
oburûga	505	obútô	1144	ô:ku	434
oburûgo	918	obutóigo	745	okúbâ	921
oburû:ndu	682	obutóítô	1111	okúbá bî:ngi	1084
oburú:ngî	1148, 1152	obutorôki	596	okúbá hámû	893
oburwáire	680	obutúmwâ	941	okúbá káizi	778
oburwáire butú:rra	683	obutû:ngi	567	okúbá mugûfu	1117
obúsâ	671	obutû:nzi	926	okúbá mukizîbu	971
obusáija	437	obútwâ	176	okúbá mú:ntu mukûru	444
obusa:lîzi	961	obutwê:ki	482, 715	okúbá n'e:by'o.kukóra bî:ngi	1174
obusâ:si	686	obuyâ:mbi	1028	
obusâtu	375	obuyó:njô	1150	okúbá n'e:..mirímo nyî:ngi	1174
obusê:ge	1190	obuzâ:le	471	okúbá n'o:..mugîsa	955
obusé:gû	1062	obuzâ:rwa	716	okúbá n'o:.mugísa múbî	956
obusêgu	176	obuzîbu	1179	okúbá n'o:mútwé mukô:to	1181
obuse:gûzi	1062	obuzîgu	1043	okúbá omuki:kâro	1090
obusêra	164	obwa.káiso	1006	okúbá sâ:bu	1103
obuserêko	910	obwâ:ngu	1210	okubâba	768
obusîgo	32	obwâ:to	562, 778	okubabî:rra	690

okubâ:ga	883
okubaganîza	807, 904
okubáhô	920, 922
okubáija	794
okubâka	821
okubalisîbwa	695
okubâ:mba	837
okubá:mba engôma	540
okuba.mbûka	836
okuba.mbûra	836
okúbámú omunyâ:rra	813
okubá:ndwa emizîmu	1020
okubâ:nza	401, 1074
okubâra	1058
okubasûka	800
okubâza	640
okubázá:hó kúbî	1013
okubazî:ra	786
okubbê:rra	327
okubêga 1	775
okubêga 2	911
okuberebê:nja	989
okubî:ha	1012, 1149
okubi:habî:ha	1010
okubi:hîrwa	965, 966
okubî:ka	805, 806
okubîka	727
okubî:mba	321, 778
okubî:nga	597
okubôha	839
okuboho:rôka	842
okubohô:rra	842
okuboigôra	653
okubóija	101
okubôna	629
okubona:bôna	970
okuborô:ga	652, 692
okuborogôta	1172
okubôya	635
okubûga	974
okubukára omugólê	712
okubû:mba 1	793
okubû:mba 2	853
okubú:mba akânwa	648
okubû:nga	892
okubûra	584, 1078, 1242
okubûrwa	824
okubúrwa eby'o.kúlyâ	666
okubûza	1079
okubwa.gûra	716
okubwa.tûka	1098
okubyâ:ma	614, 615
okubya:mî:ra	598
okubyâ:ra	744
okucabbûka	809
okucabbûra	809
okuca:jî:nga	643
okucakâra	953
okuca.mbaitûka	908
okucamûra	772
okucâ:nya	895
okucêka	1127
okucê:nywa	686
okucîkya	864
okucodêra	593
okucucûka	1208
okucûga	713
okucugûra	682
okucu:kûra	717
okucûkya	864
okuculê:ra	648, 968, 1076
okuculê:za	968
okuculîka	860, 1089
okucû:mba	766, 770
okucú:mba amáizi	772
okucú:mba harâgi	778
okucú:mbwa	767
okucumîka	764
okucumîta	877
okucu.ncubîza	719
okucû:nda	864
okucûra	652, 653
okucû:sa	936
okúcwâ 1	660
okúcwâ 2	714, 814, 815, 1007, 1033, 1076
okúcwá enfûmo	521
okúcwá orúgô	712
okucwa.cwâ:na	807
okucwá:mû	1033
okucwa.nganîza	583
okucwa.nkûna	656
okucwê:ka	687
okucwe.kâna	727
okudîba	926
okudikîra	604
okudô:ba	1190
okudô:ha	740
okudôma	1183
okudô:ma	908
okudubûra	877
okúfâ	727, 751, 754, 811, 1134
okúfá amáiso	487
okúfá:yô	1060
okufubîka	831
okufubîra	1008
okufû:ka	321, 772
okufûka 1	10
okufûka 2	1099, 1106, 1219
okufukafûka	1220
okufû:mba	874
okufu:mû:ra	597
okufû:nda	844, 1123
okufu.ndikîra	831
okufu.ndukûra	854
okufu.ndûra	629
okufûnya	873, 850
okufurûka	919
okufwê:rwa	727, 929 ,1051, 1079
okufwô:ra	1087, 1088
okugâba	775, 942
okugába omwi.síkî	712
okugabíra emizîmu	1020
okugâda	1080
okugâga	752
okugáitwa	712
okugalîha	845, 1122
okugâ:mba	540, 640, 1172
okugá:mba ensîta	1011
okuganîkya	644
okugânya	961
okuganyîra	994
okugarâma	614
okugâ:rra	579, 820
okugá:rra obusî:nge	552
okugâ:rrá:hô	1090
okugâ:rrá:yô	934
okugarûka	579
okugarúka omu.ntê:ko	695
okugarúkámû	733, 986, 1071

okugarukîra	1076	okugumîza	983	okuhâ:ta	756
okugaru:kirîza	1015	okugumízá:mû	1048	okuhê:bwa	931
okugasîra	957	okugûmya	844, 968, 1157	okuhêha	622
okugâya	1015	okugunûra	629	okuhehemûkya	760
okugayâ:ra	977	okugûra	924	okuhehê:ra	1140
okugazîha	845, 1122	okugûru	44	okuhê:ka	720, 937
okugêma 1	706	okugurûka	602	okuhê:mba 1	763
okugêma 2	859, 1136	okugurukya.gurûkya	972, 984	okuhê:mba 2	944
okugemûra	892	okugurûsa	445	okuhemûka	958, 1002
okugê:nda	574, 571, 582, 863, 1214	okugûza	926	okuhemûra	958, 1002
		okugúza kurú:ngî	1187	okuhê:nda	814
okugé:nda kuróra omufûmu	703	okúgwâ	591, 592, 1051, 1095, 1097, 1158	okuhe.ndêka	687
okugé:nda kurú:ngî	1049			okuherê:ra	573
okugé:nda mumáiso	576, 1049	okúgwá amabê:re	24	okuhe:rêza	775
okugé:nda omukitâbu	615	okugwê:ta	1091	okuhê:sa	798
okuge.ndê:rra	980	okugwi.jagîra	616	okuhî:ga	799
okugendêsa	915	okúhâ	942	okuhîga	874
okugêra	1108	okúhá obwa.káiso	1006	okuhigîka	862
okugêsa	753	okuhâba	584	okuhîka	578, 776, 1050, 1157, 1158, 1165
okugêya	1013	okuhabûra	1009		
okugîra	823	okuhâga	1085	okuhiki:rîza	1040
okugíra enzîgu	1043	okuhagîka	862	okuhikî:rra	573
okugíra eryâ:na	721	okuhagûra	131, 815	okuhîkya	941
okugíra i:hâli	1042	okuháiga	753, 829	okuhî:mba	720, 937, 938
okugíra i:rôho	668	okuhaihâza	1016	okuhi.mbâ:ra	487
okugôba	928	okuháisa	996	okuhi.ndûka	867, 868
okugo:bê:ka	713	okuhakanîza	1003, 1029	okuhi.ndulîza	1088
okugôbya	1010, 1156	okuhâ:mba	714	okuhi.ndûra	868, 898, 1087, 1088, 1202
okugogôma	860	okuha.mbâ:ra	919		
okugôna	676	okuha.mbirîza	1126	okuhi.ngîka	900
okugo.ndêza	1041	okuhâ:mbya	597	okuhi.ngîsa	898, 936, 1087, 1090
okugo.ngô:rra	131	okuhâna	1000, 1009		
okugonyô:rra	1135	okuha.ndî:ka	1054	okuhi.ngûra	580
okugô:nza	923, 976, 978, 1170	okuha.ndûka	1143	okuhi.ngurâna	1166, 1241
okugorô:ba	1095	okuhâ:nga 1	194	okuhînya	850
okugoronyôka	852	okuhâ:nga 2	619	okuhî:rwa	981
okugoronyôra	852	okuhâ:nga 3	735	okuho:gôra	756
okugôsa	713	okuhâ:nga 4	829	okuhoijahóija	637
okugûba	1203	okuhá:nga amáiso	629	okuhôma	789
okugufuhâra	1117	okuhanîka	751, 778, 834	okuhomô:ka	836
okugûma	844, 1131, 1155, 1179	okuhanû:ra 1	641	okuhomô:ra	836
		okuhanû:ra 2	753	okuhô:nda	686, 757, 758, 817, 869
okugumíra hámû	1161	okuhanû:ra 3	778, 834		
okugumi:rîrwa	970	okuhâra	828, 1141	okuho.ndêra	577
okugumî:rrwa	970	okuharagâta	657	okuhô:nga	538
okugumí:rrwa omú:ndâ	701	okuharakâta	114	okuhôra	926
okugumi:sirîza	1160, 1161, 1162	okuharâza	1016	okuhó:ra enzîgu	1043

okuhotôka	679, 747, 1127	okújû	45	okukerekê:ta	690
okuhotôra	773	okujûba 1	744	okuke:rerêrwa	1214
okuhû:ba	864	okujûba 2	1099	okukî:ka	861
okuhûbya	727	okujubî:rra	748	okukî:nga	853
okuhûga	695	okujubu.ngûza	782	okukí:nga omûnwa	648
okuhugûra	898	okujûga	653	okuki.ngûra	854
okuhû:ha	638	okujujumûra	969	okuki.njâ:ga	883
okuhuhû:ra	1140	okujûma	1001	okukîra 1	708
okuhû:ka	748	okuju:mîka	730, 737, 885	okukîra 2	1271
okuhu:lîka	815	okuju:mûka	614	okukíra bô:na	1271
okuhû:mba	1099	okujûna	614, 1088	okukíra múnô	1273
okuhu.mbî:ka	768	okujuna:nizîbwa	556	okukîza	705
okuhu.mbû:ka	729	okujû:nda	752	okukôhya	630
okuhu:mîra	871	okujû:nga	778, 783	okukóikya	521
okuhu:mûra	741, 939, 975	okujunîra	730, 1037	okukóimya	630
okuhu:mûza	968	okuju.njû:ra	1172	okuko:kêra	1084
okuhû:nda	841	okujû:rámû	628	okuko:kô:ba	743
okuhu.ngîra	616	okujû:rra	1004	okuko:korôma	653
okuhu.ngûka	892	okújwâ	1096, 1109	okukôma	819, 1073
okuhu.ngûra	872	okújwá eminyanyí:ngâ	63	okukô:mba	659, 822
okuhu.ngu:tûka	696	okújwá esagâma	685	okukôna 1	751, 1198
okuhunî:rra	969	okujwâ:ha	740, 1044	okukôna 2	869
okuhû:ra	757, 869	okujwâ:hya	1175	okuko.ngôra	731
okuhû:rra	633, 634	okujwa.ngâna	902	okuko.nkobôra	131, 757
okuhú:rra i:rôho	668	okujwâ:ra	627	okuko.nkôna	869
okuhú:rra obucéké omumubîri	1127	okujwá:ra kurú:ngî	627	okuko:nôra	815
		okujwâ:za	627	okuko:nyêra	737
okuhú:rra otúrô	616	okujwê:ka	627	okukôra	731, 733, 734, 810
okuhu:rrûka	601	okujwô:ga	1017	okukóra ekibâro	1058
okuhurugûma	1098	okukâba	695, 727	okukóra ensóbî	1052
okuhû:ta	655, 661	okukagûza	985	okukóra omukâzi	713
okuhutâ:ra	684	okukaikûra	445	okukorôga	903
okúhwâ	1075, 1076, 1081, 1270	okukâma	805	okukorogô:ta 1	857
		okukamû:ra	778, 783, 849	okukorogôta 2	828, 895
okúhwá amâ:ni	1127	okuka.ndû:ra	192	okukô:rra	673
okúhwá:hô	1163	okukâ:nga 1	599	okukó:rra hámû	738
okúhwá:mû	1081	okukâ:nga 2	969	okuko:rrôma	718
okuhwê:rra	1075, 1078, 1107	okukânya	1084, 1240	okukôza	785
okuhwê:za	629	okukarâ:nga	768	okukozêsa	736
okuhwî:ja	639	okukatûra	686, 869	okukû:ba	826
okúhyâ	689, 764, 767, 778, 1198	okukebêra	704, 726	okukûba	850
		okukê:ha	1083, 1111, 1114	okukugîza	996
okujabûra	777	okuke:kê:ya	761	okukuli.ngûka	591
okuja.njâba	705	okukê:nga	990	okukû:ma	765
okuja.njâ:ra	1122	okukê:nka	778	okukû:mba	593
okujâ:ta	1198	okuke.nkemûka	1194	okukû:mbya	591
okuje.njêka	839	okukê:ra	618	okukûna	891

okukunâma	1089	
okukû:nga	647, 652, 653	
okuku.ngâna	1036	
okuku.ngûra	956	
okuku.njû:ka	816	
okuku.njû:ra	816	
okuku.nkumûra	748, 781, 864	
okukû:ra	876	
okukûra	445, 718, 745, 816, 1049, 1147	
okukura:kurâna	1049	
okukurâta	577, 894	
okukû:rra	875	
okukûta	609	
okukûza	715, 718, 803, 1049	
okukwâ:sa	942	
okukwâ:ta	821, 838, 990, 1105, 1115, 1207	
okukwá:ta eby'e.nyá:njâ	801, 802	
okukwá:ta omumútwê	1063	
okukwá:ta omu.ngâro	946	
okukwá:táhô	825, 1069	
okukwa.tâna	1069, 1262	
okukwa.tanîza	837	
okukwa.tîra	837	
okukwá:twa i:rôho	668	
okúkyâ	1076, 1092	
okukyê:na	710	
okulâ:wa	804	
okulê:ba	629	
okulê:ga	844	
okulegêya	845	
okule:gûka	844	
okule:gurûka	844, 845	
okulêgya	342	
okulêha	935	
okulêka	574, 818, 917, 1076, 1163	
okuléka kukôra	811	
okulekêra	843	
okulêma	888, 1051, 1241	
okulemâra	488	
okulemê:ra	1124	
okulemêsa	1179	
okulê:nga 1	930	
okulê:nga 2	1095	
okulê:ngáhô	1046	
okule.ngêsa	1046, 1047	
okule.ngesanîza	1072	
okule.ngî:ja	835	
okulêra	720	
okulê:ta	940	
okulé:ta ente:kâna	552	
okuli:bwa:lî:bwa	690	
okuligîsa	645	
okulîma	742, 748, 829	
okulíma ekí:nâ	879	
okulî:nda	723, 803, 913	
okuli.ngûza	631	
okulî:sa	803	
okúlyâ	655, 713	
okumagamâga	629	
okumalî:rra	403	
okumamî:rra	909	
okumâ:nya	87	
okumânya	1065, 1176	
okumá:nya enkôko	87	
okumanyî:ra	1068	
okumanyîsa	1066	
okumâra	1075, 1244, 1266, 1282	
okumára orúfû	539	
okumárámû	1081	
okumatûka	605	
okumêra	745	
okuméra amabê:re	24	
okumeremê:ta	1200	
okumîga	699, 783, 817, 844	
okumîra	663	
okumî:sa	909	
okumôda	809	
okumôma	1134	
okumo.ngô:ka	809	
okumo.ngô:ra	809	
okumulîka	1199	
okúmwâ	624	
okumwe.gê:rra	649	
okumyô:ra	849	
okumyô:rwa	693	
okunâ:ba	619	
okunâga	591, 818, 872, 1079	
okunága omusâ:ngo	1053	
okunaganâga	906	
okuna:nû:rra	875, 1037	
okunegêna	864	
okunêna	654, 656	
okúnía	671	
okunîga	849, 857	
okunihîra	984, 1041	
okunôba	977	
okunôga 1	753	
okunôga 2	776	
okunûga	977	
okunuli:rîza	650	
okunû:nka	635	
okunú:nka akâmwa	635	
okunu.nkirîza	636	
okunûra	776, 1193, 1194, 1195	
okunyâga	933	
okunyâ:mpa	677	
okunyâ:ra	672	
okunyâ:ta	655	
okunyegê:rra	1004	
okunyê:ta	1112	
okunyî:rra	627, 1148	
okunyubûka	689	
okunyû:nya	662	
okunyû:rra	875	
okúnywâ	661, 665	
okunywâ:na	477	
okupagâsa	731	
okupakâsa	731	
okupâ:nga	896	
okupara.njûka	601	
okupekênya	657	
okupîma	930	
okupipîra	1172	
okurâba	580	
okurábáhô	581, 892	
okurabíráyô	579	
okurabûka	944	
okurâga	947	
okuragâ:na	1040	
okuragâra	592	
okuragâza	622, 779	
okuragîra	991, 1034	
okuragî:rra	584	
okuragûra	709	
okurahîra	1039	
okurahûka	1211	
okuráiha	1116, 1118, 1120	

okura:lîza	890	
okuramâga	550, 866	
okuramâra	488	
okura.mbikirîza	606, 852	
okura.mbûra	724	
okuramûkya	946	
okuramûra	1007, 1037	
okuramûza	924	
okurâmya	1020	
okurâ:nda 1	746	
okurâ:nda 2	795	
okurâ:nga 1	841	
okurâ:nga 2	1066	
okurá:nga obúkô	712	
okurâ:ra	615	
okuraramîra	629	
okurarâ:ngya	906	
okurâ:rra	806	
okurarûka	696	
okurâsa	880	
okurôga	711	
okurokâna	857	
okurokôra	730	
okurole:kâna	1209	
okurolê:rra	722	
okuro.ngô:ra	944	
okurôra	629, 946	
okuróra enyûma	867	
okurô:ta	617	
okurôza	777, 778	
okû:rra	652	
okurubâta	593, 600	
okurubatarubâta	594	
okurûga	572, 574, 586, 590	
okurúga haibê:re	717	
okurúga hakî:ntu	818	
okurúga hamutî:ndo	1147	
okurúgáhô	1163	
okurugaho.ngâna	916	
okurugî:rra	1266	
okurúgwá:mú ê:nda	716	
okurûka 1	523	
okurûka 2	787	
okurûma	654, 686	
okurumîka	698	
okurumî:rwa	1191	
okurúmwa ê:nda	682	
okurúmwa enjâra	666	
okurumwa:rûmwa	690	
okurû:nga	776	
okururûma	653	
okurwâ:na	692, 884	
okurwâ:ra	680	
okurwâ:za	697	
okúsâ	759	
okusâ:ba	604	
okusâba	1019, 1022	
okusâba ekiganyîro	993	
okusabíra omúfú omukanísâ	539	
okusabi:rîza	1024	
okusâ:ha	748	
okusahûra	899	
okusâka	940	
okusakâ:ra	792	
okusa:lîrwa	686, 961	
okusâ:mba	870	
okusâna	1070	
okusa.ndâga	698	
okusa.ndâ:ra	1122	
okusandâ:ra	651	
okusâ:nga	571, 912, 914	
okusani:rîza	1071	
okusanû:rra	623	
okusâ:ra 1	770	
okusâra 1	583, 624, 807, 929	
okusâ:ra 2	1019	
okusâra 2	1092	
okusára amáizi	562	
okusára ebinyá:nsî	748	
okusára enkóko ebíkyâ	87	
okusára i:sôke	624	
okusára omukâgo	477	
okusarâra	682, 752	
okusara:sâra	807	
okusâ:rra	778, 1196	
okusá:rra ebitô:ke	131	
okusâ:sa	686	
okusa:sîra	995	
okusasûra	568, 934, 935	
okusegênya	760	
okusegêsa	760	
okuse:gûra	1062	
okusêka	649	
okusekêra	649	
okusekêsa	1169	
okusekûra	757, 817	
okusê:mba	833	
okuse.mbêra 1	529	
okuse.mbêra 2	573	
okuse.mbêza	775	
okuse.mbû:rra	854	
okuse.mburûka	854	
okusemêra	1148	
okusemerêrwa	953, 1170	
okusemerérwa múnô	954	
okusemê:rra	923	
okusemêza	602, 707, 743, 779, 953, 1169	
okusemêza	707, 779	
okuseméza ekinâga	793	
okusê:nda 1	597	
okuse:nda 2	1138	
okuse.ndekerêza	915	
okuse.ngéija	1104	
okuse.ngî:ja	1104	
okusê:ngya	715	
okusê:nya	335	
okusê:ra	1188	
okusêra	711	
okuserebêra	1130	
okuserêka	910	
okuse:rê:ra	603	
okusê:rra	911	
okusê:sa 1	672, 818, 907, 908, 1302	
okusê:sa 2	808	
okuse:sêka	808	
okusesêma	693	
okusesêmya	693	
okuse:sê:rra	909	
okusî:ba	575, 667	
okusîba	627, 787, 788, 838, 839, 848, 855	
okusíba hamáiso	966	
okusî:ga	514, 625, 789	
okusîga 1	574, 818	
okusîga 2	744	
okusí:ga omugólê	712	
okusigâra	575	
okusigâ:rra	1214	
okusî:ha	1141	

okusi:hâna	713	okuso:môra	795	okutagâta	1218
okusi:hû:ka	1208	okusô:na	989	okutagíra bwi.kâzi	918
okusi:hû:ra	760	okusôna	786	okutagírá kâ	918
okusî:ka	770	okuso:nasô:na	1018	okutagíra mâ:ni	1127
okusîka	657, 875	okuso.ngôza	796	okutagô:nza	977
okusikîna	674	okusorôma	753	okuta:gûka	815
okusiki:rîza	1148	okusorô:za	895	okuta:gûra	815
okusî:ma	957	okusu:bûra	927	okutâ:ha	539, 585, 1108, 1297
okusî:mba	877	okusu:kûra	854	okutâha 1	762, 778, 943
okusi.mbirâna	887	okusulîza	638	okutâha 2	943
okusi.mbûka	574	okusumîka	840	okutahîka	1158
okusî:mû:ra	622, 779, 827	okusumi:kâna	848	okutahû:rra	1181
okusî:nda	652, 692	okusumû:ka	842	okutâ:hya	579, 585, 755
okusi.ndîka 1	873	okusumû:rra	810, 842, 854	okutâhya	1198
okusi.ndîka 2	941	okusumu:rûka	854	okutá:hya abarô:ngo	475
okusî:nga 1	826, 827	okusû:nga	629	okutâ:hyá:mû	900
okusî:nga 2	886	okusû:ra	724	okutaikira.nganîza	1168
okusí:nga amáino	619	okususû:ka	836	okutaikiranîza	1171
okusi.ngô:rra	780	okususû:ra	756, 836	okutaikirîza	1035
okusi.ngûra	1050	okusû:ta	1018	okutake.nga.ngâna	1035
okusî:ngwa	889	okuswâ:ga	655	okutakûra	828
okusira:mûra	532	okuswa.gûra	883	okutakwâ:ta	1208
okusirimûka	588	okuswâ:ra	958, 1002	okutalibâna	739, 1047
okusi:rî:ra	769	okuswê:ka	744, 831	okutalîka	771, 1102
okusirisî:ta	757, 817	okuswe.kê:rra	910	okutâma	977
okusî:sa	671, 808, 1080	okuswé:kwa kwi.zô:ba	347	okutamânya	1065, 1177
okusisâna	1070, 1164	okuswê:ra	712	okutâ:mba	705
okusisanîza	1070, 1072	okuswé:ra muka: mwe.newâ:bu	1091	okuta.mbîra	705
okusisîka	765			okuta.mbûka	593
okusi:sikâra 1	808, 811, 1153	okuswê:rwa	712	okutamî:ra	664
okusi:sikâra 2	1034	okútâ	897	okútámû	900, 907
okusisi:mûka	618	okútá hámû	895	okútámú amâ:ni	1047, 1160
okusitâma	607	okútá há:nsî	939	okútámú ekihúrû	879
okusô:ba	593	okútá harubâju	898	okútámú ekiti:nísa	1014
okusôba	584	okutába n'e:kyo.kukôra	1175	okútámú omunyâ:rra	813
okusobêra	971	okutábáhô	920	okutâmwa	1175
okusobôra	981	okutabaijûka	593, 962, 970	okutâna	937
okusobô:rra	988	okutabaijûra	962	okutanâka	693
okusôbya	1052, 1053, 1158	okutábámû	1081	okuta.ndîka	1074
okusôha	801	okuta:bâ:na	971	okutâ:nga	992, 1076
okusoisômya	1017	okutaba.ngûra	1103	okuta.ngata.ngâ:na	893, 914
okusôka	900	okutaba:rûkya	1304	okuta.ngî:rra	891, 945
okusolêza	655	okutabúka omútwê	696	okuta.ngisirîza	992
okusôma 1	658	okutabûra	739, 902, 903, 971	okutanûra	1194
okusôma 2	1055, 1056	okutâ:ga	647	okutâra	919
okusô:mba	937	okutagâba	943	okutaráiga	1141
okusomêsa	1021, 1057	okutagâsa	772	okutasemerêrwa	1171

okutátámú ekiti:nîsa	1015	
okutaté:kámú ekiti:nîsa	1015	
okutatere:kê:rra	1139	
okutatô:ra	1134	
okutê:ba	881, 1059	
okutebêza	1021	
okute:bu.ndâ:za	1031	
okutêbya	640	
okutêga	591, 800	
okutéga eby'e.nyá:njâ	801	
okutegêka	1045	
okutege:rêza	913	
okutê:ka	1104	
okutê:káhô	774	
okuté:kámú ekiti:nîsa	1014	
okute:kâna	552	
okute:kanîza	905, 1045	
okute:kêra	797	
okute:kerêza	984, 1059	
okute:kúráhô	774	
okutê:kwa	923	
okutêma	654, 753, 807	
okutéma ebinyá:nsî	748	
okutéma ekisákâ	743	
okutema:têma	807	
okutê:mba	560, 587, 589, 713	
okutemê:rra	748	
okute.ndêka	732	
okute.ngê:ta	864	
okutê:ra 1	339, 514, 654, 686, 757, 793, 869, 950, 1098	
okuté:ra 2	897	
okuté:ra amapápâ	601	
okuté:ra ecû:cu	781	
okuté:ra eki.nkó:hî	637	
okuté:ra emikû:ngo	652	
okuté:ra emirî.ndi	595	
okuté:ra empâmo	652	
okuté:ra enkáito	827	
okuté:ra enkî:nzo	706	
okuté:ra enkô:nge	610	
okuté:ra entâ:mbo	602	
okuté:ra esímû	643	
okuté:ra i:sôke	623	
okuté:ra semî:nti	789	
okute:râna	893	
okute:ranîza amagûru	607	
okute:ranizîbwa	712	
okuterebûka	611, 612	
okutere:kerêza	1138	
okutere:kê:rra	571, 1135, 1138	
okuteré:za ekinâga	793	
okutê:rra	611	
okuté:rwa omutîma	47	
okute:tebûka	987	
okuté:za amájû	607	
okuté:za ebibêro	606	
okutigîta	650	
okutîhya	829	
okutî:mba 1	790	
okutî:mba 2	879	
okutî:na	960	
okutî:nda	309	
okutî:za	934	
okutôga	828	
okutogôta	766, 1172	
okutóija	742	
okutôka	647, 1172	
okutokomêra	1172	
okutôma	869	
okutomêra	612, 871	
okutoméra n'o:mútwê	871	
okutoméza omútwê	871	
okutô:nda	470	
okuto.ndô:ra	756, 778	
okutô:nga	1022	
okutonôkya	686	
okutô:nya	342, 592, 1109	
okutô:ra	1133	
okuto:râna	776	
okutorôka	596	
okutôta	1130	
okútû	9	
okutukumîra	691, 1172	
okutukûra	1204	
okutukúra amáiso	682	
okutû:ma	895, 896	
okutûma	941	
okutu:matû:ma	896	
okutû:mba	1085	
okutû:nda	926	
okutû:nga	712, 803, 823, 931, 945	
okutú:nga amâsu	963	
okutu.ngû:rra	842	
okutu.ngu:tâna	670	
okutu.ntûra	974	
okutu.ntûza	1016	
okutunû:ra	724	
okutû:ra 1	727	
okutûra 1	577	
okutû:ra 2	939	
okutûra 2	977	
okutû:rra	683	
okuturûka	586, 682, 1093	
okuturúka orúfû	539	
okutû:ta	1172	
okutû:ya	670	
okutwâ:ra	820, 937, 941	
okutwá:ra eki:kâro	1090	
okutwá:ra ê:nda	715	
okutwá:ra kúbî	1016	
okutwê:ka 1	715	
okutwê:ka 2	937	
okutwê:ka 3	941	
okuvûga	560	
okuvû:ma	1172	
okuyâ:mba	737, 1028	
okuyô:rra	1097	
okuzâ:na	651, 951	
okuzá:na ekîgwo	952	
okuzâ:ra	716	
okuzá:ra ebijúmâ	750	
okuzigáija	716	
okuzigîsa	865	
okuzigô:rrwa	694	
okuzîha	621	
okuzî:ka	751, 778	
okuzi:kûka	829	
okuzi:kûra	778, 829	
okuzîma	765	
okuzî:mba	1085	
okuzîmu	534	
okuzimûra	917	
okuzîna	948, 949	
okuzi.ndâ:ra	624	
okuzi.ndûka	618	
okuzî:nga	847	
okuzi.ngâma	718	
okuzi.ngitî:rra	849	
okuzi.ngû:rra	848

okuzîra	1026	okwê:bwa	1064	okwe.se.ngerêza	1022
okuzô:ka	586, 629	okwe.culîka	615	okwe.sîba	627
okuzó:ka kúbî	1149	okwe.cûra 1	687	okwe.sibasîba	848
okuzó:ka kurú:ngî	1148	okwe.cûra 2	1067	okwe.sî:ga	625
okuzô:ra	912	okwê:ga	1056	okwe.sîga	982, 999
okwâ:ba	1086	okwe.garúkámû	1038	okwe.sîka	688
okwa.bû:rra	810	okwe.ge.nderêza	725	okwe.sî:ma	955
okwâ:ga	1107	okwe.gêsa	732, 1057	okwe.si:târa	969
okwa.gî:rra	1200	okwe.gô:mba	979	okwe.sîza	648
okwa.gûra	828	okwe.gûya	1018	okwe.sû:nga	1061
okwa.hukâna	916, 1167	okwe.hakâna	1026	okwe.sû:nsya	835
okwa.hukanîza	836, 904, 1037	okwé.háyô	1047	okwê:ta	646, 890
okwa.hûra	901, 925	okwe.hêha	622	okwe.tâ:ga	923, 978
okwahúra ensîta	1011	okwe.hê:ra	942	okwe.tagâsa	1101
okwa.jûra	609	okwe.hi:ngulirîza	865	okwe.tâ:gwa	1185
okwâ:ka	763, 1096, 1199	okwe.hôza	934	okwe.támú ekiti:nîsa	1154
okwâ:kya	749, 763	okwe.huli.ngî:ra	519	okwe.ta.ntâra	1077
okwa.lîka	806	okwe.huli.ngî:rra	1137	okwe.tebûka	987
okwa.mbûka	583	okwe.hû:rra	634, 997	okwe.têga	610
okwa.mî:rra	646	okwe.hú:rra kúbî	679	okwe.tê:ga	627
okwa.mûka 1	574, 818	okweigâma	1100	okwe.tegerêza	1067
okwa.mûka 2	1076	okweijûkya	964	okwe.tegerêza	990
okwa.mûra	1097	okwe.júna ebizîbu	973	okwe.te:kanirîza	1045
okwá:na ebijúmâ	750	okwe.kagúzá:hô	1032	okwe.tî:za	934
okwa.ndâ:ra	594	okwe.kí:kámû	1029	okwe.tô:nda	993
okwâ:nga	1026	okwe.kóráhô	625	okwe.to:rô:ra	421, 571, 865, 113
okwa.ngâna	917	okwe.kû:rra	609	okwe.twâ:ra	1034
okwa.ngûha	1178, 1211	okwe.mányáhô	997	okwe.twá:ra kurú:ngî	1154
okwa.nguhî:rra	1125	okwe.maramâra	594, 1175	okwe.twê:ka	937
okwa.nîka	755, 1102	okwe.merêza	1076	okwê:ya	780
okwa.njâra	755	okwe.mê:rra	599, 605, 1076	okwe.yâ:mba	671
okwa.njû:rra	852	okwê:mya	713	okwe.yayamûra	675
okwa.njurûka	852	okwe.nagîra	627	okwe.yo.ngêra	1048, 1049
okwa.nûka	1113	okwê:nda	923, 976, 978	okwe.yo.ngéra mumáiso	576
okwa.nu:kûra	945	okwe.ndêza	1041	okwê:zi	350, 355
okwa.nûra	755	okwê:nga	751	okwé:zi kûnu	371
okwâ:ra	832	okwe.nge.ngêta	1200	okwé:zi kw'o.kubâ:nza	406
okwâ:sa	812	okwe.pâ:nka	998, 999	okwé:zí okuhóire	371
okwâ:ta	808, 908	okwe.pimapîma	999	okwé:zi okú:kwî:ja	371
okwa.tâna	573	okwê:ra	751, 754, 1150, 1203	okwé:zi okúrúkwî:ja	371
okwa.tîka	808, 908, 1132	okwe.rali:kî:rra	974	okwe.zigazîga	1212
okwa.tûra	642	okwe.râ:nga	712	okwe.zi.ngazî:nga	851
okwa.túra ensîta	1011	okwe.rûmya	973	okwe.zi.ngirîza	848
okwa.tû:rra	716	okwe.sâma	854	okwî:ba	932
okwe.bo.ndóiga	693	okwe.seimûra	674	okwi.bîka	785
okwe.bûga	953	okwe.semêza	622	okwî:ga	1097
okwe.bu.ndâ:za	1030	okwe.se.ngerêza	993	okwi.gâma	1100

okwi.gamîra	860	okwî:ta	882	omubû:mbo	163
okwi.gâra	858	okwí:ta amáiso	1200	omubwî:ga	151
okwi.gâ:rra	856	okwí:ta amátû	1172	omubwí:jû	482
okwi.gâta	702, 846, 900	okwí:ta erî:so	630	omubwí:jwâ	482
okwi.gatîra	846	okwi.tirâna	914	omubwî:si	481
okwi.gûka	854	okwi.tira.ngâna	893	omubwô:ro	482
okwi.gûta	669	okwô:ga	620	omubyâ:zi	744
okwî:ha	753, 876, 899	okwô:gya	779, 782	omucékê	1113
okwí:há omusû:nga	757	okwô:hya	1023	omucê:nce	158
okwí:háhô	898	okwô:kya	654, 689, 764, 768,	omucê:ri	141, 163, 170
okwî.háhô	774, 836		793, 844, 1217	omucó:lî	481
okwí:háhó n'a:kâ.ra	822	okwó:kya ekitême	743	omucôpe	481
okwí:háhó n'e.ngâro	821	okwo.lêka	632	omuculê:zi	648
okwi.hámú ê:nda	716	okwô:ma	1102	omucû:mbi	766
okwi.hûra	775	okwo.mbêka	791	omucu.ngú:wâ	124
okwî:ja	572	okwo.mbêra	748	omucû:zi	161
okwí:ja háihi	573	okwo.mê:ra	728	omûcwe	161
okwi.jûka	1063	okwô:mya	1102	omucwê:zi	482, 533
okwi.jûra	1082, 1085	okwo.ngêra	1071, 1084	omudôma	1183
okwi.kâra	575, 918	okwo.ngéráhô	402	omudomadôma	1183
okwi.kâ:rra	589, 606	okwô:nka	717	omúfû	727
okwi.ká:rra ebitêge	607	okwo.rôba	1130	omúfú w'a.máiso	487
okwi.ká:rra habibéro by'a.bazáire	712	okwô:sa	920	omúfú w'a.mátû	486
		okwô:ta	1101	omúfú w'ê:nda	1191
okwi.kira.nganîza	738, 990, 1170	oli ó:tâ?	1294	omufûmu	703
		ó:mû	373	omufúmu w'e.kinyôro	709
okwi.kiranîza	738, 990, 1170	omu	418, 428	omufúmu w'e.nzâ:rwa	709
okwi.kírîza	982, 1025, 1027, 1034	omubâ:gi	883	omufu:ndî	503
		omubáizi	503, 794	omufu:ndí w'a.májû	503
okwî:kya	637	omubajú:ngû	292	omufu.ndikîzo	210
okwî:ma	943	omubâzi	703	omufû:njo	158
okwi.mûka	618	omubazî:zi	786	omufwa-i:rê:mbo	472
okwi.nâma	608, 1136	omubbô:pi	482	omufwa:kátî	472
okwi.namîra	892	omúbî	1153	omufwa.lîsi	249
okwi.nâra 1	841	omubigérê	685	omufwê:rwa	473, 727
okwi.nâra 2	1190	omubîki	727	omugáiga	1189
okwi.ngâna	1164, 1239	omubi:kîra	504	omugájû	635
okwî:ra	1094	omubî:mba	158	omugâ:mbi	640
okwi.ragûra	1202	omubîri	53, 54	omugá:ndâ	481
okwi.rîza	775	omubíri n'e:sagáma bya. Yésû	529	omugâ:nda	483
okwi.ríză:yô	898			omuganyîzi	994
okwî:rra 1	529	omubíró bya. bûli	1270	omugárâ	1128
okwî:rra 2	573	omubîsi	1197	omugâ:rra	813
okwí:rrá:yô	863	omubî:to	482, 496	omugasíyâ	158
okwi.rûka	595, 596	omúbû	94	omugâso	1184
okwi.rukî:rra	968	omubûli	229	omugâ:ti	169
okwi.rûkya	560, 597	omubû:mbi	503	omugâyo	1015

omugênyi	480	omuhikîrwa	498	omuki.njâ:gi	883
omugê:nzi	582, 727	omuhímâ	481	omukîra	31, 71
omugêra	304	omuhî:mbi	937	omukisî:ka	263
omugêzi 1	299, 341	omuhî:nda	482	omúkô 1	158
omugêzi 2	1180	omuhî:ndi	490	omúkô 2	469
omugezigêzi	1182	omuhî:ngo 1	803	omukóbyâ	481
omugî:mba	131	omuhî:ngo 2	1008	omukô:ga	158
omugímû	482	omuhîni	194	omukô:nda	196
omugîsa	955	omuhî:rwa	981	omuko.ngôzi	731
omugôbe	151	omuhógô	133	omukó:njô	481
omugôbya	1156	omuhô:le	1182	omukô:nko	140
omugôgo	131	omuhôro	196	omuko.nkó:rrô	140
omugólê 1	131	omúhú w'e.nsôni	958	omukôno	36
omugólê 2	712	omuhúmâ	803	omuko:nyêzi	737
omugôma	33, 426	omuhu:mûza	968	omukô:ra	158
omugô:ngo	22, 289	omuhú:rû	474	omukôro	511
omugônya	851	omuhuru.ngûso	758	omukô:to	1110, 1112
omugorogôro	158	omuhyâ:ka	1146	omukôzi	502, 731, 1160
omúgú w'i.rárû	696	omúhyô	197	omukózi wáitu	479
omugû:da	1189	omujá:jâ	158	omukûbi	161
omugûfu	1117	omujájû	645	omukûgu	503
omugúgû	218	omuja.njâbi	705	omukû:ndi	27
omugûha	238	omujâ:si	499	omukû:ngo	652
omugû:ngu	481	omujuga.ntâ:ra	158	omukú:ngû	293
omugurûsi	445	omujulîzi	1006	omuku.ngûzi	956
omugûsa	138, 778	omujuna:nizíbwâ	556	omukûra	305
omugûta	54, 70	omujú:ngû	490	omukurâsi	498, 894
omugúzâ	926	omujunîzi	730, 885	omukûru	1145
omugúzî	924	omujwâ:hi	740	omukúru w'o.rukurâto	894
omugwê:ri	482	omuka:fwî:ri	533	omukwâ:no	976
omugwê:twa	1091	omukâ:ga	378, 712	omukwê:nda	528
omuhakanîzi	1003	omukâgo	477	omukwê:zi	685
omuhâma	118	omukaikûru	445	omukyâ:ra	438, 492
omuhâ:nda	286	omukâma	496	omukyê:no	710
omuha.nga-bagê:nzi	158	omukâ:mbwe	967	omukyô:ra	158
omuha.ngaizîma	346	omukâro	771	omulábbâ	264, 561
omuhâ:ngi 1	194	omukárû	173	omulá:ngô	481
omuhâ:ngi 2	527, 735	omukasûmi	1270	omulebêki	482
omuhárâ	461	omukâzi	438, 449	omulêju	17
omuharrû:mi	158	omukébê	209	omulékwâ	574
omuhasâna	131	omukebêzi	704, 726	omulêma	488
omuhémû	958	omukebûko	482, 867	omulema.ngú:ndû	158
omuhê:ndo	569, 1184	omukê:ka	254	omulema.njôjo	158
omuhé:ndo gwa. há:nsî	1187	omukê:to	498	omulêmi	888
omuhe:rêza	504, 775	omukê:ya	499	omulêzi	722
omuhê:si	798	omukígâ	481	omúlî	655
omuhî:gi	799	omukî:ndo	132	omulîmi	742, 829

omulími w'e.kitû:ro	830	omunyegêzi	1004	omurú:ngî	1148
omulími w'é:mbî	830	omunyê:rre	81	omurûru	1191
omulîmo	570	omunyê:to 1	443	omurusû:ra	497
omulî:ndi	43	omunyê:to 2	1112	omûrwa	525
omulî:nga	330	omunyínyâ	158	omurwáire	680
omulî:ngo	515, 733	omû:nyo	166	omurwâ:ni	884
omulî:nzi	723	omunyôro	481, 492, 498	omurwâ:zi	697
omulî:sa	803	omunyóro n'o:mukyâ:ra	450	omusabi:rîzi	1024
omulyâ:ngo	267	omunyóro w'e.kyâ:ro	289	omusâ:hi 1	748
omumá:nzî	1159	omunyóro w'o.mugô:ngo	289	omusâ:hi 2	63
omumasûmi	685	omunyûli	229	omusâhu	703
omumbútî	491	omunywá:nî	477, 548	omusáigi	482
omumîro	19	omúnywî	664	omusáija	437
omumvû:li	189	omu.nzâ:ni	231	omusáija n'o:mukâzi	450
omunâfu	1128	omupakâsa	502, 731	omusalábâ	530
omunâku	1190	omupî:ra	561, 951	omusâ:mbu	482
omunâ:na	380	omupí:ra gw'e.njûra	180	omusá:mbyâ	158
omunâzi	132	omupolî:si	500	omusánâ	347, 359
omunio.ngó:rrô	91	omurâbyo	345	omusa.ndâgo	698
omú:njû	418	omurámâ	158	omusâ:ngo	1053, 1007
omú:njú há:nsî	262	omuramâgi	499	omusâ:nju	379
omunóbwâ	977	omurâ:mbo	727	omusâ:ra	565
omunôfa	61	omura.mbûzi	724	omusa:saradô:ti	504
omunôno	143	omurâmu	469	omusebêni	499
omû:ntu	436, 1248	omuramûra	300	omusêga	81
omú:ntu mukûru	444	omuramûzi	1007	omusê:ge	1190
omú:ntu w'a.bâ:ntu	1170	omurâ:ngi	528	omuse:gûzi	1062
omunû:bi	481	omurá:ngí w'o.búkô	712	omusekêra	158
omûnwa	11	omurá:râ	175, 482	omusekesêke	154
omúnwa gw'e.kinyônyi	84	omurarâma	682	omuse:nêne	158
omúnyâ	109	omurárû	696	omuse.ngî:jo	208
omunyabuzâ:le	471	omurôfu	1151	omusênyi	327
omunyâgi	933	omurôgo	711	omusê:zi	1188
omunyakíkâ	470	omurokôle	730	omusêzi	711
omunyakyô:zi	482	omurole:rêzi	504	omusíbê	501
omunyâli	333	omuró:ndwâ	157	omusigâzi	443
omunyamagêzi	1180	omurô:ngo	475	omusíkî	316
omunyamahá:ngâ	291	omurórwâ	629	omusî:ngo	482
omunyamugîsa	955	omurôzi	629	omusîno	33
omunya.nkôle	481	omû:rro	331	omusirâ:mu	532
omunya.nkômo	501	omurûka	293	omusîri	297
omunya.nzígwâ	549, 1053	omurû:li	481	omusirikálê	499, 500
omunyâ:ra	158	omurumi:rîzi	1191	omusîsa 1	158
omunyâ:rra	813	omurú:ndi (o)gû:ndi	1285	omusîsa 2	316
omunyêge	158	omurû:ndi 1	44	omusî:ta	482
omunyegê:rra	1004	omurû:ndi 2	405	omusógâ	481
omunyegê:rrwa	1004	omuru.ngá:nwâ	499	omusogasôga	158

omusôhi	801	omutorôki	596	omwa.mbûkya	497
omusóigi	482	omutû:mba	158	omwá:mî	437, 448
omusóina	60	omutû:mbi	727	omwa.mûzi	1097
omusókô	158	omutû:mo	896	omwâ:na	97, 439, 440
omusomésâ	493	omutúmwâ	941	omwá:na w'i.sómêro	494
omusomésâ w'e.kanísâ	1021	omutû:ngi	567	omwa.ndá:râ	323
omusômi	494	omutû:nzi	926	omwâ:ni	174
omuso:môro	795	omútwâ	491	omwâ:nya	409
omusôni	786	omutwâ:ro	397	omwâ:ro	310
omusôno	786	omútwê	1	omwebe.mbêzi	554
omusonónwâ	89	omútwé gw'e.mbôro	31	omwe.cûmi	1150
omusórô	568	omutwê:ki	715	omwe.gêsa	493, 732
omûsu	81	omuvûle	158	omwê:gi	494
omusubbâ:ho	225	omuyâga 1	339	omwe.hû:rro	997
omusu:bûzi	927	omuyâga 2	482	omwe.kâ:mbi	1160
omusûma	932	omuyâ:mbi	737, 1028	omwê:ko	187
omusû:mbi	482	omuyé:mbê	124	omwe.nagîro	627
omusû:nga	757	omuyó:njô	1150	omwé:ndâ 1	381
omuswâ:ki	619	omuzabíbû	124	omwé:ndâ 2	1170, 1192
omuswî:ja	681, 682	omuzáire	446	omwé:ngê	171
omutabâni	460	omuza:lîsa	716	omwe.pisikô:pi	504
omutâ:hi	478	omuzâ:ni	951	omwe.ramáino	158
omutâhi	762	omuzâ:zi	716	omwé:sâ	674
omutalí:ndwâ	498	omúzê	525	omwe.sîgwa	982, 1156
omutâ:mbi	703	omuzê:i	445	omwê:so	951
omutamî:zi	664	omûzi	118	omwe.sû:nsyo	835
omutâ:no	300	omuzîbu	1179	omwe.to:rô:ro	868
omutarabá:ndâ	188	omuzigáijo	447, 716	omwê.zi	350
omutaté:mbwâ	158	omuzigîti	280	omwê:zi	355
omutebêzi	1021	omuzîhyo	540	omwé:zi gûnu	371
omutegêki	1045	omuzî:ki	830	omwé:zi oguhóire	371
omutêgo	800	omuzîmu	534	omwé:zi ogú:kwî:ja	371
omute:kanîza	905	omuzi.ndâ:ro	509	omwé:zi ogúrúkwî:ja	371
omutê:ko	896	omuzí:ngâ	95, 544	omwi.dî:ro	263
omute.ndêki	732	omuzîni	948	omwi.gar'amátû	486
omutê:so	481	omuzîro	482, 535	omwî:gi	1097
omútî	116	omúzô	158	omwî:go	241
omutîma	47	omwa	429	omwi.gûto	669
omutíma múbî	1042	omwá:gâ	1016	omwi:hwa	462
omutíma murú:ngî	1152	omwa.hûle	504	omwi.jukûru	467
omutî:ndo	786	omwâ:ka	354	omwî:ka	332
omútô	1144	omwá:ka guhóire	372	omwi.kâzi	918
omutobátô	439	omwá:ka gûnu	372	omwi.kirîza	531
omutóítô	1111	omwá:ka oguhóire	372	omwî:ko	213, 326
omutôma	158	omwá:ka ogú:kwî:ja	372	omwî:mi	943
omuto.nganírîzi	1005	omwá:ka ogúrúkwî:ja	372	omwí:nâ	879
omutô:ro	481	omwâ:mba	481	omwi.rîma	361, 1201

omwî:ru	497, 501	orugâno	520	orukubébê	101
omwi.sá:nzâ	482	orugezigêzi	1182	orukú:kû	145
omwî:si	882	orugiréyô?	1298	orukúmî	395
omwi.síkî	442, 443	orugîsa	536	orukûmu	40
omwi.ta.njôka	158	orúgô	274	orukurâto	498, 894
omwô:jô	441	orúgó rw'ê:nte	803	orukwá:kû	682
omwô:ki	764	orugô:ngo	264	orukwâ:nzi	185
omwo.mbêki	503	orugô:njo	297	orukwá:nzi rw'o.mubíkyâ	185
omwo.mê:zi	678, 728	orugórô	155	orukyâ:kya	358
omwô:ngo	148	orugorogô:nya	131	orulá:ngô	481
omwô:yo	47	orugôye	177, 252	orulêra	27
omwó:yo múbî	1042	orugû:do	286	orulîmi	12, 507
-ôna	1245, 1251	orugû:ngu	481	orulími rw'o.mû:rro	331
-ónkâ	1288	oruhâgo	52	orumágâ	96
-onyíni	1233	oruhâ:mbo	147, 148	orumbúgû	129
oraire kurú:ngî?	1291	oruhá:mbo rw'o.mwô:ngo	148	orûme	320
oraire ó:tâ?	1291	oruhâ:nga	2	orunâ:na	393
orá:lé kurú:ngî!	1296	oruha.ngâra	60	orunôno	41
orubâbi	122, 131	oruhâra	4	orunû:bi	481
orubá:hô	244	oruhâzi	100	orúnwâ	95
orubâju	26	oruhêre	682	orûnwa	11
orubâ:le	343	orúhî	869	orunya.nkôle	481
orubâ:ngo	802	oruhí:râ	318	orunyá:nyâ	151
orubazî:ro	786	orúhû	54	orunyêge	600, 949
orubâzo	640	oruhu:mûro	408	orunyôro	481
orubbalázâ	268	orujâgi	151	orupapûra	232
orubê:ngo	759	orujegêre	239, 561	orupapúra rwa. sê:nte	564
orubéryâ	139	orujôki	95	orûra	51
orubîbo	130	orújù	3	orurâli	137
orubî:mbi	570	orujúmâ	125	orurû:li	481
orubî:ngo	155	orujú:ngû	490	orusâ:bu	326
orubû:bi	175	oruju.njû:zi	90	orusâ:nju	392
orubûga	290	orujwî:ka	151	orusáyâ	15
orubûgo	120, 251, 496	orukâca	682	orusêke	171, 227
orubwî:si	481	orukâ:ga	391	oruse:nêne	97
orucó:lî	481	orukanakâna	73	orusérû	682
orucôpe	481	oruka.ndûzo	192	orusógâ	481
orúfû	680, 727	orukâ:rra	513, 518	orusójô	129
orufûmo	521	orukígâ	481	orusôzi	315
orufû:njo	156	orukî:ndo	132	orûsu 1	259
orugálî	760	orukîzi	22	orûsu 2	635
orugâ:mbo	1013	orukóbyâ	481	orusulîzo	638
orugá:ndâ 1	481	orukôhi	6	orusû:nsu	87
orugá:ndâ 2	482, 484	orukó:lê	145	orusúsû	54
orugâ:ndo	158	orukomérâ	274	orúswâ	101
oruganîkyo	520	orukó:njô	481	oruswî:ga	151
orugâ:njo	778, 879	orúkû	335	orutâhyo	147

orutâ:mbi	224	pa:jâma	183	simáma nkwa.bîye	682
orutâ:mbo	602	pâ:si	784	simisîmi	165
orutâro	550	pa:sikalâma	129	sirî:ngi	564
orutêge	45	patapâta	1238	si:sî:si	1238
orute.ndí:gwâ	145	péilo	204	sitâ:ni	534
orutê:so	481	pe:pê:pe	1238	sô:ka	193
orútî	878	pétî	181	sozâ:ra	468
orutí:mbê	269	pikipîki	561	sukâ:li	168, 682
orutî:ndo 1	309	piritipirîti	1238	su.mbû:sa	169
orutî:ndo 2	518	pí:sî	293	swe.nkátî	454
orutókô	152	pitapîta	1238	swé:ntô	452
orutô:ro	481	pitipîti	1238	syo.syô:syo	1238
orutûra	151				
orutú:tû	124	**R**		**T**	
orutû:yo	56	-ráhâ	1223	-ta-	921
oruzîge	97	-ráira	1116, 1118, 1120	-táítô	1111, 1142, 1242
orwâ:mba	481	rakâ:i	294	takîsi	558
orwe.bâgyo	359, 360	ráunda	1137	ta.ngaû:zi	151
orwé:ndâ	394	redîyo	543	-tâ:no	377
orwê:rre	318	-rôfu	1151	-tâ:nu	377
orwê:zo	298	rubâ:nga	534	tâ:ta	451, 987
orwî:gi	267	rugábâ	534	tate.nkâzi	454
orwí:nâ	879	rugabírê	188	tate.nkûru	465
orwî:ru	998	ruhá:ngâ	527	televîzon	543
orwî:zi	319	ruku.ngîri	294	ti	921
orwó:yâ	319, 338	rúmû	373	-tî	640, 1253
osí:bé kurú:ngî!	1295	rû:ndi	1257	tikí:ne nsô:nga	1301
osi:bire ó:tâ?	1292	-rú:ngî	1142, 1148, 1152	ti.ntí:ná basêzi	134
otáfwǎ:yo!	1301	rwa.kaikâra	534	ti:tî:ti	1238
oté:bwâ!	1299	rwâ:nge	1227	tititîti	1238
otúrô	616	rwô	1225	-tí:tô	1111, 1113, 1114, 1123, 1142, 1242
otwî:zi	319	ryô	1225		
owa	429			-tô	1144
owa nyamasâza	293	**S**		tô:ci	226
owakirí:njû	445	-sa	59, 1081	-tóítô	1111, 1142, 1242
owakiri:nju-kátî	445	sâ:ha	353	tô:nto	171, 778
owanyinê:nda	439	sá:ndê	407	tubîri	374
owanyôko	471	-sâtu	375	tukutûku	1238
ow'e.go.mbô:rra	293	semî:nti	326	túmû	373
ow'é:kâ	470	semutû:ndu	113	túnâ	376
ow'i.sâza	293	se.ngê:nge	239	tura:ba niturora.ngánâ	1295
ow'o.busobôzi	527	sê:nte	564	tura:rora.ngánâ	1295
ow'o.murûka	293	sepéhô	184	twa.basemerê:rrwa	1298
oyâm	294	sikâ:ti	181	twâ:nge	1227
		silî:mu	682	twe.nyínî	1233
P		si:lî:ngi	261	twi.twî:twi	1238
páipu	240	silípâ	188	twô	1225

-tyô	1253

U

ú:wê	1224

W

wa byô:na	527
wáitu	987
wakámê	77
wamárâ	533
wâ:nge	1227
warugáyô?	1298
wê	1225
webâle	1302, 1304, 1307
webále amazâ:rwa!	1306
webále ekíró ky'a.mazâ:rwa!	1306
webále kurugáyô!	1298
webále kwî:ja	1298
webále omwâ:ka!	1305
webáléyô!	1298
wenyínî	1233
wî:ki	356
wonyínî	1233

Y

yâ:nge	1227
Yésû	528
Yê:zu	528
yô	1225
-yó:njô	1150
yugá:ndâ	291
yú:mbê	294

Z

záírê	291
zâ:nge	1227
-zîbu	1179
zímû	373
zô	1225

PROFILE OF THE AUTHOR

Shigeki Kaji was born in March 1951 in Kagawa, Japan. After having conducted fieldwork in the former Zaire (today's DR Congo), Tanzania and West Africa (Senegal and Mali), from 2001 he has concentrated on West-Ugandan Bantu languages on descriptive and comparative bases. His publications in lexicography include *Deux Mille Phrases de Swahili tel qu'il se Parle au Zaïre* (1985), *Lexique Tembo I, Français - Swahili du Zaïre - Tembo - Japonais* (1986), *Vocabulaire Hunde* (1992), *Vocabulaire Lingala Classifié* (1992), *A Haya Vocabulary* (2000), *A Runyankore Vocabulary* (2004), *A Rutooro Vocabulary* (2009). Currently he is a Professor of African Studies at the Graduate School of Asian and African Area Studies of Kyoto University, Japan. He assumes at the same time the Directorship of the Center for African Area Studies (CAAS) of Kyoto University.

Shigeki Kaji (left) and the main informant Kajura Samuel Amooti (right)